ASTRO-LOGIQUE

HOROSCOPE 2024

Marie Christine Dean

ASTRO-LOGIQUE HOROSCOPE 2024

Astrologie traditionnelle
Horoscope chinois
Numérologie
Maisons d'âge
et plus encore…

BÉLIVEAU
éditeur

Conception de la couverture et mise en pages :
Christian Campana – *www.christiancampana.com*

Photographie de la couverture : Jacques Laurent et Depositphotos

Dépôt légal : 3e trimestre 2023
Bibliothèque et Archives nationales du Québec
Bibliothèque et Archives Canada

ISBN : 978-2-89793-287-9
ISBN Epub : 978-2-89793-288-6
ISBN PDF : 978-2-89793-329-6

BÉLIVEAU éditeur
567, rue de Bienville
Boucherville (Québec) Canada J4B 2Z5
450 679-1933

www.beliveauediteur.com
admin@beliveauediteur.com

Gouvernement du Québec – Programme de crédit d'impôt pour l'édition de livres – Gestion SODEC – www.sodec.gouv.qc.ca.

Nous reconnaissons l'appui financier du gouvernement du Canada.

IMPRIMÉ AU CANADA

Ce livre est destiné à ____

« Savoir, c'est prévoir. »

J'espère que ce livre sera un bon guide pour mieux faciliter votre emploi du temps et pour simplifier toute décision à prendre afin que vous puissiez profiter au maximum des occasions qui se présentent à vous et trouver votre part de bonheur, tout en évitant les écueils possibles.

Bonne lecture, et que 2024 vous soit favorable.
Marie Christine Dean

Table des matières

Un mot de l'auteure

Chers lecteurs et lectrices,

C'est avec plaisir que je vous offre une fois de plus mon livre de prédictions astrologiques. Pour la neuvième année consécutive, il me semble toujours important de vous livrer le message des astres en analysant et interprétant le ciel de l'année 2024. Mes fidèles lecteurs et lectrices découvriront un livre revampé et mis au goût du jour. Mes nouveaux lecteurs et lectrices y puiseront toutes mes connaissances pour mieux étayer leur parcours de vie.

Avant de vous présenter ce nouvel ouvrage, je veux vous remercier du privilège que vous me faites en me lisant avec autant d'attention et de critiques judicieuses. Rien ne vous échappe ! Vos courriels sont pour moi un guide précieux. Merci de m'encourager à continuer ma recherche en astrologie. Mon idéal demeure de vous aider et non de vous influencer, de vous guider et non de vous imposer. À l'aide de l'astrologie, j'espère vous avoir bien éclairé, tout en vous enseignant dans le processus.

Enfin, j'ai deux bonnes nouvelles à vous annoncer. Je vous offre cette année deux nouveaux ouvrages pour continuer à vous faire découvrir différentes facettes de l'astrologie. D'abord, la version anglaise de *Votre GPS Astrologique* est maintenant disponible sur Amazon. Ensuite, *Mercure rétrograde : Le pouvoir de tout changer* explique en profondeur ce phénomène astrologique qui nous touche tous de trois à quatre fois par année (parution en librairie prévue pour la mi-octobre 2023 au Québec et début 2024 en Europe). Dans ce guide, je vous explique de manière très simple ce que cela veut dire et surtout ce que cela représente pour vous, votre travail, vos finances, vos relations, vos amours et votre santé. C'est le seul livre de ce genre sur le marché alors qu'il vous offre une kyrielle de prédictions possibles de se manifester afin de mieux vous guider, phase après phase, année après année. Vous apprendrez aussi comment éviter les tendances, sinon les pensées négatives et comment profiter des opportunités alors offertes. Vous serez étonnés par sa pertinence et sa justesse. C'est un livre à avoir en main.

Je vous avoue que c'est avec une passion ne se démentant pas que je me suis attaquée, encore une fois cette année, à ce dur labeur. Véritable travail de moine ! Rien n'est pris à la légère. Tout a été analysé et pesé sous tous les angles avant qu'il vous soit parvenu. Malgré tout le travail demandé, pour moi, c'est toujours comme la première fois. Comme l'amour… je suppose ?

Une mise en situation s'impose pour mes nouveaux amis. Ce livre que vous tenez entre vos mains n'est pas un exposé sur la fatalité ni la description d'un destin plus ou moins cruel vous attendant au détour. Il s'agit d'un outil de travail mis à votre disposition dans le but de favoriser l'épanouissement et le bonheur potentiel intrinsèque de tout être humain. C'est ainsi que je le conçois, pas autrement.

Ce livre contient des informations valables pour tous. D'abord, vous êtes encouragés à lire votre signe solaire, ensuite, le signe de votre ascendant natal et enfin, votre signe lunaire – soit la position de votre lune natale dans votre thème personnel. Ayez également la curiosité de lire le début du livre : Ce que votre ascendant natal vous révèle ; les planètes et le rôle qu'elles jouent ; les maisons astrologiques ; les éclipses ; les différents aspects de votre personnalité (au chapitre de vos prédictions annuelles respectives) ; et la Lune à travers les signes, alors que j'y ai apporté diverses nouvelles informations toutes aussi pertinentes les unes que les autres. J'en ai fait tout autant en ce qui a trait à vos prédictions annuelles ; portez attention au transit de Saturne en Poissons. Vous aurez droit aussi à une autre belle surprise. À vous de la découvrir !

Il est temps de vous plonger dans *Horoscope 2024*. Rien ne vaut l'optimisme par les temps qui courent. Je crois vous en offrir en abondance entre ces pages. Puissiez-vous y puiser des réserves précieuses pour l'année tout entière, elle n'en sera que meilleure, mais n'allez pas trop vous réjouir…

Chers lecteurs et lectrices, je vous souhaite une bonne année 2024 ! Et une lecture agréable et vivifiante !

Toujours avec votre meilleur avenir possible à l'esprit,
Marie Christine Dean

P.-S. : Je tiens à réitérer toute ma gratitude aux personnes qui m'ont confié leurs états d'âme. Un grand merci aussi aux personnes qui m'ont soutenue et accompagnée. Vous vous reconnaîtrez… J'ai grandi également grâce à vous ! J'ose espérer encore une fois que mes prédictions vous seront une source de plaisir, mais également de transformations et qu'elles vous aideront à faire des choix éclairés, ainsi qu'à prendre les bonnes décisions pour mieux aller de l'avant dans votre vie. Je tiens à vous remercier de tout cœur pour votre précieux soutien et votre fidélité indéfectible. Je me réjouis déjà de vous accueillir très bientôt sur mon site Internet, le *www.astro-logique.com,* et en consultation.

Ce livre n'a pas la prétention de vous dicter une ligne de conduite. Bien au contraire, il se veut une source de référence susceptible de vous aider à mieux profiter de ce que la vie a de meilleur à vous offrir. Que la vôtre soit remplie de paix et de lumière.

Si vous me rejoignez sur mes réseaux Facebook, LinkedIn, Twitter ou Instagram, vous aurez droit, quotidiennement, à mon billet astrologique gratuit. Profitez-en pour me faire part de vos commentaires et suggestions.

Au plaisir !

Avant-propos

On me pose bien des questions au sujet de l'ère du Verseau et de l'entrée de Pluton dans ce signe. J'ai pensé partager avec vous quelques informations et faire rapidement l'historique de l'astrologie antique et moderne.

Selon la tradition biblique et ésotérique, il y a 6000 ans, la Terre vivait sous l'ère du Taureau et la domination de ses forces occultes. L'égoïsme et le matérialisme s'étaient développés au détriment d'une vision spirituelle. On vénérait le Taureau en raison de sa force prodigieuse, force nécessaire pour conquérir le monde matériel. À l'opposé de ce signe, le Scorpion servait de balancier et jouait le rôle de stabilisateur. Il était un symbole de sagesse, particulièrement en Perse. Une fois achevé ce cycle, on passa à l'ère de l'Agneau ou Bélier.

Pendant les 2000 ans qui suivirent, l'ère de l'Agneau régna sur le monde des humains. Tel que le raconte la Sainte Bible, le sang de l'agneau préserva les adeptes de ce culte nouveau d'une mort certaine. À l'opposé de ce signe se trouvait la Balance de justice. C'est pourquoi il est dit qu'au jour du jugement dernier, le Christ apparaîtra pour rendre justice à chacun, selon ses œuvres.

Avec l'avènement du Christ arriva l'ère des Poissons. Le Grand Pasteur rassembla ses brebis et les lava de son sang. Il enseigna aux hommes (humains) la bienveillance et la philanthropie, et prêcha l'amour du prochain. À l'opposé se trouvait la Vierge et l'épi de blé, dit aussi « Pain de Vie ».

En 2024, nous nous trouvons à la croisée des chemins. Difficile situation que celle-ci. Faisons-nous compliment que tout se passera aussi bien et souhaitons également que cela continue. Que va-t-il arriver pendant l'ère du Verseau ? Le Verseau sera fait de surhommes et de surfemmes, d'êtres de plus en plus androgynes et asexués. Chaque être sera unique, libre, indépendant et en même temps interdépendant des autres. Il vivra en harmonie avec lui-même d'abord et nourrira la collectivité de ses forces et de ses connaissances. C'est cela en partie le monde du Verseau ! À l'opposé se trouve le Lion. Le nouvel idéal se trouve dans le Lion de Juda et dans ses qualités : courage de ses convictions, force de caractère, indépendance et humanisme. Elles contribuent à faire de l'Homme le véritable roi de la création, digne de la confiance des classes inférieures ici-bas aussi bien que de l'amour des Hiérarchies Divines d'en haut. D'ailleurs, ce message mystique est inscrit en toutes lettres dans la voûte céleste. Qui veut apprendre à y lire peut le faire et résoudre l'énigme de l'univers.

Bien avant que l'on découvre Pluton, elle était déjà là et marquait les étapes depuis le début du monde, de la vie sauvage à notre civilisation. Des modes ont émergé à chacun des passages de Pluton d'un signe à l'autre. Pluton nous a indiqué les temps des destructions, des reconstructions, des inventions, des religions, des politiques, de la médecine, de la justice, des lois, etc.

Découverte en 1930, soit juste au milieu de l'entre-deux-guerres, par l'astronome américain Clyde William Tombaugh à l'observatoire Lowell (Arizona), aux États-Unis, Pluton a été désignée alors comme la neuvième planète du Système solaire. Toutefois, cette désignation a été remise en question dans les années 1990. Ce n'est qu'en 2006 que les 2 500 astronomes de l'Union astronomique internationale ont écarté Pluton de la liste des planètes en adoptant de nouveaux critères pour ainsi définir celle-ci. Ils ont décidé par un vote à main levée de reléguer Pluton dans une nouvelle catégorie, celle des « planètes naines » ou des « objets transneptuniens ».

Pluton, ou Hadès, ou symbole du Scorpion est un guerrier, un tueur, mais également un reconstructeur. Si on considère Pluton comme une personne, on peut dire qu'elle voit les choses de l'intérieur et elle exprime nettement ce qui se dessine ; Pluton a la réplique dure et ne passe pas par quatre chemins pour dire ce qu'il pense ! Et s'il y a faute, Pluton symbolise une cruelle et dure réalité et le prix à payer. Personne d'entre nous n'est irréprochable, il y a des « péchés » avouables, mais certains autres sont inavouables et c'est sur ces derniers que Pluton pressera le bouton !

En astrologie, on étudie les effets de Pluton depuis au moins plus de 50 ans et on a pu en tirer de nombreuses conclusions. Ses affinités avec le signe du Scorpion ne font aucun doute ; avant sa découverte en 1930, on accordait la régence de ce signe à Mars, ce qui a infiniment moins de sens !

La corrélation astrologique qui a été établie entre Pluton et les changements radicaux, les destructions, les régénérations, la pollution, les recherches et l'héritage génétique a été plusieurs fois corroborée.

Que dire de l'émergence de l'énergie nucléaire, de la découverte du plutonium (10 ans après celle de Pluton), des fouilles dans les entrailles de la Terre que l'on associe également à Pluton ? Toutes les énigmes entourant ce corps céleste ne vous font-elles pas penser à l'aura de mystère qui entoure si souvent les plutoniens ou, si vous préférez, le Scorpion ? Ce qui importe vraiment, c'est que la planète Pluton existe toujours, qu'elle continuera de nous fournir de précieux renseignements et qu'elle se moque éperdument de la catégorie dans laquelle on cherche à la classer.

Après seize années vécues sous Pluton en Capricorne et d'autres vilains coquins du zodiaque, lentement mais sûrement, nous nous sommes divisés, on nous a imposé des modes au nom de la liberté de parole et de la liberté de diffuser n'importe quoi sur Internet, à la télévision et à la radio sur certaines stations. Sur Internet, si vous cherchez un peu, vous saurez comment fabriquer une bombe ; un pédophile saura comment acheter une petite fille/un petit gars ; vous pourriez vous procurer une arme ou la fabriquer vous-mêmes, des drogues, louer une fille sexy ou l'acheter, vous marier à bon prix avec quelqu'un qui, selon l'annonce, sera votre serviteur ou votre servante. En somme, le Net est le plus grand distributeur (centre commercial) aux consommateurs du monde !

Avec l'ère du Verseau, nous entrons tranquillement dans l'ère de la connaissance. On respecte la science, l'adresse et la force chez certains, la volonté, le talent, mais aussi la compétence chez d'autres, l'orgueil, l'inventivité et le génie chez d'autres encore. Ça explique la nécessité absolue d'apprendre et de connaître à fond, ne serait-ce qu'une seule et unique chose, mais pouvant servir à soi et aux autres. La connaissance sera l'unique monnaie d'échange. Tous ceux qui ne peuvent ou ne veulent ni apprendre ni travailler seront pris en charge, mais leur condition ne sera pas enviable. D'ailleurs, c'est ce qui se passe déjà dans nos sociétés occidentales ! En chassant la paresse de notre vie, nous améliorons notre avenir personnel et collectif. Tous ceux qui ne font aucun effort n'auront qu'à s'en prendre à eux-mêmes, ils auront été avertis. Et, quant à la liberté personnelle, c'est à chacun de la contrôler. La liberté dans la responsabilité : voilà qui résume bien ma pensée sur l'ère du Verseau.

L'ère du Verseau renforce le rôle du travailleur autonome. Son entourage immédiat et son environnement en seront littéralement transformés. Plus de travail à l'extérieur, ou peu souvent, peu ou pas de contacts directs avec les collègues/patrons, mais aussi davantage de temps libre passé à la maison avec les enfants et plus de temps qu'il faut apprendre à gérer. Cette nouvelle forme de travail présente des avantages et aussi des inconvénients, mais il ne faut surtout pas la sous-estimer et/ou la considérer comme passagère. Il n'en est rien du tout ! Le travailleur autonome désire améliorer son sort et devenir maître de sa personne, de son commerce, de son entreprise. Rien de plus normal dans ce monde libertaire du Verseau. Nous avons tout à gagner à exploiter nous-mêmes nos forces et nos talents, tout en continuant à travailler avec d'autres et à collaborer au mieux-être collectif.

Pluton qui traverse la cuspide divisant deux signes astrologiques, comme c'est le cas en cette année 2024, les événements géopolitiques semblent aussi franchir un seuil. Normalement, l'impact historique d'une transition si importante n'apparaît que bien plus tard, lorsque l'indiscutable vision 20-20 du recul permet de replacer les événements les plus significatifs dans leur juste perspective. Or, avant même que Pluton ne termine sa traversée en terre du Capricorne, attendez-vous à une quantité importante d'informations, volontairement enfouies, qui seront révélées au sujet de la COVID-19, en particulier sur ses effets à long terme sur la santé.

La fin d'une époque sonne. Fini l'ancien, place au nouveau. À quoi faut-il s'attendre ? Il faut s'attendre qu'au cours des deux prochaines décennies, la planète de la transformation bouleverse le statu quo. Profitez-en pour régler les derniers détails et la transition avant que Pluton ne prenne place pour de bon en Verseau. Le temps est venu de détruire et de changer les vieux idéaux et vieilles visions, et de rêver d'un avenir différent.

L'ère du Verseau, dont nous sommes aux prémices, doit logiquement inaugurer l'âge d'or d'un nouveau cycle. L'entrée officielle de Pluton en Verseau (au Québec, le 20 janvier à 21 : 36 – HNE ; en Europe, le 21 janvier à 2 : 36) se fera sous une conjonction de Pluton, et le Soleil au carré de Jupiter, l'excès de pouvoir, dans l'encadrement de Mars et Saturne, voilà que j'ai eu raison plus tôt de vous prévenir de ne pas trop vous réjouir… Mars étant au trigone d'Uranus et Saturne sextile Jupiter, le pouvoir aux commandes de quoi, de qui ?

Pluton qui représente le visible et l'invisible dangereux, il est donc possible à l'humain de corriger tout ce qui est visible. L'hérédité psychique et la conscience ne se voient pas à l'œil nu, mais quand vous plongez dans un thème natal en tant qu'astrologue et que vous examinez de près le Pluton d'un tel et tel autre sujet, vous en arrivez à des conclusions intéressantes sur ce qu'est son destin personnel global. Un passage de Pluton dans un signe symbolise une amélioration de la vie des uns ou il signale la chute des autres, ou du moins une longue période en enfer, sinon une période de purgatoire au cours de laquelle les pénitences sont extrêmement pénibles.

Sur le plan personnel, la vie n'a été facile pour personne ces dernières années. Le monde a traversé des années de traumatisme collectif et on ne peut nier que cela a été douloureux. Mais ensemble, nous nous éloignons de la tourmente… Nous allons commencer à construire un nouveau monde rempli de lumière, étape par étape, pièce par pièce. Êtes-vous prêts pour cette puissante transition ?

Vous pourriez être amenés à réformer et à changer votre relation avec vos propres amitiés et votre communauté. Il se pourrait aussi que vous découvriez que certaines personnes et certains groupes ne sont plus pertinents pour vous, mais qu'ils sont en fait toxiques. Beaucoup d'entre vous pourraient également changer complètement leur relation à la technologie, en ne gardant que ce qui correspond à leurs valeurs les plus élevées et qui leur est le plus utile.

Pluton en Verseau va entraîner un processus de mutation profonde et de remise en question essentielle chez les natifs du Verseau, du Lion, du Taureau et du Scorpion. Pluton étant la planète maîtresse du Scorpion, ce dernier est habitué à toujours se transformer, à renaître et à évoluer. Par conséquent, il vivra donc mieux ce transit. Par contre, cette insistance plutonienne pourra être plus difficile à accepter pour les natifs du Taureau qui s'accrochent à leurs habitudes et à leur petit confort qui risquent d'être chamboulés. Pour ce qui est des natifs du Lion, vous devez voir cette période comme un chemin initiatique et oublier un peu de votre fierté, car vous sortirez grandis de l'expérience après avoir possiblement dû laisser tomber un contrat ou une union importante. Quant aux natifs du signe du Verseau, vous devrez accepter un certain dépouillement (perte d'une personne « repère », perte financière, perte de travail) pour retrouver une nouvelle richesse, un nouveau regard sur la vie. Étant tournés vers l'avenir, vous devrez attraper la main de Pluton pour aller de l'avant et non voir Pluton comme un faucheur, un « destructeur ». Vous pourriez vous sentir parfois plus angoissés, mais votre intuition sera décuplée, donc les réponses viendront de vous-mêmes. Pour les autres signes, Pluton en Verseau pourra se révéler beaucoup plus agréable à vivre. Il épanouira votre sexualité, renforcera votre intuition, vous aidera à mieux vous comprendre, à mieux comprendre les autres, à leur amener des changements et peut-être même, une révolution positive dans votre vie.

Les grands gagnants seront les natifs du Bélier, de la Balance, du Gémeaux, du Sagittaire. Ce sera moins spectaculaire chez les natifs du Cancer et du Capricorne, mais vous vous sentirez soulagés, plus légers et plus sereins. Quant aux natifs de la Vierge et ceux du Poissons, vous serez entre les deux influences, positives et négatives selon les périodes. Cependant, cela dépend de la spécificité de votre thème personnel, car vous devez déjà voir quelle est l'influence sur votre ascendant natal, en plus de votre signe solaire. De plus, si vous avez plusieurs planètes en Verseau, Pluton va passer, à un moment donné durant son transit, en Verseau sur ces planètes. Cela produira un événement, un climat. Pour en savoir beaucoup plus sur l'impact qu'exercera Pluton sur votre signe solaire, lunaire ou ascendant natal, portez attention lorsque vous lirez vos prévisions annuelles.

Sur un plan collectif, une fois de plus, nous entrons dans quelques décennies qui pourraient révolutionner la façon dont nous collectons, éduquons et gouvernons notre monde. Il faut absolument accepter le fait que la crise globale est une réalité incontournable, qu'il y a nécessité absolue d'y faire face et de la résoudre, d'où une prise de conscience collective très rapide ; accepter que le modèle actuel, basé sur le matérialisme et ses conséquences, en particulier sur l'impérialisme économique et financier, soit rapidement abandonné et transformé ; accepter la réalité de l'homme comme unité indivisible du corps, de l'âme et de l'esprit ; accepter la nécessité d'une société mondiale, ce qui suppose la disparition des structures étatiques au profit d'organisations de type « horizontal », donc non hiérarchisées ; accepter la nécessité d'abandonner, ou pour le moins de relativiser les modèles religieux hérités du passé ; adopter les valeurs du Verseau pour aller dans le sens de l'évolution naturelle de l'humanité, en l'occurrence la seule possible.

Différents thèmes sont appelés à émerger de manière très significative lors du transit de Pluton en Verseau. La prochaine révolution industrielle cette fois-ci sera surtout à propos d'intelligence artificielle. D'ailleurs, prévoyez des avancées spectaculaires dans les hologrammes, les nanotechnologies, la robotique et l'intelligence artificielle – des technologies dont on ne peut même pas imaginer.

Une seule question se pose donc : l'accélération du temps peut-elle s'appliquer à la conscience de l'humanité ? Sur un plan individuel, il s'agit de toute façon de se préparer au passage d'une ère à l'autre, d'un monde à l'autre et pour ce faire, il paraît souhaitable de s'alléger autant que possible de ses biens, de ses croyances et de ses habitudes ; renoncer à restaurer le passé ou à construire l'avenir, mais être présent à l'instant ; favoriser l'élargissement de la conscience, en évitant en particulier les passions et la peur ; ne s'en remettre à aucun système, penser par soi-même, user de son libre-arbitre ; intégrer les valeurs du Verseau humaniste et laisser ainsi la transcendance s'opérer.

Pluton en Verseau, c'est nous, le peuple, qui aurons le pouvoir ! Cela peut sembler très séduisant, mais un grand pouvoir s'accompagne d'une grande responsabilité. Et même si les gens auront toujours le dernier mot, il ne s'agit pas de les contrôler, mais de leur donner les moyens de faire leurs propres choix, de créer leur propre avenir et de créer ensemble un mode meilleur. La présence de Pluton en Verseau nous appelle à nous assurer que chaque voix est entendue, que chaque vote est compté, mais la sagesse de l'esprit des gens dépend de ce qu'ils savent, des questions qu'ils posent et de la façon dont le cœur et l'esprit se connectent. Les foules peuvent être stupides. Nous avons la responsabilité de poser ces questions difficiles, de nous éduquer et d'éduquer les autres afin d'aider le peuple à regarder plus profondément et à garder les esprits et les cœurs connectés.

Embrassez ce changement cosmique et laissez-vous guider par les étoiles et leurs messages. Accueillez cette nouvelle ère où l'amour et la lumière ouvriront la voie. Avec l'espoir et la joie dans nos cœurs enflammés, créons ensemble un monde meilleur aujourd'hui.

L'Ère du Verseau marquera des temps fastes pour l'astrologie sérieuse – vous êtes donc à l'avant-garde ! Quel bonheur… Je sais que vous influencerez les personnes que vous aimez dans le sens d'une plus grande ouverture d'esprit, d'une saine curiosité au sujet des choses de l'espace et du temps, mais aussi pour ce qui est de notre future humanité et de notre planète.

L'avenir est là !

Carte du ciel 2024

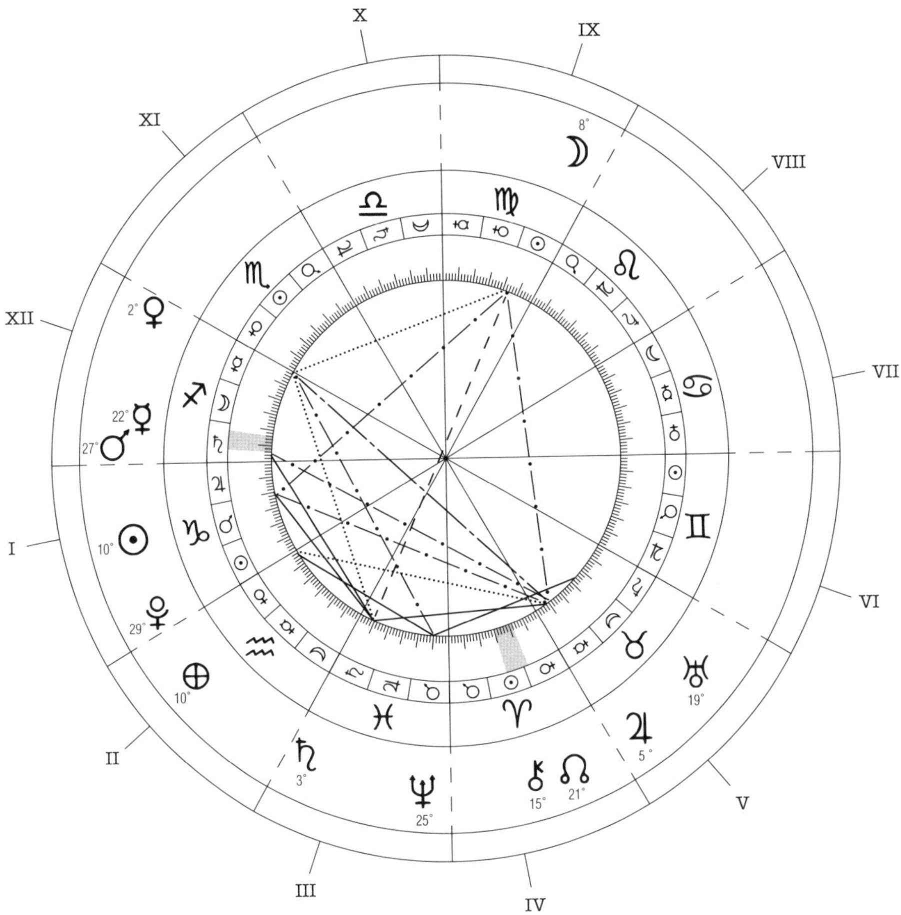

Conjonction

Sextile

Carré

Trigone

Quinconce

Opposition

Les planètes exercent toutes une influence sur nous en tant qu'individus et colorent la destinée que nous choisissons de vivre, et ce, bien que les planètes ne transitent pas toutes directement dans notre signe. Toutes les personnes nées entre le 23 mars au 16 septembre 1964; puis du 16 décembre au 4 mars 1967; et enfin celles nées entre le 29 janvier 1994 au 7 avril 1996 seront à même d'éprouver cette année les joies et les limites du retour de Saturne (en Poissons) à sa position initiale dans leur thème natal.

LA POSITION DES PLANÈTES EN 2024

Chaque jour qui passe confirme qu'une nouvelle année est à la veille de s'installer et qu'un nouveau souffle de vie prendra place sous peu sur notre planète. Chacune des planètes exerce une influence sur vous et sur votre destinée, même si elle n'évolue pas directement dans votre signe. Voici les positions qu'elles occuperont et les dates au cours de la prochaine année:

Jupiter commence le début de l'année en Taureau, puis elle passera en Gémeaux le 25 mai pour y séjourner jusqu'au 31 décembre. Elle sera rétrograde en Gémeaux du 9 octobre 2024 au 4 février 2025.

Saturne demeurera en Poissons toute l'année. Elle sera rétrograde du 29 juin au 15 novembre 2024.

Uranus restera en Taureau toute l'année. Elle signe le début de l'année alors qu'elle est rétrograde jusqu'au 27 janvier, pour ensuite devenir directe jusqu'au 1er septembre 2024, pour devenir à nouveau rétrograde jusqu'au 30 janvier 2025.

Neptune poursuivra sa visite en Poissons toute l'année. Elle sera rétrograde du 2 juillet au 7 décembre de la même année.

Pluton marque le début de l'année alors qu'il est direct en Capricorne jusqu'au 21 janvier, où il transitera ensuite en Verseau. Il sera rétrograde en Verseau du 2 mai au 1er septembre. Par la suite, il régressera à nouveau en Capricorne, soit jusqu'au 12 septembre, où il sera à nouveau direct jusqu'au 19 novembre pour finalement clore l'année en Verseau.

Vénus transitera par tous les signes.

Mercure fera également le tour des douze signes. Consultez le chapitre intitulé «Les stations rétrogrades de Mercure en 2024» pour en savoir beaucoup plus.

LES PRÉVISIONS MONDIALES DE 2024

C'est gaillardement que je jette un regard d'astrologue sur 2024. Mieux que bien, surtout comparativement à ce qu'on a vécu dans les dernières années, la nouvelle année s'amorce tout de même relativement bien. L'année promet d'être fantastique à bien des égards et cela pour la plupart d'entre nous. Bien intentionné, le ciel de 2024 augure de se réjouir de contentement et de progrès social et matériel. Il convient donc de se ravir de la tendance optimale et aussi de tirer profit de toute occasion avantageuse visant à améliorer sa propre qualité de vie et celle d'autrui. Le moindre effort se trouvant largement récompensé. L'année se passera donc mieux que bien !

De nombreuses occasions de progresser nous sont dévolues ; mal nous en prendrait de bouder les occasions qui se présentent, elles sont de qualité et nous procureront le bien-être physique, mental et moral tant attendu. Les mois à venir réservent à tout un chacun de formidables surprises. Vivre chaque instant pleinement et faire provision de santé, de joie et de bonheur pour les années prochaines est ce qui donnera de la valeur au temps présent.

Que nous en soyons ou non conscients, nous sommes tous liés. Et quand ça va mal, les maux des autres, leurs feux de forêt, les effondrements de terrain, leurs explosions et pétards de toutes sortes nous atteignent et affectent lentement nos organismes et nos finances. Bien que le pire soit derrière nous, il n'en demeure pas moins que nous ne sommes pas encore au bout de nos peines.

À tous les niveaux, nous tentons de recréer une certaine forme d'équilibre qui demeure cependant extrêmement fragile. Il faudra donc continuer de fournir des efforts assidus pour que la reprise économique s'installe pour de bon ; les actes conséquents, la persévérance et le sérieux constituent des valeurs plus nécessaires que jamais ! Si les gens l'ont compris depuis un certain temps, ce sont maintenant les chefs d'entreprise, les spéculateurs, les administrateurs et les financiers qui doivent intégrer ces mêmes valeurs, et ça presse ! L'écologie doit devenir l'affaire de tous.

Le temps de l'insouciance est révolu en ce qui concerne l'avenir de notre bonne vieille planète Terre. De nombreux signaux d'alarme retentissent simultanément et même si on ne l'avoue pas ouvertement, on commence à regretter d'avoir attendu aussi longtemps. Certains dommages sont irréparables, on devra apprendre à vivre avec leurs conséquences. Dans certains autres cas, il est encore possible d'intervenir, mais il faudra débourser des sommes colossales, mais rien n'accélérera le rythme de la remontée financière !

En dépit de ce ralentissement économique et des pressions inflationnistes qui sont plus étendues et plus persistantes que prévu, et elles s'étendent au-delà des denrées alimentaires et de l'énergie, le système social sera très certainement au cœur des préoccupations de nombreux politiciens, possiblement pour se mettre un peu plus de votes en poche, mais également par nécessité. En fait, la pauvreté s'accroît considérablement en raison de la crise économique. Il est donc inévitable que le trésor public en souffre sérieusement, compte tenu des mesures sociales pour contrer les nombreux problèmes associés au ralentissement économique. Ne soyez pas surpris non plus que notre réseau de santé connaisse à nouveau des ratés importants, ce qui mettra un terme aux tergiversations des gouvernements.

Dès le printemps, les mouvements sociaux prendront beaucoup de place, il y aura certainement de nombreux débats sur la place publique pour trouver des solutions à la pauvreté, à l'itinérance, à la santé mentale et à l'exclusion sociale. Ne soyez pas étonnés d'assister à quelques confrontations plus musclées que d'habitude, particulièrement au mois de mai. Il y aura beaucoup de revendications dans l'air, mais les différents groupes risquent d'avoir un peu de difficulté à s'entendre et à revendiquer les mêmes choses. On peut s'attendre à de la confusion à ce propos et il sera très difficile d'arriver à des points d'entente. Les gens changeront d'idée ou ils apporteront des solutions irréalistes qui ne colleront pas du tout à la réalité !

À cette même époque, des ruptures de traités sur le plan économique et politique ainsi que des procès retentissants feront la une des médias et des journaux. La justice subira de sérieux contrecoups ! Les conflits s'envenimeront, les esprits s'échaufferont, la fièvre grimpera et le ton montera. Certains risquent d'agir sans réfléchir. On pourra le regretter. L'équilibre nécessaire à la paix mondiale sera temporairement rompu. Cette paix souhaitée n'arrivera pas alors que des guerres et des conflits armés risquent encore d'éclater.

On pourra noter une recrudescence d'accidents d'avion, les transports en commun seront défavorisés de façon générale, et ce, dans tous les pays. L'air semble vicié, on n'y voit plus très clair. Froid tardif ou prématuré, de grands vents sont aussi prévus. Le printemps ne sera pas aussi porteur d'espoir comme il le devrait sous toutes les latitudes ; possibilité de conflits d'autorité ou de rupture dans les affaires étrangères. Instabilité de la bourse : hausse ou chute imprévue et saccadée des valeurs. Risque d'excès, de tremblements de terre et d'épidémies. Attention aussi à la démesure et aux excès de liberté. Si les minorités écologistes, raciales, anti-IVG extrémistes (opposition à l'avortement), amérindiennes ou autres ne se sentent pas respectées, elles pourraient devenir plus violentes.

Il sera question également du réchauffement planétaire, du *non-stop* des OGM, des GES, du coût élevé des aliments, biologiques ou pas, de la détérioration de la biodiversité, de la cyberviolence, du féminicide, de la transphobie et de la transidentité, de l'antisémitisme ainsi que de l'augmentation des populations ailleurs dans le monde, particulièrement dans ces pays en développement qui n'ont aucun moyen financier de relever leurs terres usées. Les catastrophes climatiques seront plus accentuées et créeront des chambardements souvent dramatiques. Prévoyez des fluctuations brusques de grande envergure et des effondrements soudains de grandes compagnies ainsi que des krachs retentissants.

Les arts ne seront pas aussi avantagés tel qu'il sera souhaité ou anticipé. Il vaudrait mieux différer tout projet de cinéma, de télévision, de musique, d'art graphique, de mode et de design. Les spectacles à grand déploiement, tout comme les élections, seront plus réussis et plus rentables s'ils sont remis à des dates plus convenables. Le monde artistique et cinématographique ne sera pas à l'abri de scandales possibles non plus ; on démolira des idoles, on abolira le système des stars, on détruira des films ainsi que des productions pour d'obscures raisons : drogue, pédophilie, orgies sexuelles, excès de table et d'alcool, meurtres, suicides et abus divers. Il sera question aussi de grands créateurs qui quitteront la scène.

Hormis les cas de force majeur, tout n'est pas si négatif ni dramatique ! Au contraire, les années 2024, 2025 et 2026 – considérées comme « une seule période cohérente » – marquent le début du prochain chapitre mondial après la rupture provoquée par la conjonction Saturne-Pluton de janvier 2020. Cette période d'influence sera fertile en surprises agréables. Il se produira une série de développements inattendus des plus favorables qui donneront à l'existence un attrait particulier, surtout en seconde partie de l'année 2024 ; sûrement on ne s'ennuiera pas, car rien ne sera terne ni monotone !

La conjonction Jupiter-Uranus (21° 50') en Taureau se traduira par le progrès social, les avancées technologiques (informatique, exploration spatiale), ouverture vers l'étranger, liberté. Cette configuration pourrait être favorable aussi à des accords internationaux, la signature de traités de paix, etc. Planète maîtresse respective du Sagittaire et du Verseau, deux signes qui découvrent, qui vont à la recherche de l'inconnu, elle va se traduire chez l'individu par une soif de conquête, de découvertes de territoire ou de domaines inexplorés. Caractère avant-gardiste, pionnier, cette conjonction pourra aussi être à la source de mouvements sociaux importants (notamment dans l'éducation nationale) pour plus de liberté et de progrès. Mal vécue, cette conjonction peut se manifester par des provocations, des « coups de sang », des révolutions, des coups d'états, des brusqueries, des accidents inattendus, dans l'aérien notamment, de l'extrémisme.

On peut considérer cette conjonction (cette échéance) comme celle qui marque le point de départ réel du nouveau monde vers lequel nous nous dirigeons tous, sachant que toute révolution va de pair avec des dégâts collatéraux. Eu égard au signe concerné (Taureau), on peut penser que les tensions qui pourraient alors émerger seront principalement liées à l'exploitation des ressources naturelles, à l'alimentation et à la fourniture de biens matériels.

Grâce aux bons aspects aussi entre Jupiter et Neptune, on découvrira des solutions et des remèdes miracles pour prévenir, soigner et guérir des maladies graves. L'influence Jupiter/Neptune renforcera également la confiance du public envers les institutions financières et les gouvernements. L'atmosphère optimiste favorisera tant les affaires financières que la consommation. Tout le monde respirera mieux. La politique de centre-gauche pourrait même faire des progrès remarquables.

Pendant cette période euphorique et un peu factice, mais nécessaire, on tendra à voir les choses sous un aspect chatoyant, prometteur et séduisant. Les grosses sociétés, les trusts et les multinationales feront des profits intéressants et contribueront au bien public. L'espoir est une denrée périssable, il y aura lieu de bien l'entreposer !

Personnellement, on bénéficiera de circonstances avantageuses pour dénouer les situations les plus délicates. La deuxième partie de l'année sera une période favorable pour brasser des affaires et pour s'occuper de sa situation matérielle et financière. Les spéculations étant chanceuses et les gains importants, chacun y trouvera son compte. Les relations sociales et professionnelles seront avantagées ; on réalisera certains idéaux. Somme toute, l'atmosphère sera à la fête. Il faut dire qu'il était temps !

Davantage de lois et de réglementations sont à prévoir sur les drogues récréatives. Cela ne signifie pas nécessairement des peines plus sévères, mais on peut parler de légalisation comme moyen de réguler la consommation.

Une réglementation accrue des services de santé mentale et de thérapie en ligne est à prévoir. Ne soyez pas surpris que l'un de ces services de thérapie en ligne puisse faire l'objet d'une action collective en justice ou d'un gros scandale.

Alors que l'été aura sa part de nouvelles réjouissantes, les signes d'air, soit Gémeaux, Verseau, Balance – Ascendant, Lune natale et amas de planètes dans ces signes, respireront la générosité et l'empathie. Ils exerceront sur les autres une influence considérable et seront responsables d'actions bienfaisantes pour l'humanité, toute proportion gardée. La famille, l'entourage immédiat, les amis et les connaissances s'accrocheront à eux comme à une bouée de sauvetage. Leur chance déteindra sur ceux qu'ils aiment, aident et protègent.

Politique internationale

Jupiter-Uranus conjoints, au troisième décan du Taureau, voilà qui signale une période extrêmement chaotique à l'étranger qui nous obligera à appliquer de nombreux changements dans nos comportements – même s'il s'agit d'une situation qui s'est produite à l'autre bout du monde ! Il est très possible que l'on puisse voir à nouveau un resserrement au niveau des frontières pour toutes sortes de raisons plus ou moins valables. Certains pays pourraient même adopter une forme de protectionnisme pour ce qui va de leur économie et de leur sécurité intérieure. Également, il pourrait y avoir, de manière subtile, une forme de course à l'armement pour appréhender une future hostilité. De nos jours, nous savons que l'Arctique est des plus convoités pour ses ressources naturelles par plusieurs pays qui n'hésiteraient pas à sortir les armements pour s'y installer, puisque nous en possédons une très grande partie. Il est à souhaiter que l'on n'engendre pas de conflits pour des histoires d'argent, même si c'est toujours la raison première. Il en va de même pour ce qui est du conflit entre la Chine et Taïwan.

Le duo Jupiter-Uranus prendra plus d'intensité encore ! Cette conjonction amplifiera les enjeux uraniens. Cependant, cette fois-ci la configuration sera soutenue et facilitée par Mars au signe du Poissons – un Mars encadré magistralement, de part et d'autre, par Neptune et Saturne dans le même signe. Il est donc envisageable que des prises de conscience, un renouvellement des valeurs, des engagements politiques, des choix et des actes fondés sur une nouvelle responsabilité, de nouvelles compréhensions et de nouvelles coopérations concourent à préparer, à organiser et à déployer la transition uranienne, à préparer le futur écologique et social. Mais, dans le même temps, une tension entre le Soleil (Taureau) et Pluton (Verseau) nous rappellera que nous entrons dans un processus fondamental et long de guérison, un processus de transformation au long cours, une guérison à la fois écologique et sociale dont nous ne connaissons pas encore l'issue, dont nous n'avons pas encore la vision de son terme et qui nécessite d'avancer pragmatiquement, étape après étape, avec humilité.

Parlant d'humilité, bien que l'ancien président des États-Unis, Donald Trump, ait donné le coup d'envoi le 28 janvier 2023 de sa candidature à la Maison-Blanche, je ne m'attends pas à ce qu'il fasse partie des candidats nommés sur la liste électorale. En revanche, le président démocrate, Joe Biden, aura de son côté beaucoup de défis à relever dans son thème personnel. Bien que je ne sois pas surprise qu'il se présente à nouveau, cependant, s'il gagne, je ne le vois pas terminer une deuxième présidence de quatre ans.

Saturne en Poissons, prévoyez aussi des restrictions supplémentaires, plus strictes et nouvelles sur l'utilisation de l'eau. Les pénuries d'eau seront au centre des préoccupations mondiales. L'acidification des océans a toutes les chances de s'aggraver aussi ! Ce phénomène deviendra un sujet écologique brûlant, un peu comme le trou dans la couche d'ozone à la fin des années 80 et au début des années 90.

Une dure confrontation avec la réalité des « gourous » du développement personnel, en particulier ceux qui prônent une positivité toxique et un capitalisme tardif déguisé en « culture de l'agitation », est à prévoir. Attendez-vous à ce qu'un grand « gourou » s'écroule ou que sa renommée diminue de manière significative ! En contrepartie, un autre « exode massif » de la religion organisée verra le jour.

Dans le même ordre d'idées, l'industrie de l'influence va perdre beaucoup de terrain. Saturne va faire éclater cette bulle de manière significative. L'industrie de l'influence va connaître ce que le marché immobilier a connu à la fin des années 2000. Cela dit, la « culture de l'arnaque » perdra de sa popularité et les gens dénonceront de plus en plus ce qui se cache derrière ce rideau : privilèges, récits trompeurs et fausses promesses.

Une forte augmentation du rejet des filtres des médias sociaux ainsi que des images irréalistes sera d'actualité. Le cycle 2023-2025 marquera la fin de l'ère glamour des « Kardashian », des « Real Housewives » et des « Big Brother » dans la culture pop.

Sur une note finale, et en tant qu'habitants d'une province (Québec) et d'un pays (Canada) associés au signe du Cancer, il nous faut tout de même rester très optimistes : la position de Jupiter nous est extrêmement favorable pour connaître une expansion considérable vers l'étranger. Nous devrions en effet connaître de francs succès, et ce, très rapidement. Il est même possible que notre développement hydroélectrique et les autres formes d'énergies renouvelables dans lesquelles nous sommes passés maîtres soient mis à l'avant-plan sur les scènes nationale et internationale. Ne soyez pas étonnés aussi de voir nos technologies et notre expertise prendre la relève dans le monde artistique. Mais mieux encore, les Canadiens feront les finales au hockey.

Par-dessus tout, nous nous en sortirons ! Dans des moments comme celui-ci, je me console en pensant aux nombreux défis auxquels l'humanité a été confrontée tout au long de son histoire. Et pourtant, nous sommes toujours là ! Je ne dis pas cela pour minimiser ou rejeter les émotions que vous pouvez ressentir en ce moment, loin de là, mais s'il y a une chose que l'humanité a démontrée à maintes reprises, c'est sa capacité à s'adapter et à évoluer. En avant toute !

Merci pour le privilège de votre temps.

P.-S. : Il s'agit vraisemblablement d'un message très idéaliste qu'on se répète très souvent et qui est de vivre pleinement chaque minute qui passe… Au risque de me répéter, n'oubliez pas que pour bien préparer l'avenir, il faut que le présent soit joie, amour, paix, lumière et abondance. Vivons dans la joie et le bonheur aujourd'hui pour que nous soyons toujours heureux demain.

Le bonheur est en soi, mais parfois, nous avons besoin de faire le tour du monde avant de le trouver. Nous fouillons de tous les côtés pour trouver les solutions à nos questions existentielles, alors que les réponses sont toutes simples et se trouvent à l'intérieur de nous. La clé du bonheur se trouve tout simplement près du cœur, elle devrait donc être très facile à trouver. Tout ce que vous voulez que les autres fassent pour vous, faites-le de même pour eux !

TROUVER VOTRE SIGNE DU ZODIAQUE

D'abord, la chose que nous savons probablement tous déjà, c'est qu'il y a 12 signes du zodiaque. Mais à l'intention de ceux pour qui ce n'est pas le cas, je vous les énumère en tant que référence utile :

Bélier	du 21 mars au 20 avril
Taureau	du 21 avril au 20 mai
Gémeaux	du 21 mai au 21 juin
Cancer	du 22 juin au 23 juillet
Lion	du 24 juillet au 23 août
Vierge	du 24 août au 23 septembre
Balance	du 24 septembre au 23 octobre
Scorpion	du 24 octobre au 22 novembre
Sagittaire	du 23 novembre au 20 décembre
Capricorne	du 21 décembre au 20 janvier
Verseau	du 21 janvier au 19 février
Poissons	du 20 février au 20 mars

Ces dates peuvent varier d'année en année. Si vous êtes né un jour où un signe prend fin et qu'un autre débute, consultez un site d'astrologie (*alabe.com ou astro.com*) qui vous permettra de savoir à quel signe vous appartenez exactement.

Certains astrologues pensent que si une personne est née un jour où le Soleil change de signe, elle est un mélange des deux signes. Cependant, la plupart des astrologues ont tendance à croire que le Soleil ne peut être que dans un seul signe à la fois, de sorte qu'une personne est purement un signe ou l'autre. Personnellement, je crois fermement qu'il n'existe pas de signes purs en tant que tels.

L'ASCENDANT NATAL

Tout le monde possède un ascendant natal, et même si de nombreuses prévisions sont faites à partir de votre signe solaire (zodiaque), il est conseillé de porter une attention toute particulière, tant à votre signe du zodiaque qu'à celui de votre ascendant natal.

La Terre tourne sur son axe autour du Soleil, ce qui porte celle-ci à voyager de minuit à midi et de midi au coucher du Soleil, et à nouveau le cycle se poursuit. Cela signifie donc qu'à toute heure de la journée ou de la nuit, l'un ou l'autre des 12 signes du zodiaque, peut se trouver à l'horizon Est d'un thème natal.

Le Soleil, la Lune et l'ascendant natal sont les trois points les plus importants dans un thème de naissance. Le signe où séjourne votre Lune natale nous dévoile votre nature émotionnelle alors que le signe où réside votre Soleil natal nous informe sur la façon dont vous projetez votre personnalité dans ce monde. En ce qui a trait à l'ascendant, il constitue la base de ce qui vous décrit le mieux en tant que véritable identité, entité, soit votre Moi intérieur. C'est aussi la manière dont vous êtes perçu par les autres au premier contact. L'ascendant natal nous révèle aussi l'effet que vous produisez sur le monde extérieur, comment vous apparaissez aux autres, le genre de personnage que vous jouez dans votre vie sociale ainsi que votre apparence physique. La première impression que vous donnez est celle qui compte le plus, d'où l'intérêt de la soigner. Voilà pourquoi il est suggéré de porter une attention particulière au moment où on fait l'étude d'un thème, à savoir si l'ascendant est dans un signe compatible, opposé ou neutre en ce qui a trait à votre Soleil natal et à votre Lune natale.

En bref, votre Soleil natal représente votre identité véritable, contrairement à votre Lune natale, celle-ci représentant votre âme et vos désirs, alors que l'ascendant natal, lui, doit faire passer un message de ce que vous êtes à l'intérieur. Vu que les gens ne se dévoilent jamais complètement, l'ascendant symbolise donc le masque derrière lequel vous vous cachez pour mieux avancer dans la vie, dans le monde, et dans la société. Cependant, il est recommandé d'aller vers ce que révèle votre ascendant afin de mieux maîtriser vos meilleurs moyens d'action. Une personne qui ne vit pas aussi bien son ascendant natal peut être en déséquilibre total avec elle-même, et ainsi mal contrôler ses potentiels et défauts.

Connaître votre date de naissance vous révèle votre signe solaire. Pour ce qui est de votre Lune natale et l'Ascendant natal, nous devons ériger un thème d'horoscope complet ainsi qu'un tableau nous montrant où les planètes étaient à l'heure, à la date et au lieu où vous êtes né. Heureusement, de nos jours, il est très simple de trouver un site sur Internet qui effectue les calculs simplement en remplissant les informations de base.

TROUVER VOTRE ASCENDANT NATAL

Votre ascendant natal nous informe sur votre Moi intérieur, sur votre personnalité et nous dévoile des détails intéressants sur qui vous êtes et comment vous agissez au quotidien. La façon dont vous abordez la vie est déterminée dans une large mesure par votre ascendant, et c'est tout particulièrement vrai en ce qui concerne l'amour.

En fait, comme les planètes Vénus et Mars sont importantes à cet égard, un des plus grands facteurs déterminants de votre nature amoureuse est, en toute réalité, votre ascendant. Celui-ci nous renseigne sur vos qualités et défauts de départ, vos goûts préférentiels et l'image que vous affichez quand vous êtes en public. En astrologie, on dit que l'ascendant natal prédomine davantage en vieillissant, soit durant la deuxième partie de votre vie, alors qu'il prend une valeur significative.

Donc, pour trouver votre ascendant natal, il importe de savoir la date, l'heure, l'année et le lieu de votre naissance. Comment faire pour trouver tous ces renseignements si vous n'avez pas en main ces informations pertinentes ?

Premièrement, votre certificat de naissance est un bon début, puisque de nos jours, la plupart des certificats de naissance incluent l'heure de votre naissance, mais il y a des exceptions. En attendant, vous pourrez toujours consulter les archives de l'hôpital où vous êtes né, ce qui pourra être très révélateur.

Si votre certificat de naissance ne révèle pas l'heure comme telle de votre naissance, l'autre suggestion que je peux vous offrir est de vérifier les dossiers familiaux, comme la bible familiale, tout album de famille ou tout livre de bébé dans lequel les parents se faisaient un plaisir de mettre à jour tous les événements marquants de leur nouveau-né. Une dernière source, et non la moindre, est d'interroger les membres de votre parenté, mais dans ce cas, il est préférable de questionner autant de personnes que possible afin de mieux vous assurer qu'elles sont toutes en accord.

Parfois même, une heure de naissance des plus allusives peut se trouver dans un endroit des plus étranges. J'ai déjà eu une consultation avec une dame qui était née dans un petit village de l'Amérique du Sud au début des années 1900, si ma mémoire ne me fait pas défaut. Quand je lui ai demandé son heure de naissance, elle m'a dit qu'elle ne le savait pas, alors qu'à cette époque, un registre des naissances n'était pas tenu, et ce, sans tenir compte que parfois, le père pouvait décider d'enregistrer ladite naissance jusqu'à un an après celle-ci, quand il trouvait finalement le temps de le faire. Je lui ai demandé en retour si elle possédait une boîte qui contenait des souvenirs de sa naissance, de son enfance, de sa jeunesse, et elle a dit oui. Je lui ai donc suggéré d'y jeter un coup d'œil ; grâce à cette initiative, la bonne dame a découvert une photo d'elle qui avait été prise quelques heures après sa naissance, et sur l'endos de cette photo étaient notées la date et l'heure de sa naissance.

Si tout le reste échoue et que vous ne pouvez trouver personne qui se souvient quand et où vous êtes né, ou si vous n'arrivez pas à découvrir une preuve tangible de votre heure de naissance, il existe d'autres méthodes qui ont fait leurs preuves, entre autres, la rectification de l'heure de naissance. C'est un processus exigeant suivant lequel on doit essayer de faire correspondre tous les événements marquants de la vie d'un sujet en liaison avec les mouvements planétaires qui ont pris place à l'époque investiguée.

La méthode suggérée

La méthode en trois points que je vous suggère ici vous permettra de trouver votre ascendant natal rapidement, pour les natifs du Québec, sans faire tous les calculs précis que requiert une carte du ciel. Cependant, si vous tenez à une plus grande précision, il est toujours possible de consulter de nombreux sites sur Internet, tels que ***www.astro.com*** ou ***www.alabe.com***, qui sont spécialisés dans l'établissement d'une carte du ciel natal.

Par contre, si vous êtes né en France, en Suisse ou en Belgique, je vous encourage à lire attentivement les pages qui suivent, ne serait-ce que pour mieux vous informer sur le processus à suivre, par la suite, reportez-vous au chapitre réservé au calcul de votre ascendant natal, suivant qu'il y a de nombreux points dont il faut absolument tenir compte tels que l'heure locale, l'heure légale (heure de Greenwich), l'heure d'été et les périodes d'occupation en temps de guerre pour les natifs de l'Europe. Entre-temps, voyons pour ce qui est des personnes nées au Québec.

1. Votre heure de naissance

L'ascendant se calcule à partir de l'heure de votre naissance; il faut donc que vous sachiez à quelle heure vous êtes né pour le calculer. Cependant, si votre heure de naissance est imprécise, vous pouvez toujours essayer quand même de faire le travail proposé ici, mais bien évidemment, l'ascendant que vous obtiendrez alors sera imprécis, lui aussi.

Donc, vous savez maintenant que votre ascendant se calcule à partir de votre heure de naissance. Rappelez-vous cependant ces deux éléments essentiels:

1. Si vous êtes né en après-midi ou même en soirée, il faut que vous spécifiiez votre heure en système de 0 à 24 heures. Donc, au lieu d'écrire 2 h de l'après-midi, vous écrirez 14 h et au lieu de 9 h du soir, vous écrirez 21 h. C'est très important, ne l'oubliez pas! En effet, si vous êtes né en soirée ou en après-midi, vous n'aurez pas le même ascendant que si vous étiez né le matin.
2. En astrologie, il faut *toujours prendre l'heure réelle* et *non pas l'heure avancée*. Vous ne voulez pas calculer l'ascendant de quelqu'un qui serait né une heure plus tard que vous!

Savez-vous si vous êtes né pendant une période d'heure avancée? C'est facile de le savoir grâce aux lignes qui suivent, et vous comprendrez aisément.

Tableau de l'heure avancée

Avant 1918, il n'y avait pas d'heure avancée.

Si vous êtes né entre les dates suivantes, enlevez une heure à votre heure de naissance pour avoir votre heure réelle de naissance.

En 1918, du 14 avril au 31 octobre inclusivement, l'heure était avancée dans toute la province de Québec.

De 1919 à 1927 inclusivement, l'heure était avancée à Montréal seulement:

- en 1919, du 31 mars au 25 octobre;
- en 1920, du 2 mai au 3 octobre;
- en 1921, du 1er mai au 2 octobre;
- en 1922, du 30 avril au 1er octobre;
- en 1923, du 13 mai au 30 septembre;

- en 1924, du 18 mai au 28 septembre ;
- en 1925, du 3 mai au 27 septembre ;
- en 1926, du 2 mai au 26 septembre ;
- en 1927, du 1er mai au 25 septembre ;

Si vous êtes né ailleurs dans la province, laissez votre heure telle quelle.

À partir de 1928, l'heure est avancée à Montréal et dans tout le reste de la province entre les dates suivantes :

- en 1928, du 29 avril au 30 septembre ;
- en 1929, du 28 avril au 29 septembre ;
- en 1930, du 27 avril au 28 septembre ;
- en 1931, du 26 avril au 27 septembre ;
- en 1932, du 24 avril au 25 septembre ;
- en 1933, du 30 avril au 24 septembre ;
- en 1934, du 29 avril au 30 septembre ;
- en 1935, du 28 avril au 29 septembre ;
- en 1936, du 26 avril au 27 septembre ;
- en 1937, du 25 avril au 26 septembre ;
- en 1938, du 24 avril au 25 septembre ;
- en 1939, du 30 avril au 24 septembre ;
- en 1940, du 28 avril au 31 décembre* ;
- en 1941, toute l'année* ;
- en 1942, toute l'année* ;
- en 1943, toute l'année* ;
- en 1944, toute l'année* ;
- en 1945, toute l'année* ;
- en 1946, du 28 avril au 29 septembre ;
- en 1947, du 27 avril au 28 septembre ;
- en 1948, du 25 avril au 26 septembre ;
- en 1949, du 24 avril au 25 septembre ;
- en 1950, du 30 avril au 24 septembre ;
- en 1951, du 29 avril au 30 septembre ;
- en 1952, du 27 avril au 28 septembre ;
- en 1953, du 26 avril au 27 septembre ;

* L'heure fut avancée continuellement, hiver comme été, durant la guerre, soit de 1940 à 1945.

- en 1954, du 25 avril au 26 septembre;
- en 1955, du 24 avril au 25 septembre;
- en 1956, du 29 avril au 30 septembre;

De 1957 à 2006 inclusivement, l'heure était avancée du dernier dimanche d'avril au dernier dimanche d'octobre:

- en 1957, du 28 avril au 27 octobre;
- en 1958, du 27 avril au 26 octobre;
- en 1959, du 26 avril au 25 octobre;
- en 1960, du 24 avril au 30 octobre;
- en 1961, du 30 avril au 29 octobre;
- en 1962, du 29 avril au 28 octobre;
- en 1963, du 28 avril au 27 octobre;
- en 1964, du 26 avril au 25 octobre;
- en 1965, du 25 avril au 31 octobre;
- en 1966, du 24 avril au 30 octobre;
- en 1967, du 30 avril au 29 octobre;
- en 1968, du 28 avril au 27 octobre;
- en 1969, du 27 avril au 26 octobre;
- en 1970, du 26 avril au 25 octobre;
- en 1971, du 25 avril au 31 octobre;
- en 1972, du 30 avril au 29 octobre;
- en 1973, du 29 avril au 28 octobre;
- en 1974, du 28 avril au 27 octobre;
- en 1975, du 27 avril au 26 octobre;
- en 1976, du 25 avril au 31 octobre;
- en 1977, du 24 avril au 30 octobre;
- en 1978, du 30 avril au 29 octobre;
- en 1979, du 29 avril au 28 octobre;
- en 1980, du 27 avril au 26 octobre;
- en 1981, du 26 avril au 25 octobre;
- en 1982, du 25 avril au 31 octobre;
- en 1983, du 24 avril au 30 octobre;
- en 1984, du 29 avril au 28 octobre;
- en 1985, du 28 avril au 27 octobre;

- en 1986, du 27 avril au 26 octobre ;
- en 1987, du 5 avril au 25 octobre ;
- en 1988, du 3 avril au 30 octobre ;
- en 1989, du 2 avril au 29 octobre ;
- en 1990, du 1er avril au 28 octobre ;
- en 1991, du 7 avril au 29 octobre ;
- en 1992, du 5 avril au 25 octobre ;
- en 1993, du 4 avril au 31 octobre ;
- en 1994, du 3 avril au 30 octobre ;
- en 1995, du 2 avril au 29 octobre ;
- en 1996, du 7 avril au 27 octobre ;
- en 1997, du 6 avril au 26 octobre ;
- en 1998, du 5 avril au 25 octobre ;
- en 1999, du 4 avril au 31 octobre ;
- en 2000, du 2 avril au 29 octobre ;
- en 2001, du 1er avril au 28 octobre ;
- en 2002, du 7 avril au 27 octobre ;
- en 2003, du 6 avril au 26 octobre ;
- en 2004, du 4 avril au 31 octobre ;
- en 2005, du 3 avril au 28 octobre ;
- en 2006, du 2 avril au 29 octobre ;

Depuis 2007, l'heure est toujours avancée du deuxième dimanche de mars au premier dimanche de novembre :

- en 2007, du 11 mars au 4 novembre ;
- en 2008, du 9 mars au 2 novembre ;
- en 2009, du 8 mars au 1er novembre ;
- en 2010, du 14 mars au 7 novembre ;
- en 2011, du 13 mars au 6 novembre ;
- en 2012, du 11 mars au 4 novembre ;
- en 2013, du 10 mars au 3 novembre ;
- en 2014, du 9 mars au 2 novembre ;
- en 2015, du 1er mars au 1er novembre ;
- en 2016, du 13 mars au 6 novembre ;
- en 2017, du 12 mars au 5 novembre ;
- en 2018, du 11 mars au 4 novembre ;

- en 2019, du 10 mars au 3 novembre;
- en 2020, du 8 mars au 1er novembre;
- en 2021, du 14 mars au 7 novembre.
- en 2022, du 13 mars au 6 novembre;
- en 2023, du 12 mars au 5 novembre;
- en 2024, du 10 mars au 3 novembre.

Donc, si vous êtes né entre les dates énumérées préalablement, n'allez pas oublier d'enlever une heure à votre heure de naissance pour obtenir votre heure réelle de naissance.

2. Le temps sidéral

Le temps sidéral est une heure qui correspond à une seule journée de l'année. Chaque journée a le sien; il n'y a pas deux journées qui ont le même temps sidéral.

Pour calculer votre ascendant, vous avez donc besoin de connaître le temps sidéral qui correspond au jour de votre naissance. Comment faire? Rien de plus simple.

Aux pages 44 et 45, vous trouverez un tableau: à la première ligne du tableau figurent les 12 mois de l'année, chacun correspondant à une colonne. La première colonne comporte des chiffres allant de 1 à 31. Ces chiffres correspondent aux quantièmes (jours) des mois.

Il vous suffit maintenant de trouver, dans la colonne qui correspond à votre mois de naissance, la ligne de votre jour de naissance et le tour est joué. Par exemple, si vous êtes né le 1er janvier, vous cherchez sous la colonne janvier, la première ligne, et vous voyez 6 h 36. Le temps sidéral qui correspond à votre jour de naissance est donc 6 h 36. De même, si vous êtes né le 11 septembre, vous allez voir sous la colonne de septembre la ligne qui correspond au 11, et vous trouvez votre temps sidéral, qui est 23 h 18.

Note: *Pour vous faciliter la tâche, le tableau des pages 44 et 45 indique le temps sidéral corrigé et simplifié pour le Québec.*

Suivez la ligne qui correspond à votre jour de naissance jusqu'à la colonne de votre mois de naissance: vous aurez maintenant le temps sidéral qui correspond à votre date de naissance.

Maintenant, vous additionnez !

Vous avez donc maintenant votre heure réelle de naissance et le temps sidéral qui correspond à votre jour de naissance : il vous suffit de faire une toute petite addition. Bien sûr, vous avez pris soin de vous assurer que votre heure de naissance est inscrite en système de 0 à 24 heures, surtout si vous êtes né en après-midi ou en soirée.

Attention

Vous avez des heures et des minutes. Vous savez qu'il y a 60 minutes dans une heure et 24 heures dans une journée.

Si, en additionnant, vous avez un total de minutes supérieur ou égal à 60, vous soustrayez 60 du nombre des minutes et vous ajoutez une heure de plus au nombre des heures.

De même, si, en additionnant, vous avez un total d'heures supérieur ou égal à 24, vous soustrayez 24 du nombre d'heures, sans tenir compte de la journée supplémentaire.

Vous avez maintenant un total en heures et en minutes : vous n'avez plus qu'à consulter la *Table des ascendants* à la page 46, à trouver la section qui correspond à votre résultat et à identifier le signe de votre ascendant.

Exemple

Supposons qu'une personne soit née le 24 juin 1967, à 2 h 25 de l'après-midi. Nous savons que, pour calculer l'ascendant, il faut utiliser l'heure en système de 0 à 24 heures. Donc, 2 h 25 de l'après-midi, c'est en réalité 14 h 25. Comme l'heure était avancée (voir le tableau de l'heure avancée), il faut donc soustraire 1 heure, ce qui donne 14 h25 – 1 h = 13 h 25.

Maintenant que nous avons l'heure réelle de naissance, faisons le calcul :

Heure réelle de naissance	13 h 25
Temps sidéral (du 24 juin) +	18 h 06
Total	31 h 31

Comme le nombre des heures est supérieur à 24, nous soustrayons 24 heures à 31 h 31, ce qui donne : 31 h 31 – 24 h = 7 h 31

En consultant la *Table des ascendants* à la page 46, on voit bien que l'ascendant de cette personne est en Balance.

TEMPS SIDÉRAL : QUÉBEC – DU 1er JANVIER AU 31 DÉCEMBRE

Jour	Janv.	Févr.	Mars	Avril	Mai	Juin	Juil.	Août	Sept.	Oct.	Nov.	Déc.
1	6 h 36	8 h 38	10 h 33	12 h 36	14 h 33	16 h 36	18 h 34	20 h 37	22 h 39	0 h 37	2 h 39	4 h 38
2	6 h 40	8 h 42	10 h 37	12 h 40	14 h 37	16 h 40	18 h 38	20 h 41	22 h 43	0 h 41	2 h 43	4 h 42
3	6 h 44	8 h 46	10 h 40	12 h 44	14 h 41	16 h 43	18 h 42	20 h 45	22 h 47	0 h 45	2 h 47	4 h 46
4	6 h 48	8 h 50	10 h 44	12 h 48	14 h 45	16 h 47	18 h 46	20 h 49	22 h 51	0 h 49	2 h 51	4 h 50
5	6 h 52	8 h 54	10 h 48	12 h 52	14 h 49	16 h 51	18 h 50	20 h 53	22 h 55	0 h 53	2 h 55	4 h 54
6	6 h 56	8 h 58	10 h 52	12 h 55	14 h 53	16 h 55	18 h 54	20 h 57	22 h 59	0 h 57	2 h 59	4 h 57
7	7 h 00	9 h 02	10 h 56	12 h 58	14 h 57	16 h 59	18 h 58	21 h 00	23 h 03	1 h 01	3 h 03	5 h 01
8	7 h 04	9 h 06	11 h 00	13 h 02	15 h 01	17 h 03	19 h 02	21 h 04	23 h 07	1 h 05	3 h 07	5 h 05
9	7 h 08	9 h 10	11 h 04	13 h 06	15 h 05	17 h 07	19 h 06	21 h 08	23 h 11	1 h 09	3 h 11	5 h 09
10	7 h 12	9 h 14	11 h 08	13 h 10	15 h 09	17 h 11	19 h 10	21 h 12	23 h 14	1 h 13	3 h 15	5 h 13
11	7 h 15	9 h 18	11 h 12	13 h 14	15 h 13	17 h 15	19 h 14	21 h 16	23 h 18	1 h 17	3 h 19	5 h 17
12	7 h 19	9 h 22	11 h 16	13 h 18	15 h 17	17 h 19	19 h 18	21 h 20	23 h 22	1 h 21	3 h 23	5 h 21
13	7 h 23	9 h 26	11 h 20	13 h 22	15 h 21	17 h 23	19 h 22	21 h 24	23 h 26	1 h 25	3 h 27	5 h 25
14	7 h 27	9 h 30	11 h 24	13 h 26	15 h 24	17 h 27	19 h 26	21 h 28	23 h 30	1 h 29	3 h 31	5 h 29
15	7 h 31	9 h 33	11 h 28	13 h 30	15 h 28	17 h 31	19 h 30	21 h 32	23 h 34	1 h 32	3 h 35	5 h 33

Jour	Janv.	Févr.	Mars	Avril	Mai	Juin	Juil.	Août	Sept.	Oct.	Nov.	Déc.
16	7 h 35	9 h 37	11 h 32	13 h 34	15 h 32	17 h 34	19 h 34	21 h 36	23 h 38	1 h 36	3 h 39	5 h 37
17	7 h 39	9 h 41	11 h 36	13 h 38	15 h 36	17 h 38	19 h 38	21 h 40	23 h 42	1 h 40	3 h 43	5 h 41
18	7 h 43	9 h 45	11 h 40	13 h 42	15 h 40	17 h 42	19 h 42	21 h 44	23 h 46	1 h 44	3 h 47	5 h 45
19	7 h 47	9 h 49	11 h 44	13 h 46	15 h 44	17 h 46	19 h 46	21 h 48	23 h 50	1 h 48	3 h 50	5 h 49
20	7 h 51	9 h 53	11 h 48	13 h 50	15 h 48	17 h 50	19 h 49	21 h 52	23 h 54	1 h 52	3 h 54	5 h 53
21	7 h 55	9 h 57	11 h 52	13 h 54	15 h 52	17 h 54	19 h 53	21 h 56	23 h 58	1 h 56	3 h 58	5 h 57
22	7 h 59	10 h 01	11 h 55	13 h 58	15 h 56	17 h 58	19 h 57	22 h 00	0 h 02	2 h 00	4 h 02	6 h 01
23	8 h 03	10 h 05	11 h 58	14 h 02	16 h 00	18 h 02	20 h 02	22 h 04	0 h 06	2 h 04	4 h 06	6 h 05
24	8 h 07	10 h 09	12 h 02	14 h 06	16 h 04	18 h 06	20 h 06	22 h 08	0 h 10	2 h 06	4 h 10	6 h 09
25	8 h 11	10 h 13	12 h 06	14 h 10	16 h 08	18 h 10	20 h 10	22 h 12	0 h 14	2 h 12	4 h 14	6 h 13
26	8 h 15	10 h 17	12 h 10	14 h 14	16 h 12	18 h 14	20 h 14	22 h 16	0 h 18	2 h 16	4 h 18	6 h 17
27	8 h 19	10 h 21	12 h 14	14 h 18	16 h 16	18 h 18	20 h 18	22 h 20	0 h 23	2 h 20	4 h 22	6 h 21
28	8 h 23	10 h 25	12 h 18	14 h 22	16 h 20	18 h 22	20 h 22	22 h 24	0 h 26	2 h 24	4 h 26	6 h 24
29	8 h 26	10 h 29	12 h 22	14 h 26	16 h 24	18 h 26	20 h 26	22 h 27	0 h 30	2 h 28	4 h 30	6 h 28
30	8 h 30		12 h 26	14 h 29	16 h 28	18 h 30	20 h 30	22 h 31	0 h 34	2 h 32	4 h 34	6 h 32
31	8 h 34		12 h 30		16 h 32		20 h 33	22 h 35		2 h 36		6 h 36

TABLE DES ASCENDANTS			
Heures			**Ascendants**
0 h 00	à	0 h 34	Cancer
0 h 35	à	3 h 21	Lion
3 h 22	à	5 h 59	Vierge
6 h 00	à	8 h 40	Balance
8 h 41	à	11 h 18	Scorpion
11 h 19	à	13 h 43	Sagittaire
13 h 44	à	15 h 35	Capricorne
15 h 36	à	16 h 58	Verseau
16 h 59	à	17 h 59	Poissons
18 h 00	à	19 h 04	Bélier
19 h 05	à	20 h 24	Taureau
20 h 25	à	22 h 22	Gémeaux
22 h 23	à	24 h 00	Cancer

Si vous avez bien suivi le processus suggéré aux pages précédentes pour trouver votre ascendant natal, vous connaissez donc à présent votre signe solaire et votre ascendant natal. Vous êtes encouragé maintenant à lire la description que je vous ai préparée au chapitre intitulé « Ce que votre ascendant natal vous révèle », alors que vous pourrez à présent prendre mieux connaissance de votre véritable identité.

Quand vous avez obtenu votre total d'heures, reportez-vous à la table des ascendants ci-haut. Et si le total en question dépasse 24 heures, retirez 24 heures pour obtenir l'heure réelle.

CALCUL DE L'ASCENDANT NATAL POUR L'EUROPE

S'il est une difficulté pour dresser un thème, elle est moins dans le calcul d'un thème de naissance que dans la résolution du problème d'horaire. Il convient donc de vous expliquer le processus et de commencer par des définitions.

L'*heure locale* est en réalité l'heure du méridien de votre *lieu* de naissance. Cette heure locale variant forcément avec la longitude et n'étant fondée que pour les pays situés sur cette longitude. On a été amené à employer sur toute l'étendue d'un même pays une heure unique, appelée *heure légale* parce que définie par une loi ; c'est cette heure qui est marquée sur les horloges publiques et que transmet, en France, l'horloge parlante de l'Observatoire de Paris. Quant à l'heure de *Greenwich*, elle correspond à l'heure du méridien de Greenwich. Il en est de même pour la France, la Suisse, et la Belgique. Ces précisions fournies, nous pouvons maintenant aborder le régime horaire de la France.

Depuis le 9 mars 1911, une nouvelle loi est entrée en vigueur qui a adopté l'heure du méridien de Greenwich, l'*heure légale*, donc l'heure locale de Greenwich. Tous les pays d'Europe occidentale se sont d'ailleurs alignés, à des dates différentes, sur ce fuseau horaire. Ajoutons à tout cela la complication de *l'heure d'été* en vigueur depuis 1916. Durant les périodes annuelles où elle est appliquée, les horloges sont en avance d'une heure sur l'heure de Greenwich. Pour les naissances survenues en période d'heure d'été, il convient de retrancher cette heure. Durant l'occupation allemande, l'heure légale devint celle du méridien de l'Europe centrale, si bien que dans les périodes d'heure d'été en 1940 et 1945, l'heure en vigueur fut en avance de deux heures sur celle du méridien de Greenwich.

Noter des différences horaires entre la zone libre et la zone occupée entre 1940-1942. Or, en zone occupée, l'avance était de 2 h à partir du 15 juin 1940 (au fur et à mesure de l'avance allemande) jusqu'au 2 novembre 1942, 1 h (GMT) ; en zone libre, l'avance de 1 h a été maintenue du 25 février 1940 au 4 mai 1941, 23 (GMT) devenant le 5 mai 1 h légale. On est alors passé au régime horaire allemand (avance de 2 h) pour revenir à l'heure d'hiver (avance de 1 h) le 5 octobre 1941, 22 h (GMT), devenant le 5, 23 h légale. Cette zone a repris l'avance de 2 h le 8 mars 1942, 23 h (GMT) devenant le 9, à 1 h légale, jusqu'au 2 novembre 1942, 1 h (GMT) devenant le 2, 2 h légale, retour à l'heure d'hiver. À partir de cette date, le régime horaire a été le même pour les deux zones jusqu'au 16 septembre 1945, 1 h (GMT), devenant le 16, 2 h légale, où l'heure s'est maintenue jusqu'à maintenant (avance de 1 h). La ligne de démarcation qui délimitait les deux zones passait par les départements suivants: Haute-Savoie, Jura, Saône-et-Loire, Allier, Cher, Loir-et-Cher, Indre-et-Loire, Vienne, Charente, Dordogne, Gironde, Landes et Pyrénées-Atlantiques.

Comment calculer votre ascendant pour la France

Soulignons que la France fait partie du même fuseau horaire que GMT (Greenwich), mais son horloge n'est pas toujours réglée au même temps (il y a parfois 1 h ou 2 h d'écart l'été). Vous devrez donc apporter les correctifs nécessaires à votre heure de naissance. Voici le processus à suivre:

1. Exactement comme dans le processus de calcul suggéré pour trouver votre ascendant natal si vous êtes né au Québec, vous devez repérer dans le tableau des pages 49 et 50 l'heure sidérale qui correspond à votre jour et à votre mois de naissance.
2. Veuillez additionner l'heure sidérale trouvée à votre heure de naissance réelle:
   - Si vous êtes né après 1916 et avant 1940, retirez une heure;
   - entre 1940 et le 16 septembre 1945, retirez 2 heures;
   - né après le 16 septembre 1945, retirez toujours 1 heure;
   - après 1976, n'oubliez pas de retirer 2 heures si vous êtes né en période d'heure d'été.
3. Quand vous avez obtenu votre total d'heures, reportez-vous au tableau à la page 51. Si le total en question dépasse 24 heures, retirez 24 heures pour obtenir l'heure réelle.

   Exemple: né le 1er mars 1947 à 17 heures

   17 heures = heure de naissance

   10 h 32 = heure sidérale

   Le total des deux = 27 h 32

   Retranchez 1 heure = 26 h 32

   Retranchez 24 heures = Ascendant Lion

TEMPS SIDÉRAL : FRANCE, SUISSE, BELGIQUE – DU 1er JANVIER AU 31 DÉCEMBRE

Jour	Janv.	Févr.	Mars	Avril	Mai	Juin	Juil.	Août	Sept.	Oct.	Nov.	Déc.
1	6 h 36	8 h 37	10 h 32	12 h 35	14 h 32	16 h 35	18 h 34	20 h 36	22 h 38	0 h 36	2 h 38	4 h 37
2	6 h39	8 h 41	10 h 36	12 h 39	14 h 36	16 h 42	18 h 37	20 h 40	22 h 42	0 h 40	2 h 42	4 h 41
3	6 h 43	8 h 45	10 h 39	12 h 43	14 h 40	16 h 46	18 h 41	20 h 44	22 h 46	0 h 44	2 h 46	4 h 45
4	6 h 47	8 h 49	10 h 43	12 h 47	14 h 44	16 h 50	18 h 45	20 h 49	22 h 51	0 h 48	2 h 50	4 h 50
5	6 h 51	8 h 53	10 h 47	12 h 51	14 h 48	16 h 54	18 h 48	20 h 54	22 h 54	0 h 54	2 h 54	4 h 53
6	6 h 55	8 h 57	10 h 51	12 h 54	14 h 52	16 h 58	18 h 53	20 h 56	22 h 55	0 h 56	2 h 58	4 h 56
7	7 h 00	9 h 01	10 h 55	12 h 57	14 h 56	17 h 02	18 h 57	20 h 59	22 h 02	1 h 00	3 h 02	5 h 00
8	7 h 03	9 h 56	11 h 00	13 h 01	15 h 00	17 h 06	19 h 01	21 h 03	23 h 06	1 h 05	3 h 08	5 h 04
9	7 h 07	9 h 09	11 h 04	13 h 06	15 h 04	17 h 10	19 h 04	21 h 07	23 h 10	1 h 09	3 h 12	5 h 09
10	7 h 14	9 h 19	11 h 14	13 h 14	15 h 09	17 h 15	19 h 11	21 h 12	23 h 14	1 h 14	3 h 15	5 h 13
11	7 h 16	9 h 22	11 h 17	13 h 17	15 h 17	17 h 23	19 h 12	21 h 15	23 h 17	1 h 18	3 h 18	5 h 14
12	7 h 20	9 h 2	11 h 18	13 h 20	15 h 20	17 h 26	19 h 18	21 h 16	23 h 18	1 h 21	3 h 21	5 h 17
13	7 h 22	9 h 25	11 h 20	13 h 21	15 h 23	17 h 29	19 h 18	21 h 19	23 h 22	1 h 22	3 h 23	5 h 20
14	7 h 25	9 h 28	11 h 23	13 h 24	15 h 24	17 h 30	19 h 22	21 h 22	23 h 25	1 h 25	3 h 27	5 h 23
15	7 h 28	9 h 33	11 h 26	13 h 27	15 h 27	17 h 33	19 h 27	21 h 26	23 h 29	1 h 29	3 h 31	5 h 27

Jour	Janv.	Févr.	Mars	Avril	Mai	Juin	Juil.	Août	Sept.	Oct.	Nov.	Déc.
16	7 h 35	9 h 37	11 h 32	13 h 34	15 h 32	17 h 34	19 h 34	21 h 36	23 h 38	1 h 36	3 h 39	5 h 37
17	7 h 39	9 h 41	11 h 36	13 h 38	15 h 36	17 h 38	19 h 38	21 h 40	23 h 42	1 h 40	3 h 43	5 h 41
18	7 h 43	9 h 45	11 h 40	13 h 42	15 h 40	17 h 42	19 h 42	21 h 44	23 h 46	1 h 44	3 h 47	5 h 45
19	7 h 47	9 h 49	11 h 44	13 h 46	15 h 44	17 h 46	19 h 46	21 h 48	23 h 50	1 h 48	3 h 50	5 h 49
20	7 h 51	9 h 53	11 h 48	13 h 50	15 h 48	17 h 50	19 h 49	21 h 52	23 h 54	1 h 52	3 h 54	5 h 53
21	7 h 55	9 h 57	11 h 52	13 h 54	15 h 52	17 h 54	19 h 53	21 h 56	23 h 58	1 h 56	3 h 58	5 h 57
22	7 h 59	10 h 01	11 h 55	13 h 58	15 h 56	17 h 58	19 h 57	22 h 00	0 h 02	2 h 00	4 h 02	6 h 01
23	8 h 03	10 h 05	11 h 58	14 h 02	16 h 00	18 h 02	20 h 02	22 h 04	0 h 06	2 h 04	4 h 06	6 h 05
24	8 h 07	10 h 09	12 h 02	14 h 06	16 h 04	18 h 06	20 h 06	22 h 08	0 h 10	2 h 06	4 h 10	6 h 09
25	8 h 11	10 h 13	12 h 06	14 h 10	16 h 08	18 h 10	20 h 10	22 h 12	0 h 14	2 h 12	4 h 14	6 h 13
26	8 h 15	10 h 17	12 h 10	14 h 14	16 h 12	18 h 14	20 h 14	22 h 16	0 h 18	2 h 16	4 h 18	6 h 17
27	8 h 19	10 h 21	12 h 14	14 h 18	16 h 16	18 h 18	20 h 18	22 h 20	0 h 23	2 h 20	4 h 22	6 h 21
28	8 h 23	10 h 25	12 h 18	14 h 22	16 h 20	18 h 22	20 h 22	22 h 24	0 h 26	2 h 24	4 h 26	6 h 24
29	8 h 26	10 h 29	12 h 22	14 h 26	16 h 24	18 h 26	20 h 26	22 h 27	0 h 30	2 h 28	4 h 30	6 h 28
30	8 h 30		12 h 26	14 h 29	16 h 28	18 h 30	20 h 30	22 h 31	0 h 34	2 h 32	4 h 34	6 h 32
31	8 h 34		12 h 30		16 h 32		20 h 33	22 h 35		2 h 36		6 h 36

TABLE DES ASCENDANTS

Heures			Ascendants
0 h 34	à	3 h 16	Lion
3 h 17	à	6 h 00	Vierge
6 h 01	à	8 h 43	Balance
8 h 44	à	11 h 25	Scorpion
11 h 26	à	13 h 53	Sagittaire
13 h 54	à	15 h 42	Capricorne
15 h 43	à	17 h 00	Verseau
17 h 01	à	17 h 58	Poissons
17 h 59	à	18 h 58	Bélier
18 h 59	à	20 h 17	Taureau
20 h 18	à	22 h 08	Gémeaux
22 h 09	à	00 h 33	Cancer

Si vous avez bien suivi le processus suggéré aux pages précédentes pour trouver votre ascendant natal, vous connaissez donc à présent votre signe solaire, mais aussi que votre ascendant natal. Vous êtes donc encouragé maintenant à lire la description préparée au chapitre intitulé « Ce que votre ascendant natal vous révèle », alors que vous pourrez finalement prendre connaissance de votre véritable identité. À lire à la page suivante…

P.-S. : Le Parlement européen n'a toujours pas statué en ce qui a trait au changement d'heure deux fois par an. Par conséquent, il va falloir changer d'heure une nouvelle fois, à moins que, bien entendu, l'Europe nous donne de ses nouvelles.

CE QUE VOTRE ASCENDANT NATAL VOUS RÉVÈLE

Ascendant Bélier

Vous êtes la version la plus agressive de votre signe solaire, soit avec une énergie débordante qui peut être utilisée de manière productive. Surveillez votre tendance à réagir de manière excessive sur le plan émotionnel et à vous surmener. Vous vous montrez ouvertement compétitif, ce qui est un atout dans les affaires ou le sport. Faites attention à l'impatience qui pourrait entraîner des blessures à la tête. Votre démarche et votre attitude pourraient être marquées par une posture tête en avant, influencée par le Bélier. Vous pourriez porter plus de couleurs vives, notamment du rouge, que les autres personnes de votre signe. Vous pouvez avoir tendance aussi à conduire votre voiture plus rapidement. Toute personne née avec le signe du Bélier à l'ascendant ressent le besoin de s'affirmer, de vouloir être la première. Énergique, brave et courageux, vous êtes pourvu d'un bel esprit d'initiative. Entrepreneur-né, porté à agir sur des coups de tête et à parler sans réfléchir, vos initiatives nombreuses ne vous conduisent pas toujours à la réalisation de vos projets, alors que vous êtes souvent inconséquent dans vos entreprises, puisque vous cherchez dès lors un autre projet dans lequel vous investir. Prompt, impatient, actif et agité, vous vous fâchez facilement. Vous avez tendance aussi à imposer votre rythme, vos idées et vos désirs aux personnes qui vous entourent. Vous aimez jouer un rôle de premier plan et vous êtes friand de prendre des risques qui, parfois d'ailleurs, tendent à vous mettre en situations périlleuses. Pas étonnant que vous accusiez maintes blessures au cours de votre existence. Vous avez possiblement une cicatrice au niveau de la tête ou que vous ayez cassé ou perdu une de vos dents dans votre jeunesse. Vous pouvez parfois développer aussi une calvitie précoce. En ce qui a trait à vos amours, vous êtes *a priori* un passionné, à la folie et avec fougue, et vos sentiments sont tout aussi vifs qu'entiers.

Ascendant Taureau

Vous dégagez une qualité protectrice et nourricière, même si vous êtes un homme, qui attire ceux qui ont besoin de soins et de soutien. Vous vous déplacez lentement, avec une belle voix, ou une voix distinctive, parlant ou chantant, qui peut être particulièrement apaisante ou mélodieuse. Vous vous entourez probablement de confort, de bonne nourriture, d'un environnement luxueux et de plaisirs sensuels, et vous préférez accueillir les autres dans votre maison pour les distraire. Vous avez peut-être un talent pour les affaires, notamment dans le commerce, l'évaluation ou l'immobilier. Cet ascendant peut également donner un physique bien rembourré qui prend facilement du poids. En tant qu'ascendant Taureau, vous vous montrez avant tout comme étant une personne timide, patiente, parfois trop, lente à réagir et à démarrer. Pondéré, calme, sensuel et affectueux, c'est à travers les sentiments que vous exprimez et développez votre personnalité. En tant que bon signe de terre, vous êtes habité par cette peur de manquer d'argent. Cela explique votre besoin de sécurité si immense. Heureusement, votre vie matérielle s'améliore avec l'âge, ce qui fait que vous pourrez jouir d'une vie confortable. Gourmand et épicurien, vous aimez ce que la vie a de meilleur à offrir. Contrairement aux natifs du Bélier, vous êtes capable de prendre des décisions aussi réfléchies que bien mûries. Apte à réaliser vos visées, vous menez toujours à bon port les projets que vous mettez de l'avant et vous faites de vos ambitions une réalité. En tant que signe fixe, vous avez en horreur tout changement quel qu'il soit ainsi que déménager, étant donné que vous préférez de loin vous cantonner dans ce qui est sûr et stable. Constant dans vos sentiments, en amour, vous êtes fidèle et possessif. On dit même que, parfois, vous pouvez être jaloux et rancunier.

Ascendant Gémeaux

Vous avez un look plus aérien, plus léger, plus éthéré que les autres personnes de votre signe, surtout si vous êtes une femme. Vous aimez être en compagnie des gens et vous exprimez facilement vos sentiments. Vous avez peut-être des talents d'écrivain ou d'orateur. Vous avez besoin de variété et d'un scénario en constante évolution, avec de nombreux personnages différents, bien que vos relations soient plus profondes qu'on ne le pense et que vous soyez beaucoup plus sympathique et attentionné qu'on ne le croit. Vous voyagez probablement beaucoup et changerez de partenaire et d'emploi plusieurs fois, ou vous jonglerez avec deux à la fois. Physiquement, vous devriez essayer de cultiver la tranquillité et de créer une atmosphère plus calme, car vos nerfs peuvent être très sensibles. L'ascendant Gémeaux donne une apparence toujours plus jeune. Vif, instable, qui ne veut rien manquer et en perpétuel mouvement, vous avez tendance à vous éparpiller. Logique, changeant, mais très adaptable aussi, vous vous montrez comme étant quelqu'un de très humain. Influençable, impressionnable et habile, vous êtes parfois frivole et superficiel. Brillant, curieux et habile de vos mains, vos nombreuses activités vous mèneront au succès, tant dans le monde des relations publiques que celui des communications. Étant quelqu'un qui aime le changement, il vous arrivera de changer plusieurs fois d'allure, de style, d'activité au cours d'une vie. Il est même possible aussi que vous ayez occupé deux emplois à la fois. Vous êtes porté à commencer mille et une choses, mais à ne pas toutes les terminer. Et quant à vos amours, ils sont assez généralement compliqués. Toujours prêt à nouer de nouvelles rencontres et à butiner d'une fleur à l'autre, votre grande sensibilité maladive vous vaudra maints chagrins. Même si vous êtes une personne qui ressent un grand besoin de parler et de communiquer, vous n'exprimez pas nécessairement toujours aisément vos sentiments.

Ascendant Cancer

Vous comprenez facilement les besoins et les sentiments des autres, ce qui est un grand avantage dans les affaires, les arts et les relations personnelles. Mais évitez de réagir de manière excessive ou de prendre les choses trop à cœur, surtout pendant les périodes de pleine lune. Trouvez des débouchés créatifs pour vos dons naturels d'éducateur – comme aider les moins fortunés, en particulier les enfants. Votre perspicacité serait utile en psychologie. Votre désir de nourrir et de prendre soin des autres serait aussi bienvenu dans les secteurs de la restauration, de l'hôtellerie ou des soins aux enfants. Vous aimez porter de vieux vêtements romantiques, collectionner les antiquités et vous appréciez la bonne nourriture. Cela dit, puisque votre corps retient les liquides, faites attention à votre régime alimentaire. Protecteur, attachant et d'une extrême sensibilité, l'ascendant Cancer attire les personnes à lui par son charme, mais il les déconcerte tout autant par ses nombreuses humeurs fluctuantes. Craintif, timide, parfois capricieux et infantile, vous êtes en constante quête de douceur et de tendresse. Très maternel ou papa gâteau, la famille occupe une place de choix dans votre vie. Il est d'ailleurs possible que vous ayez été marqué par celle-ci. Vous êtes de ces personnes qui éprouvent beaucoup de difficulté à couper avec le passé et vous avez tendance à tout dramatiser. Voilà qui peut être une des raisons pour lesquelles vous souffrez de désordres alimentaires. Dévoué, gêné, rêveur, avec une pointe de nostalgie dans votre regard, c'est votre manière à vous d'attirer l'attention. Crédule et indécis, vous vous faites souvent avoir, mais il est rare que vous en gardiez rancune. Romantique, sentimental et tendre de nature, vous êtes une personne dépendante en amour et vous éprouvez du mal à vous fixer affectivement. Toujours en quête d'amour, si l'élu de votre cœur ne correspond plus à vos attentes et à vos désirs, vous serez prêt à aller voir ailleurs. Sachez que tout ce qui touche aux liquides vous servira bien.

Ascendant Lion

Vous pouvez donner l'impression d'être plus posé que vous ne l'êtes vraiment; cependant, vous jouez le jeu à fond, en projetant une présence royale et autoritaire. Cet ascendant vous donne un flair naturel pour le drame qui pourrait masquer un intérieur plus sensible. Vous projetez une personnalité beaucoup plus extravertie, optimiste et ensoleillée que les autres personnes de votre signe. Vous prenez soin de plaire à votre public en projetant toujours votre meilleure qualité de star, en arborant probablement une crinière luxuriante ou, si vous êtes une femme, en éblouissant avec une collection de bijoux spectaculaire. Comme vous avez une forte nature parentale, vous pourriez bien être la matriarche ou le patriarche royal de la famille. Une personne née avec un ascendant Lion est amicale, chaleureuse, fière et juste. Vous possédez un grand magnétisme personnel et votre manière de vous comporter est noble et distinguée. Très attirant de nature, vous ne laissez personne indifférent. Fier, idéaliste et impartial, vous manquez parfois de recul face à vous-même et face aux circonstances et événements de votre vie. Friand de vérité, vous avez en horreur les personnes qui vous mentent et les personnes hypocrites. Et puisque vous êtes de ces personnes qui éprouvent des difficultés avec toute autorité, de façon générale, il est possible que vous ayez vécu des différends avec votre père. Ambitieux, doté d'une grande détermination et doué pour l'administration, vous réussissez aisément à atteindre vos objectifs; tout probable que vous occupez un poste bien en vue. Parfois enclin à avoir trop de confiance en vos propres moyens, vous entreprenez des projets bien au-dessus de vos forces et de vos capacités. Loyal, empreint d'une noblesse de cœur et de sentiments qui se reflète dans votre allure et votre manière de vous conduire, vous aimez être flatté lorsqu'on vous fait la cour. Sentimental et passionné, vous êtes de ces personnes ardentes en amour. Vous avez également l'art de vous distinguer du groupe et vous avez aussi un petit côté vedette!

Ascendant Vierge

L'ascendant Vierge masque votre nature intérieure par une image extérieure pratique et analytique. Vous semblez très soigné et ordonné, et plus particulièrement que les autres personnes de votre signe. Les autres personnes dans votre vie peuvent avoir l'impression qu'elles doivent se conformer à vos normes élevées. En dépit que vous puissiez parfois être ouvertement critique, cela masque en réalité un désir bien intentionné de n'avoir que le meilleur pour vos proches. Votre sens aigu du détail pourrait être utilisé dans le monde financier ou vos talents littéraires pourraient vous attirer vers l'enseignement ou l'édition. Les arts de la guérison, les soins de santé ou les professions axées sur le service attirent de nombreuses personnes dont le thème personnel est marqué par la Vierge. Perfectionniste et très critique face à vous-même et aux personnes qui vous entourent, votre critique se veut toutefois positive. Maniaque de propreté ainsi que d'hygiène, il importe pour vous qu'on remette les choses à leur place. Toujours partant pour répondre à l'appel d'un ami en détresse ou en quête d'un service, votre grand cœur peut parfois vous jouer de vilains tours. Porté à vous sentir facilement coupable, vous ressentez constamment le besoin d'en faire toujours plus et vous ne cessez de vous imaginer le pire. Étant une personne pour qui l'insécurité l'étouffe, vous êtes plus du genre économe que dépensier. D'ailleurs, rares sont ceux nés avec un ascendant Vierge qui ne finissent pas leur vie avec deux propriétés ou deux maisons. Infatigable et bourreau du travail, vous vous acquittez des tâches sans relâche; il vous est impossible de vous reposer. En amour, vous avez tendance à rester sur vos gardes, d'autant plus que vous faites preuve d'une extrême méfiance. Raffiné, exigeant et sensible, vous ne tombez pas facilement amoureux. Bien au contraire, vous aimez bien tout sonder au préalable. Qui plus est, une déception amoureuse pour vous est perçue comme une trahison.

Ascendant Balance ♎

Votre ascendant Balance vous fait paraître comme un charmeur, une personne plus sociale et publique que les autres de votre signe. Votre vie privée s'étend au-delà de votre foyer et de votre famille pour inclure une vie sociale active. Vous tendez à éviter la confrontation dans vos relations, préférant arrondir les angles ou négocier diplomatiquement plutôt que de céder à une réaction émotionnelle. Parce que vous vous intéressez à tous les aspects d'une situation, vous pouvez être lent à prendre une décision. Physiquement, vous aurez de bonnes proportions et une symétrie agréable. Vous êtes susceptible d'avoir des traits de visage agréables, voire beaux. Vous vous déplacez avec grâce, arborant un sourire séduisant et affichant votre bon goût en matière de vêtements et de décoration intérieure. Les professions juridiques, diplomatiques ou de relations publiques pourraient susciter votre intérêt. Celui dont l'ascendant tombe en Balance est quelqu'un pour qui l'amour est la chose la plus importante. Facile à vivre et tout aussi sympathique, vous êtes heureux quand vous vous sentez entouré alors que vous adorez échanger verbalement avec les gens. Vous êtes de ces personnes pour qui la solitude pèse énormément. Diplomate-né, vous cherchez à réunir les gens et à établir la paix entre eux. Supportant mal les conflits et toutes les contrariétés, vous êtes prêt à faire tous les compromis possibles et nécessaires pour vous en dissocier. Étant toujours en constante recherche d'équilibre parfait, vous éprouvez une grande difficulté à prendre une décision, puisque tout doit être passé au crible avant que vous ne vous décidiez à vous engager. Très courtois et tout aussi charmant et d'une élégance raffinée sans pareille, vos belles manières ne laissent personne indifférent. Constant dans vos affections et vos sentiments, et fidèle de nature, heureuse sera la personne qui saura vous séduire et gagner votre cœur alors que vous lui témoignerez un fort attachement affectif.

Ascendant Scorpion

Vous projetez un air intrigant de mystère lorsque le secret et le sens du pouvoir sous-jacent du Scorpion se combinent à votre signe ascendant. Vous êtes un maître de la manipulation, à l'aise dans le monde du pouvoir. Votre regard direct et pénétrant vous donne l'impression d'être plus intense et contrôlé. Vous projetez une aura fascinante qui ne révèle jamais votre agenda privé, même si votre vie devient publique. Surveillez toutefois une tendance à la paranoïa. Beaucoup d'entre vous préfèrent porter des vêtements noirs et vous pourriez provoquer quelques murmures sur des romances secrètes. Votre refuge idéal loin des yeux du public est une retraite près de l'océan. Le natif ayant le signe du Scorpion à l'ascendant est méfiant et très sceptique de nature. Renfermé, intense et profond, il n'est pas toujours facile de vous comprendre. Ardent, vibrant et tout aussi intense, vous n'êtes pas facile à saisir non plus ! Chez vous, pas de demi-mesures, vous aimez et haïssez avec autant de passion. Courageux et volontaire, vous donnez l'impression d'une certaine puissance. Déterminé, patient, travaillant, combatif et capable d'efforts soutenus, vous déployez une énergie peu commune, pourvu que vous soyez motivé. Vous êtes apte à de grandes réalisations. Méfiant, sournois et constamment sur la défensive, vous prenez énormément de temps avant de vous dévoiler. Votre magnétisme personnel et votre force de caractère ne laissent personne indifférent. Très rusé de nature, rien ne vous échappe. Très intuitif et profondément intelligent, grâce à votre esprit analytique, vous pouvez très bien exceller dans le domaine de la recherche ou encore dans l'investigation. En ce qui a trait à votre énergie sexuelle, elle est tout aussi inépuisable. Autant vous avez besoin de fusionner avec votre partenaire, autant vous n'avez pas de pardon pour l'infidélité.

Ascendant Sagittaire

Vous pouvez projeter un look de plein air, sportif, décontracté et vous aimez voyager. Vos humeurs sont camouflées par un optimisme joyeux ou une attitude philosophique. Vous rirez de vos problèmes ou vous ferez des blagues plus facilement que les autres personnes de votre signe. Cet ascendant peut aussi vous attirer vers le domaine de l'enseignement supérieur ou la vie spirituelle. Vous aurez l'air d'être peu attaché aux possessions matérielles, accordant plus de valeur à la liberté et à l'aventure. Des jambes fortes et rapides sont un atout physique. Optimiste et plein d'enthousiasme, votre personnalité joviale ne laisse personne indifférent. Vous êtes quelqu'un qui est d'emblée positif, indépendant et autonome ; vous détestez devoir quoi que ce soit à qui que ce soit. Sympathique et bon vivant, vous êtes incapable de blesser les autres ni de les injurier. Défenseur de la justice, vous vous montrez toujours conscient des gestes que vous posez ainsi que des conséquences qu'ils entraînent. Athlétique et aventurier, vous adorez toutes les activités de plein air et les gens de cultures différentes de la vôtre ; vous aimez tout ce qui sort de l'ordinaire. Alors qu'il vous arrive de ne pas toujours écouter lorsqu'on vous parle, malgré cela, vous êtes doté d'un grand pouvoir oratoire. Séducteur-né, porté à l'excès et permissif, vous faites partie du signe qui collectionne les conquêtes. Vous faites beaucoup de ravages avant votre mariage et l'amour exclusif n'est pas une de vos forces, et encore moins une de vos qualités majeures. Pas nécessairement sentimental, l'amitié tient cependant une grande place dans votre vie.

Ascendant Capricorne

Cet ascendant présente une aura sérieuse, orientée vers les objectifs et disciplinée. Vous ne faites pas partie des dépensiers du zodiaque, bien que vous puissiez faire des folies à l'occasion pour des articles ayant une bonne valeur d'investissement. Vous êtes du type traditionnel et conservateur en matière d'habillement, mais aussi en matière d'environnement ; vous pouvez passer pour quelqu'un d'assez formel et d'assez professionnel. Vous fonctionnez bien dans un environnement structuré ou corporatif où vous pouvez grimper au sommet. Dans votre vie personnelle, vous pourriez être un solitaire ou un parent unique qui est à la fois père et mère pour ses enfants. Votre lucidité et votre pouvoir de concentration peuvent à l'occasion freiner le développement de votre personnalité. Tous ceux qui naissent avec cet ascendant éprouvent souvent des difficultés dès leur tout jeune âge. Vous êtes de ces personnes qui sont portées à se sentir responsables de tout le monde. Né sous un signe de terre, vous craignez toujours de manquer d'argent, ce qui explique pourquoi il est difficile pour vous de vous défaire de vos vieilles choses; vous avez de nombreux objets en réserve. Porté à souffrir d'un manque de confiance en vous, vous êtes plus souvent qu'à votre tour porté à ne pas vous sentir à la hauteur. Et plutôt chétif de nature, il est possible qu'à un jeune âge, vous ayez subi des problèmes de santé, mais plus vous vieillissez, plus celle-ci se renforce. Dur avec vous-même comme avec les autres, il n'est pas surprenant que vous ayez éprouvé des ennuis avec votre père, vos frères ou vos sœurs, ou vous avez sûrement souffert d'une profonde déception durant votre adolescence. Heureusement que votre vie se bonifie avec le temps. Peu démonstratif de nature, vous accordez bien peu d'importance aux sentiments. Vous préférez être seul que mal accompagné. Cependant, une fois que vous êtes apprivoisé et conquis, votre passion se dévoile peu à peu.

Ascendant Verseau

Vous vous sentez moins concerné par ce que les autres pensent et vous pourriez même être un peu excentrique. Vous êtes plus à l'aise avec les groupes de gens que les autres personnes de votre signe, et vous pouvez être attiré par la vie publique. Votre apparence peut être unique – soit non conventionnelle, soit sans importance pour vous. Vous pourriez être attiré par les activités de groupe, avoir une famille élargie ou vous impliquer dans la politique ou dans le service communautaire. Celui qui naît avec un ascendant Verseau est avant tout une personne originale dans sa façon d'être et tout aussi bohème de nature. Vous ne faites rien comme les autres. Il est vrai que vous aimez la compagnie des gens, mais vous avez autant hâte de vous retrouver seul. Quand vous êtes en colère, tout explose et c'est loin d'être beau à voir, mais jamais vous ne vous vengez de façon malicieuse et/ou déloyale. Curieux de nature et en avance sur votre temps, votre mission ici-bas sur terre est de nous enrichir de vos multiples connaissances. Doté d'une belle intelligence et d'un esprit éveillé, vous accusez parfois un manque de persévérance et vous n'allez pas toujours au bout de vos projets. Brillant par vos idées, lorsqu'il est question de carrière ou de travail, vous pouvez exceller dans le domaine des communications ou des relations publiques. Sensible et intuitif, mais régnant en maître sur vos émotions, vous êtes de ces personnes qui ont tendance à reléguer leurs amours au second plan, puisqu'elles craignent de s'attacher ; c'est comme si vous sentiez que les obligations familiales pèsent trop sur vous et sur votre liberté. En contrepartie, vous êtes de ces gens qui se dévouent totalement à une cause qui leur tient à cœur.

Ascendant Poissons

Vos talents de créateur et d'éducateur sont renforcés, ainsi que votre capacité à projeter des émotions dramatiques. Vos yeux rêveurs et votre air poétique font ressortir les instincts protecteurs des autres. Vous pourriez être attiré par les arts, en particulier le théâtre, la danse, le cinéma ou la photographie, ou par la psychologie, la spiritualité ou les œuvres de charité. Vulnérable aux sautes d'humeur, il est surtout important pour vous de renforcer votre estime de soi par un travail intéressant et créatif où vous pouvez exprimer vos talents. Accentuez les aspects positifs et méfiez-vous des tendances à l'évasion, particulièrement en ce qui concerne l'alcool ainsi que les drogues, auxquels vous êtes sensible. Vous éprouvez énormément de compassion pour vos semblables. Hyperémotif, un rien vous fait pleurer ! Charitable et des plus hypersensibles dans l'âme, rien ne vous laisse indifférent et encore moins la souffrance des gens près de vous. Vous accusez, cependant, un manque prononcé de volonté. Malléable, indulgent, très vulnérable et fragile, vous tendez à vous laisser manger la laine sur le dos et à demeurer passif. Bien que vous ne ressentiez aucune colère à l'égard des gens qui vous entourent, il est rare de vous voir sortir de vos gonds. Mais si on invoque votre immense bonté, voilà que la situation se résorbera d'elle-même puisqu'aucune méchanceté ne vous habite. Doux, timide et naïf, vous tendez à laisser les autres diriger votre vie. Il ne serait pas étonnant de savoir que vous vous êtes fait avoir en affaires, et plus d'une fois possiblement. Tendre, généreux et compatissant envers le genre humain, cessez de prendre les problèmes de tout le monde sur vos épaules. Quant à votre ascension professionnelle, tout dépend de votre motivation personnelle qui, souvent, laisse à désirer alors que vous avez en horreur de prendre des responsabilités. Mais dès que vous aurez pris conscience de la force psychique qui vous habite et que vous aurez appris à avoir les deux pieds bien ancrés dans la réalité, vous saurez trouver votre voie et faire votre marque.

LES PLANÈTES ET LE RÔLE QU'ELLES JOUENT

Vos traits de personnalité de base, votre disposition globale et votre identité propre sont définis par la position du Soleil au moment de votre naissance. Il peut aussi nous informer sur beaucoup d'autres choses telles que la façon dont vous vous comportiez avec votre père ou celui qui a rempli ce rôle dans votre vie lorsque vous étiez enfant.

Il y a beaucoup plus à votre identité astrologique que votre signe solaire. Au moment de votre naissance, vous avez reçu l'énergie de la Lune et des huit autres planètes.

Pour mieux vous aider à comprendre et à élucider le rôle exact que joue chacune des planètes et chacune des maisons astrologiques de votre thème de naissance, et en vue d'enrichir également vos connaissances sur l'astrologie, voyons la façon dont toutes ces planètes contribuent à l'image astrologique que vous projetez.

Chaque planète dans un thème natal agit comme la directrice d'une corporation, et la corporation, c'est vous. Par exemple, Mercure est la planète par excellence qui dirige le secteur des communications alors que Jupiter, dite la Grande Bénéfique, est la planète responsable du domaine qui régit votre abondance ainsi que votre croissance. Lorsque vous ressentez le besoin d'échanger, de communiquer, vous faites appel à Mercure, et lorsque vient le temps de prendre un risque ou de croître, vous mettez en application votre Jupiter.

Dans les pages qui suivent, vous pourrez prendre connaissance de chaque planète individuellement et découvrir la fonction qu'elle occupe suivant le champ d'application qu'elle maîtrise.

Soleil

Chaque corporation a besoin d'un directeur général, soit celui ou celle qui prend les décisions finales. Le Soleil est l'exécutif, soit vous personnellement. Dans un thème natal, la position du Soleil détermine à quel signe du zodiaque vous appartenez. Le Soleil de chaque individu dans son thème personnel a le même but, soit celui de briller. La maison dans laquelle se trouve votre Soleil natal nous indique vos buts les plus profonds et ce que vous voulez dans la vie. Elle nous démontre aussi où vous voulez vous investir et l'endroit où vous excellerez le mieux, soit là où vous voulez être estimé et aimé.

Le Soleil représente la volonté : la pulsion de puissance, la force vitalisante et vivifiante. Il est le symbole de la masculinité, de la paternité, de l'autorité, de la capacité créative, de l'ambition, de la fierté, du leadership, de l'expression de soi, de la détermination et de la confiance. L'influence du Soleil élève, crée, réalise, gouverne, soutient, fortifie, domine, promeut et illumine.

Le Soleil est la planète dominante du Lion, un signe de créativité et de leadership. Selon la tradition, le Soleil est exalté dans le Bélier volontaire, ce qui indique que l'individualité du Soleil peut s'exprimer de manière puissante et pure à travers le Bélier. Le Soleil est le potentiel illimité mis en évidence dans cette vie.

Le Soleil représente également votre personnalité, soit l'essence de qui vous êtes en tant qu'individu. Il nous informe sur votre vitalité, sur votre habileté à vous affirmer, sur votre réussite sociale, sur votre seuil d'orgueil et de confiance en vous. Tout compte fait, le Soleil, c'est vous au meilleur de votre forme, de votre créativité et ce que vous appréciez pleinement de la vie. En ce qui a trait au thème d'une personne de sexe féminin, le Soleil représente non seulement votre père, mais également votre conjoint, l'être aimé, le partenaire de vie.

Au moment de votre naissance, la position de votre Soleil natal accentue l'endroit où l'attention est prédominante dans votre thème personnel. Au quotidien, le Soleil est représentatif de la journée en cours alors que la Lune est plutôt l'heure et le Milieu du Ciel, soit la dixième maison astrologique de votre thème, est le moment donné.

En ce qui a trait à votre corps, le Soleil régit le cœur, la colonne vertébrale, mais plus particulièrement le haut du dos, votre système circulatoire et le sens de la vue.

Lune

La Lune régit tout ce qui est de nature aquatique. Elle régit les marées et les rythmes du corps ainsi que les océans. La Lune représente la personnalité, le subconscient ou l'esprit subjectif, et notre comportement instinctif. Elle est associée aux instincts, aux habitudes, à l'imagination, à la mémoire, à la réceptivité, à l'impressionnabilité, au désir de nouvelles expériences, à la féminité, à la maternité, à la fertilité, aux émotions, aux dispositions, aux sentiments, aux humeurs, à la sensibilité, à l'intuition, aux sensations et à la sympathie. La Lune est la plus forte dans le signe nourricier du

Cancer et elle est à son plus faible dans le Capricorne, peu réceptif et sans émotion. La Lune est également puissante en Taureau et émotionnellement problématique en Scorpion.

Une bonne façon de comprendre les qualités innées de la Lune, c'est d'être tout près d'un lac ou d'un cours d'eau un soir de Pleine Lune. Prenez conscience du reflet qu'elle crée sur l'eau tout en prenant une grande respiration et profitez-en pour faire le vide intérieur et pour bien vivre le moment présent.

La Lune représente en chacun de nous notre petit côté rose, douillet, qui ramène à la surface nos souvenirs, nos peurs et nos rêves.

C'est une grande Dame qui a l'œil sur le domaine des émotions ; c'est elle qui régit nos humeurs. Elle nous indique comment on réagit et comment on se sent. Elle évoque les changements, la famille, votre mère, ou celle qui a été votre nourricière lorsque vous étiez enfant.

Le signe et la maison qu'occupe la Lune au moment de votre naissance nous révèlent comment votre intuition travaille pour vous, quels sont vos besoins émotionnels et comment vous voulez que vos attentes et vos exigences soient rencontrées.

La Lune représente l'ultime énergie féminine. Elle nous informe sur la façon dont vous avez été materné et comment en retour vous maternez les autres. En ce qui concerne le thème d'une personne de sexe masculin, elle représente votre épouse et/ou votre conjointe.

Pour ce qui est de votre corps, si vous êtes une femme, la Lune a juridiction sur vos seins et la lactation, sur vos ovaires et sur votre matrice. Pour les deux sexes, elle régit l'estomac, le système lymphatique, tout ce qui est liquide, fluide ainsi que tout ce qui vous remue intérieurement et votre tumulte intérieur, l'utérus.

Mercure

Mercure (Hermès dans la mythologie grecque) est connu comme le « messager des dieux ». Au temps où l'on croyait que les dieux et les déesses étaient en charge totale de l'humanité, Mercure était leur porte-parole, le Messager par excellence entre les dieux et les mortels. Aujourd'hui, dans notre société moderne, Mercure est votre portable, votre application mobile et Internet. Mercure représente l'esprit – le lien entre l'esprit et la matière, entre l'âme et la personnalité. Mercure symbolise aussi le pouvoir de communication et d'interprétation, l'intelligence, ainsi que les capacités de raisonnement et l'aptitude à percevoir les relations et à rassembler les faits. Les qualités mercurielles comprennent l'adaptabilité, l'intellect, l'attention, la perspicacité, l'intelligence, la polyvalence, l'incohérence, l'hypercriticité, l'argumentation, le sarcasme, le cynisme, l'excitation, l'impressionnabilité, la nervosité ou la tendance à l'inquiétude. Mercure raconte, parle, argumente, débat, écrit, analyse, mémorise, étudie, voyage, vend, réfléchit et s'exprime également bien par les mains que par la langue. Mercure n'est ni de polarité positive ni de polarité négative – ni masculin ni féminin. Mercure régit toutes les communications. Il est associé à la parole et à l'écriture, aux capacités éducatives et aux compétences manuelles.

Mercure est particulièrement actif dans le signe polyvalent et bavard des Gémeaux. La nature de Mercure est également renforcée dans la Vierge analytique. L'expression mercurielle pure devient difficile en Sagittaire et en Poissons, qui ont des relations et communiquent plus par les espoirs et les croyances que par les faits. Elle marque également la réceptivité de l'âme par l'exaltation de l'esprit sur la matière.

Sa position dans le signe et la maison de votre thème natal nous indique comment vous pensez, comment vous raisonnez, comment vous vous exprimez. Elle nous informe aussi sur votre développement mental et votre facilité d'adaptation, sur votre manière d'écrire, sur votre façon de marcher, sur votre capacité à jauger et à évaluer, sur vos processus d'apprentissage et sur les moyens de transport que vous utilisez pour vous déplacer d'un environnement à l'autre.

Mercure s'exécute à travers vos cinq sens, soit par le biais de votre cerveau, alors que cette planète vous fait prendre conscience de tout ce qui s'oppose tel que le blanc du noir, le chaud du froid, ce qui est en haut comparativement à ce qui est en bas.

Elle est la planète de service lorsqu'on tient une conversation, un échange, notre gestuelle ainsi que la manière dont on interprète un symbole.

Mercure représente également le côté de vous qui vit dans le moment présent. Elle représente aussi vos enfants, votre voisinage, vos frères et vos sœurs, tantes et oncles, cousins et cousines.

Mercure est la planète par excellence qui accumule les informations, qui enregistre tous les petits détails, avec qui ou quoi on est en contact tels un grain de poussière, une miette de pain ou même les poils de votre animal de compagnie.

Au niveau du corps, Mercure agit comme messager. Il transmet ses messages par le concours de votre système nerveux et permet à vos yeux ainsi qu'à vos mains de collaborer, comme en donnant une poignée de main tout en faisant un clin d'œil. Il est aussi responsable de votre système respiratoire, vos nerfs, vos bras, vos mains, vos épaules et vos réflexes.

P.-S. : Lorsque Mercure est en mode rétrograde, on peut s'attendre à de l'indécision ainsi qu'à des changements de plans. Les périodes rétrogrades de Mercure exigent du doigté, beaucoup de prudence et une réflexion ordonnée. C'est une bonne période pour la recherche, la planification, l'examen des ressources ainsi que l'achèvement de tous projets préalablement commencés avant que Mercure ne soit devenu rétrograde. Pendant cette période, vous pourriez reconsidérer des projets du passé sinon revenir à d'anciennes idées ou plans. Évitez de commencer de nouveaux projets. N'allez pas être surpris non plus si des personnes de votre passé refont surface à ce moment-là.

Vénus

Vénus, la déesse romaine de la beauté, est associée au pouvoir de l'amour, au pouvoir d'attraction et de cohésion, et au pouvoir de persuasion tranquille et douce. Elle stimule le désir d'être sociable. Son influence est équilibrante, harmonisante ainsi que pacificatrice. Elle symbolise l'affection, le sentiment, la sympathie, la beauté, l'amitié, la romance, le plaisir, l'art, la musique, les festivités, les manières, l'attrait, les valeurs, l'appréciation et le sens de l'esthétique. Si elle est affligée, soit en aspect défavorable à d'autres planètes, la nature affectueuse, chaleureuse et sympathique de Vénus peut se transformer en flirt, en complaisance, en sensualité, en vanité, en paresse et en irresponsabilité.

Vénus régit le placide Taureau ainsi que la Balance, le signe de l'harmonie. Une forte influence de Vénus a un effet adoucissant. La nature de Vénus est plus que douce – elle est gracieuse et pleine de tact. Vénus ne s'exprime pas facilement dans les signes intenses du Scorpion ou du Bélier, la Vierge, à cause de ses critiques excessives et de son côté tatillon, peut également inhiber l'expression de Vénus, tandis que la nature aimante du Poissons renforce l'influence vénusienne. Le glyphe de Vénus est aussi le symbole de la femme. Vénus représente le côté réceptif, féminin ou yin de notre nature émotionnelle.

Cette planète dispense son énergie à vous pourvoir de personnes qui vous sont chères, d'endroits qui vous tiennent à cœur et de choses dont vous aimez vous entourer. Si vous voulez du chocolat, des draps de flanelle ou cette collègue pour qui vous êtes passionné, c'est votre Vénus natale qui nous informe à quel moment vous y prendre. Elle nous indique donc comment vous entrez en contact avec les autres, comment vous faites pour attirer à vous ce que vous voulez, ce que vous aimez; elle est attentive à vos désirs. Lorsque vous êtes charmant, tant par vos belles manières ou la façon dont vous vous êtes mis, cette planète est en charge de toutes les conduites qui plaisent aux autres, de tous vos échanges sociaux, d'un sourire, d'une caresse, et même d'une bise. Lorsque vous êtes content, satisfait, rassasié, c'est votre Vénus qui s'est chargée de tout mettre en action. Elle représente également votre vie de couple, vos sentiments, vos talents, vos valeurs morales.

L'argent est l'une des façons aussi dont on s'attire des choses qu'on veut avoir ou dont on veut s'entourer. Par conséquent, Vénus joue un rôle clé puisqu'elle est responsable de vos finances, de votre comptabilité, mais aussi de ce que vous possédez en tant que biens matériels. Tout ce qui relève des arts fait également partie intégrante de sa juridiction.

Pour ce qui est de vos sens, Vénus est en communion avec tous ces derniers, soit la vue, l'ouïe, l'odorat, le goût et le toucher. Enfin, avec tout ce qui est réceptif à votre corps. Après tout, c'est le sens qui est mis en valeur qui nous informe de ce qui est bon pour vous et ce qui ne l'est pas.

En ce qui concerne votre corps et votre santé, elle gouverne votre nuque, votre bouche, gorge, votre larynx, votre thyroïde, l'intérieur de votre palais, ce que vous ingurgitez, la partie supérieure de vos seins et votre système glandulaire (glandes endocrines), la chair et le sens du toucher.

Mars

Mars est l'ancien dieu de la guerre. La nature de la planète Mars est yang. C'est le complément de Vénus. Mars est une énergie positive, extravertie, masculine. Mars est une planète de désir, d'énergie et d'action. Elle représente la guerre ainsi que les luttes intérieures et avec les autres. Elle est étroitement liée à notre énergie physique, et elle régit notre essence animale. Les expressions marsiennes comprennent l'initiative, le désir, le courage, l'affirmation de soi, l'agressivité, la capacité d'exécution, la volonté personnelle, l'impulsivité, la résistance, l'esprit d'aventure, la témérité, qui conduit souvent à des accidents, et l'amour sexuel agressif.

Mars régit le Bélier énergique et le Scorpion déterminé. La nature agressive de Mars s'exprime aussi facilement dans le signe ambitieux du

Capricorne. La force motrice de Mars est contenue lorsqu'elle tombe dans le signe du partenariat, la Balance, ou dans le signe facile du Taureau. La nature réceptive du Cancer n'est pas non plus compatible avec l'assertivité de Mars.

Cette planète est responsable de votre domaine d'autodéfense, des actions que vous mettez en mouvement. Elle nous indique comment vous utilisez votre énergie et vos talents pour obtenir ce que vous voulez, mais également votre état de préparation à l'action. C'est aussi cette planète qui contre-attaque lorsqu'on vous agresse. En d'autres mots, c'est votre propre équipe qui se bat pour vous défendre.

L'énergie qu'émet Mars vous rend brave, courageux et des plus audacieux. Elle n'est concernée que par vous et ne considère pas la grandeur ni la force et encore moins les habiletés de votre adversaire. Elle est la partie de vous qui initiez et qui amorce toutes sortes d'activités. Elle est également responsable de la façon dont vous vous affirmez et la manière dont vous exprimez votre colère et vos emportements.

Bouillante de nature, rouge de colère, qui tend à s'enflammer facilement pour un rien, contondante comme pas une, sont des expressions qui décrivent bien la nature de la planète rouge qu'est Mars.

C'est la planète que vous mettez en œuvre pour être passionné, aventureux, assuré, confiant, téméraire et hardi, mais elle peut aussi être violente, cruelle et destructrice.

Quelle que soit la place qu'elle occupe dans votre thème, l'action domine ce secteur. Mars tend à poursuivre, à donner suite à quelque chose, à suivre une ligne directrice, à continuer, à s'exercer. Elle nous renseigne également sur la façon dont vous faites les choses. C'est la fonceuse par excellence, celle qui fait des coups de tête.

En ce qui concerne votre corps, elle régit justement votre tête, votre cerveau, le sang (avec Jupiter), le nez, le cervelet ainsi que votre système musculaire (vos muscles).

Jupiter

La planète géante Jupiter est plus grande que toutes les autres planètes réunies. En astrologie, Jupiter est le symbole de l'expansion, de l'esprit supérieur, de la sagesse, de l'enthousiasme, de l'optimisme, de la spontanéité, de la bienveillance, de la générosité, du désir de gagner par l'expérience et de l'envie d'améliorer l'état des choses. Jupiter représente l'opportunité, l'augmentation des récompenses, l'abondance, la tolérance, la charité, la philanthropie, la foi, l'éthique, la confiance, l'idéalisme, l'aspiration, la loyauté, la justice, la complaisance, la jovialité, l'extravagance et la vanité. Jupiter protège, assiste, magnifie, gonfle, donne, spécule, inspire, encourage, conseille et philosophe. Elle porte en elle la capacité de se développer dans les domaines physique, mental et moral.

Jupiter est le plus à l'aise en Sagittaire où le désir d'une grande variété d'expériences peut apporter la sagesse. L'expansivité de Jupiter est limitée par la nature mentale triviale des Gémeaux. Jupiter peut être gêné par la Vierge à cause de son souci du détail. Les Poissons, libres et imaginatifs, renforcent Jupiter.

Cette planète est reconnue comme étant la Grande Bénéfique du zodiaque. Elle est responsable du secteur qui régit votre abondance, votre croissance, mais elle joue aussi un rôle dans votre vie matérielle, même si cette dernière relève de Vénus. Elle est le côté de vous qui est positif, optimiste et généreux. Elle gère aussi l'endroit où vous entreposez un surplus de rires, d'enthousiasme et d'ouverture d'esprit. Elle nous indique aussi comment vous vous réjouissez et élargissez votre compréhension. Ce sont les grandes qualités d'ouverture d'esprit de Jupiter qui vous motivent à voyager, à vous inscrire à un cours ou tout atelier qui suscite votre intérêt et curiosité ainsi qu'à rencontrer de nouvelles gens.

Suivant le signe et la maison qu'elle occupe dans votre thème personnel, c'est dans ce secteur que vous aurez un grand réseau d'amis et d'associés, de gens que vous pouvez visiter, que vous pouvez dépendre, et même apprendre d'eux. Elle est aussi associée aux appuis gouvernementaux, aux relations avec la loi et aux contacts avec l'étranger.

Jupiter est la partie de vous qui vous pousse à voir tout en rose. C'est la planète par excellence que vous mettez en œuvre lorsque vous vous retrouvez à être excessif et/ou gaspilleur ; celle qui en fait trop, qui force la note, qui exagère, qui se surmène, qui est démesurée ou zélée. En général, cette planète aime faire les choses en grand.

En ce qui concerne votre corps, Jupiter correspond à votre foie et à tous les organes qui filtrent ce que vous consommez et expulsez de votre corps, ainsi que tout ce qui est en excès, votre vésicule biliaire et la bile (toutes les fonctions hépatiques), la rate, le pancréas, les cuisses, les jambes et les hanches. Jupiter est responsable aussi de votre croissance physique.

Saturne

Saturne symbolise la première loi de la manifestation – la limitation. Les énergies de Saturne renforcent la personnalité par l'endurance et la persistance. Elle focalise et concentre l'énergie. La nature contractive de Saturne nous donne l'occasion de faire de l'introspection, de la méditation et de la concentration, afin de régler le karma dans le processus d'évolution. La clé pour traiter avec Saturne est la discipline. Saturne exige prudence, retenue, sérieux et stabilité. Saturne est aussi lié au temps, à l'organisation, à la consolidation, à la cristallisation, à l'ambition, à l'auto-préservation, à la responsabilité, à la conventionalité, au pessimisme et à la persévérance. Saturne inhibe, retarde, restreint, perfectionne et approfondit. Il provoque également la peur, l'inquiétude et l'anxiété.

Saturne est le plus compatible avec le Capricorne, signe de l'organisation matérielle et de l'ambition pratique. Saturne est mal exprimé au signe du Cancer où il devient hypersensible. Saturne s'exalte dans l'équilibre de la Balance et trouve que la nature impulsive du Bélier est en contradiction avec son approche prudente.

Cette planète représente non seulement ce qui est retenu, mais aussi votre résistance au changement. Elle nous informe aussi sur l'autodiscipline et la force de caractère que vous possédez. Autant, elle représente la sagesse et l'évolution, elle est en charge aussi du domaine des limites, des restrictions, des règles à suivre, des épreuves et des pertes. En localisant Saturne dans votre thème natal, on découvre vite l'endroit où vous avez érigé des barrières, des résistances au changement, là où vous pouvez vous retirer, vous isoler, vous replier sur vous-même, et l'endroit où vous serez plus porté à dire non.

Saturne est l'autorité par excellence qui règne en vous, le lieu où vous vous créez des interdits, ce que vous mettez en suspens, en veille tout au long de votre vie, la plupart du temps à cause de votre peur d'échouer, ainsi que la partie de vous qui préférerait ne rien faire plutôt que d'agir déraisonnablement.

Cette planète vous enseigne à respecter vos aïeux, les personnes plus âgées que vous ainsi que vous-même, à suivre les règles établies et à faire les choses comme elles doivent être faites. Quel que soit le secteur que Saturne occupe dans votre thème natal, c'est l'endroit où vous vous sentez respecté et pris au sérieux.

C'est aussi le domaine par excellence où vous savez qu'il ne faut pas embellir les faits, la vérité et ne jamais agir sans être absolument sûr de vous, de vos capacités et sans être en pleine confiance avec vous-même et de vos moyens.

Elle est hautement représentative du secteur où rien ne vient pour rien et sans rien dans la vie – en deux mots, c'est du donnant-donnant.

C'est à cet emplacement qu'elle occupe dans votre thème natal où vous vous sentez le plus discipliné et déterminé, ainsi que là où vous développez votre patience, votre sens des responsabilités et votre endurance.

Alors que cette planète est fervente de limites, de bornes et tout ce qui est démarqué, cela explique pourquoi c'est la planète par excellence qui est responsable des structures, de l'organisation, d'une ligne de conduite à suivre, mais également de l'économie.

En ce qui concerne votre corps, elle a des affinités avec vos os, votre peau, vos genoux, les articulations, les tendons, les obstructions et la sclérose et toutes les structures qui maintiennent votre corps en santé.

Uranus

Uranus, découvert en 1781, a une nature similaire à celle de Mercure dans son impact nerveux et mental, mais elle est beaucoup plus puissante, violente, fanatique, et plus difficile à gérer pour le corps physique. Uranus représente la pulsion de liberté. C'est la planète des extrêmes et des changements soudains. C'est une force qui détruit l'ancien pour laisser la place au nouveau. Uranus détruit l'influence contraignante et les cristallisations de Saturne. Elle déplace et renverse les attitudes établies qui ont dépassé leur utilité. L'ancien doit être détruit avant que le nouveau puisse venir, mais nous avons souvent peur des voies nouvelles et inconnues, et sommes réticents à lâcher prise. Uranus nous fait lâcher prise. Elle nous secoue !

La nature d'Uranus a un effet excitant, déracinant et éveillant. Elle apporte l'anarchie, la rébellion, la perturbation, la révolution, la liberté, l'individualisme, l'altruisme, l'invention, l'originalité, l'expérimentation, l'instabilité, l'action erratique ainsi que le détachement. Elle est liée à la connaissance intuitive.

Il y a un endroit dans le thème natal de chaque personne où l'indépendance est le mot d'ordre de la journée, l'endroit où les règles sont faites pour être brisées, où vivre comme bon nous semble, même en dépit des conséquences possibles. Voilà qui est aussi le lieu où vous vous surprendrez vous-même des choses que vous direz et ferez. Uranus est responsable du secteur « on ne sait jamais, il faut s'attendre à tout ». C'est le domaine par excellence de votre thème natal qui régit tout ce qui choque et tout ce qui surprend, les revirements soudains ainsi que tout ce qui est irrégulier. Elle indique de quelles manières nous sommes originaux, inventifs et créatifs.

Uranus est l'énergie qui vous éveille, qui vous fait prendre conscience à quel point vous vous sentez confiné, qui vous aide à vous sortir du marasme dans lequel vous vous enfoncez et qui vous libère de tout.

Uranus, représentante du génie de l'informatique par excellence, est la planète qui s'implique à faire diffuser le message à la masse. Là où Uranus tient position forte dans votre thème, vous le serez tout autant. Voilà pourquoi vous aurez un potentiel de génie, mais ce sera surtout lorsque vous serez assez audacieux pour ignorer toutes les vieilles méthodes de régler un problème et que vous emprunterez de nouvelles voies, sources ou avenues pour régler ce dernier.

Toutes les découvertes majeures et cruciales de ce dernier siècle, tant celles faites en sciences qu'en technologies modernes, telles que la station spatiale et Internet, sont inspirées d'Uranus. La parapsychologie et les grands idéaux qui caractérisent l'individu en font également partie.

En ce qui concerne votre corps, Uranus régit la partie inférieure de vos jambes, soit vos mollets et vos chevilles. L'électricité cérébrale, les vaisseaux. Il en ira de même pour ce qui du système nerveux étant donné que Mercure est l'octave inférieure du signe du Verseau, et dont Uranus est sa planète maîtresse.

Neptune

La planète Neptune est souvent considérée comme une vibration supérieure de Vénus. Elle symbolise la réceptivité, la passivité, l'impressionnabilité et la nébulosité. Neptune apporte soit une force spirituelle ou des tendances à l'évasion – en cherchant le chemin de moindre résistance. Neptune peut offrir des conseils spirituels et une protection, ou nous encourager à éviter toute responsabilité. Parmi les autres traits de caractère de Neptune, on peut citer : l'idéalisme, l'imagination, l'intuition, la subtilité, la créativité artistique, l'évasion, la tromperie, tant envers soi-même qu'envers les autres, l'hypersensibilité, l'insouciance, le sentimentalisme, la dispersion, l'indécision, le manque de réalisme et la compassion. Neptune est le dieu des océans. Il règne sur le signe aquatique des Poissons. Neptune est inhibé dans le signe terrestre, ordonné, pratique et contraignant de la Vierge, soit le signe opposé des Poissons. Neptune exprime bien sa nature à travers l'inspiration du Sagittaire. Il est inhibé par le niveau mondain des affaires quotidiennes des Gémeaux.

La prochaine fois que vous vous entendrez pousser un long soupir et/ou que vous constatez que vous étiez dans la lune, pensez à Neptune. Elle est la planète qui est responsable de tout ce qui est romantique, nostalgique et magique. Toutefois, son titre officiel est celui de directrice du domaine des fantaisies, des secrets, des mystères et de ce que vous évitez ou fuyez. Elle est aussi une planète dont l'énergie est des plus créatives.

Quelle que soit la position qu'elle occupe dans votre thème natal, c'est là où vos qualités sensorielles sont à leur meilleur. C'est également à cet endroit précis où vous démontrez votre grand sens de compassion et de sensibilité pour le genre humain, pour les êtres moins fortunés que vous ou les opprimés.

Toutes les causes caritatives et œuvres de charité qui vous tiennent à cœur, votre goût de faire du bien, du bénévolat pour venir en aide à ceux qui sont moins nantis que vous, en vue de vous faire réaliser qu'il y a plus que vous dans ce monde et qu'il n'y aucune limite entre vous et ce qu'il y a dans l'espace, relèvent de Neptune.

Cette combinaison de sensibilité et de dure réalité ne fait pas nécessairement toujours bon ménage. N'empêche, c'est l'endroit où vous tentez de vous évader. Le sommeil, la méditation, le yoga et les prières relèvent de cette énergie. Les drogues, l'alcool, les médicaments et toutes les dépendances sont aussi sous sa juridiction.

Là où est positionnée Neptune dans votre thème, c'est le secteur par excellence où vous pouvez être capable de décevoir et de berner les gens en même temps, ainsi que vous ridiculiser vous-même.

En ce qui concerne votre corps, Neptune et la Lune corégissent les fluides. Neptune a aussi un lien avec les poisons et les virus qui se sont invisiblement infiltrés par votre corps et votre système immunitaire, ce qui vous permet finalement de préserver vos mécanismes de défense naturels. Elle aussi régence sur les pieds et sur le psychisme aussi.

Pluton

Pluton peut être considéré comme l'octave supérieure de Mars. Il tient son nom du dieu de l'Hadès. Il a été découvert en 1930, mais il avait été prédit bien avant. Pluton représente les éléments qui n'ont pas encore été intégrés ainsi dans la conscience collective. Pluton a été rétrogradé du statut de « planète » sur le plan astronomique. Elle a une orbite excentrique qui croise celle de Neptune, ce qui fait qu'elle est parfois plus proche du Soleil que Neptune. Pluton représente le besoin de renaître, de se transformer, de se régénérer. C'est un symbole de pourriture, de contamination, d'infection, de destruction, de désir, d'obsession, de désintégration et d'élimination, mais aussi un symbole de purification et de catharsis. Cette planète, capable de tout et qui a l'art de toujours trouver ce qu'elle cherche, est responsable du secteur qui régit la mort, la destruction, la décomposition ainsi que la décadence. Elle est également responsable des choses qui doivent arriver et elle a tout aussi l'art de disposer des situations qui ont atteint leur point de non-retour où la seule solution est de « lâcher prise ». C'est aussi la planète par excellence des solutions et des nouveaux départs. Elle régit également tout ce qui relève de la sexualité, du sexe, de la réincarnation, de la régénération, du recyclage et des cures de rajeunissement. Assurément, lorsque des changements profonds et radicaux ou des catastrophes se manifestent, c'est à elle qu'on le doit.

La place qu'occupe Pluton dans votre thème natal est un endroit dit intense et où les circonstances inévitables doivent arriver en vue de nous enseigner des leçons de vie. Mais elle nous indique également de quelle façon nous pouvons grandir, nous transformer, tout en approfondissant notre connaissance de soi.

Là où Pluton réside dans votre thème est le lieu où vous serez dans un état troublé ou évolutif, là où les changements se succéderont tour à tour. C'est un côté de vous qui réalise, que vous l'appréciiez ou non, que la vie est remplie d'atroces pertes. Pluton nous montre aussi comment nous composons avec le pouvoir, personnel et impersonnel, que nous l'exercions ou le subissions.

C'est aussi le côté de vous qui vous fera réfléchir sur les pertes et les privations que vous vivez, vous permettant ainsi de grandir avec beaucoup d'expérience. Puisque Pluton régit la vie, la mort et la renaissance, voici l'importance de réaliser et de comprendre ce processus qu'est la vie. Vous serez superbement puissant là où Pluton réside dans votre thème natal alors qu'elle est une énergie concentrée entraînant de profondes transformations.

En ce qui concerne votre corps, Pluton est associée au système reproductif, alors que c'est là que le processus de la vie et de la mort débute. Elle est également responsable du sperme, de la puberté et de votre maturation sexuelle. Elle correspond également à l'élément chimique qu'est le plutonium, dont ce dernier est un élément transuranien.

LES MAISONS ASTROLOGIQUES

Le zodiaque est divisé en douze maisons astrologiques et chacune correspond à une sphère de votre vie, soit un domaine bien précis de votre existence : argent, amour, travail, famille, santé… Calculées à partir de votre heure de naissance, les maisons astrologiques utilisées à partir de votre ascendant natal jouent un rôle important pour mieux comprendre votre personnalité et votre avenir. Cependant, si vous ne connaissez pas votre heure de naissance, vous pourrez toujours appliquer la méthode des maisons astrologiques égales. Cette formule est établie selon le degré précis de votre Soleil natal. En d'autres mots, les douze maisons astrologiques, dites solaires, débutent au degré de la position de votre Soleil natal.

Chaque maison astrologique possède une signification qui lui est propre et permet de mieux cerner le domaine étudié suivant la ou les planètes qui se trouvent dans les différentes maisons astrologiques au moment de votre naissance ainsi que les aspects planétaires qui y prennent place. Tout cela aide à déterminer les différentes facettes de votre personnalité. Voici leurs significations :

La Maison I (Ascendant)

C'est la maison des « premières » : la première impression que vous faites, la façon dont vous initiez les choses, l'image que vous choisissez de projeter. C'est ici que vous vous promouvez. Les planètes qui se trouvent dans cette maison intensifient la façon dont vous êtes perçu par les autres. Souvent, la première maison projette un type de personnalité entièrement différent de celui du signe solaire. Par exemple, un Capricorne avec un Lion dans la première maison sera beaucoup plus flamboyant que le Capricorne moyen. Le signe qui passe sur cette maison au moment de votre naissance est connu comme votre signe ascendant.

Cette maison astrologique est en analogie avec le Bélier et elle est gérée par Mars. Elle marque le Moi, l'Ego et la volonté. Dans un thème natal, elle représente la personnalité profonde du sujet. Elle nous informe sur votre apparence physique, votre tempérament, votre caractère, vos motivations, vos capacités premières et vos tendances héréditaires. Elle décrit aussi la façon dont vous vous habillez, comment vous bougez et combien vous aimez vous embellir. Elle fait également référence à la première impression que vous exercez sur les gens et le genre d'activités physiques que vous préférez ainsi que votre créativité. Elle représente également la gamme de vos expériences de l'enfance. Elle donne aussi un aperçu de ce que sera votre vie et les événements importants dans celle-ci. C'est aussi tout ce que vous mettez en action.

Domaine de la vie qui se concentre sur votre personnalité et sur l'image que vous projetez, c'est la façon dont vous apparaissez aux autres personnes dans un contact superficiel. Cela peut ou non correspondre à ce que vous êtes à l'intérieur – ce que montre davantage la quatrième maison natale. Cela explique en grande partie la façon dont certaines personnes sont étiquetées d'une manière ou d'une autre, mais si vous prenez le temps d'apprendre à les connaître, vous découvrez qu'elles ne sont pas du tout comme ça. Malheureusement, beaucoup de choses dans la vie sont basées sur les premières impressions ; nous n'avons pas le temps d'apprendre à connaître toutes les personnes que nous rencontrons – ou si elles nous connaissent vraiment. La façon dont les gens vous voient se reflète dans ce qu'ils attendent de vous au départ.

La première maison est également la porte par laquelle toutes les expériences quotidiennes entrent dans votre vie. Le signe placé ici indique le type général de traitement que vous recevrez. Le type de travail ou d'affectation que vous attirez est aussi montré par la première maison, indépendamment de ce pour quoi vous êtes attiré ou formé. L'état général de la santé et du corps est également indiqué par le signe de la première maison, tandis que les maladies et autres particularités de santé sont indiquées par la sixième maison.

La Maison II

C'est ici que se situe votre contact avec le monde matériel – vos attitudes à l'égard de l'argent, des possessions, des finances et de tout ce qui vous appartient, ainsi que votre capacité à gagner et à dépenser. À un niveau plus profond, cette maison révèle votre sens de la valeur personnelle et de la valeur intérieure qui attire la richesse sous diverses formes.

Cette maison astrologique est en analogie avec le Taureau et elle est dominée par Vénus. Elle gère les finances personnelles dans la vie d'une personne ainsi que toutes les transactions commerciales. En bref, elle a un lien direct par rapport à l'argent, aux gains, aux biens acquis par le travail et aux revenus que vous avez su faire fructifier, mais aussi suivant toutes les pertes encourues. Tout ce qui relève de vos acquisitions, de vos finances, de vos possessions et de votre fortune en fait également partie. Elle décrit comment vous gérez votre capital et tout ce qui vous est cher. Cela passe par votre argent, vos biens les plus précieux et les qualités que vous valorisez, autant en vous que chez les autres, et votre estime personnelle. Elle nous informe aussi sur ce que vous êtes prêt à faire pour obtenir la sécurité. C'est également le point de rencontre de tout ce qui concerne la propriété, l'immobilier, l'agriculture, le jardinage et la terre.

La Maison III

Il s'agit de la façon dont vous communiquez avec les autres. Êtes-vous compris ? Comment allez-vous vers les autres à proximité et interagissez avec l'environnement immédiat ? Il s'agit du fonctionnement de votre processus de réflexion et de la manière dont vous exprimez vos pensées. Cette maison montre vos premières relations et vos expériences avec vos frères et sœurs, et la façon dont vous traitez avec les personnes proches de vous, comme vos voisins ou vos copains. C'est aussi dans cette maison que vous faites de courts voyages, que vous écrivez des lettres ou que vous utilisez le téléphone. Il montre comment votre esprit fonctionne en termes de fonctions logiques et analytiques du cerveau gauche.

Cette maison astrologique est en analogie avec le signe du Gémeaux et elle est gérée par Mercure, et gouverne entre autres les communications dans la vie du sujet, les échanges, les rencontres, les formations, l'acquisition du savoir ainsi que l'intelligence et la logique de l'individu. Elle fait référence à votre quartier, à l'entourage immédiat, à votre voisinage incluant la banque, le bureau de poste, l'épicerie du coin et tous les autres endroits que vous fréquentez. C'est le côté de vous qui exécute ses tâches sans vraiment en être conscient, tellement c'est fait par habitude. Ce secteur nous informe aussi sur votre jeunesse, vos études, votre éducation primaire, vos relations avec vos frères, vos sœurs et vos voisins. Tout ce qui relève de vos déplacements et de vos petits voyages en fait également partie. Elle régit aussi les écrits, la publicité et tout ce que l'on signe. Tous les sujets en négociation font aussi partie de ce secteur.

La Maison IV (Fond du Ciel)

Cette maison est liée à la manière dont vous êtes nourri et dont vous vous sentez en sécurité – vos racines ! Au bas de votre carte natale, soit la quatrième maison natale, comme la maison (propriété), elle montre les fondations de la vie et vos soubassements psychologiques les plus profonds. C'est ici que vous vous confrontez à qui vous êtes et comment vous vous sentez en sécurité. Elle montre l'environnement de votre enfance et les circonstances de la fin de votre vie – votre « foyer » final – ainsi que l'endroit que vous appelez votre foyer aujourd'hui. C'est à ce secteur que les astrologues cherchent des informations sur les principaux éducateurs de votre vie.

Cette maison astrologique est en analogie avec le signe du Cancer et elle est sous la maîtrise de la Lune. Elle décrit vos fondations personnelles, la propriété, la maison que vous avez occupée lorsque vous étiez enfant, votre famille et les parents qui vous ont materné ; le statut du père surtout, mais également vos relations avec vos parents. Elle parle de votre lieu d'habitation en tant qu'adulte, de votre vie personnelle et de votre comportement face aux obligations familiales. Elle renferme tous vos souvenirs, toutes vos émotions innées et la façon dont votre subconscient opère. C'est à cette maison que l'on voit un côté de vous qui aime décorer et maintenir son havre de paix. Tout ce qui relève des locaux, de l'immobilier est dominé par ce secteur.

La Maison V

Cette maison fait référence à la façon dont vous vous exprimez de manière créative – votre idée du jeu. La maison du Lion est l'endroit où se développe le potentiel créatif. C'est là que vous montrez vos talents et aussi que vous procréez, dans le sens où les enfants sont des excroissances de votre capacité créative. Elle représente au mieux votre moi intérieur enfantin, la partie de vous qui trouve sa joie dans le jeu. Si la sécurité intérieure a été établie au moment où vous atteignez cette maison, vous êtes maintenant libre de vous amuser, de faire des rencontres amoureuses, de donner de vous-même. C'est aussi dans cette maison que les astrologues recherchent les amours ludiques, les flirts et les brèves rencontres amoureuses, plutôt que les engagements à long terme.

Cette maison astrologique est en analogie avec le signe du Lion et elle est sous la gouvernance du Soleil. Elle représente le côté de vous qui aime s'amuser et faire des choses qui lui apportent de la joie et du plaisir, qui aime recevoir les personnes qui lui sont chères. Elle nous renseigne également sur vos relations sentimentales, vos aventures amoureuses, vos enfants, vos affaires de cœur, votre côté créatif, vos loisirs et vos passe-temps favoris, mais aussi le côté plaisant de votre personnalité. Tout ce qui est porteur de joie de vivre et de bonheur est décrit ici. Cette maison fait aussi référence à vos spéculations et aux risques que vous prenez dans la vie. C'est ce que vous mettez en œuvre, de même que votre créativité. À cela s'ajoutent l'enfantement, la grossesse et l'accouchement.

La Maison VI

La sixième maison a été appelée le département « réparation et entretien ». Elle montre comment vous fonctionnez dans la vie quotidienne, où vous faites les choses et où vous déterminez comment vous vous occupez des autres et remplissez des tâches de service, comme prendre soin de vos animaux domestiques. C'est ici que se trouvent votre survie quotidienne, votre travail (par opposition à votre carrière, qui est le domaine de la dixième maison), votre régime alimentaire et vos régimes de santé et de remise en forme. Cette maison montre comment vous prenez soin de votre corps et comment vous vous organisez pour être efficace dans le monde.

Cette maison astrologique est en analogie avec le signe de la Vierge et elle est régie par Mercure. Elle fait référence à la nature de votre travail et à l'environnement dans lequel vous exercez. Elle nous renseigne sur vos tâches, sur vos obligations à remplir et sur la façon dont vous fonctionnez au quotidien. Elle nous informe aussi sur votre vitalité et votre bien-être physique, et sur la façon dont vous vous occupez de votre santé. Elle parle des malheurs que peut vivre votre famille éloignée (tantes, oncles, belles-sœurs, beaux-frères, cousins et cousines). Cela inclut les services quotidiens que vous offrez à autrui et aux devoirs envers votre prochain.

La Maison VII (Descendant)

Cette maison a trait à vos relations. C'est ici que se trouvent vos relations étroites, intimes, individuelles (même vos ennemis ouverts). Cette maison montre votre attitude envers vos partenaires et ceux avec qui vous prenez des engagements, passez des contrats ou des accords. Les hostilités ouvertes, les procès, les divorces et les mariages se produisent ici. Si la première maison est le « je », la septième ou maison opposée est le « non-moi » – le partenaire complémentaire que vous attirez par votre façon de vous présenter. Si vous avez des problèmes de partenariat, considérez ce que vous attirez par l'interaction de votre première et de votre septième maison.

Cette maison astrologique est en analogie avec le signe de la Balance et elle est régie par Vénus. Maison par excellence de l'union, du mariage, de vos relations avec l'être aimé, elle inclut aussi tout ce qui relève de vos partenariats, tel qu'un divorce. Elle nous dévoile un côté de vous qui ne se manifeste que lorsque vous êtes en compagnie d'une personne. Elle nous renseigne aussi sur les qualités du partenaire de vie, de votre associé, mais aussi de votre amant et de vos ennemis cachés. Elle étale vos activités publiques, tous vos accords conclus en association ou par contrat officiel. Vos projets conjoints touchant les arts et la création en font aussi partie. Elle parle des contacts établis avec les hommes de loi, le médecin, le notaire, le dentiste, etc. La coopération reçue ou donnée en fait également partie, tout comme les collègues. En somme, c'est tout ce qui vous unit à l'autre, ou aux autres.

La Maison VIII

Il s'agit de montrer comment vous fusionnez avec quelque chose ou comment vous gérez le pouvoir et le contrôle. C'est l'une des maisons les plus mystérieuses et les plus puissantes, où votre énergie se transforme du « je » au « nous ». Lorsque vous abandonnez votre pouvoir et votre contrôle personnels en vous unissant à quelque chose ou à quelqu'un, toutes sortes d'énergies fusionnent et deviennent quelque chose de plus grand, conduisant à une régénération du soi à un niveau supérieur. Voici vos attitudes envers le sexe, les ressources partagées et les impôts (ce que vous partagez avec le gouvernement). Comme cette maison implique ce qui appartient aux autres, vous êtes confronté à des problèmes de contrôle et de lutte de pouvoir, ou vous subissez une profonde transformation psychologique en vous liant à un autre. Ici, vous vous transcendez avec l'occulte, les rêves, les drogues ou encore les expériences psychiques qui reflètent l'inconscient collectif.

Cette maison astrologique est en analogie avec le signe du Scorpion et elle est sous la gérance de Pluton. En plus de représenter les états de crise qui émergent en vous, elle régit aussi toutes les circonstances extrêmes à gérer telles un drame, un procès, la mort et, par conséquent, les deuils. Tout ce qui relève de vos taxes, de vos assurances, de vos impôts, de vos prêts, de votre crédit, de vos legs et testaments, de la mort et de la naissance, de votre vie sexuelle et de tout ce qui est occulte en fait partie. C'est la maison qui nous informe aussi sur les finances de votre conjoint ou de l'associé. Elle détient des informations sur toutes les opérations chirurgicales et les psychothérapies, et sur la façon dont vous décidez de vous régénérer ou de vous rajeunir après une perte. C'est aussi à cette maison que l'on voit les changements importants dans la vie du sujet. Tout ce dont vous avez véritablement besoin et que les autres peuvent vous donner ressort de cette maison. Les crimes, les enquêtes et la police sont également sous sa juridiction.

La Maison IX

C'est à cette maison que vous recherchez la sagesse et les connaissances supérieures – votre système de croyances. Alors que la troisième maison représente le « mental inférieur », son opposé sur la roue, la neuvième maison, est le « mental supérieur » – l'esprit abstrait, intuitif, spirituel qui pose de grandes questions comme « Pourquoi sommes-nous ici ? » La neuvième maison montre ce en quoi vous croyez. Après que la troisième maison a exploré ce qui était à portée de main, la neuvième étire la spiritualité avec une activité religieuse. Vous prenez des risques dans votre neuvième maison en brisant les règles et les limites, car vous êtes préoccupé par la façon dont tout est lié. C'est ici que vous écrivez un livre ou une thèse approfondie, que vous pontifiez, philosophez ou prêchez.

Cette maison astrologique est en analogie avec le signe du Sagittaire et elle est régie par Jupiter. Cette maison nous informe aussi sur la façon dont vous gérez toutes les nouvelles expériences, les endroits et les déplacements faits au loin, les parents par alliance (votre belle-famille). Tout ce qui est en lien avec les hautes études, l'édition, la publicité et toutes les situations de nature juridique ou légale relèvent de cette maison. De même que vos horizons futurs, l'intellect abstrait et supérieur, la philosophie et votre ouverture d'esprit sur la vie, sur la politique et sur la religion, et votre soif de liberté personnelle. Cela inclut vos aspirations futures et vos spéculations intellectuelles. On y voit aussi vos déménagements, les activités de plein air, les produits étrangers et tout commerce fait à l'étranger. C'est aussi à ce secteur qu'une opinion est formée, changée et réformée. C'est également ce que la vie a de meilleur à vous offrir.

La Maison X (Milieu du Ciel)

Cette maison régit votre image publique et la façon dont vous traitez l'autorité. Elle est située directement au-dessus de votre tête, à la position « midi » sur la roue de l'horoscope. Cette maison régit vos activités de haut niveau, là où le monde vous voit. Elle traite également de votre image publique, de votre carrière (mais pas de votre « travail » de routine) et de votre réputation. C'est ici que vous vous montrez en public, que vous prenez des responsabilités (par opposition à la quatrième maison, où vous restez à la maison). Cela aura une incidence sur la carrière que vous choisirez et sur vos « relations publiques ». Cette maison est également associée à votre figure paternelle ou à toute autre figure d'autorité dans votre vie. C'est à ce secteur que l'on voit qui est le parent dominant du foyer.

Cette maison astrologique est en analogie avec le signe du Capricorne et elle est régie par Saturne. Cette maison nous informe sur ce que le public sait de vous, la position que vous occupez dans le monde. Votre statut social en fait également partie. Elle nous instruit sur votre vocation choisie, vos buts, ce à quoi vous aspirez et tous vos objectifs dans la vie. Elle nous informe aussi pour ce qui est de vos succès, de vos accomplissements, des honneurs reçus et de tout ce qui relève de votre prestige. En somme, c'est la destinée du sujet au niveau de son travail et le côté de vous qui prend le temps d'apprendre, de s'accomplir. Elle décrit également toute conduite exhibée en présence des personnes en position d'autorité. Vos parents, spécialement la figure paternelle, sont également sous sa juridiction ou, à tout le moins, c'est à ce secteur que l'on voit qui est le parent dominant du foyer.

La Maison XI

Cette maison fait référence à votre système de soutien et à votre relation avec la société et vos objectifs. Ici, vous vous étendez à un groupe, à une équipe, à un objectif ou à un système de croyances. C'est ici que vous vous souciez d'être populaire, de gagner les élections. C'est dans cette maison que vous définissez ce que vous voulez vraiment, le type d'amis que vous avez, vos affiliations politiques ainsi que le type de groupes auxquels vous vous identifiez en tant qu'égal. C'est ici que vous pouvez devenir un humanitaire conscient des problèmes sociaux – ou un papillon social fêtard. C'est là que vous cherchez les autres pour vous stimuler et pour découvrir votre parenté avec le reste de l'humanité. Le signe sur la cuspide de cette maison peut vous aider à comprendre ce que vous gagnez et perdez dans vos amitiés.

Cette maison astrologique est en analogie avec le signe du Verseau et elle est sous la régence d'Uranus. En somme, c'est la vie sociale du sujet. Elle représente aussi le côté équipier de vous, votre capacité à tisser des liens d'amitié, les relations vécues avec détachement, l'amour reçu, l'affection témoignée par vos amis. Elle parle aussi des causes et des activités sociales qui vous tiennent à cœur. Elle nous renseigne aussi sur les organisations auxquelles vous adhérez, sur le genre de personnes avec lesquelles vous avez des affinités et sur la façon dont vous agissez dans un groupe. C'est la maison qui gouverne l'altruisme, mais aussi l'adultère. Les naissances illégitimes, les enfants adoptés, vos ex-conjoints ou ex-conjointes en font tous partie. Les excentricités, les circonstances et les changements inattendus sont également sous sa juridiction. L'apprentissage au travail et l'entraînement spécialisé relèvent aussi de ce secteur.

La Maison XII

C'est ici que les frontières entre vous et les autres s'estompent, que vous devenez désintéressé. Dans votre voyage autour du zodiaque, vous êtes passé du « moi » de l'affirmation de soi dans la première maison à la dernière maison, qui symbolise la dissolution qui précède la renaissance. C'est là que les expériences accumulées sont traitées dans l'inconscient. Les astrologues orientés vers la spiritualité se tournent vers cette maison pour connaître vos vies passées et votre karma. Les lieux où nous allons pour être seuls et faire un travail spirituel ou réparateur, tels les retraites, les institutions religieuses et les hôpitaux appartiennent à cette maison. C'est également ici que nous nous retirons de la société – ou que nous sommes forcés de nous retirer à cause d'une activité antisociale. Le don désintéressé à travers des actes de charité fait partie de cette maison. Dans votre vie quotidienne, la douzième maison révèle vos intimités les plus profondes et vos secrets les mieux gardés, en particulier ceux que vous vous cachez à vous-même et que vous gardez refoulés au plus profond de l'inconscient. C'est l'endroit où nous abandonnons le sentiment d'un moi séparé à un profond sentiment de plénitude, comme le service désintéressé dans la religion ou toute activité qui implique de se fondre dans le grand tout. De nombreuses stars du sport ont des éléments importants dans la douzième maison qui leur permettent de jouer dans la « zone », de trouver une force intérieure, presque mystique, qui transcende leurs limites.

Cette maison astrologique est en analogie avec le signe du Poissons et c'est Neptune qui veille sur elle. Elle marque les épreuves, les blocages, la souffrance, les trahisons et aussi les problèmes de santé éventuels. Cette maison nous instruit sur vos secrets et vos dépendances, sur ce qui est tenu caché et sur toutes vos transactions secrètes. Elle nous renseigne aussi sur un côté de vous qui ne se manifeste que lorsque vous êtes seul ou d'humeur à vous replier sur vous-même et à vous refaire intérieurement. C'est à ce secteur que l'on voit vos passages à l'hôpital, les renvois, l'expatriation, les exils, les internements, voulus ou non. Elle nous informe sur vos ennuis personnels et sur toutes vos déceptions relationnelles avec vos proches, incluant les traits et conduites dont vous avez été témoin dans vos jeunes années. Les peines, les limites, les frustrations et les handicaps relèvent aussi de ce secteur. On peut aussi voir si votre pire ennemi n'est autre que vous-même. On y distingue vos faiblesses et vos ressources intérieures. En somme, tout ce qui est difficile à affronter relève de ce secteur.

P.-S. : Les maisons sont plus ou moins fortes selon le nombre de planètes qui les habitent. Si de nombreuses planètes occupent une maison donnée, il s'ensuit que les activités de cette maison seront mises en valeur dans votre vie. Et si la planète qui gouverne naturellement la maison s'y trouve aussi, cela ajoute également de la puissance à la maison.

LES MAISONS D'ÂGE

Les méthodes sont nombreuses pour faire des prédictions. Parmi toutes les méthodes disponibles, il y a les transits, les directions progressées, les progressions symboliques, la révolution solaire et l'astrologie horaire. Certaines techniques ont été adaptées afin de faciliter la tâche face aux nombreux calculs importants qu'il fallait faire avant de pouvoir les mettre en pratique.

Au début, déjà lointain, alors que je suivais mes cours d'astrologie, mon professeur m'a dit qu'Henri Gazon, réputé astrologue et père de l'astrologie au Québec, lui avait enseigné à son tour une technique de prédiction fondée sur le cycle de Jupiter. Cette technique, basée sur le cycle de Jupiter, soit d'une durée de douze ans, correspond parfaitement à notre date d'anniversaire de naissance. C'est une technique spéciale et très peu employée ou connue dans l'univers de l'astrologie. Elle est basée sur notre âge ainsi que sur les douze maisons astrologiques.

Chaque maison astrologique représente un secteur bien défini de notre thème natal et correspond à un âge précis. À chacun de nos anniversaires, nous sommes de passage dans une nouvelle maison. Nous nous retrouvons donc ainsi placés sous un thème différent. De là s'ensuivent des prévisions annuelles et les tendances générales qui marquent le cycle en cours, et qui nous permettent d'interpréter à sa juste valeur la période que nous traversons.

Chaque individu commence sa vie dans la Ire maison astrologique. Lorsqu'il entame son deuxième anniversaire de naissance, il transite la maison XII, qui devient alors la première maison de cette nouvelle année solaire en cours. Par conséquent, sa maison I natale devient alors la maison II, puis la maison II natale devient la maison III, etc. Ainsi, les maisons d'âge progressent dans le sens des aiguilles d'une montre, c'est-à-dire de la XIIe maison astrologique à la XIe, de la XIe à la Xe et ainsi de suite jusqu'à la Ire maison astrologique, mais reprennent ensuite le chemin normal, du moins pour ce qui est de faire la lecture de ce que l'année sollicitée vous réservera. Ce système est basé sur une loi ésotérique.

Avec les années, j'ai pris connaissance qu'un dénommé Guillermo Rivas avait repris les calculs du regretté professeur Henri Gazon pour les appliquer à Saturne. Il s'est vite rendu compte que le cycle de 30 ans attribué à Saturne correspondait aussi à des intérêts et à des préoccupations plus marquées.

Pour mieux découvrir les cycles de Jupiter et de Saturne que vous traversez au cours d'une année spécifique, vous n'aurez qu'à consulter les tableaux plus bas que je vous ai préparés. Le premier tableau vous indique la maison selon le cycle de Jupiter alors que le second fait référence au cycle de Saturne, et ce, toujours selon votre âge actuel.

À titre d'exemple, une personne née le 1er janvier 1953, en 2024, elle a 71 ans. De là, lorsqu'on localise son âge dans le tableau des cycles de Jupiter, elle est de passage dans la maison III. Et pour ce qui est du cycle de Saturne, elle sera éventuellement de passage dans la maison IX.

Soyez informé que l'année personnelle ne donne qu'une tendance générale. Pour en savoir plus, il est suggéré d'examiner la maison d'occupation pour l'année en cours et toutes les planètes natales qui s'y trouvent, tout en tenant compte des planètes en transit selon l'année que vous sollicitez.

TABLEAU DES CYCLES DE JUPITER

Maison	Âges
I	1, 13, 25, 37, 49, 61, 73, 85, 97, 109
II	12, 24, 36, 48, 60, 72, 84, 96, 108
III	11, 23, 35, 47, 59, 71, 83, 95, 107
IV	10, 22, 34, 46, 58, 70, 82, 94, 106
V	9, 21, 33, 45, 57, 69, 81, 93, 105
VI	8, 20, 32, 44, 56, 68, 80, 92, 104
VII	7, 19, 31, 43, 55, 67, 79, 91, 103
VIII	6, 18, 30, 42, 54, 66, 78, 90, 102
IX	5, 17, 29, 41, 53, 65, 77, 89, 101
X	4, 16, 28, 40, 52, 64, 76, 88, 100
XI	3, 15, 27, 39, 51, 63, 75, 87, 99
XII	2, 14, 26, 38, 50, 62, 74, 86, 98

TABLEAU DES CYCLES DE SATURNE	
Maison	**Âges**
I	0 à 2 ans ½ ; 30 ans à 32 ans ½ ; 60 ans à 62 ans ½ ; 90 ans à 92 ans ½
II	27 ans ½ à 30 ans ; 57 ans ½ à 60 ans ; 87 ans ½ à 90 ans
III	25 ans à 27 ans ½ ; 55 ans à 57 ans ½ ; 85 ans à 87 ans ½
IV	22 ans ½ à 25 ans ; 52 ans ½ à 55 ans ; 82 ans ½ à 85 ans
V	20 ans à 22 ans ½ ; de 50 ans à 52 ans ½ ; de 80 ans à 82 ans ½
VI	17 ans ½ à 20 ans ; 47 ans ½ à 50 ans ; 77 ½ ans à 80 ans ; 107 ans ½ à 109
VII	15 ans à 17 ans ; 45 ans à 47 ans ½ ; 75 ans à 77 ans ½ ; 105 ans à 107 ans ½
VIII	12 ans ½ à 15 ans ; 42 ans ½ à 45 ans ; 72 ans ½ à 75 ans ; 102 ans ½ à 105
IX	10 ans à 12 ans ½ ; de 40 ans à 42 ans ½ ; de 70 à 72 ans ½ ; 100 à 102 ans ½
X	7 ans ½ à 10 ans ; 37 ans ½ à 40 ans ; 67 ans ½ à 70 ans ; 97 ans ½ à 100 ans
XI	5 ans à 7ans ½ ; 35 ans à 37 ans ½ ; 65 ans à 67 ans ½ ; 95 ans à 97 ans ½
XII	2 ans ½ à 5 ans ; 32 ans ½ à 35 ans ; 62 ans ½ à 65 ans ; 92 ans ½ à 95 ans

Ces cycles donnent des indications pertinentes sur des secteurs ciblés opérant dans l'année sollicitée. Maintenant que vous avez bien déterminé les maisons respectives de vos deux cycles, profitez-en pour lire les prévisions suggérées. Si les deux cycles se retrouvent dans la même maison, les tendances annoncées seront plus marquées pour l'année en cours.

La signification des maisons reprend les mêmes bases qu'en astrologie ; toutefois, eu égard à l'ancienneté de celles-ci (peu remise en question), j'ai ajouté les différences subtiles observées suivant mes années d'expérience. Dans les pages qui suivent, vous pourrez prendre connaissance de la signification du cycle de chacune des maisons d'âge.

Cycle de la Maison I

Ce cycle accorde une énorme importance à votre personnalité, mais aussi à vos actes. C'est un cycle de nouveau départ. Il est temps de se prendre en main sans s'appuyer sur les autres. Ce nouveau départ vous apportera de nouvelles expériences à vivre vous permettant de repartir sur des bases solides si vous êtes positif. Il faudra être ferme et décidé alors que le miracle est possible, car vous avez le contrôle. Il est temps de vous fixer des buts et surtout de les atteindre. Vous devrez être actif, honnête et saisir toutes les chances qui passent. D'ailleurs, un événement qui vous concerne personnellement marquera le climat de cette année à venir. Ce sera une année concluante, décisive en ce qui a trait à votre manière de vous conduire et de vous comporter dans votre milieu social. Tout semble tourner autour de vous ! Vous vous chercherez, vous vous redéfinirez. Une introspection personnelle vous sera nécessaire. Mûrissez vos gestes et vos décisions, et assurez-vous de prendre mieux soin de vous. Évitez d'agir dans la précipitation et attention à votre tempérament impulsif. Ce sera une année constructive et progressiste. D'ailleurs, l'année se prêtera bien pour mettre de l'avant vos ambitions au service de vos aptitudes ainsi que pour amorcer un projet qui vous tient à cœur. Année favorable aux initiatives personnelles. Ne manquez pas d'exploiter votre plein potentiel et de vous affirmer davantage. Questionnez-vous à savoir ce dont vous avez vraiment envie. Ce sera aussi une année où vous penserez davantage à vous. Profitez-en pour développer votre autonomie et pour mettre en valeur votre savoir-faire, vos multiples habiletés, talents, aptitudes et compétences, surtout que toutes les actions et votre créativité mises de l'avant seront favorisées. Le succès vous est pratiquement assuré. Cela favorise aussi votre élévation (l'évolution de soi). Il est donc possible que vous aspiriez à une nouvelle vie ou à une inspiration nouvelle. Ce sera le signe d'un nouvel engagement et/ou d'un événement important tels un nouvel amour, l'arrivée d'un enfant, un nouvel environnement, un nouvel engagement professionnel. Des changements inattendus sont appelés à se présenter et vous apporteront de nouvelles conditions de vie. L'idée qu'une personne influente puisse vous apporter son aide est aussi possible. Vos activités seront aussi plus nombreuses. Il sera donc important de prendre des décisions et surtout de ne laisser personne se mêler de vos affaires. Sinon, vous allez manquer totalement de confiance en vous. Ce sera aussi une année où vous serez plus porté à défendre vos propres intérêts personnels.

Cycle de la Maison II

Le domaine du matériel sera au premier plan. Année où votre salaire et votre gestion financière seront sujets à de possibles changements. Côté financier, vous traversez un cycle propice pour penser à long terme et pour faire des investissements sérieux. On fera un peu plus d'argent, mais gare aux dépenses imprévues et attendez-vous à une surcharge de travail. Papiers officiels, documents ou contrats à signer sont à prévoir. La possibilité d'une acquisition immobilière sera aussi d'actualité. Tout présage que ce sera la fin ou le début de quelque chose. Attention à votre entêtement et à la fatigue qui risquent d'être plus présents et de vous causer des problèmes. Assurez-vous que votre besoin de sécurité émotionnelle ne soit pas aveuglé ni étouffé par vos besoins financiers ou matériels. Des ennuis ou des pépins possibles, causés par une relation d'ordre sentimental qui aura été tenue sous silence, sont à prévoir étant donné que vous aurez davantage tendance à subir les contrecoups de votre environnement. Prenez ce qui se présente et ne forcez en rien les événements. Cycle où l'accent sera mis sur le plan relationnel, plus particulièrement avec les femmes. Assurez-vous de porter davantage attention à votre intuition au cours de cette période. Surveillez aussi de près votre santé et attention à votre tension nerveuse qui sera plus fragile. La venue d'un enfant est également possible au cours de ce cycle.

Cycle de la Maison III

Sortir, voir du monde, communiquer, échanger, commercer, troquer, voilà ce qui vous motivera. Les rapports familiaux tiendront une place importante; vos frères et sœurs, beaux-frères et belles-sœurs, cousins et cousines, oncles et tantes occuperont plus vos pensées. Tout ce qui pourra leur arriver, tant positif que négatif, marquera le climat annuel. Il est même possible que vous songiez à brasser des affaires par vous-même ou avec un de ces derniers; cependant, attention à l'éparpillement ainsi qu'à la distraction qui seront plus présents. Année de rencontres et d'amitiés nouvelles, sans compter que la période se prêtera bien pour amorcer une nouvelle démarche, surtout si vous êtes dans les affaires, étant donné que vous pourrez compter sur de l'aide provenant de l'extérieur. Une occasion d'avancement personnel est possible. À tout le moins, une croissance matérielle est à prévoir. Toutefois, prenez garde aux erreurs possibles et méfiez-vous de ceux qui ne tiennent pas parole. Ce cycle se prêtera bien pour vous inscrire à un cours, à un atelier, pour suivre un stage en vue de parfaire vos connaissances, pour vous enrichir d'une technique spécialisée ou encore pour assister à une conférence ou à un séminaire. Le temps se prêtera bien également pour toute création artistique ou intellectuelle. Ce sera aussi une phase propice pour la fécondité, pour la mise en œuvre de quelque chose qui vous tient à cœur. Tous projets seront favorisés, mais plus ceux qui relèveront du domaine des communications. Saisissez également l'occasion pour mettre de l'ordre dans vos affaires et faites aussi le point sur vos dettes ou sur toutes les amendes que vous auriez omis de régler à ce jour. Bonne année pour les amitiés, les contacts, les enfants et pour tous les déplacements de courte durée. À ce sujet, un déménagement est possible.

Cycle de la Maison IV

Tout ce qui concerne votre futur vous trottera davantage dans la tête à présent. Il n'en reste pas moins que le passé vous rattrapera et/ou refera surface. Cela va demander un certain lâcher-prise, ou une cassure de rythme sera peut-être des plus nécessaires puisqu'une ambiance lourde pourrait se faire plus présente, et plus encore si vous ne tenez pas compte de ce qui importe dans la vie, tels la famille et le foyer. Le temps est venu de régler, une fois pour toutes, ces situations qui ne cessent de s'éterniser et qui vous empoisonnent la vie. Cycle idéal pour vous stabiliser, pour retrouver votre équilibre. Revenez à l'essentiel, à la racine de qui vous êtes. Ce sera un temps d'améliorations, d'acquisitions, de changements. Il est possible aussi que vous songiez à déménager, à vendre, à acheter, à rénover ou à construire votre propre maison. La famille et le foyer seront au premier plan ; on y découvre à nouveau leur importance. Malgré cette phase d'introspection, évitez de vous replier trop sur vous-même. Demeurez respectueux des discussions familiales et méfiez-vous des commérages et de la médisance. Vous ne pourrez choisir meilleur moment pour régler un problème affectif ou émotionnel. Cela indique aussi la fin des choses, ce qui entraînera, par le fait même, un tournant de vie et de nombreux changements. Des améliorations à apporter sur le plan du travail sont à envisager. Votre carrière subira une évolution plus heureuse. Si vous faites des affaires, des contrats bénéfiques seront au rendez-vous. C'est une année qui est axée sur le travail ainsi qu'un temps d'accroissement par l'effort. Abstenez-vous de tout comportement colérique ou excessif, au risque d'en subir les rafles et les conséquences.

Cycle de la Maison V

Année de réflexion et d'une nouvelle prise de position. On décide enfin de prendre la place qui nous revient. Ce sera d'ailleurs votre mission de le faire. On décide enfin de se faire plaisir. L'autonomie et la liberté deviendront vos mots d'ordre. Si on tente de vous contraindre, de vous marcher sur les pieds, vous serez prompt à la réplique. Ce cycle s'annonce décisif pour vos amours et votre relation avec vos enfants. En ce qui a trait à vos affaires, prenez votre temps, ne faites pas confiance au premier venu et attention au manque de confiance et d'estime de soi, au risque de vous saboter. Le temps se prêtera bien pour vous libérer de toutes les contraintes. Toutes les rencontres vont tenir une place importante au cours de cette période. Pour ceux qui ne sont pas mariés, la possibilité de dénicher votre perle rare ou de consolider votre amour est à prévoir. Si votre relation de couple traîne de la patte depuis plusieurs années, une rupture ou une remise en question est aussi à prévoir. Une fécondité, une naissance future, la mise en œuvre de quelque chose que l'on a créé sont plus que probables. Un projet de création a toutes les chances de réussir; temps idéal pour le mettre de l'avant. Misez tout de même sur l'équilibre et la modération en tout. Les rapports avec l'étranger, soit par des voyages d'affaires ou de plaisance, vous seront propices. Signe d'une évolution positive à la suite d'une stricte discipline mise en place. La période sera aussi bénéfique pour tout ce qui relève des études, de l'enseignement et de votre vie spirituelle.

Cycle de la Maison VI

La santé et le travail auront priorité au cours de ce cycle. Cela ne signifie pas pour autant des soucis graves en ce domaine, mais ça ne veut pas dire non plus que vous ne serez pas à l'abri d'un problème ou d'ennuis possibles. D'ailleurs, vous pourriez avoir à vous occuper d'une faiblesse physique ou psychologique que vous avez mise de côté, ou que vous aviez négligé d'adresser. Si l'insécurité vous tenaille davantage, une solide confiance en vos capacités fera toute la différence et vous aidera à régler vos problèmes; ne laissez pas la culpabilité vous envahir. Portez attention à tous ces petits détails, mais n'allez pas vous attarder aux choses qui sont sans importance. Ce cycle se prêtera bien pour les affaires financières. Quelquefois, des améliorations seront apportées à l'intérieur du foyer ou sur la propriété, ou un déménagement est à prévoir ou penserez-vous à le faire? Ce sera un temps où vous aurez une surcharge de responsabilités et de tâches à vous acquitter au travail. Un changement de travail ou un risque d'accident bénin est aussi possible. Des gains inattendus aux jeux de hasard ou à la suite d'un héritage sont probables. Vous ne pourrez choisir meilleur moment pour changer vos habitudes de vie et votre régime alimentaire et pour vous départir d'une mauvaise habitude nuisible à votre santé, et pour vous remettre en forme. En contrepartie, vous ne serez pas à l'abri d'une maladie de courte durée en lien avec votre travail. Sinon une expérience mal vécue ou une situation incomprise risque d'influencer défavorablement les années à venir. À tout le moins, attendez-vous à des contraintes possibles. Vous ne serez pas à l'abri non plus de problèmes ou d'ennuis dans votre vie affective. La prudence sera de mise et plus que nécessaire, surtout lors de vos engagements, ou suivant toute entente. Le risque de tromperie, de rupture ou d'isolement n'est pas à écarter non plus. Vous aurez des choix à faire. Attention à l'hésitation et à l'incertitude qui seront plus présentes. L'amitié ou l'amour pourront contribuer à vous faire évoluer et à prendre une direction nouvelle.

Cycle de la Maison VII

Au cours de ce cycle, l'accent sera mis sur les partenariats et les relations proches. On avance qu'en fonction des événements provoqués par ses partenaires, tant amoureux que professionnels. Période où il vous sera plus difficile de décider seul. Vous devrez tenir compte de l'avis des autres. Année de rencontres, d'unions possibles, et même quelquefois de mariages. La vie de couple deviendra une priorité; ce sera un temps de recyclage. Les projets de couple ou d'association seront d'actualité et encouragés. Cela n'exclut toutefois pas la possibilité d'une séparation, d'un divorce ou de querelles possibles. Cette contingence peut aussi être un signe de dualité ou de litige. Il ira de votre intérêt d'éviter toutes discussions qui peuvent conduire à une impasse. Chose certaine, les relations avec les autres vont prendre un nouveau tournant. Même les amoureux devront être prudents. Vous ne pourrez choisir meilleur temps pour partir en vacances, pour faire un voyage à deux. Puisqu'on dit souvent que la première idée est toujours la meilleure, ne laissez pas l'indécision vous envahir, même si des délais seront inévitables. Cycle où l'injustice et la chicane vous seront intolérables. Année où vous vous devrez d'assumer toutes vos responsabilités et de respecter vos échéances. Méfiez-vous de la paresse qui vous guette! Rien ne s'opposera à vos projets, mais vous aurez à investir tous les efforts nécessaires pour réussir. Il faudra lutter pour vous réaliser, y compris avec vous-même, mais vous aurez une bonne maîtrise sur les éléments qui vous entourent. Possibilité d'avoir gain de cause dans un litige.

Cycle de la Maison VIII

Voilà qui présage un cycle de transformations et de renaissance. Vous aspirez à autre chose? Vous aurez besoin de comprendre ce qui se passe en vous. Le sentiment d'un changement intérieur s'effectuera en vous. Un travail intérieur sera possiblement utile et nécessaire pour mieux vous repérer. Ce sera le moment propice pour donner un nouveau sens à votre vie. Puisque vous amorcerez un cycle de renouveau, il peut s'agir d'un nouveau départ si vous réussissez à surmonter tous vos questionnements profonds. Une étape de vie se termine et une autre se pointe déjà à l'horizon, tant au travail qu'en amour. Évitez de laisser la crainte vous envahir puisque les changements n'en seront que meilleurs. Cessez de regarder en arrière, allez de l'avant alors que le passé est déjà révolu. Une occasion de changer de domaine est possible si vous le souhaitez. Des pertes et/ou des gains inattendus seront possibles, mais si ce n'est pas le cas, ça présage un cycle de travail intensif et laborieux. Une opération ou le deuil d'un proche parent est possible. Un héritage ou une succession à régler s'ensuivra, sinon des papiers à signer et/ou un remboursement pourront faire partie de ce lot. Moindrement, portez plus attention à la santé des personnes près de vous vu qu'elles ne seront pas à l'abri d'ennuis. La probabilité d'une intervention chirurgicale est aussi possible. N'allez pas non plus négliger votre propre santé ni votre bien-être physique. Profitez-en pour amorcer un régime et pour faire faire votre bilan de santé annuel. La prudence et la rigueur seront nécessaires pour finalement mieux retrouver l'harmonie ; cependant, l'idée que vous ayez à faire face à l'adversité est possible. À cet effet, vous ne serez pas à l'abri d'ennuis administratifs, juridiques ou financiers. Suivant que vous ne serez pas à l'abri d'un pépin ou d'ennuis possibles, il sera sage de vous assurer de bien faire vérifier régulièrement votre voiture. Soyez également avisé que l'annonce d'une naissance dans votre entourage immédiat est à prévoir. Problèmes d'équilibre possibles ou de stabilité sont également à prévoir, et l'idée qu'un secret puisse vous être révélé fait aussi partie de ce scénario.

Cycle de la Maison IX

Changer d'air, voilà ce qui sera prévu au programme. À cet effet, un déménagement, un voyage ou de nouveaux défis vous attendent. À tout le moins, l'international sera d'actualité. Puisque la chance se range de votre côté, profitez-en ! Attention toutefois à la loi et à l'autorité. Soyez indépendant, mais ne soyez pas téméraire non plus. Tout ce qui concerne un contrat, un jugement, tous les papiers officiels (de loi) ou tous les litiges possibles prendront plus d'importance. Entourez-vous de bons conseils, réfléchissez bien et donnez-vous tout le temps nécessaire avant de vous engager. Un membre de la famille ou de votre entourage immédiat aura besoin de vous ou c'est vous qui aurez affaire à l'un de ces derniers. Année idéale pour vous inscrire à un cours, poursuivre vos études, entreprendre une recherche, faire de l'enseignement. Tous les métiers de conseils ou ceux qui sont liés à l'humanisme seront favorisés. Vous ne pourrez choisir meilleur moment pour étudier à l'étranger ou dans une ville différente de celle où vous habitez. Les relations avec l'étranger ou une personne de souche différente de la vôtre seront encouragées. La possibilité de recevoir un montant d'argent, une somme qui vous est due et/ou qui provient de sources diverses telles que par votre travail, un héritage, les jeux de hasard ou un tirage est à prévoir. Année qui évoque parfois également un événement en lien avec un membre de votre belle-famille ou une personne qui vit au loin. Ce cycle en est un propice à une grossesse ou, à tout le moins, à une évolution spirituelle. Ce sera une année où il faudra aussi vous attendre à de la lenteur ou à un certain isolement.

Cycle de la Maison X

Voilà un temps où votre situation sociale et votre profession tiendront une place plus importante. Année déterminante qui sera marquée par une nouvelle prise de position dans votre carrière ; cela présage des changements ou des améliorations en ce qui a trait à votre position sociale. La place que vous occupez dans l'échelle sociale et au sein de votre entourage sera votre principale préoccupation cette année. On réfléchit à son avenir, on songe sérieusement à se lancer dans un projet d'envergure. Vos actes, sinon un fait déterminant, marqueront votre vie. Cela symbolise aussi certaines choses en lien avec votre réputation. Année d'accomplissement de vos objectifs et de vos ambitions. L'idée que votre profession prenne une nouvelle direction ou une orientation nouvelle est probable. Quelquefois, le commerce peut être concerné. Une transaction touchant vos biens ou l'immobilier pourra être au rendez-vous. Méfiez-vous d'un manque de confiance en vous ou d'une chute possible. Cette maison fait aussi référence au lieu où l'on vit et aux membres de sa famille suivant son opposition à la maison IV. La probabilité d'un nouveau foyer ou encore des améliorations apportées à votre maison sont possibles, sinon un problème devra être abordé en ce qui a trait à un membre de la famille pour ce qui concerne votre foyer. La prudence sera de mise dans tous vos projets personnels qui, d'ailleurs, risquent d'être confrontés à une confusion possible. Alternance de hauts et de bas. Cycle où il sera plus difficile de contrôler tous les éléments – évolution souvent inattendue. Tous les changements seront favorisés au cours de cette période ainsi que lors de toutes les mutations et/ou tous les voyages.

Cycle de la Maison XI

Voilà un cycle propice pour ce qui est de vos aspirations nouvelles et de vos projets. Des opportunités multiples se présenteront à vous, question de vous projeter dans de nouvelles perspectives. Le temps sera également idéal pour faire des rencontres, pour nouer de nouvelles amitiés, sans compter que des avantages pourraient s'ensuivre, et ce, d'autant plus en ce qui a trait de concrétiser un projet qui vous tient à cœur. Un événement, tant positif que négatif, pourrait concerner un ami, une relation ou un projet. C'est une période où vous vous sentirez plus étouffé par les gens qui vous entourent, même si vous-même aurez tendance à emprisonner ceux qui vous sont chers. Si votre liberté est votre bien le plus précieux, l'amitié sera primordiale dans votre vie au cours de ce cycle. Votre soif d'apprendre sera tout aussi grande, tellement que vous n'hésiterez pas à tout chambarder. Allez-y en douceur, car la rébellion n'est pas toujours la bonne solution. Le temps se prêtera bien pour mettre en place un objectif que vous voulez réaliser. Ce sera aussi un temps où l'accent sera mis sur la communication et les nouveautés. Les relations avec vos frères et sœurs tiendront aussi une place plus importante. Bien que vous fassiez preuve d'énergie, il sera nécessaire de trancher et de prendre de vraies décisions : imposez-vous ! Ce n'est que par une bonne maîtrise que vous pourrez faire évoluer votre situation. D'ailleurs, une certaine protection dans l'action audacieuse sera au rendez-vous à condition de ne pas faire preuve de violence ni de malveillance.

Cycle de la Maison XII

Durant ce cycle, vous serez porté à vous replier davantage sur vous-même, et même à vous retrancher des autres, sans compter que la solitude vous pèsera davantage. Ce sera un temps où vous serez davantage porté à fuir la réalité, à ne pas vivre dans le moment présent. Apprenez à vivre pleinement et à aimer ce que vous faites. Il est possible que vous soyez porté à souffrir d'un brin de paranoïa et que vous ayez tendance à croire que le sort s'acharne sur vous. N'attendez pas que les autres règlent vos problèmes, reprenez votre vie en main et foncez sans crainte. Fiez-vous à votre intuition. Portez également attention à vos rêves qui seront révélateurs. Évitez de trop penser à votre prochain, aux autres, car vous risquez de vous perdre de vue. Beaucoup de travail est à prévoir, parfois fastidieux. Des améliorations et des changements seront également à prévoir, tant au foyer qu'au travail. La santé d'un proche pourra laisser à désirer, une hospitalisation est possible, sinon attendez-vous à des ennuis de toutes sortes, minimes tout de même. Si tel n'est pas le cas, il est possible que vous ayez à relever un défi ou à surmonter une difficulté que vous n'aviez pas vue venir ; saisissez cette occasion pour régler toute situation conflictuelle une fois pour toutes. Le domaine des finances sera aussi à surveiller. Puisque ce sera une période plus éprouvante ou même décevante par moments, vous risquez d'éprouver plus de difficulté à redresser votre situation. Le travail risque d'être aussi plus exigeant ou lourd à supporter, et il y aura aussi possibilité de restriction dans vos finances. À tout le moins, attendez-vous à de la dualité et/ou à des contraintes possibles. Année où vous aurez à payer pour vos mauvaises actions du passé. La probabilité d'être en chômage est aussi possible. Attention au laxisme qui sera davantage présent, sans compter que les soucis et les angoisses seront plus au rendez-vous, et attendez-vous à des tensions. Il sera essentiel de vous refaire une santé morale et physique. Toutes les quêtes ou ouvertures spirituelles pourront vous permettre de remettre de l'ordre dans votre vie. Comme vous pourrez le constater, voilà un cycle qui risque de vous fragiliser davantage. Attention au surmenage. La prudence et la patience seront vos deux atouts les plus précieux.

LES STATIONS RÉTROGRADES DE MERCURE EN 2024

Toutes les planètes rétrogradent en astrologie. Lorsqu'une planète dirige sa course autour du Soleil, on dit qu'elle est en mouvement « direct » qui évolue dans le sens normal. À un certain moment, elle ralentit et s'arrête : elle devient « stationnaire ». Puis elle donne l'impression d'entamer sa course en sens inverse, on la dit alors « rétrograde ». Ce genre de mouvement est indiqué dans les éphémérides (tables astronomiques par lesquelles on détermine pour chaque jour les positions des planètes). Il est ainsi plus aisé de le repérer. Lorsque la planète est stationnaire, elle acquiert une certaine stabilité, une certaine « force d'inertie ». Et enfin, toute planète dite « rétrograde » exprime un mouvement du conscient vers l'inconscient, si bien que la qualité représentée par la planète pourrait ne pas s'exprimer sur le plan conscient.

Une planète dite rétrograde est le résultat d'une illusion d'optique. Toutes les planètes gravitent autour du Soleil, incluant la Terre et ce, sans le moindre changement dans sa course ou sa trajectoire. La rétrogradation d'une planète n'est pas un événement spécifique à une planète en particulier, au contraire, elle concerne toutes les planètes du système solaire utilisées en astrologie, excepté le Soleil et la Lune qui sont des luminaires, même si, en astrologie, on les considère comme étant des astres ou des planètes, mais soyez assuré que ce n'est pas le cas.

La planète Mercure est un des astres les plus rapides comparativement aux autres planètes. La rétrogradation de Mercure se produit au moins trois fois dans l'année, parfois quatre. Cette période rétrograde dure environ trois semaines. Il est très important de tenir compte des journées qui entourent tant l'entrée que la sortie en rétrogradation de la planète.

En pratique, Mercure entre dans sa phase dite « orageuse ou ombragée » ou encore prérétrograde (période où elle ralentit sa course, soit le mouvement de sa trajectoire) **quinze jours avant** (et après) qu'elle amorce sa phase rétrograde définitive. Dans les sphères de la communication, des conversations, des voyages, du commerce et des études, on sent déjà que rien ne va plus et ce, même si vous y mettez tous les efforts possibles. Voilà pourquoi il importe de respecter toutes les mises en garde suggérées au cours du cycle rétrograde de toute planète pour mieux minimiser tous les écueils possibles.

Lorsque Mercure rétrograde, votre esprit logique risque de vous faire plus défaut et vos idées pourraient s'entremêler plus facilement, être moins claires et vous pourriez être également moins attentif aux détails. C'est un peu comme un panneau cosmique qui vous indique où vous êtes rendu à présent dans votre évolution ! Par contre, si vous ne portez pas attention aux messages que cette planète vous envoie ou si vous n'êtes pas là où vous devriez être, elle pourrait vous jouer des tours et vous causer une multitude d'ennuis ou de pépins possibles, tels qu'avec votre électricité, votre véhicule, la perte de vos clés ou d'un numéro de téléphone, et j'en passe.

Lorsque Mercure devient « rétrograde », toute l'activité de cette planète mentale se recroqueville vers l'intérieur. Il est suggéré de tirer profit de cette période pour faire une analyse, pour faire de la planification, pour faire une réflexion. **Dans les études, il est important de revenir en arrière pour visiter à nouveau vos positions**.

Mercure étant la planète par excellence de la communication ainsi que du mental, sa position dans un thème personnel nous montre comment l'individu apprend, pense, s'exprime et comment il tisse aussi des liens avec les personnes qui l'entourent. Cette planète représente votre intellect et la psychologie qui vous habite et nous informe sur la connaissance que vous atteignez à travers votre évolution ici sur terre. Comme règle de transport, symboliquement, elle montre comment vous vous y prenez pour vous rendre du point A au point B, autant dans la vie que sur la route. À un niveau plus personnel et profond, elle nous révèle comment vous êtes en rapport avec le divin et votre petite voix intérieure (votre esprit).

Prenant en considération que Mercure est une planète qui bouge rapidement dans notre système solaire, lorsqu'elle rétrograde, elle déclenche en chacun de nous une période de réflexion et de réorganisation.

Planète maîtresse du Gémeaux et de la Vierge et en analogie avec les maisons IIIe et VIe en astrologie, tous les écrits sont de son ressort. Il en va de même pour tout ce qui relève des contrats que vous signez, des engagements que vous contractez, les placements que vous faites, les conditions d'un contrat d'association, les livres et les articles que vous désirez publier. Lorsque vous engagez votre responsabilité, vous avez le droit, sinon le devoir de bien vérifier l'exactitude de votre engagement. Par conséquent, n'hésitez pas à faire ajouter des clauses qui vous semblent absentes ou non conformes à vos attentes et à vos besoins, ou encore à votre compréhension. C'est la meilleure façon d'éviter les problèmes.

À l'ère omniprésente de l'informatique, les communications sont de plus en plus rapides et leur transmission prend plusieurs avenues : téléphones intelligents, livres électroniques, tablettes, émissions via Internet, réseaux sociaux, etc. Mercure y trouve son compte, mais il vous faut rester prudent. Vous avez tendance à faire confiance à de purs étrangers et à divulguer des informations qui devraient rester privées alors qu'il vous arrive très souvent de ne pas faire confiance à ceux qui vous côtoient tous les jours. Il est aussi très facile de partir de fausses rumeurs sur les réseaux sociaux et de nuire à des personnes qui ne le méritent pas. Mercure est aussi la planète qui pique votre curiosité, qui suscite votre intérêt. C'est grâce à elle que vous emmagasinez de l'information et que vous pouvez y faire référence lorsque c'est nécessaire. Comme l'information est désormais facilement accessible, vous avez tendance à moins faire travailler votre mémoire, ce qui pourrait vous jouer des tours.

Mercure est responsable aussi de toutes les communications verbales, allant de vos discussions à vos points de vue. Vos échanges passent automatiquement par Mercure et le type de votre intelligence est établi en fonction des contacts (aspects planétaires) que cette planète forme avec d'autres planètes dans votre thème natal.

Mercure a aussi la régence sur les relations que vous entretenez avec vos frères, vos sœurs, vos voisins ainsi que toutes les jeunes personnes qui vous entourent, incluant les gens de votre entourage immédiat.

Mercure gère également le travail manuel – que ce soit des travaux de menuiserie, de mécanique, d'artisanat ou de précision. Et lorsque la planète Mercure s'en mêle, elle permet de développer des métiers moins intellectuels, mais tout aussi valorisants. Le travail bien fait porte en soi sa propre récompense.

Au niveau de la santé, Mercure agit comme un messager. Il transmet ses messages au moyen de votre système nerveux et permet à vos yeux et à vos mains de collaborer : par exemple donner une poignée de main tout en faisant un clin d'œil. Au niveau de votre corps, Mercure est responsable du système respiratoire, du système nerveux, des épaules, des bras et des mains.

Lorsque Mercure rétrograde, vous avez certainement compris qu'il faut agir avec plus de prudence, avec plus de sagesse, mais aussi avec plus de discernement et prendre les inconvénients de la vie quotidienne avec un grain de sel. Afin que tout se passe au mieux durant cette phase rétrograde, faites comme elle : devenez introspectif ! Toutes les idées qui apparaissent pendant ce cycle sont à réaliser seulement lorsque Mercure redevient à nouveau en mouvement direct dans sa trajectoire. Pour l'instant, cultivez vos projets, analysez-les, améliorez-les.

Dans les pages qui suivent, vous êtes encouragé à prendre connaissance des mises en garde à respecter pour tous les signes du zodiaque lors des périodes rétrogrades de Mercure, lesquelles prendront place dans un premier temps du 13 décembre 2023 au 1er janvier 2024 en Sagittaire. Ensuite, du 1er au 25 avril en Bélier, puis du 5 au 14 août en Vierge, pour ensuite rétrograder (régresser) en Lion du 14 au 28 août. La dernière phase de l'année aura lieu du 26 novembre au 15 décembre 2024 en Sagittaire.

✧

Lors de vos déplacements, veillez à ce que votre véhicule soit en ordre et soyez tout aussi attentif à votre conduite qu'à celle des autres automobilistes près de vous. Les conducteurs impatients risquent de vous couper, vous incitant à faire de fausses manœuvres qui pourraient avoir des répercussions sérieuses.

Si vous prévoyez, le cas échéant, de signer un contrat d'embauche ou autres, de faire des affaires, d'ouvrir une entreprise, de mettre de l'avant un projet, assurez-vous de tirer profit de cette période pour bien lire toutes les clauses une à une et n'hésitez pas à poser toutes les questions qui vous viennent à l'esprit. Écoutez votre instinct, car avec le temps, il est possible que les conditions de travail ne répondent pas ou plus à vos attentes, ou que d'autres informations puissent contredire vos points de vue. Mercure pourrait avoir détecté quelque chose qui n'est pas évident nécessairement. Voilà pourquoi il importe de reporter toute signature à une date ultérieure et prendre toutes décisions définitives seulement après que la phase rétrograde ait pris fin – soit le moment où Mercure reprend sa course normale alors que vos points de vue sur la situation ou sur le problème peuvent changer.

Vous ne pourrez choisir meilleur moment aussi pour investir vos énergies dans la recherche d'idées, pour dénicher un emplacement propice à la réalisation de vos projets, pour revoir votre plan de mise en marché et étudier la concurrence. Encore une fois et au risque de me répéter, ce n'est que lorsque Mercure aura finalement repris sa marche directe que le moment sera bienvenu pour signer tous documents ou tous contrats d'association et pour prendre des engagements financiers qui vous seront bénéfiques. Du moins, vous aurez mis toutes les chances de votre côté.

Il sera également suggéré de faire une double copie de tous vos dossiers dans votre portable, tablette ou ordinateur et de porter une attention particulière à tout ce qui pourrait déranger vos études ou tout cours que vous poursuivez. Profitez-en pour réviser les matières apprises et pour terminer les travaux ou les projets entrepris. Idéal aussi pour relire vos notes de cours, mettre de l'ordre dans vos documents, faire du rangement, mais n'oubliez pas de bien vérifier toutes les étapes afin que rien ne vous échappe à votre insu. S'il y a des projets qui ont été amorcés avant que la phase rétrograde prenne place, mais non aboutis à ce jour, vous pouvez vous pencher sur ces derniers toutefois, n'allez engager aucune démarche administrative. Reportez-la après que la phase directe soit en pleine force.

Soyez avisé que le temps ne se prêtera pas aussi bien non plus pour faire l'achat de nouveaux gadgets électroniques, car ils pourraient ne pas répondre à vos attentes, ou vous pourriez vous apercevoir qu'un autre produit ou service aurait mieux répondu à vos besoins ou que les frais d'utilisation seront supérieurs à ceux annoncés.

Il est également possible qu'il puisse y avoir des interruptions ou des retards dans vos communications. Votre service Internet pourrait tomber en panne ou vous pourriez avoir de la difficulté à établir une communication avec l'heureux élu simplement parce que cette personne aura oublié de recharger la pile de son téléphone intelligent. Il importera de vous assurer que votre interlocuteur a bien saisi la teneur du message que vous tentiez de lui véhiculer. Ne tenez pas pour acquis qu'il a bien compris et saisi ce que vous attendiez de lui ou d'elle.

Puisque les communications peuvent être plus confuses ou mal interprétées à cette période, tant dans votre vie personnelle que professionnelle, faites-vous un point d'honneur de vous exprimer clairement et précisément avec vos amis, avec vos associés, avec vos frères, vos sœurs, vos cousins et cousines, vos tantes et oncles, vos voisins, votre employeur, vos collègues, vos employés, toutes les personnes qui sont à votre service tels un domestique, un locataire, les journalistes, les publicistes, les éditeurs, votre médecin, un praticien, un chirurgien, etc.

Romantiquement parlant, ce sera un bon temps pour planifier un futur mariage, mais pas pour vous fiancer ni pour convoler en justes noces qu'entreprendre une nouvelle relation amoureuse ou pour mettre fin à une relation existante. Dans ce dernier cas, saisissez plutôt l'occasion pour revoir la relation, pour recréer un climat plus propice qui permettrait de remettre la relation sur la bonne voie. Si vous n'y arrivez pas, il sera toujours temps de rompre une fois Mercure devenu direct à nouveau. D'ici là, vous pourriez entendre parler d'un ancien amoureux, mais avant de faire un appel nostalgique, il sera avisé d'attendre que Mercure ait repris sa marche directe et que vos idées soient plus claires. Souvenez-vous plutôt de ce qui a fait en sorte que cette relation ait prise fin. Bien que de vieilles flammes et de vieux amis oubliés tendent souvent à refaire surface de façon inattendue à cette période, il y a de ces occasions qui sont idéales pour rétablir le lien, la connexion, renforcer vos alliances ou tout simplement pour faire amende honorable et couper les liens. Faites-le avec tact et diplomatie et avec la meilleure des intentions. Favorable aussi pour vous reconnecter avec des personnes de votre passé qui vous intéressent ou avec lesquelles vous avez des affaires inachevées.

N'allez pas nourrir du ressentiment inutilement, cela ne ferait qu'ajouter à votre peine et à vos blessures. Saisissez plutôt une occasion pour couper les cordons karmiques et vous libérer des liens émotionnels nuisibles et non désirés avec d'autres personnes, ou toutes situations. En prônant ce rituel puissant qu'est le pardon, vous aurez tout à gagner. Si des gens vous disent des choses qui vous dérangent, qui vous blessent, ne le prenez pas de façon si personnelle. Laissez aller ! Elles sont tout aussi affectées que vous par cette phase. Donnez-leur le bénéfice du doute. Il est fort probable qu'elles ne pensaient pas ce qu'elles ont avancé au plus profond d'elles-mêmes.

N'allez pas faire de gros achats tels une planche à voile ou à neige, des patins de tous genres, une voiture, un camion, un véhicule tout-terrain (VTT), un véhicule récréatif (VR), un bateau, une bicyclette, une motocyclette, etc., puisque vous risquez de vous retrouver avec un citron. Initiez plutôt les recherches nécessaires qui vous aideront à faire un choix judicieux et éclairé une fois Mercure devenu direct.

C'est à cette période aussi qu'il faut en profiter pour retourner toute marchandise qui ne répond pas à vos attentes ou qui est défectueuse. Vérifiez bien aussi que toutes vos lettres et vos commandes se sont bien rendues à la destination prévue.

Gare aussi aux beaux parleurs, car certaines personnes pourraient tenter de vous escroquer en jouant sur vos sentiments. Prenez du recul afin de mieux évaluer les propositions que l'on vous fera. Si votre interlocuteur insiste pour que vous preniez immédiatement une décision, interrompez la communication alors qu'il est possible que vous ayez affaire à un manipulateur.

Soulignons que vous ne pourrez choisir la meilleure période créer, surtout si vous êtes artiste ou écrivain et ce, soit pour planifier, enquêter, faire de la recherche ou vous préparer pour quelque chose à produire plus tard alors que vous serez ravi des résultats obtenus.

Favorable aussi pour établir un plan de relance pour ce qui est de mieux atteindre vos visées ou ce que vous voulez réaliser à long terme. Rien ne presse, prenez tout votre temps pour bien faire les choses et, au besoin, n'hésitez pas à faire partie d'un réseau de soutien pour mieux maintenir votre motivation, tant en ce qui a trait à votre santé et pour ce qui est de votre travail, ou autres. Vous ne pourrez choisir meilleur moment aussi pour revoir votre régime de vie, vos habitudes alimentaires, pour réévaluer votre plan de mise en forme et pour bien doser vos énergies en évitant tout excès. Profitez-en aussi pour désintoxiquer votre système.

Alors que Mercure régit les mains et toute activité manuelle, il sera fortement suggéré de remettre tout rendez-vous chez votre denturologiste ou votre orthodontiste à plus tard. Il en ira de même pour toute intervention chirurgicale, pour tous les tests de diagnostic, pour toutes les résonances magnétiques ou pour toutes les radiographies puisque votre état physique ne sera pas au meilleur de sa forme pour bénéficier d'un traitement ou d'une guérison optimale. Méfiez-vous des intoxications alimentaires qui tendent aussi à se faire plus présentes au cours de cette période.

Il sera avisé d'être tout aussi prudent avec vos appareils ménagers, tous les outils ou tous les objets pointus ou coupants que vous manipulerez, alors que vos réflexes seront plus lents et que vous serez plus enclin à vous blesser davantage. Attention également avec tout ce qui est chaud et brûlant.

La règle d'or à suivre lorsque Mercure est en phase rétrograde est de s'en tenir à toute activité où l'on peut mettre le préfixe « **re** » ou « **ré** » devant un verbe comme **re**faire, **re**visiter, **ré**arranger, **ré**aménager, **ré**nover, **ré**viser, **ré**organiser. Vous saisissez ? Maintenant que vous êtes bien informé sur quoi faire et ne pas faire durant la phase rétrograde de Mercure, je vous invite à lire l'impact que cette planète exercera sur votre signe solaire et votre ascendant natal au chapitre désigné à vos prédictions annuelles.

LA STATION RÉTROGRADE DE MARS EN 2024

Tel que mentionné dans les pages précédentes, la rétrogradation est simplement le mouvement apparent d'une planète qui s'immobilise dans sa trajectoire pour repartir en marche arrière. Elle indique que la marche planétaire est perturbée et que ce corps céleste dispose de moins d'influx qu'une planète en ascension droite. L'élan martien, qui habituellement libère l'énergie vers l'extérieur de soi, se tourne vers l'intérieur et voilà que vous tendrez à vous interroger sur le bien-fondé de vos actes, sur votre manière d'agir, d'extérioriser votre personnalité. Votre confrontation avec l'Univers, avec votre intérieur, devrait vous permettre de transformer votre manière d'agir. Si le réajustement se produit, votre compréhension et votre sagesse grandiront et agirez en fonction de ce qui aura été mis en conscience au moment de son opposition. Si la prise de conscience n'a pas lieu, le cycle continuera comme il s'est amorcé, c'est-à-dire marqué par les conditionnements, des frustrations et des erreurs du passé.

Mars rétrograde tous les deux ans et deux mois en moyenne. C'est un événement plutôt rare. En 2024, Mars sera rétrograde du 6 décembre 2024 au 5 janvier 2025 en Lion. Toute action directe devienne plus difficile. La force d'action n'est pas tournée vers l'extérieur, mais plutôt dirigée vers l'intérieur. Pourtant, cette énergie, tournée vers l'intérieur et en constant contact avec l'inconscient, représente un potentiel créateur important. La manière d'aborder les gens risque d'entraîner des conflits possibles, de l'hostilité ou de la colère si vous ne vous y prenez pas de la bonne façon. Le manque d'assurance sera souvent aussi au premier plan. Maintenant que vous êtes prévenu, prenez votre mal en patience !

Quand Mars ralentit, vous pouvez ressentir plus d'impatience, d'agressivité et de relations tendues en raison de différences d'opinion que lorsque Mars est direct. Dans des circonstances normales, si vous avez des mots avec quelqu'un, cela se règle généralement le jour suivant. Lors de la rétrogradation de Mars, il n'est pas aussi facile de résoudre les disputes ou d'apaiser la colère. Les tempéraments sont plus courts que d'habitude, vous devez donc faire un effort pour développer votre patience, votre capacité d'écoute et contrôler ce que vous dites. Il sera suggéré de vous mettre en mode spectateur et de vous organiser des activités afin d'évacuer ce trop-plein d'énergie, de voyager à l'intérieur de soi, d'accomplir toutes tâches commencées préalablement à la phase rétrograde. Refaire, rénover et réparer seront plus satisfaisants que de persister dans de nouvelles aventures. La prudence sera aussi de mise puisque la tendance aux accidents est généralement plus accentuée à cette période. De plus, vous êtes encouragé à faire valoir vos forces dans un certain domaine d'expertise où d'ordinaire vous vous montrez réservé et prudent. Malgré tout, sachez que votre manque d'expérience vous sauvera peut-être la mise dans un projet particulier.

Pour ce qui est de vos relations, tous les liens amicaux, amoureux, familiaux déjà fragilisés pourraient connaître une fin ou choisirez-vous de resserrer les liens qui vous unissent à l'être aimé et de repartir à zéro ? Quoi qu'il en advienne, vous serez exceptionnellement plus sensible aux conflits et les désaccords possibles. Vous êtes contraint d'examiner comment vous agressez les personnes près de vous sans même vous en rendre compte afin de remédier à ce genre de comportements ou d'attitudes. De vieilles rancunes qui n'ont pas été réglées par le passé risquent de refaire surface à nouveau à cette période. Le moment est venu de développer de nouvelles stratégies et approches afin de mieux pouvoir faire face aux problèmes existants et à votre agressivité et aussi d'apprendre à vous affirmer.

Mars qui rétrograde, son but est d'évaluer vos motivations et de savoir si vous êtes sur le droit chemin. Profitez-en pour rectifier le tir et revoir vos instincts agressifs afin de déterminer s'ils s'appliquent bien vers ce à quoi vous tendez, ce qui signifie parfois revenir sur ses pas une nouvelle fois et recommencer certaines choses qui en valent la peine. Favorable aussi pour refaire ou recouvrer vos forces et essayer de nouvelles « tactiques » en vue de mieux relever les défis qui se présentent à vous.

N'allez pas entreprendre de nouveaux départs, car il s'agit là d'une période destinée à réorienter vos énergies en vous-même pour mieux vous permettre de comprendre la direction qu'il vous faut prendre et les moyens dont vous aurez besoin pour ainsi y aboutir. Aller de l'avant pour amorcer de nouvelles choses ou tous projets risquent de mettre plus d'un obstacle sur votre route. Il en ira de même pour commencer un nouvel emploi ou pour entreprendre une action légale contre une tierce personne.

Abstenez-vous de faire l'achat de quoi que soit de mécanique, tel que l'achat d'une nouvelle voiture, d'un nouveau camion, d'une autocaravane (motorisé) ou même une motocyclette à moins qu'un contrat de garantie fasse partie de la transaction. Un changement de freins ou de la batterie d'auto (accumulateur) pourrait s'avérer nécessaire ou prenez garde à une contravention possible. N'allez pas être surpris non plus si un de vos gadgets électroniques ou de vos appareils de bureau, tels votre ordinateur, un télécopieur, une imprimante, loués ou achetés, vous fasse défaut.

Quant aux liens amicaux, amoureux ou familiaux déjà fragilisés, l'idée qu'ils puissent se briser irrémédiablement est possible ou choisirez-vous de les solidifier à nouveau et de repartir à zéro ? Vous saurez trouver de nouvelles façons de faire qui vous étonneront. Il sera quand même mal choisi de célébrer un mariage, de vous fiancer ou de convoler en justes noces.

Alors que vous serez exceptionnellement sensible à tous les désaccords et à tous les conflits possibles, vous êtes encouragé à examiner comment vous agressez les gens sans même vous en rendre compte et par le fait même, à intégrer vos forces d'une toute nouvelle façon. La colère, l'hostilité, les crises et la menace indiquent que tant du côté de l'agresseur que de l'agressé, il y a une peur qui domine et qui fait réagir. Cette peur peut être vue comme un marionnettiste qui vous dirige à l'aide de ficelles invisibles, mais non moins constantes. Les réponses instinctives pour répondre à la peur sont le combat, la fuite, la stupeur ou l'immobilité (un peu comme le cerf qui s'arrête sans bouger devant les phares d'une voiture qui fonce droit sur lui).

Indépendamment de votre situation actuelle, Mars rétrograde vous offre une chance de vous retirer pour refaire ou recouvrer vos forces. Essayez de nouvelles « tactiques » pour relever les défis dans votre vie. Abstenez-vous de faire usage de la force pour pousser sur les projets ou pour inciter les autres à vous suivre. Vous gagneriez à examiner et à retravailler la façon de vous exprimer, d'éprouver ou de tester une méthode, un produit ou une technique pour mieux les intégrer dans votre vie.

Quant à votre santé et votre bien-être physique, n'allez pas planifier une intervention chirurgicale de prendre place pendant cette période rétrograde.

✧

P.-S. : Lorsque la période rétrograde touche à sa fin, essayez de ralentir, de récupérer votre énergie physique et de faire amende honorable auprès des personnes qui se sont éloignées de vous. Au cours des douze derniers jours de la rétrogradation de Mars, réfléchissez à ce que vous avez pu dire ou faire dans le feu de l'action, et une fois qu'elle sera directe à nouveau, vous pourrez aller de l'avant rapidement pour réparer les dégâts. Il ne fait aucun doute que tous ceux qui ont pu tomber sous le charme de cet imprévisible Mars feront un effort pour devenir plus pacifiques et pour guérir toutes les blessures.

Chaque cycle rétrograde de Mars est une nouvelle occasion de prendre conscience de sa capacité à agir dans un domaine différent et peut-être que ce domaine de vie exige une attention particulière. Selon la maison natale qu'occupe Mars rétrograde, il sera impératif d'agir utilement dans un cadre aux limites bien définies puisque l'activité et l'agressivité tendront à se projeter dans votre travail quotidien, dans votre routine qui en viendra à se retrouver désordonnée, désorganisée. Les rapports risquent d'être conflictuels avec certains collaborateurs, surtout s'ils sont de rang inférieur dans la hiérarchie. L'idée de manquer de concentration, d'être tête en l'air, de ne pas écouter lorsqu'on vous parle, d'oublier ce qu'on vous dit ou ce que vous deviez faire sera aussi plus présente. Attention de perdre votre motivation puisque vos réactions seront intériorisées et émotionnelles. Méfiez-vous aussi de l'angoisse, de l'anxiété ou du manque de confiance en soi qui sera plus présent. Prenez une grande respiration !

Maintenant que vous êtes informé sur quoi faire et ne pas faire durant la phase Mars rétrograde, vous êtes invité à consulter le chapitre réservé à vos prédictions annuelles pour connaître l'impact que cette planète exercera sur votre signe solaire et ascendant natal. Si vous connaissez votre signe lunaire, faites-en tout autant.

LES ÉCLIPSES DE 2024

De nos jours, de nombreuses personnes connaissent leur astrologie et savent quand une éclipse est à la veille de prendre place. Il y en a qui peuvent même éprouver une tendance à s'inquiéter un peu. Après tout, n'est-il pas vrai que nos ancêtres couraient se cacher lorsqu'une éclipse se produisait ? Plus encore, les éclipses n'étaient-elles pas un signe avant-coureur de malheur ? Eh bien, oui à la première et non à la deuxième question ! Assister à une éclipse, en particulier une éclipse solaire, est un événement prodigieux qui, certes, peut être un peu effrayant pour qui que ce soit qui n'a aucune idée de sa venue au préalable. Mais en cette ère moderne où l'on peut simplement appuyer sur un bouton pour avoir accès à diverses archives d'éclipses couvrant plusieurs siècles, l'étude de celles-ci montre clairement que les éclipses, comme tout ce qui est astrologique, peuvent être utiles ou difficiles, et parfois les deux en même temps.

Les éclipses impliquent le Soleil et la Lune ainsi que la Terre. Une éclipse solaire a lieu à peu près au moment de la Nouvelle Lune, lorsque la Lune occupe le même signe et le même degré de visibilité que le Soleil. De plus, la Lune se trouve très près de l'écliptique, soit le trajet du céleste du Soleil autour du cosmos. Alors que la Lune passe entre la Terre et le Soleil, l'éclipse commence. En revanche, une éclipse lunaire se produit au moment de la Pleine Lune, mais dans ce cas, la Terre se situe entre le Soleil et la Lune, et l'éclipse se produit lorsque la Terre projette une ombre directement sur la Lune.

Lorsqu'une éclipse se produit, le rayonnement du Soleil, ou le rayonnement réfléchi de la Lune, est couvert. Cela nous donne un indice important sur ce qui se passe tant dans votre vie personnelle que dans votre thème natal lorsque vous êtes affecté par l'énergie de l'éclipse. Si vous cherchez le mot éclipse dans le dictionnaire, vous constaterez qu'il est pratiquement synonyme des mots suivants : cacher, dissimuler, masquer, obscurcir ou assombrir. Mais alors que la lumière du Soleil ou de la Lune peut être obscurcie au cours d'une éclipse, l'effet sur la Terre est un peu à l'inverse – des choses cachées peuvent apparaître à la suite d'une éclipse.

Les éclipses se produisent selon un schéma cyclique qui est fascinant à étudier, mais difficile à expliquer en quelques paragraphes. En gros, cela provient du fait que pour qu'une éclipse se produise, le Soleil et la Lune doivent se trouver près de l'un des nœuds lunaires qui se déplacent très lentement, et ce, en mouvement inverse par rapport au zodiaque. Or, cela signifie que les éclipses tendent à se concentrer sur des zones spécifiques du zodiaque sur une période d'environ deux ans, de sorte que si une éclipse touche une zone sensible d'un thème natal, d'autres seront touchés aussi. Soulignons qu'au cours d'une période de 12 mois, quatre à six éclipses peuvent se produire.

Suivant que l'événement associé à une éclipse sera particulièrement intense à l'endroit où l'éclipse crée une ombre selon sa trajectoire parcourue sur le globe et sur le plan personnel, il est plus probable qu'elle sera vécue lorsqu'elle touchera une planète clé dans le thème personnel d'une personne. Voici un aperçu de ce à quoi vous pouvez vous attendre quand l'énergie intense de l'éclipse atteint l'un de ces points sensibles de votre thème.

Si votre Soleil natal est affecté par une éclipse, vous pouvez éprouver des problèmes d'identité. Il est possible que vous sentiez le besoin d'évaluer qui vous êtes, ce qui vous motive et où vous allez dans la vie. Vous découvrirez peut-être aussi des aspects de votre vie que vous ne vous connaissiez pas auparavant en décidant peut-être que vous devriez modifier un aspect important de votre style de vie pour que celle-ci soit davantage en phase, en harmonie avec ce qui vous rend vraiment heureux.

Si votre Lune natale est affectée par une éclipse, votre baromètre émotionnel en sera perturbé. Par conséquent, vous pourriez regarder de plus près à quel point vous êtes vraiment heureux ou malheureux dans votre relation, ou si votre travail vous procure toute la satisfaction nécessaire dont vous avez tant besoin. Si vous êtes célibataire et que vous recherchez l'amour, vous pourriez vous demander si vous tenez compte des qualités dont vous avez besoin chez votre âme sœur. Si vous êtes dans une relation négative, veuillez envisager de rechercher un partenaire plus approprié, soit une personne qui vous tiendra à cœur et qui vous appuiera !

Lorsque l'énergie de l'éclipse frappe votre Ascendant, vous pouvez décider d'apporter des modifications à votre apparence physique en dynamisant, le cas échéant, votre image. Vous serez prêt à adopter un nouveau style sinon une nouvelle allure qui vous appartient, ou une nouvelle coloration.

Pour un aperçu des autres planètes dans votre thème personnel, rappelez-vous que Mercure régit votre esprit, Vénus, votre cœur, Mars, votre énergie, Jupiter, votre côté spirituel et Saturne, vos responsabilités. Les planètes extérieures (Uranus, Neptune et Pluton) sont considérées comme des planètes générationnelles; elles tendent donc à susciter des sentiments et des événements communs à ceux de votre groupe d'âge.

Pour être mieux informé sur la maison astrologique de votre thème personnel où se tiendra l'éclipse sollicitée, vous êtes encouragé à vous référer au chapitre intitulé «Les maisons astrologiques».

Informations additionnelles

Si le trajet de la totalité d'une éclipse solaire passe sur la capitale d'un pays, cela peut indiquer un changement de direction ou une nouvelle direction. Cependant, cela ne signifie pas nécessairement que de tels événements soient négatifs. Au contraire, un changement de pouvoir dans une dictature militaire peut être douloureux, mais un changement de pouvoir dans un pays démocratique pourrait simplement refléter la volonté pacifique de ses électeurs. La même chose se passe généralement lorsque l'éclipse entre en contact avec soit votre Soleil, votre Lune ou votre Ascendant natal. La nature du changement que vous pouvez ressentir dépendra de votre situation actuelle et, dans une certaine mesure, de votre propre attitude envers le nouveau et le différent. Les éclipses vous affecteront davantage si elles se produisent près de votre Soleil, de votre Lune, de votre Ascendant natal ou de vos planètes personnelles, c'est-à-dire Mercure, Vénus, Mars, Jupiter ou Saturne. Vous serez également affecté par les affaires que régit la maison astrologique où l'éclipse a lieu.

Contrairement aux éclipses solaires qui tendent à agir davantage sur notre physique, les éclipses lunaires nous rendent plus dépressifs, plus fatigués pour un certain temps ou alors tout le contraire, on peut vouloir en faire trop et, par le fait même, on se surmène et ainsi, on s'épuise. Inversement, les éclipses lunaires agissent sur notre psychisme. Or, nous pouvons être soit très abattus psychiquement, soit surexcités. Il suffit de voir ou d'observer le comportement des personnes sur la route durant ces périodes clés. Prêtez-y attention alors que vous serez surpris vous-même de vos constatations.

Dans les faits, les éclipses nous donnent un aperçu de ce qui se dessine à l'horizon dans un proche avenir, soit six mois pour une éclipse lunaire comparativement à douze mois pour une éclipse solaire.

Dans tous les cas, il faut agir prudemment dans chaque domaine de la vie. Il n'est pas question de signer de gros contrats durant ces périodes écliptiques, tant solaires que lunaires, car ils pourraient être une source de problèmes de toutes sortes. Et comme nous sommes plus vulnérables, nous devons faire preuve d'une plus grande vigilance, et ce, tant dans nos déplacements que dans tous les gestes que nous posons.

L'expérience nous a démontré que tout ce qui était amorcé, entrepris ou lancé au moment d'une éclipse risquait d'échouer ou de ne pas tenir les promesses auxquelles on s'attendait. En revanche, tous les projets commencés, toutes les affaires et tous les travaux entrepris avant l'éclipse n'en subissent généralement pas les répercussions, à moins qu'il ne s'agisse d'un certain ralentissement ou d'un handicap passager.

En général, il est préférable de ne pas déménager, ni d'acheter une propriété ou une voiture, ni de partir en vacances ou en voyage d'affaires si on peut s'en abstenir, bien entendu. Il est suggéré également de ne pas subir une intervention chirurgicale, et ce, surtout si le médecin juge que l'on peut remettre l'opération sans risque à une date ultérieure, car le rétablissement postopératoire est la plupart du temps beaucoup plus lent en période d'éclipse.

Soyez avisé que les enfants qui naissent en période d'éclipse peuvent être plus fragiles que les autres, surtout au cours de la première année de leur naissance, alors qu'ils risquent d'être marqués par une plus grande fragilité des organes représentés par le signe où l'éclipse prend place. Mais une fois cette première année passée, ils seront en général plus résistants que les autres enfants.

Si votre anniversaire de naissance a lieu au moment d'une éclipse solaire, c'est durant toute l'année qu'il faudra prendre soin de votre santé. Il est suggéré aussi d'éviter de mettre en place tout grand changement qui puisse altérer le cours de votre destin.

✧

En 2024, nous aurons quatre éclipses. Les dates suivantes sont caractérisées par une éclipse et elles sont calculées selon l'heure de Greenwich (GMT) :

- **Le 25 mars :** une éclipse lunaire annulaire à 5° 07' Balance. Mais comme elle n'est qu'annulaire, il n'y a pas lieu de s'inquiéter outre mesure. Quand même, le moral sera à surveiller. Elle touchera davantage les natifs de la Balance, du Cancer, du Bélier et du Capricorne.

- **Le 8 avril :** une éclipse solaire totale à 19° 24' Bélier. Elle affectera davantage les natifs du Bélier, du Cancer, de la Balance et du Capricorne.
- **Le 18 septembre :** une éclipse lunaire partielle à 25° 41' Poissons. Ceux qui sont prédisposés à la maladie ou qui sont malades doivent se protéger des virus et microbes affectant une partie des populations. Poissons, Gémeaux, Vierge et Sagittaire seront plus à risque de développer des infections, sinon des malaises dont tous les dérivés de la COVID-19. Prendre les précautions qui s'imposent atténuera les risques.
- **Le 2 octobre :** une éclipse solaire annulaire à 10° 04' Balance. Elle touchera davantage les natifs de la Balance, du Cancer, du Bélier et du Capricorne.

Bien que l'on puisse connaître l'influence des planètes sur notre vie, notre destin, bien des gens ignorent que les éclipses jouent également un rôle important, sous-estimant l'impact qu'elles peuvent créer, tant sur le plan mondial que personnel.

Ayant moi-même une longue fascination pour les éclipses, après les avoir observées pendant des années, il existe de nombreuses preuves soutenant la dynamique spécifique d'une éclipse, montrant qu'elles sont un prélude à des événements importants, créant apparemment un lien à travers lequel des énergies universelles spéciales circulent pour maintenir l'équilibre et élever la conscience. Elles agissent comme des balises nous aidant à rester fermement ancrés sur le chemin divin que nous avons choisi pour nous-mêmes au cours de cette vie.

Une éclipse qui tombe à moins de trois degrés d'une planète ou d'un point important est un indicateur de questions karmiques, car l'âme est désormais connectée aux forces cosmiques. Dans certains cas, les changements qui se produisent peuvent sembler nier le libre-arbitre ; cependant, le choix peut avoir été préétabli, car une éclipse fonctionne toujours selon le principe du plus grand bien.

En dépit que les éclipses soient souvent considérées comme apportant une énergie indésirable dans la vie, elles sont en réalité un cadeau du cosmos pour améliorer et renouveler un domaine de la vie qui est devenu déséquilibré. Souvent, elles indiquent une zone d'énergie refoulée où une situation a duré trop longtemps, où la négligence s'est installée et où une impulsion spéciale de l'univers est plus que nécessaire pour commencer à faire pencher la balance cosmique vers un état d'affaires plus équilibré.

Tout d'abord, vérifiez la position de la maison d'une éclipse pour voir quel domaine de la vie a besoin d'être revu. Vérifiez aussi le signe de l'éclipse et la règle planétaire du signe afin d'établir les types généraux de problèmes indiqués. À titre d'exemple, l'éclipse de la Balance met l'accent sur les thèmes relationnels pour tous et montre un besoin d'établir la paix et l'harmonie.

Si une éclipse est accompagnée du Nœud Nord, elle apporte une nouvelle énergie dans la vie, et bien que cette éclipse soit généralement de nature très positive, elle peut néanmoins apporter des changements inattendus et il faut être prêt à saisir l'opportunité potentielle. Et si le Nœud Sud accompagne une éclipse, on attend généralement quelque chose de nous. Le Nœud Sud a souvent été associé à une sorte de sacrifice, bien que cela puisse être sous forme de compassion.

Et en ce qui concerne la synchronisation des événements avec une éclipse, il arrive qu'un événement notable se produise dans les jours qui suivent une éclipse, ce qui donne un indice sur les problèmes qui nécessitent une attention particulière. Même dans ce cas, l'impact total de l'éclipse n'apparaît que plus tard. Si une éclipse tombe sur un endroit important de votre thème, soyez attentif aux transits ultérieurs sur ce degré. Surveillez le premier carré du Soleil à l'éclipse, puis l'opposition. Surveillez aussi les aspects de Mars en transit, principalement la conjonction et l'opposition. L'un ou l'autre de ces aspects peut déclencher des événements, Mars introduisant souvent un conflit nécessaire. Saturne apporte l'achèvement, et si son aspect de fermeture au degré de l'éclipse (conjonction ou opposition) intervient dans les trois ans environ, il peut y avoir d'immenses progrès et réalisations en peu de temps dans le domaine mis en évidence par l'éclipse. Il y a une fenêtre d'opportunité pour prendre le contrôle d'une situation jusqu'au transit final de Saturne. Saturne décrit une situation mature. Comme les éclipses se produisent généralement par paires, il arrive que deux éclipses mettent en évidence deux planètes ou lieux importants du thème dans un court intervalle.

Travailler avec les éclipses permet d'ouvrir sa conscience sur des questionnements en profondeurs. Des clés (outils) nous sont offertes pour ouvrir des portes jusqu'alors inexplorées. En comparaison avec les phases de la Lune ordinaire, les éclipses sont de l'ordre de l'extraordinaire, pour nous libérer de mécanismes inconscients de pensée. Recherchez les dates clés qui correspondent aux positions des planètes dans votre carte du ciel de naissance, prenez des notes, faites des recoupements, des corrélations entre même position et le retour des éclipses sur la même planète.

En ce qui concerne le retour du Soleil, le phénomène revient tous les 19 ans. Ce retour du Soleil indique une année de changement servant votre évolution avec le Nœud Nord, des choix qui ne vous appartiennent pas avec le Nœud Sud. Une éclipse qui tombe sur votre Ascendant natal mettra votre santé au premier plan : sur le MC (Milieu du Ciel ou maison X), c'est la vie publique qui sera mise en lumière ; le FC (Fond du Ciel ou maison IV), le foyer, famille ; le DS (Descendant ou maison VII), la relation aux autres.

L'axe des Nœuds Lunaires qui accompagne les Luminaires sont des axes d'évolution, soit sur le plan matériel avec le Nœud Nord, soit sur le plan spirituel avec le Nœud Sud. N'ayez pas l'esprit fataliste, ce n'est pas le but de l'astrologie, vous devez garder à l'esprit que les éclipses sont des moteurs pour nous faire progresser sur les trois plans : Corps – Âme – Esprit à un niveau supérieur en comparaison avec une Nouvelle Lune, Pleine Lune dite normale. Il est intéressant de méditer sur la maison où a lieu l'éclipse Solaire, la position en signe n'est que la partie visible, le climat collectif dans lequel nous percevons ce que nous vivons sur le plan extérieur. La position en maison, c'est notre résonance de notre vie personnelle, de notre vécu.

Si l'éclipse se trouve en signe de feu, comme c'est le cas cette année, les natifs du Bélier, du Lion, du Sagittaire, du Gémeaux, de la Balance et du Verseau en tireront avantage. Pour ceux nés les derniers jours du deuxième décan, elle sera vécue intensément.

Sur le plan personnel, l'éclipse solaire agit sur notre physique. Elle peut augmenter notre fatigue et même nous rendre dépressifs pour quelque temps, ou elle peut engendrer tout le contraire et nous inciter à en faire trop et à être surmenés. Quant à l'éclipse lunaire, elle agit sur notre psychisme. Par conséquent, vous pourriez être très abattu moralement ou, au contraire, surexcité. Il suffit de regarder le comportement des gens durant ces périodes clés. Prêtez-y attention, vous serez surpris de vos constatations.

Dans tous les cas, il faut agir avec prudence dans chaque domaine de la vie. Il n'est pas question de signer de gros contrats durant ces périodes, car ils pourraient être une source de problèmes de toutes sortes. Comme nous sommes plus vulnérables, nous devons faire preuve d'une plus grande vigilance dans nos déplacements ou dans nos gestes. « Prudence est mère de sûreté », dit l'adage.

Sur les plans mondial et collectif

L'éclipse lunaire annulaire en Balance du 25 mars est considérée comme une éclipse lunaire pénombrale. Il n'y a pas lieu de s'inquiéter outre mesure. Quand même, le moral sera à surveiller. Sur le plan mondial, des problèmes pourraient se faire sentir dans les pays de la Balance : Autriche, Argentine, Birmanie, Chine, Haute-Égypte, Indochine, Japon, Savoie, Sibérie, Tibet et les côtes de la Mer Caspienne. Mais les pays et les villes marqués par le signe du Cancer, Capricorne et le Bélier devront aussi surveiller les risques d'épidémies, de violence ou de folie collective. C'est la pleine lune, et un coup de lune est si vite arrivé ! Ah, les bêtises qui seront faites par amour ou au nom de l'amour ce mois-ci ! Aberrant ! Prenez garde à l'amour sous une telle éclipse. Le monde des sentiments sera soumis à des soubresauts inhabituels. Les émotions étant fortement exacerbées, vous passerez de l'amour à la haine en moins de deux. Les déclarations d'amour seront à prendre avec un grain de sel. Seul le temps dira si c'était vrai. Les ruptures sentimentales et les changements de partenaires qui surviendront brusquement auront de quoi étonner ceux qui en seront victimes ; on est largué et on n'a rien vu venir… Il sera recommandé de ne pas provoquer la colère de votre tendre moitié ni celle d'autres personnes de votre entourage alors qu'il suffirait d'une étincelle pour allumer le feu, et il serait particulièrement destructeur. Opter pour une séparation temporaire serait l'idéal, mais si l'agressivité tourne à la violence, mieux vaut vous éloigner prudemment l'un de l'autre. Ce peut être une question de vie ou de mort si la santé mentale est déficiente et non traitée. Cela peut sembler sévère, mais la pleine lune en Balance survient toujours quand le Soleil est en Bélier. Or, on connaît l'impétuosité, la soudaineté, l'esprit guerrier du signe… Sur une note finale, les opérations aux reins et aux voies urinaires non urgentes devraient être remises à des jours plus favorables, mais il ne faut pas hésiter à agir en cas d'urgence. Les chances sont de votre côté. Faire la paix avec soi-même est le mieux que l'on puisse faire sous cette éclipse. Pas facile mais nécessaire, vous en ferez vous-même l'expérience.

✧

L'éclipse solaire totale du 8 avril en Bélier sera visible au Canada (visible du Québec). La bande d'ombre du maximum de l'éclipse balaiera alors le Mexique, les États-Unis et l'est du Canada. Cette éclipse provoquera beaucoup de violence sous toutes ses formes. Les esprits s'échaufferont vite. La foule se déchaînera. Les risques d'incendies seront plus nombreux et des destructions de récoltes seront aussi possibles. Elle tendra à augmenter considérablement les risques par le feu, les risques également de poussées de fièvre, d'hémorragies cérébrales, de saignements de nez. Notez aussi des inflammations et des abcès dentaires possibles à cette période. L'action n'est pas stable ; tantôt débordante, tantôt nonchalante. Les plus affectés par une baisse de santé et de vitalité physique seront : Bélier, mais aussi Cancer, Balance et Capricorne. Soignez sans tarder le moindre malaise. Méfiez-vous aussi des drames familiaux.

Pour les pays, occupations et secteurs liés aux signes qui sont touchés : possibilité d'épidémie ou d'épizootie affectant surtout les agneaux et les animaux à sang chaud. Israël et la Palestine seront fortement secoués. Cinquième république, la France n'échappera pas au danger non plus. L'Algérie et la Tunisie écoperont ainsi que la Corée, le Japon, la Chine, le Honduras et le Paraguay. Le Canada et les États-Unis, fortement marqués par le signe du Cancer, se trouvent à risque – souhaitons être épargnés.

Mauvaises conditions atmosphériques, tempêtes inhabituelles, désastres par le feu et la sécheresse, l'eau, la grêle et les avaries diverses, voilà à quoi on peut s'attendre. Les récoltes pourraient également être menacées de façon inquiétante à certains endroits du globe. Il faudra s'entraider pour ne pas sombrer dans le drame intégral.

Terrains, maison, immeubles, pétrole et gaz : tous surtaxés. L'eau et d'autres produits d'habitude exempts de taxes risquent de le devenir. La révolte grondera contre les gouvernements, parfois de façon violente. Ceux-ci doivent faire d'importantes concessions pour ramener la paix et l'équilibre. L'agressivité et la violence seront monnaie courante ; il faut se prémunir contre les agressions et contre le terrorisme, de quoi donner à réfléchir avant de partir en voyage pendant cette période, surtout si vous êtes marqué par le Bélier, bien sûr…

✧

L'éclipse lunaire partielle du 18 septembre en Poissons, il y aura lieu de vous méfier de toute baisse durable d'énergie psychique, de perte de courage et de dépression. Sur le plan mondial, l'eau sera encore une fois cause d'inquiétude et d'ennuis sérieux : inondations, drames de la mer, mais également des produits synthétiques devenant dangereux pour la sécurité publique. On ne pourra plus se fier aux médicaments en circulation. Il faudra redoubler d'attention. Même chose concernant l'alcool et la drogue dont l'usage pourrait provoquer de graves problèmes, des morts en résultant même dans certains cas. Ces produits risquent en effet d'empoisonner mortellement les usagers. Si vous faites partie des signes doubles : le Poissons, bien sûr, mais aussi Gémeaux, Sagittaire et Vierge, ou des ascendants, soyez sur vos gardes ! Il y aura lieu de vous méfier de toute baisse durable d'énergie psychique, de perte de courage et de dépression.

✧

L'éclipse solaire annulaire du 2 octobre en Balance est synonyme de désaccords entre les gens, de conflits et de tensions, voire de divorces. Tout le système respiratoire sera plus fragile ainsi que les reins et la vessie. Voilà qui présage des intempéries climatiques destructives, notamment des vents incroyables, de la grêle, des orages dévastateurs. Les accidents d'avion seront plus fréquents.

Sur le plan politique, des ruptures d'alliances entre divers pays seront probables. Il y aura beaucoup de tension et d'agitation. Risque de grands procès ou de scandales percutants.

Ceux qui sont malades ou prédisposés à la maladie doivent se protéger des virus et microbes affectant une partie des populations. Balance, Cancer, Bélier et Capricorne sont plus à risque de développer des infections et malaises, dont le SRAS toujours présent et bien sûr les maladies transmises sexuellement. Prendre les précautions qui s'imposent atténuera les risques.

Le Canada, la Chine (du Nord), l'Afrique du Nord, l'Autriche, l'Égypte, Hawaï et le Guatemala répondent du signe par le Soleil ou l'ascendant. Il serait souhaitable de ne pas voyager en ces lieux si vous êtes marqué par la Balance et par les autres signes cités plus haut. Si vous y vivez, restez sur place, mais soignez le moindre symptôme sans hésitation, le mieux étant de vous reposer au moment de cette éclipse.

✧

Maintenant que vous êtes davantage informé sur les éclipses de 2024, pour connaître l'impact qu'exercera l'éclipse solaire totale du 8 avril en Bélier, veuillez vous référer au chapitre désigné à vos prévisions annuelles selon votre signe solaire. Faites-en autant pour ce qui est de votre ascendant natal. Si vous savez dans quel signe votre lune natale est située, faites-en tout autant, cela ne pourra que vous fournir de plus amples informations. Il en sera de même si vous avez un amas de planètes dans le signe où prend place l'éclipse, dans ce cas le signe du Bélier.

Bonne lecture !

Belles découvertes !

Signes du zodiaque

♈

Bélier

21 mars au 20 avril

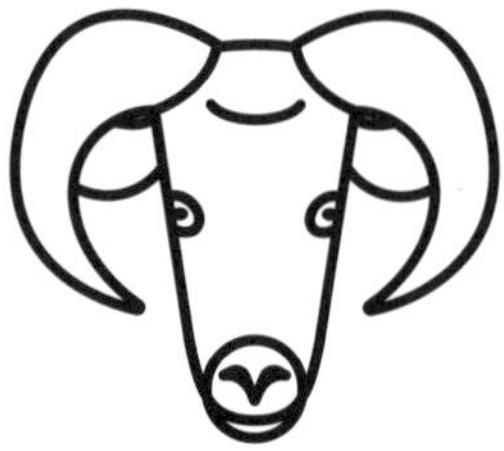

LES DIFFÉRENTS ASPECTS DE VOTRE PERSONNALITÉ

Bélier – masculin, cardinal, feu

Le Bélier, premier signe du zodiaque, est l'émergence de la graine qui germe. C'est le point de départ de tout commencement. Le Bélier est la force irrésistible – le bruit et la fureur – l'expression primitive de soi – la joie d'être. Sa force est comparable à celle du bélier qui baisse la tête et charge aveuglément. Cela vous donne un esprit d'aventure et de pionnier, du courage et un comportement franc et direct. La force du Bélier est si puissante que les restrictions ne peuvent être supportées. Vous passez sans cesse à de nouveaux projets et terminez rarement les anciens. Inhibé par la routine quotidienne et une vie sédentaire, vous êtes susceptible d'exploser. L'attitude « moi d'abord » du Bélier peut aller jusqu'à l'extrême de l'égoïsme, de la grossièreté, de l'égocentrisme et de la témérité si elle n'est pas tempérée par une sensibilité aux autres et des idéaux forts.

Régi par la planète Mars, la vie pour vous est vue comme une conquête, comme un défi à relever. Vous êtes impulsif et toujours prêt à aller de l'avant et à vouloir être le premier en tout. Courageux, voire même téméraire, vous ignorez tous les obstacles, préférant vous concentrer sur la plus courte distance entre ce que vous êtes et ce que vous voulez devenir.

Brave, impétueux et direct, vous avez besoin d'une avenue pour vous défouler d'un surplus d'énergie, à défaut de quoi votre besoin d'action pourrait se transformer en stress. Voilà pourquoi l'exercice, les travaux ardus et tout ce qui est compétitif sont des avenues salutaires pour le Bélier énergique.

CE QUI VOUS DIFFÉRENCIE DES AUTRES NATIFS DE VOTRE SIGNE

En tant que natif du 1er décan (du 21 au 31 mars), votre signe et votre décan sont régis par Mars. Vous êtes donc doublement Bélier. Cela vous confère une double dose d'énergie et d'enthousiasme ! Très souvent, vous êtes caractérisé par une innocence enfantine assez attachante et avez une réelle capacité à enthousiasmer votre entourage. Cela indique aussi une action immédiate et une volonté inflexible.

Vous faites partie de la triplicité de feu qu'est votre signe solaire. Chez vous, nulle patience et nul moment d'arrêt ne sont tolérés. Constamment en mode action, vous échafaudez de nombreux plans et projets hâtivement, et vous êtes prêt à foncer tête première et à faire face à tous les obstacles qui peuvent brimer votre réussite. Vous voulez vivre pleinement, que ce soit dans le danger et l'aventure, ou à travers une exploration plus introspective. Toujours avec beaucoup d'enthousiasme.

Vous êtes un véritable pionnier, plein de courage et tout aussi téméraire qu'entêté. L'influence de Mars vous donne de l'ambition, du courage, de la volonté, mais aussi une tendance à être impulsif. Travaillez sur votre propre personne en vue de cultiver vos meilleurs traits et vos capacités.

Mars, votre planète maîtresse, joue un rôle important dans votre thème natal. Cette planète vous octroie une forte volonté et le désir d'être toujours le premier. Confiant, direct dans votre approche, vous ne mâchez pas vos mots pour exprimer ce que vous aimez et ce que vous n'aimez pas. Leader-né, vous pouvez trouver des débouchés même dans les pires circonstances. Cependant, à certains moments, votre niveau d'énergie est tellement élevé que cela vous porte à être nerveux, capricieux et plus sujet aux accidents de toutes sortes.

Votre confiance en vous ou votre capacité à cibler une solution rapidement est souvent mal interprétée par les gens qui vous entourent, alors qu'ils sont portés à n'y voir qu'arrogance et autoritarisme.

Concurrentiel et audacieux, vous pouvez bien réussir dans n'importe quel travail qui récompense l'initiative et la poursuite active d'objectifs. Vous pouvez bien exceller également dans les forces armées, la médecine, la politique ou toute profession qui apporte une reconnaissance publique.

Audacieux dans vos relations amoureuses, vous défendrez courageusement votre partenaire de vie contre vents et marées, mais le remettrez également en selle s'il se comporte mal. Si quelqu'un désire gagner votre cœur et garder votre amour, il ou elle devra accepter de vivre avec une personne dynamique et quelque peu égoïste. Ardent en amour, et c'est peu dire, vous tendez à poursuivre activement ce que vous voulez. Si vous vous mariez, choisissez un compagnon de vie qui vous procurera du confort et qui sera tout aussi à l'aise de vous laisser prendre les commandes tout en étant prêt à accepter votre besoin d'indépendance.

En tant que natif du 2e décan (du 1er au 10 avril), vous êtes toujours sous la tutelle de Mars, mais votre décan est gouverné par le Soleil, vous octroyant un fort ego, mais également une personnalité qui a un flair pour l'expression créative. Cela donne aussi du poids à votre séduction et ajoute à votre magnétisme personnel. Par contre, votre orgueil est sans mesure et aucun mot ne peut le traduire.

L'influence du Soleil et secondairement de Jupiter, pour ce qui est de la triplicité de feu qu'est votre signe solaire, tend à faire de vous un mélange d'explorateur-né et de nourricier.

La dominance solaire fait de vous une personne digne de confiance, résiliente et qui a un petit côté théâtral à ses heures et une force intérieure inouïe. À première vue, vous voulez que les gens vous apprécient et qu'ils reconnaissent vos capacités distinctes. Leader naturel, vous avez le don d'inspirer les autres à faire de leur mieux.

Le Soleil joue un rôle particulièrement important dans votre thème et c'est ce qui explique pourquoi votre Moi est si gigantesque. Il fait de vous une personne qui a un tempérament chaud et qui aime être à l'honneur.

Ambitieux, fier, créatif et compétitif, vous êtes motivé par l'amour-propre et votre sens du spectacle vous gagne la reconnaissance de gens qui vous croisent. Chaleureux et quelqu'un qui n'aime pas passer inaperçu, vous prenez plaisir à vous retrouver sous les projecteurs. Il vaudrait mieux toutefois apprendre à cultiver votre paix intérieure, ce qui sera plus enrichissant pour vous.

Motivé par tout ce qui peut vous stimuler, vous avez peu de temps pour l'abnégation. Vous avez en horreur le mensonge et vous le détectez immédiatement. Vous êtes une personne qui se comporte avec droiture et vous vous attendez à ce que les autres agissent de la sorte envers vous.

De tempérament volontaire et déterminé, vous atteignez infailliblement les hauts sommets. Vous savez très bien où vous placer pour être en vue.

Autant des femmes que des hommes ou des gens influents pourront jouer un rôle significatif dans votre vie, mais, très certainement, l'éducation augmentera vos chances de succès.

Les natifs de votre signe ont toutes les qualités nécessaires pour devenir de grands promoteurs, des sportifs ou des philanthropes. Et puisque vous avez la parole facile, vous pouvez tout autant devenir un grand orateur ou un éminent avocat.

Ardent en amour, vous n'êtes pas nécessairement quelqu'un d'affectueux, mais plutôt un amateur de plaisirs, de jeux et de divertissements. Vos élans passionnels vous poussent à poursuivre activement ce que vous désirez. Monsieur, on vous dit bon amant, mais également mauvais mari le plus souvent. Il est difficile de vous amener à vous s'engager. Vous vous épanouirez le mieux dans des relations où vous êtes le patron et où votre partenaire de vie vous laisse beaucoup de liberté. Toutefois, si vous parvenez à accrocher l'une de ces personnes, elle vous sera aussi dévouée que n'importe quel Lion. Veillez simplement à la vénérer en conséquence ! Si quelqu'un veut gagner votre cœur et garder votre amour, il ou elle devra accepter de vivre avec une personne dont les aspirations la poussent à vouloir vivre son amour dans une ambiance de luxe, favorable à ses rêves les plus somptueux.

En tant que natif du 3e décan (du 11 au 20 avril), vous êtes toujours sous la tutelle de Mars, mais le troisième décan des natifs du Bélier est régi par Vénus, et Jupiter y joue également un rôle clé suite à la triplicité de feu qu'est votre signe solaire. Vous êtes né pour vendre vos idées, vos produits, votre salade et pour promouvoir vos multiples talents, habiletés, compétences et intérêts. Vous ferez tout en votre pouvoir pour éviter de devenir une victime de la mentalité de troupeau.

Marqué par l'influence jupitérienne, votre décan est le plus jovial et optimiste de votre signe. Vous ne craignez pas autant que les deux autres décans de ne pas être le premier en tout. Mais vous pouvez devenir très agressif si quelqu'un et/ou quelque chose porte atteinte à votre liberté d'expression. Ayant un sens fort de l'honneur, et c'est peu dire, ceci peut parfois vous pousser à imaginer des choses qui n'ont pas lieu d'être. Cessez de vous prendre trop au sérieux !

Jupiter fait de vous également une personne sympathique, souriante et expansive. Pas surprenant que vous vous attiriez beaucoup d'amis. Étant de nature une personne qui a une ardente envie d'excitation, vous êtes de celles qui excellent au mieux quand elles peuvent mettre à profit leurs multiples talents et aptitudes de façon constructive. Vous êtes le plus susceptible des trois décans d'être attiré par l'art, le théâtre, l'édition, l'éducation, la publicité, la religion et la politique.

Avec deux planètes dites bénéfiques et chanceuses du zodiaque qui gouvernent votre décan, vous avez tout de votre côté pour vous construire une bonne vie et réaliser de grandes choses. Évidemment, l'éducation et vos nombreuses connaissances vont concourir largement à ce succès. Profitez-en pour élargir vos horizons à travers les voyages, les activités culturelles et spirituelles, et par toutes les discussions tenues avec des gens sages. Favorable pour réussir dans le domaine de la vente ou même dans l'enseignement.

Étant sous la dominance de Vénus, planète de l'amour, vous avez un charme fou et une inflexion voluptueuse qui attire irrésistiblement. Vous ne passez pas inaperçu et c'est peu dire… alors que vous détesteriez de ne pas l'être. Rassurez-vous, on vous remarque !

En amour, on vous dit fougueux ! Il n'est pas facile de vous amener à vous engager, car votre plus grande crainte est de perdre votre liberté qui est chère à vos yeux. Pour vous, c'est la passion et rien d'autre qui vous attire. Indépendant, vous ne succombez jamais complètement aux exigences de l'amant ou du compagnon. Vous avez du mal à avoir une relation « normale » traditionnelle. La chasse aux déesses ou aux dieux de Jupiter est très marquée dans ce décan. Vous appréciez le frisson de la séduction et de la poursuite (chasse). Cela explique pourquoi vous cherchez toujours à pimenter les choses de sorte que votre style de relation ne soit jamais ennuyeux ! Si quelqu'un veut gagner votre cœur et garder votre amour, cette personne devra être loyale et estimer les plaisirs physiques de l'amour. Si vous vous mariez, madame, veuillez choisir un compagnon de vie fidèle, bon pourvoyeur et quelqu'un qui puisse vous offrir une vie familiale paisible.

CE QUE LES ASTRES VOUS RÉSERVENT EN 2024

Jupiter en Taureau jusqu'au 25 mai 2024 – votre IIe maison natale

Jupiter est fondamentalement une planète qui se déplace lentement. Elle a tendance à rester dans un signe et une maison pendant une année entière. Mais, tout comme les deux précédentes années, elle se déplace exceptionnellement vite – elle passe en fait par deux signes et maisons cette année. Elle commence l'année en Taureau, votre IIe maison, puis elle se déplace en Gémeaux, votre IIIe maison.

Vous sortez tout juste d'un pic financier annuel et voilà que maintenant, il y a plus… Jupiter en Taureau jusqu'au 25 mai apportera des opportunités financières et une expansion. Jupiter est toujours une planète porteuse de chance, mais dans votre thème, elle l'est encore plus, car elle est la planète qui régit votre IXe maison natale – une des maisons les plus bienveillantes de l'horoscope. L'accent sur les finances est donc toujours très fort. Pour tout dire, l'argent est le deuxième prénom de Jupiter, mais pour bénéficier de son côté financier, vous devez faire preuve à la fois de jugement et de contrôle. Les gains seront positifs, et voilà qu'ils pourraient provenir d'étrangers, de pays ou d'entreprises étrangères, ou d'investissements dans des pays étrangers, sinon dans une ville loin d'où vous résidez.

En affaires, Jupiter qui forme un grand angle avec les zones professionnelles de votre thème, pendant cette période, vous aurez de nombreuses occasions d'élargir vos possibilités de carrière. Des personnes qui peuvent vous être utiles sur le plan professionnel feront surface dans votre vie. Vous pourriez changer d'emploi ou même vous engager dans une tout autre voie professionnelle. Attendez-vous à une expansion dans le monde des affaires. La période sera bien choisie aussi pour monter cette entreprise que vous visualisez depuis longtemps. Cependant, tenez-vous-le pour dit alors que vous ne fonctionnez pas aussi bien en vous associant et que vous auriez intérêt à mener votre barque seule. Si déjà tout est en place et que l'entreprise a été solidement bâtie, vous allez sûrement agrandir. Idéal aussi pour faire l'achat d'une première propriété ou la vendre avec profit ainsi que spéculer par la suite pour en acquérir une autre à bon prix. Ce sera aussi un moment propice pour suivre des cours qui profiteront à votre vie financière. Vous dépenserez pour des études supérieures et vous pourriez aussi gagner de l'argent dans ces domaines. D'ailleurs, les investisseurs devraient rechercher des opportunités dans les universités à but lucratif.

Pour ce qui est de l'amour pour le célibataire de votre signe, le choix sera difficile à faire entre plusieurs flirts. Durant votre période d'anniversaire, quelqu'un pourra faire battre votre cœur et c'est à ce moment qu'il faudra vous y attarder. Quant à votre vie de famille, sur le plan émotionnel, il est possible qu'elle passe au second plan tant vous serez préoccupé par votre survie.

En ce qui a trait à votre santé et à votre bien-être physique, surveillez votre appétit, car vous serez tenté d'atténuer votre énergie nerveuse avec des aliments réconfortants, ce qui pourrait entraîner une prise de poids non désirée de même qu'encrasser votre organisme.

Jupiter en Gémeaux – du 25 mai 2024 au 9 juin 2025 – votre IIIe maison natale

Vous remarquerez que vos actions commencent à porter leurs fruits, ce qui d'ailleurs vous motivera à continuer, et vous finirez bien par avoir le dernier mot, je vous fais confiance… De nombreux changements imprévus pourraient encore vous forcer à vous réorganiser précipitamment. Par chance, vous avez des réflexes impressionnants et une force intérieure que plusieurs envient. Cependant, toute cette commotion vous fera grandir et vous permettra d'envisager une nouvelle existence beaucoup plus satisfaisante.

En affaires, un minimum de doigté vous permettra de faire de votre vie ce que vous souhaitez véritablement ainsi que d'atteindre aisément vos objectifs. Votre nature dynamique sera comblée, les occasions de vous dépasser et de mettre du piquant dans votre existence afflueront. La période n'augure rien de vilain, mais vous auriez intérêt à demeurer bien centré sur vos véritables priorités. Jusqu'à votre prochain anniversaire (2024), vous évoluerez favorablement et les nombreux efforts que vous fournirez finiront certainement par porter fruit quant à vos affaires. Par la suite, vous bénéficierez d'un puisant courant de chance dans tous les domaines ; vous pourriez même rafler un prix lors d'un tirage. La chance continuera de vous accompagner pendant le reste de l'année. La période sera également bonne pour voyager, changer d'air, de même que pour embrasser de nouvelles orientations. Excellente position pour les commerçants, les travailleurs autonomes, les vendeurs, les communicateurs et même que cela favorisera tous ceux qui travaillent dans un domaine en lien avec le monde médical. Lors ce cette période, les occasions de vous dépasser ainsi que mettre du piquant dans votre existence abonderont.

Pour ce qui est de vos amours, vous serez envahi par le goût de communiquer davantage et vous aurez parfois tendance à monopoliser la conversation que vous aurez avec les autres. Les bonnes dispositions qui vous animent, votre goût de mordre dans la vie et votre inlassable vigueur se feront sentir tout autour de vous. Vous vous retrouvez dans un cycle d'incroyable popularité ; vous fascinerez les gens et aurez un charisme à toute épreuve. Voici qui est merveilleux pour tous ceux qui voudraient se faire des amis, trouver l'âme sœur ou même agrandir leur cercle de relations sociales.

En ce qui a trait à votre santé et votre bien-être physique, cette période se déroulera sous un ciel on ne peut plus clément. Profitez-en pour régler ce qui accrochait, pour faire provision d'énergie et vous remettre en forme.

Saturne en Poissons – toute l'année – votre XIIe maison natale

Saturne a parfois mauvaise presse, car nous combattons souvent les changements saturniens. Elle nous enseigne la « responsabilité » dans de nombreux domaines de notre vie qui peuvent grandement bénéficier d'un peu d'amélioration. Maison de l'épreuve, de la réflexion, voilà qui va sans doute mettre à l'épreuve votre patience alors que vous aurez très bientôt des réponses aux questions que vous vous posez au sujet de votre carrière, puisque vous n'aurez pas voulu prendre de décisions à la légère, ce qui aura été sage de votre part.

Tout se prête bien pour achever un cycle de transformation positive tel que devenir plus sage, plus conscient, plus observateur, plus méditatif, plus intuitif en vue de vous préparer à une meilleure qualité de vie. Idéal pour faire une réflexion existentielle qui vous permettra de mieux cerner vos besoins futurs, puisque la période vous apportera beaucoup d'éclaircissements en rapport avec votre passé et votre individualité. Plus encore, vous serez fier de qui vous êtes et l'influence que vous avez sur les autres sera très appréciée. Le travail d'équipe continuera d'être la clé de votre succès.

Tenace de nature, même quand vous semblez vous éparpiller, vous savez la plupart du temps où vous allez au fil des dénouements des affaires en cours, même si vous faites un petit détour ici et là, vous avez votre objectif en tête et vous êtes bien décidé à l'atteindre. Si vous exercez dans l'ombre tel un créateur, un musicien, un écrivain, un peintre, vous serez animé d'inspirations qui viendront tout droit du ciel. Période où un rêve pourrait se réaliser ! Votre inspiration sera plus basée sur votre pouvoir analytique. Vous ne serez plus autant empressé que vous l'étiez par le passé, puisque vous allez devenir plus prudent dans toutes les questions d'argent. Une période favorable aussi pour vous débarrasser d'attitudes négatives que vous reconnaîtrez et qui sont nuisibles à votre réussite, à votre ascension. Pendant la durée de ce cycle, vous aurez à travailler plus fort et à faire de longues heures de travail. Ou irez-vous outre mesure pour aider les autres ?

Pour ce qui est de vos amours, évitez de rejeter du revers de la main toute une vie à deux dans laquelle vous vous êtes investi tout ça juste pour une aventure qui risque d'être sans lendemain. Ou évitez de vous entêter à vouloir subir une union qui ne vous aura apporté que déboires et malheurs, ou plus encore, évitez de faire semblant d'être amoureux de quelqu'un qui ressemble à une promesse de fortune.

En ce qui a trait à votre santé et votre bien-être physique, Saturne n'est pas vraiment maléfique, au contraire, elle représente l'accumulation des expériences, ce que vous avez acquis est là pour vous servir doublement en autant que vous restez positif, quoi qu'il se passe autour. À cet effet, vous pourriez avoir peut-être à vous occuper d'un de vos parents. Moindrement, vous ne serez pas à l'abri de souffrir vous-même d'une maladie chronique. Période favorable aussi pour entreprendre une thérapie.

Si le/la partenaire de vie est Bélier de par son Soleil ou son Ascendant natal

Votre tendre moitié passe inconsciemment en revue son passé, ce qui peut entraîner de nombreux moments de culpabilité. Ce n'est pas un transit facile, car votre chéri(e) se retrouve face à face avec son passé et n'aime peut-être pas certaines des choses qu'il ou elle voit. Il est temps pour votre Bélier de changer certaines choses à propos de lui-même, et de laisser tomber une grande partie de ce bagage mental excessif qui l'a abattu. Ce que vous pouvez faire, c'est de le soutenir en partageant certaines de vos pensées les plus profondes concernant certaines expériences de vie, puisque votre partenaire Bélier est actuellement désireux de comparer quelques anciennes façons de faire avec de nouvelles. Communiquez souvent et partagez vos secrets intérieurs. Lorsque ce transit sera terminé, l'être aimé sera plus détendu, avec une vision moins stressante de l'interaction avec les autres.

Pluton en Verseau – les vingt prochaines années – votre XIe maison natale

Avoir la planète du pouvoir et du changement dans le signe libre-penseur et curieux du Verseau constitue une combinaison des plus puissantes. Vous réalisez que vous ne pouvez pas arriver là où vous voulez aller si vous êtes retenu par une énergie confuse ou négative. Votre vison de l'avenir ainsi que votre façon de collaborer avec les autres vont donc être totalement transformées. Les groupes sociaux dont vous faites partie sont appelés à connaître tout probablement de profondes transformations. Vous tendrez à créer de nouvelles connexions et des liens plus forts basés sur des espoirs et des rêves partagés, ce qui vous aidera à clarifier vos convictions personnelles. Les personnes qui ne sont pas censées faire partie de votre vie disparaîtront, car vous attirerez de nouvelles relations puissantes et potentiellement choquantes ou imprévisibles. Vous reconnaîtrez également que vos objectifs à long terme, vos espoirs et vos aspirations pourraient aussi être transformés, vous aidant à renaître. Certaines des choses sur lesquelles vous avez travaillé n'auront plus de sens et le désir de les abandonner complètement s'imposera à vous si vous ne faites pas les changements nécessaires. Une crise avec certains projets est inévitable! Et c'est pour votre plus grand bien à long terme. Certaines personnes qui vous sont chères quitteront également la planète.

LES PHASES RÉTROGRADES DE MERCURE POUR 2024

Mercure rétrograde en Bélier – du 1er au 25 avril 2024 – votre 1re maison natale

Climat général

Vous devriez connaître une période pleine d'action qui sera certainement plus que palpitante à vivre, mais possiblement assez stressante aussi par moments. D'ailleurs, vous serez assez surpris de voir qu'on vous appellera pratiquement tous les jours pour participer à toutes sortes d'activités. Bref, vous n'aurez probablement pas deux minutes de libre. C'est une situation que vous ne trouverez pas désagréable non plus. Malgré tout, votre patience pourra être mise à rude épreuve à plus d'une reprise au cours de cette période. Attention aussi aux achats impulsifs alors que ça pourrait grever sérieusement votre budget inutilement. Reprenez vos sens.

Travail – Finances

Il importera de suivre les directions déjà bien établies, autrement, vous risquez de vous acharner à revoir certaines procédures qui ne fonctionnent pas aussi bien ou plus. Vous devriez songer plus sérieusement aussi à vous faire des réserves pour l'avenir. Veuillez donc mettre sur une base régulière un certain montant d'argent de côté pour mieux vous assurer d'avoir des économies en réserve lorsque les temps durs se feront vôtres. D'ici là, il y aura tellement de boulot à faire que vous n'en chercherez pas d'autres et vos journées de travail devraient se passer très vite en général. Évitez d'abdiquer au moindre refus ou obstacle. N'allez pas non plus vous révolter pour un rien et par la suite claquer la porte ou même vous élever contre l'autorité en place. Malgré tout, attendez-vous à des retards possibles avec le courrier ou tous vos bidules électroniques. Si vous êtes dans le commerce de détail, si vous travaillez dans un petit magasin, une boutique ou autres, du moment que vous êtes derrière le comptoir, demeurez vigilant puisque vous ne serez pas exempt d'être victime d'un vol. Veuillez donc redoubler de prudence et assurez-vous du bon fonctionnement du système d'alarme.

Amour – Sentiments

Il ne serait pas impossible de connaître un temps de silence. Votre partenaire et vous-même serez probablement dans une phase de réflexion, sinon les circonstances de la vie en général auront plutôt tendance à vous éloigner. Cette situation aura tout de même le mérite d'ouvrir le dialogue concernant votre relation et l'importance de resserrer les liens qui vous unissent. Il n'est pas exclu que l'un de vous deux se fasse courtiser, mais apparemment, ce ne sera pas ce qui vous fera commettre l'irréparable. Évitez de tenir l'être aimé pour acquis. Essayer plutôt de retrouver le plaisir de la ou le conquérir. Si vous espérez que les autres devinent vos besoins ou viennent vous aider à chasser vos moments de cafard, vous risquez d'être déçu. Pour les célibataires, ce sera passablement assez compliquée de simplement sortir pour aller faire des rencontres. Il n'y aura jamais personne d'assez intéressant à votre goût dans les environs. Cependant, si l'occasion vous est donnée de faire une rencontre, vous pourriez être davantage porté à consommer un peu trop rapidement cette relation et elle pourra devenir vite sans intérêt. Et même si vous vous donnez rendez-vous pour une première rencontre officielle, tout vous semblera compliqué de trouver une place commune dans vos deux agendas. Les émotions et les sentiments manqueront probablement aussi de souplesse. Attention qu'une personne de votre travail veuille vivre aussi une histoire secrète avec vous.

Famille

Un avertissement s'impose en ce qui concerne un de vos enfants auquel vous êtes naturellement attaché. Si vous le protégez trop, c'est comme pas assez ! Ouvrez le dialogue afin de connaître ses véritables besoins qui ne seront pas nécessairement les vôtres. L'idée qu'il puisse se montrer un peu trop fanfaron à votre goût est possible aussi, ou décidera-t-il de quitter le nid familial sur un coup de tête. Possibilité d'une rupture provisoire au sein de la famille, mais évitez de vous enfermer par manque de communication avec vos proches et attention à toute manifestation d'indifférence.

Santé – Bien-être physique

Bien que de nature votre énergie soit imparable et que vous avez besoin de dépasser vos limites, attention de brûler la chandelle par les deux bouts. Vous pourriez subir quelques maux de tête ! En fait, ils seront probablement provoqués par des abus en tous genres, tels que toute consommation de café ou d'alcool. Il sera donc préférable pour vous d'éviter les excès parce que vous risquez de ne pas toujours savoir quand vous arrêter. Même chose en ce qui concerne le travail, alors que vous tendrez à en faire plus que ce que vous êtes capable de faire. Cela explique pourquoi votre pression nerveuse risque d'être plus souvent qu'autrement en hausse, ce qui pourra entraîner des perturbations digestives, sinon des tensions musculaires ainsi que faire de l'insomnie. L'apprentissage d'une technique de relaxation vous fera le plus grand bien. Toutefois, si vous récupérez d'une maladie ou d'une intervention chirurgicale, il sera important de reprendre les activités physiques, mais en douceur. Un simple faux mouvement pourrait avoir des conséquences fâcheuses, telles que vous cogner la tête ou subir un tour de reins, restreignant ainsi votre mobilité. Demeurez sur le qui-vive et continuez d'investir dans votre santé. Ces efforts seront largement récompensés. Alternance possible d'enthousiasme et d'anxiété. Méfiez-vous de toute impulsion irraisonnée et attention au danger d'accident ou d'incident possible.

Mercure rétrograde en Vierge – du 5 au 14 août 2024 – votre VIe maison natale

Climat général

C'est le mois de la grande rentrée scolaire : réunions de parents, début des activités et des loisirs pour bien du monde. Bref, la vie reprend son air d'aller assez exigeant par moments et qui vous demande beaucoup d'efforts et de disponibilité. Prévoyez d'être bousculé par tout ce qui avait été prévu, car une tonne d'éléments nouveaux fera en sorte de vous obliger à vous réajuster. Vous connaîtrez probablement beaucoup de conflits d'horaire qui pourraient bien vous conduire vers d'importants changements. Alors qu'il faut maintenant penser aux choses sérieuses, vous pourriez être plus à contre-courant et avoir à prendre un certain recul sur le plan professionnel pour vous occuper plus attentivement de votre famille. Qui sait, retrouverez-vous des valeurs que vous aviez mises de côté pour toutes sortes de raisons ? Profitez-en pour vous départir de tout votre bagage de mauvais souvenirs. Faites-en tout autant pour les objets que vous pensez être chargés de négativisme. Agissez et débarrassez aussi vos placards de ces choses qui rappellent des périodes sombres et/ou des personnes de passage qui vous ont laissé un goût amer en héritage. D'ailleurs, vous auriez intérêt à vous méfier d'une personne qui tendra à vous hypnotiser et à faire passer ses propres intérêts devant des vôtres.

Travail – Finances

Il n'y a plus personne en vacances. Tout le monde est de retour au travail ou presque, ce qui signifie que les autoroutes risquent d'être fort engorgées et que les entreprises recommencent à fonctionner à plein régime, et plus après que la rétrogradation aura pris fin. Si vous travaillez dans un milieu où bien des gens rentrent de vacances, il faudra vous préparer à expérimenter une certaine confusion. Heureusement que les choses se replaceront d'elles-mêmes bien assez vite. D'ici là, vous serez possiblement soumis à un certain stress, mais il s'agira surtout davantage d'un souci de performance qui accentuera considérablement votre efficacité. À cet effet, un client important pourra vous donner un peu de fil à retordre. Il tendra à remettre en question un contrat ou en changera à sa guise quelques clauses. Et comme vous ne voudrez pas perdre le potentiel d'un revenu possible qu'il vous apporte, vous tenterez bien de faire certaines concessions pour lui faire plaisir. Il est même possible que vous ayez entrepris des travaux avant même la signature du contrat (à ne pas faire en période rétrograde). Et l'idée que vous soyez sous l'impression d'avoir mal fait vos devoirs ou qu'une de vos tâches ait été négligée et que vous tentiez de cacher votre bévue est possible. Préparez-vous à être dans l'obligation de réparer votre bêtise en recommençant tout depuis le début, ce qui risque de vous occasionner un véritable stress. Toute initiative semblera bien compliquée à être mise de l'avant à cette époque. Vous aurez même l'impression que la direction est contre vous, ce qui ne sera pas impossible. Mais il sera impératif que vous preniez le temps de bien réfléchir avant de poser un geste, de vous savoir organisé, structuré et, surtout, bien appuyé. Tâchez d'être plus patient avant de pouvoir avoir un peu d'avancement.

Amour – Sentiments

Évidemment, lorsque le travail prend toute la place et que vous devez régler maints problèmes à la maison, il est normal que vous ne vous sentiez pas aussi disponible pour l'être aimé. Ou que celui-ci vous paraisse plus distant. Les enfants pourraient aussi se montrer un peu plus turbulents ! Ou est-ce les finances qui seront plus précaires ? Quoi qu'il en soit, il s'agira d'une belle occasion pour crever l'abcès qui minait trop longtemps la qualité de votre relation. Gardez les lignes de communication ouvertes, ne serait-ce que pour retrouver le désir et des sentiments passionnés entre vous et de vous fixer des buts communs. En dépit des épreuves, c'est surtout de l'attachement que vous éprouverez mutuellement. Faites tout en votre pouvoir pour ressouder les liens qui vous unissent à l'être aimé avec des gestes concrets. En tant que célibataire, vous prendrez le temps d'éliminer quelques prétendants(es) qui ne vous apportent rien. Une fois que vous aurez terminé ce grand ménage, vous réussirez à mieux comprendre vos besoins et à trouver votre idéal amoureux, mais mieux après que Mercure soit devenu direct. D'ici là, il ne serait pas impossible que vous tombiez sur des personnes un peu trop pressées de se retrouver dans votre lit. Cela dit, il n'en tiendra qu'à vous d'imposer votre rythme pour développer le genre de relation auquel vous aspirez. Vous aurez peut-être besoin d'apprendre à faire pousser vos cornes pour vous faire respecter aussi.

Famille

Si vous avez une grosse famille et quelques parents qui se fient constamment à vous dès qu'ils ont un problème, il est possible que vous soyez davantage tenté d'espacer leurs visites ou leurs appels téléphoniques. L'un de vos enfants pourra aussi attirer votre attention plus qu'un autre. Il aura sensiblement besoin de votre soutien à la suite d'une épreuve importante de sa vie. Il est possible aussi qu'il s'agisse d'un parent. Et quant à vos jeunes enfants, cela présage un retour à l'école un peu plus angoissant ! Vous aurez besoin d'être d'aplomb sur vos pieds pour mieux les suivre.

Santé – Bien-être physique

Attention à vos états d'âme. Abstenez-vous de refouler vos émotions. Exprimez-les dès qu'il y a quelque chose qui ne fait pas votre affaire, tant à la maison, dans votre couple que dans le cadre de votre travail, sinon prévoyez un impact possible sur vos intestins qui fonctionneront trop vite ou pas assez. Tension nerveuse possible ! Évitez de ressasser votre colère. Attention, intestins plus fragiles.

Mercure rétrograde en Lion – du 14 au 28 août 2024 – votre V^e^ maison natale

Climat général

Si vous aspiriez à vivre des moments en solitaire, ce sera plus compliqué puisqu'il y aura toujours quelqu'un pour vous distraire ou vous divertir. Que vous preniez ou non vos vacances, préparez-vous à assumer de nombreuses responsabilités. Il y aura quelques éléments qui viendront mettre à l'épreuve votre patience et vous aurez besoin d'être minutieusement bien organisé pour réussir à joindre les deux bouts. Prévoyez faire des changements radicaux dans de nombreuses sphères de votre vie. Il est également possible que vous vous sentiez peut-être même obligé de prendre vos vacances en raison de votre partenaire ou de votre famille qui tendra à vous imposer une cadence assez importante. Si vous avez déménagé récemment ou si c'est un projet en cours de route, le stress risque d'être plus omniprésent et vous pourriez vous sentir bousculé par les imprévus. Un petit lâcher-prise s'imposera ! Vous aurez absolument besoin de voir les choses avec une autre perspective et peut-être de vous lancer dans des projets plus personnels, ce qui vous permettra de décrocher devant certaines complications.

Travail – Finances

La période estivale est souvent synonyme de ralentissement et de congé pour bien des gens et vous pourriez ressentir une certaine crainte en ce qui concerne votre emploi. Si vous prenez vos vacances, il sera impératif que vous expliquiez à vos collègues comment prendre en charge vos affaires. Il est, en effet, possible que cela puisse s'avérer un peu plus compliqué ou peut-être que vous devrez remplacer le patron durant ses vacances. Du moins, il est possible que vous ayez à prendre des décisions et des initiatives dignes d'un grand chef. Que vous ayez à gérer un groupe, une équipe ou une clientèle nombreuse, parfois exigeante, est aussi possible. C'est en prenant en charge la situation que vous évacuerez toute forme de confusion. Malgré toutes les lenteurs et les petites déceptions, des nouvelles encourageantes seront au rendez-vous sous peu ! D'ici là, ce n'est ni en vous élevant contre l'autorité ni en cassant tout sur votre passage que vous réglerez quoi que ce soit. Il vaudra mieux privilégier la prévoyance et la logique plutôt que toutes les actions intempestives. À cet effet, un conflit ou une série de retards tendra à jouer avec vos nerfs, mais, là encore, la patience sera votre meilleure alliée. Les choses s'arrangeront très bientôt, ce n'est qu'un mauvais moment à passer ! Entre-temps, si vous travaillez dans une entreprise, vous pourriez avoir à renégocier une entente ou un contrat qui n'est plus satisfaisant au niveau financier. Qui sait, peut-être que les augmentations prévues seront aussi revues à la baisse ou certaines conditions changeront ? Toutefois, c'est avec un peu de patience que vous arriverez à vos fins.

Amour – Sentiments

Il y a toujours beaucoup de mariages en août. Le beau temps est souvent au rendez-vous, ce qui rend les cérémonies plus agréables. Mais n'allez pas critiquer trop votre amoureux si celui-ci défonce considérablement le budget alloué pour vous acheter une bague de fiançailles. Espérons qu'il pourra attendre à la fin de cette période pour arrêter son choix sur le bijou qu'il veut vous offrir. Habituellement assez prompt de nature – même si vous paraissez davantage comme une petite brebis – il faudra s'adapter ! Et sachant qu'il vous sera plus difficile de prendre vos propres décisions à cette période, vous tendrez à acquiescer plus facilement à l'être aimé, surtout s'il s'agit de quelqu'un de sécurisant. Il est possible que vous puissiez également vous retrouver confronté à une situation où vous ne pourrez plus vous laisser manger la laine sur le dos. En tant que célibataire, si vous vous êtes séparé récemment, il est bien normal d'avoir affaire avec votre ex régulièrement, surtout si vous avez eu des enfants ensemble. Ce sera probablement lors de l'une de ces circonstances que vous réaliserez qu'il y a encore des sentiments entre vous et que la séparation n'était pas une bonne idée. Vous accepterez bien de vous laisser conquérir. Il sera important d'alléger vos responsabilités pour que la relation fonction bien cette fois-ci.

Famille

Si vous avez déménagé récemment, vous serez en mesure de vous installer comme vous le souhaitez ou de terminer les travaux déjà entamés. Vous pourriez avoir aussi à refaire la décoration ainsi que peindre quelques pièces de votre nouvel environnement, ce qui ne ressemblera pas nécessairement aux vacances que vous vous étiez imaginées. Si vous avez acheté une maison dernièrement, vous pourriez découvrir un vice caché et être confronté à une situation avec laquelle vous ne serez pas à l'aise et qui vous demandera de nombreux efforts pour tout solutionner. La rentrée scolaire pourra aussi être une situation qui demandera des ajustements et des précisions avec votre enfant pour mieux comprendre son développement. Importance des enfants.

Santé – Bien-être physique

La sédentarité est l'un des plus grands fléaux de notre société. C'est véritablement le fait de ne pas faire beaucoup d'exercice qui est en grande partie responsable de tous les nombreux malaises. Profitez-en pour prendre toutes les mesures nécessaires afin de retrouver un équilibre de vie plus sain. Attention aux coups de chaleur, puisque votre cœur pourra démontrer quelques signes de faiblesse. Évitez tous les excès et les affronts. Surveillez aussi votre dos. Problèmes possibles de hanche ou de fémur ! Attention à votre orgueil qui risque d'être plus accentué, mais aussi, gare aux excès qui risquent d'engendrer un danger de revers.

Mercure rétrograde en Sagittaire – du 26 novembre au 15 décembre 2024 – votre IXe maison natale

Climat général

Comme chaque année, nous sommes tous un peu pressés par le temps pour avoir à tous les préparatifs de Noël. Mais en tant que Bélier, vous ne serez certainement pas en avance. Au contraire, tout sera préparé à la dernière minute. Possiblement qu'il en sera de même pour ce qui est des différentes réceptions auxquelles vous serez invité à participer ! Mais vous serez vraiment plus rapide que les autres – d'où une certaine efficacité dans votre déploiement pour cette activité vous servira bien. En effet, vous devriez être en mesure de vous structurer de manière efficace : les achats, la visite chez le père Noël avec les enfants, les décorations, tout ça en l'espace de quelques jours et ce sera conclu. Il ne vous restera qu'à attendre patiemment l'arrivée de minuit et célébrer en même temps que tout le monde, à votre plus grand bonheur ! Entre-temps, vous pourriez déjà commencer à faire la fête dès le début de cette période rétrograde. Le plaisir sera au rendez-vous et c'est ce qui comptera ! Vous aurez l'impression d'être toujours occupé avec des milliers de petites choses à faire et vous tendrez à vous inquiéter pour un de vos proches, avec ou sans raison. Si vous êtes à planifier ou avez déjà planifié un voyage pour les Fêtes, veillez à ce que toute la paperasse soit en bon ordre, que vos passeports ne sont pas expirés et que soient vérifiés tous les petits détails qui feront en sorte de vous rendre heureux.

Travail – Finances

Vous serez tout aussi intuitif que logique. Vous devinerez ceux qui se trouvent devant vous. Vous verrez clairement la différence entre ce qui est bon et ce qui ne l'est pas. Vous serez parfaitement lucide en ce qui concerne vos priorités et saurez exactement ce qu'il faut faire. Portez attention à votre sixième sens qui s'alliera à votre logique et autant dans votre travail qu'auprès de nouvelles personnes que vous rencontrerez. Certaines ne seront pas tout à fait honnêtes envers vous, mais vous serez suffisamment habile pour déjouer et/ou fuir les manipulateurs. Malgré tout, certaines complications mineures pourront survenir, vous obligeant à devoir réagir vite et à gérer l'urgence à plus d'une reprise. Il y aura certainement abondance de travail, parfois un peu de surcharge, mais c'est précisément ce qui pourra permettre de gagner des revenus additionnels, ne serait-ce qu'en heures supplémentaires ! Il est possible également que ce soit une adaptation à de nouvelles fonctions qui apportera tout ce travail. Ou vous pourriez obtenir de nouvelles fonctions plus stimulantes où une certaine adaptation vous sera nécessaire, mais vous risquez de vous retrouver dans un environnement où il y aura beaucoup de bruit et vous devrez fournir un effort soutenu pour rester concentré sur vos obligations et toute tâche à accomplir. Un voyage d'affaires à l'étranger n'est pas à exclure. En fait, il est possible qu'une situation d'urgence en soit la cause principale et que vous ayez à réagir rapidement selon le cas. Vous pourriez également vous lancer dans une grande recherche ou une enquête particulière qui exigera de vous de longues semaines de travail avant d'arriver à une conclusion. En tant que patron, directeur ou travailleur autonome, vous aurez probablement à travailler sur le financement d'un projet à l'étranger, ou en lien avec l'étranger, ou avec des personnes de cultures différentes, ou qui vivent dans une autre ville que celle où vous résidez. Un retour aux études est aussi possible. Si vous êtes déjà aux études, il faudra redoubler d'efforts pour terminer la session avec succès. À cet effet, certaines contrariétés sont à prévoir avec un enseignant ou un formateur !

Amour – Sentiments

L'intensité sera certainement au rendez-vous et parfois même un peu trop, surtout si votre couple a connu des problèmes dernièrement. Il ne serait pas étonnant que des sentiments comme la jalousie et la possessivité se placent en travers de votre route, ce qui ne sera franchement pas souhaitable. Par contre, il y aura moyen de canaliser au mieux toute cette intensité émotionnelle en quelque chose de plus constructif qui vous permettra de renouer des liens très solides entre vous. En tant que célibataire, qu'y a-t-il de plus agréable que de faire une rencontre avant que la rétrogradation ne s'amorce et ainsi éviter la solitude du temps des Fêtes ? En effet, il y a de bonnes chances que vous ayez un certain intérêt pour une personne de souche différente de la vôtre, ou qui vit dans une ville différente de celle où vous résidez, qui ne sera que de passage dans la région. Par contre, il n'est pas exclu que par la suite, vous trouviez un moyen pour vous fréquenter plus assidûment. L'idée qu'un ex-amoureux ou un ex-amant se manifeste est aussi possible, mais vous réaliserez très rapidement qu'il ou elle n'aura toujours pas mieux à vous offrir.

Famille

La famille tendra à exercer des pressions sur vous, surtout si elle sait que vous avez les moyens financiers et le pouvoir de régler les problèmes d'un proche parent ou d'un membre de votre belle-famille – problèmes qu'il aura pourtant lui-même créés. Vous aurez le courage de lui dire que vous n'êtes pas responsable de ses bêtises et que vous ne voulez intervenir d'aucune façon. En tant que parent, vous continuerez d'être inquiet pour vos enfants que vous tendrez à protéger, mais il ne faudra pas tout dramatiser ni tout exagérer. Apprenez à leur faire confiance. Après tout, ne vous êtes-vous pas bien débrouillé depuis que vous êtes tout petit ?

Santé – Bien-être physique

Toute réception qui se trouve sur votre route risque de donner quelques difficultés à votre foie et plus encore si vous faites des abus. Vous n'aurez pas tant de temps pour vous détendre, ce qui aura pour effet de congestionner davantage votre foie et vous causer un peu de somnolence. Sexuellement, protégez-vous et n'allez pas vous fier qu'aux apparences. Attention à toutes les imprudences qui pourraient entraîner des revers possibles. Attendez-vous possiblement à des retards, mais plus que tout, n'allez pas tout dramatiser non plus ! Période où vous ne serez pas de tout repos.

LA PHASE RÉTROGRADE DE MARS POUR 2024

Mars rétrograde en Lion – du 6 décembre 2024 au 5 janvier 2025 – votre V^e^ maison natale

Climat général

Voilà un temps où vous serez davantage poussé à vous extérioriser et à montrer au monde entier qui vous êtes, ainsi qu'à exprimer plus spontanément et/ou de manière agressive ce que vous aimez et détestez. Ce sera, incontestablement, une période où vous saisirez des vérités qui échapperont à bien des personnes près de vous. Vous pourriez ressentir aussi un sérieux manque de productivité, une certaine introversion ou un manque de spontanéité dans votre affirmation personnelle. En fait, votre attention sera davantage dirigée vers la volonté de vous affirmer socialement et le besoin de vous investir dans des projets collectifs et sociaux. Malgré tout, certains inconvénients non négligeables seront possibles à cette époque. Vous pourriez constater que même la relation la plus délicieuse et dont le sexe est tout simplement exquis ne sera pas suffisante pour vous maintenir attaché à cette relation amoureuse qui, d'ailleurs, laisse peut-être à désirer depuis un certain temps et pour laquelle il est également possible que vous ayez à ce jour encouru divers problèmes ou même encore quelques embrouillements possibles.

Travail – Finances

Tout suggère que la compétition sera plus féroce et vous vous retrouverez souvent au cœur de la tourmente. L'idée que des conflits entretenus par des jaloux, sinon des envieux, puissent venir aux oreilles de vos supérieurs et que des mesures soient mises en place est chose possible. Vous vous retrouverez donc, malgré vous, au centre de la controverse ! Essayez de trouver un moyen non agressant de régler le cas. Quant aux finances, elles sembleront plus instables. Vous ne manquerez pas d'argent, mais il faudra vous ajuster ! Tous les travaux faits à la hâte devront très probablement être repris. Lorsque se présenteront des dossiers plus complexes à bien gérer, prenez tout le temps nécessaire pour examiner chaque petit détail, au risque d'être réprimandé ou d'avoir à refaire le travail, sinon que l'on remette en cause vos compétences et votre savoir-faire. Une raison de plus de ne pas prendre de risques dans toutes les affaires spéculatives, surtout que ce sera un temps où vous vous sentirez plus engagé par qui que ce soit qui vous dira avoir une idée pour devenir riche rapidement. Soyez des plus prudents et assurez-vous que les idées spéculatives aient bien été vérifiées au préalable, puisque tout laisse croire que vous serez déçu au bout du compte. En toute réalité, il serait préférable de ne pas vous impliquer dans une telle combine. Évitez les investissements hasardeux, au risque de vous en mordre les doigts et d'encourir ainsi des pertes et des déceptions possibles. Il en ira de même si une offre professionnelle vous est faite alors qu'il faudra faire un choix judicieux, ce qui sera extrêmement difficile. Il importera d'avoir les idées claires pour prendre la bonne décision ! Si rien de tout cela ne vous interpelle, qui sait, peut-être déciderez-vous de vous lancer tête première dans un projet sans avoir vraiment pris tout le temps de réfléchir à votre implication et qu'après coup, vous décidiez de faire marche arrière suivant que vous éprouverez plus de difficulté à bien mener votre projet ou à bien le coordonner. Parlant de coordination, soyez prudent et vigilant lorsque vous vous retrouverez derrière le volant et plus encore si vous avez à conduire un véhicule lourd. Il en ira de même si vous avez besoin d'une voiture pour gagner votre vie alors que perdre votre permis de conduire ne vous serait d'aucune utilité. Il sera avisé de respecter le Code de la route et attention aux ennuis possibles avec la loi alors que vous ne serez pas à l'abri d'une contravention. Si vous deviez avoir des ennuis avec une autorité en place ou que vous vous retrouviez au centre d'une mésentente professionnelle, justice vous sera rendue. N'allez pas lésiner non plus avec les lois sur la sécurité au travail.

Parlant de travail, si vous êtes un sportif de métier ou que vous vous entraînez, prenez garde alors que vous pourriez subir une blessure dont vous vous souviendrez longtemps. Soyez donc très vigilant. Si vous êtes un artiste de métier, ce sera un temps où la créativité sera stimulée par la prise de risque, mais les rênes du pouvoir appartiendront au public. Par ailleurs, un poste de pouvoir pourrait vous échapper pour une raison ou une autre. Possiblement que vous aurez négligé l'objectif de service relié à toute fonction de pouvoir. Quoi qu'il en soit, abstenez-vous de faire mauvais usage du pouvoir. Soyez avisé qu'il est possible que l'entreprise pour laquelle vous travaillez implante de nouvelles méthodes de travail à intégrer, à apprendre et à mettre de l'avant ou un nouveau système informatique auquel il faudra vous adapter.

Amour – Sentiments

Attention de vous érailler plus qu'à l'habitude en amour, alors que non seulement les relations amoureuses auront tendance à s'intensifier pendant cette période, mais ce sera bien pire si ça ne se passe pas comme vous le désirez ou que vous ne respectez pas votre parole. Les sentiments et les émotions tendront à être exprimés davantage avec force, de manière spontanée et parfois assez brusque. Vous tenterez même de mettre à profit votre volonté pour obtenir la reconnaissance, l'approbation, sinon l'amour. Bien que la force physique et la volonté de vaincre ou de gagner renforcent la confiance en soi, attention de projeter vos frustrations sur l'être aimé. Évitez de tenir les autres pour acquis alors que ça n'augure jamais rien de bon et vous-même serez tenu pour acquis. Profitez-en plutôt pour rectifier votre tir relationnel afin de corriger votre approche amoureuse. D'ailleurs, serait-il possible que vous soyez plus présent pour vos amis que pour l'être cher ? Quoi qu'il en soit, vous pourriez recevoir une déclaration d'amour, et ce, qu'importe si votre cœur soit libre ou engagé. Et si vous êtes en couple et que tout va pour le mieux, respectez votre engagement conjugal et faites preuve de loyauté, ou vous pourriez être pris en flagrant délit d'adultère et vous ne pourrez pas faire marche arrière. Si vous êtes célibataire, des hésitations et/ou des rendez-vous manqués tendront à vous faire perdre votre enthousiasme pour une liaison, surtout que vous n'arriverez pas à exprimer clairement ce que vous désirez. Cependant, une chose est sûre, vous souhaiterez être aimé plus qu'aimer. Gare à l'emballement pour toute nouvelle connaissance puisque ça risque de ne pas durer. Il n'en demeure pas moins que l'une de ces rencontres risque de vous placer hors de votre zone de confort, possiblement à cause d'une grande différence d'âge en amour ou ce sera une relation passive-agressive. Si c'est le cas, espérons que vous avez appris de vos erreurs passées. Cela dit, quelqu'un que vous fréquentiez risque de s'être détaché et vous allez possiblement vouloir mettre un terme à la relation. Toutefois, vous pourriez essayer de rétablir cette situation quelque part en février 2024. D'ici là, vous pourriez éprouver plus de difficulté à vous rapprocher aussitôt vers cette personne. Qui sait, peut-être qu'elle ne vous apparaîtra plus aussi gentille, romantique et excitante que par le passé. N'empêche, vous serez excessivement préoccupé par toute relation amoureuse qui n'avance pas ou plus. Une différente approche sera nécessaire, mais il faudra analyser de façon pragmatique ce qui se passe.

Famille

Non seulement une confrontation avec la famille sera possible, mais votre relation avec un de vos enfants pourrait aussi devenir très compliquée. Faites très attention de ne pas perdre votre sang-froid. Il vaudrait mieux réfléchir sans complaisance à ce qui peut être changé dans votre comportement, mais également dans le sien. Malgré tout, ne soyez pas surpris si certains membres de votre famille vous accusent d'assumer votre rôle de parent avec une grande dureté, ou est-ce vous qui trouverez la dictature familiale difficile à vivre ? Quoi qu'il en soit, saisissez l'occasion pour bien guider tous vos enfants et n'allez surtout pas agir non plus par la violence avec ces derniers. Vous vous devrez absolument d'apprendre à contenir une telle énergie, au risque de subir les conséquences de vos décisions et celles de vos actions. Et le fait de vous sentir plus fatigué n'aidera pas votre cause non plus. Malgré tout cela, attention à votre seuil d'irritabilité qui risque d'être plus fragile à cette période. Et la possibilité de la perte d'un être cher ne sera malheureusement pas exclue non plus dans l'équation. Cela dit, si vous êtes enceinte ou si vous êtes impliqué avec une personne qui est enceinte, ne faites rien qui puisse mettre votre vie et celle de son nouveau-né en danger. Évitez de prendre des risques inutilement. D'ailleurs, cette mise en garde s'appliquera aussi en ce qui concerne les jeux de hasard, puisque vous risquez davantage d'encourir des pertes et de subir une amère déception possible. Soyez plus vigilant et évitez de vous mettre dans cette fâcheuse situation inutilement. Vous vous féliciterez de vous être écouté !

Santé – Bien-être physique

Voilà une période où vous devriez vous méfier de l'impression de grande vitalité que vous ressentirez alors que vous devriez prendre le temps de vous reposer, de garder l'équilibre en tout. N'allez pas faire fi de cette mise en garde puisque vous ne serez pas à l'abri de moments de fatigue qui vous menacent. Mais, advenant le cas, vous récupérerez tout de même rapidement. Profitez-en quand même pour vous la couler plus douce et pour refaire le plein de vos énergies. Cela dit, puisque vous ressentirez le besoin d'être plus physiquement actif qu'à l'habitude, il sera fortement suggéré de ne prendre aucun risque inutile. Demeurez prudent dans vos activités sportives et tous les jeux de compétition. Évitez également de laisser votre dynamisme avoir le meilleur de vous-même. Cette recommandation s'appliquera tout autant lors de vos pratiques sexuelles. Quant à vos randonnées à pied, ou pour ce qui est de faire de l'exercice, la modération aura bien meilleur goût. Soyez avisé que l'être cher tendra à négliger davantage sa santé. Il ou elle la prendra de haut comme si rien de grave ne pouvait l'atteindre, mais en réalité, il ou elle jouera inutilement avec le feu.

L'ÉCLIPSE SOLAIRE TOTALE DU 8 AVRIL EN BÉLIER – votre Ire maison natale

C'est embêtant d'avoir à vous dire cela, mais si votre anniversaire de naissance tombe le 8 avril, jour de l'Éclipse Solaire Totale, ou tout près de cette date, vous devrez être plus attentif que d'habitude aux rhumes de fin d'hiver, aux infections et aux virus. Sans dramatiser, il serait sage de prévenir au lieu de guérir ! La santé devrait être au centre de vos préoccupations. Les points sensibles : la tête et les organes de la tête, les fièvres, les infections rénales et urinaires. Voilà, le message est fait. Que cela ne vous empêche pas de rire et de célébrer dignement votre anniversaire.

Bien que le mois de votre anniversaire tombe durant une période d'éclipse, il n'y pas lieu de vous affoler, mais plutôt de porter attention à votre état de santé pendant la quinzaine qui précède et celle qui suit l'éclipse. Une baisse de résistance physique est quasi inévitable. L'âge et l'état de santé préalable seront à prendre en considération. Au moindre malaise, consultez. Veillez également à bien vous entourer. Planifier des jours plus calmes pendant la période allant du 24 mars au 8 mai serait prudent, et prendre au sérieux toute alerte signifierait agir avec sagacité.

Tout changement important fait à cette époque sera voué à l'échec ; ne changez rien dans votre vie ni dans vos affaires si vous pouvez l'éviter. Adaptez-vous de votre mieux et ne brusquez rien. De meilleurs jours seront au rendez-vous sous peu. Un peu de patience et votre existence deviendra plus paisible !

La routine habituelle est conseillée parce qu'elle est sécurisante, le fait a été prouvé depuis des lunes. À vous d'y croire ou non. L'avenir se chargera de prouver que ces éclipses sont des indices valables pour les êtres subsolaires et sublunaires que nous sommes. Au risque de me répéter, vous êtes incité à ralentir la cadence et à vous dorloter. Des massages vous feraient du bien.

Bien qu'il n'y ait pas lieu de s'inquiéter outre mesure, cette éclipse est tout de même plus sérieuse puisqu'elle est totale. Une baisse de santé pourrait survenir vers cette date. Vous devriez donc faire un peu plus attention à vous. Votre résistance, nerveuse ou physique, pourrait fléchir momentanément si vous ne respectez pas les règles de base d'une saine hygiène de vie. Prendre des suppléments alimentaires dans le but d'augmenter votre résistance physique serait très approprié. Amenez ceux que vous aimez à en faire autant ! Ne perdez pas de temps ni d'énergie non plus à ressasser de vieux souvenirs suivant que vous risquez d'être plus émotif à cette époque. Un rien vous mettra facilement à l'envers. Tout sera intensifié ! Prudence également dans vos déplacements.

Cela dit, les événements vous amèneront à examiner les façons dont vous agissez de manière indépendante et vous pousseront à devenir plus visible et à vous affirmer. C'est une période où vous vous sentirez obligé de prendre vos propres décisions et de faire vos propres affaires, et l'accent sera surtout mis sur la façon dont vous vous présenterez aux autres. Vous pourriez vouloir également changer votre apparence physique, votre image corporelle ou votre style vestimentaire d'une manière ou d'une autre.

P.-S. : Vous êtes encouragé à prendre connaissance de tout ce qui est écrit au chapitre intitulé « Les éclipses de 2024 » pour mieux vous familiariser avec toutes les mises en garde à respecter lors de toutes les éclipses.

♉

Taureau

21 avril au 20 mai

LES DIFFÉRENTS ASPECTS DE VOTRE PERSONNALITÉ

Taureau – féminin, fixe, terre

Le Taureau combine l'aspect pratique de la Terre avec la nature concentrée d'un signe fixe. Gouverné par Vénus, vous êtes un amoureux de la beauté et êtes vous-même souvent assez charmant. Très affectueux, votre fort besoin de sécurité laisse parfois votre nature affectueuse devenir possessive. Fortement ancré dans vos opinions, vous pouvez être têtu et vous n'aimez pas être contredit. Cependant, vous pouvez changer, mais il ne faut pas s'attendre à ce que cela se produise plus d'une fois !

Reconnu pour votre incommensurable patience, qui est d'ailleurs légendaire, vous ne démissionnez jamais. Ce n'est pas votre genre d'abandonner. Vous êtes une personne pour qui le travail ne fait pas peur. Vous refusez de baisser les bras devant les échecs et vous vous battez sans relâche pour réussir. Votre réputation d'être entêté, vous l'avez bien méritée.

De nature responsable et quelqu'un sur qui on peut se fier totalement, vous êtes tout aussi honnête que déterminé. Vous êtes doté d'une attitude qui ne cède jamais et dont certains peuvent être envieux. Soulignons que l'argent est essentiel à votre bien-être ; vous avez toujours peur d'en manquer.

Vénus étant votre planète maîtresse, il n'est pas étonnant de constater que vous êtes une personne sensuelle qui aime les belles choses que la vie a à vous offrir. Épicurien de nature, vous aimez la bonne bouffe, le vin et les arts.

En tant que natif d'un signe de terre, vous avez besoin de paix, de tranquillité et de stabilité comme pas un, et vous n'aimez pas que votre emploi du temps soit troublé. Cependant, vous avez besoin d'être rappelé à l'ordre, alors que votre confort peut parfois tourner à la paresse.

CE QUI VOUS DIFFÉRENCIE DES AUTRES NATIFS DE VOTRE SIGNE

En tant que natif du 1er décan (du 21 au 29 avril), Vénus régit votre signe solaire. Elle vous donne charme et beauté ainsi que d'agréables dispositions en ce qui concerne l'amour, l'art et la musique. Si vous n'êtes pas artiste au sens propre du mot, vous l'êtes dans l'âme de façon certaine.

Déterminé, sensuel et stable, vous êtes un pacificateur et un amoureux, mais il est très peu probable que vous soyez flexible aux valeurs et aux idées des autres. Vous excellez dans tous les domaines que vous pouvez vraiment vous approprier, mais avez du mal à vous adapter et ne trouverez pas facilement de nouveaux moyens rapides d'apprendre. La sexualité et l'indulgence des sens sont au cœur de votre vie.

Quant à Mercure, qui gouverne votre décan, il fait de vous un mélange de fixité et de mobilité, de constance et de versatilité. Rempli d'idées, toutes aussi bonnes les unes les autres, et agrémenté d'une grande et belle imagination, voilà qui vous servira bien pour réaliser vos rêves. Cependant, il ira de votre intérêt de garder les deux pieds bien ancrés dans la réalité.

Mercure, particulièrement très important dans votre thème natal, fait de vous une personne au cœur tendre, fidèle, stable et authentique, aimante et attrayante, et tout aussi soucieuse de sa sécurité. Tenace, persévérant et laborieux, votre confort et votre vie personnelle sont très importants à vos yeux, et une fois que vos besoins matériels sont résolus, voilà qui vous incite davantage à vous sentir en sécurité.

Vous êtes plus réservé que les deux autres décans, cependant, votre vivacité d'esprit vous rend plus causeur que penseur. Extrêmement organisé, vous avez un talent inné pour les détails. C'est ce qui explique votre tendance à rechercher la perfection dans tout ce que vous entreprenez.

Vous pouvez très bien exceller dans l'étude des sciences sociales et politiques, et pouvez tout aussi bien pratiquer l'art de la médecine avec brio, faisant de votre travail une véritable vocation.

Tendre, charmant dans votre approche et dans vos démarches, et tout aussi généreux par défaut, vous aimez partager avec vos proches et tous ceux qui vous sont chers. Apprenez tout de même à protéger vos alliances et ne manquez pas de renforcer vos liens familiaux.

Côté cœur, vous êtes une personne dévouée et fidèle. Adepte de l'indépendance et de la liberté, vous recherchez avant tout un fidèle compagnon de vie qui pourra vous apprendre quelque chose de nouveau. Sous l'influence de Vénus, vous entrevoyez dès l'adolescence de vivre le parfait amour avec une personne au comportement romantique. Votre crainte de solitude pourrait vous inciter à cohabiter avec une personne tôt dans la vie. Vous embrassez superbement quand vous arrêtez de parler. L'entêtement est très marqué ici, tout comme l'orgueil. Si vous vous mariez, il va de soi, choisissez quelqu'un qui est fidèle, tendre, affectueux, flexible et sensible.

En tant que natif du 2e décan (du 30 avril au 10 mai), votre signe solaire est sous la protection de Vénus, mais votre décan est gouverné par la Lune. Mercure y joue aussi un rôle d'importance pour faire suite à la triplicité de terre qu'est votre signe solaire. Vous avez un grand sens du tact et un appareil sensoriel incroyablement bien réglé. Soigneux dans vos discours (et musicaux dans votre voix), vous pouvez être des plus charmeurs et discrets, apparemment timide, mais peu enclin à laisser passer ce que vous avez en tête. Vous avez de la grâce et plus de souplesse que les Taureaux en général. Cependant, vous pouvez aussi ennuyer les gens avec une vision du monde parfois trop réaliste et pragmatique.

Quant à l'influence de Vénus, celle-ci vous donne une nature intuitive, imaginative et parfois même émotive, mais douée pour connaître l'aisance matérielle grâce à votre sens inné des affaires et vos excellentes qualités d'organisation.

Pour ce qui est de Mercure, cette planète vous donne de belles dispositions pour tout ce qui relève de la communication. Il n'est pas surprenant de vous voir exceller dans le domaine de l'enseignement, de l'écriture ou même en tant qu'inventeur, danseur ou politicien. Vous êtes également doué pour les arts en général, tels que la musique ou la peinture. Alors que vous affichez aussi une belle ouverture d'esprit, vous pouvez très bien réussir dans le domaine des sciences ou de la philosophie. D'ailleurs, en destinée, les honneurs ne manqueront pas ; maintes distinctions et récompenses feront partie de votre lot.

Perspicace, analytique, intelligent, pondéré et plein d'esprit, vous êtes porté à aborder toute situation et tout problème sous un angle intellectuel. Et puisque vous avez un sens aigu de curiosité, vous prenez grand plaisir à apprendre de nouvelles choses. Polyvalent, vous déployez des efforts mentaux considérables dans votre travail. Curieux, sportif, bougeant continuellement, vous aimez voyager. Vous feriez un excellent représentant commercial ou un diplomate ambassadeur.

Puisque Mercure joue un rôle d'importance dans votre thème, l'éducation est la clé de votre succès. Passez du temps de qualité avec des gens avisés qui vous encouragent à devenir le meilleur que vous puissiez être. Investissez vos aptitudes mentales là où elles peuvent faire le plus grand bien pour vous et les autres. Prenez garde, toutefois, à toutes les offres douteuses ou trop belles pour être vraies alors qu'elles le sont généralement !

Étant une personne pratique, précise et vive d'esprit, ces traits peuvent vous attirer une variété d'admirateurs. Il sera difficile pour vous de ne pas jouer le rôle de parent étouffant envers l'être aimé. Vous tendrez à prendre en charge une trop grande partie des fardeaux et des malheurs de l'être aimé. Très sensible et doux, attention de vous laisser drainer par quelqu'un de peu scrupuleux au nom de l'amour. D'un autre côté, vous avez une grande endurance et resterez toujours aux côtés de votre partenaire, contre vents et marées. Si une personne veut gagner votre cœur et aussi garder votre amour, elle doit avant tout être loyale et apprécier les plaisirs physiques de l'amour. Et puisque vous n'êtes pas partisan d'aventures d'un soir, mais plus du genre qui recherche avant tout le bonheur et la paix au sein de son foyer, lorsque viendra le temps de vous engager dans une relation de couple, arrêtez votre choix sur un partenaire qui est fiable et tout aussi affectueux que vous.

En tant que natif du 3e décan (du 11 au 20 mai), votre planète maîtresse est Vénus alors que votre décan est sous la tutelle de Saturne. Saturne influençant doublement votre signe pour faire suite à la triplicité de terre qu'est votre signe solaire, ce duo d'énergie tend à produire une personne taciturne. Doté d'un tempérament stable et doué d'un talent pour l'organisation, rien ne vous arrête, seul l'objectif matériel a de l'importance à vos yeux. Vous avez le sens du pratique – le tangible est très important pour vous. Vous pouvez être sévère et parfois carrément ennuyeux, mais vous êtes totalement loyal et stable. Une fois qu'on a dépassé votre apparence quelque peu austère, vous vous révélez être plein d'humour et sensuel, et vous aimez les bonnes choses de la vie. Ces Taureaux sont parmi les plus disciplinés de tout le zodiaque, et accomplissent généralement chaque tâche et objectif avec beaucoup de prudence, de soin et de patience.

Fortement influencé par Saturne, voilà qui vous donne de la dignité et une force de caractère inouïe. Vous tendez aussi à prôner une approche conservatrice dans ce que vous faites, dans ce que vous entreprenez. Vous détenez des capacités de gestion appréciables et un talent inné pour l'organisation. Voilà qui concourra favorablement pour vous décrocher une position qui requiert beaucoup d'entregent. Visez haut au moment de choisir une carrière, un travail, un associé ou un partenaire de vie.

Discipliné et tout aussi tendu, probablement à cause des restrictions imposées par vos parents, voilà qui a pu susciter chez vous de l'inquiétude en ce qui a trait à vos propres capacités. Heureusement, vous êtes une personne dévouée qui sait toujours mettre de l'avant son meilleur effort, ce qui sera la clé de votre succès. D'ailleurs, en destinée, vous êtes voué à connaître des périodes fastes où l'argent et les plaisirs s'allieront pour rendre votre existence agréable. Votre sort sera enviable vu du dehors, mais vous aurez aussi des périodes de limitation où votre liberté sera réduite. L'alternance entre la richesse et la pauvreté est assez fréquente chez vous. Vous avez toujours une petite réserve d'argent (bas de laine) en cas de besoin pour mieux parer à tout imprévu.

Saturne fait de vous une personne prudente de nature et quelqu'un qui a le sens des affaires, et tout aussi digne de confiance que responsable. Assez matérialiste, vous êtes très astucieux dans les questions d'argent et tendez à penser sur le long terme. Vous pouvez très bien réussir dans de nombreuses professions telles que la construction, l'architecture ou toute carrière qui allie imagination et sens pratique.

Sous l'influence saturnienne, il s'avère que vous êtes parfois maladroit, mais surtout à cause de votre timidité qui vous pousse à cacher vos sentiments et vos émotions. Cela explique pourquoi vos relations vont nécessiter un surplus d'attention. Vous êtes à la recherche d'un amour qui transformera votre vie, vraiment fou et profond, comme dans les films. D'ailleurs, vous n'avez pas peur de vous lancer dans la relation la plus inadaptée parce que vous avez tendance à penser qu'un peu de souffrance est bon pour l'âme ; pour vous, il n'y a pas de véritable amour tant que leur cœur ne saigne pas sur le sol de la cuisine. Peu importe le nombre de fois où vous serez blessé dans votre relation amoureuse, vous vous relèverez encore et encore. Si vous vous mariez, choisissez une personne qui peut être fidèle et qui vous apportera une vie familiale paisible. Si quelqu'un veut gagner votre cœur et garder votre amour, il doit avant tout être loyal. Vous recherchez sécurité et protection mutuelles. Vous ne détestez pas non plus jouer le rôle de parent, soit quelqu'un qui materne l'autre.

CE QUE LES ASTRES VOUS RÉSERVENT EN 2024

Jupiter en Taureau jusqu'au 25 mai 2024 – votre Ire maison natale

Jupiter est fondamentalement une planète qui se déplace lentement. Elle a tendance à rester dans un signe et une maison pendant une année entière. Mais, tout comme les deux précédentes années, elle se déplace exceptionnellement vite – elle passe en fait par deux signes et maisons cette année. Elle commence l'année 2024 dans votre signe, soit votre Ire maison, puis elle se déplace en Gémeaux, votre IIe maison.

Jupiter, la plus bénéfique des planètes, vous assiste avec force dès le début l'année, et ce, jusqu'à votre anniversaire. Vous bénéficierez alors d'une période particulièrement chanceuse où il vous sera plus facile de parvenir à vos fins; une fenêtre qui offre des opportunités majeures pour que votre vie se développe et s'élargisse de manière sans précédent. La clé pour en profiter à plein sera de saisir chaque opportunité et chaque expérience qui se présente à vous.

En affaires, Jupiter vous apportera un sentiment de confiance en vous tel que vous ne l'avez peut-être pas connu depuis longtemps. L'action de Jupiter dans votre signe résulte toujours en un accroissement des revenus. Vos finances seront donc à la hausse et vous pourriez également faire des économies appréciables ainsi que des investissements avantageux. Les départs en affaires, le commerce, les promotions, l'avancement au travail, les achats importants, tous seront autant de belles choses auxquelles vous aurez accès. Les voyages et même la loterie vous réservent aussi d'agréables surprises.

Pour ce qui est de vos amours, vous aurez l'impression de recevoir une mise à niveau de votre personnalité. Si vous êtes du genre timide, c'est une bonne chose, puisque cela vous donnera envie de vous mettre dans le genre de situations où l'amour peut se produire. Si vous êtes un peu plus extraverti, la présence de Jupiter et d'Uranus pourrait faire de vous le boute-en-train et vous rendre généralement assez attirant pour les autres, que ce soit pour le plaisir, l'amitié ou la romance. Les gens seront en mesure d'apprécier votre personnalité et votre magnétisme sera plus fort que jamais. Vous serez très en demande et votre présence sera maintes fois sollicitée lors de réunions sociales, de sorties ou d'événements mondains. On vous dira sans doute que vous avez beaucoup de charme et vous pourriez faire la conquête de qui vous voulez. Mariages, rencontres ou réconciliations seront tous possibles.

En ce qui a trait à votre santé et votre bien-être physique, Jupiter est propice à une attitude positive, mais faites tout de même attention à votre poids. Si vous êtes appelé à voyager à l'étranger, avant de partir, passez un examen médical et veillez à recevoir les vaccins qui vous protégeront contre certaines maladies exotiques. Attention, votre foie risque d'être plus vulnérable.

Jupiter en Gémeaux – du 25 mai 2024 au 9 juin 2025 – votre IIe maison natale

Alors que Jupiter transite le secteur qui régit ce que vous valez en tant qu'individu, il est possible que vous puissiez décider de visiter à nouveau vos priorités et par la suite, de ne vous investir que dans des activités qui vous apportent de la joie. Vous aurez davantage le goût de profiter de la vie. La conjoncture vous avantagera au plus haut point, ce qui vous permettra d'atteindre facilement tous vos objectifs ; ne laissez pas la peur vous empêcher d'agir, il faut foncer !

En affaires, voilà qui est un présage de fortune, c'est l'argent que vous gagnerez, mais aussi celui que vous perdrez si vous prenez trop de risques. Il sera à votre avantage de mieux évaluer chacune de vos démarches et ne pas vous aventurer en territoire inconnu, et n'acceptez jamais une offre sans en avoir fait le tour, et ce, plusieurs fois. Toutes les semailles effectuées à cette période produiront une récolte exceptionnelle, tant à court terme que dans un futur plus lointain. Vous pourrez accomplir un travail que vous aimerez tout en faisant de l'argent. Enfin, dans votre vie, vous arrivez à concilier les deux. On peut même parler également d'un temps de récupération une fois votre anniversaire passé. En tant que salarié, il est possible qu'à la suite d'un changement de poste, vous obteniez une augmentation de salaire. Si vous êtes à votre compte, attendez-vous à l'expansion de votre entreprise, alors que vous aurez à faire des heures supplémentaires, mais vos revenus personnels seront également en hausse et considérables. Si vous travaillez à temps partiel, votre poste a toutes les chances de devenir permanent. Il sera possiblement question d'acquérir aussi une propriété. Si tel est le cas, faites-la inspecter de fond en comble pour être mieux protégé de tous les vices cachés qui pourraient émerger plus tard. Prenez donc toujours un maximum d'informations lorsqu'on voudra vous vendre un produit coûteux et ne manquez pas d'exiger une garantie avant de payer. Prudence lorsque cela implique vos transactions !

Pour ce qui est de vos amours, vous vous sentirez plus généreux envers les autres et vous-même, ce qui sera bien, mais n'allez pas non plus dépasser votre budget. Tout suggère que ce sera une période où vos sentiments auront tendance à s'amplifier. Fort heureusement que la présence de la Grande Bénéfique sera une aide précieuse pour dénicher un soutien émotionnel.

En ce qui a trait à votre santé et à votre bien-être physique, vous avez souvent du mal à trouver le juste milieu. Cette année, les excès de toutes sortes pourraient vous jouer de vilains tours éventuellement. En abusant de vos forces, vous risquez une panne d'énergie, tandis qu'en cédant à la gloutonnerie, vous abîmerez autant votre santé que votre silhouette. Fuyez les sucreries. À vous de choisir… Moralement, vous continuerez à vous découvrir et à vous affirmer, ce qui est excellent, même si parfois cela risque de déranger votre entourage.

Saturne en Poissons – toute l'année – votre XIe maison natale

Saturne a parfois mauvaise presse, car nous combattons souvent les changements saturniens. Elle nous enseigne la « responsabilité » dans de nombreux domaines de notre vie qui peuvent grandement bénéficier d'un peu d'amélioration. Voici donc l'arrivé d'un cycle de clarté, de stabilité et de profondeur. Vous amorcez une étape de réflexion dans votre vie durant laquelle vous serez à la recherche de votre véritable identité et de la paix intérieure. Bref, il s'agit d'un nouveau départ et vous aurez tout lieu de vous en réjouir.

En affaires, il vous sera plus facile d'agir, alors que tout se prêtera admirablement bien pour aller vers de nouveaux projets, sinon pour embrasser cette carrière qui vous tentait depuis longtemps. Ce sera l'année où un contrat, un nouvel emploi ou de meilleures conditions de travail seront également possibles. Vous pourriez même régler un vieux litige. Puisque ce sera une période où vous allez retrouver votre confiance en vous-même, vous ne pourrez choisir meilleur moment pour devenir travailleur autonome, mais faites-le avec prudence. Usez de plus de souplesse et gardez l'œil ouvert afin que l'on ne s'en prenne pas à vos biens ou à votre position.

Pour ce qui est de vos amours, si vous vous posez des questions sur l'issue de votre destinée affective, l'hésitation et la crainte d'être blessé vous ont parfois fait rater de belles occasions. En 2024, vous vous sentirez davantage brave et de surcroît, votre intuition vous renseignera sur la vraie nature de tous ceux que vous croiserez. Vous arrivez à une nouvelle étape de votre existence et vous pourrez commencer à faire des plans sérieux. Si par le passé vous avez vécu une séparation ou une perte sur le plan sentimental, vous pourrez enfin trouver la bonne personne. Pour ceux qui sont déjà en couple, vous aurez l'occasion de vous rapprocher de l'être aimé et de raviver la flamme de votre amour. Ce transit apporte énormément de sagesse ainsi que du discernement – profitez-en pour faire une remise en question et pour apprendre à reconnaître vos vrais amis. Le temps sera bienvenu pour vous faire de nouveaux amis ; fini le temps où vous vous isoliez alors qu'il faudra maintenant bâtir de nouveaux liens. Attendez-vous d'avoir un peu moins d'amis, mais ceux que vous aurez seront des perles. Malgré tout, vous pourriez vous faire des amis avec des gens distingués et même établir de nouveaux contacts d'affaires importants. Quant aux problèmes que vous ont causés vos proches par le passé, ils seront sur le point de cesser.

En ce qui a trait à votre santé et à votre bien-être physique, veuillez être plus à l'écoute de vous-même et sachez prendre de bonnes résolutions et les maintenir. Ce sera un temps où vous aurez plus de courage lorsque votre moral chutera. Restez fort.

Si le/la partenaire de vie est Taureau de par son Soleil ou son Ascendant natal

L'élu de votre cœur choisit-il ou choisit-elle dernièrement des amis qui sont un peu trop guindés à votre goût ? Est-il fortement impliqué dans une scène sociale, prenant celle-ci et les personnes concernées beaucoup trop au sérieux ? Si c'est le cas, ne vous inquiétez pas, votre Taureau n'est pas prêt de laisser tomber ses vieux copains pour le moment. C'est juste qu'il recherche un peu plus de ses engagements personnels, cherchant des amis qui peuvent nourrir son esprit et alimenter sa curiosité. Participez aux événements sociaux auxquels votre Taureau participe afin de pouvoir partager les activités. L'être aimé est désireux d'élargir son esprit en ce moment et tout ce que vous choisissez d'apporter aux tables d'apprentissage peut être bénéfique pour vous deux. Apprenez ensemble et développez-vous mentalement et amoureusement.

Pluton en Verseau – les vingt prochaines années – votre X^{e} maison natale

Avoir la planète du pouvoir et du changement dans le signe libre-penseur et curieux du Verseau constitue une combinaison des plus puissantes. Vous réalisez que vous ne pouvez pas arriver là où vous voulez aller si vous êtes retenu par une énergie confuse ou négative. Tout fonctionnera ainsi pour vous faire réagir ! Pluton est une force inconsciente qui vous pousse à vivre pleinement. Vous serez donc prêt à prendre des risques que vous ne preniez pas auparavant. La moindre résistance à vos initiatives vous donnera un sentiment d'échec, vous souffrirez d'un sentiment d'impuissance face à votre destin… Pluton ainsi placé a un terrible effet de blocage – il provoque des frustrations, freine les projets et obstrue toute avancée. Votre vie privée risque d'en être affectée avec la résurgence d'anciens problèmes psychologiques. Il est possible que vous refusiez une thérapie ou même des conseils, mais vous évoluerez quand même, le pouvoir de Pluton est inexorable. D'un côté, vous pourriez ressentir le besoin de renaître entièrement en ce qui concerne vos ambitions ou vous pourriez plutôt voir la partie du rideau comme étant prête à s'élever plus haut que jamais. Avec force et détermination, vous pourriez bientôt vous engager sur la voie de nouvelles carrières radicalement passionnantes ou même d'un honneur, d'un succès, d'une célébrité ou d'une gloire. De nouveaux cours, de nouveaux centres d'intérêt, une nouvelle façon de faire les choses dans votre entreprise… c'est la voie à suivre !

LES PHASES RÉTROGRADES DE MERCURE POUR 2024

Mercure rétrograde en Bélier – du 1er au 25 avril 2024 – votre XIIe maison natale

Climat général

Vous aurez nécessairement besoin de ressourcement, de faire le vide et d'adopter une mode de vie un peu plus spirituel en quelque sorte. D'ailleurs, le stress pourrait nuire considérablement à votre bonne humeur et à votre bien-être physique. Le repos sera un élément qui s'avérera nécessaire. Le sentiment d'être seul, mais d'être en même temps au cœur d'une foule, se fera aussi sentir à cette période. En fait, même si vous êtes en excellente compagnie, peut-être que vous ne serez pas pleinement écouté ou que vous ne ferez pas ce qui vous plaît véritablement. Vous devriez également être passablement occupé à essayer de régler tous les problèmes des autres en général. Fort heureusement, cette situation devrait en retour combler votre besoin d'aider. Alors que c'est dans cette maison d'activité où règnent des choses cachées, c'est exactement là que les potins, les racontars se préparent avec des informations tordues et incorrectes. Évitez de répandre ainsi que prendre part à des commérages.

Travail – Finances

Vous aurez certainement une importante réflexion à faire au sujet de votre avenir. En fait, votre signe exige souvent une forme d'abondance au niveau matériel pour être heureux. Vous aurez besoin de vous sentir en sécurité et d'avoir le sentiment que vous ne manquez de rien ! Cela dit, l'idée de recevoir une offre qui se révélera fausse est possible. Veuillez donc procéder avec prudence. Et l'idée qu'un collègue claque la porte sans prévenir ou se porter subitement malade sera aussi possible. De ce fait, vous aurez à remplir ses tâches. Moindrement, une personne à votre lieu de travail pourra vous en faire voir de toutes les couleurs par ses problèmes de comportement. Une personne envieuse pourra aussi chercher à vous jouer dans le dos, mais vous aurez tôt fait de la démasquer et de l'empêcher de vous porter préjudice. Si vous vous êtes enrôlé dans un atelier ou une formation quelconque, elle pourrait s'avérer plus difficile que prévu, mais elle pourrait aussi vous assurer un bien meilleur salaire à la longue. Des informations classifiées pourraient aussi être perdues ou égarées. N'hésitez pas à reporter quelques-unes de vos décisions passées ou anciennes pour mieux vous donner tout le temps de les réviser. Soyez prudent aussi sur la route. Évitez les excès de vitesse même quand vous serez convaincu qu'il n'y a aucun policier pour vous donner une contravention.

Amour – Sentiments

Votre vie sociale risque d'en prendre un coup alors que vous n'aurez pas toujours l'énergie nécessaire pour passer beaucoup de temps avec vos amis et tous ceux qui vous sont chers. Vous pourriez même décliner une invitation ou vouloir vous cloîtrer chez vous. Ne soyez pas surpris d'être confronté à quelques situations un peu plus irritantes dans votre couple. Soyez attentif à ne pas que cela devienne étouffant. Lorsqu'un couple a de nombreuses années à son acquis, la passion n'est pas toujours nécessairement au rendez-vous. Par conséquent, vos affections risquent d'en prendre un coup, sinon elles seront un peu espacées d'une manière qui ne vous conviendra pas toujours. Il sera possible de corriger ce problème : ce sera en prenant conscience de la situation actuelle que vous vous retrouverez dans la bonne direction. En tant que célibataire, ce sera un temps où vous serez davantage porté à rechercher la solitude ou à vous isoler. S'il vous est donné de faire la rencontre d'une belle personne inconnue, protégez-vous puisque ce ne sera absolument pas le moment de prendre des risques lors de vos relations intimes.

Famille

Vous pourriez être sous l'impression qu'on vous délaisse ou qu'on ne s'occupe pas suffisamment de vous. Pourtant, il n'en sera rien de tout cela ! Vos proches auront probablement trop de préoccupations pour vous consacrer le temps souhaité. Sachez tout de même qu'une jeune personne pourrait tenter de vous cacher quelque chose. Fiez-vous à votre instinct et à vos intuitions pour la démasquer. Heureusement, une bonne discussion vous permettra de tout arranger. Sur une note finale, assurez-vous que le fer à repasser a bien été débranché, que le four ou la cuisinière est bien éteinte ainsi que toutes les bougies utilisées. Il sera également avisé de remettre l'achat d'appareils électroménagers ou technologiques une fois la rétrogradation terminée.

Santé – Bien-être physique

Vous aurez nécessairement besoin de ressourcement, de faire le vide et d'adopter un mode de vie un peu plus sain, un peu plus zen en quelque sorte, surtout que le stress pourrait nuire considérablement à votre bonne humeur, ce qui rendra inévitablement votre système immunitaire plus fragile aux rhumes, aux grippes et autres infections. Le repos sera un élément qui s'avérera des plus nécessaires à cette période. Et l'aspect psychique sera certainement à l'ordre du jour aussi ! Assurez-vous de vous réserver suffisamment du temps de qualité afin de pouvoir refaire votre plein d'énergie, tant physiquement que psychiquement. Profitez-en aussi pour pratiquer une technique de relaxation pour mieux vous détendre et connaître de bonnes nuits de sommeil qui seront certainement très salutaires et bénéfiques. Il faudra impérativement mieux canaliser vos énergies. D'ailleurs, soyez prudent puisque vous ne serez pas exempt d'un malaise possible. À vous de prendre toutes les mesures nécessaires et d'adopter une attitude préventive si vous ne tenez pas à vous blesser. Attention également aux migraines tenaces. Problème de surpoids possible.

Mercure rétrograde en Vierge – du 5 au 14 août 2024 – votre Ve maison natale

Climat général

« Métro-travail-dodo » signifie clairement la vie routinière que bon nombre d'entre vous expérimentez à présent. Et vous pourriez bien commencer à être assez las de cette situation, surtout si vous éprouviez de petites difficultés. Entre autres, la route que vous empruntez pour vous rendre au bureau risque d'être plus compliquée en raison de travaux ou de changements possibles. Vous ne recevrez pas non plus toute l'attention que vous souhaitez à la maison ou au travail et vous serez soumis à beaucoup de stress. Faites contre mauvaise fortune bon cœur ! Évitez de prendre sur vos épaules le poids des malheurs de tous les gens qui vous entourent. Pensez davantage à vous-même, surtout qu'il y a parmi vous de grands émotifs qui prennent en pitié toute personne qui a des problèmes. Si c'est votre cas, vous serez, à cette époque, plus perméable. Il sera facile d'obtenir de vous de l'argent ou des services de toutes sortes. Demandez-vous si votre manie de toujours dire oui ne vient pas du fait que vous ayez peur de ne pas avoir d'amis ou d'être rejeté !

Travail – Finances

Il faudra vous attendre d'avoir à faire face à quelques situations plutôt complexes et longues à démêler. Et vous qui êtes très obstiné de nature, si l'on vous impose une nouvelle manière de travailler en plus, alors là, vous pourriez très bien exploser ! Vous ne serez pas ouvert à écouter les nouvelles consignes et vous risquez de vous attirer les foudres de la direction. Heureusement que vous comprendrez la logique derrière ces changements une fois Mercure devenu direct. Ce sera en mettant votre orgueil de côté un certain temps que tout sera possible. Cependant, il ne serait pas étonnant que la direction vous impose un stress considérable avec un certain dossier au point de vous imposer des heures supplémentaires qui vous obligeront à négliger les vôtres et quelques activités à caractère social. Alors que vous chercherez d'abord et avant tout l'harmonie, vous ne manifesterez pas trop fort votre désaccord. En tant que patron, dirigeant ou travailleur autonome, énormément de préparation est à prévoir et nécessaire pour établir une bonne négociation et même pendant celle-ci, le travail sera colossal ! Vous devrez y investir de nombreuses heures de travail avant de pouvoir dire marché conclu. Il sera impératif que vous ayez des papiers bien signés en mains et avec tous les intervenants. Si vous cherchez du travail, il sera difficile de trouver exactement ce que vous désirez. Malgré tout, ce ne seront pas les offres qui feront défaut. Vous voudrez peut-être même que l'on vous octroie les avantages et les bénéfices des plus anciens employés. N'est-ce pas trop exiger ? Soyez lucide dans ce type de situation. Voir grand, c'est excellent, mais comme bien des personnes, il vous faut commencer au bas de l'échelle. Quant à l'entente avec les employés, elle risque d'être rompue. En effet, vous risquez de vous retrouver certainement coincé dans une histoire syndicale rocambolesque où les arguments de part et d'autre sembleront cohérents et pertinents, mais où le point de rencontre semblera inatteignable. Vous pourriez recevoir des appuis des autorités en place ou voir des gouvernements se désister. Tâchez de mener à bien vos affaires sans eux.

Amour – Sentiments

Un peu de « *cocooning* » ne vous fera pas de mal alors que vous aurez besoin d'être chez vous, de profiter de vos affaires et de vous sentir bien dans le confort de votre foyer. L'être aimé ne sera peut-être pas du même avis alors qu'il tendra à vous laisser seul à la maison. Il ne s'agira pas de commettre l'irréparable, et ce, même si certains doutes tendront à s'installer dans votre esprit. Au contraire, cette forme de rupture douce vous permettra de faire des efforts communs pour tenter de vous retrouver et de chercher des solutions d'avenir à votre couple. En tant que célibataire, plutôt que de vous compliquer la vie, vous préférerez de loin rester seul, surtout si vous avez réussi à vous bâtir une certaine sécurité. Alors pourquoi perturber ce bel équilibre pour procurer une petite stimulation à votre cœur ? En fait, vous serez plus du genre à attendre que l'âme sœur vienne cogner à votre porte. Ce n'est absolument pas vous qui ferez les efforts pour la trouver à cette période.

Famille

Si vous entrez en conflit, ce sera assez long ! Rien ne sera gagné d'avance. En cas de dispute, vous perdrez beaucoup d'énergie. Si vous êtes amoureux de quelqu'un qui a des enfants et que vous en avez vous aussi, vous pourriez vivre des réajustements, car chacun devra trouver sa place ! Il vous faudra en tant que parent les rassurer chacun leur tour. Vous-même en tant que père ou mère, vous devrez vous situer très clairement dans votre rôle de beau-père ou de belle-mère. Sans doute devrez-vous faire de gros efforts aussi pour maintenir la paix avec l'ex. Si vos enfants sont maintenant adultes, il sera question d'argent, de votre argent. Et si vous avez un second partenaire, les enfants du plus fortuné dans votre couple risquent de faire quelques pressions afin de vous soutirer une part de vos économies. Vous ne voudrez pas de querelle, mais on vous cherchera. Pour préserver la paix, vous devrez être ferme, précis et leur donner l'heure juste au sujet de vos possessions.

Santé – Bien-être physique

Si vous avez des problèmes de maux de ventre, de dos ou d'articulations et que la médecine traditionnelle ne vous guérit pas ni ne vous soulage qu'à peine, songez à aller vers l'homéopathie. Mais n'allez pas vous laisser berner et d'avoir à le revoir une fois par semaine pour les prochaines dix années. Cela dit, votre intestin risque d'être plus capricieux ou nerveux. Vous devriez faire plus attention à votre alimentation. Vous éviterez un dérèglement déplaisant. Tous les excès ou toute inquiétude entravera votre digestion. Surveillez votre taux de sucre. Apprenez à pardonner !

Mercure rétrograde en Lion – du 14 au 28 août 2024 – votre IVe maison natale

Climat général

Si vous avez décidé de prendre vos vacances estivales, il est clair que vous devrez vous adapter aux flux des événements qui se manifestent. En vacances ou non, attendez-vous à passer une bonne partie du mois à la maison à profiter du confort de votre foyer en compagnie de vos enfants. Ou vous vous promènerez et irez rendre visite à des membres de votre famille qui habitent non loin de chez vous. Il est possible que vous ayez envie de décorer et d'entreprendre quelques petits travaux, sauf qu'une situation familiale pourra vous obliger à rester près de la maison. Cela dit, profitez-en pour vous mettre d'accord avec des personnes avec qui vous aviez eu des conflits dernièrement.

Travail – Finances

Il est normal que les affaires puissent tourner au ralenti, c'est encore l'été après tout ! Mais si vous avez le moindrement quelques idées d'entreprise que vous aimeriez voir développer dans un proche avenir, ou même pour un truc à temps partiel, vous serez en excellente position pour élaborer les stratégies futures pour que ça fonctionne parfaitement. Vous pourriez essayer d'agrandir ou de pousser un peu plus loin votre affaire, mais il faudra repenser à quelques détails pertinents avant de connaître un succès à la hauteur de vos attentes. Si vous envisagez de mettre un projet sur pied, de vous lancer dans de nouvelles entreprises, vouloir conclure une transaction ou encore vouloir entreprendre une démarche, mieux vaut attendre que la rétrogradation soit terminée pour aller de l'avant. Si vous êtes en recherche d'emploi, ce n'est qu'une fois Mercure devenu direct que vous aurez plus de chances d'être comblé de ce côté. Si vous avez de jeunes enfants, vous réussirez à trouver un poste en fonction de vos besoins familiaux. Il est possible aussi qu'un ancien patron vous fasse une offre ou qu'un vieil ami vous demande de monter une affaire avec lui. Soyez attentif à ce qui se passe et repensez à ce qui est arrivé autrefois à la suite d'une proposition du même genre. Si le résultat a été positif, embarquez dans l'aventure. Si, au contraire, vous y avez perdu, reculez et dites que cette fois, vous y gagnerez parce qu'il n'y aura ni perte de temps ni perte d'argent. Dites-vous que le vide ne reste jamais vide en repoussant le négatif ! Si vous êtes du genre naïf, avant d'acheter, avant d'investir dans une entreprise où l'on vous promet mer et monde, et avant même de sortir votre argent de la banque, assurez-vous de faire faire une recherche de crédit sur la personne ou sur la compagnie qui jure de vous rendre millionnaire. Avec la situation économique et sociale qui sera plus incertaine, méfiez-vous aussi des filous très habiles. Ne soyez pas une proie !

Amour – Sentiments

Vous aurez certainement besoin d'ouvrir le dialogue avec l'être aimé à plusieurs reprises, notamment au sujet du partage des tâches à la maison, mais surtout à propos de vos sentiments mutuels. En fait, vous souhaiteriez que cette personne fasse un peu plus attention à vous et qu'elle utilise davantage son imagination pour raviver la flamme passionnelle entre vous. Par contre, il est possible que l'énergie ou la santé ne soient pas toujours au rendez-vous pour favoriser de grands ébats amoureux. En tant que célibataire, il est très peu probable que vous preniez le temps de sortir pour faire des rencontres. Au contraire, vous apprécierez plus votre solitude et surtout le fait de vous appliquer dans vos petites affaires personnelles. Vous pourriez tout de même tomber sur une personne intéressante gravitant autour de votre lieu de résidence avec qui vous aurez avant tout de belles conversations. En fait, celle-ci sera peut-être plus jeune ou plus âgée que vous, ce qui pourra créer une forme de barrière, mais tout s'estompera avec le temps. Malgré tout, vous n'oserez pas vous laisser emporter par vos sentiments et surtout lors de vos premières rencontres.

Famille

Si vous avez de jeunes enfants, il est très possible qu'ils vous donnent un peu de fil à retordre, mais dès que la rentrée scolaire approchera, ils deviendront de vrais petits anges. En fait, vous pourriez même vous poser la question à savoir si ça vaut la peine vraiment de les emmener avec vous en vacances d'été. Cela dit, il est possible que vos enfants ou qu'un membre de votre entourage proche vous cause des ennuis, sinon des inquiétudes.

Santé – Bien-être physique

Bien que vous débordiez d'énergie, la tension nerveuse tendra à être plus présente. À vous de trouver du temps pour vous relaxer. Surveillez en particulier votre dos et vos extrémités. Votre estomac pourra aussi vous jouer des tours par moments. Il sera bon de faire attention à ce que vous mangez pour éviter des brûlements d'estomac ou des reflux gastriques. Cette situation pourra aussi être davantage provoquée par une activité physique intense et soutenue à laquelle vous n'êtes pas encore très habitué. Les bienfaits seront assez remarquables. Cependant, au niveau du cœur et de votre endurance, n'abusez pas de vos forces ! Et avec la saison de l'herbe à poux en force, vous pourriez être affecté considérablement. Vous pourriez même remarquer qu'il y a un lien entre votre alimentation et vos symptômes d'allergie, ce qui vous permettra d'alléger le problème d'ici à ce que la pollinisation cesse. Entre-temps, attention alors que vous ne serez pas exempt possiblement de problèmes cardiaques, de rhumatisme articulaire ou d'une hernie. Un problème de nuque est aussi possible ! Gardez également un œil vigilant sur votre foie et sur votre circulation sanguine. Mieux encore, veillez ne pas abuser de vos forces.

Mercure rétrograde en Sagittaire – du 26 novembre au 15 décembre 2024 – votre VIIIe maison natale

Climat général

C'est le dernier mois de l'année, un temps où la lumière commence déjà à se faire de plus en plus rare. La température fluctue, il pleut, il neige, il vente, il grêle, l'humidité met le corps à l'épreuve et c'est l'inconfort. Le ciel est gris et, dans ce pays qu'est le Canada, nous savons que nous devons une fois de plus passer à travers ce climat que l'on rend souvent responsable de nos sautes d'humeur ou de nos tristes humeurs. La majorité des natifs de votre signe auront à travailler fort et possiblement beaucoup. Il y aura également quelques transformations dans l'air. Certaines situations pourront changer et c'est rarement ce que souhaite entendre un Taureau ! Sauf que la vie est en mouvement perpétuel et il faudra voir cela comme une évolution. L'idée d'un voyage de dernière minute qui vous attend ou une destination surprise qui vous sera offerte à laquelle vous n'aviez jamais même pensé auparavant est possible. D'ailleurs, cette offre vous sera disponible pratiquement comme sur un plateau d'argent. Ce sera tout probablement votre cadeau des Fêtes si vous aviez pris la peine d'en faire la demande au père Noël. Vous aurez certainement beaucoup de questionnements à cette époque ! Et l'idée de retourner aux études vous traversera l'esprit assez sérieusement. N'e soyez pas surpris également si vous entreprenez des recherches avec beaucoup de vigueur. Vous pourriez peut-être même commencer vos cours dès le début de la nouvelle année. Soulignons que vous devriez entretenir une vie sociale assez active à cette période. D'ailleurs, il est possible qu'un ami ou une connaissance ait besoin de vos services et que vous vous y consacriez corps et âme pendant un certain temps.

Travail – Finances

En général, il s'agit souvent du temps des bilans dans les grandes entreprises et celles-ci font régulièrement des mises à pied. Ce sera donc une situation qui pourra vous angoisser considérablement. Heureusement, vous devriez connaître assez rapidement le dénouement de cette situation particulière qui vous sera favorable. À cet effet, il est possible qu'on puisse vous redonner un dossier qu'on vous avait retiré pour de mauvaises raisons. Puisque les bureaux sont au ralenti durant cette période des Fêtes, profitez-en pour effectuer des tâches très importantes que vous aviez mises de côté par le passé et qui peuvent améliorer vos conditions de travail en général. Si vous êtes dans le domaine de la vente, vous savez que bien des contrats se signent avec l'arrivée de la nouvelle année. Pourquoi ne pas user de stratégie en relançant ces personnes dès maintenant afin qu'elles fassent affaire avec vous ? Ce sera aussi un temps où il y aura moins d'activité dans les bureaux. L'entreprise pourra très bien en profiter pour revoir la décoration ou son aménagement. D'ailleurs, vous aurez probablement votre mot à dire dans tout ça. En tant que patron, directeur ou travailleur autonome, il ne serait pas surprenant que vous ayez à voyager à l'étranger, un aller-retour très rapide, pour revenir avec un gros contrat signé entre les mains. Si tel est le cas, n'allez pas être surpris d'avoir à adresser de nouveau certaines clauses une fois Mercure devenu direct. Si vous travaillez pour une méga-entreprise dont les patrons ne respectent pas leurs employés, dont vous, si on vous traite comme si vous étiez un robot, si à plusieurs occasions, on vous a dit que vous êtes facilement remplaçable, si on ne vous fait jamais de compliments ou que fréquemment, on vous critique ou on vous dénigre, si vous supportez ce genre de situation depuis des années, vous aurez le courage de mettre fin à cette situation. Vous aurez même la force de réunir des gens qui, comme vous, désirent évoluer dans un milieu de travail où l'être humain est respecté ! Le pire scénario serait celui où vous provoqueriez une grève avant d'avoir discuté avec les têtes dirigeantes.

Amour – Sentiments

La communication risque parfois d'être assez difficile entre vous et des changements s'imposeront. Vous devriez chercher l'amour et la passion qui doivent certainement encore exister dans votre relation et ce sera à partir de là que vous serez en mesure d'entreprendre une vie amoureuse beaucoup plus intense et stimulante. Un voyage, une escapade romantique pourront tout replacer entre vous ! En tant que célibataire, vous tendrez à tomber plus facilement amoureux et à laisser entrer une nouvelle personne dans votre cœur, mais aussi dans votre intimité. Il n'est pas inintéressant de vivre une relation riche en intensité affective au cours de la période du temps des Fêtes, mais il ne faudra pas trop fonder d'attentes envers celle-ci non plus. Justement, vous finirez par percevoir que cette personne a une attitude de profiteur par moments.

Famille

Vous pourriez avoir un peu de difficulté à respecter votre budget pour ce qui est des cadeaux de Noël ; vos proches seront trop importants pour que vous les négligiez. D'ailleurs, vous réussirez à les impressionner. Il ne suffira que de vous laisser guider par vos intuitions et vos inspirations ! Inutile de faire tout à la course, vous arriverez en même temps que tout le monde à Noël. Toutefois, il est possible de ressentir une forme d'angoisse continuelle jusqu'à la fin de cette rétrogradation. Il sera avisé de rester en dehors des problèmes familiaux qui se présenteront. N'allez pas accorder toute votre confiance à ce parent ou à ce membre de la famille qui se fait toujours persuasif, mais qui vous a constamment inspiré le doute. Il n'a pas changé, même quand il jurera qu'il n'est plus la personne que vous avez connue ! Il ne serait pas impossible non plus que vous assistiez au départ du nid familial de l'un de vos enfants ou l'inverse, le retour au bercail de l'enfant prodigue. Attention, drame familial ou conflits possibles.

Santé – Bien-être physique
Vous aurez grandement besoin de vous sentir bien dans votre peau. Profitez-en pour amorcer un régime et pour faire faire votre bilan médical annuel. Évitez d'abuser des bonnes choses de la vie et de la bonne chair. Prudence dans vos déplacements ! Attention à la rancune et à l'intolérance qui vous guettent et à vos accès de mauvaise humeur.

LA PHASE RÉTROGRADE DE MARS POUR 2024

Mars rétrograde en Lion – du 6 décembre 2024 au 5 janvier 2025 – votre IVe maison natale

Climat général
Vous serez porté à vous occuper davantage de vos intérêts personnels plutôt que ceux des autres. En plus de vous retirer de toute œuvre, vous serez même porté à vous replier plus sur vous-même. C'est comme si une situation extérieure vous avait, ces derniers temps, amené son lot de déceptions. Quoi qu'il en soit, vous tendrez à vous éloigner, mais il est possible aussi que vous décidiez de recentrer votre énergie au secteur de votre thème qui régit votre travail et votre santé aussi. Vous serez plus rigoureux, mais pas nécessairement plus organisé dans votre quotidien. Il ira de votre intérêt de bien vous recadrer. Autodisciplinez-vous ! Tentez de comprendre ce qui motive vos actes, votre travail et même aussi le service que vous rendez aux autres. Même si les choses ne sembleront pas vouloir fonctionner du premier coup, même si les résultats ne seront pas toujours probants, demeurez tout de même persévérant, car vous finirez par tirer votre épingle du jeu. Cela étant dit, vous aurez sûrement à trimer dur pendant cette période et vous n'apprécierez pas que l'on s'ingère dans vos affaires personnelles ni que l'on vous critique. En toute réalité, profitez de ce temps favorable pour donner un sens nouveau à votre vie et la goûter pleinement, ainsi que le succès qui s'ensuivra avec le temps. D'ici là, voilà que vous êtes appelé à apprendre à tenir bon lorsque ce sera nécessaire et à lâcher prise au moment approprié.

Travail – Finances
Voilà un temps où vous risquez de vous retrouver devant des gens qui seront imbus d'eux-mêmes et ils rechercheront la confrontation. Or, n'allez pas être surpris qu'un conflit entre employés et l'autorité puisse survenir, et chacune des deux parties ne baissera pas sa garde facilement.

La compétition sera tellement forte entre deux collègues qu'une crise pourrait éclater au grand jour et dégénérer en une attaque physique. C'est un temps où l'énergie sera explosive et vous devrez redoubler de prudence, plus encore si vous êtes dirigeant, patron, cadre, décideur, administrateur, chef d'entreprise, directeur, responsable ou gérant, alors que vous en aurez plein les bras. D'ailleurs, votre groupe de travail ne sera pas aussi facile à gérer ou vous pourriez éprouver plus d'ennuis à vous intégrer à un nouveau groupe, à un cercle professionnel ou de travail. Il est également possible que vous puissiez vous sentir inconfortable devant une situation professionnelle, artistique ou d'affaires alors que la partie adverse se montrera moins flexible, moins ouverte, plus complexée, donc plus sujette à se retirer dans sa bulle. Non seulement les projets d'équipe seront plus difficiles à matérialiser, mais en tant que patron, tout suggère que vous aurez sûrement à mettre en place une réforme importante où chacun devra mettre son orgueil de côté ou s'acclimater pour le mieux-être du groupe ou suivant tout le monde impliqué. Quant aux négociations, elles seront plus exigeantes, plus difficiles. Malgré tout, vous saurez vous tirer d'affaire quand même assez bien. N'empêche, les choses n'iront pas toujours à votre goût au niveau de vos affaires. Ce sera un temps quelque peu décevant et rien ne marchera à votre goût, sans compter que des retards s'accumuleront et la pression augmentera. Mais en vous organisant et en faisant preuve de souplesse, sans pour autant renoncer à votre ténacité, vous en viendrez à bout. Néanmoins, de vieux problèmes pourraient refaire surface, vous obligeant à prendre parti et ce n'est pourtant pas ce qu'il faudra faire. Laissez aux autres leurs responsabilités respectives dans ces conflits et demandez-vous comment vous pouvez vous affirmer en intelligence et faire respecter votre position. Il est possible que vous ayez peut-être à suivre et à compléter une formation pour mieux vous adapter à un nouvel environnement de travail ou allez-vous décider d'embrasser un nouveau domaine d'expertise parce que vous en aurez assez de la routine. Autant ce sera un temps où vous songerez à réorienter votre carrière selon vos goûts et vos aspirations, mais en vous engageant sur une nouvelle voie, vos finances pourraient en prendre un coup. Heureusement, vous trouverez plus important de vous construire une vie professionnelle, artistique ou d'affaires sur des bases plus conformes à votre mesure. Cette grande transformation fera écho à un appel intérieur ou à un besoin de changement important. Profitez-en pour faire évoluer votre vie ou celle des autres près de vous. D'ici là, les expériences vécues en rapport avec l'argent pourraient vous obliger à vous reconstruire et, par le fait même, à grandir intérieurement en remettant vos valeurs à la bonne place. Des événements hors de votre contrôle pourraient aussi freiner votre expansion et votre influence. Saisissez plutôt l'occasion pour réfléchir à la mise en marché de quelque chose qui vous tient à cœur, sinon au développement d'affaires nouvelles ainsi que concevoir des projets ou développer des idées en catimini. Vous aurez bien raison de mettre à profit cette accalmie pour préparer avec minutie votre plan d'action. Cela dit, si vous utilisez des outils dans les fonctions de votre travail, veillez à leur bon fonctionnement. Il faudra être discipliné au travail, sans quoi vous risquez de vous retrouver assez vite débordé et incapable de suivre la cadence. Évitez également de donner cours aux histoires personnelles des gens qui vous entourent et n'allez pas vous immiscer ou vous mêler de leurs problèmes.

Amour – Sentiments

De vieilles émotions pourraient refaire surface. Parlez ouvertement de l'agressivité qui vous ronge, de ce que vous ressentez à l'égard d'un membre de votre famille alors que le temps se prêtera bien pour examiner la dynamique familiale. Ce n'est qu'en amendant la situation en rapport avec ce membre de votre famille que la tension pourra s'alléger. Or, non seulement allez-vous devoir redoubler de prudence pour maîtriser vos émotions, mais n'allez pas vous laisser emporter non plus dans des flots menant à la confusion et au chaos. Cependant, si vous savez garder un bon contrôle sur vous-même, vous pourrez ainsi mieux saisir toutes les multiples possibilités qui s'offriront à vous pour agir avec bienveillance et efficacité auprès de ceux qui vous entourent. Cela étant dit, le partenaire de vie risque d'être plus dépendant de vous que vous ne l'auriez souhaité ou, tout le contraire, plus indépendant. Pas étonnant que votre relation tanguera parfois sur des eaux troubles. Tout suggère aussi que vous serez dépassé par des proches ou des amis qui entretiendront leur misère et leur désarroi sans jamais faire ce qu'il faut pour s'en sortir et réaliser leurs rêves, alors qu'ils auront toujours en bouche une bonne raison pour justifier leur inertie. Pas surprenant que vous soyez moins patient. Cependant, durant ces moments, évitez d'utiliser un langage destructeur, le sarcasme et/ou de sévères critiques, et rappelez-vous que toute vérité n'est pas toujours bonne à dire ! Abstenez-vous aussi de juger sévèrement les autres et/ou de les blesser davantage. N'empêche, attendez-vous à l'inconduite caractérielle d'une personne chère près de vous et possiblement d'être obligé de subir sa dictature amoureuse. Non seulement son autoritarisme éteindra votre désir, mais cette personne se montrera parfois si directive que vous préférerez acheter la paix. Pour certains, il est possible que vous puissiez vous retrouver dans la tourmente d'un divorce, mais, dans le meilleur de vos intérêts, essayez de conclure un règlement hors cour puisque vous vous éviterez de grosses dépenses suivant que le règlement par les voies légales pourrait s'étirer dans le temps. Si vous êtes célibataire, votre vie sociale et amoureuse ne manquera pas de piquant pour autant, mais de là à aller croire que vos amours vous combleront totalement, c'est beaucoup dire. Cela dit, si vous êtes seul, il est très possible que vous puissiez rencontrer quelqu'un d'intéressant. Non seulement vos réserves d'énergie seront inépuisables, mais vous serez un véritable tourbillon de vigueur. Mieux encore, un dénouement heureux d'une situation qui vous a possiblement créé beaucoup d'angoisse par le passé vous apportera enfin un immense soulagement.

Famille

Voilà un temps où vous pourriez vous montrer plus actif dans votre maison : bouger les meubles, construire, démonter, rénover… et vous chercherez aussi à défendre votre territoire, votre famille. Puisque l'inconscient pourra se révéler spontanément, sans que l'on ne comprenne ce que cela signifie, vous aurez besoin d'affirmer votre identité et votre puissance personnelle. N'empêche, demeurez prudent à la maison ainsi qu'avec tous les objets contondants, chauds ou brûlants. Et si vous avez des réparations à faire sur votre propriété et que vous êtes obligé de grimper à une échelle, veillez à ce qu'elle soit installée sur une base solide et ne manquez pas de prendre les précautions nécessaires pour mieux vous éviter tout problème possible. Attention aussi à la distraction qui risque de vous causer des ennuis. Si vous décidez d'entreprendre ainsi que faire faire des travaux majeurs chez vous, assurez-vous d'engager les personnes appropriées en la matière pour tous les travaux exigeants ou dangereux. Mais si vous êtes en phase de rénovations, soyez vigilant alors que les outils que les ouvriers ont laissés traîner pourraient vous faire trébucher ou vous blesser. À tout le moins, assurez-vous de doublement vérifier tous vos plans et que tout soit en bon ordre dans votre foyer pour mieux vous protéger contre le feu ou un bris possible. N'empêche, un projet, sinon des travaux qui devaient être entrepris en lien avec la maison pourraient être retardés. Cela étant dit, alors que les conditions de vie seront plus instables et nécessiteront d'être revues avec bon sens, ne soyez pas surpris si des conflits familiaux éclatent et que vous en ayez marre d'être le seul commandant à bord. En plus d'être sensible à l'ambiance régnante et à tout ce qui n'est pas à sa place, le climat risque d'être plus inconfortable au foyer et certaines responsabilités familiales seront plus exigeantes qu'à l'habitude. Sur une note finale, soyez avisé qu'un enfant pourrait subir la mauvaise influence d'un ami, de votre ex-conjoint ou d'un grand-parent, et vous devrez mettre un terme à cette relation, mais non sans faire savoir à cet individu votre façon de penser. En dépit que la famille soit en désaccord avec vos décisions, ne la laissez pas s'introduire dans votre vie privée ni vous dire comment élever vos enfants ou comment vivre en amour ; faites preuve d'une grande générosité alors que la situation aura plus de chances de progresser. Une dépense possible pour la maison ou pour votre véhicule est plus que possible.

Santé – Bien-être physique

Voilà une période où vous risquez d'être plus fragile au niveau de votre santé. Or, puisque physiquement ce ne sera pas la grande forme, une attitude vigilante vous gardera à l'abri de tous les imbroglios et blessures possibles. Prenez garde de ne pas vous blesser. Veuillez être tout aussi prudent sur la route pour mieux vous éviter un incident fâcheux ou qu'un bête accident se produise. Il sera également avisé de vous méfier d'être victime d'un vol. Assurez-vous également de manipuler avec soin tous les objets contondants et gare aux sources de chaleur. Surveillez aussi votre hygiène alimentaire afin d'éviter des problèmes circulatoires et des maux d'estomac. Gardez vos pieds bien au chaud étant donné que vous serez plus sujet à attraper un vilain rhume, une sinusite ou refroidissement de vessie. Attention également aux coups de tête, mais plus que tout, ralentissez le pas.

L'ÉCLIPSE SOLAIRE TOTALE DU 8 AVRIL EN BÉLIER – votre XIIe maison natale

Une éclipse dans l'orbe de votre anniversaire de naissance – un temps privilégié de l'année, voilà qui mettra du sable dans l'engrenage. Vous serez de bon conseil, si on peut vous écouter. Rien de sérieux pour vous, par chance, mais si vous avez un ascendant Bélier, Cancer, Balance ou Capricorne, soignez votre santé alors que des soins médicaux pourraient s'avérer nécessaires. Ne paniquez pas, ne cassez rien irrémédiablement et tenez-vous-en à la routine. C'est la meilleure chose à faire en période d'éclipses.

Cette éclipse solaire totale dans votre XIIe maison solaire natale (ou ascendant natal, si c'est le cas), tendra à créer une sorte de cocktail Molotov.

Des secrets et des détails privés pourraient soudainement être révélés, un peu avant ou après le 8 avril et dans certains cas, ils pourraient être utilisés contre vous. Le Soleil et la Lune en éclipse et concentrés dans une petite zone du ciel (votre thème natal), voilà qui pourrait donner lieu à un feu d'artifice. Abstenez-vous de participer à des transactions sournoises ou à des séances de commérages secrètes, en particulier sur le lieu de travail. Soyez prudent, car les actions de protection pourraient sembler intéressées et toutes les représailles pourraient se retourner contre vous.

Ce sera un temps où votre attention se portera davantage sur votre vie intérieure. L'éclipse pourrait vous apporter une grande perspicacité et de l'inspiration, ou des événements pourraient se produire qui vous amèneront à vous retirer de la vie publique. C'est à ce secteur de votre thème que l'on va pour être seul, pour faire un travail spirituel ou réparateur dans les retraites, les hôpitaux ou les institutions religieuses, de même que pour suivre une psychothérapie.

L'éclipse n'affectera pas votre résistance physique à moins d'avoir, bien entendu, un ascendant Bélier, Cancer, Balance ou Capricorne. Autrement, votre résistance morale et psychique devrait se maintenir à un haut niveau. Malgré tout, ne rien changer vous préservera des erreurs que trop de personnes commettent. Commencer du nouveau en temps d'éclipse étant voué à l'échec, optez plutôt pour une routine sécurisante. Elle vous rendra plus heureux que les échecs cuisants qui risquent de survenir à cause de l'éclipse. Au risque de me répéter ou d'étirer la sauce, ne changez rien, restez fidèle à votre routine. Le meilleur moyen d'en venir à bout, ce sera d'adopter une attitude préventive et de ne pas vous exposer au danger inutilement. En agissant de la sorte, vous demeurerez à l'abri des accidents, des malaises et des crises de nerfs.

Un petit conseil cependant : les risques de brûlures ou de blessures seront plus que présents. Prudence aussi dans la manipulation de produits inflammables ou d'objets tranchants.

P.-S. : Vous êtes encouragé à prendre connaissance de tout ce qui est écrit au chapitre intitulé « Les éclipses de 2024 » pour mieux vous familiariser avec toutes les mises en garde à respecter lors de toutes les éclipses.

♊

Gémeaux

21 mai au 21 juin

LES DIFFÉRENTS ASPECTS DE VOTRE PERSONNALITÉ

Gémeaux – masculin, double, air

Le Gémeaux est un signe d'air mutable ou double. Certaines personnes pensent que le Gémeaux est un signe qui n'a ni polarité positive ni polarité négative. Signe des jumeaux, Castor et Pollux, qui sont les deux faces d'une même personnalité. En Gémeaux, l'intelligence agitée de l'Air est combinée avec l'adaptabilité de la nature double. Gouverné par Mercure, qui met l'accent sur la communication, vous êtes polyvalent, parfois plein d'esprit, logique, curieux, spontané et bavard. Vous avez tendance aussi à être nerveux, agité, superficiel et versatile. Le métal des Gémeaux est le vif-argent (Mercure) qui n'a pas de forme propre. Essayez de le tenir et il coule entre vos doigts. Il en va de même pour l'insaisissable Gémeaux.

En tant que Gémeaux, vous manifestez en général au moins deux côtés distincts de votre personnalité: d'une part, amovible et inconstant, et d'autre part, volage. Vos champs d'intérêt sont variés. Aussi curieux que vous puissiez être, vous ne connaissez que très peu de choses sur beaucoup de sujets. Malgré tout, votre intelligence est remarquable et tout autant l'est votre esprit. Méfiez-vous alors que l'éparpillement vous guette!

Communicateur-né, il ne serait pas surprenant que vous travailliez dans un domaine qui implique de parler, d'écrire, de gesticuler ou de travailler dans un secteur qui exige une coordination de vos yeux et de vos mains.

Signe d'air et Mercure comme planète maîtresse, celle qui régit les déplacements de courte distance, pas surprenant que vous en bougez de l'air. Vous avez cette facilité à vous mouvoir aisément d'un environnement à un autre en un temps record alors que vous possédez un sens de l'orientation comme pas un. Vous êtes partout à la fois et vous ne voulez rien manquer ! Reconnu pour votre dualité et votre amour pour les nouvelles expériences, vous tendez à changer souvent d'idée.

CE QUI VOUS DIFFÉRENCIE DES AUTRES NATIFS DE VOTRE SIGNE

En tant que natif du 1er décan (du 21 mai au 1er juin), vous êtes sous la tutelle de Mercure alors que votre décan est gouverné par Jupiter. Cela explique votre dose supplémentaire de loquacité, d'agitation et une immense curiosité insatiable. Vous avez un esprit actif et une nature inquiète. Typiquement intelligent de manière rapide, logique et détachée, vous êtes encore parfois désemparé lorsqu'il s'agit d'appliquer votre esprit fin à une pensée plus profonde ou à un raisonnement puissant et systématique.

Confiant, expressif et convivial, vous êtes à la recherche de vérité et de justice. Cependant, il y a un danger que vous surinvestissiez votre temps et votre énergie. Pour mieux éviter tout cela, concentrez-vous sur une seule chose à la fois.

Mercure, qui gouverne votre signe solaire, fait de vous quelqu'un qui est vif d'esprit, rapide sur ses patins, expressif et polyvalent. Vous avez aussi la chance de conserver une apparence jeune pour la vie.

Dans la vie, vous pourrez faire des pas significatifs si vous mettez à profit toute la puissance de votre cerveau. Votre talent de bon communicateur vous mènera au succès. C'est sous votre décan que l'on retrouve le plus d'écrivains, d'enseignants et d'éditeurs. Vous pourriez aussi bien exceller dans les relations publiques que dans les communications.

Attiré par le changement et l'imprévu, en destinée, il est probable que vous tiendrez un double emploi et que vous mènerez de front deux métiers ; deux carrières se succéderont, aussi réussies l'une que l'autre.

Diplomate-né, intelligent, astucieux, logique, sociable et quelqu'un qui a de grandes compétences verbales, votre vivacité d'esprit sera un atout majeur qui vous permettra de briller dans de nombreux domaines à la fois, alors que les personnes près de vous se trouveront stimulées par votre énergie.

Aussi perfectionniste que vous soyez, vous êtes également porté parfois à ignorer des choses qui vous semblent insignifiantes alors qu'à d'autres moments, vous pouvez tout autant fermer les yeux sur des choses nouvelles et intéressantes.

Curieux de tout, mais pas trop longtemps, les idées tendent à se bousculer en vous. Vous emmagasinez les connaissances à vive allure dans tous les domaines et vous êtes particulièrement pointu sur celles qui vous intéressent vraiment. La vie pour vous ne peut se concevoir que dans le mouvement, la vitesse et en relation avec les autres.

Vous vivez tellement dans votre esprit que vous tendez à négliger parfois vos besoins émotionnels et physiques. Pour vous, l'amour débute au niveau mental. Cela explique pourquoi vous vous blasez vite, et plus encore si votre partenaire de vie ne sait pas vous tenir mentalement excité. Marqué d'un charisme persuasif, vous pouvez être assez arrogant aussi. En ce qui concerne les relations, il s'agit soit d'une dévotion totale à une personne, soit d'une grande promiscuité avec plusieurs personnes. Si vous vous mariez, cette personne devra être intelligente, savoir vous amuser et être amusante, et ne pas dépendre non plus de vous pour du soutien émotionnel. Même si vous avez du mal à exprimer ce qui vous anime intérieurement, vous avez tout de même besoin de beaucoup d'amour dans la vie, ce que je vous souhaite à profusion.

En tant que natif du 2e décan (du 2 au 11 juin), vous êtes toujours sous la tutelle de Mercure, mais votre décan est régi par Mars. Vénus y joue également un rôle clé pour faire suite à la triplicité d'air qu'est votre signe solaire. Cela fait de vous une personne pragmatique, remplie d'idées concrètes, au raisonnement logique et implacable.

Marqué par Mars, vous aimez l'action et vous avancez dans la vie avec une confiance en vous et c'est possiblement ce qui fait la clé de votre succès. Il est tout aussi vrai de dire que votre manque de recul est largement compensé par une intuition fine et une belle intelligence.

Quant à Vénus, elle fait de vous une personne pétillante et chaleureuse. En plus d'être quelqu'un d'intelligent, vous avez une appréciation pour les arts. Prodigue et diplomate, vous avez de belles manières raffinées et vous savez vous adapter à toute occasion et à toute classe de gens. Habile travailleur au tempérament audacieux et tout aussi compétitif, votre enthousiasme, vos perspectives agréables et charmantes ne laissent personne indifférent.

L'influence de Vénus vous rend également attrayant ; on admire votre gentillesse et votre attitude positive. Ça ne peut que concourir à ce que vous puissiez exceller dans de nombreuses professions, telles que la vente de bijoux ou leur conception, la mode, la cosmétologie ou l'immobilier. Vous avez aussi des affinités pour la musique, pour le design. Vous avez également l'art de la parole et le sens inné de l'écriture ; vous pourrez réussir de façon remarquable et plus encore si vous obéissez à la loi de votre conscience.

Bien que vous soyez un éternel romantique, vous tendez à aborder toutes les questions sentimentales sous un angle intellectuel. On ne peut vous faire changer d'idée non plus facilement, sauf si le changement est votre idée initiale. Il est primordial que vous misiez sur l'équilibre dans tous les secteurs de votre vie. Évitez de prendre trop d'obligations en même temps.

Doté d'une vivacité d'esprit sans pareille et capable d'une grande loyauté, vous êtes le plus romantique et le plus coopératif des autres décans de votre signe. Par contre, vous avez besoin de fréquentes stimulations mentales pour prévenir l'ennui. Vous pouvez vous épuiser à jouer sur le terrain ou être totalement obsédé par un seul être humain. Côté cœur, on vous reproche souvent un certain égocentrisme et un côté séducteur. Conquérant de nature, ne soyez pas trop prompt à devenir intime avec les autres. En tout cas, lorsque vous voulez quelque chose ou quelqu'un, rien ne peut vous arrêter. Si vous vous mariez, choisissez une personne qui est loyale, qui estime votre joie de vivre et qui peut vous offrir une vie familiale paisible.

En tant que natif du 3e décan (du 12 au 21 juin), Mercure est votre planète maîtresse alors que votre décan, lui, est gouverné par le Soleil. À vous regarder, vous donnez l'impression d'être sûr de vous-même et prêt à tout. Vous êtes le plus détaché et le moins émotif des autres décans, mais le plus humanitaire. Vous êtes doué pour les concepts et les idées. Vous vous liez facilement à tout type de personne grâce à votre attitude sociable et amicale. Vous prenez plaisir aussi à vous imprégner de toutes sortes de connaissances, et recherchez une combinaison de connaissances étendues et de vision personnelle.

Uranus, particulièrement important dans votre thème natal, suite à la triplicité d'air de votre signe solaire, Saturne y joue également un rôle clé alors que cette planète est exaltée en Verseau, et c'est Uranus qui a la maîtrise de ce signe. Ce duo d'énergie fait de vous une personne qui a un caractère unique, bien trempé et agrémenté d'un grain de bon sens que d'autres peuvent ne pas s'attendre à trouver chez vous. Pionnier de nature, vous vous concentrez sur l'avenir. Plus que tout, vous aimez vivre selon vos propres règles qui sont en conflit parfois avec les règles de la société.

Doté d'une intelligence vive qui frise parfois le génie, vous pourrez faire des pas significatifs dans la vie si vous prônez l'éducation et les activités mentales, tout en interagissant avec des gens avisés. Profitez-en pour nourrir le côté spirituel de votre nature à travers des activités tranquilles, puisque cela vous est salutaire.

Uranus, qui signe votre décan, cela fait de vous un natif inventif comparativement aux autres décans de votre signe. Rebelle dans l'âme, vous faites des choses excentriques si ce n'est que pour choquer ou satisfaire votre besoin d'excitation. Mais si vous n'y prenez pas garde, ces actions démesurées risquent de vous occasionner de nombreux ennuis. La meilleure façon de réussir et d'exceller dans la vie est de diriger votre énergie et votre intelligence dans des activités créatives et constructives.

Étant plus nerveux et plus anxieux que les natifs des autres décans, votre processus de pensée est rapide et vous vous ennuyez facilement. Fort heureusement que vous discernez aussitôt une idée nouvelle ou originale pour occuper votre esprit.

Les voyages, les communications rapides et les écrits tiendront une place de choix dans votre vie. Si vous décidez de faire carrière dans l'une de ces branches, votre succès sera assuré.

Alors que votre décan est sous la protection du Soleil, ce qui fait de vous le plus fort, mais également le plus orgueilleux, votre bon esprit, votre imagination active et votre attitude autoritaire peuvent vous aider à bien réussir dans la vie. Dans le but de mieux maximiser votre plein potentiel, vous devrez absolument vous discipliner. Faites des choix pratiques et éclairés, surtout lorsque le sexe ou l'argent sont mis en cause. Toute action imprudente risque de vous occasionner de nombreux problèmes.

Maniant l'art de plaire, votre grosse difficulté est de vous engager ; les relations amoureuses sont un véritable carrousel de plaisirs pour vous. Vous avez besoin de liberté et d'autonomie. Si vous vous liez, tant pour le meilleur que pour le pire, vous tiendrez parole au prix de gros efforts ou suivant la sévérité des clauses de votre contrat de mariage. C'est dans les relations amoureuses que vous vous ennuyez. Or, veuillez donc viser haut lors du choix d'un partenaire. Modérer votre orgueil ne vous ferait pas de tort non plus ! Descendez de votre piédestal et apprenez à cultiver un peu plus d'humilité. Si une personne veut gagner votre cœur et garder votre amour, elle devra incessamment répondre à votre immense besoin de tendresse ainsi que de démonstrations chaleureuses. Vos désirs risquent, toutefois, de demeurer inassouvis à cause de votre côté prétentieux et impétueux.

CE QUE LES ASTRES VOUS RÉSERVENT EN 2024

Jupiter en Taureau jusqu'au 25 mai 2024 – votre XIIe maison natale

Jupiter est fondamentalement une planète qui se déplace lentement. Elle a tendance à rester dans un signe et une maison pendant une année entière. Mais, tout comme les deux précédentes années, elle se déplace exceptionnellement vite – elle passe en fait par deux signes et maisons cette année. Elle commence l'année en Taureau, votre XIIe maison, puis elle se déplace en Gémeaux, votre Ire maison.

Jupiter en Taureau, voilà qui aura un effet expansif sur votre inconscient personnel. Son transit, très inhabituel, nous donne nombreux messages importants. Misez donc sur les cinq premiers mois de l'année qui vous permettront de faire table rase des problèmes afin de repartir du bon pied après votre anniversaire de naissance. Vous aurez un meilleur accès à la signification de vos rêves ainsi qu'aux problèmes enfouis depuis longtemps et à tout ce qui se trouve à l'intérieur. Les cinq premiers mois de 2024 seront très spirituels. Ce sera une période de croissance intérieure pour faire des pèlerinages religieux, méditer et établir une connexion plus profonde ainsi avec le Divin en vous. Et, dans de nombreux cas, cela montre également une plus grande implication dans les œuvres de charité et les causes – des activités désintéressées pour les enfants.

En affaires, le coup de pouce de Jupiter n'est pas ici spectaculaire, mais il est pourtant bien réel. Votre sens du dévouement, votre générosité et votre compassion seront développés à un point tel que souvent, c'est dans les domaines peu médiatiques des œuvres humanitaires et caritatives que vous pourrez vous accomplir avec bonheur. C'est dans l'ombre et dans l'effort, dans la discrétion et dans le silence que vos qualités humaines seront grandement favorisées et vous apporteront en retour la satisfaction d'une vie riche et non limitée aux contingences matérielles. Ce passage pourra aussi vous aider à résoudre des difficultés juridiques ou matérielles.

Pour ce qui est de vos amours, cela montre que vous fréquentez beaucoup, que vous côtoyez différents types de personnes dans différents types de situations. Vos besoins en amour, et vos goûts, changent relativement vite. Ce sera un temps où vous serez plus conservateur. Plus prudent, vous voudrez donner davantage de temps à l'amour pour pouvoir se développer. Vous deviendrez à nouveau idéaliste en amour, mais avec un besoin de mondanité. Vous ne vous soucierez pas de savoir si l'être aimé a un statut élevé, mais il devra être un bon pourvoyeur. Le mariage aurait pu facilement se produire l'année dernière, et le divorce aussi, et pourrait encore se manifester lors des cinq premiers mois de l'année. Cependant, je préfère de loin la seconde partie de l'année 2024 pour le mariage, surtout si vous êtes célibataire et que vous travaillez pour votre premier mariage.

En ce qui a trait à votre bien-être, si la santé physique est le reflet de la santé mentale, vous devriez être en pleine forme. Exaltée dans cette maison, lors des cinq premiers mois de l'année, Jupiter améliorera vos perspectives mentales, vous donnant ainsi une vision positive même dans des conditions et des expériences difficiles. Cela tendra à favoriser grandement les parts d'introspection, de contact à l'inconscient, mais aussi de repli, de solitude. Il sera important de faire une analyse sur l'éducation que vous aurez reçue et celle que vous transmettez à vos enfants. Il sera peut-être nécessaire également de consulter afin de savoir où vous en êtes avec vous-même pour éviter de retransmettre à votre progéniture les problèmes que vous-même vivez.

Jupiter en Gémeaux – du 25 mai 2024 au 9 juin 2025 – votre Ire maison natale

Le passage de Jupiter, soit la meilleure des planètes, dans votre signe révèle que vous gagnerez plus que vous n'avez perdu dans la précédente année. Son passage dans votre signe, un peu avant ou après votre anniversaire, sera un atout précieux pour obtenir aisément à peu près tout ce que vous désirez. Il suffira de mettre la main à la pâte pour que vos désirs se transforment en réalité. Et comme elle sera chez vous lors de votre prochain anniversaire en 2025, vous continuerez à ressentir ses effets positifs. Cependant, n'allez pas croire que tout vous sera permis non plus !

Je suis tout à fait d'accord avec vous pour affirmer que les dernières années furent difficiles. Vous avez eu plus que votre lot de déceptions, de chagrins et de difficultés. Voici que le vent tourne et que vous amorcez une remontée spectaculaire à tous les points de vue. Jupiter dans votre signe marquera le début d'une ère de chance. Vos buts deviendront alors accessibles et vous serez en mesure de vous organiser une existence que beaucoup vous envieront.

En affaires, votre personnalité sera appréciée par les gens qui vous côtoient : patrons, collègues ou vos clients. Si jamais un pépin ou un imprévu survenait, ce sera tout simplement pour amener quelque chose de meilleur. D'ailleurs, on pourrait vous faire des propositions alléchantes, mais aussi d'autres un peu plus risquées ; pesez le pour et le contre avant de vous engager.

Jupiter dans votre signe, il ne saurait être question d'une année tranquille que l'on aura tôt fait d'oublier. Bien au contraire, vous vivrez quantité d'expériences inhabituelles et votre forte capacité à vous adapter à toutes les nouvelles situations servira parfaitement vos intérêts. Vos finances cesseront de vous tourmenter, vous rattraperez le temps perdu, vous liquiderez de nombreuses dettes et vous pourrez même recommencer à mettre des sous de côté. Si les cinq premiers mois s'annoncent constructifs, c'est surtout le reste de l'année qui contient le plus de promesses. Ceux qui cherchent un emploi seront comblés. Les commerçants verront leur chiffre d'affaires grossir tandis que les autres obtiendront davantage de latitude avec leur budget. Les voyages, les études et les nouvelles orientations professionnelles vous conviendront à merveille. Financièrement, vous ressentirez les bons aspects de la Grande Bénéfique dans votre signe et vous jouirez d'excellentes opportunités pour améliorer et mêmes stabiliser votre situation. Vous aurez même d'importantes chances dans les jeux de hasard ! Ce sera également une bonne période aussi pour les transactions et les investissements, entre autres immobiliers. Les transferts ainsi que les changements d'emploi s'avéreront très profitables. Autant les commerçants brasseront des affaires en or, autant les employés verront leur salaire augmenté. Cependant, vous devez savoir que Jupiter prédispose aux erreurs de jugement et que cette planète place très souvent sur notre route des personnes malintentionnées. Garder l'œil ouvert et éviter d'agir de manière impulsive seront vos clés du succès.

Pour ce qui est des amours, votre vie affective vous a possiblement causé beaucoup de tracas ou d'ennuis lors de la précédente année. Dès votre anniversaire, vous allez bénéficier d'aspects planétaires plus encourageants. Vous entamez une période de grande popularité durant laquelle vous vous ferez de nouveaux amis et vous pourriez enfin trouver l'âme sœur si vous êtes seul. Votre vie sociale deviendra pétillante, vous reprendrez goût aux sorties et aux festivités. Vous avez fini de vous morfondre ou de vous ennuyer ! Cela annonce des réconciliations, des rencontres positives et une meilleure communication avec vos proches. Toutefois, votre porte demeurera fermée aux parasites et aux ingrats. Si vous avez vécu une séparation ou si la solitude était votre problème, vous pourriez enfin faire la connaissance de quelqu'un de valable. Quant aux couples déjà établis, on peut leur annoncer de multiples satisfactions. Un conseil : ne négligez pas la santé de vos aînés.

En ce qui a trait à votre santé et à votre bien-être physique, votre état se stabilisera. Les efforts consacrés à améliorer votre santé physique et morale porteront leurs fruits. Vous deviendrez plus résistant à la maladie et votre énergie cessera aussi de fluctuer. Envisagez la vie avec optimisme tout en gardant les pieds sur terre. Et si vous devez consulter un professionnel pour parvenir à cet état de bien-être, vous trouverez la bonne personne. Et grâce à elle, vous vous débarrasserez rapidement de vos ennuis. Petit conseil : surveillez votre alimentation après votre anniversaire, car Jupiter risque de vous faire prendre du poids ou, pire, d'encrasser votre organisme. Il pourrait aussi vous pousser à outrepasser vos limites, ce qui risque de vous épuiser ! Même chose pour les excès de travail qui auront tôt fait de miner votre énergie. Il faudra agir en conséquence et cesser de vous demander l'impossible. En mettant un peu d'ordre dans votre diète, vous devriez mieux vous sentir et éviter de gagner ce surplus de poids qui vous guette. Moralement, vous continuez à faire d'énormes progrès.

Saturne en Poissons – toute l'année – votre X^e maison natale

Saturne a parfois mauvaise presse, car nous combattons souvent les changements saturniens. Elle nous enseigne la « responsabilité » dans de nombreux domaines de notre vie qui peuvent grandement bénéficier d'un peu d'amélioration. Un temps opportun pour faire une prise de conscience alors que vous aurez à remettre bien des choses en question, parfois par choix, mais aussi par obligation. Attendez-vous à ce que le destin vous bouscule, mais tout dépendra de votre attitude ! Or, si vous êtes inconséquent, voire imprudent, il est probable que vous allez en subir rapidement les conséquences. Par contre, si vous êtes raisonnable et vigilant, vous pourrez non seulement stabiliser les choses, mais aussi les améliorer de façon significative. D'ailleurs, attendez-vous à des transformations professionnelles possibles ou à des changements d'orientation, et ces métamorphoses devraient pouvoir s'effectuer non pas dans un climat de crise, mais plutôt pour faire suite à une décision de votre part. Attention tout de même à des contraintes possibles.

En affaires, vous aurez l'occasion de relever des défis et il faudra vous attendre à des désagréments possibles. Malgré tout, vous aurez plusieurs possibilités d'atteindre votre objectif, surtout si vous agissez avec sagesse, mais sachez que vous ne serez pas à l'abri de rencontrer quelques obstacles. Vous éprouverez quelques inquiétudes suivant votre position ou votre budget… Attendez-vous à quelques coups durs qui vous forceront possiblement à revisiter vos stratégies, voire votre orientation. Bien que ce soit un temps de remise en question pour mieux apprendre à vous connaître et savoir davantage et avec conviction ce que vous voulez, il sera sage tout de même de ne pas donner votre confiance au premier venu. Soyez-en averti, puisque vous ne serez pas à l'abri de désagréments, de pertes, de désillusions ou d'échecs possibles. Ne comptez que sur vous-même ; certaines personnes pourront vous décevoir. Pire encore, elles pourront vous laisser tomber ou ne tiendront pas les promesses qu'elles vous ont faites.

Pour ce qui est de vos amours, concentrez-vous sur l'amour que vous avez à donner à ceux qui vous sont chers. Vous tendrez à manifester un comportement trop sérieux et une tendance à manquer une partie de la joie et du plaisir de vivre la vie. Mettez à profit ce temps pour trouver la résolution de faire ce qui est nécessaire pour obtenir ce que vous voulez de la vie. Vous pourriez gagner beaucoup de terrain et prendre des décisions judicieuses qui jetteront les bases du succès futur que vous souhaitez connaître maintenant ou dans un avenir proche. Autant Saturne introduit des difficultés et des défis possibles, autant elle vous pousse aussi à faire des choix importants que vous auriez autrement remis à plus tard en raison de la procrastination ou de l'indécision. Petit conseil : il est possible qu'au cours de cette période, un membre de votre famille ou de votre entourage immédiat vous cause de l'inquiétude !

En ce qui concerne votre santé et votre bien-être physique, veuillez être à l'écoute de vous-même et au moindre symptôme, consultez un professionnel de la santé. Ne manquez pas non plus de modifier votre hygiène de vie, puisque vous n'êtes pas à l'abri d'éprouver quelques malaises ou des ennuis de santé possibles.

Si le/la partenaire de vie est Gémeaux de par son Soleil ou son Ascendant natal

N'est-il pas vrai que votre Gémeaux se plaint de plus en plus de la pression au travail ? Avez-vous l'impression qu'il ou elle prend son travail beaucoup trop au sérieux ? Vous en avez assez de ses plaintes ? Si c'est le cas, essayez de demeurer positif et continuez à renforcer votre Gémeaux en lui disant que vous pensez toujours qu'il est génial, même s'il a l'impression que son patron ou son employeur ne semble pas le penser en ce moment. La leçon que votre Gémeaux est en train d'apprendre est qu'il doit gagner sa place. L'époque où la corne d'abondance déversait ouvertement les richesses sur ses genoux est révolue. Il se rend compte qu'il n'est plus aussi facile qu'avant de gravir les échelons de l'entreprise en rampant, et cela le frustre au plus haut point. Il déteste l'idée de devoir travailler si dur pour si peu, mais il sait au fond de lui que c'est ce qu'il doit faire pour avancer. Restez optimiste avec votre Gémeaux et rappelez-lui souvent que vous savez qu'il peut y arriver. Tout ce qu'il doit faire, c'est essayer un peu plus fort. D'ailleurs, il pourrait atteindre le sommet de sa carrière professionnelle à la fin de ce transit et cela, bien sûr, ne peut être que bénéfique pour vous deux.

Pluton en Verseau – les vingt prochaines années – votre IXe maison natale

Avoir la planète du pouvoir et du changement dans le signe libre-penseur et curieux du Verseau constitue une combinaison des plus puissantes. Vous réalisez que vous ne pouvez pas arriver là où vous voulez aller si vous êtes retenu par une énergie confuse ou négative. Voilà qui promet donc une profonde métamorphose de votre existence vers une situation à venir, bien en accord avec votre véritable tempérament. Vous vous sentirez fort, dans votre droit et prêt à balayer tous les obstacles qui pourraient vous freiner sur le chemin de l'autonomie. Vos talents seront révélés à cette occasion et vous disposerez d'une bonne lucidité sur vous-même qui vous permettra de faire les bons choix, de vous débarrasser en douce de tout ce qui vous gêne. Vous pourriez également utiliser cette puissante influence pour plonger dans votre subconscient et trouver ainsi des réponses à des problèmes très anciens. Vous pourriez aussi avoir soif d'expériences transformatrices, de changements dans votre vie, qu'il s'agisse de voyages, d'études, de recherches dans les médias ou pour ce qui est de la spiritualité. Une crise de croyance? Je vois la possibilité que votre compréhension du monde soit entièrement et totalement transformée. Faites de votre mieux pour abandonner les conceptions de la vie qui ne vous servent plus. Vous saurez lesquelles lorsque vous commencerez à souffrir en y croyant encore! Cela dit, des bouleversements dans la vie de votre père sont possibles. Malheureusement, dans certains cas extrêmes, cela peut également signifier le deuil du paternel.

LES PHASES RÉTROGRADES DE MERCURE POUR 2024

Mercure rétrograde en Bélier – du 1er au 25 avril 2024 – votre XIe maison natale

Climat général

Ça ne marchera pas nécessairement à votre goût et vous êtes sur le point d'exploser. Pourtant, c'est justement le contraire qu'il faudra faire! Si vous suivez le courant et si vous vous adaptez aux circonstances que vous ne pouvez contrôler, croyez-moi, vous saurez triompher. Écoutez les judicieux conseils d'un ami alors que cela vous aidera à patienter en dépit des tiraillements qui risquent de se produire. De toute façon, vous ne pourrez avancer au rythme souhaité. Des retards et des pépins possibles tendront à s'accumuler. Profitez-en plutôt pour approfondir vos relations avec certains amis et d'en éliminer quelques-uns qui ne vous apportent rien et qui sont pratiquement des parasites. Vous n'avez pas besoin d'amis qui viennent gruger vos énergies et abuser de vos largesses. Ne soyez pas surpris de prendre conscience que vous vous êtes oublié depuis longtemps et qu'il ne serait pas mauvais pour vous d'apporter des changements qui vous seraient très personnels. N'empêche, il ne sera pas facile de vous octroyer de précieux moments qui vous seront entièrement dédiés.

Travail – Finances

Attendez-vous à une période d'erreurs et de malentendus, tant avec les amis qu'avec les groupes sociaux auxquels vous adhérez ou avec qui vous transigez. Des trésors cachés pourraient fournir un financement et un soutien influent pour des accords communs. Malgré tout, la dynamique de groupe et certains projets communautaires pourraient donner lieu à des quiproquos et voilà que la communication s'alourdira ou deviendra plus difficile. Les collègues voudront que vous reveniez et hachiez certains détails du projet sur lequel vous vous êtes investi assidûment ces derniers temps. N'oubliez pas qu'ils travaillent à l'intériorisation et à la digestion de ce que vous savez déjà. Donnez-leur tout le temps et l'espace nécessaires. Laissez-les s'exprimer librement alors que ça ne pourra que contribuer à faire avancer les choses. Répondre aux questions par des questions et tout ce genre d'artillerie est bien, du moins dans certaines circonstances; cependant, n'allez pas tourner autour du pot lorsque cela concerne des choses importantes. Vous aurez à travailler d'arrache-pied et même qu'à certains moments, vous aurez l'impression de faire du surplace. Il est possible que l'on vous demande de prendre un surplus de responsabilités en fonction des situations pressantes et complexes qui risquent de survenir. Ralentissez la cadence alors que des délais semblent indiqués, ou serait-ce des signaux croisés et des messages contradictoires qui pourraient mettre en péril vos plans et vos projets ambitieux? Il ira donc de votre intérêt de réviser ou de réécrire vos communiqués pour en assurer l'exactitude. Il est possible aussi que vous puissiez être témoin d'une erreur que commettra un ou une collègue et vous ne pourrez vous empêcher de lui faire savoir. Il est possible aussi cette personne soit pénalisée d'une certaine façon. Soyez humble dans votre façon de dire les choses et attention d'effriter les esprits sensibles. Gardez-vous d'être blessant dans vos paroles. Cela dit, ne soyez pas surpris qu'un rendez-vous soit remis à une date ultérieure ou annulé. Méfiez-vous aussi d'erreurs et des méprises possibles.

Amour – Sentiments

Vous pourriez tranquillement vous désintéresser d'une personne pour qui vous aviez ressenti de gros papillons dans l'estomac. Et l'idée que vous puissiez également décider de cesser vos recherches pour dénicher l'âme sœur sera aussi possible. De toute façon, le travail tendra à occuper toute votre attention. Il sera avisé, toutefois, de demeurer sur vos gardes, puisque vous ne serez pas à l'abri qu'une personne près de vous et qui vous est chère cherche à tirer un profit abusif, ou que des gens malhonnêtes vous approcheront pour vous vendre leur salade trop belle pour être vraie. Cela dit, il sera avisé, et ce, en toutes circonstances, de vous abstenir de prendre une décision hâtive, puisqu'elle ne pourra que vous être néfaste. Et bien que vous puissiez accuser un certain manque d'audace plus qu'à l'habitude, ça ne vous empêchera pas pour autant de diminuer votre goût pour l'aventure et pour tout ce qui est risqué. Veuillez donc prendre toutes les précautions nécessaires lors de vos pratiques sexuelles et attention à qui vous faites confiance ! Possibilité d'une brève passion. Évitez les mauvaises fréquentations au risque de vous en mordre les doigts.

Famille

Vous pourriez tomber à bras raccourcis sur un proche qui n'aura pourtant rien à voir avec les frustrations que vous éprouvez. Surveillez de près aussi votre intolérance envers vos propres enfants et ceux des autres, ou envers ceux que vous considérez comme tels suivant que vous serez plus porté à exagérer les qualités des vôtres au détriment des autres. Portez plus attention aussi dans votre façon de vous adresser aux autres. Surveillez le ton que vous emprunterez dans vos communications alors qu'il sera plus facile de générer des conflits avec les autres.

Santé – Bien-être physique

Ce sera un temps où vous serez certainement confronté à une ou plusieurs situations qui seront beaucoup plus stressantes que d'habitude et vous pourriez même ressentir une certaine pression physique, d'autant plus si vous changez vos habitudes de vie trop drastiquement. Allez-y aussi avec modération si vous songez à faire de l'exercice ou si vous décidez d'apporter des changements dans votre alimentation. Alors que ce sera un temps où le stress sera plus présent, vous pourriez ressentir une fatigue plus imposante. Il sera alors important d'éviter de vous mettre davantage de pression sur les épaules. Planifiez-vous des périodes de repos ou même une séance de massage pour mieux vous détendre. Prenez garde, car vous ne serez pas exempt d'une blessure possible au bras ou à un doigt. Fragilité du système nerveux. Si vous avez à effectuer de nombreux déplacements, prenez garde, car la vitesse pourrait exercer un puissant attrait. Soyez vigilant et surveillez les autres conducteurs, mais vous serez protégé.

Mercure rétrograde en Vierge – du 5 au 14 août 2024 – votre IVe maison natale

Climat général

Il y a de bonnes chances que vous vous retrouviez avec une foule de petites choses à faire. Vous devrez vous occuper d'une tonne d'urgences qui risquent d'accaparer tout votre temps et possiblement au point que vous perdrez patience à quelques reprises. Si vous avez de jeunes enfants, vous devrez établir une routine assez rigoureuse pour que tout puisse fonctionner avec facilité et dans une belle harmonie. Et si vous aviez cru en avoir fini avec la fameuse liste pour la rentrée scolaire de vos enfants, eh bien, détrompez-vous, parce qu'il y aura encore des sous à débourser. En fait, vos enfants auront besoin de votre soutien financier au cours des semaines à venir. D'ailleurs, l'un d'eux pourra bien connaître quelques petits problèmes à respecter ses obligations et pour rien au monde, vous ne pourrez le voir souffrir de la sorte. Les déplacements seront assez nombreux également. Vos adolescents vous demanderont sans cesse d'aller les reconduire chez l'un et chez l'autre. Vous pourriez avoir besoin aussi d'assainir votre environnement. Vous aurez envie de le nettoyer de fond en comble pour une raison ou une autre. Vous pourriez même avoir à préparer beaucoup de nourriture à cette période. On pourra même vous proposer de faire des conserves ou encore des repas à congeler, par exemple. Préparez-vous à dépenser énormément d'énergie pour votre famille, mais pour vos enfants plus particulièrement !

Travail – Finances

Nous avons tous besoin de gagner notre vie ! Si c'est une manière de mettre du pain sur la table et d'avoir un toit sur sa tête, c'est aussi pour chacun sa façon d'apporter sa part dans le monde. Parlant de monde, un bureaucrate pourrait oublier de cocher une case dans l'un de ses dossiers et qu'à l'autre bout de la chaîne, il viendra désorganiser toute une famille, sans même en prendre conscience. Un chèque ou un accord quelconque pourra ainsi être oublié. Si votre entreprise ou encore celle qui retient vos services est en restructuration, vous risquez d'être plus troublé au cours de cette période. Possiblement que l'on annoncera des congédiements et personne ne saura qui reste et qui part. Si une telle ambiance prévaut au travail, ce ne sera guère joyeux. Il est tout aussi possible que vos heures de travail soient réduites et dans ce cas, vous réagirez rapidement. Vous tenterez de trouver un autre emploi à mi-temps ou ce sera votre horaire de travail qui risque de différer. Vous serez davantage surveillé et la moindre erreur vous sera reprochée ! Vous serez prompt, susceptible et défensif lorsqu'on attaquera vos compétences et votre savoir. Attention : dans un accès de colère, vous pourriez donner votre démission, ce qui ne sera pas une bonne idée. Faites un effort, restez calme et discutez avec l'autorité en place, d'autant plus si vous servez la même entreprise depuis longtemps déjà. Mais il y a parmi vous de vrais fautifs qui seront congédiés. Aussi étrange que cela puisse paraître, même si vous ne serez pas heureux de cette décision, instinctivement vous saurez que vous n'étiez pas à la bonne place. Prenez le temps qu'il vous faut pour trouver un emploi correspondant mieux à vos véritables compétences.

Amour – Sentiments

Les responsabilités et le quotidien ont la fâcheuse habitude de ruiner la passion dans un couple. D'ailleurs, pour une raison ou pour une autre, vous aurez beaucoup à faire à la maison, ce qui ne favorisera vraiment pas le temps de qualité à passer ensemble. Mais, comme tout le monde, vous aurez besoin d'alléger votre cœur ! Et plutôt que de vous tourner vers l'être aimé, vous préférerez probablement fréquenter vos amis et faire des activités sociales. Tâchez tout de même de prendre un peu de temps pour votre couple. Cela dit, peut-être devrez-vous reporter vos vacances planifiées depuis longtemps déjà ou que vous planifiez prochainement, en raison de travaux urgents à adresser. Si vous êtes un jeune couple, vous commencerez possiblement à songer à vivre ensemble. Bien qu'il s'agisse d'un très beau projet pour des tourtereaux, ce n'est pas nécessairement une garantie que l'amour entre vous y sera pour la vie. Justement, vous n'êtes probablement pas encore prêt à vous investir de la sorte et aurez encore besoin de jouir d'une certaine liberté. Et surtout de profiter encore de votre intimité sans devoir la partager pour l'instant. En tant que célibataire, on dirait bien que même si vous faites des rencontres, vous n'y trouverez aucun plaisir et ce sera possiblement même ennuyant. Les relations ne seront qu'amicales et vous ne ressentirez pas la moindre parcelle d'émotion pour qui que ce soit. D'ailleurs, vous aurez plus tendance à refuser les invitations, préférant la solitude et le confort de votre foyer.

Famille

Si vous êtes parent, évitez d'être inutilement trop autoritaire avec vos adolescents qui sont en âge de prendre leurs décisions. Ils ont également l'âge d'être susceptibles et facilement convaincus de votre manque de confiance en eux. Si vous n'avez pas d'enfant, n'allez pas croire de pouvoir donner des conseils à un proche ami qui en a. Restez en dehors de l'éducation des enfants des autres ! Ne vous mêlez pas de leurs histoires personnelles. En cas de conflit familial, surtout si cela dure depuis un temps, une rupture officielle des liens est possible. Il vaudra mieux s'éloigner et espérer que le temps arrange les choses. Et si vous faites partie de ceux qui vivent en famille reconstituée, des mises au point seront nécessaires. Attendez-vous à ce que des difficultés surviennent entre vos enfants. Il est possible que ce ne soit qu'une question d'espace alors que chacun réclamera sa chambre ou du moins son coin bien à lui. Il vous faudra être plus imaginatif afin que chacun ait son espace intime.

Santé – Bien-être physique

Vos bronches et vos poumons seront plus fragiles et vulnérables. Ne négligez pas un rhume ni toute maladie. Et si vous avez une toux tenace, grasse ou sèche, si vous ressentez un essoufflement anormal, consultez. Fragilité possible de vos nerfs.

Mercure rétrograde en Lion – du 14 au 28 août 2024 – votre IIIe maison natale

Climat général

Vous êtes certainement un communicateur hors pair, mais voilà qu'à cette période, vous serez confronté à des personnes dont les arguments vous laisseront sans voix. Vous pourriez envisager d'importantes dépenses pour la maison ou pour de jeunes personnes près de vous. Si vous avez des jeunes enfants ou des adolescents, il est clair que vous voudrez qu'ils soient vêtus à la mode et avec des accessoires dernier cri. Attendez-vous à ce que leurs vêtements et leurs différents effets nécessaires pour leur rentrée scolaire vous coûtent beaucoup plus cher que prévu. Tâchez donc de ne pas manquer les ventes ce mois-ci alors qu'elles vous seront profitables. Il sera avisé aussi d'éviter de négliger l'entretien de votre véhicule ou tout autre mode de déplacement, alors que vous n'aimeriez pas vous retrouver en panne. L'idée que vous puissiez avoir besoin d'une bonne carte ou d'un GPS si vous vous déplacez pour vos vacances est possible, ou vous risquez de tourner la plupart du temps en rond et de vous égarer régulièrement. Malgré tout, vous ferez de très belles découvertes.

Travail – Finances

Que vous preniez ou non vos vacances, il est clair que vous pourriez connaître un temps relativement tranquille. Il ne serait pas étonnant que vous subissiez certaines coupures. Vous pourriez également profiter de ce temps mort pour modifier tous les systèmes de communication ou pour préparer vos prochaines négociations. À tout le moins, profitez-en pour préparer les bases d'une éventuelle entreprise que vous avez en tête. D'ailleurs, une importante restructuration dans l'entreprise risque de vous causer quelques soucis, surtout que les communications ne sembleront pas être à leur meilleur. Peut-être aurez-vous besoin de mettre cartes sur table ou d'avoir à élever la voix pour vous faire entendre et pour vous faire comprendre. Soyez prudent dans vos commentaires : un client ou un patron pourra ne pas trop apprécier certains arguments déplacés que vous aurez fait valoir. Malgré tout, ce sera principalement l'aspect financier qui retiendra votre attention. D'ailleurs, vous pourriez avoir à vous débattre pour vous faire payer ou rembourser selon la situation. Ce sera peut-être seulement une fois Mercure devenu direct que vous constaterez qu'il vous manque un peu d'argent. Du moins, vous laisserez le bénéfice du doute à l'autre personne jusqu'à ce que vous réalisiez qu'elle ne bougera pas avant que vous n'entrepreniez quelques démarches. Vous aurez à trimer dur, mais au moins les résultats seront éventuellement au rendez-vous. Les changements qui en découleront vont vous permettre de découvrir de plus larges horizons, voire même de relever de nouveaux défis. N'allez tout de même pas prendre de risques inutiles avec votre argent et ne succombez pas non plus aux affaires trop belles pour être vraies.

Amour – Sentiments

Vous tendrez davantage à préconiser certainement un style de vie genre « cocooning » avec l'être aimé. Vous tendrez aussi à prendre assez sérieusement en considération l'aspect affectif à cette période. Il est en effet possible que l'un des deux prononce une parole qui pourra ne pas trop plaire à l'autre, ce qui ouvrira nécessairement le dialogue sur un aspect de votre relation que vous teniez mort pour ne pas avoir à l'affronter. Mais tôt ou tard, il faudra l'aborder et c'est ce qui vous permettra de retrouver une belle harmonie entre vous ! En tant que célibataire, une à deux sorties entre amis pourraient vous apporter quelques possibilités de rencontres, mais vous ne serez très probablement pas trop pressé de vous investir dans une relation maintenant. Il y aura certaines des situations qui tendront à freiner vos ardeurs alors que vous pourriez tomber par exemple sur de grands parleurs mais petits faiseurs. Il est probable que vous voudrez vous consacrer davantage à votre bien-être et à votre foyer. Vous apprécierez votre solitude ou vous vivrez une belle symbiose avec les membres de votre famille.

Famille

Vos activités nécessiteront beaucoup de déplacements. Il est possible aussi que vous ayez plus de difficulté à faire votre ménage ou à remplir vos responsabilités familiales, tellement vous serez en demande partout et présent dans toutes sortes d'activités. Cela dit, l'idée qu'une réparation ou que des travaux de rénovation s'avèrent plus coûteux que prévu est possible, mais vous finirez bien par équilibrer votre budget. Il n'est pas impossible non plus qu'un voyage que vous aviez organisé et/ou que vous avez été invité à prendre part puisse être annulé à la dernière minute ou remis à une date ultérieure. Ennuis possibles avec un voisin.

Santé – Bien-être physique

Que ce soit en raison de la chaleur ou du stress causé par la rentrée scolaire, vous pourriez ressentir des maux de tête qui pourraient vous ralentir considérablement. Et même si vous n'aviez jamais été allergique auparavant, différents pollens pourraient vous affecter un peu plus, notamment celui de l'herbe à poux. Il ne serait pas mauvais d'avoir en votre possession toute la médication nécessaire pour vous soulager en cas de symptômes incommodants. N'oubliez pas : un malaise correspond en général à une émotion refoulée. Méfiez-vous aussi des aliments trop riches alors que vous ne serez pas exempt de brûlements d'estomac. En effet, vous serez plus sensible au niveau du système digestif, possiblement en raison de quelques abus faits pendant une ou plusieurs festivités. Il sera avisé aussi d'être prudent au volant et dans toutes vos activités sportives pour éviter de vous blesser bêtement. Surveillez de près aussi votre circulation sanguine. Souffle au cœur possible. Évitez tous les emportements spontanés ! Gardez un œil vigilant sur vos nerfs et sur vos bronches, mais aussi sur vos épaules et vos mains ainsi que tout autant sur vos mollets et vos muscles.

Mercure rétrograde en Sagittaire – du 26 novembre au 15 décembre 2024 – votre VIIe maison natale

Climat général

C'est la période de l'année où tout se refroidit dans la nature. Vous aurez tendance aussi à être un peu hésitant de manière assez générale, ce qui risque de ne pas vous faciliter la tâche pour ce qui est de faire vos cadeaux de Noël. Ou pour ce qui est d'organiser vos réceptions des Fêtes ! N'ayez pas peur de suivre votre intuition et votre instinct, ceux-ci devraient toujours vous guider dans la bonne direction. D'ailleurs, tout ce que vous ferez avec cœur sera très réussi. Évitez, toutefois, de trop penser à ce que vous aurez l'air ! Dites-vous que vos proches vous aiment pour qui vous êtes, un point c'est tout. De toute façon, vous êtes une personne qui a généralement la parole assez facile et vous devriez avoir une forte tendance à harmoniser tout autour de vous dans la conversation entre les gens concernés. S'il y a des tensions d'ordre familial, vous chercherez à rétablir un meilleur contact entre tous pour vous assurer de vivre un temps des Fêtes harmonieux. Cela dit, profitez-en pour prévoir toutes les différentes activités qui devront se dérouler pendant vos festivités. Inutile de vous dire que vous serez encore la bonne personne pour tout planifier et tout organiser. Pour une raison ou pour une autre, cette fameuse harmonisation pourra impliquer que vous déboursiez une certaine somme d'argent. Et, qui sait, peut-être que la décoration sera aussi à refaire à la maison ?

Travail – Finances

Il faudra tout d'abord vous faire sortir de votre zone de confort pour vous permettre de connaître un peu d'avancement ! Profitez de cette période pour poser votre candidature à un poste où vous pourriez très bien voir une ouverture possible sous peu. Mais vous pourriez très bien craindre de faire une erreur, après tout, ne sommes-nous pas en cycle rétrograde ? Toutefois, dites-vous que c'est seulement en faisant des changements que vous allez parvenir à obtenir satisfaction sur le plan professionnel. Ce sera, malheureusement, un temps où vous ne serez pas exempt non plus de compressions budgétaires. De nouvelles contestations pour faire respecter vos droits bafoués seront aussi possibles. Vous ne vous serez jamais autant impliqué que maintenant ! Et vous jouerez un rôle de premier plan dans ces changements qui, éventuellement, se produiront. Ne soyez pas surpris toutefois d'être confronté à des obstacles dans la réalisation de l'un de vos projets, mais ils ne seront pas là pour vous barrer définitivement la route. Voyez plutôt que la vie vous lance un défi qu'il vous faudra à tout prix relever ! Ces empêchements, qui veulent éloigner de vous le succès, ne seront rien d'autre qu'une occasion de réfléchir à une meilleure stratégie afin d'atteindre vos buts. D'ailleurs, tout suggère qu'à cette époque, vous croiserez de nombreuses personnes détenant un grand pouvoir. Ces personnes influentes deviendront rapidement vos amis parce que, quelque part en vous, tel le meilleur des vendeurs, vous saurez quoi leur dire pour tirer le meilleur de ces nouvelles relations, tant sur le plan financier qu'amical. En tant que patron, directeur ou travailleur autonome, vous vous retrouverez avec beaucoup de congés à gérer dans votre équipe, mais d'aucune façon, vous ne pourrez laisser vos émotions avoir le meilleur de vous-même. N'allez pas prendre de décisions pour l'instant. Effectivement, il y a de bonnes chances que vous soyez plus hypersensible à cette période, ce qui pourra altérer un peu votre jugement lorsque vous négocierez. D'ailleurs, il ne serait pas impossible que vous ayez à revenir sur une de vos décisions si vous croyez fermement avoir commis une erreur.

Amour – Sentiments

Vie amoureuse fragile et pour rétablir l'harmonie dans votre relation, vous devrez faire quelques petits efforts ! Des efforts pour vous comprendre mutuellement et pour adopter une vision commune de votre avenir ensemble. Cette rétrogradation devrait vous donner cette possibilité d'aborder des idées de nouveaux projets à long terme. Cependant, le temps ne sera pas encore venu pour accomplir quoi que ce soit. Tirez plutôt profit de cette période pour bien mûrir tout cela. Une fois Mercure devenu direct, vous aurez le feu vert ! En tant que célibataire, on dirait bien que ce sera plus dans l'entourage de votre milieu de travail que vous ferez des rencontres intéressantes. Qui sait, peut-être que les réceptions et les activités associées au temps des Fêtes y seront pour quelque chose, ce qui est bien possible. Ne pensez pas à demain lorsqu'une personne vous invitera, au contraire, tâchez de vivre pleinement l'instant présent.

Famille

La famille est toujours très importante et sans doute qu'à cette période, vous vous porterez plus fréquemment au secours de quelques parents qui traversent des temps difficiles. Vous aurez les mots justes, ceux qui réveillent l'interlocuteur, qui feront en sorte que l'on retrouve sa confiance en soi et, parfois, que l'on recouvre rapidement la santé émotionnelle et physique. Inversement, n'allez pas être surpris qu'un membre de votre famille vous abandonne ou que l'un de vos amis vous quitte, n'a plus donné de leurs nouvelles, n'a pas répondu à vos appels, alors posez-vous des questions. N'attendiez-vous pas tout sans avoir quoi que ce soit à donner en échange ?

Santé – Bien-être physique

Comme bien du monde, il y a de fortes chances que vous vous sentiez grossir à vue d'œil à chaque festin auquel vous prendrez part. Ayez la brillante idée de reposer votre système digestif assez régulièrement pour mieux vous permettre de ne pas vous priver pendant cette période de réjouissances. Vous pourriez vous fatiguer en dépit de vos réussites et de votre capacité à faire beaucoup de choses dans un court laps de temps. Les activités stimulantes que vous pratiquez ne vous mettront pas toutefois à l'abri de l'épuisement ! Prenez le temps de bien vous nourrir, à des heures régulières, de vous accorder suffisamment d'heures de repos pour recharger vos batteries. Et de grâce, ne surestimez pas vos forces. Évitez les raisonnements compliqués ou de révéler des confidences reçues.

LA PHASE RÉTROGRADE DE MARS POUR 2024

Mars rétrograde en Lion – du 6 décembre 2024 au 5 janvier 2025 – votre IIIe maison natale

Climat général

Avec Mars dans un signe de Mercure, voilà que ça va bouger ! Vos communications risquent d'être plus affectées, alors que les personnes près de vous seront davantage portées à se disputer pour des riens. Elles seront trop impatientes pour écouter, ce qui pourrait en retour leur éviter bien des problèmes. Au lieu de créer un surplus de confusion, il vaudrait mieux ne rien dire et écouter plutôt ce qu'elles auront à dire !

Travail – Finances

Vous aurez l'impression que tout le monde parle en même temps ou que personne autour de vous – que ce soit les membres de votre famille, les gens au travail ou parmi vos amis – n'écoute ce que vous dites, mais s'intéresse plus à écouter ce que les autres auront à dire sur vous-même. D'ailleurs, les actions de certaines personnes risquent de nuire à l'harmonie du groupe. Malgré tout, attendez-vous à des progrès stimulants, éventuellement début février, puisque vous pourrez enfin aller de l'avant et agir à votre guise sans toujours avoir à redouter un revers. D'ici là, évitez de participer à toutes les propositions alléchantes, alors que vous risquez de perdre beaucoup et des ennuis sérieux pourraient aussi en découler. Faites toutes les recherches nécessaires avant de vous investir dans un projet et de poser des actions. Voilà que cette phase coïncidera avec une diminution de vos activités ou votre situation risque de stagner. Le moment sera très mal choisi aussi pour apporter des changements de tous genres et pour vous déplacer. Soyez vigilant dans vos déplacements, surtout ceux lors de vos allers et retours au travail, ou pour toutes les visites faites chez votre vétérinaire, au cabinet de votre médecin ou à toute institution médicale, et aussi lorsque vous ferez vos courses. Attention aux achats inconsidérés ! L'annulation d'un voyage en avion sera aussi possible. À tout le moins, vous pourriez encourir des problèmes avec un de vos appareils ménagers, votre téléphone, votre véhicule, ou encore avec un de vos bidules électroniques. D'ailleurs, il sera déconseillé de faire l'achat d'un ordinateur ou d'un téléphone, seulement si c'est absolument nécessaire. Attention d'encourir aussi des ennuis avec votre service Internet ou suivant tous modes de transport utilisés.

Amour – Sentiments

Un projet avec un ami pourrait rencontrer des retards ou des complications, et vous aurez possiblement envie de tout laisser tomber. En fait, ce sera le meilleur moment pour revoir tranquillement le montage du projet. Profitez de ce bel automne pour ce faire, alors qu'à la fin de l'année, vous serez heureux du résultat. D'ici là, attention à toute distraction possible. Évitez de prendre part aux histoires personnelles d'autrui et n'allez surtout pas vous immiscer dans leur vie privée. Il sera suggéré aussi de vous tenir loin de tous les commérages et intrigues possibles.

Famille

Un membre de la famille, ou possiblement un voisin, sera plus difficile à gérer, sinon il sera moins coopératif. Vous pourriez aussi éprouver plus de difficulté à rejoindre certaines personnes près de vous. Heureusement qu'avec le temps, maintes nouvelles encourageantes vous parviendront. D'ici là, vous ne serez pas à l'abri d'un différend avec un membre de votre famille ou de votre entourage immédiat.

Santé – Bien-être physique

Si un problème ne peut se résoudre rapidement, veuillez surtout ne pas vous blâmer et attention aux sentiments négatifs, puisque vous serez plus porté à vous replier sur vous-même. Attention aussi de ne pas vous couper, vous écorcher un doigt, vous heurter la main, vous blesser à un bras ou à l'épaule.

L'ÉCLIPSE SOLAIRE TOTALE DU 8 AVRIL EN BÉLIER – votre XIe maison natale

Vous serez personnellement épargné, à moins que vous ayez un ascendant natal, une Lune natale ou un amas de planètes en Bélier, Cancer, Balance ou Capricorne. Avec le Soleil éclipsé totalement en Bélier, heureux ceux qui se colleront à vous alors qu'ils récolteront des masses d'énergie positive et bénéficieront de vos largesses et de votre réconfort. Malgré la vilaine éclipse qui en secouera plusieurs, vous allez demeurer stoïque, droit, intouché et intouchable. Vous avez de la chance, soyez-en conscient et reconnaissant. Profitez-en pour aider ceux près de vous pour qui ce n'est pas le cas.

Voilà un temps où votre relation avec un ou des groupes auxquels vous adhérez sera examinée de près. Puisque ce sera un temps où vous serez plus préoccupé par ce que les autres pensent de vous, vous vous concentrerez davantage sur les personnes auxquelles vous vous identifiez, sur celles que vous fréquentez et sur la façon dont vous êtes accepté par les autres membres de votre équipe. Les activités de fraternisation, de partis politiques, le réseautage et autres interactions sociales deviendront plus importants.

Du fait de l'éclipse, vous connaîtrez moins d'enthousiasme, sans effet direct sur vous et votre signe, mais portant tout de même à limiter les grosses dépenses. Mieux vaut vous en tenir à la sobriété ce mois-ci. Vous apprécierez la stabilité que vous procurera la routine. Vous vous sentirez plus détendu que par le passé. Parfois un peu trop, alors que vous aurez tendance à être plus passif qu'à l'accoutumée. Ce n'est pas grave, vous avez assez couru dernièrement. Voilà qui ne sera pas une mauvaise idée de vous la couler douce. N'allez quand même pas prendre tout risque inutile!

P.-S. : Vous êtes encouragé à prendre connaissance de tout ce qui est écrit au chapitre intitulé «Les éclipses de 2024» pour mieux vous familiariser avec toutes les mises en garde à respecter lors de toutes les éclipses.

♋

Cancer

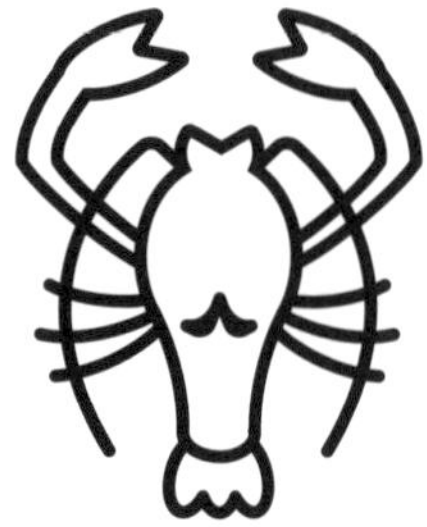

22 juin au 23 juillet

LES DIFFÉRENTS ASPECTS DE VOTRE PERSONNALITÉ

Cancer – féminin, cardinal, eau

En Cancer, la nature instable et émotionnelle de l'Eau exprimée dans le mode cardinal devient agitée. Mais la nature autorépressive du Cancer tend à maintenir cette énergie sous la surface, poursuivant des objectifs plutôt précis de manière secrète ou inconsciente. Tout comme votre symbole, le crabe, vous semblez dur et insensible à l'extérieur, mais vous êtes doux et vulnérable à l'intérieur. Parfois même trop sensible et facilement blessé. Évasif, toujours en train d'esquiver, vous préférez ne pas affronter les choses trop directement. Vous avez tendance à vous cacher dans votre coquille et il vous faut du temps et des efforts pour apprendre à bien vous connaître.

Régi par la Lune, ce qui confère à ce signe sa nature fluide et émotionnelle ainsi que son abondante imagination fertile, vous êtes astucieux, sensible, prudent, gentil, sympathique, protecteur, ingénieux et lunatique. Cependant, votre émotivité délicate peut parfois devenir incontrôlable. Doué pour amorcer des choses, vous avez du mal à supporter qu'il y ait de la chicane autour de vous. Vous êtes quelqu'un qui agit et qui opère avec ses tripes la plupart du temps.

Votre vie privée et la famille sont importantes. Émotionnel, vulnérable et facilement blessé, cela explique pourquoi vous avez besoin du confort de votre foyer pour mieux pouvoir vous retirer de ce monde qui peut parfois être assez exigeant. Pas surprenant que vous tendez à vous faire une carapace en société.

Vous êtes porté à exprimer votre amour pour les vôtres en veillant à ce que tout un chacun ne manque de rien, tout en les maternant dans le confort d'un foyer douillet pour mieux s'y reposer. Le problème dans tout cela est que vous pouvez devenir une personne dépendante ou incapable de fonctionner, à moins que vous sentiez qu'il y a quelqu'un ou quelque chose qui a besoin de vous.

CE QUI VOUS DIFFÉRENCIE DES AUTRES NATIFS DE VOTRE SIGNE

En tant que natif du 1er décan (du 22 juin au 1er juillet), votre planète maîtresse, la Lune, joue un rôle déterminant dans votre thème natal. Cela explique pourquoi votre façon de raisonner, de réfléchir peut s'obscurcir par l'émotion du moment alors que parfois, vous vous sentez abandonné et sans espoir. Toutefois, votre monde intérieur est si fastueux et votre imagination si fertile qu'il est rare que vous sombriez dans des dépressions graves, car vous pourrez toujours aller chercher dans votre imaginaire de quoi survivre et résister.

L'influence de la Lune fait de vous une personne qui veut être aimée et protégée à tout prix, et qui est facilement offensée. Sentimental et très attaché aux personnes qui vous sont chères et à votre clan familial, vous vous souciez et vous vous occupez de vos proches avec une énergie et une compassion sans fin.

Avec Vénus qui régit votre décan, vous avez une grande réceptivité et une aptitude à assimiler les sensations et les circonstances. Votre confort est très important pour vous ainsi que votre sécurité financière. Votre peur de manquer de sécurité vous classe parmi ces personnes prêtes à travailler assidûment et même plus que disposées à se consacrer entièrement à leur travail pour mieux atteindre cette aisance matérielle. Il sera suggéré de prendre garde, puisque vos émotions pourraient compromettre vos chances de succès. Il importe que vous mainteniez une attitude positive et que vous bannissiez de votre vie toute pensée négative.

La Lune et Vénus, particulièrement influentes dans votre thème, vous octroient une nature gaie, sociable, joviale, agrémentée d'une imagination très fertile et d'une patience inégalée. Vous avez aussi un sens aigu de l'intuition et certains considèrent que vous avez un don de clairvoyance, clairaudience, clairsentience/clairsensibilité ou clairconnaissance.

La vie sentimentale est très importante à vos yeux. Vous rêvez d'aimer et d'être aimé. Sous l'influence de Vénus, vous préférez une liaison stable et durable pour mieux être en mesure de témoigner toute votre affection à l'être aimé. Si quelqu'un veut gagner votre cœur et préserver votre amour, il doit apprendre à respecter vos changements d'humeur. Vous exigez une grande loyauté de la part de vos amis tout comme de vos amants. Très jaloux ! Vous devriez, toutefois, éviter de trop vous replier sur vous-même ou de vous abandonner à l'apitoiement. Lors du choix d'un partenaire ou d'un mode de vie, veuillez rechercher une personne qui vous apportera la sécurité et la compréhension dont vous avez tant besoin, et qui sera tout aussi affectueuse que loyale. Autant vous avez besoin d'une vie de famille stable et d'une relation de confiance avec l'être aimé, si on vient à vous mentir, il est sûr que vous ne pourrez plus refaire confiance à cette personne et soyez assuré que l'on ne recherchera plus votre compagnie dans un proche avenir.

En tant que natif du 2e décan (du 2 au 12 juillet), vous êtes toujours sous la maîtrise de la Lune, mais votre décan est régi par Mercure. Vous possédez donc une puissante intellectualité. Vous faites partie de ces personnes qui changent souvent d'emploi ou qui déménagent fréquemment alors que vous êtes plus heureux en transit que fixé sur place.

Pluton et Mars, planètes maîtresses du Scorpion, jouent un rôle de second plan pour faire suite à la triplicité d'eau qu'est votre signe solaire. L'influence de Mercure, Mars et Pluton vous donne une connotation plus intense et un surplus d'énergie physique. Intelligent et possédant de grandes capacités créatives, vous êtes moins timide que ceux des deux autres décans. Malgré tout, vous êtes plus du genre à garder votre vie privée et vos émotions sous clé, cachées, et votre hypersensibilité vous pousse à développer toutes les sortes de stratagèmes pour vous protéger. Le contraire est vrai.

Mercure et Pluton, particulièrement très influentes dans votre thème, intensifient vos désirs et vos sentiments. En ce qui concerne Mercure, elle sera un atout majeur pour vous aider à bien gérer une variété de personnes et de situations ainsi qu'à mieux communiquer. Vous avez de grands instincts et faites de merveilleux psychologues, conseillers ou détectives.

Vous êtes autant résilient que votre énorme force intérieure. Animé d'un esprit très intuitif et pénétrant, vos capacités psychiques sont des plus étonnantes. Ce petit côté mystique qui vous habite tend à vous donner du charisme. Tout aussi analytique et très émotionnel, cela peut provoquer chez vous un surplus de confusion au sujet de ce que vous ressentez. Il est probable que cette dynamique psychologique soit liée à votre mère. Misez sur l'équilibre dans tous les domaines de votre vie.

Tous les travaux et tous les métiers qui vous mettent en contact avec le public et avec la foule sont favorisés. Vous êtes aussi doué pour les voyages, l'écriture romanesque et l'imaginaire, la poésie, les sciences occultes, spécialement la parapsychologie et la psychologie.

Alors que la capacité à raconter des histoires est fabuleuse sur le plan artistique, mais dans les relations amoureuses, cela peut également signifier rencontrer quelqu'un qui raconte beaucoup de petits mensonges blancs ! Avec un partenaire, vous êtes très possessif, mais incroyablement généreux et prêt à vous sacrifier. Pourvu d'une grande noblesse d'esprit, dans le couple, vous êtes à la recherche d'une personne qui est tendre, compréhensive, sensible et avec qui vous pouvez relâcher vos défenses. Cette position n'est pas la plus réaliste lorsqu'il s'agit de relations et vous pouvez souvent choisir un « mauvais partenaire » en raison de votre naïveté innée et de votre nature passionnée. Si vous vous mariez, veuillez choisir une personne qui est mentalement et spirituellement en bonne santé et qui ne sera pas intimidé par votre force de caractère. Et si on veut gagner votre cœur et garder votre amour, cette personne doit absolument apprendre à respecter vos changements d'humeur et être tout aussi affectueuse que loyale.

En tant que natif du 3e décan (du 13 au 23 juillet), votre décan est régi par la Lune et secondairement par Neptune suivant la triplicité d'eau de votre signe solaire. Vous êtes un peu d'ailleurs, d'ici et de nulle part. Une errance profonde semble marquer votre destinée entière. Bien partout et nulle part, n'appartenant à rien ni à personne, vous aimez voyager en rêve ou en réalité, mais vous êtes toujours mieux de retour à la maison.

Sensible aux besoins des autres et à vos propres sentiments, vous pouvez être une véritable aide et un soignant infatigable pour votre environnement proche. En même temps, l'humeur changeante qui vous caractérise est encore plus prononcée ici et vos sentiments changent plus vite que les nuages, sans aucune explication rationnelle.

Jupiter, qui joue ici un rôle clé, alors qu'elle est dite exaltée dans votre signe et dans celui du Poissons également, et puisque Neptune en a la maîtrise, ces deux planètes contribuent largement à votre spiritualité, à votre intuition et à votre clairvoyance. Vous êtes le plus artistique des autres décans, mais aussi le plus susceptible d'être victime de vos propres émotions.

La Lune et Neptune, exceptionnellement influentes dans votre horoscope, cela explique pourquoi vous êtes animé d'une grande imagination, un peu insaisissable ainsi que facilement blessé. Bien que Neptune ajoute à votre spiritualité et que la Lune amplifie vos émotions, il est essentiel qu'à tout moment, vous ayez les deux pieds bien ancrés dans la réalité. Apprenez à mieux exprimer votre créativité de manière positive. Vous pourrez vous ressourcer par le yoga, la méditation ou toutes les autres activités douces et tranquilles qui vous aident à vous détendre.

Puisque Neptune accentue votre seuil de sensibilité, ça explique pourquoi vous avez tendance à voir les choses comme vous pensez qu'elles sont, au lieu de la façon qu'elles sont en réalité. Évitez de manipuler les gens en les faisant se sentir coupables, ce qui pourrait les amener à vous en vouloir. Mettez plutôt à profit l'amour tout en prônant ce rituel puissant qu'est le pardon, ce qui servira mieux vos intérêts et vous aurez tout à gagner d'agir. Cette double influence lunaire et neptunienne vous donne de la détermination et une force intérieure à ne pas sous-estimer.

Animé d'une grande bienveillance et serviable de nature, vous vous consacrez au bonheur des vôtres et des gens qui vous sont chers. Aussi sympathique que vous puissiez être, vous êtes lent à faire confiance aux gens, aux nouveaux prétendants, peut-être parce que vous avez été blessé dans le passé. Vos changements d'humeur n'aident pas à la situation puisqu'ils tendent à déconcerter et même à éloigner les plus curieux.

Très raffiné et très sophistiqué, vous avez vraiment besoin d'avoir des revenus élevés pour pouvoir vous offrir le luxe dont vous avez tant envie. Ou vous chercherez donc à faire un bon mariage, surtout que la vie d'artiste bohême n'est généralement pas propice à l'acquisition de grosses sommes d'argent. En amour, vous recherchez une vie stable, basée sur des sentiments profonds et une sexualité puissante. Puisque la Lune tend à vous rendre romantique et que Neptune ajoute à cet idéal, il vaudra mieux viser haut au moment de choisir l'être aimé. Si vous n'êtes pas satisfait dans votre mariage, vous serez plus porté à chercher satisfaction ailleurs.

CE QUE LES ASTRES VOUS RÉSERVENT EN 2024

Jupiter en Taureau jusqu'au 25 mai 2024 – votre XIe maison natale

Jupiter est fondamentalement une planète qui se déplace lentement. Elle a tendance à rester dans un signe et une maison pendant une année entière. Mais, tout comme les deux précédentes années, elle se déplace exceptionnellement vite – elle passe en fait par deux signes et maisons cette année. Elle commence l'année en Taureau, votre XIe maison, puis elle se déplace en Gémeaux, votre XIIe maison.

Avec Jupiter en Taureau, voilà la période décisive au cours de laquelle vous aurez certainement à préciser le sens de votre vie. En effet, vous ne sauriez vous contenter de situations plus ou moins claires. Vous prendrez d'importantes décisions et vous découvrirez enfin avec exactitude l'orientation que doit prendre votre destinée, tant sur le plan affectif que professionnel.

En affaires, des opportunités favorables pour améliorer votre image publique, pour faire progresser votre carrière et pour trouver un meilleur emploi seront possibles. Les hauts responsables seront prêts à vous écouter et les collègues seront aussi là pour vous appuyer. Exprimez-vous ! Vous ferez beaucoup de progrès et votre compte en banque suivra une montée parallèle. Vous aurez même quelques chances dans les jeux de hasard pour un prix secondaire. Il se pourrait même que vous soyez choisi pour remplacer ou représenter quelqu'un qui se dévoilerait comme un protecteur utile pour votre avenir. Si vous travaillez dans le domaine de la vente ou que vous êtes en commerce, votre clientèle s'accroîtra de plus et en plus et vous pourrez compter sur de nouvelles relations qui vous soutiendront. En tant que travailleur autonome, vous développerez une stratégie commerciale afin d'attirer une plus grande clientèle. Ce sera un temps où vos affaires s'accroîtront ou vous obtiendrez une promotion que vous aurez bien méritée ! Ce que vous aurez planifié par le passé vous donnera des résultats escomptés et une progression plus large que ce que vous aviez envisagé.

Pour ce qui est de vos amours, la première moitié de 2024 s'annonce mouvementée, mais soyez rassuré, vous trouverez la stabilité affective dont vous avez tant besoin. Vous pourrez vous organiser avec plus de facilité et reprendrez le contrôle de votre destinée. En tant que célibataire, vous pourrez vivre une série d'événements positifs alors que vous aurez envie de vous ouvrir au monde extérieur et vous rencontrerez beaucoup de nouvelles personnes. À cet effet, vous pourriez rencontrer quelqu'un avec qui vous pourriez avoir des rapports intellectuels ou spirituels importants, car vous serez sur la même longueur d'onde. Cette personne deviendra très proche de vous. L'amitié pourra aussi vous servir de tremplin pour accéder à une réalisation sociale. Les appuis seront utiles, puissants et protecteurs, et ils pourront améliorer votre existence. Petit conseil: ne négligez pas la santé de vos aînés.

En ce qui a trait à votre santé et à votre bien-être physique, n'allez pas malmener votre foie. Il sera essentiel qu'en tout temps vous ayez une alimentation saine et évitez de consommer des aliments contenant des additifs chimiques. Si, par le passé vous avez été malade, vous retrouverez votre énergie. Votre médecin découvrira exactement ce qui ne va pas chez vous. Si vous êtes à un âge avancé et que vous ne mangez pas convenablement, vos articulations se mettront à vous faire souffrir terriblement. Soyez actif, mais sachez aussi quand il faut vous arrêter!

Jupiter en Gémeaux – du 25 mai 2024 au 9 juin 2025 – votre XIIe maison natale

Vous ne pourrez choisir meilleure période pour préparer votre renouveau ainsi que pour marquer des bons coups. Saisissez également l'occasion pour vous réorienter différemment ou pour faire un ajout à ce que vous avez déjà. Le ciel ne vous promet pas la facilité, mais il vous suggère de vous mettre à l'œuvre et de vous diriger vers votre rêve. Au fur et à mesure que vous avancerez, la route du succès s'élargira. Et même s'il vous semblera parfois que vous ne touchez jamais au but, n'allez pas vous inquiéter, vous êtes sur le chemin qui vous mènera à votre réalisation personnelle et professionnelle, cependant, ne laissez pas votre peur vous dominer. Motivez-vous à penser plus positivement, même par rapport à des situations ou à des événements qui normalement vous provoqueraient du stress ou vous infligeraient une certaine dépression. Les regrets, les souvenirs, les sensations d'échecs ne font guère avancer les choses et vous êtes en train d'en prendre conscience. Ce n'est plus le moment de baisser les bras, de subir les circonstances. Votre volonté s'éveille et vous aurez la sensation de ne plus être seul. Tout se prépare pour votre futur nouveau départ prévu pour votre prochain anniversaire (2025). Entre-temps, Jupiter vous apportera tout le réconfort nécessaire pour faire face aux difficultés, aux pleurs et aux souffrances. Il vous fera voir les choses avec plus d'optimisme et vous permettra même de dédramatiser les problèmes.

En affaires, voilà qui vous permettra à la fois d'aller plus loin dans ce que vous avez commencé récemment et de développer aussi des stratégies pour faire en sorte que vos objectifs se réalisent. Vous pourrez compter sur Dame Chance: vos entreprises deviendront florissantes, vous mettrez des sous de côté et pourrez faire des envieux au jeu. Jupiter pourra vous aider à résoudre des difficultés juridiques, matérielles ou il vous soutiendra dans une épreuve morale qui risquait de vous mener au *burn-out*. Petit conseil : n'allez pas sombrer dans les pensées noires. Ce serait vous apitoyer sur votre sort. Suivez plutôt l'étoile que vous envoie Jupiter pour grandir et trouver les solutions adéquates. Cela dit, refusez catégoriquement de prêter de l'argent, ne signez rien à la légère, restez loin de toute association. Ne négligez pas le paiement de vos primes d'assurance non plus puisque vous ne serez pas exempt d'un vol, sinon d'un dégât matériel. Si vous faites un achat coûteux tel que l'acquisition d'une maison, faites-la inspecter minutieusement afin d'éviter toute mauvaise surprise et exigez une garantie.

Pour ce qui est de vos amours, la période sera parfaite pour terminer le ménage dans vos relations interpersonnelles ; vous aurez d'ailleurs le courage de mettre un terme à celles qui ne mènent nulle part. Cessez de vous sentir coupable, vous avez fait plus que votre part. Si vous êtes un parent monoparental et sans aucun soutien de votre ex, vous aurez besoin de souffler, car votre programme sera chargé. Malgré tout, vous serez si enthousiaste que vous oublierez les contrariétés et quand un obstacle se placera sur votre route, vous recevrez de l'aide alors que la providence aura en effet repris contact avec vous ; il aura suffi de l'appeler !

En ce qui a trait à votre santé et à votre bien-être physique, Jupiter vous apportera le réconfort nécessaire pour faire face aux difficultés, pleurs et souffrances. Il vous fera voir les choses avec plus d'optimisme et vous permettra de dédramatiser les problèmes. Vous aurez de nombreuses opportunités pour vous démarquer dans votre croissance personnelle, surtout lorsque viendra le temps d'enrayer une mauvaise habitude de longue date, seulement si vous vous y appliquez. Surveillez vos bronches. Un temps idéal aussi pour entreprendre une thérapie. Fiez-vous également à votre instinct et à votre intuition si vous éprouvez de la difficulté à résoudre un problème complexe. Mieux encore, attendez le lendemain, alors qu'une solution de rechange a toutes les chances d'être au rendez-vous en songe ou en rêve.

Saturne en Poissons – toute l'année – votre IXe maison natale

Saturne a parfois mauvaise presse, car nous combattons souvent les changements saturniens. Elle nous enseigne la « responsabilité » dans de nombreux domaines de notre vie qui peuvent grandement bénéficier d'un peu d'amélioration. En définitive, Saturne, dans ce secteur de votre thème, vous fera penser et réfléchir. Profitez de ce cycle pour apprendre et vous consacrer aux activités mentales. Ayez foi en vous et en l'humanité, et vivez en harmonie avec l'univers.

En affaires, voilà qui favorisera votre évolution et vos entreprises à long terme. De plus, il sera davantage facile durant ce cycle d'assumer le contrôle de votre destinée et ce que vous entreprendrez aura des répercussions pendant des années. Saisissez également l'occasion pour faire un retour aux études et obtenir ce diplôme ou ce certificat tant convoité. Moindrement, songez à parfaire vos connaissances pour mieux réussir dans votre travail.

Pour ce qui est de vos amours, l'appui de Saturne vous rendra de plus en plus sage et philosophe, mais ne vous rendra pas moins émotif pour autant. Vous serez encore vulnérable et sujet à vous laisser happer et dévorer par les problèmes d'autrui. Vous vous en relèverez, mais avec des cicatrices que vous auriez pu vous éviter. Il y aura toujours des personnes qui ne voudront pas échapper à leurs maux, car ceux-ci sont devenus leur raison de vivre. Les plus serviables, ceux qui ne sont pas capables de dire non devront s'aguerrir un peu tout au long de l'année, alors qu'il y aura toujours quelqu'un ici et là pour quémander un service ou solliciter un prêt qui ne serait remboursé d'aucune manière. Voilà le piège le plus subtil et le plus inattendu qui vous guette ! Méfiez-vous d'être confronté à des gens qui tendront à vous culpabiliser ou à exercer une forme d'autorité morale sur votre conscience. Si l'amour est présent et que vous n'habitez pas encore avec votre partenaire, il en sera sérieusement question au cours de ce cycle. L'adaptation ne sera pas facile, surtout si vous et l'autre avez vécu seuls depuis longtemps. Le respect du territoire de chacun, c'est tout un apprentissage.

En ce qui a trait à votre santé et à votre bien-être physique, pour ceux de votre signe qui se débattent avec de graves problèmes de santé, n'allez pas désespérer alors qu'il y aura la possibilité d'une cure quasi miraculeuse. Un temps favorable également pour entreprendre une thérapie avec un psychologue, un psychanalyste ou un analyste si les refoulements émotionnels se sont accumulés depuis des années et parfois même depuis l'enfance. C'est maintenant que le ciel vous invite à vous en libérer définitivement. Saisissez l'opportunité puisque vous avez tout à y gagner !

Si le/la partenaire de vie est Cancer de par son Soleil ou son Ascendant natal

Vous en avez assez de la musique mariachi ? L'empressement de votre Cancer à apprendre tout ce qu'il y a à savoir sur la culture maya, ou sur toute autre culture d'ailleurs, vous ennuie-t-il à mourir ? Essayez de ne pas prêter trop d'attention à l'être aimé, car il essaie seulement de s'amuser. Votre Cancer est dans un cycle d'apprentissage et d'absorption de nouvelles connaissances, et franchement, il se sent frustré du fait qu'il n'a jamais pris le temps de le faire à ce jour. Accompagnez-le et continuez à goûter à ces nouvelles et différentes épices de la vie. Proposez-lui de voir un nouveau film étranger, sinon surprenez-le en choisissant un nouveau restaurant qui sort des sentiers battus. Vous apprendrez certainement quelque chose de tout cela !

Pluton en Verseau – les vingt prochaines années – votre VIIIe maison natale

Avoir la planète du pouvoir et du changement dans le signe libre-penseur et curieux du Verseau constitue une combinaison des plus puissantes. Vous réalisez que vous ne pouvez pas arriver là où vous voulez aller si vous êtes retenu par une énergie confuse ou négative. L'entrée de Pluton en Verseau correspond surtout pour vous à sa sortie du Capricorne, soit votre signe opposé. Ainsi, pour les vingt prochaines années, vous partirez sur des bases plus intuitives, l'inconscient prendra plus de place et l'évolution spirituelle est probable. Le superficiel et les apparences vous intéresseront de moins en moins et vous serez plus exigeant, autant avec les autres qu'avec vous-même, car votre quête en sera une d'une plus grande authenticité. Par la suite, des changements inconfortables et des fins inévitables pourraient se produire ! Cela pourrait même faire remonter des secrets à la surface ou même vous laisser avec une manne financière provenant d'une source inattendue. Les ressources de votre partenaire, les ressources provenant d'autres personnes (comme les clients, les banques, les investisseurs, les assurances et les héritages) feront l'objet d'une transformation de votre part. Votre façon personnelle de gérer une crise et de la traverser devra également être transmutée et remplacée par des méthodes nouvelles et meilleures.

LES PHASES RÉTROGRADES DE MERCURE POUR 2024

Mercure rétrograde en Bélier – du 1er au 25 avril 2024 – votre Xe maison natale

Climat général

Voilà que le temps sera une denrée extrêmement rare ! Vous serez occupé comme jamais, un peu comme si tout arrivait en même temps. Votre travail occupera beaucoup de votre temps. Vous pourriez devoir vous investir dans certaines activités où vous ne pourrez pas reculer ni vous désister. Il ne serait pas étonnant que vous ayez prévu un voyage ou un week-end de détente et que vous n'en profitiez presque pas, tellement que vous aurez l'impression d'en avoir trop à faire pour prendre le temps de vous reposer suffisamment. Vous devriez être en mesure de compléter ces petites choses que vous n'aviez cessé de mettre de côté depuis trop longtemps. Mais, malgré tout, la pression risque d'être assez grande et les choses seront loin de toujours marcher à votre goût. Par moments, vous devrez mettre des gants blancs pour éviter ainsi de froisser certaines personnes trop susceptibles ou sensibles émotionnellement.

Travail – Finances

Des gens dont vous êtes proches, mais surtout un collègue, pourront vous manquer de respect ou seront davantage portés à vous donner des ordres alors qu'ils n'ont ni ce droit ni ce pouvoir. Il suffira d'une réplique banale de votre part pour que cette personne s'emporte tellement elle sera susceptible… De plus, vos fonctions de travail, nouvelles ou pas, pourraient ne pas être adéquatement compatibles avec toutes vos obligations familiales et que vous ressentiez ainsi une forte pression pour trouver rapidement une solution. Puisque les circonstances dans votre profession risquent de tourner à un sou, celles-ci pourraient entraîner des changements dans le personnel et dans les politiques de l'entreprise qui retient vos services. D'ailleurs, il se peut qu'un dossier ou que l'une de vos affaires ralentisse momentanément. Ne vous découragez pas pour autant alors que ce n'est que temporaire ! Malgré tout, n'allez pas être surpris d'avoir à recommencer un travail et de le planifier sur des bases plus solides. Il pourrait aussi y avoir des retards avec les chèques liés à votre entreprise. Si vous tendez à jouer avec les chiffres comptables de l'entreprise, si vous trichez le patron ou un client, si vous prenez ce qui ne vous appartient pas, même si les sommes sont minimes, la vie fera en sorte qu'il y aura dénonciation. Il en sera de même si vous trompez votre associé, puisque la vérité sera sue et la personne offensée par ce genre de trahison vous punira de manière à ce que vous vous en souveniez pour longtemps. Si vous avez à voyager par affaires, assurez-vous que tous les détails soient en bon ordre afin que les retards habituels ne vous gênent pas. Il sera avisé de ne pas prêter d'argent et méfiez-vous également des beaux parleurs. Faites-en de même pour ce qui est de garder les voleurs à distance. Évitez d'être impatient devant l'incompétence des autres !

Amour – Sentiments

Vous risquez d'être plus sensible et supporterez mal la pression environnante de votre relation amoureuse ou amicale en général ! Un week-end, sinon une escapade en amoureux pourrait être reportée à la dernière minute. Si la tension est existante dans votre relation de couple, vous pourriez songer de plus en plus sérieusement à la séparation pour vous libérer de toute cette pression que vous ressentez. En tant que célibataire, vous serez davantage porté à vous replier sur vous-mêmes et ne serez certainement pas prêt à vous engager. Du moins, vous prendrez votre temps avant d'aller plus loin dans cette démarche. Sachez qu'une personne appartenant à votre passé pourrait refaire surface dans votre vie à cette période.

Famille

Ce ne sera pas toujours simple avec la famille et il vaudra mieux prendre du recul. La sévérité de l'un de vos parents, le père surtout, risque d'entraîner des désaccords ou sera la cause de situations complexes, sinon la mère sera trop autoritaire ou dénaturée. Si vous avez des jeunes enfants, ces derniers tendront à défier votre autorité et à se forger un caractère d'eux-mêmes. La patience sera exigée, particulièrement auprès de vos adolescents qui voudront avoir de plus en plus de liberté. Et puisque les nerfs troublés et la frustration, les malentendus et les erreurs tendront à imprégner vos communications – en particulier toute affaire qui met en cause les parents, évitez de céder au chantage ou même de tomber dans le panneau des jeux de pouvoir d'une personne près de vous, alors que ça ne fera qu'envenimer la situation. Refusez aussi de prêter de l'argent. Restez loin de tout ce qui peut vous coûter cher ou vous mettre dans une fâcheuse position. Assurez-vous aussi de bien verrouiller vos portes et vos fenêtres avant de quitter la maison.

Santé – Bien-être physique

Ce ne sera véritablement pas le moment de faire des folies ni de jouer les casse-cous ! La prudence sera de mise dans toutes les situations – autant sur la route, les terrains de jeu qu'à la maison si vous faites le moindrement des travaux. L'expression qui dit que l'on devient ce l'on mange risque de se refléter assez bien sur vous lors de cette période. Attention, étant donné que vous ne serez pas exempt de subir une forme d'intoxication alimentaire ou une réaction allergique. Prudence dans le choix de vos aliments. Méfiez-vous de l'angoisse et de l'anxiété qui vous guettent ! Trouvez une échappatoire afin de remédier à cette situation. Vous risquez d'être plus sujet aussi à faire de l'insomnie. Attention également pour ce qui est des maux de tête et d'une digestion plus laborieuse. Dérèglement gastrique possible.

Mercure rétrograde en Vierge – du 5 au 14 août 2024 – votre IIIe maison natale

Climat général

Le fait que vous soyez natif d'un signe cardinal ne favorise pas trop la patience ! Cela dit, vous serez plus irritable devant toutes les situations qui vous sembleront stagnantes. Que ce soit la circulation, les files d'attente à l'épicerie, chez le médecin, au magasin ou à l'arrêt d'autobus, vous trouverez que tout est trop long et allez très certainement manifester de longs soupirs qui en diront long sur votre humeur ; il vaudra mieux s'abstenir de vous adresser la parole si l'on a une histoire moindrement complexe à vous expliquer. Vous aurez à modérer vos emportements et devrez être prudent lors de vos achats. Lorsqu'une personne vous rendra furieux, soyez assez sage pour prendre vos distances et surmonter votre colère, laquelle, après coup, est toujours pénible et douloureuse pour vous, même quand elle est justifiée. Enfin, si vous n'avez pas pris de vacances cet été, peut-être serait-il avisé de votre part de prendre quelques jours de congé. Malgré tout, ce sera un temps où il faudra apprendre à vous détacher de gens qui ne méritent rien et à qui vous avez beaucoup donné sans même savoir pourquoi vous étiez généreux à leur endroit. On ne vous aura plus ! Vous ne serez plus dépendant de l'approbation de quiconque ! Il est clair dans votre esprit qu'une énorme différence existe entre les mots des gens intéressés et ceux des personnes qui vous donnent une véritable affection et de l'amour.

Travail – Finances

L'automne signale toujours le retour sérieux au travail et aux horaires réguliers. Rien à vous inquiéter, vous aurez du boulot, même plus que vous ne puissiez l'imaginer ! Il est même possible que vous ayez à faire des heures supplémentaires. Comme pour bien des gens, c'est un temps de l'année extrêmement actif sur le plan professionnel et vous aurez véritablement l'impression que les affaires vont reprendre pour votre entreprise une fois la rétrogradation terminée. Entre-temps, vous serez la plupart du temps coincé à argumenter avec vos clients ou avec un de vos collègues pour toutes sortes de sujets, qu'ils soient importants ou non. Tout ce pinaillage stérile vous fera perdre un temps fou, vous empêchant de vous occuper de ce qui est véritablement urgent. Ce sera une source de stress assez importante ! Si vous avez de grandes idées à proposer afin d'améliorer l'efficacité de l'entreprise, gardez-les pour vous, personne ne sera en mesure de vous écouter. Bien au contraire, vous pourriez faire face à des promesses qui ne seront pas tenues ! Et cela vous obligerait à revenir aux sources, à en comprendre les raisons et à plaider de nouveau votre cause. Un client pourra aussi vous laisse tomber sans compensation. Tâchez de rester diplomate, de lui proposer d'autres produits et services parce qu'il finira par revenir sous peu. Il en ira de même si vous attendez des nouvelles au sujet du financement d'un projet. Et sur une note finale, il est possible que vous puissiez désirer suivre des cours ou terminer des études dans un domaine longtemps rêvé. Cela risque de susciter chez l'être aimé un léger surplus d'inquiétude, surtout si vous avez des enfants et que deux salaires sont des plus nécessaires. Malgré ce retour sur les bancs d'école ou à l'université, vous serez sans doute obligé de continuer à travailler, au moins à temps partiel !

Amour – Sentiments

Il est possible que vous puissiez encourir quelques frustrations et les exprimer très franchement et clairement, sans trop de retenue. Vous ne serez pas insensible non plus aux avances que l'on pourra vous faire ! Peut-être que votre ex pourra revenir vous apporter un peu d'affection et il vous sera difficile de résister et de le ou la repousser. En tant que célibataire, si depuis quelque temps, vous n'avez cessé de naviguer de déception en déception avec les fréquentations qui semblaient pourtant intéressantes, vous préférerez repartir à neuf en leur mettant un terme.

Famille

Les conflits avec votre mère ou votre partenaire de vie risquent d'être plus fréquents. Ce sera un temps où vous aurez plus de difficultés à vous comprendre, mais vous serez appelé de l'accepter sans rechigner. Si vous décidez de prêter votre voiture à votre adolescent, veillez à ce qu'il ne boive pas d'alcool et ne prenne aucune drogue alors qu'il ne sera pas exempt d'un accrochage possible. Et si l'être aimé a déjà conduit en état d'ébriété, s'il vous plaît, ne lui donnez pas les clés de votre véhicule. Le premier pas à faire en tant que parent est de faire confiance à ceux qui, comme vous l'avez fait par le passé, se débrouilleront, régleront leurs propres problèmes.

Santé – Bien-être physique

Il est possible que vous ressentiez quelques problèmes respiratoires, surtout si vous êtes passablement actif physiquement. Peut-être en demandez-vous un peu trop à votre corps? De l'exercice modéré vous sera plus salutaire. Évitez de trop abuser de vous-même, de vos forces. En revanche, il vous sera sérieusement conseillé de ne pas taire vos douleurs. L'avertissement est clair. Si quelque chose ne va pas dans votre organisme, voyez-y avant que ça ne s'aggrave! D'ailleurs, ne soyez pas surpris que votre médecin ou un autre professionnel de la santé vous suggère un nouveau régime de vie ou alimentaire, histoire de mieux protéger votre cœur d'éventuelles maladies. Un peu de repos pourra être prescrit alors que votre nervosité sera plus marquée. Vous seul pourrez la calmer. Attention à la gourmandise et aux excès de table qui vous guettent. Fragilité de l'appareil gastro-intestinal. Problèmes possibles de hanches. Accouchement à la maison?

Mercure rétrograde en Lion – du 14 au 28 août 2024 – votre IIe maison natale

Climat général

De deux choses l'une, vous choisirez probablement de prendre un peu de vacances bien méritées et voudrez en profiter pour visiter du pays et des personnes qui vous sont chères. Vous prendrez tout votre temps pour mieux savourer tous ces moments mémorables. Il est possible aussi que vous ayez à vous déplacer de nombreuses fois pour la rentrée scolaire qui coïncidera avec d'autres cours et d'autres formations que vous songez possiblement d'entreprendre. Bref, vous allez parcourir certainement la ville de long en large assez souvent. Demeurez vigilant lorsque vous vous retrouvez derrière le volant! Vous pourriez courir les rabais à cette période, tant pour une petite gâterie pour vous-même qu'habiller toute la famille.

Travail – Finances

Vous êtes assez méthodique par moments. Vous avez besoin d'un certain équilibre financier pour être bien dans votre peau et c'est précisément ce à quoi vous vous affairerez. Vous trouverez le moyen de couper dans le gras et de faire des économies, afin de vous permettre d'entreprendre un projet qui vous tient à cœur. Cependant, vous pourriez être soit confronté à une situation compliquée ou peut-être devrez-vous attendre une forme d'autorisation et/ou du financement pour entreprendre ce projet. Ou est-ce que ce sera à propos d'obtenir une promotion que vous convoitiez? Heureusement, tout va se débloquer une fois la rétrogradation terminée. D'ici là, vous pourriez avoir à mener une bataille plus personnelle au sujet de votre salaire, car vous méritez beaucoup plus et vous réussirez à prouver votre valeur inestimable! À tout le moins, un imprévu pourra vous obliger à changer vos plans et ce sera loin de faire votre affaire, mais vous n'aurez pas vraiment le choix! Ou encore, une personne sur qui vous comptiez risque de vous faire faux bond, ce qui vous décevra énormément. N'allez pas vous laisser abattre! Je vous assure et confirme que vous serez capable de vous débrouiller très bien sans elle. Malgré tout, n'allez pas être surpris qu'il y ait des rumeurs de conflit de travail là où vous travaillez. Vous pourriez participer de plus en plus activement au processus de négociations pour vous rendre compte que c'est pas mal de la politicaillerie tout ça et que vous n'êtes pas à l'aise avec tout cela!

Amour – Sentiments

Vous pourriez éprouver plus de difficulté à obtenir votre dose d'affection régulière. C'est comme si, du jour au lendemain, ce serait le néant. Vous pourriez même avoir l'impression d'avoir carrément perdu votre partenaire – que cette personne s'est peut-être même évaporée dans la nature sans crier gare. En toute réalité, vous chercherez bien à établir une meilleure communication, mais, malheureusement, ce sera un peu peine perdue en ce moment! Rien n'y fera et vous devrez apprendre à vous comprendre pratiquement par télépathie. Fort heureusement que cette situation ne sera que temporaire. Malgré tout, même si la fidélité est une valeur fondamentale pour vous, vous pourriez ne pas rester indifférent à certaines avances, surtout si elles viennent de l'un de vos amis. En tant que célibataire, ouvrez les yeux grands dans votre milieu de travail ou votre voisinage. Bref, là où vous passez régulièrement, soit un endroit qui fait partie de la routine en quelque sorte, alors que vous y trouverez une personne qui cherche à attirer votre attention depuis un certain temps déjà. Mais ce n'est pas du jour au lendemain que le contact pourra s'établir. La timidité de part et d'autre tendra à freiner les ardeurs pour un certain temps encore, soit jusqu'à ce que l'un ou l'autre comprenne qu'il y a un intérêt mutuel.

Famille

Tout suppose que vous serez moins proche de vos enfants ou plus souvent inquiet à leur sujet, surtout si vos adolescents ne vous demandent pas la permission pour sortir et qu'ils entrent à des heures tardives. Évitez de leur prêter votre voiture et encore plus si vous savez que l'un d'eux est imprudent. Invitez plutôt leurs amis chez vous. Malgré tout, vous aurez parfois l'impression que l'on ne vous comprend pas ou encore que votre message ne sera pas aussi bien perçu. Insistez sans toutefois perdre votre calme alors que tout sera au beau fixe sous peu. D'ici là, vous ne serez pas exempt d'un souci possible pour un enfant un niveau de la poitrine ou des seins.

Santé – Bien-être physique

Vous profiterez largement des plaisirs de la vie et de la table, mais, dans certains cas, vous pourriez avoir tendance à vous culpabiliser. Ce sera une période où vous serez davantage sensible aux différents abus, qu'il s'agisse de nourriture, d'alcool ou de manque de sommeil. Votre vitalité risque d'en prendre nécessairement pour son rhume, au point où vous serez peut-être obligé de rester cloué au lit pour récupérer. Si rien de tout cela ne vous rejoint, il n'existe pas vraiment de régime qui fait perdre du poids instantanément ! C'est en comptant les maigres résultats un jour à la fois que vous connaîtrez un franc succès. D'ici là, surveillez bien votre alimentation, votre digestion et abstenez-vous de commettre des abus de table afin de ne pas mettre en danger votre vitalité. Des problèmes respiratoires pourraient surgir si vous n'êtes pas vigilant. Vous tendrez aussi à vous enrhumer facilement alors que ces symptômes seront liés à vos émotions, mais vous récupérerez assez rapidement. Votre estime personnelle aura aussi besoin de ce genre de réussite alors que votre état psychique sera possiblement malmené, surtout si vous ne vous sentez pas aussi bien dans votre peau. Souhaitons que vous puissiez prendre des vacances ou quelques jours de congé à cette période. Vous aurez certainement beaucoup d'énergie à revendre et beaucoup de sommeil à récupérer aussi. Il sera avisé de faire attention alors que vous ne serez pas à l'abri d'engourdissements possibles fréquents. En attendant, méfiez-vous des gens fiévreux, contagieux et des menteurs aussi. Surveillez également votre orgueil.

Mercure rétrograde en Sagittaire – du 26 novembre au 15 décembre 2024 – votre VIe maison natale

Climat général

Si vous êtes malheureux et que vous entretenez cet état de vague à l'âme, secouez-vous et prenez conscience que vous créez votre propre mal de vivre ! Pas surprenant que toutes sortes de contrariétés et diverses déceptions puissent vous tomber dessus. Cette rétrogradation vous invite à faire des efforts, à être plus lucide et à rester calme même quand tout le monde s'énervera. N'essayez pas de trop vouloir non plus épater la galerie en voulant décorer la maison pour les Fêtes. Les gens vous voudront plutôt en pleine forme et dans votre état naturel. N'allez pas chercher à en faire plus que ce que vous pouvez. De toute façon, on ne sera pas véritablement très attentif aux efforts que vous aurez faits. On préférera de loin vous écouter parler avec votre cœur et vous voir sous votre vrai visage. D'ailleurs, vous serez un peu comme un livre ouvert et vous ne pourrez cacher vos malaises ni vos états d'âme si la situation se présente. Vous serez facile à deviner et si vous avez besoin d'aide, vous n'aurez qu'à le demander. Malgré tout, lorsque vous partirez faire vos courses, il sera bon de vous faire une liste et de la faire vérifier par les autres membres de la famille pour mieux vous assurer de ne rien oublier ! Autrement, vous risquez de faire la navette assez régulièrement parce que vous n'arrêterez pas d'oublier des items importants. Vous tendrez aussi à frotter en profondeur la maison, vous aurez le sens du détail bien affûté. Rien ne vous échappera. Il ne serait pas étonnant que vous puissiez aussi entreprendre un travail bien précis, une œuvre d'art par exemple, qui occupera en grande partie vos temps libres et qui accaparera toute votre attention.

Travail – Finances

Il ne serait pas étonnant que vous vous retrouviez avec des consignes plus ou moins claires et des négociations à gérer plutôt ardues par moments. En fait, tout porte à croire que l'aspect communicationnel sera quelque peu problématique à cette période. Peut-être serait-il plus sage d'écouter, d'acquiescer et parfois de faire répéter au lieu de vous obstiner avec votre patron, même si vous savez pertinemment bien que vous avez raison sur toute la ligne. Peut-être croirez-vous aussi que tout est derrière vous et qu'il ne sera pas nécessaire de prendre de l'avance. Mais n'allez pas dire que vous n'étiez pas prévenu, parce qu'au moment où vous vous en attendrez le moins, vous verrez que vous aviez oublié ou négligé un million de détails. Et probablement, vous devrez rentrer au bureau, même en dehors des heures normales. Possiblement aussi remettre quelques jours de congé pour vous rattraper ainsi. N'allez pas prendre de décisions sans qu'elles n'aient été suffisamment mûries. En tant que patron, directeur ou travailleur autonome, la fin de l'année signale la période des renouvellements de contrats. Vous devriez prendre le temps nécessaire pour vous assurer la fidélité de vos clients, leur offrir des cadeaux et des petites attentions afin d'être bien certain qu'ils renouvelleront avec vous. Ne les tenez pas pour acquis. Traitez-les avec beaucoup de considération afin de les revoir.

Amour – Sentiments

Il est clair qu'une vie à deux requiert des efforts assez significatifs et le partage des tâches. Toutefois, il y aura des jours où vous aurez l'impression que c'est mission impossible et que chaque petit détail semble une situation difficile à laquelle il faudra faire face, ce qui pourra engendrer souvent un peu de frustration et aussi des conflits importants entre vous. Ce ne sera que lorsque Mercure aura repris son cours direct que vous pourrez enfin crever l'abcès et retrouver par le fait même toute la passion qui sommeillait entre vous. En tant que célibataire, il y a de fortes chances que vous consacriez une bonne partie de cette période entièrement au travail ou à vos multiples obligations avant de vous permettre une certaine liberté pour faire des rencontres. Cela dit, vous pourriez rencontrer votre âme sœur. L'intensité des sentiments ressentis dès les premiers instants de la rencontre devrait vous signaler qu'il y a un grand avenir entre vous qui semble déjà se dessiner. Mais prenez votre temps avant de commencer à penser à vivre ensemble. Plus encore, protégez vos rapports sexuels.

Famille

Des événements hors de votre contrôle, telle la maladie d'un proche, retiendront votre attention et malheureusement, votre partenaire, qui ne l'aura pas bien connu, ne voudra ni ne pourra comprendre que vous lui consacriez tant de temps, alors que lui est en attente. Si vous n'êtes plus de la première jeunesse et que c'est votre partenaire de vie qui est malade, il sera tout naturel que cette personne ne soit pas ou plus présente pour vous. Celle-ci aura besoin de toutes ses énergies pour supporter son mal et se guérir. Vous aurez peut-être l'impression qu'elle est capricieuse.

Santé – Bien-être physique

Vous ne serez pas exempt d'encourir certaines préoccupations, notamment à propos de vos poumons, de votre système respiratoire ou au sujet d'une congestion presque chronique. N'allez donc pas être surpris que vous ayez à multiplier les visites chez votre médecin, histoire de bien diagnostiquer tout ça et de trouver le bon remède ! Le repos sera véritablement un des meilleurs remèdes pour le rhume et la grippe, mais votre état de stress risque de prendre trop de place pour vous laisser connaître de doux et précieux moments de détente qui vous permettraient de retrouver votre dynamisme. Si vous voyagez, assurez-vous de recevoir tous les vaccins recommandés pour votre destination choisie. Mangez bien, prenez toutes vos vitamines, car vous serez plus sujet à une grippe tenace. Évitez le sucre et les gras trans.

LA PHASE RÉTROGRADE DE MARS POUR 2024

Mars rétrograde en Lion – du 6 décembre 2024 au 5 janvier 2025 – votre IIe maison natale

Climat général

Voilà une période où plus que jamais vous serez en mesure de manipuler les facteurs matériels et financiers. En contrepartie, vous ne serez pas à l'abri que des frustrations d'argent se fassent également sentir. À cet effet, Mars rétrograde sera loin de servir vos intérêts, puisque toute impulsivité ou toute action irréfléchie pourra se retourner contre vous. Ne prenez donc pas de risques avec votre argent ni signer quoi que ce soit sans garanties sérieuses. Vos finances risquent d'être mises à l'épreuve et vous risquez d'être mécontent à propos de vos revenus ou du soutien émotionnel que vous recevez. Malgré tout ce qui se trame dans votre vie, vous tendrez à ressentir au plus profond de vous-même que la vie est injuste à votre égard et que vous êtes loin de mériter un tel sort. Cela explique peut-être aussi pourquoi vous serez plus porté à également dire tout haut ce que vous pensez réellement, et même à blesser ainsi qu'à humilier quelques egos au passage. En réalité, vous ne chercherez qu'à défendre vos idées, vos points de vue ou toutes les raisons derrière celles-ci qui vous ont motivé à agir, à penser, de même qu'à écrire ainsi. Vous auriez intérêt à utiliser votre influence sur les autres avec justesse ou vous pourriez vous retrouver assez vite contrecarré par les autres.

Travail – Finances

Le climat de travail sera plus difficile et ce ne sera pas facile non plus de se parler les uns aux autres alors que les gens seront plus portés à se manquer de respect et à être impolis. S'il y a des bagarreurs autour de vous, évitez d'être pris à témoin et éloignez-vous aussi de ceux qui n'aiment pas ce qu'ils font ou qui critiquent constamment les décisions de l'entreprise qui les fait vivre alors que vous pourriez vous retrouver au centre d'une mésentente professionnelle. Le fauteur de ce trouble sera probablement une femme en position de pouvoir ou une employée qui s'arrogera tous les droits et pouvoirs sans y avoir été invitée. Profitez de cette expérience pour vous mettre en valeur et pour démontrer que cette personne a tout simplement tort et que ses préjugées n'ont pas leur place au sein de l'équipe. Certainement, son intransigeance et ses manigances lui vaudront les réprimandes de ses supérieurs, mais il est possible aussi qu'elle puisse se faire carrément mettre à la porte ou est-ce vous qui déciderez de quitter pour une autre entreprise ? Quoi qu'il en soit, vous aurez à vous adapter aux événements qui risquent de bouleverser vos projets, mais aussi le développement possible d'affaires et la structure de l'entreprise pour laquelle vous travaillez. Parlant de structure, l'entreprise qui retient vos services pourrait connaître un déracinement imposé ou obligé par la force des événements. Ce sera une période où la compétition sera plus féroce. N'allez pas être surpris qu'un concurrent cherche à vous détrôner ou *vice-versa*, ce sera vous l'instigateur. Suivant que ce sera un temps où il sera avisé de retarder toute dépense, si l'un de vos appareils ou si votre véhicule vous fait défaut, veuillez solliciter une deuxième opinion. Faites tout en votre pouvoir pour faire des économies et d'en faire une priorité. Veillez à ce que vos comptes soient payés avant leur date d'échéance. Au risque de me répéter, faites des économies et contentez-vous de ce que vous avez en main. Même à défaut de cette recommandation, tout suggère que vous serez quand même porté à dépenser davantage, et cela ira de soi, bien entendu, si vous êtes acheteur de métier. Malgré tout, évitez de déroger de votre budget alors que ce sera beaucoup mieux ainsi pour minimiser de vous causer des ennuis financiers additionnels ou inutiles. En dépit que les rentrées d'argent risquent de se faire plus rares, vous pourriez, impulsivement, être plus porté à fouiller dans vos économies ou, du moins, vous serez tenté de le faire pour contrer les temps difficiles. Toutefois, il vaudrait mieux vous contrôler et apprendre à vous passer du surplus, alors que vous réaliserez que ce n'était que du superflu au bout du compte. Le temps ne se prêtera pas aussi bien non plus pour soumettre votre demande d'augmentation de salaire ni pour faire des investissements.

Si vous faites un retour aux études, vous pourriez éprouver davantage des difficultés importantes d'adaptation, possiblement parce que l'enseignement reçu ne sera pas adéquat ou encore que le professeur ne se montrera pas à la hauteur de vos attentes. Son incompétence à bien transmettre la matière ou son enseignement vous fera bâiller d'ennui. Par contre, si vous jouez un rôle de conciliateur, vous aurez davantage de difficulté à représenter ainsi qu'à défendre les intérêts d'un groupe de travailleurs ou même ceux de votre communauté. Il est à noter également que la location d'un bien immobilier ou une activité professionnelle indépendante aura toutes les chances de rencontrer d'importants retards. C'est juste une période de réorganisation et de vérification de tout programme financier. Par conséquent, une idée qui devait apporter une ressource financière devra possiblement être revue. Il sera très important de comprendre également que la façon dont vous vous occupez de vos ressources financières rejaillira sur votre confiance en vous !

Amour – Sentiments

Vous pourriez vous sentir peu aimé ou pas apprécié à votre juste valeur par vos amis et par l'être aimé. Vous pourriez être aussi sous l'impression que votre partenaire de vie ne veille pas aussi bien à votre confort ou qu'il ou elle se refuse de dépenser un sou pour vous ni même pour la maison, même si une réparation s'avérait nécessaire. En dépit de cette impression, lorsque viendra le moment d'offrir un cadeau, gardez cela raisonnable ; c'est l'intention qui compte et non la valeur de ce dernier. Quant aux célibataires, il pourrait se passer un événement important en ce qui concerne vos amours. Quelqu'un pourrait possiblement s'enflammer pour vous, mais à ne pas vous y méprendre, sinon s'imaginera-t-on que vous cherchez à séduire à tout prix. Évitez toute passade amoureuse avec le patron ou un collègue. Parlant de collègues, l'un de ceux-ci pourrait se trouver aux prises avec des problèmes d'ordre amoureux.

Famille

L'ambiance familiale risque d'être lugubre et oppressive. Ce sera aussi un temps où l'on pourra davantage vous tenir pour acquis ou on s'attendra à l'impossible de votre part. Ce sera également un temps où vos relations pourront être plus déstabilisées par certains membres de votre clan familial, tels un frère, une sœur, un parent proche ou avec l'un de vos enfants. À cet effet, un jeune adolescent pourrait se retrouver dans une mauvaise situation, puisqu'il n'acceptera pas facilement la discipline et il aura tendance à semer le trouble partout où il ira. Il est possible aussi qu'il s'adapte mal à son environnement scolaire pour toutes sortes de raisons. Du coup, vous n'aurez d'autre choix que de prendre les choses en main pour éviter qu'il ne se détériore davantage. Il en ira de même en ce qui a trait à tout changement que vous souhaitiez apporter à la maison alors qu'il prendra plus de temps à se mettre en place. Mais attendez-vous aussi à des retards possibles. Quant à votre quartier, un voisin pourrait vous donner du fil à retordre suivant ses mauvaises habitudes de vie. Sinon, il est possible que l'un de vos voisins se plaigne de tout et de rien à votre endroit et ne se gêne pas pour vous le faire savoir, et pas toujours de jolie manière. En plus de chercher la bête noire, il tendra à jouer sur vos nerfs avec ses interdits et ses remontrances à outrance. Inutile de chercher à vous faire justice, puisque vous ne feriez qu'envenimer les choses. Consultez au besoin un avocat pour connaître vos droits.

Santé – Bien-être physique

Vous risquez d'éprouver plus d'ennuis à renouveler votre énergie alors que l'angoisse, la peur ou l'inquiétude sera la source principale de vos malaises d'estomac et de digestion. Évitez les excitants, au risque d'aggraver votre état. Attention également à la posologie du médicament prescrit. Un temps peu favorable aux opérations, aux thérapies et pour entreprendre un régime.

L'ÉCLIPSE SOLAIRE TOTALE DU 8 AVRIL EN BÉLIER – votre X^{e} maison natale

Avril est un mois d'éclipse ! Il comporte des risques plus élevés de maladie physique et morale qu'il faut prévoir afin d'éviter le cumul d'ennuis qui en découlera. Rien de pire que l'ignorance quand il est question de sa santé et de sa sécurité. Même si c'est des plus déplaisants à lire, vous serez plus fort et plus alerte une fois averti, du moins, c'est à espérer… Cela dit, l'éclipse en Bélier fait un vilain aspect (carré) à votre signe solaire. Totale, cette éclipse requiert une attention particulière de votre part côté santé et sécurité personnelle. Méfiez-vous d'une baisse de résistance physique ; il faut y remédier au plus tôt et du mieux possible. Prévoir la tendance vous permettra d'arriver à ces moments moins agréables en meilleure forme, ce qui aura pour effet d'atténuer les effets négatifs de l'éclipse.

Sans s'affoler, il sera conseillé de consulter un bon médecin en cas de problèmes à la tête et aux organes de la tête : les yeux, le nez, la bouche, les oreilles, ou en cas de troubles digestifs persistants, pouvant aller jusqu'aux saignements. Si une chirurgie s'impose d'urgence, n'hésitez pas ; Mars, planète du scalpel (bistouri) et du sang, en Poissons, vous protège. Aucun doute, vous guérirez. Malgré tout, ne prenez aucun risque, le destin pourrait se retourner contre vous. Averti des risques encourus, vous serez sage et ne ferez pas la forte tête !

Secteur de votre thème natal le plus important, alors que c'est à cette maison que l'on considère comment la société vous regarde et quelle est votre position dans le monde extérieur, voilà donc un temps où vous vous inquiéterez de savoir si votre travail est reconnu à sa juste valeur et si vous êtes également reconnu par vos supérieurs. Des promotions, des augmentations et d'autres formes de reconnaissance pourraient être accordées aussi bien que refusées, ou encore votre position dans votre carrière ou dans votre communauté pourrait être remise en question, ou serez-vous reconnu publiquement pour avoir atteint un objectif ? Quoi qu'il en soit, cette éclipse solaire a tout pour vous rendre célèbre autant que crever votre bulle si vous avez été trop ambitieux ou si vous avez négligé d'autres domaines de votre vie. Cela dit, le travail ou votre profession pourrait comporter des ennuis. Les événements conspirent pour opposer vos ambitions professionnelles aux besoins sur le front domestique. Si vous n'avez pas terminé le travail commencé le mois dernier, veuillez remettre la suite à des temps plus propices à la réussite de vos affaires. Agir en temps d'éclipse signifie temps perdu, énergie perdue, argent perdu. Ralentissez également au volant, éloignez-vous aussi de la passion et du feu !

Les hommes de votre signe solaire seront plus affectés, le Soleil étant le symbole de la masculinité. De bons éléments vous rendront capable de vous dépasser. Ce n'est pas un rhume qui vous empêchera de fonctionner, mais attention, il ne faudrait pas que ça dégénère en pneumonie non plus ! Si vous respectez les règles du bon sens et si vous vous changez les idées, cette éclipse totale n'aura guère d'impact sur vous. En passant, n'hésitez pas à vous libérer de certains engagements pour profiter davantage de votre vie personnelle. Vous manquez de temps ! Pourtant, c'est plus qu'essentiel. Vous devez prendre des mesures et avoir une meilleure qualité de vie. D'ailleurs, soyez avisé que vous serez plus fragile au niveau respiratoire. Les virus risquent d'avoir plus d'emprise sur vous. S'il est trop tard, faites-vous des infusions de thym, prenez de la vitamine C. Toutefois, ces petits conseils ne remplaceront pas votre médecin en cas de besoin. N'empêche, un peu plus de fatigue est à prévoir en raison de l'éclipse. Reposez-vous !

P.-S. : Vous êtes encouragé à prendre connaissance de tout ce qui est écrit au chapitre intitulé « Les éclipses de 2024 » pour mieux vous familiariser avec toutes les mises en garde à respecter lors de toutes les éclipses.

♌

Lion

24 juillet au 23 août

LES DIFFÉRENTS ASPECTS DE VOTRE PERSONNALITÉ

Lion – masculin, fixe, feu

Le Lion combine l'enthousiasme brûlant du Feu avec l'expression puissante de sa nature fixe. Le Lion est gouverné par le luminaire le plus fort, le centre, soit le Soleil. Vous avez besoin de sentir que vous êtes le centre d'attention. Vous êtes créatif, fier, gracieux, digne, déterminé et dramatique. Vous êtes également très généreux, expansif, enthousiaste et souvent un bon organisateur. Vos traits négatifs sont la vanité, le snobisme, l'intolérance, la condescendance, le dogmatisme et vous pouvez être pompeux à vos heures. Vous avez besoin de ressentir la véritable noblesse divine de votre existence. Vous pouvez alors laisser transparaître votre chaleur humaine et devenir une formidable sources d'amour et d'encouragement pour les autres.

Susceptible et exigeant, vous êtes tout aussi généreux. Vous appréciez l'attention et aimez être louangé par de somptueux compliments et de beaux cadeaux, et être paré d'un environnement tout aussi luxueux et de dernier cri à la hauteur de la personne que vous êtes. Votre spécialité est de vous amuser, cela explique pourquoi vous prenez tant de plaisir à recevoir chez vous tous ceux qui vous sont chers.

Parfois, votre peur de l'échec vous empêche de vous prouver de quoi vous êtes capable ou de commencer quelque chose de nouveau, par peur de ne pas être à la hauteur, de ne pas briller de tous vos feux, car vous aimez être le centre d'attraction et il n'y a pas de doute là-dessus !

CE QUI VOUS DIFFÉRENCIE DES AUTRES NATIFS DE VOTRE SIGNE

En tant que natif du 1er décan (du 24 juillet au 3 août), votre signe est régi par le Soleil, vous donnant une surdose de vitalité, de puissance et de chaleur. Vous êtes quelqu'un de fidèle, noble, ambitieux, généreux et tout aussi charismatique. L'image que vous projetez et la position que vous occupez dans la vie sont toutes deux importantes pour vous.

Naturellement autonome, vous avez une sorte de présence chaleureuse et satisfaite. D'un autre côté, vous avez un cœur et un ego sensibles, et vous êtes complètement dépendant de l'approbation des autres.

Leader-né, vous avez tous les atouts en main pour influencer la masse. D'ailleurs, vous pourriez très bien exceller à votre compte alors que vous avez tous les talents, compétences et habiletés pour bien gérer une ou votre entreprise.

Avec votre décan qui est sous la dominance de Saturne, cela fait de vous une personne dont l'ego est fort, quelqu'un qui est animé d'un magnétisme naturel ainsi que d'une dimension d'orgueil extraordinaire que vous pouvez mettre à profit en bien ou en mal, indépendamment de votre ascendant de naissance. Votre caractère est tout aussi passionné que l'est votre l'orgueil et vous possédez l'art du commandement comme personne. Vous êtes quelqu'un pour qui la liberté est très importante aussi.

Pour faire suite à la triplicité de feu qu'est votre signe solaire, cette double influence du Soleil vous rend jovial. Vous aimez vous amuser, vous aimez rire, vous aimez vivre entouré de luxe, d'apparat et de cérémonies auxquelles vous vous prêtez avec ardeur. Les amitiés et les liens sociaux sont aussi importants pour vous.

Autant en affaires que par plaisir, vous prônez d'excellentes valeurs éthiques. Si vous bannissez les pensées négatives, il n'y a pas de raison pour que vous ne puissiez pas réussir dans la vie, surtout que vous avez aussi le sens du spectacle pour accomplir tout ce que vous désirez réaliser. En plus d'être absorbé par de nombreuses pensées et idées, vous les poursuivez toutes agressivement. Possédant de l'audace, de la ruse et voulant tout obtenir de la vie, vous ferez tout pour arriver à vos fins, à votre but et vous réussirez neuf fois sur dix. La reconnaissance est le thème principal de votre vie. Naturellement, vous êtes plus que motivé et poussé à exercer dans un domaine où vous pouvez briller de tous vos feux.

Vous avez un goût prononcé pour les arts, la musique, la lecture et pour tout ce qui relève des activités de bienfaisance qui sont d'autres secteurs où vous pouvez très bien réussir.

Quant à vos relations, elles peuvent être ardues parce que vous êtes trop impulsif et c'est encore plus difficile lorsque cela concerne vos amours. Lorsque vous voyez quelque chose ou quelqu'un que vous désirez, rien ne peut vous arrêter. Mais il est courant pour les natifs de ce décan d'avoir des relations très difficiles, obsessionnelles et dramatiques.

En amour, vous donnez beaucoup, mais vous exigez aussi tout autant en retour. Le partenaire de vie idéal sera quelqu'un de loyal, d'affectueux et qui vous appréciera à votre juste valeur, mais qui supportera également que vous aimiez être en position de commander. Si vous vous mariez, choisissez quelqu'un dont vous pouvez être fier, quelqu'un avec qui vous pouvez créer une existence de rêve, puisque vous avez un immense besoin d'une vie de famille stable et d'être entouré de relations en lesquelles vous avez une confiance aveugle.

En tant que natif du 2e décan (du 4 au 13 août), vous êtes toujours régi par le Soleil, ce qui vous attribue automatiquement une forte santé, mais votre décan est gouverné par la Grande Bénéfique, Jupiter. Voilà qui bonifie les pronostics favorables à votre naissance. Cela explique aussi pourquoi vos perspectives sont optimistes et positives. Vous pouvez être un joueur dans le vrai sens du terme – un preneur de risques à chaque instant de la vie. Noble et fier, vous possédez des sentiments élevés en ce qui a trait à votre dignité et à votre honneur.

Ouvert d'esprit, vous aimez explorer des horizons nouveaux, mais aussi des cultures différentes de la vôtre. Visionnaire intelligent, capable d'une grande générosité et des plus brillants par nature, on admire vos capacités à bien vous entendre avec toutes sortes de gens.

Jupiter, qui influence doublement votre signe, – puisque d'une part, elle est la planète maîtresse de votre décan et que, d'autre part, elle donne suite à la triplicité de feu qu'est votre signe solaire – augmente sensiblement le côté spirituel de votre nature et hausse votre curiosité intellectuelle tout en activant votre besoin d'indépendance.

Pondéré et digne de confiance, vous avez un fort sens de l'idéalisme qui perturbe vos actions et vos attentes. Intrépide et jovial, votre personnalité est très puissante, mais vous avez aussi en horreur toute situation ou toute personne qui vous prive de votre liberté d'expression.

Compatissant de nature, tous ceux qui vous entourent vous trouvent inspirant. Royal, superbe et volontaire, vous dégagez une noblesse naturelle qui force le respect – voire l'admiration. Et bien que vous preniez des risques dans la vie, vous tendez à respecter l'autorité. Vous avez également le don d'attirer à vous toutes sortes de personnes et certaines peuvent ne pas être aussi bonnes pour vous.

Vous pourrez réaliser quelque chose d'une importance capitale dans votre vie pourvu que vous définissiez vos objectifs et que vous investissiez les efforts nécessaires pour les atteindre. Mettez aussi à profit votre talent naturel pour saisir et résoudre tous les problèmes existants. Misez sur l'équilibre dans tous les domaines de votre vie, ce qui servira bien mieux vos intérêts et ceux des autres.

Chanceux et fortuné, il vous sera donné à plusieurs occasions la possibilité de hausser vos revenus. Suivez votre ligne de pensée, faites votre bout chemin et vous vous en réjouirez, mais n'allez pas devenir trop imbu de vous-même, trop égocentrique ou trop orgueilleux.

Aimant le rire et le plaisir, en amour, vous êtes une personne qui a besoin de se sentir aimée et admirée. Votre apparence est très souvent glamour ou théâtrale. Votre grand sens de la justice et de la charité fait de vous un être, un associé, un partenaire de vie et un ami chaleureux sur qui on peut se fier. Heureux tous ceux qui vous ont dans leur entourage alors que vous portez bonheur ! Côté cœur, vous faites partie de ces gens qui sont à la recherche du partenaire qui leur fera honneur, intelligent, plein de fantaisie et rempli d'humour, et avec lequel vous partagerez votre curiosité, votre goût des voyages et votre soif de liberté. Attention d'être attiré par des personnages extrêmement égoïstes et plus grands que nature. Si vous vous mariez, choisissez une personne qui respecte votre dignité et qui estime votre habileté à prendre les choses en main.

En tant que natif du 3e décan (du 14 au 23 août), vous êtes régi par le Soleil et de ce simple fait, votre santé et votre exubérance naturelle ne vous font pas défaut. Votre décan est sous la tutelle de Mars. Cette planète joue un rôle déterminant dans votre thème natal, puisqu'elle ajoute de l'ambition à votre nature. Votre destinée est celle de meneur d'hommes et de femmes, de leader qui rend de grands services à l'humanité.

Vous êtes l'un des plus ambitieux et des plus chevaleresques de tous les décans. Vous pouvez rendre les autres fous par votre simple suffisance et par votre refus obstiné d'admettre une erreur. Cependant, vous êtes généralement une personne au cœur d'or, décidée à jouer cartes sur table et à être franche et honnête avec le monde. Animé d'un réel dynamisme, qu'il soit évident ou caché, votre optimisme pur et simple vous aidera à traverser les périodes difficiles.

Courageux, vif d'esprit, énergique et autoritaire, vous avez l'endurance ainsi que tout l'enthousiasme nécessaire pour mener à bon port toutes vos visées ; par contre, vous pouvez éprouver une certaine difficulté à maîtriser votre impatience et vos sautes d'humeur. Il serait donc tout indiqué pour vous de changer souvent d'air, de vous secouer, de ne pas vous laisser aller à des vices ni à des manies dangereuses, et n'allez pas céder à vos instincts sexuels, ou autres, très puissants. Vous aurez en ce sens un grand travail à accomplir et si vous le réussissez, vous aurez le plaisir et la satisfaction de devenir un être exceptionnel.

Ambitieux et assez direct dans votre approche, vous êtes heureux lorsque vous pouvez travailler pour vous-même et selon votre propre horaire. La position que vous occupez et l'image que vous projetez dans la vie sont importantes à vos yeux. Malgré tout, ne soyez pas trop prompt à donner aux gens votre temps, votre argent, votre confiance ou votre affection.

Vos capacités intellectuelles et votre volonté de réussir font de vous un leader-né qui pourra exceller dans de nombreuses professions, entreprises ou sociétés, et ce, plus encore si vous jouissez d'une éducation avancée. À cet effet, vous pourriez très bien faire votre marque dans le domaine bancaire, l'immobilier, la comptabilité ou toutes les activités qui impliquent les finances, mais également dans les forces armées où vous pourriez atteindre un grade élevé. Visez haut lorsque vous établissez vos objectifs et soyez tout aussi sélectif des personnes qui vous entourent.

Autoritaire, impétueux et plein d'entregent, vous êtes très doué pour mettre en action de nouveaux projets, mais parfois vous perdez de l'intérêt avant qu'ils soient finalisés. Rempli de réserves intarissables d'énergie, vous êtes du genre à fonctionner à vive allure. Vous n'êtes pas heureux si quelque chose entrave votre route ou si vous êtes retenu d'une quelconque façon, puisque cela vous empêche d'accomplir tout ce qui était prévu au programme. Être constamment occupé est votre devise !

Sexy, aimant le risque et l'aventure, vous êtes plus du genre à prendre les initiatives au moment des relations intimes. Vous refusez catégoriquement de vous voir dominé par l'élu de votre cœur. Dans votre vie de couple, vous recherchez d'abord et avant tout le dialogue et le partage. En amour, vous exigez une loyauté et une dévotion à toute épreuve. Du genre à vous donner des airs, votre comportement est très droit et royal. Si vous vous mariez, choisissez une personne qui est raffinée, pondérée et séduisante alors que Sa Majesté, que vous êtes, sera flattée d'orgueil de la présenter à tout un chacun.

CE QUE LES ASTRES VOUS RÉSERVENT EN 2024

Jupiter en Taureau jusqu'au 25 mai 2024 – votre X^e^ maison natale

Jupiter est fondamentalement une planète qui se déplace lentement. Elle a tendance à rester dans un signe et une maison pendant une année entière. Mais, tout comme les deux précédentes années, elle se déplace exceptionnellement vite – elle passe en fait par deux signes et maisons cette année. Elle commence l'année en Taureau, votre X^e^ maison, puis elle se déplace en Gémeaux, votre XIe maison. Que de bons augures ! D'emblée, soyez informé que la période de chance a commencée depuis votre dernier anniversaire et se poursuit cette année. Vous allez continuer à bien vous porter et à jouir d'un extraordinaire contrôle sur votre destinée. Vous pourrez faire des projets puisqu'ils seront faciles à réaliser. Vos désirs deviendront réalité et absolument rien ne s'opposera à votre bonheur.

Quant à votre carrière, avec Jupiter en Taureau, elle sera le principal sujet d'actualité. Ce sera une année de carrière exceptionnelle ! Vous serez soit élevé, promu ou encore recevrez-vous une augmentation de salaire ? À tout le moins, préparez-vous à être honoré, mais vous semblez aimer ce que vous faites. Vous appréciez votre parcours professionnel. Indicateur classique de réussite et d'accomplissement vers l'extérieur, vos horizons professionnels s'élargissent ; vous voyez que vous pouvez aller plus loin que vous ne l'auriez jamais cru possible ! Des opportunités de travail ou de carrière heureuse se présenteront à vous. Il y aura de l'avancement, soit dans votre entreprise actuelle, soit dans une autre. Vous êtes une prospérité brûlante maintenant. Votre prestige sera à la hausse, et vos finances connaîtront aussi un accroissement impressionnant. Le commerce, les transactions et les investissements seront autant de domaines privilégiés. Les voyages et les changements de milieu seront aussi des plus bénéfiques. La loterie ou les tirages pourraient également vous réserver de bonnes surprises. Les natifs de votre signe qui travaillent dans le domaine du divertissement, et du sport aussi, devraient connaître une année faste. Tous ceux d'entre vous qui sont des artistes devraient recevoir une plus grande reconnaissance pour leur travail ces jours-ci. Si vous êtes à la recherche d'un emploi, vous connaîtrez un bon succès. L'emploi se trouve dans votre voisinage, non loin d'où vous résidez. Les relations familiales pourraient aussi s'avérer utiles pour obtenir un emploi. Même que certains de votre signe pourraient travailler pour la famille, ou dans une entreprise familiale, ou depuis la maison ; il existe un lien fort entre le travail et la famille de nos jours. La partie la plus importante de ce transit de Jupiter est que vous allez aimer votre carrière. Cela semble être un plaisir ! On dit que lorsque vous trouvez un travail que vous aimez, vous ne travaillerez jamais un seul jour de votre vie. C'est la situation actuelle. Dans de nombreux cas, lorsque le maître de votre V^e^ maison (Jupiter) se trouve dans la Xe maison transitée, comme c'est le cas ici, les enfants sont aussi la force motrice de la carrière. Vous voudrez réussir à cause des enfants afin d'être une bonne providence pour eux ou de les rendre fiers de vous.

Pour ce qui est de vos amours, si vous avez supporté un mariage, ou une union, et que vous savez que jamais vous ne serez heureux avec cette personne, vous n'aurez même plus envie de discuter, vous refermerez la porte et partirez brusquement. Si vous ne vous êtes préoccupé que de vous-même, si, dans votre couple, seuls vos besoins ont compté, si vous vous êtes comporté en égoïste, vous aurez la surprise de vous entendre dire adieu ! Attendez-vous d'avoir aussi à vous adapter à un ou à des changements familiaux, ce pourrait être la maladie d'un proche qui atteindra un point de non-retour ou encore un enfant qui décidera de voler de ses propres ailes. Cela signifie également les responsabilités familiales et si vous avez des enfants, on vous demandera de faire davantage acte de présence, ce qui risque de soulever quelques arguments si vous êtes un bâtisseur d'entreprise ou sur le point d'atteindre un sommet dans votre carrière. Vous devrez donc calmement expliquer à votre amoureuse ou amoureux que ce que vous faites est pour que vos êtres chers ne manquent de rien.

En ce qui a trait à votre santé et à votre bien-être physique, vous allez sentir un relâchement des tensions qui devrait s'intensifier après votre anniversaire. Entre-temps, quelques précautions vous permettront d'éviter les pièges qui pourraient se manifester tels que prendre quelques kilos. Vous serez peut-être amené également à ressentir une forme de découragement à un certain moment, mais il ne sera absolument pas question d'abandonner et c'est précisément lorsqu'on vous encouragera ou plus simplement lorsqu'on vous fera des commentaires positifs que votre moral retrouvera toute sa vigueur.

Jupiter en Gémeaux – du 25 mai 2024 au 9 juin 2025 – votre XIe maison natale

Voilà une période où il vous sera facile de séduire les foules. Avec Jupiter au secteur qui régit vos rêves, souhaits et désirs, le futur semble très prometteur ! Ce sera un temps où vous prendrez plaisir à sortir et même à mener une vie plus animée qu'à l'habitude. Vos plans personnels vont débloquer ! Incroyable mais vrai, dès votre anniversaire, vous serez favorisé en ce qui concerne votre proche avenir.

En affaires, vos chances de réussite sur le plan professionnel seront très élevées. Votre pouvoir décisionnel sera accru et vous serez appelé à prendre de plus grandes responsabilités. Jupiter favorisera l'ensemble de vos entreprises et il pourrait même vous faire gagner un prix secondaire au jeu. Cette période sera également propice aux voyages, aux déménagements ou aux recherches d'emploi. Les natifs de votre signe qui travaillent dans les arts créatifs (et beaucoup de Lions le font) auront une année spectaculaire devant eux. Profitez-en pour aller de l'avant avec vos projets, surtout si vous interagissez avec des collègues professionnels ou des clients lors d'événements sociaux. Réputé pour vos habiletés d'organisation, saisissez dès lors l'opportunité pour vous impliquer davantage dans votre communauté ou pour des causes caritatives, et plus encore si vous avez l'occasion de présider l'un de ces projets.

Pour ce qui est de vos amours, une fois votre anniversaire passé, vous verrez clair en vous-même et dans les autres. Vous prendrez d'importantes décisions par rapport à certaines relations. Vous vous impliquerez plus dans celles qui en valent la peine et vous n'hésiterez pas à laisser de côté celles qui ne correspondent plus à vos aspirations. D'ailleurs, avec Jupiter, vous aurez tôt fait de remplacer les personnes incompatibles par des gens qui partagent vos valeurs. La venue d'un cycle de forte popularité pour l'été et le reste de l'année transformera votre vie, entre autres sur le plan social. Les solitaires sont sur le point de réaliser leurs rêves. Possibilités de voyager aussi !

En ce qui a trait à votre santé et à votre bien-être physique, la démesure serait bien mauvaise conseillère. Abuser de vos forces ou des bonnes choses de la vie ne se fera pas sans que vous ayez à en payer le prix. Des kilos en trop, sinon une vulnérabilité accrue, pourraient être justement des conséquences fâcheuses de votre laisser-aller. Le moment est venu de penser à vous, voire d'investir dans votre bien-être. Les efforts que vous fournirez pour améliorer votre sort seront récompensés.

Saturne en Poissons – toute l'année – votre VIIIe maison natale

Saturne a parfois mauvaise presse, car nous combattons souvent les changements saturniens. Elle nous enseigne la « responsabilité » dans de nombreux domaines de notre vie qui peuvent grandement bénéficier d'un peu d'amélioration. Tout indique que vous êtes à l'heure des grandes transformations. Saturne est un bon collaborateur pour ceux qui acceptent de changer cette partie de leur vie qui ne leur plaît plus. Il va tout de même freiner des emballements imprudents. Il va placer également sur votre route des personnes sages qui auront, au moment où vous en aurez besoin, de bons conseils à vous donner. Ce même Saturne donnera une dure leçon à tous ceux qui se vautrent dans la paresse, dans l'égocentrisme, dans l'égoïsme. Et pas de cadeau non plus à ceux qui trichent, qui mentent ou qui utilisent d'innocentes personnes pour les servir ; ce même Saturne provoquera un recul afin que le Lion-roi réfléchisse aux conséquences de ses actes.

En affaires, c'est une année où les optimistes au grand cœur gagneront sur tous les fronts. Si, à certains moments, les marches sont très éloignées les unes des autres, si vous en manquez quelques-unes, le ciel vous procurera cet élan vous permettant de faire un saut impressionnant vers le sommet à atteindre. Et puisque votre sens de la perception sera en hausse, fiez-vous à votre intuition. Mettre des choses en action présentement ne sera pas une nécessité, mais si vous portez attention, vous serez plus apte à comprendre toutes les nuances et à avoir un meilleur aperçu d'ici à ce que vienne le temps de mettre en action vos objectifs visés. Entre-temps, la période tend à s'annoncer plus difficile pour ce qui est de faire des économies. Si vous faites une demande pour un emprunt, tout probable que l'on exigera de vous un surplus de garanties, sinon cela prendra plus de temps avant que la demande soit approuvée. Il est possible aussi que des individus avec qui vous transigez décident de se défouler sur vous. Attendez-vous à des restrictions financières.

Pour ce qui est de vos amours, profitez-en pour resserrer les liens intimes qui vous unissent à l'être aimé. Ce sera une période où vos biens communs, comptes conjoints et votre vie personnelle seront mis en évidence. Des conflits pourraient survenir, surtout si vous et votre partenaire de vie partagez des points de vue différents par rapport à l'argent ou à vos investissements. Profitez-en pour réduire vos dettes, vos créances hypothécaires et veuillez prôner un mode de vie plus en règle avec votre budget. Le moment sera bien choisi aussi pour le règlement équitable d'affaires de succession dans certains cas. Cela dit, un enfant aura des comportements auxquels vous ne comprendrez plus rien ; ce sera une grande remise en question.

En ce qui a trait à votre santé et à votre bien-être physique, vous êtes avisé de prendre soin de votre santé alors que vous aurez quelques petites alertes ici et là. Il est vrai que vous travaillez énormément et que vous ne prenez pas toujours le temps de vous occuper de vous-même, alors que vous aurez tendance à étouffer les signaux que vous lancera votre corps. Mais, celui-ci insistera… alors n'attendez pas d'être obligé que l'on vous conduise à l'urgence pour vous faire soigner. Dès les premiers signes d'un mal qui perdure, allez consulter votre médecin.

Si le/la partenaire de vie est Lion de par son Soleil ou son Ascendant natal

Votre compagnon Lion aurait-il réservé une séance de trop chez le médium ou la clairvoyante du quartier ? L'entendez-vous psalmodier sous la douche ces derniers temps ? Vous fait-il perdre la tête en pensant à la brièveté de la vie alors que vous avez plutôt envie de prendre du bon temps en ce moment ? Si c'est le cas, tenez bon et laissez votre être aimé faire son travail. En ce moment, il vit une expérience spirituelle comme jamais auparavant et il veut désespérément croire qu'il y a un chemin spirituel à sa vie et une raison à son existence. Pourquoi ne pas prendre le temps d'étudier un peu d'astrologie par vous-même ? Ou encore d'aller en consultation ? En acquérant plus de connaissances dans des domaines tels que celui-ci, vous pourriez vous découvrir mutuellement de manière beaucoup plus complète. De plus, vous savez déjà à quel point votre Lion appréciera le fait que vous ayez pris le temps d'apprendre à le connaître.

Pluton en Verseau – les vingt prochaines années – votre VIIe maison natale

Avoir la planète du pouvoir et du changement dans le signe libre-penseur et curieux du Verseau constitue une combinaison des plus puissantes. Vous réalisez que vous ne pouvez pas arriver là où vous voulez aller si vous êtes retenu par une énergie confuse ou négative. L'opposition de Pluton est assez déstabilisante, surtout qu'elle induit des métamorphoses et des changements profonds, parfois brutaux. On ne le choisit pas toujours, mais il faut l'assumer ! Vous êtes au pied du mur, contraint d'agir, de juger, de décider, d'avaliser. Cette tension pourrait affecter vos liens affectifs – elle est souvent l'occasion d'ajustements radicaux dans votre relation ou d'autres associations. Vous pourriez vous sentir parfois seul, car vous devrez régler quelque chose de très personnel qui tourne autour de vos rapports au monde. Vous devez retrouver votre nature authentique pour retrouver équilibre et sérénité dans tous vos échanges. D'un côté, vous pourriez voir les relations existantes évoluer vers des niveaux beaucoup plus profonds ou se transformer en luttes de pouvoir. D'autre part, vous pourriez au contraire attirer d'innombrables attractions fatales avec des personnes qui ont un but karmique dans votre vie et la leur. Cela ne signifie pas que toutes les années à venir seront difficiles, cependant, cela signifie que vous ne verrez plus jamais l'union et le partenariat de la même façon. D'ailleurs, la vérité et l'obscurité (parfois bonnes et mauvaises) vous seront révélées au sujet de votre partenaire de vie à long terme ou même dans vos relations d'affaires. La question que vous devez vous poser est de savoir qui ils sont vraiment ?

LES PHASES RÉTROGRADES DE MERCURE POUR 2024

Mercure rétrograde en Bélier – du 1er au 25 avril 2024 – votre IXe maison natale

Climat général

Passionné de nature, si récemment vous vous êtes enrôlé dans un cours de langue seconde ou un atelier qui vous permet d'entreprendre un chemin de vie beaucoup plus conforme à vos aspirations, il n'est pas impossible que vous vous désistiez de ce cours pour une raison ou une autre. En toute honnêteté, vous auriez intérêt à profiter de l'opportunité qui se présente pour prendre des notes sur les domaines de votre vie dans lesquels vous pourriez améliorer votre efficacité afin de ne pas avoir à gérer constamment les mêmes tâches et les mêmes problèmes encore et encore. De cette façon, cela vous permettra de libérer votre emploi du temps et d'être plus spontané plus présent « dans le moment », ce que vous appréciez grandement.

Travail – Finances

Attention de vous précipiter un peu trop rapidement dans certains éléments de votre travail, au risque de vous retrouver dans une situation précaire – particulièrement si vous avez investi de l'argent et qu'il faut maintenant rentabiliser l'affaire. Vous ne voudriez surtout pas perdre la face dans toute cette histoire. Si vous êtes à forfait, il est possible qu'on ne le renouvelle pas. Si tel n'est pas le cas, attendez-vous à ce que vos tâches puissent être plus difficiles à cette période. Il faudra ainsi redoubler d'efforts pour arriver aux résultats escomptés. Malgré tout, vos projets, même ceux les mieux conçus, pourraient encourir un retard possible, sinon un ennui à leur exécution. Il sera suggéré que les accords soient consignés par écrit, ce qui vous évitera de nombreux pépins. L'idée qu'un projet de voyage puisse encourir une brève impasse est aussi possible, ce qui pourra vous sembler relativement déroutant. Afin de minimiser d'être victime d'un retard quelconque ou d'un malentendu, vérifiez que tous vos plans de voyage sont en bon ordre avant de partir. Moindrement, vous pourriez encourir des difficultés dans vos projets d'études ou en ce qui concerne une affaire juridique. Si, pour une raison ou une autre, vous avez à faire affaire avec une maison d'édition, les médias ou tout ce qui ressort d'intérêts interculturels, veuillez réévaluer, réexaminer et même repenser votre position avant de penser à présenter une nouvelle demande. Soulignons que les démarches, les changements, les nouvelles propositions et les projets inédits représenteront autant des domaines où vous ne serez pas privilégié à cette période. N'allez pas vouloir agrandir l'entreprise ni vouloir vous établir à votre propre compte non plus, au risque d'être déçu. Le temps sera mal choisi aussi pour soumettre une demande de transfert ou d'augmentation de salaire ou pour postuler un nouvel emploi.

Amour – Sentiments

Vous pourriez avoir à traverser une période qui ressemblera à un peu de jalousie ou de possessivité de la part des autres ou de vous-même. Évitez de tout dramatiser ainsi qu'être exigeant ou de faire des crises dès que l'on vous dira non, dès que l'on ne pourra pas vous accorder toute l'attention et le temps nécessaires que vous demandez. En tant que célibataire, il est clair que si vous passez pas mal de temps à faire la fête, tôt ou tard, vous aurez des comptes à rendre. Si vous veniez qu'à rencontrer une personne, il est possible que l'intensité de cette relation puisse être trop désagréable à gérer avec le temps et vous chercherez davantage à fuir par la suite.

Famille

L'idée que l'un de vos petits anges soit plus contrariant, qu'il se mesure à vous et qu'il teste vos limites est possible. Il vous faudra improviser une solution sage pour vous éviter de vous mettre en colère. Et n'allez pas vous attendre non plus que vos adolescents vous écouteront et qu'ils entreront à la maison à l'heure exacte que vous leur aviez fixée. Bien au contraire, la tension sera en hausse et vous aurez plus facilement les nerfs en boule. En vous montrant trop ferme ou rigide et en ne pensant qu'à vos propres besoins, vous risquez une confrontation certaine. Laissez plutôt le temps agir, sans vous entêter pour autant, puisque les choses finiront par s'arranger d'elles-mêmes. D'ici là, gardez un œil avisé sur eux et sur les amis qu'ils fréquentent. De cette façon, vous aurez une avance sur eux pour mieux les dérouter ou pour mieux déjouer aussi leurs machinations. S'ils poursuivent des cours ou une formation, il se pourrait qu'ils changent de direction ou d'institutions. Importance des enfants.

Santé – Bien-être physique

Ce sera tout ou rien avec vous lors de cette période ! Attention aux excès alimentaires puisque par moments vous tendrez à vous empiffrer considérablement de tout alors que le lendemain, vous jeûnerez dangereusement. Il y aura risque de déséquilibrer assez sérieusement votre système hormonal, surtout si vous n'êtes plus une jeunesse, et faites endurer ce genre de traitement à votre corps. Apprenez à aborder la vie plus tranquillement, avec plus de douceur. Prenez le temps de respirer, de vous détendre, de manger plus lentement et d'apprécier chaque bouchée que vous dégustez. Malgré tout, vous ne serez pas exempt d'un problème de santé possible. À titre d'exemple, vous pourriez souffrir de spasmes et/ou de douleurs musculaires à la suite d'un indice d'angoisse surélevé. Sinon, psychologiquement, vous vous sentirez à votre seuil le plus bas. Apprenez à vous détendre. Songez à pratiquer une technique de relaxation alors que cela pourra vous être bénéfique et salutaire de surcroît, suivant que vous allez venir à bout de vous détendre et de connaître de bonnes nuits de sommeil – réparateur en plus de cela ! Apprenez à lâcher prise. Plus que tout, évitez les excès et les affronts. Surveillez aussi votre dos. Attention également à un problème possible au niveau de la hanche ou du fémur.

Mercure rétrograde en Vierge – du 5 au 14 août 2024 – votre IIe maison natale

Climat général

Il y a parmi vous des Lions généreux et d'autres qui sont égoïstes, mesquins et économes à l'excès. Si vous appartenez au premier groupe, vous n'aurez aucun mal à traverser cette période. Vous demeurerez généreux, mais cette rétrogradation vous inspirera sans doute à être plus sélectif. Vous ne donnerez pas à qui le demande, mais plutôt aux gens qui savent apprécier ce qu'ils reçoivent et qui peuvent vous dire merci. Quant aux grippe-sous, ils seront pires que jamais ! Pas étonnant que vous ayez à contester quelques factures concernant la maison ou des dépenses que l'un de vos enfants aura faites sans votre consentement en utilisant par exemple, le cellulaire ou une carte de crédit. Surveillez donc un peu plus leurs faits et gestes, car il est possible qu'ils vous en fassent voir de toutes les couleurs. Cela dit, un achat important ou des rénovations sur votre propriété, ou à l'intérieur de votre logis ou de votre appartement, vous obligeront à faire bon nombre déplacements, de négociations. Il y aura aussi des pertes de temps ! Les dépenses seront assez élevées, mais heureusement, vous aurez dressé préalablement votre budget avec rigueur, sans laisser échapper un seul détail. Par contre, il s'agira d'un luxe que vous aviez envisagé de vous offrir depuis longtemps. Malgré tout, vous pourriez vous désenchanter devant la complexité des petits détails.

Travail – Finances

Si les uns devront travailler un temps fou, d'autres se tourneront les pouces et leur attente sera insupportable. Si vous n'avez pas de stabilité dans votre milieu de travail, un changement administratif pourra vous rendre plus nerveux. Ce sera pénible à supporter alors que vos patrons manqueront de politesse à votre égard par moments. Les collègues ne seront pas plus patients non plus. Et fort probablement que le voisin se plaindra aussi de tout et de rien. L'aspect financier sera plus difficile et, même si vous négociez avec votre banquier, vous n'obtiendriez que des dettes insurmontables. Il faut demeurer patient. Profitez-en pour peaufiner vos projets alors qu'un meilleur moment se présentera sous peu pour les mettre en application. Si vous évoluez dans le marketing, vous serez porté à proposer davantage des idées révolutionnaires ou avant-gardistes qui vous permettront d'en tirer un revenu substantiel. Mais tâchez tout de même de ne pas trop vous décourager si l'on remet à plus tard cette augmentation de salaire promise depuis longtemps déjà ou cette promotion. Même si vous essayez de négocier quelque chose, cela tombera dans l'oreille d'un sourd, tout simplement ! Cela dit, surveillez de près votre comptabilité. Évitez tout risque en affaires.

Amour – Sentiments

La générosité est l'une de vos plus grandes qualités et vous aurez fortement envie de vous faire gâter à cette période. Vous inviterez (séduirez) votre partenaire à faire des activités mondaines, à vous offrir de bons restaurants, des spectacles, etc. Autant votre générosité n'aura pas de limites, autant vous souhaiterez que l'amoureux en fasse tout autant pour vous. Cependant, le retour de l'ascenseur que vous souhaitez recevoir risque de ne pas être là ! Et cela vous occasionnera un peu de déception. Si votre partenaire de vie n'est pas calme, vous le serez et saurez modérer ses peurs de l'avenir et sa crainte du manque. Vous aurez l'art de le ou la rassurer sur sa propre personne. En tant que célibataire, vous serez plus casanier. Vous aurez peu d'intérêt pour sortir. Vous ne serez pas insensible à la flatterie, mais rien de plus. Si vous avez fait une rencontre qui vous a emballé récemment, il se peut que vous commenciez à voir plus à présent les défauts de votre flirt. Le pire étant que cette personne sera portée à restreindre votre liberté d'agir et tendra à interférer dans vos décisions, même les plus banales. Vous vous direz alors que cette personne n'est pas vraiment pour vous.

Famille

Vous tendrez à vous compliquer l'existence dans votre désir d'imposer vos idées, tout comme vos amours. Si vous avez une famille reconstituée, les enfants de l'être aimé risquent d'être plus turbulents et impolis à votre égard. La situation pourra prendre une dimension inattendue, surprenante et parfois décevante. Et vous ne serez pas exempt non plus que l'un de vos enfants soit malade aussi. Les visites à l'hôpital seront nombreuses et naturellement pénibles. Cette situation pourra affecter aussi vos autres enfants et votre partenaire de vie. Un de vos enfants adultes pourra vivre une séparation et vous songerez à ce drame qui pourra vous séparer plus souvent de vos petits-enfants. Il est possible que vous ayez aussi à vous occuper d'un parent dépressif. N'allez pas être surpris non plus que l'ex de votre amoureux ou amoureuse nuise à votre couple, vous demande la garde des enfants après l'avoir perdue pour de bonnes raisons. Ni vous ni l'amoureux ne vous inclinerez, d'autant plus si ce parent a abandonné l'enfant ou s'en est très peu occupé. Cette lutte ne sera pas facile à mener. Une période qui est peu recommandable pour établir une famille. Beaucoup mieux pour en parler.

Santé – Bien-être physique

Nous avons la force de nos épreuves, mais lorsqu'elles s'accumulent, elles finissent par miner notre moral. Si vous ne réagissez pas, si vous ne cherchez pas en vous un autre plaisir d'être, vous risquez de vous enfoncer dans la déprime. Prenez-vous en main. Malgré une excellente alimentation, si vous vivez un grand stress, voilà que votre estomac ne digérera pas aussi bien qu'à l'habitude. Peut-être devriez-vous songer à la naturopathie ? La saison des allergies tire enfin à sa fin, mais les derniers instants sembleront être bien plus dérangeants. La congestion deviendra intenable ! Vous ressentirez une puissante fatigue qui vous empêchera de fonctionner. Vous serez tenté d'essayer plusieurs médicaments avec ou sans ordonnance, mais les effets secondaires risquent d'être plus désagréables que l'allergie elle-même. Peut-être serait-il préférable d'endurer les symptômes tout simplement, alors qu'ils se dissiperont. Cessez de trop vous inquiéter pour votre santé !

Mercure rétrograde en Lion – du 14 au 28 août 2024 – votre 1re maison natale

Climat général

Soit que vous aurez vieilli d'un an à ce jour, soit vous serez à la veille d'ajouter en âge, et ce ne sera pas étonnant que vous le sentiez un peu plus significativement pendant cette période. Pas seulement au niveau de la santé, mais surtout en ce qui concerne une de prise de conscience et de maturité. Prônez une approche de détente plutôt qu'une fête majestueuse pour votre anniversaire ! Mais il ne sera pas surprenant que vous vous permettiez une évasion dans un centre de villégiature, ou à votre spa favori, ou même une forme d'isolement pour vos vacances. Et ce sera très certainement une expérience inoubliable qui pourra vous placer en contact plus direct avec vos émotions et votre intuition.

Travail – Finances

Avoir l'esprit d'équipe est un concept qui se définit habituellement nettement mieux chez les natifs d'un signe d'air contrairement à vous qui êtes un signe de feu. En effet, on pourra vous suggérer ou plutôt vous imposer une équipe en vous faisant valoir les mérites de travailler en étroite collaboration. Mais, en fin de compte, vous serez la seule personne à avoir fait les efforts. En fait, votre orgueil pourra vous pousser à vous démarquer.

Ce n'est pas nécessairement négatif en soi, mais l'esprit d'équipe est véritablement un concept beaucoup trop abstrait pour vous. Vous êtes un leader naturel, qu'on le veuille ou non. Il ne sera donc pas étonnant que vous ayez un rôle à jouer dans une histoire de conflit de travail. Vous pourriez aussi avoir l'impression de faire du surplace et d'attendre continuellement après certaines personnes et peut-être devrez-vous communiquer dans une langue que vous ne maîtrisez pas aussi bien. Pour mieux traverser cette période sans trop d'encombrements, jouez la carte de la souplesse et adaptez-vous de bon cœur aux changements qui surviennent autour de vous, même si vous n'en êtes pas l'instigateur. Méfiez-vous des beaux parleurs, des emprunteurs et tant qu'à faire des voleurs. Alors que la période se déroulera avec une certaine lenteur, vous n'aurez guère envie de brusquer quoi que ce soi, du moins, c'est ce que vous êtes encouragé de faire ! D'ailleurs, il n'y aura aucun mal à modérer la cadence pour faire le point et pour établir ainsi vos stratégies pour l'automne. Entre-temps, essayez de vous retenir un peu plus quand vous magasinerez alors que vous serez moins raisonnable. Évitez aussi les distractions, sans quoi vous pourriez égarer votre porte-monnaie ou un objet auquel vous tenez.

Amour – Sentiments

De nombreux problèmes de couple seront reliés à de trop lourdes responsabilités que vous serez porté à vous mettre sur les épaules pour une raison ou pour une autre. Et cette situation provoquera inévitablement un certain repli du désir. Vous pourriez chercher possiblement une forme de solitude ou une nouvelle manière de découvrir à nouveau vos sentiments à l'endroit de l'être aimé. Il y aura quelques transformations sur le plan affectif à cette période. Si votre relation est récente, il ne vous sera peut-être pas facile de l'approfondir alors que votre vie sociale sera un peu trop active. Cependant, profitez-en pour apprendre à vous connaître dans le plaisir et dans la joie de vivre, ce qui ne sera pas négligeable. Pour les célibataires, les femmes seront certainement plus actives que les hommes en ce qui a trait à la recherche de l'amour. Le besoin de vivre une belle romance pourra devenir assez dominant. Mais il ne faudra pas trop confondre une nuit d'amour endiablée avec l'âme sœur, même s'il s'agira possiblement de votre première impression. Il ne sera pas surprenant non plus qu'un collègue s'intéresse à vous. Il se manifestera possiblement au cours de vos vacances, par exemple en cherchant à vous contacter régulièrement. Mais vous ne prendrez en considération que les personnes qui ont envie de bâtir un grand avenir à deux ou, du moins, ceux qui dégageront beaucoup plus de sérieux quant à leur futur engagement.

Famille

Vous serez très attaché à votre famille et à vos enfants et vous aurez le goût de vivre pleinement, mais les communications avec ces derniers risquent d'être plus difficiles. Cela dit, un de vos jeunes ou un de vos adolescents pourra avoir quelque chose à vous partager, mais ne saura comment s'y prendre pour vous le communiquer. Vous-même serez moins habile intellectuellement qu'à l'habitude et éprouverez plus de difficulté à bien communiquer vos idées. Attention, alors que vous aurez la critique plus facile ! Et abstenez-vous de faire la loi partout où vous passez ou de vous attendre à ce que tous se soumettent à vos quatre volontés sans protester.

Santé – Bien-être physique

Il ne sera pas impossible que vous ressentiez continuellement une certaine fatigue qui vous rappellera de prendre du repos et peut-être même d'adopter un style de vie un peu plus conforme à votre réalité et à vos véritables besoins. Vous aurez cependant besoin aussi de vous informer adéquatement avant d'entreprendre un quelconque régime ou une modification à votre mode de vie. Tâchez de prendre le temps de faire un détour chez votre spécialiste de la santé ou dans une bibliothèque pour comprendre un peu plus le fonctionnement de votre organisme. Cela dit, vous pourriez expérimenter une certaine baisse de vitalité si vous ne faites pas attention à votre niveau de stress. Or, profitez-en pour mieux vous détendre et vous reposer alors que chaque heure de sommeil comptera presque en double. Peut-être serait-il sage de faire très attention aussi à votre alimentation ou à votre consommation d'alcool, puisque vos malaises pourront s'amplifier. Problème de diabète possible !

Mercure rétrograde en Sagittaire – du 26 novembre au 15 décembre 2024 – votre V^e^ maison natale

Climat général

Décembre est véritablement fait pour les enfants : Noël est très présent et semble être le seul sujet d'intérêt. Cela pourrait même devenir assez lassant pour vous par moments. Vous aimerez très certainement les enfants au point de vouloir leur offrir la lune, mais il est clair que vous commencerez à avoir hâte que les fêtes se terminent pour passer à autre chose. Il est évident que vous aurez beaucoup à faire, du ménage entre autres ! Vous ressentirez un grand bonheur en faisant la popote et éprouverez beaucoup de plaisir aussi à préparer les différents petits plats pour vos réceptions. À travers tout ce brouhaha, que ce soit pour une question familiale, professionnelle, personnelle ou autre, vous aurez besoin de temps pour prendre une décision. Attention à ce que l'on tente de vous presser le citron pour faire votre choix ! Il ne serait pas étonnant que cette situation touche votre orgueil et affecte quelque peu votre estime de soi, surtout s'il y a des sommes d'argent assez importantes en jeu en plus. Vous devrez faire les calculs qui s'imposent pour éviter de connaître des difficultés supplémentaires. Ce sera peut-être bien aussi un projet de voyage qui prendra forme lentement et qui commencera à vous angoisser légèrement pour une raison ou pour une autre. Cessez de vous inquiéter inutilement et établissez aussi clairement que possible toutes les étapes à venir, dont la demande de passeport, par exemple.

Travail – Finances

La tension risque d'être assez vive au boulot. On pourra annoncer des mises à pied et, par conséquent, vous craindrez pour vos collègues et vous-même de passer sous le rouleau compresseur. Il y aura très certainement des changements importants ou une restructuration possible ! Peut-être l'entreprise changera-t-elle même de propriétaire ou de localisation ? Mais au bout du compte, il s'agira d'une bonne nouvelle alors que l'on pourra vous proposer un poste supérieur à celui que vous occupez déjà. En tant que patron, directeur ou travailleur autonome, vous serez sollicité de toutes parts, tant à la production qu'aux tâches administratives qu'au service à la clientèle ! Malgré vous, vous devrez occuper toutes les fonctions dans l'entreprise à cette période. Quant aux travailleurs à domicile, il y a de bonnes chances que vous puissiez acquérir de meilleurs équipements et vous installer de manière à être beaucoup plus productif. Attendez que la rétrogradation ait pris fin pour l'achat de vos nouveaux bidules électroniques. En tant que travailleur autonome, si vous travaillez de chez vous, vous serez souvent dérangé par vos enfants et vos amis qui s'imagineront que vous n'avez rien à faire ou que vous avez tout votre temps. Il n'y a qu'un travailleur à son compte pour en comprendre un autre ! Vous devrez dire clairement aux envahisseurs de respecter vos heures de travail et de téléphoner avant de se pointer. Si vous avez entamé des négociations avec un étranger, ou à l'étranger, elles se poursuivront ! Et il deviendra urgent de vous entendre. Ne laissez pas non plus votre éventuel collaborateur prendre la plus grande part de ce gâteau que vous avez tous deux cuisiné.

Ne laissez pas aussi l'impatience vous gagner face à tous ces babillages qui, souvent, auront pour but de vous égarer. Il ne sera pas facile de vous calmer, mais il sera essentiel de le faire. Si vous êtes constamment sur la route à desservir une clientèle, redoublez de prudence. Partez plut tôt, ainsi, en aucun temps, vous ne dépasserez la vitesse permise et vous vous éviterez une contravention ou, au pire, un accident. Si vous travaillez dans un milieu où l'on sert de la nourriture, où l'on boit et danse, il est possible que vous deviez aviser des gens qu'ils s'amusent outre mesure et enfreignent les règles de l'établissement.

Amour – Sentiments

L'harmonie devrait dominer ! Vous serez en mesure de vous partager les tâches assez équitablement, ce qui vous laissera un peu plus de disponibilité l'un pour l'autre. Toutefois, il est possible que vous perdiez de vue la romance et la magie des beaux sentiments en raison d'un manque de temps ou d'une surcharge d'activités, de réceptions et de choses à faire. Essayez de ne pas trop vous en mettre sur les épaules et votre relation ne pourra que s'en porter mieux. En tant que célibataire, de grands succès auprès du sexe opposé sont à prévoir. Période où vous serez plus exubérant et ne passerez pas inaperçu ! Vous pourriez commencer à accorder plus de temps à une personne qui ne voulait pas s'engager avec vous et à vous intéresser davantage à ce qu'elle peut vous faire vivre dans l'instant présent. De plus, il ne serait pas surprenant que vous songiez aussi à entreprendre un voyage entre célibataires qui vous permettra de faire de nombreuses rencontres. Expériences amoureuses passionnées et spontanées.

Famille

Il sera possible de créer un rapprochement familial, même si vous êtes séparé. Bien qu'il s'agisse de votre ex, les enfants et vous-même pourriez connaître des moments agréables. Si vous êtes enceinte ou que la vie vous a déjà gratifiée de ce bel ange, en tant que mère nourrice, vous devrez absolument vous reposer. La grossesse risque d'être un peu plus exigeante à cette période, du moins plus facile que la précédente si vous n'en êtes pas à la première. Il faudra écouter et observer les recommandations de votre médecin et en aucun temps vous ne devrez vous croire plus forte que vous ne l'êtes réellement. Il se peut qu'une personne près de vous vous déçoive.

Santé – Bien-être physique

L'angoisse pourra provoquer de petits malaises difficiles à identifier. Nourrissez-vous bien, alors que vous ne serez pas exempt de brûlements d'estomac. Méfiez-vous aussi d'un rhume ou d'une grippe possible. Surveillez aussi votre orgueil et votre jalousie. Gardez aussi un œil sur votre circulation sanguine. Engourdissements possibles aux mains.

LA PHASE RÉTROGRADE DE MARS POUR 2024

Mars rétrograde en Lion – du 6 décembre 2024 au 5 janvier 2025 – votre Ire maison natale

Climat général

Deux mois et demi de doutes, de manque d'initiatives, de manque de confiance en soi que vous pourrez aiguiller autrement. Vous n'aurez pas besoin d'en faire trop de toute façon. L'idée, c'est de réfléchir à la façon dont Mars pourrait mettre à mal votre esprit d'indépendance et votre collaboration avec un collectif. Vous aurez à rendre compte d'actions récentes qui ne portent pas encore leurs fruits ; pourtant, vous aurez du mal à partager vos réflexions avec les autres. Cela risque, d'ailleurs, de vous faire douter de vous-même ou d'être porté davantage à vous éparpiller. C'est un processus naturel avant d'évaluer notre façon d'opérer, de réagir dans notre vie.

Puisque ce sera un temps où vous aurez à apprendre à rééquilibrer votre puissante énergie pour l'utiliser autrement afin qu'elle serve mieux vos intérêts, méfiez-vous de votre orgueil qui pourrait jouer contre vous, telle votre indifférence envers les autres. Que ça vous plaise ou non, vous serez appelé à servir les autres, à respecter leurs choix et à les encourager. Évitez de vouloir tout contrôler ! Autant serez-vous occupé physiquement, mentalement, émotionnellement et psychologiquement, autant vous aurez également le sentiment de tourner en rond et que rien n'avance. Il vaudra peut-être mieux ralentir le pas, vous tranquilliser un peu les nerfs, surtout que vous aurez un surplus d'énergie que vous tendrez à mal canaliser parfois, ce qui pourrait vous valoir un bête accident ou un incident fâcheux. Tâchez d'être plus attentif, sans quoi une distraction risque de vous ralentir malgré vous. Cependant, en étant prudent et en évitant d'abuser de vos forces, vous pourrez bénéficier d'une vigueur et d'une résistance accrues. Portez également attention à l'attitude que vous affichez, du moins veuillez considérer si vous devriez y apporter des ajustements. Prenez garde aussi à votre façon d'accueillir les gens alors que vous risquez d'être frustré et plus impatient par moments. Or, ayez plus confiance en vous et en vos habiletés, évitez de tout critiquer ou de vivre du ressentiment, et avec un peu patience, vous pourrez mettre en action tous vos projets dès la seconde partie du mois, idéalement mieux à la mi-février. D'ici là, profitez-en pour finaliser les projets en cours et pour décider quelle sera votre prochaine démarche. Misez également sur cette opportunité pour entreprendre une recherche alors que vous serez sur la voie de la découverte. Mais, plus que tout, ne laissez pas les autres vous décourager, même si vos idées leur paraîtront étranges, du moins à certains d'entre eux.

Travail – Finances

Les détails et les échéances prendront plus d'importance au cours de cette période et il en ira de même pour ce qui est de votre apparence et de l'approche que vous véhiculez dans la vie et envers les gens. Il vaudra mieux être plus à l'écoute de vos réactions et de vos paroles, puisqu'elles vous permettront de décoder, sinon de prendre au vol quelques-unes de vos plus belles manipulations ou autres attitudes nuisibles. Ces réactions et ces attitudes sont à l'origine de votre souffrance et elles méritent votre pleine attention. Et si vous bouillonnez de l'intérieur pour toutes les injustices subies, rien n'y paraîtra à l'extérieur. Bien au contraire, vous donnerez l'impression de tout maîtriser ! Grâce à cette attitude, vous résoudrez bien des ennuis et des problèmes, et vous pourriez même participer de près à l'entente entre collègues et collaborateurs, entre employés et patrons. Il ira de votre intérêt aussi de vous accorder suffisamment de temps pour choisir les occasions et les opportunités d'affaires qui tendront à se présenter. Mais, plus que tout, n'allez pas vous précipiter sous le coup de l'émotion et encore moins mettre votre intégrité en péril. Entre-temps, il est plus possible qu'un ou une collègue qui vous tombait sur les nerfs depuis un bon moment puisse quitter son poste et vous n'aurez plus à lui faire face à chaque instant ; vous vous sentirez libéré. Si vous faites un travail qui exige de la précision, vous devrez vous concentrer davantage pour éviter toutes les erreurs possibles, au risque d'être obligé de tout reprendre. Si vous travaillez avec le public, vous vous apercevrez que les gens seront plus exigeants, plus agressifs – c'est tout simplement qu'ils auront peur de la vie, de l'avenir... Et même si vous éprouvez un effet de ralentissement, cela ne pourra que vous être bénéfique à la longue, puisque cela vous rendra plus précis dans tout ce que vous faites et dans tous vos mouvements. Voilà pourquoi, si vous faites un travail intellectuel, votre concentration sera excellente, mais la lenteur de certains collègues risque de vous mettre hors de vous. Si vous êtes artiste de métier, ce ne seront pas les idées « nouveau genre » qui vous feront défaut. Bien au contraire, ce seront surtout les ressources pour les appliquer qui manqueront. Malgré tout, saisissez l'occasion pour partir à la recherche de capitaux et, chose étonnante, au moment où vous serez tout près d'abandonner, une personne influente sera intéressée à votre œuvre.

Amour – Sentiments

Alors que ce sera un temps où les épreuves passeront par l'affectif, pour ce qui est de vos amours, aussi passionné que vous vous sentiez, toutes les tentatives pour séduire votre chéri prendront plus de temps à se matérialiser. Même si ça ne fera pas toujours votre affaire, ne laissez pas la jalousie avoir le meilleur de vous-même, surtout lorsque les choses n'iront pas comme vous le voulez. Prenez garde également de ne pas vous embarquer dans une relation vouée à l'échec, alors que vous pourriez être déçu ou décevrez-vous l'être aimé d'une manière ou d'une autre, et voilà que cette personne vous laissera connaître ses insatisfactions.

Famille

Les contacts avec vos enfants risquent d'être assez difficiles par moments et, pour une raison ou une autre, la vie s'organisera pour vous éloigner d'eux. À cet effet, le travail pourrait peut-être vous retenir ailleurs ou au loin. Par ailleurs, apprenez à lâcher prise, ce qui servira mieux vos intérêts. Entre-temps, n'allez pas être surpris puisqu'il est tout probable qu'une personne (sœur, mère, épouse) près de vous vous reprochera amèrement votre manque d'implication familiale.

Santé – Bien-être physique

Vous tendrez à souffrir davantage d'un manque important d'énergie. Pas surprenant que vous puissiez éprouver un problème de santé qui, en retour, pourrait affecter votre vitalité. Évitez de vous en mettre trop sur les épaules et n'allez rien promettre que vous ne pourrez ou ne voudrez plus respecter ! Attention aussi de vous couper, de vous blesser ou de vous écorcher d'une quelconque façon. Alors que vous aurez tendance à vous sentir un peu plus fatigué et irritable, saisissez l'opportunité pour examiner comment l'énergie de votre colère peut vous affecter ainsi que ceux autour de vous, et pour vous assurer qu'elle ne provoque plus de situations complètement handicapantes. Soyez plus en contact avec vous-même, faites attention à tous les gestes brusques et désordonnés, et reposez-vous suffisamment.

Croyez-moi, vous allez ressortir de cette période beaucoup plus confiant et serein, ce n'est qu'une question de temps.

L'ÉCLIPSE SOLAIRE TOTALE DU 8 AVRIL EN BÉLIER – votre IXe maison natale

Secteur de votre thème où vous regardez la situation dans son ensemble et la façon dont tout est lié pour former un modèle, ce sera un temps où vous serez davantage en quête d'informations qui vous aideront à trouver un sens à votre vie telles par des études supérieures, la religion, les voyages, les problèmes mondiaux. Cette éclipse pourrait vous pousser à sortir de votre routine, à explorer quelque chose que vous n'avez jamais fait auparavant et à élargir vos horizons. Votre rêve de vagabondage ne sera pas impossible, mais vous devez décider si cela vaut la peine de vous donner du mal.

Cette éclipse solaire ne vous touche pas personnellement. Vous serez plus en forme et en santé que d'autres et pourrez aider ceux dont le tonus vital baissera. Vous en trouverez surtout chez les Bélier, Cancer, Balance et Capricorne. Si votre ascendant natal, votre lune natale ou encore que vous ayez un amas de planètes dans ces signes, ou qu'une personne chère était touchée, ne paniquez pas. Il faut juste prendre des précautions supplémentaires côté santé et sécurité. À ce moment-là, vivez dans le quotidien le plus possible. Et n'allez rien innover ni faire de grands changements. Tenez-vous-en à la routine habituelle. À vous de décider, mais à votre place, je ne provoquerais pas le sort en pareilles circonstances. Aidez plutôt ceux qui en auront besoin. Si vous êtes de ceux-là, ne négligez pas les symptômes et soignez le moindre rhume alors qu'une épidémie étant possible en pareil temps. Protégez votre santé de votre mieux. En cas de chirurgie, ne craignez rien, mais demandez l'aide de votre partenaire de vie ou autres. Ces derniers vous aideront à passer ce moment moins aisé.

P.-S. : Vous êtes encouragé à prendre connaissance de tout ce qui est écrit au chapitre intitulé « Les éclipses de 2024 » pour mieux vous familiariser avec toutes les mises en garde à respecter lors de toutes les éclipses.

♍

Vierge

24 août au 23 septembre

LES DIFFÉRENTS ASPECTS DE VOTRE PERSONNALITÉ

Vierge – féminin, double, terre

La Vierge est un signe de terre pratique, introverti comme le Taureau par sa polarité négative, mais appréciant la liberté et l'adaptabilité de sa nature mutable ou double. Vous êtes accro aux objets pratiques et matériels, mais vous n'êtes pas possessif à leur égard. Gouverné par Mercure, comme les Gémeaux, cependant en Vierge, la nature communicative de Mercure est utilisée à un niveau pratique. Méticuleux, analytique, critique, discriminant, modeste et ordonné, vous pouvez également être inquiet, trop fastidieux, pointilleux, trop critique et trop conventionnel. Bien que votre intellect manque d'ampleur, vous êtes le signe le plus capable d'assimiler les faits de façon détaillée; vous analysez tout. Cela est précieux pour traiter les détails de notre société moderne, bureaucratique et technologique. Lorsque vous êtes trop focalisé, sur vous-mêmes ou sur les autres, votre sens critique peut devenir plus destructeur qu'utile.

Vous avez désespérément besoin de travailler, de vous sentir utile et d'être au service des autres. Inquiet et anxieux, tout doit être ordonné et parfait dans votre univers. Autant vous pouvez paraître critique et scrupuleux, vous pouvez être tout autant simple par nature. Vous faites partie de ces gens qui ont du plaisir à rendre service et vous êtes tout aussi doué pour vous acquitter de toutes les tâches à accomplir.

Méticuleux et perfectionniste, vous avez l'œil pour les détails, mais vous avez aussi la facilité de dénicher l'erreur tout aussi vite. Si on combine cette habileté du détail à celle d'être capable d'arranger quoi que ce soit qui cloche, voilà qui fait de vous un *arrange-tout* extraordinaire. Cependant, attention que votre timidité vous empêche de prendre vraiment le crédit de vos réalisations. Évitez aussi de toujours vous sentir coupable ou d'estimer que vous n'en avez pas assez fait.

Adepte de la discrimination qui se veut tout de même positive au bout du compte, de vouloir tout analyser et tout critiquer, vous avez une réponse à tout et pouvez même suggérer des remèdes à tous les maux et problèmes potentiels. Vous êtes reconnu pour être le maître suprême pour ce qui est d'organiser vos listes, votre agenda et tous les horaires.

CE QUI VOUS DIFFÉRENCIE DES AUTRES NATIFS DE VOTRE SIGNE

En tant que natif du 1er décan (du 24 août au 3 septembre), Mercure régit non seulement votre signe, mais il gouverne également votre décan pour faire suite à la triplicité de terre qu'est votre signe solaire. Cependant, c'est au Soleil que revient la maîtrise de votre décan et, par le fait même, c'est ce qui vous octroie une santé plus forte que ceux des deux autres décans de votre signe et vous garantit une longue vie. Vous êtes aussi plus sympathique, plus attirant que les autres, et votre rayonnement personnel est, de ce fait, plus marquant.

Cet amalgame d'influence solaire et mercurienne fait de vous une personne qui a une vive curiosité intellectuelle, mais également quelqu'un qui a un talent inné pour bien communiquer. Vous avez une soif de vouloir tout apprendre et de vous enrichir de connaissances. Vous êtes très logique de nature, vous raisonnez bien et vous savez faire passer vos opinions, vos idées et vos messages sans que l'on s'en rende compte.

Tout aussi intelligent que timide de nature, profitez-en pour tirer avantage du temps passé seul pour mieux élaborer vos objectifs en vue de bien planifier votre avenir. Cependant, évitez de vous isoler des gens, même s'ils vous semblent imparfaits.

Vif d'esprit, vous avez tendance à aborder la vie et toutes les questions existentielles d'un niveau intellectuel. Analytique, méticuleux et critique, vous avez des attentes très élevées et vous êtes tout plein de discernement, tant envers vous-même qu'envers les personnes avec lesquelles vous êtes impliqué, alors que vous voulez que tout soit fait correctement. Discipliné, vous avez cette fâcheuse tendance à porter des jugements si quelque chose ou quelqu'un ne vit pas selon vos normes. Personne n'égale votre sérieux sur le plan professionnel. Les personnes en viennent d'ailleurs à dépendre de vous. Vous avez cette facilité à entreprendre les tâches les plus laborieuses. D'ailleurs, votre décan est plus perfectionniste que les deux autres.

Vous pouvez très bien travailler à votre propre compte et bien gérer votre propre entreprise, et vous pourriez même accomplir de grandes choses, mais seulement si vous ne stressez pas inutilement, tellement vous vous inquiétez pour tout et rien ! Incluez des moments de détente au quotidien alors que cela vous sera salutaire et des plus bénéfiques. À cet effet, faire de la lecture, jouer à des jeux qui aiguisent votre esprit et qui mettent aussi à profit vos nombreuses connaissances et apprendre de nouvelles choses feront tout autant l'affaire. Entourez-vous aussi de gens intelligents.

En amour, vous avez tendance à attirer des partenaires de nature plutôt diabolique. Le but est peut-être simplement de vous amener à vous départir de votre sainte vertu. Vous avez besoin de quelqu'un qui respecte votre dignité et votre intellect. Le compagnon idéal pour vous sera, bien entendu, de préférence intelligent, original et idéaliste. Il aimera aussi vous écouter parler de tous vos sujets d'intérêt. Si vous vous mariez, choisissez quelqu'un de passionné, tendre et sensuel, et qui pourra vous offrir une vie familiale stable et paisible.

En tant que natif du 2e décan (du 4 au 13 septembre), votre signe natal est régi par Mercure, planète du mouvement et de l'intelligence, mais c'est Vénus qui gouverne votre décan et secondairement Saturne pour faire suite à la triplicité de terre qu'est votre signe solaire.

Pour ce qui est de Vénus, la Petite Bénéfique, elle vous donne de la diplomatie et un talent inné pour les relations publiques, mais elle fait aussi de vous le plus charmeur des deux autres décans. Vous appréciez tout ce qui est beau, luxueux et il est tout probable que vous ayez de nombreuses capacités artistiques, mais elles s'expriment habituellement davantage sous forme de créativité artisanale ou manuelle.

Assez matérialiste, sans grand désir de luxe, la sécurité est au rendez-vous et vous avez une grande capacité d'organisation et d'argent en général. Vous ne dépensez pas l'argent de façon inconsidérée. Vous êtes responsable, vous avez du tact et vous êtes un grand administrateur des affaires des hommes, mais vous pouvez devenir assez partial et manquer de perspective. Si Saturne améliore la capacité à voir la situation dans son ensemble et renforce le sens de l'ambition, il diminue également la flexibilité et l'adaptabilité.

Marqué par Saturne, il est possible que vous ayez vécu maints ennuis, sinon diverses difficultés dès votre tout jeune âge. L'un de vos parents vous a possiblement imposé maintes restrictions ou des exigences déraisonnables dès votre jeune âge.

L'ordre et la logique occupent une place très importante à vos yeux. Saturne vous donne de l'ambition, même si votre vision de la vie est parfois dure, rigide, sérieuse, analytique, pratique et critique. Si vous maintenez une vie rangée et disciplinée, vous pourrez très bien réussir dans la vie. Votre réussite sera peut-être tardive, mais elle viendra si vous y mettez toute l'ardeur qui vous habite et tous les efforts nécessaires.

Tenace et digne de confiance pour accomplir à la perfection les travaux les plus ardus et les plus laborieux, vous aurez à travailler très fort et à trimer très dur pour récolter les bénéfices. Évitez donc de perdre temps, argent, affection et énergie pour des personnes qui ne vous respectent pas.

Votre intelligence perspicace ne laisse rien au hasard. Motivé à gravir l'échelle sociale et hiérarchique de l'entreprise où vous travaillez, vous pourriez être impliqué avec des personnes qui pourront vous donner un coup de pouce.

Méthodique, minutieux et doté de capacités organisationnelles hors du commun, vous êtes très performant. Bourreau du travail qui a le sens inné des affaires et du commerce, vous possédez d'incomparables qualités pratiques et êtes accompagné d'une puissante conscience professionnelle, ce qui vous permettra d'obtenir inévitablement du succès dans toutes vos entreprises. Cependant, attention puisque vous tendez à être parfois lent pour tirer profit des occasions. Affirmez-vous alors que l'on saura reconnaître votre valeur, vos multiples talents et vos habiletés.

Gracieux, sensuel, tendre et agréable en tout temps, les gens vous trouvent tout simplement attrayant, mais les relations ne sont pas toujours faciles pour vous. Très discret par nature, cela ne vous empêche pas de vous donner entièrement dans une relation amoureuse. Mais vous n'êtes pas du genre à tomber amoureux sur un coup de tête. Bien au contraire, vous explorez les pour et les contre avant de vous engager. Une fois que vous êtes décidé, vous faites preuve d'une grande disponibilité envers l'être aimé. Évidemment, vous demandez la réciprocité de sentiments.

Chez vous, il y a un énorme besoin d'aimer et d'être aimé, mais aussi de toucher ceux que vous aimez. Désillusionné et blessé par la vie, vous pouvez devenir reclus. Si vous décidez de vous marier, choisissez une personne entière, profonde et volontaire avec laquelle vous pourrez vivre une relation intense et durable, quelqu'un qui pourra vous offrir une vie familiale stable et paisible. Conciliant de nature, vous serez porté à faire beaucoup de compromis et d'efforts pour que tout aille bien dans votre couple. Vous irez même jusqu'à esquiver les discussions tellement vous avez peur de la chicane, mais pourtant, certaines sont nécessaires. Fort heureusement, avec les années, vous apprendrez à vous affirmer davantage, ce qui sera un plus.

En tant que natif du 3e décan (du 14 au 23 septembre), votre signe et votre décan sont régis par Mercure et secondairement par Vénus, pour faire suite à la triplicité de terre qu'est votre signe natal. Cela fait de vous le plus Vierge, le plus sociable et le plus artistique des deux autres décans. Vous avez une sensibilité artistique minimisée mais considérable, surtout lorsqu'il s'agit de matériaux, de couleurs et de formes. Que vous soyez peintre amateur, ou un professionnel, ou un musicien compétent, vous acquerrez progressivement la maîtrise technique de votre instrument.

Constant, calme et réservé, vous ne parlez généralement pas, sauf si vous estimez que c'est important. Vous êtes très bien habillé et vous avez généralement un bon sens du style.

Vous êtes aussi émotif et très analytique à la fois, ce qui jette de la confusion entre ce que vous ressentez vraiment et ce que vous voulez réellement. Dualité que vous devrez apprendre à bien maîtriser pour mieux vous comprendre, pour mieux vous accepter et pour mieux vous aimer.

L'influence vénusienne fait de vous une personne conviviale qui aime s'amuser et profiter de ce que la vie a de meilleur à offrir. Vous êtes de loin beaucoup moins compulsif que les deux autres décans.

Bien que vous soyez un bon travailleur, vous devez absolument dénicher un travail qui met à profit votre créativité. D'ailleurs, certains d'entre vous ont un flair inné pour faire de la scène en tant que chanteurs, acteurs ou tout travail qui implique les arts.

D'une grande droiture et prédisposé à travailler pour autrui plutôt que pour vous-même, vous pouvez trouver un immense plaisir à travailler dans une profession curative en tant que médecin, thérapeute ou conseiller. Vous pourrez aussi bien réussir dans le domaine de l'immobilier, des relations publiques ou de la finance.

Attiré par des objectifs élevés que vous souhaitez à tout prix accomplir, visez haut lorsque vous établissez vos ambitions, vos buts ainsi que lors de la sélection d'un partenaire de vie ou d'un associé. Ne soyez pas trop prompt non plus à donner votre amour, votre argent ou votre confiance au premier venu.

Grand voyageur dans l'âme, vous ne restez pas en place longtemps. Vous avez la bougeotte et de nombreux déménagements sont à prévoir, en destinée, et qui seront toujours positifs. Toujours plus heureux au début d'une occupation qu'à la fin, il est suggéré dans votre cas de changer assez souvent d'emploi.

Charmeur à vos heures, vous aimez la bonne vie et vous êtes tout aussi affectueux qu'enjoué. Même si vous paraissez plus porté vers la sexualité… ce n'est qu'une apparence. Vous pouvez toutefois créer beauté et harmonie lorsque vous avez le partenaire de vie approprié. Même si vous et certains natifs de votre décan êtes attirés par la multiplicité des partenaires, vous attendez toujours l'exclusivité de votre partenaire et vous êtes étonnamment possessifs. Vous vieillissez cependant bien, alors que vous devenez plus fidèles et justes à l'égard de vos proches.

Dans le couple, vous recherchez cette dimension d'insouciance et de poésie que vous ne vous autorisez pas à vivre, bien que vous soyez tout de même capable des pires loufoqueries, à la grande surprise de votre entourage. Sexuellement actifs jusqu'à 80, voire 90 ans, si vous vous mariez, choisissez une personne qui saura bien conjuguer votre soif de vivre, de tout voir et de tout explorer, mais avec laquelle vous pourrez également vivre une relation intense et durable.

CE QUE LES ASTRES VOUS RÉSERVENT EN 2024

Jupiter en Taureau jusqu'au 25 mai 2024 – votre IXe maison natale

Jupiter est fondamentalement une planète qui se déplace lentement. Elle a tendance à rester dans un signe et une maison pendant une année entière. Mais, tout comme les deux précédentes années, elle se déplace exceptionnellement vite – elle passe en fait par deux signes et maisons cette année. Elle commence l'année en Taureau, votre IXe maison, puis elle se déplace en Gémeaux, votre Xe maison.

Avec Jupiter en Taureau, vous serez en pleine découverte de vous-même, vous vous affirmerez et vous serez à la conquête de votre indépendance. Vos angoisses, vos paniques, votre insécurité de même que votre légendaire peur de ne pas être parfait disparaîtront. Ce transit vous permettra de prendre votre vie bien en main et de la transformer en succès. Les résultats justifieront tout à fait la somme d'efforts que vous consacrerez à l'amélioration de votre sort. Ne restez pas dans votre coin, osez et foncez!

En affaires, vous, qui craignez tellement de manquer d'argent, serez choyé par la destinée. Les cinq premiers mois sont marqués par un fort courant de chance et ils offrent d'intéressantes possibilités – tant professionnellement que financièrement. Toute initiative en vue de réformer votre situation s'avérera un succès retentissant. Idéal aussi pour faire vos démarches, pour passer des entrevues ou pour consolider vos affaires. Vos revenus iront en augmentant, vous pourrez donc faire des économies et trouver cette sécurité qui vous tient tellement à cœur. Votre carrière montera en flèche et elle vous procurera de nombreuses satisfactions. Les investissements, entre autres immobiliers, les changements d'emploi, les transferts et les voyages seront d'autres domaines privilégiés. D'heureux concours de circonstances joueront en votre faveur et vous pourriez même gagner à la loterie. Quant aux plus nantis de votre signe, vous ferez possiblement l'acquisition d'une propriété dans un quelconque pays étranger. Vous-même, sinon des membres de votre famille, pourriez aussi vivre dans des pays étrangers pendant un certain temps. Si vous êtes à la recherche d'un emploi, il est clair que vous réussirez à vous placer les pieds dans une entreprise et que vous y connaîtrez une croissance assez phénoménale. Vous réussirez à grimper les échelons très rapidement et votre salaire suivra également le même rythme. Vous n'êtes pas nécessairement en quête de pouvoir, mais il s'agira probablement d'un poste où vous aurez beaucoup de décisions à prendre et ne détesterez surtout pas vos nouvelles responsabilités. En fait, vos nouvelles fonctions s'avéreront parfaitement conformes à vos objectifs de carrière, alors que vous ferez ce que vous aimez et probablement dans le domaine que vous avez étudié. Ce sera aussi un transit très chanceux pour les étudiants de votre signe, alors qu'ils auront de la chance dans leurs études et avec les demandes d'inscription à l'université et aux écoles supérieures. De nombreux natifs de votre signe étudieront à la maison – peut-être même iront à l'université ou prendront des cours à la maison, via l'enseignement à distance ou avec des professeurs privés.

Vous achèterez plus de livres et peut-être ajouterez-vous une bibliothèque à votre maison.

Pour ce qui est de vos amours, misez sur les cinq premiers mois de l'année qui se révéleront fort propices. Ajoutons que vous serez très populaire, tant sur le plan social qu'intime. Vous vous lierez à des êtres compatibles, vous serez apprécié et respecté. Le temps sera également bien choisi pour agrandir la famille ainsi que faire une rencontre hors de l'ordinaire; un grand amour se développera rapidement, vous aurez l'impression d'avoir toujours connu cette personne et plus vite que jamais, vous vous engagerez. Ou encore, si vous fréquentez déjà quelqu'un depuis longtemps et vivez ensemble, vous aurez envie de légaliser l'union; bon pour un second mariage. Cela dit, votre planète maîtresse qui régit votre foyer et votre vie familiale, Jupiter, suggère un autre changement. Vous en avez maintenant assez des « espaces vides » et vous voulez ajouter des choses, remplir les espaces. Ce sera un temps favorable aussi pour chercher un nouveau logis ou encore pour apporter des modifications à votre propriété. Si vous prévoyez un déménagement, idéalement avant la fin mai semble plus chanceux qu'après.

En ce qui a trait à votre santé et à votre bien-être physique, si vous avez eu des pépins dans le passé, ne perdrez pas de temps pour vous y attaquer, car vous jouirez d'une conjoncture exceptionnelle les cinq premiers mois de l'année; cela ramènera la santé si vous avez été malade par le passé. Cette période convient parfaitement aux bonnes résolutions et à l'adoption d'une meilleure hygiène de vie. Chaque geste que vous ferez donnera des résultats positifs.

Jupiter en Gémeaux – du 25 mai 2024 au 9 juin 2025 – votre X^e^ maison natale

Voilà qui exigera un peu plus de doigté ! N'allez pas agir sans réfléchir alors que vous ne pourrez plus compter que sur la chance et, pour cette raison, écoutez votre voix intérieure et, surtout, ne dérogez pas à vos principes.

En affaires, il se pourrait que vous ayez parfois du mal à vous y retrouver. Avec les aspects dissonants de Jupiter, vous tendrez à agir plus de façon désordonnée; on ne prendra pas le temps de réfléchir. N'allez pas vous lancer la tête première dans toutes sortes d'aventures sans trop savoir où vous finirez. En voulant aller trop vite ou en prenant des risques, vous pourriez perdre du terrain plutôt qu'en gagner. Privilégiez plutôt les entreprises sérieuses et les placements conservateurs. Apprenez à apprécier votre routine, car si on y pense bien, c'est mieux que les montagnes russes. Vous devrez travailler plus fort pour arriver aux mêmes résultats ou pour conserver vos acquis. Vous auriez intérêt à vous méfier des erreurs de jugement que vous pourriez commettre ! Petit conseil : protégez-vous contre les gens malhonnêtes. N'allez pas non plus défier la loi et gardez-vous d'être naïf, ce qui pourrait vous faire tomber dans le piège de gens peu scrupuleux. Tenez-vous-le pour dit, les actes téméraires, les spéculations risquées, les coups de tête n'annoncent rien de bon. Vous serez appelé à faire des choix, peut-être même à vous recycler ou à vous renouveler. Vous pourriez aussi toucher une somme que vous n'attendiez pas, peut-être au jeu, qui sait ?

Pour ce qui est des amours, il est possible que vous remettiez votre vie amoureuse en question, soit que vous procéderez à une rupture ou vous vous questionnerez et ce sera la tourmente suivant que les réponses ne vous viendront que lorsque Jupiter aura transité en Cancer (2025). Vous aurez des mots aimables envers autrui, mais vous pourriez également être très critique. Et si jamais vous répliquez avec véhémence à ce qui vous semblera une attaque contre votre talent ou votre manière de vivre, si vous vous mettez en colère, la loi karmique s'exercera rapidement sur votre signe. Attendez-vous à vivre divers événements familiaux, les uns heureux, d'autres moins. Un enfant pourra quitter le foyer. Vous pourriez aussi subir une injustice de la part d'un proche – perte d'argent ou de confiance. Attendez-vous également à des réparations à faire sur votre maison, sinon à un déménagement possible.

En ce qui a trait à votre santé et votre bien-être physique, votre volonté menace de faiblir, si bien qu'à compter de votre anniversaire, votre état pourrait commencer à se dégrader peu à peu. En effet, ceux qui se laisseront aller ou qui ne seront pas assez à l'écoute d'eux-mêmes risquent d'avoir des ennuis. Gare à l'irresponsabilité, car les rappels à l'ordre pourraient être déplaisants si vous vous croyez tout permis… Le meilleur moyen de composer avec la conjoncture sera d'adopter une attitude préventive et de proscrire les abus. Ainsi, vous ménagerez votre monture et, surtout, vous éviterez que vos réserves de vitalité ne diminuent. Au risque de me répéter, si vous vous laissez aller, vous en subirez les conséquences. En plus d'accuser un surplus de poids, vous risquez de nuire à votre santé. Essayez donc de faire un peu plus attention à vous ; investissez dans votre avenir, cela vous aidera à résister aux tentations. Ceux d'entre vous qui choisiront l'année 2024 pour se remettre en forme, pour se prendre en main, auront des résultats encourageants. Profitez-en aussi pour perdre certaines de vos mauvaises habitudes et en transformer d'autres qui n'auront plus leur raison d'être.

Saturne en Poissons – toute l'année – votre VIIe maison natale

Saturne a parfois mauvaise presse, car nous combattons souvent les changements saturniens. Elle nous enseigne la « responsabilité » dans de nombreux domaines de notre vie qui peuvent grandement bénéficier d'un peu d'amélioration. En position exaltée, en raison de la maison qu'occupe Saturne, elle est très puissante et pour cette raison, chacune de vos décisions devra être mûrement réfléchie... Saturne veut vous enseigner l'importance de prendre du temps pour les personnes qui vous sont chères et pour toutes celles avec qui vous êtes impliqué profondément. De même, vous devriez faire les efforts nécessaires pour mieux vous entendre – autant avec l'être aimé qu'avec votre associé ou vos partenaires d'affaires, mais plus particulièrement si vous êtes impliqué dans une transaction financière ou une entente contractuelle.

En affaires, voilà qui vous permettra d'ancrer solidement vos affaires commerciales. Malgré tout, la vie pourrait se compliquer... Vous pourriez avoir à faire face à une nouvelle réalité telle que l'abolition possible de votre poste ou serez-vous obligé de travailler pour deux ? Et tout ça pour le même salaire ? Or, si vous vous étiez cru à l'abri, attendez-vous à une déstructuration et à des réorganisations d'entreprises. Cela dit, durant ce cycle, vous serez tenté de passer par-dessus quelques règles, ce qu'il ne faudra pas faire, alors que tout ce qui demande d'être enregistré, légalisé doit l'être, et s'il en est autrement, vous courrez au-devant de graves problèmes, et ce, même si la loi s'en mêlait ; et si vous prenez un raccourci pour vous soustraire à vos taxes, à vos impôts, vous aurez à payer une facture bien salée au bout du compte. Vous avez tout à gagner d'agir correctement et ne vous placez pas dans une situation de perdant par votre faute. Vous ferez sûrement du grand ménage dans vos relations afin de passer à autre chose de mieux. Vous pourriez d'ailleurs vous retrouver dans une situation des plus ardues avec une de vos relations, sinon avec une personne disputeuse ; possibilité d'un contentieux entre vous deux. Vous pourriez vous-même être disputailleur par moments et votre tempérament impulsif tendra à avoir le meilleur de vous-même en certaines occasions. La question financière pourra être au cœur du conflit ou alors elle sera le prétexte pour ouvrir la porte à un différend qui a comme source une foule de frustrations refoulées depuis belle lurette et qui doivent à présent s'extérioriser sous peine que vous tombiez malade.

Pour ce qui est de vos amours, il est clair que votre couple a été sérieusement secoué par toutes sortes de séismes, mais cela ne veut pas dire non plus que vous connaîtrez le malheur. Au contraire, cet astre est là pour tester les fondations de votre union et les ébranler si nécessaire, et si vous résistez à la tentation de partir, sinon de fuir les problèmes, alors votre amour sera plus solide à l'avenir et vous serez donc en mesure d'établir avec conviction des projets auxquels vous serez tous deux intimement liés pour y trouver un bonheur et aussi pour espérer une retraite bien méritée. Cela dit, le temps sera mal choisi pour faire des changements hâtifs. D'ailleurs avec Saturne, planète de ce qui est juste, vous pourriez découvrir qu'il n'est pas si facile de quitter un partenaire de vie avec qui vous êtes impliqué, ou même avec un associé, juste parce que vous avez perdu votre sang-froid. Prenez garde de ne pas froisser les sentiments de vos adversaires alors que ces derniers s'attendront, à tout le moins, à recevoir des excuses sincères de votre part. Et si jamais vous hésitez entre deux solutions, allez demander l'avis d'un expert dans le domaine qui vous préoccupe. Par exemple, si vous êtes sur le point de vous séparer de votre amoureux ou de votre partenaire d'affaires, avant de procéder dans cette démarche, ayez la sagesse d'examiner les conséquences qu'impliquerait cette conclusion. Saturne sert de frein ici à vos emballements pour éviter tous les déchirements intérieurs; faites-vous guider par un professionnel ou par une personne en qui vous avez totalement confiance. Si vous êtes seul depuis bien longtemps, l'amour, le grand, le vrai, s'installera dans votre vie pour de nombreuses années et peut-être même pour toujours. Vous pourriez décider de vous marier, ou de contracter une entente formelle, ou de vous commettre d'une certaine manière. Si tel est le cas, vos chances que cela perdure sont très grandes ! Si la relation est relativement récente, il est possible que vous ayez l'impression d'avoir constamment des bâtons dans les roues, alors que vous n'arriverez jamais à obtenir des réponses à vos questions concernant l'engagement. Vous aurez sûrement à faire face à des négociations plutôt ardues et surtout, si vous devez négocier avec des associés qui ne cessent de tirer la couverture de leur côté.

En ce qui a trait à votre santé et à votre bien-être physique, voilà qui présage un cycle de fragilité physique et psychologique ; évitez de négliger vos véritables besoins ou de faire fi des signaux que vous envoie votre organisme. Faites davantage attention à vous alors que la maladie pourrait vous obliger à vous arrêter, à vous voir tel quel avec tout le réalisme d'une situation vécue. Si vous avez des médicaments à prendre quotidiennement, vous aurez à faire attention à ce que l'on vous remettra lors du renouvellement de votre prescription et/ou lorsque vous en prendrez possession à la pharmacie pour vous assurer que c'est bien le bon médicament, alors que l'on pourrait commettre une erreur fatale ou vous rendre plus malade que vous ne l'étiez. De plus, informez-vous également, scrupuleusement des effets secondaires pour ne pas être surpris ou pris de panique. Le moment sera bien choisi aussi pour suivre une cure de désintoxication alors que vous tiendrez la promesse d'y aller jusqu'au bout. Mais si vous consommez, les effets seront plus dévastateurs que par le passé. Or, puisque votre système immunitaire sera plus vulnérable, maintenez une bonne alimentation pour mieux vous tenir en forme. Protégez-vous aussi lors de relations sexuelles.

Si le/la partenaire de vie est Vierge de par son Soleil ou son Ascendant natal

Avez-vous l'impression d'être harcelé sans raison valable ? Votre Vierge semble-t-elle encore plus critique que d'habitude ? Êtes-vous prêt à le frapper sur la tête avec une poêle à frire ? Si c'est le cas, je ne peux pas vous en vouloir. En fait, croyez-le ou non, votre tendre moitié ressent un fort désir de se sentir utile et appréciée des autres, en particulier de l'être aimé. Cependant, elle a peur de s'ouvrir et de montrer trop d'affection, surtout lors de cette période, alors elle va continuer à se déguiser en étant grincheuse, critique et en prétendant qu'elle s'en fiche. Mais c'est faux ! Ne tombez pas dans le panneau. Lorsque les choses se compliquent, ressaisissez-vous et faites un effort supplémentaire. Votre Vierge a besoin de beaucoup d'attention dans sa vie en ce moment et plus vous choisirez de consacrer de votre temps à cette relation, plus votre lien de compatibilité sera fort. Si vous pensez vraiment que votre Vierge en vaut la peine, vous devriez le faire.

Pluton en Verseau – les vingt prochaines années – votre VIe maison natale

Avoir la planète du pouvoir et du changement dans le signe libre penseur et curieux du Verseau constitue une combinaison des plus puissantes. Vous réalisez que vous ne pouvez pas arriver là où vous voulez aller si vous êtes retenu par une énergie confuse ou négative. L'entrée de Pluton en Verseau – secteur qui régit entre autres votre travail et votre santé, la couleur de votre quotidien va subtilement changer au cours des vingt prochaines années. Attendez-vous à des changements radicaux dans votre travail, dans votre quotidien. Vous laisserez définitivement tomber les activités qui ne vous permettent pas de vous épanouir et, dans ce domaine, vous allez repartir sur de nouvelles bases; certains aspects de votre routine quotidienne ont besoin d'être réinventés. Il sera important aussi de pouvoir donner la priorité à votre santé d'une manière qui vous fasse du bien. Tout ce que vous faites de mal en matière de santé, d'alimentation et d'exercice physique vous sera montré dans la difficulté. Des choses soudaines et sombres vous seront également révélées au sujet de vos employés ou de l'endroit où vous travaillez vous-même.

LES PHASES RÉTROGRADES DE MERCURE POUR 2024

Mercure rétrograde en Bélier – du 1er au 25 avril 2024 – votre VIIIe maison natale

Climat général

Le temps sera assez chargé en émotions. Toutes les raisons sembleront bonnes pour qu'elles se fassent sentir de manière démesurée. D'ailleurs, ne soyez pas surpris d'avoir à faire d'importantes dépenses pour toutes sortes de choses et vous semblerez dans l'obligation de les faire. Il pourra s'agir d'un renouvellement quelconque, de travaux sur la maison, sur la voiture ou de faire réparer des bêtises de la part de vos enfants. L'entente avec les gens près de vous ne sera pas toujours facile et vous aurez l'impression de devoir faire de nombreux compromis plus souvent qu'à votre tour. Vous aurez du mal à vous y retrouver et à certains moments, ce sera presque la guerre froide. Certaines personnes près de vous tendront à monter sur leurs grands chevaux et vous attaqueront sans raison. N'allez pas vous laisser manger la laine sur le dos non plus même si vous auriez tout à fait raison de les remettre à leur place! Il est très possible que vous ayez à faire affaire à des personnes jalouses. Malgré tout, ne perdez pas votre sang-froid pour de telles personnes. Écartez-les plutôt de votre vie! Alors qu'une série de transformations sur lesquelles vous n'aurez aucun contrôle risquent de se produire à cette période, il sera fortement avisé, lorsque vous vous retrouverez dans des endroits publics, de surveiller votre mallette, votre sac à main ou vos valises. Si vous êtes distrait, quelqu'un pourrait avoir les mains rapides et vous les voler. Cela dit, vous pourriez aussi faire un grand ménage parmi votre cercle d'amis.

Travail – Finances

La situation n'évoluera pas comme vous l'aviez prévu. Vous risquez de vous heurter à des retards et à différents obstacles, et vous pourriez avoir à gérer des changements de dernière minute. Sinon, un patron ou collègue vous fera subir ses sautes d'humeur. Gardez-vous de perdre votre sang-froid ! Jouez plutôt la carte de la souplesse, vous pourrez aisément venir plus à bout de tous ces désagréments. Malgré tout, votre leadership risque d'être mis à rude épreuve, mais c'est véritablement de cette manière que vous parviendrez à forger plus solidement votre caractère pour mieux arriver à vos fins. Il sera préférable d'éviter de mélanger l'amitié et l'argent. Parlant d'argent, si vous êtes en attente de financement pour un projet quelconque, il est possible que l'on vous fasse attendre, que l'on vous demande des informations supplémentaires avant de pouvoir prendre une décision et plus encore si cela concerne un prêt. Si tel est le cas, vous devrez jeter un coup d'œil plus averti sur vos finances et il est à espérer que vous ayez confiance en votre courtier ou votre gérant de banque. Mais, prenant en considération que ça risque de ne pas aller aussi rondement que vous souhaitez et que vous ne serez pas exempt d'un obstacle et/ou d'un retard, il sera sage d'éviter de succomber aux achats impulsifs et à tous investissements irréfléchis. Méfiez-vous aussi de la perte possible de l'un de vos paiements à cause de tous ces nombreux embrouillements possibles. Vous pourriez décider aussi de changer d'emploi sans trop crier gare. En dépit que cette situation puisse vous placer dans une position financière complexe, faites-vous confiance.

Amour – Sentiments

Certaines pulsions pourraient vous conduire à vivre quelque chose qui ne fasse pas nécessairement partie de vos valeurs et que vous n'auriez jamais souhaité. En fait, l'idée de sauter la clôture pourrait bien se faire sentir, particulièrement si vous vous sentez le moindrement étouffé dans votre relation. Si vous êtes célibataire et qu'il vous est donné l'opportunité de rencontrer une personne qui ne vous laisse pas indifférent, avant d'ouvrir votre cœur, prenez le temps d'apprendre à bien connaître la personne que vous côtoyez, de vous laisser gâter et laissez plutôt le temps faire les choses.

Famille

Une personne près de vous, ou même un parent, ou un membre de la famille pourra chercher à vous marcher sur les pieds ; ne vous laissez pas faire. Par contre, si vous désirez éviter à tout prix les drames, il vaudra mieux agir avec doigté. Croyez-moi, vos proches seront à prendre avec des pincettes et ils n'accepteront aucune critique. D'ailleurs, la moindre petite remarque risque de dégénérer en crise de nerfs. De grâce, n'allez pas commettre l'erreur non plus de vous mêler de leurs affaires, cela les ferait exploser et envenimerait la situation pire qu'elle ne l'est déjà !

Santé – Bien-être physique

Que ce soit physiquement ou psychiquement, de vieilles blessures du passé risquent de refaire surface et de vous hanter à cette période. En fait, vous vous êtes peut-être enlisé dans une forme de confort inapproprié en tentant d'ignorer certains de vos malaises. Mais voilà que la vie vous invite à faire une sorte de bilan afin de mieux pouvoir découvrir ce qui doit être corrigé et ce sera probablement avec une certaine douceur que vous retrouverez un bien meilleur équilibre. Malgré tout, attention de laisser votre nature hypocondriaque avoir le meilleur de vous-même alors que vous serez davantage porté à soupçonner à tort des problèmes plus graves que ce qu'ils ne le sont réellement. Mentionnons qu'il sera préférable aussi d'amorcer toute activité physique plus graduellement pour mieux éviter les chocs sur votre système. Évitez de mal vous nourrir. Intestins plus fragiles. Abstenez-vous aussi de ressasser votre colère. Troubles génito-urinaires possibles ainsi qu'une plus grande sensibilité aux infections et virus de tous genres.

Mercure rétrograde en Vierge – du 5 au 14 août 2024 – votre Ire maison natale

Climat général

Les choses risquent de se compliquer un peu plus, mais il ne faudra pas vous en faire ni vous inquiéter outre mesure. En fait, s'il y a quoi que ce soit qui ne fait pas votre affaire, il sera important que vous l'exprimiez. Évitez de garder toutes ses frustrations à l'intérieur, ce qui finit toujours par devenir malsain. De deux choses l'une, ou bien vous hésiterez longuement avant d'entreprendre quoi que ce soit ou vous fonctionnerez par des coups de tête. Il n'y aura pas de juste milieu et vous pourriez faire maintes erreurs. Vous devrez exercer votre patience, surtout si c'est de l'argent que l'on vous sollicite. Évidemment, si c'est l'un de vos enfants qui en veut pour prendre part à des activités, vous n'aurez pas à y réfléchir trop longuement. Mais s'il vous demande de l'aider à financer des études supérieures, tâchez de bien calculer vos affaires avant d'accepter. Si c'est un bon ami qui veut vous emprunter de l'argent, en dépit de tout ce qu'il vous dira au moment de plaider sa cause, n'allez pas succomber, au risque de perdre votre ami, mais aussi de ne plus revoir votre argent!

Travail – Finances

Vous risquez d'avoir l'impression de faire davantage du surplace. Vos dossiers n'avanceront pas comme vous le souhaitez et chaque pas vers l'avant vous obligera à en faire deux vers l'arrière. Malgré tout, vous aurez beaucoup d'inspiration pour les améliorer et les peaufiner. En toute réalité, il faudra peut-être qu'une certaine situation mûrisse avant de pouvoir prendre son envol. Entre-temps, vos efforts seront très significatifs, vous donnerez votre 100%, mais ça ne semblera jamais suffisant, car on vous en demandera encore plus. Vous pourriez avoir à faire de nombreuses heures supplémentaires sans que cela ne vous rapporte. Vous pourriez souhaiter finir par obtenir des faveurs par la suite, mais il est peu probable que l'on soit véritablement reconnaissant de tous les efforts que vous aurez donnés si généreusement. Vous devez apprendre à connaître votre véritable valeur et à vous faire respecter. Ce n'est que lorsque vous imposerez vos conditions que l'on réalisera votre importance. D'ici là, n'allez pas être surpris qu'une personne avec qui vous faites des affaires décide de revenir sur sa décision et même rompre un contrat lucratif avec votre entreprise. Et, de ce fait, essuyer aussi un sérieux revers avec une importante société publique en qui vous fondiez de grands espoirs. Mais, avec un peu de patience, vous serez en mesure d'offrir vos services à son compétiteur et peut-être même qu'il reviendra à la charge en renchérissant vos revenus, une fois la rétrogradation terminée. En contrepartie, si vous avez acquis une entreprise récemment ou que vous vous êtes établi à votre compte, vous aurez à travailler dur et serez obligé de faire des heures supplémentaires pour joindre les deux bouts et cela risque de vous épuiser. Bien que les consommateurs soient plus économes, vous réussirez à respecter vos échéances. Et si vous vendez des produits dans un magasin à rayons, ayez l'œil ouvert, des mains agiles se faufileront et défieront même une caméra de surveillance.

Amour – Sentiments

Vous êtes une personne qui a besoin de stabilité et de sécurité au cœur de la relation pour vous épanouir. Les mots s'envolent et les écrits restent! Vous n'avez pas besoin de ne vous faire dire que de belles choses. Vous avez plus besoin de voir des actions concrètes et de sentir un engagement sérieux. Il est possible que vous soyez déçu à ce sujet. Il ne suffira que d'une bonne communication pour vous permettre de corriger la situation et de vous offrir des moments tendres ensemble. Malgré tout, vous aurez l'argumentation un peu trop facile à cette période ! Vos critiques à l'endroit de l'être aimé seront certainement constructives, mais elles resteront des critiques. Ne vous étonnez pas si vous connaissez une certaine lourdeur dans votre relation et/ou des besoins non comblés sur le plan affectif. Cependant, vous êtes une personne qui parle beaucoup normalement, ce qui ne sera pas une situation qui se détériorera. En tant que célibataire, vous aurez la parole facile lorsque vous ferez des rencontres, ce qui favorisera l'établissement d'une bonne communication. Par contre, votre cœur ne sera pas véritablement prêt à s'ouvrir et vous ne serez pas non plus nécessairement intéressé par les histoires d'un soir.

Famille

Il arrive au sein d'une famille qu'un parent n'ait pas les deux pieds bien ancrés dans la réalité. Lorsque cette personne ne va pas bien, elle tend à vous rendre visite pour être secourue, pour que vous lui remontiez le moral, pour avoir de l'argent. Cependant, voilà un temps où il est plus que possible que vous trouviez le courage de refuser de lui donner votre appui, alors que vous serez occupé à gagner votre vie et à prendre soin de votre propre famille. Cela ne sera pas sans conséquence, puisqu'il est possible que cette personne frappe à votre porte en pleine nuit. Sachez faire respecter vos limites ! Cela dit, il se peut que vous traversiez aussi une phase où vous vous sentirez plus facilement coupable, alors qu'il suffira de vous faire un petit reproche pour que vous reconnaissiez de nombreux torts et vous remettiez en question. Tous les rejets vous affecteront terriblement.

Santé – Bien-être physique

Des allergies pourraient surgir chez certains natifs de votre signe. Pour d'autres, ce sera leur digestion qui sera plus capricieuse avec des maux d'estomac ou de ventre possibles. Vous aurez là plusieurs raisons de manger sainement ! Attention aussi à l'épuisement qui vous guette. Tendance générale à vous inquiéter de tout et de rien. Attention, embolie possible ou accident à la tête.

Mercure rétrograde en Lion – du 14 au 28 août 2024 – votre XIIe maison natale

Climat général

Si vous avez décidé de prendre vos vacances, il est clair que vous aurez certainement beaucoup d'efforts à faire pour organiser toutes les activités que vous souhaitiez faire. En fait, vous pourriez décider de vivre les plus belles vacances de votre vie, de faire toutes ces choses que vous n'aviez cessé de reporter d'année en année. Évidemment, le succès pourra être quelque peu mitigé, peut-être réussirez-vous à tout faire ! Par contre, prendrez-vous le temps de tout apprécier ? Voilà donc l'énigme ! Malgré tout, il ne sera pas étonnant que vous vous plaigniez du coût de vos vacances alors qu'il sera assurément préférable de miser sur des activités qui ne vous imposent pas trop de pression. Toutefois, pour vos vacances, il sera avisé d'éviter les endroits où il y a trop de monde. Et surtout, ignorez les personnes qui ont toujours des propos négatifs ; vous n'avez pas besoin de ça. Mais il sera quand même important de profiter de votre été, surtout si vous avez beaucoup travaillé pendant les derniers mois. Si, malheureusement, des vacances ne font pas partie de vos plans, ce sera plus un temps où vous aurez de nombreuses obligations à remplir et des responsabilités à assumer auxquelles vous ne vous attendiez pas. Vous serez dévoué aux autres, même si vous calculerez souvent les efforts que vous faites. Fort heureusement que vous profiterez de moments intéressants avec vos proches dans ces circonstances. On n'oubliera pas tout ce que vous avez accompli !

Travail – Finances

Il y aura certainement une situation qui viendra vous imposer un inconfort au sujet de votre budget. Ce sera peut-être vos vacances, des sorties ou des obligations qui vous imposeront des dépenses imprévues. Il est possible qu'au travail, la situation soit tranquille, ce qui pourra vous inquiéter un peu plus, puisque ça ne vous procurera pas les revenus supplémentaires sur lesquels vous aviez possiblement trop compté. Vous pourriez aussi entrer dans une phase de réflexion au sujet de l'avenir de votre carrière. Des dépenses importantes à faire devront aussi être replacées en perspective, alors que vous devrez possiblement retarder certains projets. Par contre, la gestion de cette situation sera relativement facile. Même si c'est dans le cadre de votre emploi que cela survient, vous devrez probablement gérer un projet et/ou une production sur le plan financier avant de pouvoir aller plus loin. Si vous vous trouvez un nouvel emploi, accordez-vous un peu de temps avant de vous y adapter et de vous y sentir parfaitement à l'aise. Il vous faudra du temps pour obtenir le salaire auquel vous aspiriez ! En fait, ce sera plus une fois Mercure devenu direct que vous aurez plus de chances que cela se concrétise. D'ici là, prévoyez d'être souvent au ralenti et que vous vous tourniez les pouces plus souvent qu'autrement. Vous aurez quand même quelques idées de génie qui vous traverseront l'esprit. Prenez-en note, elles mériteront d'être exploitées.

Amour – Sentiments

Pour une raison ou une autre, il est possible que vous soyez assez souvent laissé seul à vous-même. Votre partenaire de vie travaillera trop ou sera-t-il possiblement parti en vacances de son côté avec ses amis. Ou est-ce vous qui aurez pris la décision de prendre un certain recul ? Quoi qu'il advienne, ce sera une situation extrêmement positive pour votre couple. Cette distanciation vous permettra de mieux vous rapprocher et de connaître à nouveau le bonheur d'être ensemble. Entre-temps, la routine sera certainement quelque chose de difficile à vivre dans votre couple. Il faudra faire preuve d'imagination si vous tenez à surprendre l'être aimé et vous accorder quelques instants de douce fantaisie. Dans le cas contraire, vous pourriez succomber assez facilement à l'envie de jeter un coup d'œil sur la pelouse du voisin. Ou est-ce votre partenaire qui le fera ? Vous ne serez pas exempt d'un coup de foudre, même si vous êtes très amoureux de la personne avec qui vous partagez votre vie présentement. En tant que célibataire, vous devrez inévitablement vous attendre à ce qu'il y ait une fin à toute bonne chose. En effet, vous pourriez vivre une romance avec une personne qui n'était peut-être qu'une simple fréquentation, mais il ne sera pas facile d'établir quoi que ce soit de sérieux. C'est avant tout la légèreté qui comptera ! Cependant, si vous prenez des vacances ensemble (surtout une fois Mercure devenu direct), vous devriez sensiblement vivre des moments assez extraordinaires !

Famille

Vos idées seront passablement confuses et vous serez régulièrement aussi dans la lune ! Votre esprit s'évadera plus régulièrement et vous serez aussi très créatif. N'allez pas être surpris que vous ayez envie d'apporter quelques changements assez importants à votre demeure. Décorer ou peinturer occupera vos pensées ! Pourra-t-il aussi s'agir d'un projet d'agrandissement ? Et si vous décidez seulement de changer les meubles de place, vous irez certainement en acheter de nouveaux afin de rafraîchir l'ambiance.

Santé – Bien-être physique
Après quelques semaines de festivités et d'abus, vous reprendrez nécessairement le flambeau de votre régime si cher à vos yeux. Vous pourriez avoir l'impression que votre système se déséquilibre si vous mangez ou buvez trop un de ces soirs. Vous serez donc tenté de commettre l'abus dans le sens inverse et vous imposer un régime strict qui pourra affecter votre état émotionnel. L'aspect psychique risque aussi de drainer passablement votre énergie. Bien que l'on soit en plein cœur de l'été, certains soucis ne seront pas toujours faciles à évacuer. Cependant, à cette période, vous serez bien décidé à prendre des résolutions. Vous envisagerez d'adopter une alimentation plus saine, peut-être un régime végétarien ou quelque chose d'assez drastique et des plus efficaces. Si un problème survient, réglez-le sans tarder. Évitez d'attendre qu'il parte de lui-même. Surveillez aussi votre moral qui sera plus à plat ! Évitez également de vous entêter et apprenez à limiter votre ego et vos ambitions.

Mercure rétrograde en Sagittaire – du 26 novembre au 15 décembre 2024 – votre IVe maison natale

Climat général
Il y aura une urgence de vivre ! Vous aurez l'impression que la vie est courte et qu'il y a encore tant de choses que vous aimeriez réaliser avant la fête de Noël. Vous serez donc particulièrement actif et ferez toutes sortes de choses plus stimulantes les unes que les autres. Votre habileté naturelle à bien recevoir vous placera nécessairement en position d'hôte pour la période des Fêtes. Vous vous proposerez pour préparer de nombreux petits plats et vous ne lésinerez pas sur les moyens. C'est votre manière de vous mettre en valeur ! Bien que ce soit beaucoup de travail et quelques sacrifices à faire, les résultats auront de quoi vous satisfaire et même vous combler. Vous serez très apprécié et les gens seront très généreux à votre endroit. D'ailleurs, le travailleur acharné que vous êtes en fera autant avec les décorations et les autres aspects reliés aux festivités de Noël. Vous passerez une bonne partie de votre temps à la maison avec ceux qui vous sont chers et à consacrer beaucoup de temps à vos enfants, et vous participerez activement à leurs activités. Il est même possible que vous envisagiez d'aller rejoindre des membres de la famille éloignée et passer quelques jours avec eux. Vous pourriez aussi sauver quelqu'un, ne serait-ce que pour l'avoir écouté quelques minutes.

Travail – Finances

Il y aura ralentissement sur le plan professionnel, du moins pour certains d'entre vous, mais ne paniquez pas! Profitez plutôt de vos temps libres pour achever des travaux que vous aviez mis de côté. En dépit de ce ralentissement, vous ne serez probablement pas en position de prendre congé alors qu'un événement social risque de déséquilibrer votre rythme de travail. En fait, les personnes qui vous entourent ne porteront plus autant attention à leurs tâches: elles seront fascinées, hypnotisées par une situation qui éveillera leurs peurs, leurs insécurités et leurs cordes sensibles. Il ne s'agira pas d'un événement pacifique, lequel risque d'avoir de sérieuses répercussions sur vous en tant qu'employé, mais aussi en tant que propriétaire d'entreprise. À cet effet, si vous êtes patron, directeur ou travailleur autonome, même si l'entreprise ou le bureau sera fermé durant la période des Fêtes, cela ne signifie pas que vous serez en congé nécessairement. Bien au contraire, ce sera un peu plus compliqué d'accomplir votre boulot adéquatement. Probablement parce que vous n'aurez pas accès à tous les services et que vous devrez inévitablement effectuer de nombreuses tâches à partir de la maison. Vous ne serez pas exempt non plus d'un mensonge. Ou est-ce vous qui ne direz pas toute la vérité au sujet de ce qui serait d'un intérêt capital pour votre équipe de travail? Méfiez-vous également de garder un secret pour en tirer un certain avantage. Le camouflage de ce secret ne sera pas solide alors que tout viendra qu'à se savoir tôt ou tard. Cela dit, il sera suggéré de ne jamais conduire vite et pour vous y obliger, partez plus tôt lors de vos rendez-vous. Si vous sillonnez des routes que vous ne connaissez pas, ralentissez alors que vous pourriez passer outre une indication et vous retrouver à côté de la chaussée. Évidemment, l'alcool au volant diminuera considérablement votre vigilance, vos réflexes et votre prudence, ainsi qu'augmentera vos risques d'un accident. Ne surestimez pas vos talents de conducteur.

Amour – Sentiments

Si vous savez que ça ne va pas du tout avec l'être aimé, de grâce, ne provoquez pas et n'acceptez pas qu'on vous insulte non plus, puisqu'il sera impossible de demeurer aveugle à cette situation! Ne serait-il pas plus sage de vous éloigner et d'aller visiter un parent que vous aimez bien durant la période de crise? Ainsi, vous vous donnerez du temps pour réfléchir à tête reposée à votre solution et aux mesures à prendre pour que cesse cette torture à deux. Et si vous vous surprenez à trouver à votre partenaire de vie plus de défauts que de qualités, mais que vous restez dans la relation, sans doute en retirez-vous des avantages. Pour ne plus vous sentir malheureux, si vous ne voulez pas vous séparer, faites donc une liste des aspects positifs de ce partenaire ! En tant que célibataire, si une attraction est d'abord physique, vous en concéderez qu'elle ne vient pas toute seule non plus : elle est instantanément accompagnée de votre invisible sensibilité et de votre indéfinissable intelligence. Vous pourriez n'avoir que du charisme et finalement, être semblable à ce bel objet que l'on se plaît à regarder. Sensiblement, vous aurez à choisir entre plusieurs flirts. Si vous n'êtes pas une Vierge fidèle, voilà qui laisse entrevoir que votre secret n'en sera plus un avant que la rétrogradation ne prenne fin. Vous ne serez pas exempt d'un mensonge sentimental non plus, mais il est possible aussi que ce sera vous qui ne direz pas toute la vérité ?

Famille

Prévoyez un temps d'inconfort possible au foyer. Il pourra y avoir des rapports conflictuels avec votre mère, vos frères ou sœurs, ou avec un membre de la parenté. En tant que parent, vous serez tellement soucieux de vos enfants que vous serez tout près d'oublier le rôle que joue aussi votre partenaire de vie au sein de la famille. Que vous soyez un homme ou une femme, en tant que Vierge, vous considérez le bien-être de vos enfants comme une priorité, ce qui est excellent ! Mais, à cette période, il vous arrivera de mettre votre être aimé de côté, à un point tel que vous lui donnerez la sensation d'être inutile. Dès l'instant où vous aurez l'impression que la situation se présente, réagissez en rétablissant le contact avec cette personne qui, de toute façon, fait partie de votre vie de famille, même si celle-ci est reconstituée ! Lorsque vous aurez à quitter la maison, verrouillez bien les portes et activez votre système d'alarme alors que les filous vous auront à l'œil, que vous soyez riche ou pauvre.

Santé – Bien-être physique

Il sera avisé d'être prudent à la maison et attention où vous mettez les pieds alors que vous ne serez pas exempt d'un bête accident ni d'un bon rhume. Reposez-vous suffisamment ! Il est aussi possible que vous accusiez une faiblesse à l'estomac ou des troubles digestifs. Attention, période de grande nervosité.

LA PHASE RÉTROGRADE DE MARS POUR 2024

Mars rétrograde en Lion – du 6 décembre 2024 au 5 janvier 2025 – votre XIIe maison natale

Climat général

Certains événements conspireront à vous rendre la vie plus difficile, à ne pas vous sentir bien dans votre peau et à céder aux pressions extérieures. En plus d'accuser une certaine frustration et un refus de communiquer ce que vous ressentez vraiment, comme si un certain orgueil vous empêchait de partager ouvertement cette blessure qui vous habite, cette angoisse fera en sorte qu'il vous sera davantage plus difficile d'admettre vos propres imperfections ainsi que celles des autres. Votre manque de confiance en vous et vos potentialités sembleront être bloqués par quelqu'un, ou par un complexe d'infériorité émanant de votre enfance – possiblement dû au père qui était absent, et vous aurez plus de difficulté à vous adapter et à vous ajuster aux gens et aux circonstances présentes. Même si des épreuves vous obligeront à changer de vie bien malgré vous, attendez-vous à ce qu'il y ait des obstacles de parcours et de nombreuses barrières à franchir. Pour mieux franchir celles-ci, veuillez apprendre à rééquilibrer votre puissante énergie qui vous pousse à agir de façon inconsidérée, à réagir incorrectement et à lancer vos insatisfactions au visage de vos interlocuteurs. Faites quoi que ce soit qui vous aidera à mieux déployer ce surplus d'énergie !

Travail – Finances

Les performances au travail pourraient laisser à désirer et vos relations avec les collègues risquent aussi d'être plus ou moins désagréables. La communication se fera plus difficile. Attendez-vous à un ralentissement de vos affaires et/ou d'un projet professionnel, ou il est possible aussi qu'un immense projet puisse compromettre votre essor et votre réussite. Prenez le temps d'analyser tous les fondements et les structures de votre travail ou d'un projet avant de vous y engager. Attention de ne pas vous égarer dans de trop grands projets alors que vous ne pourrez compter que sur vous-même et personne d'autre. Puisque le temps ne se prêtera pas pour se lancer dans des projets démesurés, si vous n'avez pas d'autre choix que de vous lancer dans de grosses dépenses, veuillez bien évaluer tous vos moyens financiers au préalable. Malgré tout, le temps ne sera pas aussi bien non plus pour consentir un prêt ni pour vous lancer dans toute entreprise risquée. Tenez-vous-le pour dit ! Et suivant que ce sera un temps où des personnes près de vous ne comprendront pas toujours vos aspirations, votre quête ou le but de votre démarche professionnelle, d'affaires ou autres, vous aurez peut-être à changer de stratégie commerciale ou de marketing, parce qu'elle ne répond plus ou pas à vos attentes, ou qu'elle est désuète et vous tire vers le bas. Il est aussi possible qu'un patron, un associé ou une tête dirigeante vous fasse clairement sentir que vous ne devez pas vous attendre à un traitement de faveur de sa part. Assurez-vous de faire les choses noblement, au risque de vous faire taper sur les doigts. Si vous êtes en commerce, saisissez l'opportunité pour élaborer toute stratégie future en vue de publiciser votre produit, vos services ou pour vous attirer une nouvelle clientèle. Veillez à ce que vos papiers soient clairs et que vos contrats et vos ententes soient bien étudiés avant d'être signés, et qu'aucune transaction ne soit faite au hasard. Idéalement, passez à l'action dès février 2025. D'ici là, si vous êtes sur la route, vous aurez à voyager davantage. Heureusement que vos déplacements vous rapporteront des profits substantiels avec le temps. Demeurez tout de même prudent lorsque vous vous retrouverez derrière le volant et n'allez pas trop vite. Attention aussi aux contraventions et aux stationnements interdits. Protégez aussi vos biens. Ne laissez rien traîner sur les sièges de votre véhicule. Cela dit, il est possible qu'une personne tente une manœuvre pour vous nuire professionnellement. Gardez les preuves qu'elle laissera derrière elle et voyez un avocat. En dépit de tout, il n'en demeure pas moins que le temps sera favorable pour créer de la musique, une œuvre ou pour écrire. Cependant, vous aurez à vous pousser dans le dos plus qu'à l'habitude alors que vous serez porté à remettre en question vos habiletés et même à perdre confiance en vos multiples talents créatifs.

Amour – Sentiments

Voilà une période où vous aurez grandement besoin que l'on respecte votre espace personnel afin de mieux pouvoir contempler votre vie. Cependant, les vôtres auront tendance à vous demander plus que vous ne serez capable de donner et vous aurez du mal à leur dire non, ou vous risquerez de leur répondre sèchement. Ce sera un temps où vous rechercherez davantage la solitude. Vous pourriez aussi éprouver du regret, une perte ou de la peine. N'attendez pas trop de vous-même ni des autres. Cela dit, vos désirs ont toutes les chances d'être mis à défi par des obstacles, par une situation imprévue ou fâcheuse, ou par rapport à des personnes difficiles. Quant aux célibataires, vous êtes invités à plus de souplesse dans vos relations avec les autres et ne soyez pas radical non plus dans vos opinions lors de certaines rencontres alors que ça ne pourra que vous jouer un bien mauvais tour. Attention de faire quelque chose d'audacieux ou d'irresponsable.

Calmez-vous et attendez pour de meilleurs temps. Ralentissez le pas, reposez-vous et décidez ce que vous ferez par la suite. Si vous avez une aventure, protégez-vous puisque Mars tendra à affaiblir votre système immunitaire. À tout le moins, attendez-vous à des contretemps possibles ou à des mésaventures décevantes.

Famille

Voilà un temps où le chacun pour soi sera plus marquant! Attendez-vous donc à des ennuis dans vos relations affectives familiales. Vous pourrez vous accommoder de tout et de rien, sauf vos proches. À cet effet, un ou certains membres de la famille pourront se montrer plus critiques à votre endroit et vous n'apprécierez pas leur approche, ce qui risque en retour de brasser des émotions passées. Ne succombez pas à cette énergie malsaine. Misez plutôt sur cette période pour vous remettre en contact avec votre moi intérieur afin de vous guérir et de vous défaire de ces sentiments négatifs qui vous lèsent ou vous blessent. Attendez-vous à devoir gérer une situation qui date de votre passé, soit des choses latentes. Si ce n'est pas le cas, vous risquez d'éprouver plus de difficulté à bien vous entendre avec vos enfants, votre partenaire ou avec une personne qui vous est chère. D'ailleurs, tout suggère que vous allez possiblement remettre quelqu'un à sa place, puisqu'il vous aura fait vous sentir insignifiant, incapable ou carrément inadéquat. Mais même si quelqu'un près de vous pourrait vous tomber royalement sur les nerfs, au lieu de vous emporter contre cette personne, trouvez plutôt une excuse pour ne pas vous retrouver en sa présence. Par ailleurs, vous constaterez aussi à quel point votre mère ne répondra pas à l'idéal que vous recherchez et vous en souffrirez beaucoup. Et si ce n'est pas votre mère, ce sera avec votre propre famille. Cela dit, vous ne serez pas à l'abri d'une dépense imprévue pour le foyer, possiblement une réparation à faire, ou méfiez-vous d'un bris possible. À tout le moins, attention de ne pas vous couper ni vous blesser avec tout outil lorsque vous serez à cuisiner. Méfiez-vous aussi de votre impatience!

Santé – Bien-être physique

Des idées obsédantes concernant le passé pourraient ressurgir. Ne vous laissez pas submerger par elles, maîtrisez-les! Il est temps de le faire, car vous en sortirez plus fort et plus confiant dans la vie que vous ne l'avez jamais été. Prenez un moment de répit pour vous-même, apprenez à relaxer, mettez vos problèmes de côté et veuillez vous concentrer sur ce qui est important, soit sur les faits. N'empêche, vous serez davantage porté à vous laisser aller. Attention de ne pas négliger la gestion de votre santé et tenez compte de tous les symptômes et au besoin consultez sans tarder votre médecin. En dépit que votre énergie mentale sera plus apparente que votre énergie physique, vous aurez tendance tout de même à vous montrer plus casse-cou que d'ordinaire. Il vous sera fortement suggéré de ralentir le pas alors qu'en réalité, votre seuil d'énergie sera à son niveau le plus bas. Ce sera d'ailleurs davantage un temps pour vous reposer, pour vous relaxer et pour prendre la vie plus mollo. Tenez-vous donc pénard et reposez-vous! Attention également aux blessures et aux infections de toutes sortes, et à un léger malaise; il est possible que vous ayez à visiter le cabinet de votre médecin ou une quelconque institution médicale. À tout le moins, vous serez dans l'obligation de prendre une voie nouvelle pour mieux répondre aux réalités familiales. Attendez-vous également à une dépense pour une question de santé, sinon pour une personne près de vous (un proche, un enfant ou l'être aimé) qui pourra voir sa santé affectée ou elle sera incommodée par la maladie. Période où tous les irritants vous rendront plus impatient! Si vous êtes enceinte, attention, vous n'êtes pas à l'abri d'une fausse couche. Demeurez vigilante en tout temps!

L'ÉCLIPSE SOLAIRE TOTALE DU 8 AVRIL EN BÉLIER – votre VIIIe maison natale

Malgré l'éclipse, vous trouverez cette période intéressante et productive. Si vous n'êtes ni ascendant Bélier, Cancer, Balance ou Capricorne, vous êtes encore plus solide. Libre à vous, mais à votre place, j'exercerais quand même une certaine prudence dans mes choix de vie et de travail. Puisque l'éclipse solaire totale ne vous touche pas, donc, rien de mauvais à redouter côté santé physique et morale. Vous serez protégé. L'énergie sera meilleure, le travail plus agréable et le sexe plus satisfaisant.

Côté cœur, cependant, vous devrez ménager la susceptibilité de votre partenaire de vie, un rien l'envoyant au plafond! Attention, risque d'attraction fatale aussi! Ne vous faites pas avoir par un beau sourire et de beaux yeux.

Si vous êtes touché par l'éclipse totale, une baisse du niveau de santé sera probable une quinzaine avant et après le 8 avril. La tête et les organes de la tête, le système gastro-intestinal et le bas-ventre seront fragilisés. Ne négligez rien pour assurer votre sécurité. N'allez pas négliger non plus vos ados, les gens âgés ou malades du Bélier, Cancer, Balance et Capricorne, surtout si c'est leur ascendant natal, ou que leur Lune natale ou un amas de planètes occupe ces signes, redoublez de prudence.

Secteur de votre thème natal qui est concerné par le pouvoir et le contrôle, voilà un temps où vous réfléchirez à ce que vous êtes prêt à abandonner pour que quelque chose puisse se produire. Les luttes de pouvoir, les relations intenses et le désir de pénétrer un mystère plus profond seront tous possibles. Les dettes, les prêts et toutes les questions financières qui impliquent une autre partie, et les manigances seront aussi à l'ordre du jour. Il en ira de même pour l'ex-conjoint où vous abandonnerez votre pouvoir individuel pour créer une nouvelle vie ensemble. Toutes les questions relatives à la naissance et à la mort pourraient aussi être concernées.

Malgré les deux éclipses qui obscurcissent le ciel des mois de mars et avril, vous resterez solide et persévérant dans l'effort. Vous aurez même ce petit je-ne-sais-quoi qui fera tourner les têtes. Votre dynamisme sera communicatif et on vous trouvera hautement stimulant. Votre intellect, vif et piquant, sera curieux et avide d'apprendre.

Quant aux jeunes et aux aînés surtout, voilà qu'ils profiteront d'un regain nerveux et intellectuel exerçant un meilleur effet sur leur santé. Sport et exercice, mais surtout yoga et méditation seront des activités à prôner. Un sain programme de vie devrait aussi être établi dans le but de consolider la santé et de conserver la jeunesse de l'esprit. Ce ne sera pas facile de s'y conformer tous les jours, mais sachez que les résultats s'avéreront probants. Mais, en principe, vous serez en bonne santé. Aider ceux qui sont malades serait une bonne action à votre actif. Si vous en avez le temps… Cela dit, vos anciens *patterns* pourraient refaire surface. Changez-vous les idées, cessez de vous en faire pour rien et voilà que le cafard disparaîtra rapidement.

Ceux dont l'ascendant est Balance, Cancer, Capricorne ou Bélier doivent prendre soin d'eux et s'assurer de ne rien commencer d'important, surtout une quinzaine de jours avant et après le 8 avril, temps appelé « période d'éclipse ». Rien de viable n'étant amorcé sous ce thème, mieux vaut s'en tenir à la routine. D'ailleurs, il est possible que vous puissiez ressentir plus de fatigue. Vous auriez tout à gagner à prôner de très bonnes habitudes de vie. Surveillez la tête et les organes de la tête, le système gastro-intestinal et le bas-ventre qui seront fragilisés. Ne négligez rien pour assurer votre sécurité. Cela dit, les gens autour de vous seront plus nerveux et vous le ressentirez beaucoup. Essayez de ne pas vous retrouver dans leur champ négatif, mais ce ne sera pas toujours possible et, malgré vous, vous en subirez l'influence.

P.-S. : Vous êtes encouragé à prendre connaissance de tout ce qui est écrit au chapitre intitulé « Les éclipses de 2024 » pour mieux vous familiariser avec toutes les mises en garde à respecter lors de toutes les éclipses.

♎

Balance

24 septembre au 23 octobre

LES DIFFÉRENTS ASPECTS DE VOTRE PERSONNALITÉ

Balance – masculin, cardinal, air

La Balance, étant un signe positif et cardinal, est active et agressive. Mais la Balance est aussi appelée la « main de fer dans le gant de velours », alors que son agressivité n'est pas généralement évidente. Ce mode d'expression se combine également avec la communication fluide et l'intelligence des signes d'air. La Balance est comme son complément, le Bélier, mais l'énergie du « moi d'abord » est à la recherche d'un équilibre. La Balance est considérée comme ayant une polarité positive (yang) et est gouvernée par Vénus, planète réceptive du charme et de la beauté, qui est négative (yin). Vous idolâtrez l'harmonie. Parfois, par crainte de discorde, vous devenez indécis. Vous percevez facilement la valeur de chaque point de vue. Dans votre recherche de l'équilibre, vous vous efforcez de montrer les deux côtés de la médaille, parfois pour le seul plaisir d'argumenter. Diplomate, idéaliste, romantique, vous êtes généralement facile à vivre. D'un autre côté, vous pouvez être crédule, frivole et flirt.

Vous aimez tout ce qui est beau, ce qui est juste, ce qui est équitable et tout ce qui est harmonieux, et vous êtes une personne donnant-donnant sans fausse modestie. Un signe plus charmant que le vôtre serait difficile à trouver. Vous prenez plaisir à entreprendre des choses, à recevoir chez vous ceux qui vous sont chers et à socialiser, ce qui est très important pour vous.

Avec Vénus comme planète maîtresse, vous êtes spécialiste des belles manières, de la courtoisie et vous adorez échanger de vive voix avec les autres. Vous détestez vivre seul et vous êtes parfois porté à sacrifier vos propres besoins et vérités dans le seul but de ne pas vous retrouver seul. J'irais même jusqu'à dire que vous êtes même prêt à acheter la paix pour ne pas avoir à faire face à la solitude.

Pacifique et diplomate-né, bien peser le pour et le contre de toutes les situations ainsi que vos options est une de vos grandes spécialités, et maintenir un équilibre intérieur dans la vérité absolue est l'une de vos tâches les plus difficiles.

CE QUI VOUS DIFFÉRENCIE DES AUTRES NATIFS DE VOTRE SIGNE

En tant que natif du 1er décan (du 24 septembre au 3 octobre), gentille Vénus est doublement importante dans votre thème alors qu'elle est votre planète maîtresse, mais c'est également elle qui a la gouvernance en ce qui a trait à la triplicité d'air qu'est votre signe solaire. Vous êtes les esthéticiens les plus pacifiques de tout le zodiaque. Vous avez besoin d'entrer en contact avec les choses les plus fines de la vie et vous êtes très conscient de toutes les formes imaginables de relations avec vos semblables. En dépit de votre forte orientation vers le « Vous », vous pouvez devenir et deviendrez parfois très déséquilibré et querelleur. C'est un grand dilemme dans la vie des Balances du premier décan : combien de fois devez-vous compter sur les autres ? Et combien de fois devez-vous vous débrouiller seul ?

Quant à la Lune, celle-ci est tout aussi importante alors qu'elle régit votre décan. Cela explique pourquoi vous avez tendance à attirer à vous des personnes complexes et des situations mystérieusement enchevêtrées.

L'influence lunaire sur ce décan tend à engendrer une personne courtoise, raffinée et élégante. Elle met aussi en valeur vos attributs physiques et fait de vous quelqu'un qui apprécie la belle vie. Autant l'énergie de la Lune vous rend empathique envers tout un chacun, votre capacité à détecter ce que les personnes veulent est une forme de pouvoir, puisque vous pouvez l'utiliser à votre avantage. Mettez en valeur votre imagination fertile là où cela peut faire le plus de bien. Il ira de votre intérêt aussi de vous entourer de personnes positives et de belles choses.

Pour ce qui est de Vénus, elle vous donne de la diplomatie et un talent inné pour les relations publiques. Votre besoin de justice et d'équilibre est infini ainsi que votre désir de fidélité. Bien que vous ayez en horreur toute restriction, il y a tout de même des règles en place que vous devez respecter. Alors que Vénus régit à la fois votre signe solaire et votre décan, elle ajoute un charme romantique à votre personnalité. Parfois très capricieux et futile, vous vous révélez faire partie des personnes qui sont entièrement gouvernées par leurs sentiments.

Étant en perpétuelle recherche d'harmonie et d'équilibre dans votre vie, vous tendez à analyser constamment les deux côtés de la médaille et parfois aussi à votre grand détriment. Vous établissez des normes tellement élevées pour vous-même et pour les autres que cela ne rend pas votre tâche plus facile pour mieux concrétiser tous vos objectifs.

La droiture et la justice sont importantes et primordiales à vos yeux. Vous tendez à être un bon juge des gens. Cependant, quand les autres vous jugent, ils ne sont pas toujours justes dans leurs suppositions. Rien ne dit que votre vie sera facile puisque sensiblement, vous aurez à faire un effort diligent pour répondre aux demandes qui vous seront imposées, tant par votre famille que par votre partenaire vie, ou votre associé si c'est le cas. Mais si vous bannissez de votre vie les doutes et les pensées négatives, celle-ci en sera davantage facilitée.

Bohème, mais avec goût, raffiné sans nécessairement être snob, vous pouvez être un amant ou une amante stimulante s'il vous est donné de rencontrer la bonne personne. Les relations sont importantes à vos yeux. Vous tendez à privilégier les besoins d'autrui avant les vôtres. En plus d'adorer de vous prélasser dans un bain parfumé, vous prenez plaisir à acheter des sous-vêtements en soie brodés pour pimenter votre relation et séduire l'être aimé. Cependant, aussi gentil et coopératif que vous soyez, si vous êtes maltraité ou si on vous pousse trop loin, vous pouvez très bien devenir un ennemi redoutable. Il en est de même en amour comme en amitié puisque vous n'êtes jamais celui ou celle qui initie l'infidélité, mais si on vous trahit, vous serez sans merci et rendrez votre propre justice. En amour, vous êtes attiré par des gens qui partagent vos valeurs. Si vous vous mariez, veuillez choisir une personne loyale, affectueuse, intelligente qui aime s'amuser, qui a bon goût, responsable, sérieuse, constante et financièrement sécurisée.

En tant que natif du 2e décan (du 4 au 13 octobre), vous êtes sous la protection de Vénus, mais votre décan est régi par Saturne et secondairement par Uranus pour faire suite à la triplicité d'air qu'est votre signe solaire. Si vous mettez sagement à profit ces énergies à bon escient, vous pourrez apporter un merveilleux équilibre dans votre vie. Vous êtes d'ailleurs souvent attiré par l'enseignement supérieur dans son sens le plus abstrait.

Saturne et Uranus, particulièrement influentes dans votre thème natal, alors qu'elles vous donnent un amour de la liberté, cela explique pourquoi vos relations ne sont pas toujours faciles, alors que vous aimez vivre selon vos propres règles ; vous avez parfois même tendance à confondre tant l'être cher que vos collaborateurs. Autant les relations sont importantes pour vous, vous gardez la plupart d'entre elles à un niveau assez superficiel. Extrêmement émotif, vous devez apprendre à mieux maîtriser le monde des émotions, au risque de vous rendre malade.

Beaucoup plus sérieux et conscient socialement comparativement aux deux autres décans, vous êtes une personne humaniste qui possède un sens des responsabilités envers son prochain comme pas une, tout en vous sentant toutefois peu sûr de vous-même. Vous êtes de loin le décan le plus ouvert aux changements et aux idées originales.

Autant Saturne vous donne la capacité de terminer la plus ardue des tâches, il est approprié de mentionner aussi qu'Uranus ajoute entrain et tolérance aux tendances conservatrices qu'est Saturne. Dans le temps de le dire, vous pouvez être la personne la plus gentille autant qu'un faiseur d'histoires qui exaspère tous ceux qui l'entourent.

Rabat-joie de nature, si vous maintenez vos priorités dans l'ordre et que vous évitez de vous disperser, vous pourrez bien réussir dans la vie. D'ailleurs, en destinée, vous semblez être appelé à jouer un rôle omniprésent et vous êtes aussi doué d'une grande conscience professionnelle, sociale et morale. Vous prenez également plaisir à vous exprimer artistiquement et vous pourriez même en tirer profit grâce à votre créativité.

En amour, vous craignez d'être piégé à jamais dans une relation ! En toute réalité, vous êtes une de ces personnes phobiques de l'engagement. Pourtant, votre réputation d'être l'amoureux les plus romantique du zodiaque est omniprésente.

Rebelle romantique dans l'âme, en amour, vous aspirez à la fidélité. Vous avez une grande facilité à comprendre l'être aimé avec acuité. Sur le plan romantique, vous pouvez être paradoxal, alors que vous vous efforcez de trouver la relation parfaite où tout est partagé. Le temps tend à révéler que vous avez besoin de beaucoup plus d'espace et de solitude que vous ne l'imaginez. N'appréciant guère la solitude, mais la recherchant, sans doute par instinct de rédemption, vous vous devez de toujours être au courant de tout ce qui se passe autour de vous et dans le monde. Si vous vous mariez, choisissez une personne qui est tendre et protectrice, et pour qui le foyer est une priorité.

En tant que natif du 3e décan (du 14 au 23 octobre), votre planète maîtresse est Vénus, mais votre décan est régi par Jupiter et secondairement par Mercure pour faire suite à la triplicité d'air qu'est votre signe solaire. Cela fait de vous un bon vivant, quelqu'un qui a un esprit logique et qui a tendance à analyser ses expériences. Bavard et agrémenté d'un vif sens de l'humour que nul ne peut nier, vous avez également une personnalité sociable à laquelle on ne peut résister. Vous êtes aussi un ami fidèle.

En ce qui a trait à Mercure, elle vous alloue un esprit agile et des goûts éclectiques. C'est ce qui fait d'ailleurs de vous une personne si fascinante. Vous avez un besoin constant de stimulation mentale. Fort heureusement que Mercure vous donne le don de vous sortir des situations les plus loufoques ou délicates.

Quant à Jupiter, elle vous octroie la tolérance et un penchant pour l'exploration. Elle laisse présager une destinée heureuse dans l'abondance, mais marquée par beaucoup de soucis, pour et par autrui.

Créatif et intelligent, choisissez un emploi qui met à profit votre créativité ainsi que votre originalité. Vous pourriez exceller dans le domaine de la vente, des relations publiques, de la radiodiffusion ou tous les autres emplois qui vous mettent en contact avec le public et qui récompensent votre rapidité d'esprit.

Aussi affable, sociable, sympathique, amical et profond que vous soyez, vous tenez obstinément à votre vie privée et vous gardez beaucoup de choses à l'intérieur de vous-même. Vos capacités mentales surpassent de loin votre côté émotionnel. Même si vous êtes une personne ouverte aux idées nouvelles et originales, vous tenez sans démordre aux traditions que vous aimez et chérissez, mais vous avez également en horreur toutes les restrictions.

Votre profondeur intellectuelle et votre magnétisme sexuel évidents attirent à vous de nombreux types de personnes. Vous aimez le risque, voire l'aventure. Voilà qui explique pourquoi vous pouvez facilement vous ennuyer quand il s'agit de votre vie amoureuse. Toutefois, une fois stabilisé, vous vous montrez généreux, bienveillant et bon pourvoyeur pour votre famille.

Cependant, voilà qui peut également donner à ces natifs de ce décan une énergie de coureurs de jupons. Toutefois, certaines étoiles très chanceuses aident ces as de la séduction à obtenir les conjoints les plus précieux. Il est également très difficile de résister à leur charme !

En amour, vous êtes du genre qui peut vivre toute sa vie à la recherche de la romance parfaite et insaisissable. Intuitif et très logique, vous êtes le plus polyvalent de tous les décans du zodiaque. Vous pouvez charmer qui bon vous semble. Si vous vous mariez, choisissez une personne qui est drôle, intelligente et légère à gérer, surtout que vous recherchez une relation de compagnonnage fraternel plus que n'importe quoi d'autre. En retour, surveillez votre franchise directe qui manque un peu de diplomatie par moments. Mais, plus que tout, méfiez-vous aussi de votre tendance à dire aux gens leurs quatre vérités, ce qui ne vous vaudra pas que des amis.

CE QUE LES ASTRES VOUS RÉSERVENT EN 2024

Jupiter en Taureau jusqu'au 25 mai 2024 – votre VIIIe maison natale

Jupiter est fondamentalement une planète qui se déplace lentement. Elle a tendance à rester dans un signe et une maison pendant une année entière. Mais, tout comme les deux précédentes années, elle se déplace exceptionnellement vite – elle passe en fait par deux signes et maisons cette année. Elle commence l'année en Taureau, votre VIIIe maison, puis elle se déplace en Gémeaux, votre IXe maison. Pour avoir des indices sur les types d'expériences et d'événements que vous pourriez vivre, regardez douze ans en arrière, en 2012, ou même en 1999, et pensez à ce qui se passait dans votre vie. Avez-vous décroché un nouvel emploi ? Vous êtes-vous marié ? Avez-vous déménagé ? Hérité d'argent ? Avez-vous eu un enfant ? Comment votre vie s'est-elle développée ?

Bref, avec Jupiter en Taureau, vous amorcez une année de construction, mais aussi d'épanouissement. Il faudra apporter des changements dans votre manière de penser si vous voulez tirer profit de cette expansion possible, tant dans vos finances que dans vos investissements. Écoutez, apprenez et cessez de résister ou d'être tout simplement entêté. Faites un bilan de vos expériences passées et votre besoin d'autonomie ira en augmentant. Par la suite, vous prendrez votre destinée en main et vous serez capable de vous impliquer dans toutes sortes de nouvelles sphères.

En affaires, le risque pourrait être payant, mais n'allez pas être trop impulsif ni trop spontané, car tout le monde n'a pas la même chance à la richesse. Vous pourriez éprouver parfois du mal à vous ajuster aux nombreux changements qui se produiront au cours de ce cycle. Ne vendez pas la peau de l'ours avant de l'avoir tué et gardez-vous un petit coussin juste au cas où. Continuez aussi à protéger vos avoirs ! Vous pourriez être en mesure de voir vos liquidités s'améliorer. Les deux possibilités les plus probables sont peut-être un bon investissement suggéré par un partenaire et une ligne de crédit qui vous aide à réaliser un projet personnel. Vous pourriez décider aussi de déménager après avoir habité seulement quelques années dans votre maison ou votre condo, mais on vous offrira un bon prix et vous ne pourrez résister. Si vous êtes un acheteur, il faudra marchander pour avoir votre prix. Vous pourriez faire fortune, cependant, si vous savez que votre force n'est pas dans ce domaine, vous devrez rester extrêmement prudent avec vos avoirs. Malgré tout, si vous avez la bosse de l'immobilier, vous ferez des affaires en or ! Et si vous êtes très généreux de nature, méfiez-vous des parasites qui voudront vous faire un emprunt qui ne sera par la suite jamais remboursé.

Pour ce qui est de vos amours et pour retrouver confiance et prospérer, vous avez besoin de vivre des expériences intenses, vous avez besoin de passion et d'intensité émotionnelle. En effet, vous vous sentez plus ouvert et optimiste quand vous êtes entièrement absorbé dans un projet ou dans une relation. Autant vous avez besoin de ressentir une grande passion pour quelque chose au quotidien, autant vous avez également besoin de vivre une relation amoureuse profonde et intime, où vous pouvez partager vos secrets les plus enfouis en vous. Vous aurez indéniablement la baraka (la chance) avec cette position de Jupiter dans votre thème. Voilà qui va améliorer vos relations dans votre vie. La générosité abondera. La sexualité sera puissante et épanouie ! Vos sentiments seront également magnifiés et profonds. Apprenez juste à dépasser votre tendance aux crises affectives.

En ce qui a trait à votre santé et à votre bien-être physique, choisissez de prendre soin de vous d'abord. Phase de réorganisation, de remise en question par excellence, vous réglerez une foule de problèmes qui se sont accumulés. Vous vous métamorphoserez ! Vous n'aurez plus envie qu'on abuse de vous ni de perdre votre temps dans des situations qui n'aboutissent jamais ou à rien. Vous pourrez mieux canaliser vos énergies ainsi que modérer vos excès. Saisissez l'opportunité pour entreprendre un programme d'exercices physiques et pour corriger vos habitudes alimentaires alors que vous obtiendrez des résultats éclatants. Cela dit, position qui parle aussi de possibilité d'apprendre le décès d'une personne que vous connaissez et qui a lutté contre la maladie.

Jupiter en Gémeaux – du 25 mai 2024 au 9 juin 2025 – votre IXe maison natale

Vous voici à l'orée d'une période faste, comme vous n'en avez pas connu depuis fort longtemps. Certains d'entre vous ont déjà commencé à goûter à la chance, tandis que pour les autres, ce cycle de bonne fortune est sur le point de commencer. Avec un minimum d'efforts, vous pourriez transformer votre vie en un véritable triomphe, peu importe les rêves que vous caressez. Mieux encore, vous pourriez bâtir un bonheur à long terme. Il s'agit d'une année déterminante durant laquelle beaucoup de bonnes choses vous arriveront et durant laquelle aussi vous pourrez asseoir votre avenir. Si vous le voulez vraiment, il n'y a rien de trop beau pour vous en 2024. Vous avez devant vous douze mois de chance durant lesquels vous pourrez aisément faire de votre destinée exactement ce que vous désirez. Voilà pourquoi il est primordial de bien cibler vos objectifs, d'avoir des buts précis et de déterminer avec exactitude ce que vous attendez de la vie. C'est dans votre nature de remettre les choses à plus tard, mais si vous attendez trop, la chance passera sans que vous y goûtiez.

En affaires, d'heureux concours de circonstances vous permettront de marquer des points, mais également de trouver une solution à vos difficultés. Puis, après votre anniversaire, ce sera fantastique, et ce, pour un bon bout de temps. Vos espoirs se concrétiseront, vos finances redeviendront prospères, vous avancerez librement. Bref, la chance vous sourira encore plus. Votre carrière évoluera de façon favorable ; on peut parler de déblocages. Les chômeurs trouveront un emploi à la hauteur de leurs aspirations, les salariés graviront d'importants échelons, alors que ceux qui sont en commerce connaîtront une phase d'expansion. Les placements, les transactions et les investissements pourraient rapporter gros pour peu que vous agissiez avec sérieux. Au fait, même si les rentrées seront importantes, vous ne devriez pas pour autant prendre des risques inutiles non plus. Ce sera également une période propice pour les personnes ayant des affaires d'envergure à traiter : des contrats pourront être signés, toute entreprise débouchant sur l'étranger aura le « vent en poupe ». Mais il ne faudra tout de même « pas vendre la peau de l'ours avant de l'avoir tué » !… N'empêche, lors de la deuxième partie de l'année 2024, vous aurez plus de chance et pourrez même décrocher un petit prix lors d'un tirage.

Pour ce qui est de vos amours, la conjoncture est si bonne que vous aurez sans doute droit à plusieurs surprises. Vous, qui détestez la solitude et vous étiolez quand vos relations interpersonnelles laissent à désirer, serez entouré d'êtres compatibles. En plus d'une vie sociale exaltante, vous connaîtrez un grand et profond bonheur en amour. Un rapprochement avec la personne bien-aimée, un engagement sérieux ou même une rencontre pour les solitaires seront au programme. Année en or pour les fiançailles et les mariages. Un bon temps aussi pour avoir un enfant. Cela dit, un membre de votre entourage ou de votre belle-famille aura probablement besoin de votre réconfort.

En ce qui a trait à votre santé et à votre bien-être physique, Jupiter augmentera votre vitalité et votre positivité. Vous aurez un moral beaucoup plus solide que par le passé et serez même en mesure de rompre avec certaines dépendances qui vous empêchaient de jouir librement de l'existence. Ceux qui ont eu des ennuis de santé par le passé entrent dans une phase de récupération – une bonne année pour vous débarrasser de vos bobos et pour repartir du bon pied ! En plus de ressentir un impérieux besoin de profiter de la vie à plein, vous disposerez aussi des ressources nécessaires pour régler vos problèmes passés et pour améliorer votre état. Vos bonnes résolutions porteront leurs fruits. Agissez sans tarder et vos progrès seront spectaculaires. Débarrassez-vous des émotions négatives qui freinaient vos élans. Et attention à la gourmandise qui est le seul hic qui vous guette jusqu'en juin 2025.

Saturne en Poissons – toute l'année – votre VIe maison natale

Saturne a parfois mauvaise presse, car nous combattons souvent les changements saturniens. Elle nous enseigne la « responsabilité » dans de nombreux domaines de notre vie qui peuvent grandement bénéficier d'un peu d'amélioration. Dans votre thème natal, cette influence a un lien direct avec votre santé et le travail que vous accomplissez. Le temps sera bien choisi pour débuter un projet. Cependant, si vous travaillez sans relâche et que vous ne vous accordez aucune période de repos, votre corps vous donnera des signaux d'alerte tel un mal de dos chronique qui apparaîtra, méritera votre attention alors qu'il pourra cacher un autre problème que seul votre médecin pourra diagnostiquer.

En affaires, le ciel de 2024, à part quelques obstacles, est favorable à vos projets dans leur ensemble. Il l'est plus particulièrement pour ceux concernant le monde artistique : communications, télévision, radio, composition, paroles de chansons et succès pour les interprètes ; littérature, étude d'une langue étrangère. Les cascadeurs et comédiens se dépasseront. En somme, tous ceux qui oeuvrent pour le public, qui le servent ou qui l'amusent vont vivre des moments palpitants. Pour les uns, c'est le grand départ, le début de l'ascension vers le succès ; pour d'autres, ce sera l'apogée, une réussite tellement grande qu'il sera difficile de faire plus dans l'avenir, car seulement celui qui marquera ce but est consacré dans la mémoire du public. Pour les autres, attendez-vous à un long processus de changement au niveau de votre travail, sinon au niveau professionnel, cependant, cette situation ne sera pas toujours des plus roses dans votre quotidien. Mais, en bout de ligne, vous vous révélerez pleinement satisfait. Vous aurez possiblement à travailler davantage avec peu de reconnaissance. Vous vous sentirez souvent dans l'impossibilité d'agir à votre guise ou vous n'aurez pas la bonne façon de vous comporter ou de réagir. Dès lors, vous serez plus porté à abandonner plus facilement, parce que vous n'arriverez à rien de concluant. Préparez-vous à devoir endosser de nouvelles responsabilités au travail. Plus encore, vous aurez aussi à faire preuve d'une grande maturité d'esprit en relevant tous ces nouveaux défis. D'ailleurs, veuillez être prudent si une offre vous est faite, puisque tout suppose que vous aurez à investir beaucoup de votre temps et d'efforts sans aucune compensation additionnelle, ce qui en réalité réduira votre taux de rendement financier. Si vous travaillez dans une profession reliée à la médecine traditionnelle ou alternative, il y a un risque de conflit, d'erreur ou peut-être bien de poursuite légale de la part d'un patient insatisfait, mal soigné ou négligé. Temps de compilation par excellence, il sera nécessaire de mettre vos papiers en ordre et d'ordonner votre vie. Saturne vous retient dans d'anciennes attitudes, croyances, valeurs – il faut donc y réfléchir et vous tenir prêt à vous en séparer ! Le temps se prêtera également bien pour apprendre du nouveau. Or, ne résistez pas à l'appel des études quelles qu'elles soient et profitez de tout ce qui ouvre l'esprit à mieux vous connaître et à mieux reconnaître autrui. Si vous êtes jeune et encore aux études, vous serez tenté de quitter les classes afin de gagner votre vie. Attention toutefois, alors que vous pourriez regretter cette décision. Il vaut mieux continuer, et ce, malgré cet appel à votre indépendance économique puisqu'un emploi, de nouveaux amis, une autre façon de vivre, tout cela ne sera qu'excitant que durant quelques mois. Mais si vous sentez le besoin de cesser vos études parce que vous ne savez quelle direction prendre pour accomplir votre destin, il s'agit d'une situation raisonnée et vous éloigner des études pour le monde du travail pourrait vous faire voir clairement dans quel domaine étudier pour vous réaliser pleinement.

Pour ce qui est de vos amours, questionnez-vous à savoir s'il y a des choses que vous devriez discuter avec l'être aimé. Votre relation n'est-elle qu'une habitude ou y a-t-il encore de l'amour qui refuse de se manifester ? Il sera important de clarifier ce genre de situation avant que Saturne ne traverse en maison VII alors que cela créera de la tension et même brisera des liens que l'on aurait cru éternels. La séparation officielle ou temporaire d'avec le partenaire de vie pourrait se faire sans que vous n'en sachiez clairement le motif, alors que pour certains, ce sera une possibilité de désintoxication, de rechute et enfin de renouveau. La liste des ennuis ou des problèmes pourraient s'allonger encore. Quoi qu'il advienne, vous bénéficiez d'un appui céleste de Jupiter l'éclaireur. S'il y a eu des conflits par le passé dans la famille, le temps est venu de tenter une réconciliation. Et si elle ne réussit pas, il vaudra mieux ne pas vous y attarder, mais surtout ne pas croire à l'échec non plus. Vous aurez tout essayé !

En ce qui a trait à votre bien-être, vous pourriez avoir un problème de santé que vous entretenez sans vous en rendre compte. Il est évident pour des proches que vous désirez qu'on vous prenne en charge, qu'on vous plaigne. Si, par le passé, vous avez négligé un problème de santé, la cloche sonne et vous aurez à vous en occuper avec empressement. Vous aurez tout de même une bonne résistance et l'améliorerez en maintenant un bon régime ainsi que de bonnes habitudes de vie. Si vous mangez n'importe quoi et à n'importe quelle heure, le système digestif en souffrira !

Si le/la partenaire de vie est Balance de par son Soleil ou son Ascendant natal

À quand remonte la dernière fois où vous avez passé une soirée ensemble sans discuter de questions liées au travail ? L'être aimé est tellement frustré par son travail que vous vous sentez désemparé ? Si c'est le cas, essayez de prendre le taureau par les cornes. Votre Balance est en train de recevoir une leçon sur le devoir envers les personnes de son environnement de travail. En outre, cette personne est également très préoccupée par son régime alimentaire et reconnaît l'importance de trouver un équilibre entre les questions de santé et celles d'être un être humain responsable. Il est important que vous aidiez l'être aimé à traverser cette période difficile en lui prodiguant des soins attentifs et en lui offrant des repas sains. Répétez-lui sans cesse que vous pensez qu'il fait du bon travail, car personne au bureau ne semble le lui dire ces jours-ci. Faites de votre mieux pour que votre Balance soit d'humeur joyeuse et optimiste, et veillez à ce que les choses restent timides et romantiques entre vous. Si son environnement de travail est désordonné, veillez au moins à ce que son environnement familial soit exempt de difficultés. Lorsque les choses s'arrangeront enfin au niveau professionnel, votre Balance romantique appréciera toujours le fait que vous ayez gardé votre attitude calme et joyeuse lorsque les choses devenaient un peu difficiles, ce qui l'aidera énormément à traverser cette période difficile et rapide.

Pluton en Verseau – les vingt prochaines années – votre V^e^ maison natale

Avoir la planète du pouvoir et du changement dans le signe libre-penseur et curieux du Verseau constitue une combinaison des plus puissantes. Vous réalisez que vous ne pouvez pas arriver là où vous voulez aller si vous êtes retenu par une énergie confuse ou négative. Votre vie évoluera donc lentement et discrètement vers une profonde métamorphose. Votre intuition sera favorisée et vous serez aussi inventif qu'exigeant dans votre quête d'authenticité. Cela concernera principalement le domaine du plaisir, de la créativité et des enfants. Selon le cas, ce transit pourrait se traduire par un travail profond et exceptionnel pour un artiste, la conception d'un enfant ou la découverte de plaisirs sensuels encore inexplorés – les mêmes pour un homme que pour une femme. Il faut se débarrasser de certaines personnes et/ou situations, nuisibles et/ou superflues, pour se retrouver en bonne compagnie sur le long terme. C'est un beau transit de renouveau ! Les relations avec les enfants et les partenaires romantiques nécessiteront un changement. Et la dynamique du pouvoir et la question de savoir qui est le patron dans ces relations seront également soulevées. L'expression sexuelle pourrait également changer et prendre une tournure plus profonde et plus intime. Les recherches sur des sujets ésotériques complexes tels que l'astrologie deviendront aussi une source de plaisir.

LES PHASES RÉTROGRADES DE MERCURE POUR 2024

Mercure rétrograde en Bélier – du 1er au 25 avril 2024 – votre VIIe maison natale

Climat général

Vous aurez l'impression de devoir dire oui à tout le monde et il vous sera totalement impossible de refuser quoi que ce soit, même si cela exige que vous fassiez preuve d'une flexibilité extraordinaire quant à votre disponibilité. Il est clair qu'il s'agira véritablement des membres de votre famille qui, d'ordre général, tendront à tant vous en demander. Mais avouons que ce sera certainement une belle occasion pour vous d'essayer de commencer à vous faire respecter un peu plus et dire non quand ça ne vous convient pas vraiment. Vous donnez beaucoup, mais vous ne recevez que très peu en retour. Saisissez donc l'occasion pour exprimer votre désagrément face à cette situation avec diplomatie, alors que vous ne pourrez que mieux vous sentir à la longue. Mais une confrontation risque de s'ensuivre. Malgré tout, vous ne pourrez choisir meilleure période pour apporter des changements en profondeur en ce qui concerne certaines situations et mauvaises habitudes qui vous effritent au plus haut point à la maison. D'ailleurs, n'allez pas être surpris que l'on vous presse de prendre une décision rapidement alors que vous auriez bien aimé pouvoir peser le pour et le contre au préalable. Essayez tout de même de les conjuguer du mieux que vous pourrez.

Travail – Finances

Vous serez plus porté à courir dans tous les sens. Vous devrez réfléchir rapidement pour dénicher des solutions. Si rapidement que parfois, vous douterez même de vos décisions. N'hésitez pas à solliciter l'avis de gens en qui vous avez confiance, même si vous êtes convaincu d'avoir tous les faits en main pour faire le choix éclairé. Des idées nouvelles pourraient vous être proposées. Avant de les adopter, scrutez-les une à une et ne faites rien sur un coup de tête. Vous pourriez être sérieusement impliqué aussi dans une négociation qui pourrait perturber votre vie de famille d'une manière ou d'une autre. La conciliation travail-famille sera également un ennui auquel vous devrez faire face. Essayez de parvenir à établir un compromis qui satisfera tout le monde. Malgré tout, vous aurez des choix difficiles à faire et des obligations pénibles à remplir. Qu'une entente échoue ou soit mise en suspens est possible alors que l'on ne viendra pas à bout de s'entendre ni prêt à faire des compromis. N'allez pas vous élever contre l'autorité en place. Demeurez souple en toute situation et acceptez avec philosophie les changements qui pourront survenir.

Amour – Sentiments

Il y aura tout un univers à gérer autour de vous, particulièrement si vous avez des enfants et une famille en plus ! Malgré tout, ce sera un excellent moment pour ajuster vos positions entre vous et l'être aimé, et d'établir un meilleur équilibre en ce qui a trait au partage des tâches, par exemple. Cependant, il est plus que possible que la sensibilité puisse faire un peu défaut entre vous deux. Évitez de vous laisser emporter par la situation, du moins pour l'instant, puisque vous n'allez pas arranger les choses de toute manière en vous mettant en colère. Avec un peu de vouloir, vous devriez être en meilleure position pour trouver la bonne piste afin de mieux retrouver le chemin de la satisfaction sur les plans affectif et sexuel. N'empêche, vous risquez de vous sentir négligé et vous aurez l'impression que l'on ne fait pas assez attention à vous. Prévoyez des hauts et des bas en ce qui a trait à vos amours alors que la confrontation menace de s'installer. Pour ceux qui sont en couple et que tout est au beau fixe, ce ne sera le bon moment pour songer à vous marier, à vous fiancer, pour fixer la date de mariage, réserver la salle de réception, choisir le gâteau, etc. En tant que célibataire, le temps ne se prêtera pas pour entreprendre une nouvelle relation. En passant, il en sera de même pour ce qui est d'établir votre nouvelle entreprise.

Famille

L'atmosphère au foyer risque d'être tendue. Attention que cela ne dégénère en conflit. Ce sera un temps où les choses risquent d'être compliquées avec la famille et la marmaille, et il vous faudra faire des prouesses pour sauvegarder l'harmonie. Malgré tout, un membre de la famille risque d'être passablement exigeant à votre endroit. L'idée qu'une personne de votre entourage puisse vous inquiéter par son comportement, par ses problèmes, sera également possible. Cela dit, soyez informé que vous ne serez pas exempt non plus d'une dépense imprévue qui risque de grever votre budget. Gardez-vous un pécule pour mieux y remédier !

Santé – Bien-être physique

Il est possible que vous songiez à vous refaire une beauté. Ou peut-être envisagerez-vous très sérieusement un régime amaigrissant pour vous permettre de porter avec fierté cette nouvelle robe ou ce nouveau complet que vous aimez bien ? Vous devrez être assez prudent avec certains produits, même naturels, alors qu'ils pourraient ne pas vous convenir. Vous pourriez connaître aussi une période plus creuse durant laquelle vous vous sentirez mêlé et facilement plus anxieux. Au lieu de vous mettre de la pression inutilement, octroyez-vous un peu plus de temps pour vous-même afin de mieux pouvoir refaire votre plein d'énergie. N'allez pas tout dramatiser, alors que les choses vont s'arranger d'elles-mêmes. D'ailleurs, en faisant un effort, vous pourriez dénicher des solutions applicables qui vous serviront bien et qui aideront à vous sentir bien dans votre peau. Gardez aussi un œil avisé sur vos voies respiratoires ! Surveillez vos reins, mais aussi votre dos. Abstenez-vous aussi de toujours vouloir avoir raison.

Mercure rétrograde en Vierge – du 5 au 14 août 2024 – votre XIIe maison natale

Climat général

Vous risquez davantage d'avoir besoin d'un deuxième café pour être fonctionnel. Vous ressentirez une forme de confusion omniprésente qui vous laissera assez souvent perplexe. Alors que votre esprit s'égarera la plupart du temps, votre imagination en bénéficiera grandement. Vous tendrez tout de même à vous faire le plus discret possible, même si vous avez de grands projets en tête. Vous serez certainement très observateur, mais aussi très rêveur. C'est dans un certain silence que vous élaborerez vos projets d'avenir, tant ceux professionnels que personnels. En effet, devant le stress des responsabilités, vous aurez besoin de prendre du recul pour mieux évaluer toute situation. Mais n'allez pas donner l'impression d'être lunatique non plus. Il faudra absolument prendre votre place !

Travail – Finances

Votre lieu de travail est sacré pour vous. D'abord, il vous permet de gagner votre vie, ensuite vous y avez des rapports avec toutes sortes de gens avec qui vous établissez des liens qui ne vous engagent guère. Cela dit, vous aurez à consacrer plus de temps au travail. Les journées que vous aurez moins de travail à produire, il est possible que vous y restiez, même si vous n'y êtes pas obligé de mettre de l'ordre, même dans les affaires des autres. Et si, par hasard, vous étiez dans l'attente d'une décision en ce qui concerne l'abolition de postes, les signatures d'une convention collective, les problèmes syndicaux, le conflit avec la direction ou autres, vous aurez un verdict qui ne fera votre affaire qu'à moitié. Cependant, la situation économique oblige. Il faudra apprendre à conjuguer avec celle-ci ! D'ailleurs, il est possible qu'il y ait des mises à pied dans votre domaine d'activité.

Heureusement, vous ne détesterez pas rester à la maison durant une courte période. Assez rapidement, vous retrouverez un emploi qui vous offrira un potentiel de carrière plus stimulant. Il est possible que vous l'entrevoyiez au départ comme une forme d'obligation, mais rapidement, vous réaliserez l'ampleur des possibilités qui s'offriront à vous et vos nouvelles fonctions cadreront parfaitement avec vos valeurs et vos convictions profondes. En tant que dirigeant, patron ou même travailleur autonome, vous n'aurez d'autre option que de grincer des dents, démontrer votre autorité, dire haut et fort que le pouvoir vous appartient, autrement, c'est le manque de respect le plus total que l'on vous fera subir. Vous risquez d'être confronté à des jeunes qui pensent tout savoir et qui croient que vous n'êtes plus dans le coup, révolu tel un dinosaure. C'est en mettant à profit votre patience et votre sagesse que vous serez en mesure de démontrer l'efficacité de vos méthodes par rapport à celles qu'ils prônent. Si vous travaillez dans le domaine de la vente, vos clients seront acheteurs, mais pas nécessairement faciles à satisfaire par moments. Il en sera de même si vous êtes également à votre compte !

Amour – Sentiments

Vous serez tenté de faire des efforts considérables pour retrouver un semblant de passion dans votre vieille relation. Vous vous attendrez évidemment à ce que l'autre en fasse tout autant. Mais vos attentes seront peut-être démesurées, puisqu'il y aura peu de chances que le partenaire y réponde avec la même ferveur. Si vous avez des soupçons quant à la fidélité de l'être aimé, vous tendrez à devenir méfiant à l'excès et jaloux comme jamais ! Attention, si vous portez une accusation sans preuve, vous pourriez dire des mots qui dépassent votre pensée. Peut-être prêterez-vous à votre amoureux des intentions qu'il n'a pas. Voilà qu'il est peut-être pris par des problèmes personnels ou professionnels provoquant chez lui un effet de recul, de repli sur lui-même, alors qu'en réalité, il a besoin de réfléchir seul. Si votre relation est récente, vous pourriez traverser une période de remise en question et préférerez la plupart du temps retrouver votre solitude. Bien que vous soyez tenté de fuir le foyer, il n'est pas dit que vous passerez aux actes, du moins, à jamais. Pour les célibataires, le coup de foudre se fera certainement ressentir et l'autre sera romantique. Cette personne représentera l'idéal selon vos critères. Ce sera bel et bien le superbe prince charmant ou la superbe princesse de vos rêves que vous rencontrerez. Mais avant de ressentir véritablement de l'amour, vous vous serez pincé à plusieurs reprises !

Famille

En cas de rupture, cela affectera tous les membres de votre famille, mais plus encore vos enfants ! Cependant, il est possible de l'éviter. Il faudra d'abord calmer vos peurs d'abandon et vos craintes de manquer de l'essentiel. Il faut absolument cesser de voir vos responsabilités plus lourdes qu'elles ne le sont en réalité. Si vous vivez en famille reconstituée, quelques signaux vous avertiront d'un éventuel conflit potentiel entre vos enfants et ceux de votre partenaire. Ce conflit pourra aussi toucher les membres de chacune des familles respectives. Il est à prévoir que l'argent sera le point central de vos discussions. En tant que parent d'adolescents, leur décision de vivre leur vie amoureuse ne tiendra pas souvent compte de vos conseils. Il faudra possiblement accepter la situation si vous ne voulez pas qu'elle dégénère en bouderies.

Santé – Bien-être physique

Mercure saura déceler la moindre anomalie dans votre corps et trouvera la raison de votre fatigue excessive, de vos maux de tête fréquents, de votre rétention d'eau ou de vos sensations de gonflement. Vous devrez adopter un régime de vie plus équilibré et moins stressant. Vous ne pouvez vous permettre de vivre longtemps dans l'excès, car votre corps vous imposera ses limites bien assez tôt. Surveillez vos intestins ! Votre santé dépendra entièrement de vos émotions. Déséquilibre intérieur en vue ! Attention qu'on lèse vos droits. Cycle d'insécurité presque chronique.

Mercure rétrograde en Lion – du 14 au 28 août 2024 – votre XIe maison natale

Climat général

Ce sera l'occasion favorable pour planifier un important voyage, seul ou en groupe, ou des vacances qui ne seront certainement pas banales. Il est clair que vous serez particulièrement actif, survolté à la limite par moments, alors que vous aurez un besoin de bouger, de faire maintes activités sportives ou de marcher en montagne. Si vous décidez de prendre vos vacances à cette époque, elles ne seront pas de tout repos, c'est sûr ! Il est clair qu'une longue liste d'activités à réaliser seul, en couple ou en famille vous attend. Vous voudrez tout voir et tout faire essayer à vos enfants. Ce n'est pas nécessairement sur le budget que vous vous imposerez une pression, mais davantage sur le temps. Plus la rétrogradation progressera, plus vous réaliserez qu'il reste encore beaucoup à faire et à voir. Vous pourriez condenser quelques activités dans la même journée, ce qui ne sera pas réaliste. En dépit de tout le plaisir que vous savourerez à vivre tout ça, il est clair que vous ressentirez aussi une certaine forme de stress. Heureusement que vous êtes une personne qui connaît très bien ses limites, alors vous saurez précisément quand est venu le temps de vous reposer et de vous détendre. Malgré tout, il y aura beaucoup d'action autour de vous et l'humour sera aussi au rendez-vous. Par contre, vous pourriez éprouver une petite déception en lien avec un de vos amis. Il s'agira sûrement d'une histoire d'argent. N'oubliez pas que les bons comptes font les bons amis, ne dit-on pas?

Travail – Finances

Un projet pourra être retardé ou mis en suspens pour des raisons administratives. En fait, vous pourriez éprouver plus de difficulté à obtenir un permis quelconque ou une subvention devra être révisée. Vous aurez certainement à vous débattre avec des insistances gouvernementales alors qu'il y avait simplement quelque chose qui n'était pas très clair au départ. Il faudra inévitablement revoir le dossier en détail. Mais cette situation vous permettra de découvrir quelques failles qui auraient nui à ce projet à plus long terme. Finalement, ç'aura été une bénédiction! En dépit de ces délais et contretemps possibles, la meilleure chose à faire est de garder votre calme, car en vous emportant vous ne feriez qu'envenimer une situation qui est déjà complexe en soi. Sans tenir compte qu'elle s'avérera passablement plus laborieuse que prévu, mais vos démarches finiront par donner des résultats! D'ailleurs, vos multiples talents seront recherchés aussi bien par des individus que par des groupes ou de grandes sociétés. Peut-être serez-vous même impliqué dans une histoire politique ou publique très particulière? Malgré tout, vous serez en excellente position pour développer une clientèle plus vaste, un réseau de contacts plus fiable et un cercle social qui vous apportera des dividendes à plus long terme sous peu. Il vous sera donné l'opportunité aussi de connaître une soudaine popularité qui, cependant, ne rapportera pas dans l'immédiat, ce qui pourra vous causer peut-être quelques soucis financiers. Attention aux voleurs et aux escrocs qui rôderont davantage aux alentours. Encerclez également cette période pour vous enrôler dans un cours afin d'apprendre une langue seconde alors que cela pourra vous permettre d'aspirer à une meilleure position au travail.

Amour – Sentiments

Le silence est d'or et la parole est d'argent ! Ce sera un temps où vous aurez besoin d'un peu plus de solitude. Cependant, ce ne sera pas pour remettre en question vos sentiments. Ils seront puissants, tellement que vous pourrez même communiquer par télépathie, en quelque sorte. Vous pourriez purement vivre de beaux moments en vous isolant ensemble dans un chalet, un lieu de villégiature ou tout simplement à la maison à faire vos petites choses chacun de votre côté. Si votre relation est toute jeune ou que vous en êtes encore au stade des fréquentations, il est clair que vous aurez besoin de sentir une volonté plus grande de s'engager de la part de l'être aimé. Vous aurez envie de recevoir une preuve tangible de son amour, autrement, vous pourriez très bien décider de mettre fin à votre histoire ! En fait, en avez-vous peut-être assez de tourner en rond avec l'amour ? En tant que célibataire, vous êtes de ces gens très sociables et ce trait de votre personnalité semblera plutôt accentué en cette époque. Mais vous ne serez probablement pas très ouvert à l'idée d'entreprendre une relation, même s'il s'agit d'une simple fréquentation. En fait, si une personne vous manifeste un certain intérêt, vous tendrez à la faire patienter et à l'obliger à vous gâter un peu avant que vous ne lui dévoiliez enfin vos intentions. Sensiblement, vous aurez besoin de quelques rendez-vous avant de comprendre ce qui se passe à l'intérieur de vous ! Vous ne saurez pas toujours comment interpréter les sentiments que vous ressentez, ne sachant s'ils sont bons ou mauvais.

Famille

Il ira de votre intérêt de ne pas attendre à la dernière minute pour aller chercher les effectifs de la rentrée scolaire de vos enfants, puisque vous pourriez vous retrouver en pleine cohue, ce qui tendra à élever votre niveau de stress d'un cran inutilement. Par conséquent, assurez-vous de bien planifier vos déplacements.

Santé – Bien-être physique

Il ne serait pas étonnant que vous ressentiez une fatigue plus importante sans pour autant en comprendre les raisons. Vous aurez bien beau respecter vos heures de sommeil, vous aurez l'impression de ne pas être en mesure de récupérer pleinement. Mais ce sera sans véritablement savoir pourquoi et sans d'efforts particuliers non plus que vous retrouverez un meilleur sommeil et que vos énergies reprendront toute la vigueur que vous connaissez habituellement. Cela dit, apprenez à mieux contrôler votre ego. Attention aussi à la déshydratation qui vous guette.

Mercure rétrograde en Sagittaire – du 26 novembre au 15 décembre 2024 – votre IIIe maison natale

Climat général

On dit souvent que vous n'arrivez jamais à vous décider, que vous hésitez toujours avant de faire un choix. La nature même de votre signe est de peser toujours le pour et le contre avant de prendre une décision. Toutefois, à cette époque, vous tendrez à déroger à cette même nature en fonçant tête première dans tout ce qui vous anime, mais est-ce une bonne idée d'être l'hôte des réceptions du temps des Fêtes ? Peut-être serait-il plus sage de passer le flambeau à quelqu'un d'autre alors que tout suggère que ce sera un temps où il sera plus difficile de vous entendre avec les gens en général. Tout le monde semblera vouloir vous contredire alors que vous êtes un signe d'harmonie totale ! Peut-être que votre meilleure option sera-t-elle de vous effacer tout simplement ? Laissez les gens vous courir après en toute quiétude et vous verrez ainsi leur attitude changer à votre endroit. Ou demandez-leur de communiquer avec vous par courriel, de cette manière la correspondance sera plus réfléchie. Du moins, c'est à espérer et vous ne serez pas obligé de répondre sous pression et vous pourrez prendre le temps nécessaire pour bien mûrir tout cela. Vous en avez déjà assez fait comme ça dans le passé, il sera peut-être temps que quelqu'un prenne la relève, pour une fois. Si ce n'est pas le cas, il y a de bonnes chances que les gens près de vous aient les meilleures intentions du monde en se proposant pour vous aider, mais il est plus que probable qu'ils se désisteront à la toute dernière minute et vous vous retrouverez à faire tout le travail en vitesse.

Travail – Finances

Vous ne tiendrez pas en place. Vous aurez besoin de sortir assez souvent merci, de vous dégourdir les jambes et vous croiserez des personnes avec qui vous parlerez pendant de longues heures. Vous chercherez également à dénicher les aubaines de dernière minute pour faire vos cadeaux de Noël. Vous ne craindrez pas les foules et profiterez de la cohue pour négocier vos achats, mais aussi tout contrat potentiel ! Il y aura certainement d'importantes négociations à entreprendre avec des personnes de votre entourage immédiat, des entrepreneurs ou avec des personnes que vous croisez sur une base régulière et avec qui vous faites des affaires. Sauf qu'en cette période, il arrivera souvent que ces personnes seront plus difficiles à joindre en raison des Fêtes. On dirait bien que c'est précisément ce qui ralentira toutes vos démarches. Attendez-vous à ce que vos négociations soient plus tenaces et veuillez prévoir aussi beaucoup d'incompréhension, ou il manquera trop de détails pour conclure la transaction. Vous pourriez aussi démontrer des signes d'impatience envers de bons clients et ce ne sera pas souhaitable. Ce sera aussi un temps où vous pourriez réfléchir assez sérieusement à votre carrière. Possiblement à entreprendre une nouvelle voie qui sera certainement plus conforme à vos aspirations et à vos ambitions. Méfiez-vous des envieux et des jaloux ; laissez-les causer. Ils n'ont aucun pouvoir sur vous et pas la moindre chance de vous nuire si, bien sûr, vous n'avez rien à vous reprocher ! Cependant, si vous avez triché, si vous êtes passé par-dessus quelques règles de bonne conduite, préparez-vous à être rappelé à la lettre. En tant que patron, directeur ou travailleur autonome, prudence lorsque vous négociez un contrat ! Il pourra sembler très lucratif en apparence, mais veillez à bien lire toutes les clauses. Plusieurs seront très complexes et demanderont l'avis d'un expert en la matière. Il ne sera pas interdit de faire quelques ententes de principe et d'amorcer certains travaux pour éviter les retards, mais si vous avez le choix, idéalement, attendez que la rétrogradation ait pris fin pour tout officialiser !

Amour – Sentiments

Ne laissez personne de votre famille ou même un membre de votre entourage proche vous dire quoi faire en ce qui a trait à vos amours. Si vous ne vous sentez pas à l'aise avec votre amoureux, ce ne sera sans doute pas un parent, ou autres, qui pourront vous conseiller. Méfiez-vous de leurs opinions fermées. Si vous ne savez plus où vous en êtes dans votre relation, avant de prendre une décision radicale, faites des démarches et au besoin, suivez une thérapie. Si vous savez que vous êtes bien décidé à quitter votre relation, voyez un conseiller qui vous entretiendra sur le fait de vous retrouver seul après avoir vécu de nombreuses années avec la même personne. Et même si vous ne serez pas l'initiateur d'une séparation, il y aura tout de même des séquelles intérieures et des remous émotionnels inévitables. Vous serez plus à l'aise après avoir reçu quelques avis professionnels. En tant que célibataire, vous êtes encouragé à prendre un peu de recul, surtout si, précédemment, quand vous avez eu une occasion de vous lier avec quelqu'un, vous avez tout laissé parce que vous aviez peur de l'engagement. Si vous avez vécu une rupture et qu'elle est encore toute récente, il est possible que, lors d'une rencontre, ce ne soit pas de l'amour. Cette personne sera, en quelque sorte, une occasion de vous consoler, de constater que vous plaisez encore beaucoup. Il sera essentiel de conserver votre indépendance autant au sein de votre vie de couple que dans vos associations intimes.

Famille

Si vous êtes récemment devenu papa ou maman, vous serez en amour avec votre nouveau-né, mais la fatigue se mettra de la partie et vous fera souvent dire n'importe quoi. Il ne faudra pas donner des ordres à votre partenaire ni accepter qu'il ou elle vous en donne. Évitez aussi de faire des promesses que vous ne pourrez tenir!

Santé – Bien-être physique

Soyez vraiment prudent au volant! Ne prenez pas un verre de trop avant de conduire et gardez vos distances si vous voyez un chauffard qui semble être en état d'ébriété. Veuillez également surveiller vos reins et votre poids. N'allez pas non plus faire des promesses que vous ne pourrez ou ne voudrez plus respecter.

LA PHASE RÉTROGRADE DE MARS POUR 2024

Mars rétrograde en Lion – du 6 décembre 2024 au 5 janvier 2025 – votre XIe maison natale

Climat général

Voilà un temps où vous risquez d'être doublement affecté par cette rétrogradation de Mars. Il s'agira de difficultés qui concernent votre façon de vous affirmer. Puisque vous serez plus dans l'introspection et le recul, voilà l'occasion pour réfléchir à votre approche de la franchise et de la colère, et pour considérer tous les changements qui s'imposent. D'ailleurs, attendez-vous à des changements assez importants dans votre manière de communiquer avec vos proches, amis, enfants et collègues. Toutes les discussions, échanges ou communications tenus risquent de tourner la plupart du temps au vinaigre et de provoquer en retour de nombreux malentendus. Autant vous ne verrez pas les choses ni les situations sous le même angle que les gens les perçoivent, autant ça ne vous empêchera pas de détecter les erreurs au premier coup d'œil. Malgré tout, pesez bien vos paroles puisque si vous vous impatientez en public ou en ondes, ou si vous vous enflammez au point d'avancer des propos préjudiciables, vous pourriez en retour être critiqué ouvertement, tant par vos pairs que par des gens en ondes. Alors que tout suggère que ce sera une période où vous serez davantage plus sensible aux humeurs et aux ambiances régnantes, vous serez même porté aussi à vous sentir plus bousculé par toutes vos peurs, par toutes vos insécurités et vos émotions. Il est très possible que vous puissiez vous sentir un peu plus déphasé, ce qui ne vous mènera nulle part ailleurs que dans un cul-de-sac. Vous aurez à vous débrouiller par vous-même et avec vos propres moyens. Évitez de porter un regard trop critique ou non constructif sur vos actions antérieures. Apprenez à vous traiter avec plus de douceur ainsi que tous ceux qui vous entourent alors que vous aurez tout à y gagner !

Travail – Finances

Voilà une période où vous sentirez le poids de vos obligations s'alourdir de plus en plus. D'ailleurs, vous aurez sûrement à modifier vos priorités. Et même si les progrès seront lents à se manifester, saisissez tout de même l'occasion pour visiter à nouveau vos buts, afin de savoir s'ils répondent bien à toutes vos attentes ou s'ils devraient être modifiés, sinon améliorés. De plus, attendez-vous à subir de nombreux changements professionnels. L'idée que vous ayez à mettre fin à une relation d'affaires qui aura fait son temps à vos yeux sera aussi possible. Si rien de tout cela ne vous interpelle, il est tout probable que vous serez témoin du changement d'attitude d'un patron ou d'une tête dirigeante ; cette personne se métamorphosera sous vos yeux. Cela suggère que des personnes avec qui vous aviez l'habitude de travailler pourraient également être remplacées, ce qui en retour changera la dynamique relationnelle. Ce sera aussi un temps où vous éprouverez plus de difficulté à vous adapter et à vous ajuster à cette nouvelle relève. Malgré tout, évitez d'être dur en paroles et en gestes, puisque l'on pourrait mal le prendre. Évitez aussi d'initier de nouveaux projets. Et si vous faites fi de cette recommandation, vous aurez possiblement à les reprendre ou à les refaire ! Soyez tout aussi vigilant de ne pas vous laisser embarquer dans un quelconque bateau, puisque vous ne serez pas à l'abri de conflits avec des personnes qui font partie d'un groupe ou encore d'une organisation. Gardez vos propres conseils pour vous-même et abstenez-vous de donner des avis ou encore moins, des conseils aux personnes alors qu'elles seront plus préoccupées par leur propre agenda. Il n'en demeure pas moins que ce sera une période où vous aurez plus de difficulté à atteindre ce que vous voulez accomplir ! De plus, veuillez vous attendre à des erreurs possibles dans votre paperasse. Il est même possible que vous ayez à faire un détour important pour vous rendre à destination. N'oubliez pas que c'est un temps de vérification et non de réalisation... Vous vous devez de revoir vos projets minutieusement et d'y mettre de l'ordre. Soyez pragmatique et construisez une montagne cohérente de vos projets. Vous vous féliciterez de l'avoir fait dès le tout début de février. Entre-temps, certains d'entre vous pourront éprouver de la frustration en ce qui a trait à des projets qui mettent trop de temps à voir le jour. En fait, il faudra mettre à profit cette phase pour revoir ces mêmes projets, pour vérifier que tout est cohérent et comporte tout ce que vous voulez y mettre.

Amour – Sentiments

En cette période plutôt délicate, il manquera un atout majeur à votre bonheur alors que vous aurez tendance à ressentir davantage un vide dans votre vie de couple. En d'autres mots, l'aspect relationnel de votre couple risque d'être bousculé, parce que vous tendrez à idéaliser l'être aimé et qu'il ne répondra pas à vos attentes, ou encore le partenaire de vie semblera se détacher, sinon être peu impliqué dans votre relation de couple. Attention de ne pas froisser l'être aimé, ou même un ami, alors que vous aurez à faire des excuses ! D'ici là, toutes les discussions tenues ne mèneront à rien de bon, puisque l'être cher se bercera d'illusions concernant une situation plutôt assez précaire ou particulière, alors qu'il vous sera impossible de lui faire entendre raison, et des frustrations ébranleront vos humeurs. Ce sera un temps d'incertitude, d'instabilité et de division intérieure. En plus de subir un embrouillement affectif, vous ne saurez plus non plus où donner du cœur. Quant aux célibataires, une relation pourrait vous donner l'impression de tourner en rond et de n'aller nulle part ! Possiblement que vous choisirez d'y mettre un terme. Pour ce qui est de vos objectifs futurs et vos liens sociaux, ils vont prendre plus d'importance pendant cette période. Voilà pourquoi il importera de choisir vos amis judicieusement alors que ces derniers pourront vous influencer autant que vous affecter. À titre d'exemple, un ami pourra traverser une période difficile ou tout simplement, il vous évitera. Profitez-en pour savoir pourquoi. Si ce n'est pas le cas, il est possible que vous ayez à prendre un recul amical, sinon relationnel. Ne laissez pas vos amis empiéter sur votre temps, surtout s'ils sont trop exigeants. Vous aurez à faire du ménage dans vos anciennes relations pour ne pas tomber dans un engrenage négatif. D'ailleurs, méfiez-vous de certains amis alors qu'ils seront davantage portés à abuser de vos bontés et ils n'accepteront pas un non de votre part. Attention aussi aux manipulations et aux ruptures d'amitiés possibles, puisqu'un pseudo ami pourrait tenter de vous usurper financièrement, ou autres. Hormis qu'il sera dans l'obligation de vous rembourser ce qu'il vous doit, le temps ne se prêtera pas aussi bien pour entreprendre des mesures juridiques, ou serez-vous dans l'obligation de le faire dans le but de faire respecter vos droits.

Famille

Vos relations avec la famille risquent d'être plus bousculées à cette période. Non seulement les discussions n'iront nulle part, mais il est possible que vous ayez l'impression également de parler dans le vide. Tout laisse supposer que vous aurez à discipliner un enfant, alors que tout ira de travers dans sa vie et qu'il ne s'accomplira pas comme il le devrait. L'idée qu'un enfant quitte le foyer à cette époque sera également possible. Sans contredit, la famille vous semblera quelque peu oppressive. Il est très possible que certains problèmes domestiques interféreront dans votre vie professionnelle ou votre travail, et que vous vous retrouviez dans l'obligation de prendre plus d'un congé pour résoudre ces difficultés. Moindrement, votre garderie préférée pourrait fermer ses portes pour un certain temps, ou à cause d'intempéries, ou réaliserez-vous que la gardienne de vos enfants n'a pas la bonne attitude et que vous serez forcé d'en trouver une autre. De plus, une classe d'exercice ou encore un cours d'entraînement dans lequel vous êtes inscrit pourrait être annulé, sinon démantelé. Essayez plutôt de dénicher une solution au lieu de perdre votre sang-froid. Toutefois, il n'est pas assuré que vous allez trouver la solution miracle. Cependant, soyez informé qu'avec des actions positives, vous pourrez mieux résoudre ainsi la situation et l'activité.

Santé – Bien-être physique

Vous allez ressentir qu'il est temps de prendre soin de votre santé. Profitez-en pour arrêter une mauvaise habitude nuisible à votre santé. Protégez également ce qui est important pour vous. Attention aussi lors de tous vos déplacements. Cela dit, il est possible que vous souffriez d'un grand ressentiment à l'égard d'un ami sur lequel on ne peut compter, sans doute lié à des retards répétés ou à son manque d'implication en ce qui a trait à vos envies ou à vos projets communs. D'ailleurs, un projet de rêve avec un ami risque de s'envoler. Attendez-vous donc à une période d'hypersensibilité accrue.

L'ÉCLIPSE SOLAIRE TOTALE DU 8 AVRIL EN BÉLIER – votre VIIe maison natale

L'éclipse vous touche personnellement. Étant plus traître pour vous, cela pourrait avoir des conséquences négatives sur votre santé. Il importe de soigner le moindre malaise et de prendre au sérieux les avertissements de votre corps. D'ailleurs, vous l'avez négligé depuis quelque temps en accomplissant des tâches inouïes. Les résultats valent la peine, mais attention de ne pas passer outre ces recommandations. Points sensibles : le cœur, le dos, les yeux, la tête et les organes de la tête, les dents et les calculs biliaires. En cas de dépression persistante au-delà d'avril, le mieux à faire sera de vous soigner. Si tout va bien, tant mieux, l'ascendant natal vous protège et un moral stable accentue la protection, mais le cas sera rare !

Même si l'éclipse solaire se produit dans l'axe de votre signe, elle ne devrait pas trop vous bousculer pour autant. En tout cas, rien qu'un brin de prudence et de relaxation ne puisse contrecarrer. Profitez-en pour prendre de bonnes résolutions, pour vous remettre en forme, pour rajeunir votre apparence ou pour alléger votre silhouette. Il n'en demeure pas moins qu'il se pourrait que votre santé soit moins résistante lors de la durée de cette éclipse, une raison de plus de prendre soin de bien vous alimenter, de bien dormir et de faire de l'exercice. Quelques petits malaises de type inflammatoire sont possibles. Une visite chez le médecin devrait vous rassurer. Il va de soi aussi que des exercices d'étirement ne peuvent que vous être bénéfiques, d'autant plus si vous travaillez assis. Éclipse ou non, la vie continue. Malgré tout, la routine habituelle est conseillée, parce qu'elle sera sécurisante et le fait a été prouvé depuis bien des lunes.

Secteur des relations engagées, de celles qui impliquent des accords juridiques et du travail en relation étroite avec une autre personne de votre thème personnel, voilà un temps où vous serez confronté à vos relations, à ce que vous êtes prêt à abandonner dans l'intérêt d'un mariage ou d'un partenariat. Cette éclipse pourrait exercer une pression supplémentaire sur vos relations et si cela ne fonctionne pas, précipitez une rupture. Les poursuites judiciaires et les ennemis ouverts résident également ici. À ne pas prendre à la légère !

L'autre chose importante : n'allez rien commencer de nouveau et d'important. Un bébé ou un projet entrepris sous ces aspects restrictifs aurait malheureusement toutes les chances de ne pas survivre. Avortements spontanés et/ou fausses couches seront fréquents en ces temps délicats. Les mariages, les unions libres se voulant stables, les nouvelles associations d'affaires, les voyages, les déménagements et les changements d'emploi seront alors voués à l'échec.

P.-S. : Vous êtes encouragé à prendre connaissance de tout ce qui est écrit au chapitre intitulé « Les éclipses de 2024 » pour mieux vous familiariser avec toutes les mises en garde à respecter lors de toutes les éclipses.

♏

Scorpion

24 octobre au 22 novembre

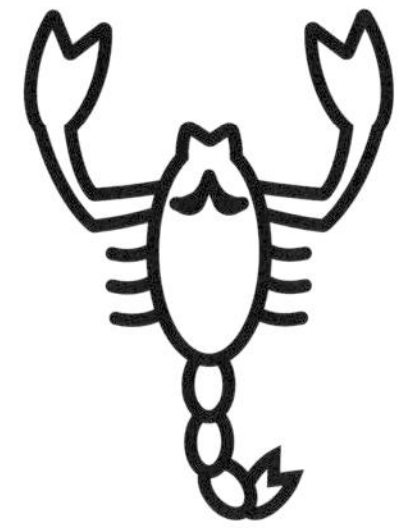

LES DIFFÉRENTS ASPECTS DE VOTRE PERSONNALITÉ

Scorpion – féminin, fixe, eau

Le Scorpion, un signe fixe, est fidèle à ses convictions et à ses habitudes. Le signe du Scorpion est gouverné par l'énergique Mars, ainsi que par Pluton – la planète des désirs intenses. La polarité négative vous donne une nature très réactive ; une grande partie de sa force martienne étant cachée. C'est également un signe d'eau, ce qui vous confère une nature instable et émotionnelle. L'opposition de votre fixité et de votre instabilité vous laisse souvent en guerre avec vous-même. Vous avez des sentiments et des émotions puissants et un sens aigu du but à atteindre. Vous êtes imaginatif, subtil, persistant et déterminé. Vos traits de caractère négatifs incluent le secret, la jalousie, le ressentiment, l'entêtement, l'obstination et la méfiance. Vous avez tendance à vous renfermer sur vous-même et vous pouvez être égocentrique. Vous possédez des concentrations de vastes quantités d'énergie stockées, prêtes à éclater. Tout ce que vous souhaitez vraiment réaliser, vous le ferez probablement. Autant vous avez un grand magnétisme personnel et un pouvoir de guérison, autant vous avez bien mauvaise réputation et pourtant, elle n'est absolument pas fondée. Il n'y a pas de bons ni de mauvais signes ; chacun a ses qualités et ses défauts. Toutes ces rumeurs qui circulent sur votre compte viennent sûrement de personnes qui vous avaient en aversion. Quant à moi, je vous apprécie énormément. D'ailleurs, le maître de mon ascendant natal est en Scorpion !

Détective-né, vous avez l'art d'être stratégique. Vous êtes une personne qui passe au crible chaque situation à la recherche d'indices subtils que vous analysez et que vous scrutez, afin de bien déterminer ce qui se passe réellement.

Très doué pour envoyer des messages tout aussi fins, avisés, subtils que pénétrants aux personnes près de vous, vous pouvez être tout autant manipulateur, insaisissable, imperceptible que doué pour modifier une situation à votre avantage avec les mots et les gestes justes.

Constamment en quête d'intimité, d'intensité et quasiment toujours en situation de crise, vous êtes tout autant capable de vous consacrer profondément à un défi, à une mission difficile à accomplir ou à remplir tellement vous êtes plein de ressources.

Aussi impitoyable, implacable, obsessif et jaloux que vous soyez, il faut se rappeler qu'en tant que signe fixe d'eau, vous avez l'art de ressentir les choses fortement et pour longtemps. Avec vous, c'est tout ou rien, pas de demi-mesures, ça passe ou ça casse !

CE QUI VOUS DIFFÉRENCIE DES AUTRES NATIFS DE VOTRE SIGNE

En tant que natif du 1er décan (du 24 octobre au 2 novembre), vous êtes régi par Mars et secondairement par Pluton pour faire suite à la triplicité d'eau qu'est votre signe solaire. Voilà qui fait de vous une personne calme en apparence, mais intense à l'intérieur. Des sentiments dramatiques d'approbation ou de rejet frappent le cœur au moment même où vous rencontrez quelque chose de nouveau et vous laissez rarement la raison vous faire changer d'avis. Pour vous, toutes les expériences se rapportent d'une manière ou d'une autre aux hauts et aux bas de la vie, à la douleur, à la joie, à la mort, à l'amour et à la fascination générale. Aussi calme, recueilli et apparemment insensible à l'extérieur, en dessous se trouve une locomotive fumante de sentiments, de buts et de désirs.

L'influence de ces deux planètes potentielles sur votre signe et sur votre décan vous donne de l'énergie, de la passion, du courage et vous êtes quelqu'un qui tend à être impulsif de nature. Vous pouvez être tout aussi compétitif qu'arrogant lorsque vous avez une idée en tête ou lorsque vous voulez quelque chose qui vous tient à cœur.

Fort émotif, très déterminé et ayant des opinions arrêtées, selon ce que vous en faites, vous vivrez des expériences peu communes – tant agréables que désagréables. Et même si votre vie n'est pas toujours des plus roses ou des plus faciles, vous faites tout en votre pouvoir, du moins en ordre général, pour répondre aux demandes et aux attentes qui concernent votre famille et votre travail.

Attiré par les gens et les choses qui sont mystérieux, vous avez cette facilité à lire les personnes et les situations. Vos nombreux talents de détective, qui sont d'ailleurs inégalés, vous seront d'une grande utilité dans la vie, mais vous devez apprendre à faire plus confiance à vos premières impressions, surtout qu'elles sont rarement erronées. Assurez-vous de canaliser vos énergies de façon positive !

Magnétique et manipulateur, vous êtes quelqu'un qui a de l'ambition. Vous êtes aussi compétitif et hautement organisé. Aussi judicieux et rusé que vous soyez, votre esprit se perturbe facilement à la moindre contrainte ou au moindre conflit. Heureusement que vos réserves d'énergie vous soutiennent en cas de crise.

Les personnes nées sous votre décan sont les plus susceptibles dans la vie d'exercer en tant qu'explorateurs ou vous pouvez bien réussir dans les forces armées ou encore en tant que policier. Moindrement, une carrière athlétique est aussi possible.

Charmeur redoutable, vous attirez l'attention partout où vous passez alors que vous ne laissez personne indifférent. Précisons le rôle capital que joue la sexualité dans votre vie. Positif, vous savez vous défouler sans nuire à personne ; négatif, vous devez imposer votre volonté en tout et partout. Il vous faudra un bon dérivatif pour remédier à ce trop-plein d'énergie.

Tout aussi ardent qu'impulsif, vous êtes jaloux avec ceux que vous aimez. Il vaudra mieux que les gens qui partagent votre vie ne vous blessent pas, car votre vengeance risque d'être terrible et sans merci.

Dans le couple, vous recherchez quelqu'un de stable, de terre-à-terre et qui est aussi capable de vous apprendre à apprécier et à jouir du moment présent. Sur le plan intime, vous recherchez la passion. Si vous vous mariez, choisissez un compagnon de vie qui est loyal, apte à garder tous vos secrets et à l'aise de vous laisser prendre les commandes.

En tant que natif du 2e décan (du 3 au 12 novembre), Pluton et Mars sont vos planètes maîtresses. Quant au Soleil, il a la maîtrise de votre décan, mais Neptune et secondairement Jupiter exercent toutes deux une influence importante dans votre thème pour faire suite à la triplicité d'eau qu'est votre signe solaire. Voilà qui fait de vous une personne qui a un côté intuitif très développé et des capacités psychiques remarquables. Cela peut expliquer pourquoi vous êtes friand de sciences occultes. Si vous savez utiliser vos connaissances et vos attributs à bon escient, vous pourrez vous créer une belle vie. Vous tendrez à rechercher ce qui est réel et authentique, et vous sacrifierez le confort et le prestige du monde pour ce en quoi vous croyez. Rusé et mystérieux, vous n'hésiterez pas à manipuler les gens si nécessaire.

Pour ce qui est de l'influence céleste du Soleil sur votre décan, ce luminaire fait de vous un individu qui a deux natures distinctes : vous êtes tantôt timide et réservé, tantôt fier, sensuel et tendre avec les personnes qui vous entourent.

Quant à Neptune, elle contribue largement à l'imagination fertile qui vous habite. Cependant, autant vous pouvez poursuivre activement votre but, autant, dans le temps de le dire ou comme par magie, vous vous laissez distraire de votre objectif. Malgré tout, vous pourrez bien réussir tant dans une carrière médicale que travailler dans toutes les autres professions liées au domaine de la santé. Doué pour les travaux de grande envergure, vous pouvez très bien vous réaliser en tant que marin, artiste ou comme commis de bureau, alors que votre efficacité est sans limite. Vous y mettez toutes les énergies indispensables pour atteindre vos buts, puisque le travail ne vous fait pas peur. Votre ténacité et votre persévérance sont à la hauteur de votre force de caractère et de votre acharnement à réussir.

Vous faites partie des Scorpions les plus imaginatifs comparativement aux deux autres décans, mais les plus vulnérables aussi émotionnellement. Vous tendez à vous accrocher aux choses du passé. Vous avez aussi cette tendance naturelle à confondre les personnes qui vous entourent et votre partenaire de vie en envoyant des messages contradictoires. Soyez plus net, plus précis dans ce que vous véhiculez comme informations.

Bien que vous puissiez être très sympathique à vos heures, vous souhaitez tout de même maintenir privée une grande partie de votre vie. Et autant la famille peut être très importante à vos yeux, autant vous n'êtes pas particulièrement démonstratif.

En amour, vous donnez sans compter, vous vous livrez avec ardeur et passion, mais vous êtes tout autant possessif que jaloux. La fidélité est très importante à vos yeux. Dans la vie, vous êtes attiré par des personnes originales, intelligentes et idéalistes. Si vous décidez de vous marier, choisissez une personne qui est loyale, fidèle et qui peut combler vos intarissables désirs, mais méfiez-vous de votre légendaire jalousie ou de ce besoin de vouloir posséder complètement l'être aimé.

Bien que vous ayez une forte constitution physique et une bonne santé, votre point faible, pour vous comme pour tous ceux de votre signe, est situé au niveau de la région des organes génitaux.

En tant que natif du 3e décan (du 13 au 22 novembre), vous êtes sous la tutelle de Pluton, soit votre planète dominante en astrologie moderne, mais votre décan est régi par Vénus et secondairement par la Lune pour faire suite à la triplicité d'eau qu'est votre signe solaire. Voilà qui fait de vous une personne qui a tout un caractère, qui est fortement instinctive et vous êtes également émotive et sympathique à vos heures. Vous êtes de loin plus compétent et plus impressionnant que les deux autres décans tellement vous êtes animé d'un talent créatif. Vous avez un grand dynamisme et une grande volonté si vous croyez en une cause, et vous pouvez surmonter d'éventuels sentiments d'infériorité.

Quant à l'influence lunaire, celle-ci vous donne la sensibilité et la capacité d'être à l'écoute de votre environnement.

Pour ce qui est de Vénus, mal à l'aise dans ce décan agressif, elle vous donne tout de même un penchant pour la romance et pour tout ce qui est beau. Voilà qui explique pourquoi les gens sont attirés par votre bonne nature et par votre côté charmeur. Cela n'empêche pas, toutefois, vos relations d'être difficiles, surtout si les gens vous tiennent pour acquis.

Si vous savez sublimer vos instincts primaires et dévastateurs, vous pourrez atteindre de rares sommets de perfection, tant physiquement, moralement, mentalement que spirituellement.

Vous avez une gentillesse particulière qui peut vous être fort utile et appréciable dans votre vie personnelle et professionnelle. Même si votre vie n'est pas toujours des plus roses ou des plus faciles, vous n'êtes pas du genre à baisser facilement les bras pour autant et tout abandonner.

Alors que votre perspicacité vous servira bien dans la vie, vous pourriez bien réussir en tant que médecin, infirmier, travailleur social, psychiatre, psychologue, chef cuisinier, ou exercer dans toute profession qui implique tant les femmes que les enfants. Moindrement, choisissez un travail qui récompense votre créativité et votre amour de la vérité. Vous pouvez aussi vous accomplir merveilleusement à travers la musique, l'écriture, les loisirs et toutes les activités culturelles. Animé d'une énergie presque sans limites et capable de travailler dur, vous êtes également tout aussi doué pour les affaires d'argent et le commerce, et vous saurez bien faire aussi votre marque dans le domaine de la vente.

Sensible et très profond, vos émotions sont puissantes et hautement explosives par moments. Tout au long de votre vie, vous serez porté à nouer, malheureusement, des contacts avec des gens insolites et, hypersensible de nature, vos sentiments risquent d'être plus facilement blessés. Il vaudra mieux apprendre rapidement à vous protéger.

Il est tout probable que votre mère ait eu une grande influence dans votre vie. Porté à materner ceux qui vous sont chers, vous vous attendez à ce que les gens en fassent tout autant pour vous. Autant vous pouvez être un ami loyal et un amoureux fidèle, si jamais on trahit votre confiance, vous ne pourrez faire confiance de nouveau à cette personne.

Aussi mystique que séduisant, votre intelligence et votre vivacité d'esprit font de vous un compagnon de vie fort délicieux. Mais vous tenez obstinément à votre liberté intellectuelle. Étant le natif le plus passionné et le plus généreux des deux autres décans, si vous décidez de vous marier, choisissez une personne qui vous ressemble et qui est tout aussi passionnée et volontaire que vous l'êtes. Cependant, en destinée, vous ne serez pas à l'abri de sombres drames que vous saurez cacher soigneusement. Ce n'est pas facile de concilier passion et amour du cœur !

CE QUE LES ASTRES VOUS RÉSERVENT EN 2024

Jupiter en Taureau jusqu'au 25 mai 2024 – votre VIIe maison natale

Jupiter est fondamentalement une planète qui se déplace lentement. Elle a tendance à rester dans un signe et une maison pendant une année entière. Mais, tout comme les deux précédentes années, elle se déplace exceptionnellement vite – elle passe en fait par deux signes et maisons cette année. Elle commence l'année en Taureau, votre VIIe maison, puis elle se déplace en Gémeaux, votre VIIIe maison.

Avec Jupiter en Taureau, soit votre signe opposé, vos relations professionnelles ainsi qu'interpersonnelles (amoureuses) occuperont une place importante. Une relation personnelle existante, par exemple, pourrait se transformer en un partenariat plus profond et plus engagé. Soit vous emménagerez ensemble, soit vous vous fiancerez ou vous vous marierez. Ou déciderez-vous de fonder une famille ? Ou peut-être de vous lancerez-vous dans les affaires ensemble ? Ce transit montre aussi d'autres choses. Vous essaierez de combiner votre vie financière avec votre vie sociale. Ainsi donc, vous tendrez à socialiser avec les personnes avec qui vous faites des affaires. Une grande partie de votre vie sociale a un aspect financier – peut-être que vous faites du réseautage ou des choses de cette nature. Une chose est certaine, vous assisterez à de nombreuses fêtes et rassemblements d'affaires, d'entreprises ou d'industries.

En affaires, ce sera un temps où vous serez plus lent à prendre des décisions, vous ferez aussi plus de recherches et serez plus terre-à-terre. L'immobilier semble être un bon domaine, que ce soit en tant qu'entreprise ou simplement pour acheter ou pour vendre des propriétés. Un partenariat commercial est une forte possibilité ! Quant à vos finances, vous aurez tendance à être plus conservateur. Il ira de votre intérêt de maîtriser votre tendance à dépenser. Tenez-vous-en aux actions prudentes jusqu'à la fin mai. En voulant aller trop vite, en tenant tout pour acquis ou encore, en tentant d'imposer votre point de vue, vous risquez d'essuyer des revers. Votre meilleur atout demeurera la souplesse en toute situation. N'allez pas céder non plus au discours mirobolant d'un beau parleur et respectez les conventions alors que vous n'êtes pas à l'abri d'une contravention ou d'une amende possible.

Pour ce qui est des amours, si vous n'êtes pas impliqué au début de ce transit, vous le serez probablement avant sa fin. Et si vous ne l'êtes pas, cela n'aura pas d'importance parce que vous vous amuserez trop ou vous serez profondément impliqué dans des projets créatifs. Jupiter en Taureau vous donnera l'occasion de consolider des partenariats progressifs et productifs, y compris le mariage. Cependant, cela ne se produira pas dans le vide ! Donc, si vous avez un amour stable ou un amour vivant avant le 25 mai, vous aurez les meilleures chances de le rendre permanent. Ceux qui investiront dans leur couple et dans leurs rapports interpersonnels en général seront parfaitement en droit d'espérer une douce et agréable continuation. Notez que vous devrez parfois faire preuve de diplomatie et essayer de vous mettre un peu dans la peau de l'autre. Des ajustements vous aideront à atteindre une qualité de vie inégalée. Par contre, plus le temps avancera, plus vous réaliserez que certaines relations ne vous conviennent plus et que vous devez commencer à faire un peu de ménage. Il y aura également du nouveau à l'horizon, puisqu'un fort courant de popularité vous permettra de revoir des personnes que vous aviez perdues de vue depuis belle lurette en plus de rencontrer plein de monde. Jupiter nous donne d'autres messages aussi. Il indique généralement un mariage de type riche ou une relation avec une personne en moyens. Cette personne pourrait également être impliquée dans votre vie financière. Quant aux célibataires, ils seront attirés par la richesse (en fait, ils pourraient épouser quelqu'un de riche ou quelqu'un qui se concentre sur la richesse et qui vit la grande vie). Les choses matérielles vous excitent. Le soutien matériel et les cadeaux sont pour vous des aphrodisiaques. Vous avez tendance à fréquenter des gens riches, même à un niveau non romantique. Les célibataires pourraient avoir une relation amoureuse avec une personne qui s'occupe de leurs finances tels un planificateur financier, un comptable, un banquier ou un courtier. Ceux qui travaillent à leur première union rencontreront un amour sérieux et pourraient très bien se marier cette année. Ceux qui travaillent à leur deuxième ou à leur troisième mariage auront une année de statu quo. Ils seront plus sociables et rencontreront de nouveaux amis, mais le mariage ? Probablement pas ! Quant aux gens qui travaillent en vue de leur quatrième mariage, ils rencontreront également un amour sérieux cette année et seront susceptibles de se marier. Chose certaine, préparez-vous à assister à plus de mariages en 2024.

En ce qui a trait à votre santé et à votre bien-être physique, le 25 mai marque la fin de l'opposition de Jupiter, un transit souvent à l'origine d'un climat de désorganisation. Vous avez tout intérêt à bannir le laisser-aller et les coups de tête, puisque seules les actions réfléchies donneront des résultats satisfaisants. Attention d'encourir des ennuis si vous n'êtes pas suffisamment à l'écoute de vos véritables besoins ou si vous prenez des risques inutiles. La gourmandise et la propension à vous croire invincible sont deux pièges qui vous guettent, à vous de les éviter. La balle est dans votre camp.

Jupiter en Gémeaux – du 25 mai 2024 au 9 juin 2025 – votre VIIIe maison natale

La découverte du moi sera fortement encouragée à être poursuivie puisque cela servira bien vos intérêts et vous sera révélateur sous biens des aspects. Vous cesserez de vous sentir bousculé et vous pourrez reprendre le contrôle de votre destinée. Entre le 25 mai et votre anniversaire, vous pourrez avancer plus librement et enfin effectuer les modifications qui vous trottaient dans la tête depuis un bout de temps. Il pourrait même s'agir, pour certains, d'un changement de cap radical. N'allez pas être trop impulsif ni trop spontané, puisque Jupiter tend à rendre les gens ou les situations parfois euphoriques.

Quant à vos affaires, vous traverserez une période de remise en question au cours de laquelle vous serez possiblement obligé de vous recycler ou du moins de modifier votre plan d'action. Un collègue pourrait vous solliciter afin de vous joindre dans une aventure d'affaires, mais veuillez être assuré auparavant que tout soit bien clair en ce qui a trait au montant d'argent dont on s'attend à ce que vous investissez. Si vous sous-estimez le montant que vous devez contribuer ou qui est exigé, vous pourriez accuser une perte au bout du compte. C'est une période où vous pourriez également spéculer ainsi que gagner à la loterie ou hériter. À cet effet, il est tout probable que vous puissiez recevoir un héritage, un règlement financier, être libéré d'une dette ou d'une charge financière par un remboursement sur lequel vous ne comptiez plus. À tout le moins, un arrangement avantageux est aussi possible dans une transaction qui vous aura donné bien des soucis jusqu'ici. Les investissements seront bons et vous feront gagner de l'argent. Les ventes pourraient aussi être fructueuses. Petit conseil : si vos finances s'améliorent, ne dépensez pas votre capital tout de suite, mais apprenez à le gérer, surtout que vous aurez en ce moment une bonne intuition pour les placements.

Pour ce qui est de vos amours, vous continuerez à faire du ménage parmi toutes vos relations. Vous vous connaissez mieux... Désormais, vous arrivez à définir ce qu'il vous faut pour être heureux et vous n'aurez pas le goût de faire de compromis. Si vous avez vécu une rupture ou souffert de solitude, les chances de rencontrer l'âme soeur seront élevées. Vous vous épanouirez aussi sur le plan amical et vous pourrez fraterniser avec des personnes qui en valent vraiment la peine. Socialement aussi, ça promet d'être enlevant !

En ce qui a trait à votre santé et à votre bien-être physique, vous demeurez vulnérable ! Pour en venir à bout, continuez à faire preuve de sagesse et prenez soin de vous. Ne débridez pas trop vos instincts, car vous pourriez altérer ainsi votre santé. Période de transformation par excellence, voilà qui pourrait aussi influencer votre philosophie de vie et vous apporter une plus grande foi. Jupiter vous encourage à vous libérer de la colère que vous éprouvez envers ceux qui vous ont blessé par le passé. Et si vous faites cela, vous vous sentirez libéré et plus en contrôle de vous-même.

Saturne en Poissons – toute l'année – votre V^{e} maison natale

Saturne a parfois mauvaise presse, car nous combattons souvent les changements saturniens. Elle nous enseigne la « responsabilité » dans de nombreux domaines de notre vie qui peuvent grandement bénéficier d'un peu d'amélioration. Saturne en Poissons, autre signe d'eau et cinquième du Scorpion, vous assure une continuité qui pourtant ira par vagues. Au fil des mois, vous aurez tantôt l'impression de naviguer sur une mer en pleine tempête, puis ce sera le calme et, finalement, des vagues feront à nouveau tanguer votre navire. Vous êtes le maître de votre vie, vous êtes le capitaine ; vous devez tenir la barre et être vigilant, mais sans angoisse pour éviter l'épuisement ! Ce sera un cycle où il ira de votre intérêt de penser à long terme et de vous donner du temps. Cette influence accélère tout le processus créatif que vous possédez en vous. Durant son transit, vous verrez plus clairement où sont vos vrais intérêts, mais vous serez obligé de faire des efforts pour ouvrir les portes que vous voulez franchir – tant sur le plan professionnel que personnel. Profitez de cette période pour réaliser vos rêves les plus chers.

Même exaltée et étant dans le cinquième signe du vôtre, en affaires, c'est comme si Saturne vous isolait ou que vous choisissez trop souvent de vous taire alors que ce sera le moment d'exprimer vos opinions ; toutefois, à d'autres moments particuliers, vous aurez tendance à dire des choses qu'il aurait mieux fallu taire. Saturne tendra à vous mêler un peu, il suffira donc d'être plus attentif lors d'argumentations dans votre milieu professionnel pour ne pas faire de gaffe. Si vous êtes dans le domaine des finances, il n'est pas du tout question de fantaisie, alors qu'il faudra vous ouvrir aux multiples négociations qui auront lieu et parfois plier, du moins pour un certain temps afin de préserver votre travail. Quant aux artistes de votre signe, tout présage une période extrêmement favorable alors qu'ils iront prendre la route qui mènera droit au but, droit à l'objectif. Vous aurez le goût des grands projets et des créations qui sortiront de l'ordinaire. Toutefois, voilà que des activités que vous appréciiez par le passé pourraient vous paraître davantage comme une corvée maintenant.

Pour ce qui est des amours, la présence de Saturne vous encourage à devenir plus stable, à rester en place, à vous assagir dans vos relations amoureuses alors que vous pourrez même découvrir un besoin de vous commettre ou de vous investir dans une relation durable. Période où vous n'aurez pas autant le goût d'être aussi frivole que vous l'étiez par le passé, alors que vos émotions seront plus ancrées à découvrir les sentiments qu'abrite une autre personne envers vous, bizarrement aussi ! Vous pourrez même constater que ces sentiments que vous éprouvez pour l'autre vous feront réaliser que vous être trop engagé dans votre relation actuelle et vous voudrez maintenant voler de vos propres ailes. Cependant, votre sens du devoir et des responsabilités pourra être la cause première qui fera que vous resterez engagé dans une relation qui ne fonctionne plus pour vous et vous pourriez même constater que vos interactions avec le partenaire de vie actuel entravent, sinon obstruent vos habiletés à profiter de la vie. Et même à explorer toutes vos options, incluant celle du mariage. Si vous souhaitez vous engager dans une relation à long terme, vous serez comblé. Ce cycle se prêtera bien également pour un mariage, des fiançailles, des retrouvailles, des réconciliations de même que pour des amitiés solides. En tant que célibataire, vous pourriez découvrir l'amour, mais ça ne se fera pas en criant ciseau non plus ! Bien au contraire, vous n'aurez pas, en effet, un coup de foudre, mais vous rencontrerez une personne avec laquelle vous aurez un bel et magnifique échange. Au départ, l'attrait sexuel ne sera pas là, mais c'est comme s'il vous fallait découvrir la personne pour vous rendre compte que ses charmes sont aussi intéressants que son intellect. Par conséquent, lors de vos rencontres, ne procédez pas par rejet puisque la conversation s'imposera pour découvrir quelqu'un !

En ce qui a trait à votre santé et à votre bien-être physique, vous ferez une synthèse de l'expérience acquise. La lutte intérieure cessera et vous vous reconstruirez. Vous serez émotionnellement remué. Ne restez pas accroché au passé, défaites-vous-en au plus tôt et vous pourrez ainsi profiter pleinement de la vague de joie qui s'en vient.

Si le/la partenaire de vie est Scorpion de par son Soleil ou son Ascendant natal

Est-il possible que votre Scorpion sente un manque d'attention romantique ? Si oui, vous devez comprendre que votre Scorpion passionné a du mal à s'exprimer ces jours-ci. Il essaie de maîtriser les impulsions créatives qui le motivent, et cela inclut la façon dont il interagit avec vous, avec les enfants, avec le côté créatif de sa vie et peut-être même avec ses rêves secrets. Il n'est pas facile pour chacun d'entre nous de s'ouvrir complètement sans craindre d'être rejeté, mais votre Scorpion apprend à le faire maintenant. Encouragez l'être aimé à s'exprimer librement en votre présence et incitez-le à atteindre de plus hauts sommets dans vos activités communes. Plus vite il aura perdu sa peur de dire ce qu'il pense vraiment, mieux vous vous en porterez tous les deux. Soyez d'un grand soutien.

Pluton en Verseau – les vingt prochaines années – votre IVe maison natale

Avoir la planète du pouvoir et du changement dans le signe libre-penseur et curieux du Verseau constitue une combinaison des plus puissantes. Vous réalisez que vous ne pourrez pas arriver là où vous voulez aller si vous êtes retenu par une énergie confuse ou négative. Cela risque donc d'avoir un effet très contraignant et frustrant ! Votre vie privée pourrait être affectée si vous refusez de résoudre vos problèmes personnels ou psychologiques. Vous serez sous l'impression que quelqu'un ou quelque chose vous empêche d'avancer sans bien distinguer ce qui vous bloque et sans vous apercevoir que votre propre existence est en cause : vous devez changer radicalement quelque chose dans votre mode de vie et vous devez découvrir de quoi il s'agit avant de vous lancer sur le pied droit. Ce transit long, discret et douloureux vous oblige à changer sans pouvoir vous y opposer, à surveiller votre vitalité et à prendre du recul ! D'une part, vous pourriez vous libérer de traumatismes et de situations passées qui vous hantaient et, d'autre part, vous pourriez faire l'expérience d'une douleur qui vous transformera en une personne très différente. En fin de compte, vous vous sentirez comme un phénix qui renaît des cendres, car vous trouverez la force de renaître sur le plan émotionnel. Un déménagement dans un autre pays pourrait également être envisagé, sinon vous transformerez entièrement votre maison. Mais beaucoup d'entre vous vont certainement déménager. De sombres secrets pourraient aussi être révélés, et vous, au milieu de tout cela, verrez vos fondations ébranlées. Ce n'est pas pour vous punir, mais plutôt pour vous servir à long terme en transformant votre force émotionnelle en la poigne de fer qu'elle devrait être !

LES PHASES RÉTROGRADES DE MERCURE POUR 2024

Mercure rétrograde en Bélier – du 1er au 25 avril 2024 – votre VIe maison natale

Climat général

Vous pourriez être dans l'obligation de voler au secours d'une personne qui vous est chère et qui nécessite vos bons services. Il n'est pas impossible non plus que vous ayez à en prendre soin de manière très active. Alors que ce sera un temps où vous vous empresserez de voler au secours de tous ceux qui auront besoin de vos services, cela signifie que vous devrez couper un peu dans vos loisirs et vos différents plaisirs. Il serait toutefois important que vous cessiez aussi de vous soucier des autres, ne serait-ce qu'un seul instant. Même financièrement, on pourrait vous en demander et vous ne pourrez pas refuser. Vous vous sentirez dans l'obligation d'aider encore une fois. Soyez vigilant pour que l'on n'abuse pas de vos largesses. Demeurez aussi sur vos gardes alors que vous ne serez pas exempt que l'on puisse mal vous conseiller dans une situation particulière, d'où l'importance de demander plusieurs opinions et d'obtenir le plus d'informations possible avant d'entreprendre et même de finaliser quoi que ce soit. Alors que la réalité risque de prendre une tournure intéressante à cette époque, vous pourriez aimer utiliser l'astrologie ou tous les autres systèmes « nouvel âge » comme un moyen de regarder objectivement la connexion entre vos mondes intérieur et extérieur. Ou vous pourriez tout simplement remarquer ce qui se passe lorsque vous décidez de penser positivement pendant une bonne période de temps. Vous sentez-vous mieux ? Cela vous aide-t-il à gérer votre vie de manière plus constructive afin que les choses se déroulent mieux ? Tant de choses à adresser !

Travail – Finances

Ce sera un temps très chargé en ce qui a trait à votre travail ! Vous pourriez aisément manquer de temps pour accomplir tout ce que vous espériez accomplir. Réputé pour ne pas avoir la langue dans votre poche, vous tendrez à critiquer facilement ceux et celles qui se tournent les pouces – même s'ils sont vos supérieurs. Soyez diplomate avec vos collègues même si vous n'êtes pas d'accord avec eux. Vous gagnerez plus de points et d'autres écouteront et réfléchiront à ce que vous dites. L'idée que vous puissiez vous retrouver avec un mandat de formation sur les bras est possible et le contenu à enseigner risque de ne pas être très clair. Il y aura beaucoup de négociations avant que vous ne puissiez réussir à établir l'harmonie au travail, ou autres. Vous devrez aussi faire preuve de patience avec certaines personnes qui se feront attendre. D'ailleurs, il est possible que vous deviez prendre des décisions qui ne seront pas nécessairement de votre ressort. Votre ordinateur au travail pourrait aussi, brièvement, être en panne ou est-ce que ce seront les voyages d'affaires ou les négociations qui en découleront qui seront légèrement déroutantes ? À tout le moins, si vous utilisez les transports publics, préparez-vous à certains contretemps qui ne cesseront d'aiguiser vos nerfs.

Amour – Sentiments

Votre travail ou la santé d'un proche pourra ralentir vos ardeurs momentanément. Malgré tout, n'hésitez pas à réserver à votre agenda de doux moments passés en compagnie de l'être aimé. En tant que célibataire, vous serez plus sur la défensive et n'aurez aucune crainte à exprimer ce qui vous injure. Attention aux imprévus. La possibilité qu'un ex-conjoint puisse refaire surface dans votre vie est aussi possible. Espérons que vous réussirez enfin à vous pardonner tous deux, du moins vous comprendrez les raisons profondes de votre rupture.

Famille

Les personnes près de vous et vous-même serez plus indécis. Vous pourriez aussi éprouver davantage de difficulté à prendre les bonnes décisions, puisque tout ne vous semblera pas aussi clair et que tout se laissera à désirer quant à vos relations avec les personnes de votre entourage immédiat. En plus de ne pas être sur la même longueur d'onde, vos paroles pourraient être mal interprétées. Que l'on ait du mal à bien saisir le message que vous tentiez de leur véhiculer sera aussi possible. Attendez-vous à du remue-ménage dans la famille ! L'idée qu'un membre de la famille commette un acte malhonnête est aussi possible. S'il s'agit d'un de vos enfants, réagissez. N'attendez pas que la loi intervienne. Méfiez-vous également si votre enfant ou même un ami proche tente de vous emprunter une grosse somme d'argent. Il est également possible qu'un membre de la famille ne soit pas bien portant à cette période ou ce sera la maladie d'un proche qui vous tiendra en alerte. Ce sera aussi un temps où vous aurez du mal à vous cacher. Si vous avez trompé un parent ou quelques membres de votre famille, vous deviendrez un exclu et vous serez l'objet d'une poursuite. Quelle que soit la personne flouée, cela ne restera pas sans effet. Considérez-vous comme étant averti !

Santé – Bien-être physique

Votre système immunitaire pourrait s'affaiblir pour une raison ou pour une autre. Par conséquent, attention de ne commettre un quelconque excès. Il importera d'éviter autant que possible de prendre des substances stimulantes, telles que le café et le thé, alors que vous risquez en effet de connaître quelques nuits d'insomnie. Votre esprit sera déjà assez hyperactif, vous devriez plutôt apprendre à vous détendre. Vous pourriez être porté aussi à associer trop rapidement des problèmes de nature respiratoire à des allergies saisonnières. Attention aux congestions cérébrales ainsi qu'aux migraines possibles, également à de violents accès de fièvre et/ou de dépression. Il sera suggéré d'éviter tous les coups de tête. Prenez garde alors que vous ne serez pas exempt de vous blesser.

Mercure rétrograde en Vierge – du 5 au 14 août 2024 – votre XIe maison natale

Climat général

Étant naturellement un ermite, vous aurez l'impression d'avoir négligé vos amis au cours de l'été et il faudra maintenant vous rattraper. Peut-être même vous racheter dans certains cas ? Vous serez certainement celui ou celle qui proposera différentes activités tout en les écoutant attentivement. Malgré les apparences dictatoriales, vous agirez selon les désirs de tout un chacun. Vous consacrerez un temps considérable à vos activités sociales, mais pas étonnant que ce sera pour participer à des activités passives tels le cinéma et les musées. Il est possible aussi que vous deviez vous bâtir une solide place au sein d'un groupe. Vous vous démarquerez et vous ferez en sorte d'y être valorisé. Vous vous impliquerez activement aussi dans votre communauté afin de vous sentir une personne importante et d'être considérée comme telle.

Travail – Finances

Si vous êtes de retour de vos vacances, il est évident que vous trouverez les premières journées de travail assez difficiles et même assez stressantes par moments ! Mais rien à craindre, vous devriez être en mesure de retrouver votre erre d'aller naturel une fois la rétrogradation terminée. Entre-temps, comme s'il y avait du sable dans l'engrenage, vous aurez beau fournir tous les efforts considérables, la situation ne va pas évoluer. Vous devrez impérativement défaire ce qui aura été fait afin de nettoyer les impuretés qui ralentissent la bonne marche de votre travail. Une fois tout ce ménage accompli, vous serez surpris de la cadence à laquelle vous avancerez. À cet effet, votre efficacité sera bien supérieure à ce que vous vous attendiez. Et pour faire croître vos ventes, vos profits et vos affaires, vous aurez impérieusement besoin de soutien de la part des autres, des sociétés publiques, etc. Mais armez-vous de patience si vous travaillez dans la fonction publique, dans les communications, dans les relations publiques, alors que même si vous présentez le meilleur des documents, dossiers ou autres, il faudra un certain temps avant qu'il ne soit traité – même s'il est prioritaire. Si vous avez des problèmes légaux à régler, à titre d'exemple, si on vous doit de l'argent et que vous entamez des poursuites, il y aura, très probablement, un règlement hors cours. Du moins, c'est ce qui vous est suggéré de faire. On vous remboursera ce que l'on vous doit. Peut-être recevrez-vous un peu moins, mais vous aurez au moins la sainte paix. N'allez pas être surpris non plus qu'un collègue nuise à votre progression ou à votre réputation. Cela dit, il sera fortement avisé de ne pas prêter d'argent à qui que ce soit, peu importe ce que l'on vous dira au moment de plaider sa cause, au risque de ne plus revoir votre argent ni votre emprunteur.

Amour – Sentiments

Peu importe la situation dans votre vie de couple, vous pourriez ressentir une forme de détachement, le besoin d'être plus autonome et d'avoir plus de liberté. Vous êtes une personne unique et à part entière. Personne n'est entièrement à l'aise de vivre aux crochets d'une autre ou de se sentir étouffé par lui ! Peut-être aurez-vous besoin de prendre du recul pour voir votre relation autrement ? Il y a de très bonnes chances que vous décidiez d'être seul pendant un temps ou plus simplement de vous trouver des activités, des passe-temps que vous ferez seul. En tant que célibataire, vous serez sensiblement en demande, surtout que vous avez l'art de la séduction dans la peau. Par contre, étant une personne qui a besoin de profondeur dans les sentiments pour s'investir avec quelqu'un, vous pourriez ressentir une très forte attirance pour une personne et que vous ne sachiez plus trop comment gérer vos émotions. Il y aura, possiblement, une différence d'âge entre vous, sans compter qu'il faudra bien quelques semaines avant d'établir une première rencontre. Au début, ce sera plutôt des échanges téléphoniques ou des courriels en raison de certains conflits d'horaire possibles, mais par la suite, rien ne vous empêchera de vous fréquenter.

Famille

En tant que parent, il est possible que vous vous sentiez un peu plus confus dans votre rôle de parent. Vous serez davantage porté à vous demander si vous êtes à la bonne place. Vous vous questionnerez sur vos compétences parentales. N'ayez crainte, comme tout le monde, vous surmonterez ce défi. Sans doute se produira-t-il des événements peu agréables, mais vous n'aurez d'autre choix que d'intervenir auprès de vos enfants, de vos jeunes adultes qui auront encore besoin d'un guide. D'ailleurs, n'allez pas être surpris que l'un de vos enfants revienne vivre avec vous ou alors vous aurez un nouveau pensionnaire, sinon un parent avec lequel votre couple apprendra à vivre avec sérénité.

Santé – Bien-être physique

Avec la tête qui bouillonne d'idées et avec de nombreux soucis, ce n'est pas toujours l'idéal pour bien se détendre. Il ne serait pas mauvais de vous imposer une routine qui vous permettrait de vous ressourcer et de diminuer votre niveau de stress. Un petit signal d'alarme pourra se faire entendre si vous savez écouter votre corps : fatigue, chute, rhume, stress, etc. Ce sera assez subtil et vous devrez être conscient que le problème ne fera que s'aggraver au fil du temps. Songez à essayer la méditation et certaines médecines douces pour y remédier. Il est possible aussi que votre stress se transforme en maux de ventre. L'idée que votre digestion soit plus lente et que votre système produise un taux d'acidité plus élevé qu'à l'habitude est aussi une possibilité. Méfiez-vous des courants d'air. Il sera avisé d'être extrêmement prudent lorsque vous prendrez la route. Partez plus tôt pour ne pas devoir dépasser les autres voitures qui sont devant et soyez vigilant alors que vous risquez d'être plus nerveux et maladroit. Ce sera un temps où votre vitalité sera faible et vous risquez d'encourir le danger d'une longue maladie. Évitez tous les abus et de trop critiquer aussi. Sujet aux dépressions graves. Problèmes abdominaux possibles. Surveillez vos intestins et vos bronches.

Mercure rétrograde en Lion – du 14 au 28 août 2024 – votre X^e^ maison natale

Climat général

Si vous avez décidé de prendre vos vacances d'été à cette période, il est clair que vous aurez l'impression de devoir en faire beaucoup pour combler tous les désirs de votre petite famille et les vôtres. Il ne sera pas étonnant que, par la suite, l'aspect social s'en mêle aussi et que vos amis veuillent vous voir et faire maintes activités. Bref, vous pourriez passer une bonne partie de cette période en étant passablement occupé et en ayant très peu de temps pour le repos. Toutefois, votre entourage appréciera grandement les efforts que vous leur consacrerez. Vous participerez certainement à de nombreux événements qui regrouperont beaucoup de monde, tant pour faire la fête que pour une forme d'engagement social dans votre communauté ou à l'école de quartier, par exemple. Par contre, si vous avez vécu un déménagement récemment, il est clair que vous n'aurez pas encore eu le temps de toucher à quoi que ce soit et nul doute, vous comptez bien vous rattraper pendant cette rétrogradation de Mercure.

Travail – Finances

Alors que tout le monde s'accorde des vacances en cette période de l'année, il y a de bonnes chances que vous vous dévouiez plus à votre emploi en faisant fonctionner l'entreprise à vous seul ou en tenant le fort pendant l'absence de vos patrons. Ce sera d'ailleurs lorsque vous vous retrouverez seul que vous serez plus à votre meilleur. Vous démontrerez un grand esprit d'initiation pour appliquer des changements importants. Comme pour bien des secteurs d'activité, il faudra s'attendre un peu à une baisse de productivité. Bien des entreprises seront au point mort en raison des vacances. Si vous n'êtes pas satisfait de votre emploi actuel, profitez-en pour revoir vos aspirations professionnelles et commencer à envoyer des CV dans d'autres entreprises. Vous serez surpris de réaliser qu'un avenir très intéressant pourrait se dessiner devant vous si vous y consacrez quelques efforts. Vous n'aurez pas le temps de vous ennuyer au travail, alors que l'on tendra à vous assigner de nombreuses nouvelles responsabilités que vous pourriez trouver passablement stressantes sur le moment ! Mais elles auront le mérite de faire progresser significativement votre statut professionnel et votre carrière. D'ailleurs, il ne serait pas surprenant que vous vous retrouviez avec un groupe à diriger. Et il ne serait pas étonnant non plus que vous héritiez éventuellement d'un poste que vous convoitiez par le passé.

Amour – Sentiments

Si vous passez cette période de vacances, ou non, pour vous-même ou avec votre amoureux, il ne sera pas impossible par la suite que vous fréquentiez davantage vos amis et entreteniez une vie sociale active. Comme on dit, vous l'aurez bien assez vu, votre partenaire, mais ça ne signifie certainement pas que vous ne l'aimerez plus ! Bien au contraire, vous aurez seulement besoin de voir d'autres gens et d'être moins fusionnel. Mais, si vous n'avez toujours pas pris vos vacances, il est clair que vous voudrez les prendre en amoureux et elles seront, sans aucun doute, mémorables. Il est cependant possible que l'aspect de la communication devienne quelque peu problématique pendant un certain temps. Vous ressentirez le besoin de mettre certains éléments au clair et d'exprimer vos insatisfactions ! Soyez rassuré, puisqu'à chaque fois que vous parviendrez à créer une ambiance propice aux échanges, vos discussions se termineront toujours dans la romance ! En tant que célibataire, il est possible que vous ne soyez pas trop tenté de sortir pour faire des rencontres. Vous serez certainement beaucoup plus actif avec la famille. Vous privilégierez du temps avec vos enfants, particulièrement s'ils sont jeunes. Vous pourriez être invité par vos amis à faire des activités pour célibataires, lesquelles pourront vous conduire à un début de relation une fois Mercure devenu direct.

Famille

Vous vous retrouverez avec passablement de responsabilités sur les bras pour toute sorte de raisons. Par exemple, il ne serait pas étonnant que vous ayez à prendre en charge une situation familiale assez particulière. Si vous avez de jeunes enfants, il est clair que vous vous occuperez de tous leurs petits amis. Vous pourriez aussi avoir à effectuer d'importants travaux à la maison. Veuillez engager des professionnels pour les exécuter ou vous risquez d'éterniser la situation. Quant à la rentrée scolaire, elle vous demandera énormément de préparation. Soyez-en averti ! Cela dit, il est possible que vous soyez déchiré entre deux situations.

Santé – Bien-être physique

Votre foie pourrait bien se sentir quelque peu surchargé à cette période. En fait, ce ne sera probablement pas tant parce que vous aurez commis des abus de table ou de boissons alcoolisées, mais plutôt parce que vous serez plus stressé et que vous ne prendrez pas le temps de manger convenablement. Vous mangerez peut-être trop vite ou alors vous ingurgiterez trop de malbouffe pour ne pas perdre de temps ! Vous devriez prendre un peu plus au sérieux votre régime de vie. D'ailleurs, vous serez peut-être tenté de tester de nouveaux produits alimentaires et de faire plus d'exercice, ce qui se révélera bénéfique. Tout le travail que vous ferez sur vous-même donnera des résultats très appréciables sous peu. Entre-temps, surveillez vos nerfs qui seront plus fragiles. L'humidité ambiante pourra aussi provoquer un peu d'inconfort dans vos os et au niveau de vos articulations, les genoux surtout. Danger de maladie. Évitez de nourrir de la haine envers les autres.

Mercure rétrograde en Sagittaire – du 26 novembre au 15 décembre 2024 – votre IIe maison natale

Climat général

En ces temps troublés, les gens rieurs seront de moins en moins nombreux, alors que les gens inquiets pour leur avenir se feront majoritaires. Si vous organisez un grand événement qui réunira beaucoup de monde, aussi bien la famille que les bons amis, évitez de calculer les dépenses au risque de vous sentir étouffé. Par contre, veillez à ce que ceux qui doivent contribuer financièrement ne tardent pas trop à vous donner votre dû. Autrement, vous pourriez vous retrouver à assumer tous les frais seul. Et même si vous aviez tout prévu pour vos festivités, il y aura des achats de dernière minute à faire qui risquent de grever votre budget. Vous êtes un signe intense et qui peut parfois être très susceptible et pas toujours en contrôle de toutes ses émotions ; ce sera un temps où vous ne supporterez pas les conversations banales ! Vous aurez besoin d'aborder des sujets plus profonds. Vous seriez bien capable d'annuler une réception si vous entrez en conflit avec un de vos invités ou de vous décommander si vous pensez qu'il pourrait y avoir un malaise. Mais dites-vous qu'il y a de bonnes chances qu'en affrontant la situation, elle pourra se régler pacifiquement parce que vous sauriez maîtriser parfaitement vos émotions. Et vous sauriez aussi employer les bons mots, du moins c'est ce qui sera suggéré de faire. S'il y avait la moindre tension entre certaines personnes de la famille, il n'y aura pas meilleur que vous pour crever l'abcès.

Travail – Finances

Ne pensez pas que vous pourrez vous permettre de longues vacances à cette période. Bien au contraire, on aura certainement besoin de vous. En tant que directeur, patron ou travailleur autonome, il n'y aura probablement pas de vacances non plus pour les cadres. Vous serez possiblement convoqué à participer à d'intenses négociations ou à de la formation. Ou l'entreprise pourra finalement décider de passer à l'action en ce qui a trait à une certaine restructuration et, sensiblement, vous serez l'un des artisans de cette réforme. Il ne sera pas toujours facile de maintenir toutes vos décisions, aussi bonnes soient-elles. Affirmez-vous ! Il vous faudra une bonne dose de résistance, surtout pour ne pas donner foi à ces personnes qui, sur un ton plein d'assurance, vous avisent que vous gaspillez votre temps et votre argent à vouloir « être mieux qu'elles ». Leur message sera bel et bien une forme de peur d'être dépassées par vous ! Peut-être devriez-vous reconnaître que ces collègues ou amis ne sont en réalité que des envieux ? D'ailleurs, l'idée qu'une mésentente avec un collègue vous tracasse davantage, particulièrement s'il y a une histoire d'argent dans tout ça, est possible. Vous pourriez également être témoin d'une situation où quelqu'un profite du système tandis que vous travaillez continuellement d'arrache-pied. Vous pourriez également décider aussi de changer d'emploi si vous n'êtes plus heureux où vous travaillez. Il faut parfois beaucoup de courage pour abandonner un travail qui rapporte bien, qui vous fait vivre, mais qui, avec le temps, vous rend dépressif et vous éloigne de votre idéal. Si vous en êtes là, misez sur cette période rétrograde pour entamer des recherches. Faites-le discrètement sans vous affoler et sans espérer le paradis, mais, de grâce, agissez de manière à vous rapprocher de ce que vous avez toujours espéré faire pour vous réaliser.

Amour – Sentiments

La communication sera certainement intéressante entre vous deux. Vous discuterez assez ouvertement de vos besoins affectifs, mais surtout de l'importance de ne pas vous enliser dans la routine et de vivre une certaine passion ensemble. En réalité, votre couple aura possiblement besoin de vivre quelques folies et c'est quelque chose dont vous parlerez avec une certaine insistance ! Vers la fin de cette période, vous pourriez commencer à en concrétiser quelques-unes et c'est ce qui approfondira votre engagement. En tant que célibataire, votre milieu de travail sera propice pour y faire une belle rencontre. Cependant, il est peu que probable que vous réussissiez à développer une relation. Mais un bon coup de foudre ne sera pas nécessairement désagréable non plus en ces temps de festivités. Ce sera plus lorsque Mercure sera direct qu'une situation bien spéciale vous mettra en contact avec une personne très intéressante avec qui vous aurez une complicité au niveau de la parole qui vous stimulera beaucoup.

Famille

Même si vous aimez vos enfants, il faudra leur imposer quelques règles. Vos enfants, qu'ils soient petits ou de jeunes adolescents, auront encore beaucoup à apprendre sur le respect d'autrui. Ils ne peuvent prendre des libertés qui seront des imitations de ce que font leurs amis, mais ces derniers ne sont pas éduqués, ils ne sont pas polis, etc. Gentiment et par amour pour eux, vous aviserez vos enfants le plus sérieusement du monde qu'ils n'ont pas à suivre l'exemple des voisins ou d'élèves qu'ils fréquentent et qui ne se comportent pas très bien ! L'amour peut prendre bien des formes et aimer ses enfants, c'est aussi leur enseigner à vivre en harmonie avec la liberté que vous leur accordez.

Santé – Bien-être physique

Vous ressentirez davantage beaucoup de stress et c'est peut-être ce qui pourra vous inciter à manger un peu plus, ou alors l'inverse. Évitez de jouer au yo-yo avec votre poids ! Évitez de laisser un sentiment de supériorité vous envahir au point de n'avoir qu'un mince respect pour ceux qui ne pensent pas comme vous. Attention, surveillez vos reins et votre foie et n'abusez surtout pas de l'alcool, des drogues ou même des médicaments. Évitez de pousser l'audace jusqu'à ses limites.

LA PHASE RÉTROGRADE DE MARS POUR 2024

Mars rétrograde en Lion – du 6 décembre 2024 au 5 janvier 2025 – votre X^{e} maison natale

Climat général

Voilà la période idéale pour réfléchir, principalement en ce qui concerne vos choix de carrière que vous êtes sur le point de faire, alors que vous n'êtes pas encore vraiment certain s'il y va de vos intérêts de vous engager sur cette nouvelle voie qui s'ouvre à vous et que l'on vous offre avec de belles promesses. En contrepartie, des événements qui vous paraîtront parfois étranges serviront de réponses à vos questionnements. Et des gens que vous connaissez à peine auront cette parole qu'il vous faudra entendre et qui en retour déclenchera en vous une certitude sur ce que vous aurez à faire ou à ne pas faire. Vous êtes donc invité à réfléchir avant d'agir puisque si vous précipitez toute décision, vous pourriez le regretter alors que vous réaliserez que vous auriez pu agir autrement – qu'il soit question de famille, de travail ou d'amour. D'ici à ce que tout se concrétise, vous pourriez pressentir que votre carrière ne va nulle part et, par le fait même, vous sentir plus frustré par moments. Attention à ce que votre discours demeure dans les limites du raisonnable, puisque vous serez très stimulé et aurez le goût de la réussite et même une grande soif de pouvoir, alors qu'il faudra surveiller comment vous utiliserez ce dernier et ne pas en abuser. N'allez surtout rien faire aux autres que vous ne voudriez pas que l'on vous fasse, au risque de vous mettre des personnes et des occasions possibles à dos.

Travail – Finances

En dépit que le temps sera mal choisi pour initier quoi que ce soit au niveau de vos affaires professionnelles, n'allez pas non plus tout laisser tomber. Hormis qu'il y ait un ralentissement contre lequel vous ne pourrez rien, sinon de rester patient et de vous attaquer aux tâches que vous aurez sans cesse remises à plus tard, profitez-en pour mettre de l'ordre dans votre paperasse et dans vos fichiers. Vous aurez beau vous démener comme un diable dans l'eau bénite, il n'en demeure pas moins, que votre destinée professionnelle semblera mal synchronisée. Évitez de vous entêter ! Suivez plutôt le cours des événements au lieu d'aller à contre-courant. Reconsidérez votre façon de vous conduire avec vos supérieurs, suivant que votre réputation risque d'être remise en jeu. Et surveillez aussi votre tendance à vouloir imposer à outrance votre autorité. Il vous sera fortement suggéré de ne pas seulement tenir compte de vos propres intérêts en négligeant ceux des autres. Réfléchissez bien à votre plan d'action avant de vous lancer tête première dans un projet puisque la démesure vous guette! Méfiez-vous aussi d'un éventuel accrochage alors que des malentendus sont possibles; soit que vous vous serez mal compris, soit que vous aurez omis de vous mettre en «mode écoute» de l'autre. Vos réactions seront plus intuitives qu'automatiques ou bien programmées pendant cette période. Or, attention de vous laisser dépasser par les événements, même si vous vivez une grande instabilité professionnelle. Saisissez bien la portée de vos décisions et de votre travail, puisque vous pourriez éprouver diverses difficultés ou des ennuis pour aller de l'avant dans vos accomplissements ou encore en ce qui a trait à votre travail alors que vos patrons, ou ceux qui prennent les décisions, auront des attentes plus élevées à votre égard. De toute évidence, on aura de grandes attentes de votre part! Donnez-vous le crédit pour tout ce que vous aurez accompli ou essayez d'accomplir. Cela dit, des rivalités professionnelles ou d'affaires pourraient refaire surface et vous devrez choisir entre passer à l'attaque ou laisser faire. Il sera sage de bien choisir vos batailles! Mais évitez toutefois de vous affirmer avec rigidité alors que vous courez le risque de vous mettre des gens à dos. Veuillez également user à bon escient de votre pouvoir, de votre autorité au risque de vous attirer les foudres de vos interlocuteurs tels que vos patrons, une tête dirigeante, un collègue, un client, un fournisseur, un associé ou un employé. D'ailleurs, sachez que l'une de ces personnes pourrait chercher à incriminer les autres, sinon un patron s'acharnera à trouver un coupable parce qu'il refusera d'assumer ses erreurs de jugement.

Prenant en considération que ce sera une période où vous serez plus porté à ne faire aucun compromis, à nourrir du ressentiment – soit parce que l'on vous aura refusé une promotion ou une augmentation de salaire, ravalez votre orgueil et mettez à profit vos adversaires comme étant vos alliés qui vous épauleront à long terme. À vous de savoir exactement aussi dans quoi et avec qui vous vous embarquerez lors de vos transactions d'affaires futures, puisqu'il est possible que vous ayez à assumer une perte financière imprévue. À cet effet, certaines gens pourraient chercher à tester votre honnêteté et pas toujours de jolie manière, ou est-ce quelqu'un près de vous qui pourrait vous faire du tort? De toute façon, un groupe pourrait aussi se disputer un avantage ou un bien qui ne pourra revenir qu'à une seule personne.

Sur une note finale, n'allez pas être surpris non plus qu'un projet tire à sa fin ou sera mis en suspens, ce qui risque de ralentir les progrès au niveau de votre carrière ou de votre travail. Malgré cela, veuillez mettre à profit ce temps pour revisiter vos récentes transactions financières et figurer quelle sera votre prochaine démarche. Faites également un effort pour résoudre vos différends au travail avec certains de vos collègues, ou toute personne qui a autorité sur vous, surtout que ce sera une période de surcharge de travail et de longues heures supplémentaires à faire. Ayez à cœur de bien faire votre ouvrage au risque d'avoir à le reprendre suivant que tout présage que ce sera une période de déséquilibre qui ne sera pas facile à gérer par moments. Et si vous êtes en attente d'un verdict, voilà que ce dernier ne sera pas nécessairement en votre faveur alors que le juge sera sévère envers vous. Une raison de plus de maintenir vos ambitions sous contrôle.

Amour – Sentiments

Tout suggère que ce sera un temps où vous éprouverez plus de difficulté à exprimer vos émotions et on aura plus de difficulté aussi à percer votre armure, ce qui pourrait inciter de vieux problèmes à refaire surface. Sinon, une peine d'amour pourrait vous obliger à revoir votre façon d'aimer, d'être en couple et de démontrer de l'affection. Toutefois, si vous êtes de tempérament jaloux, vous tendrez à vous imaginer bien des choses au sujet de l'être aimé, alors que votre imagination déformera la réalité. Évitez d'entretenir une pensée négative. Malgré tout, ce sera une période où votre partenaire de vie sera plus replié sur lui-même et vous ne serez pas à l'abri qu'un différend survienne entre vous et l'être aimé, ou avec l'un de vos enfants, parents ou amis. Or, faites un examen de conscience au lieu de réagir. Si vous êtes célibataire, il est très possible que vous ayez plus de difficulté ou que vous soyez plus réticent à vous engager dans une relation stable. Comme si vous aviez peur de perdre quelque chose au change en formant un couple. Voilà pourquoi il n'est pas impossible que vous puissiez mettre un terme à une relation. En contrepartie, attention de succomber toutefois plus facilement à l'excitation du flirt !

Famille

Voilà une période où vos enfants auront tendance à négliger leurs tâches, sinon leurs responsabilités, ou est-ce vous qui tendrez à exiger plus d'eux ? Période où vous serez plus exigeant. Il n'en reste pas moins que les gens tendront aussi à vous en demander plus qu'ils ne seront prêts à vous donner en retour ! Pas surprenant que vous puissiez subir un démêlé avec votre entourage familial ou amical, puisque ce sera un temps où les gens près de vous tendront à remettre en question votre autorité, votre manière de vous adresser à eux ainsi que votre direction parfois rigide et sans compromis…

Quoi qu'il en soit, l'un de vos enfants risque de dépasser la limite permise sur sa carte de crédit sans se soucier des conséquences et vous vous verrez dans l'obligation de le réprimander de toute urgence. Évitez aussi les changements domiciliaires alors qu'ils ne serviront pas bien vos intérêts.

Santé – Bien-être physique

Vous serez soit moins ambitieux, soit trop, mais vous serez aussi porté à vous laisser plus aller et possiblement vous serez plus fatigué aussi. Si un bobo se présente, réglez-le rapidement alors que votre énergie sera plus instable. Soyez prudent lors de vos déplacements et attention aux chutes possibles. Faites-en tout autant lorsque vous manipulerez des objets dangereux, puisque vous ne serez pas à l'abri qu'un incident ou un accident se produise, telle une chute qui pourrait vous occasionner une vilaine blessure. Gare aux infections ! Vous pourriez aussi éprouver des ennuis avec vos genoux ou vos joints. Méfiez-vous aussi d'un conflit possible dû à un changement de dernière minute ou pour ce qui est d'un retard possible qui perturbera vos activités.

L'ÉCLIPSE SOLAIRE TOTALE DU 8 AVRIL EN BÉLIER – votre VIe maison natale

Il n'y a pas de quoi vous inquiéter personnellement, tant mieux pour vous, alors que cette éclipse ne vous touchera pas, à moins que vous ayez un ascendant natal Bélier, Cancer, Balance ou Capricorne, ou une Lune natale sinon un amas de planètes dans ces signes. Si tel est le cas, consultez et suivez les conseils de votre médecin. Fait pour durer, vous ne devriez pas subir d'intervention chirurgicale, mais si ça produit, soyez rassuré, tout se passera bien ! En cas d'urgence, ne remettez pas à plus tard. Toutefois, si vous avez le choix, remettez au mois de mai et après, alors que la récupération sera beaucoup plus rapide, surtout avec Mars en Poissons. Cela dit, vous regarderez quand même avec intérêt ce qui se passera dans le monde pendant la période d'éclipse.

Secteur de votre thème où vous prenez soin de votre santé, où vous organisez votre vie et où vous établissez une routine quotidienne, c'est également l'endroit où vous perfectionnez vos compétences et ajoutez du poli à votre vie. Les tâches que vous effectuez chaque jour, mais également les compétences que vous apprenez ainsi que les techniques que vous mettez à profit relèvent de cette maison astrologique. Or, si quelque chose ne fonctionne pas dans votre vie, l'éclipse solaire le mettra sûrement en lumière. Par conséquent, si vous avez négligé votre santé, votre régime alimentaire ou votre forme physique, vous risquez d'en subir probablement les conséquences pendant l'éclipse. Moindrement, vous pourriez être confronté à un travail qui exigera beaucoup d'organisation de routine et d'efforts constants, plutôt que des capacités créatives. Vous pourriez également être amené à rendre des services à d'autres gens. N'allez pas prendre de risques inutilement non plus. Ménagez votre monture et prenez toutes les précautions nécessaires pour ne pas contracter une infection.

Sur le plan intellectuel, il se peut que sous l'influence écliptique, cela puisse se traduire par des oublis que vous ne vous pardonnerez pas, sinon une diminution de votre concentration. Surveillez également votre dos. Des douleurs au cou vous feront prendre conscience de vos tensions.

P.-S. : Vous êtes encouragé à prendre connaissance de tout ce qui est écrit au chapitre intitulé « Les éclipses de 2024 » pour mieux vous familiariser avec toutes les mises en garde à respecter lors de toutes les éclipses.

♐

Sagittaire

23 novembre au 20 décembre

LES DIFFÉRENTS ASPECTS DE VOTRE PERSONNALITÉ

Sagittaire – masculin, double, feu

Le Sagittaire est le centaure qui vise les sommets. L'aspiration est sa clé. Les natifs du Sagittaire visent haut pour y arriver, ils couvrent beaucoup de terrain – même plus que les Gémeaux, leur complément. Le Sagittaire a l'adaptabilité de la nature double (ou mutable), l'expression de soi de la polarité positive ainsi que l'énergie et l'enthousiasme du Feu. Gouverné par l'expansif Jupiter, voilà qui fait de vous un voyageur et un philosophe dans l'âme. En général, vous êtes amical, extraverti, sincère, polyvalent, fiable, ouvert d'esprit, excitable, jovial et optimiste. Mais vous pouvez manquer de tact, être irresponsable et capricieux. Votre arrogance et votre dogmatisme sont vos plus grands défauts. Si vous pouviez descendre de vos « grands chevaux », vous pourriez être une personne merveilleusement positive et encourageante ; vous êtes de ces personnes libres qui ont besoin de leur espace !

Votre enthousiasme se répand aussi vite qu'un feu de paille. Vous avez tendance à ne jamais être satisfait ou content et vous vous questionnez à savoir s'il y a toujours quelque chose de mieux ailleurs.

Curieux, instable, aventurier dans l'âme, vous ne tenez pas longtemps en place. Vous détestez la routine alors que vous êtes un esprit né pour être libre. Vous avez besoin de vous sentir libre pour avancer dans la vie et vous avez en horreur toute restriction. Vous êtes de ces gens qui apprennent dans le feu de l'action. Friand de prêcher aux autres vos vérités, vous croyez tout autant au pouvoir du rire jusqu'à vous ridiculiser vous-même pour solliciter un sourire.

CE QUI VOUS DIFFÉRENCIE DES AUTRES NATIFS DE VOTRE SIGNE

En tant que natif du 1er décan (du 23 novembre au 2 décembre), Jupiter est votre planète maîtresse alors que Mercure régit votre décan. L'influence mercurienne tend à engendrer une personne intelligente, originale, généreuse et indépendante. Autant vous aimez vous sentir libre, autant vous pouvez à certains moments être impulsif et porté à dire tout ce qui vous passe par la tête. Indéniablement, vous luttez ardemment pour votre liberté et votre indépendance. Aussi aventureux, positif et très direct que vous soyez, en fait, vous manquez de tact. Friand d'action, vous avez le plus souvent de grandes ambitions intellectuelles, politiques ou artistiques.

Pour ce qui est de Jupiter, elle fait de vous une personne sociable qui prend plaisir à explorer tout ce qui ouvre de nouveaux horizons à l'esprit et à l'élargissement du champ de conscience. Vous êtes animé d'opinions et de goûts bien arrêtés, et vous êtes attiré par les personnes qui sont brillantes et amusantes.

Aussi bavard, sociable, agité, optimiste et divertissant que vous puissiez être sous l'influence jupitérienne, si vous vibrez négativement, alors là, vous serez indolent, calomniateur et manipulateur.

Ouvert d'esprit, expressif, curieux, parfois bizarre et changeant, vous êtes friand de connaissances et de vérités. Vous avez également le don de faire bonne impression chez les gens, alors que vous êtes sincère, confiant et tout aussi digne de confiance, ce qui vous servira bien dans tous les domaines de la vie. Cependant, votre désir de vivre pleinement votre vie peut vous causer certains problèmes, et ce, surtout si vous prenez trop d'engagements en même temps. Il vaudra mieux vous concentrer sur un ou deux buts spécifiques de sorte que vous ne vous dispersiez pas trop ou ne brûliez pas la chandelle par les deux bouts.

Puisque vous êtes constamment sollicité de toutes parts, il sera avisé de vous réserver des moments de solitude pour mieux pouvoir méditer en paix et, bien entendu, vous refaire spirituellement.

Cultivé, philosophe à vos heures et explorateur-né, vous avez un intérêt marqué pour les hautes études. Vous pourriez très bien réussir dans le domaine de l'enseignement ou vous pourriez exceller tout aussi bien en tant que commis-vendeur ou agent de voyages.

Conquérant-né et fringant en amour, vous estimez les relations sulfureuses. Vos relations sont extrêmes – soit très réussies, soit complètement ratées. Alors que vous avez un goût prononcé pour les relations amoureuses charnelles, vous endossez le rôle de l'amant idéal, car vous savez surprendre avec panache. Vous êtes aussi l'amoureux idéal puisque vous êtes rempli d'affection et de considération pour votre partenaire. Attiré par ce qui est étranger et exotique, si vous décidez de vous marier, choisissez une personne qui sera affectueuse, mais qui pourra également suffire à ses propres besoins.

En tant que natif du 2e décan (du 3 au 12 décembre), c'est à Jupiter qu'en revient la gouvernance, alors qu'elle est votre planète maîtresse, mais c'est la Lune qui régit votre décan. D'instinct, vous recherchez la popularité et la gloire. Tous les contacts avec le public et la foule vous sont indispensables. La famille est très importante à vos yeux, même si vous n'êtes pas particulièrement affectueux ou démonstratif de nature. Vous avez besoin de défis et de découvertes, et vous êtes peut-être le plus naturellement franc et le moins artificiel de tous les décans du zodiaque. Têtu et courageux, vous vous désintéressez rapidement de tout ce qui ne vous inspire pas. Si vous n'êtes pas un sportif, vous aurez probablement un autre canal similaire pour libérer votre grande énergie spirituelle et physique.

Mars, jouant également un rôle clé pour faire suite à la triplicité de feu qu'est votre signe solaire, il vaudra mieux être sur vos gardes alors que votre impatience et vos comportements irresponsables pourraient vous causer de sérieux ennuis. Mars, qui est particulièrement influente dans votre thème natal, vous octroie toute l'énergie nécessaire que vous pouvez utiliser à bon escient et selon vos désirs. Mais alors que vous êtes agité et nerveux de nature, prenez garde alors que vous êtes aussi le plus vulnérable des deux autres décans aux accidents de toutes sortes.

Cet amalgame d'énergie martienne et lunaire vous donne un goût très prononcé pour l'aventure. Cela explique pourquoi vos émotions et vos états d'âme sont tout aussi imprévisibles. Votre humeur fluctue rapidement. Pour être plus efficace dans la vie, il ira de votre intérêt de maintenir un meilleur contrôle de vos émotions et d'éviter les personnes et toutes les choses qui vous distraient de vos objectifs. Être sensible et attentif aux sentiments et aux besoins des personnes près de vous servira également bien vos intérêts.

Aussi indépendant et intelligent que vous puissiez être, mettez à profit cette énergie de façon positive en vue d'améliorer votre vie et celle des gens près de vous. Mettez l'accent sur des activités constructives afin de mieux tirer parti de vos capacités. Évitez de vous disperser ou d'abuser trop de votre énergie, puisque vous diminuerez vos chances de réussir dans la vie.

Brillant, pragmatique et très rapide sur vos patins, vous excellez avec adresse et plus encore lorsque cela concerne les transactions d'affaires. Vous pouvez très bien réussir aussi dans la restauration, l'immobilier ou dans une garderie pour enfants. À tout le moins, recherchez les métiers et les professions qui ont du panache, de l'envergure ou vous serez mécontent et malheureux.

Spontané, énergique et aventureux dans l'âme, on n'a pas le temps de s'ennuyer avec vous ! Alors que vous n'êtes pas de tout repos non plus, les débuts de relations sont difficiles suivant que votre esprit d'indépendance vous empêche de vous attacher.

En amour, et sous l'influence lunaire, vous désirez être aimé, compris et estimé à votre juste valeur pour mieux être en mesure de révéler tous vos sentiments les plus sincères. Aussi passionné et fougueux que vous soyez sur le plan sentimental, vous tenez beaucoup à votre autonomie. Et même si vous prenez plaisir à explorer de nouveaux endroits et à vivre de nouvelles expériences, vous vous blasez facilement. Si vous vous mariez, choisissez un partenaire qui est affectueux, volontaire, qui a de l'ambition autant que vous et tout aussi responsable que vous, car vous aurez ainsi plus de chances de vivre une relation durable et solide.

En tant que natif du 3e décan (du 13 au 20 décembre), vous êtes sous la tutelle de Jupiter alors que Saturne est la planète maîtresse de votre décan. Mal à l'aise dans ces degrés jupitériens, il est possible que vous ayez une destinée lourde de conséquences à porter. Le Soleil, qui influence votre décan suite à la triplicité de feu qu'est votre signe solaire, vous donne de la dignité, de l'ambition, mais aussi de l'autorité. Cela fait de vous un meneur d'hommes et de femmes. Vous êtes un leader-né dans l'âme et quelqu'un capable de grandes réalisations.

Le Soleil, donneur de vie par excellence, fait de vous un être ambitieux, généreux et des plus chaleureux. D'ailleurs, beaucoup de gens admirent votre personnalité stimulante. Vous êtes le « showman » ou la « show-women » de ce décan ! Quelqu'un qui est toujours à la recherche d'une nouvelle aventure, sinon d'une expérience spontanée. Votre intégrité et votre fierté sont grandes, et pourtant, vous semblez toujours tomber dans les pièges de la prise de risque excessive, des décisions irréfléchies et des actions impulsives. Bon nombre de joueurs ont des influences Sagittaire/Lion. Ils ont besoin de viser loin et haut, et connaîtront sans aucun doute de nombreuses déceptions dans la vie, en raison de l'ampleur de leurs ambitions et de leurs rêves.

Quant à Saturne, elle vous donne toute la détermination et la discipline nécessaires pour bien cibler vos visées. Animé d'un talent inné pour bien organiser vos activités, mettez à profit cette énergie dans des activités honorables qui peuvent améliorer votre réputation et votre capacité à faire le bien autour de vous.

Bien que cet amalgame d'énergie solaire et saturnienne fait que la vie vous est parfois difficile et lourde à supporter, heureusement, vous n'êtes pas de ceux ni de celles qui baissent les bras facilement. Bien au contraire, abandonner ne fait pas partie de votre vocabulaire.

Vous êtes plus sérieux, digne de confiance, poli, sage et ambitieux que les deux autres décans. Votre dignité et votre magnétisme personnel vous servent bien, tant dans les affaires que dans votre vie privée. Cependant, on ne peut nier que de temps à autre, les gens se sentent mal à l'aise en votre présence, alors que vous tendez à être assez direct et franc dans votre parler.

Foncièrement indépendant, vous menez votre vie selon vos certitudes et vos désirs. D'ailleurs, l'influence saturnienne sur votre décan vous pousse à vous réaliser dans le monde des affaires préférablement, alors que vous avez un talent naturel pour bien administrer vos entreprises. Vous avez besoin également d'un travail qui récompense votre amour de la vérité. Vous pouvez donc très bien exceller dans une profession en tant qu'enseignant ou tout autre emploi où vous êtes en contact avec le public. Il va de soi de souligner que la politique, les contingences matérielles et l'argent vous touchent plus que d'autres de votre signe.

Réputé pour être un ami fidèle et un partenaire loyal, si vous vous sentez toutefois incompris par l'élu de votre cœur, vous pourriez chercher de l'attention ailleurs. En amour, et sous l'influence saturnienne, vous êtes peu porté à vous abandonner à des passions fulgurantes, alors que vous préférez de loin la stabilité et la sécurité d'un compagnon de vie parfois plus âgé que vous. Si vous vous mariez, veuillez choisir une personne sensible, tendre et protectrice, mais possiblement que vous aurez à faire les premiers pas, courir même après elle, la séduire tout en la laissant libre, car si vous tentez de l'attacher, vous vous exposez à la perdre !

CE QUE LES ASTRES VOUS RÉSERVENT EN 2024

Jupiter en Taureau jusqu'au 25 mai 2024 – votre VIe maison natale

Jupiter est fondamentalement une planète qui se déplace lentement. Elle a tendance à rester dans un signe et une maison pendant une année entière. Mais, tout comme les deux précédentes années, elle se déplace exceptionnellement vite – elle passe en fait par deux signes et maisons cette année. Elle commence l'année en Taureau, votre VIe maison, puis elle se déplace en Gémeaux, votre VIIe maison.

Avec Jupiter en Taureau, en affaires, vous deviendrez plus sérieux et davantage orienté vers le travail. Les corvées quotidiennes vous sembleront moins lourdes et vous pourriez même avoir un certain plaisir à les réaliser en les voyant sous un autre jour. Des développements, de l'avancement et plus d'argent vous apporteront un nouveau souffle, un plus grand sens de l'initiative et de l'audace, beaucoup d'imagination et d'idées qui feront progresser l'entreprise qui emploie vos services. Quant aux conditions de travail, elles en seront améliorées et vous pourrez même obtenir une promotion dans votre domaine. Vous vous sentirez plus valorisé et votre rendement en sera meilleur, ce qui débouchera sur des projets d'avenir réjouissants ! C'est le moment de vous mettre en avant et de faire votre propre promotion. Votre carrière pourrait soudainement s'envoler avec toutes sortes d'options qui pourraient élargir votre champ d'action. Si vous êtes à votre compte, on pourra vous faire des offres ou on vous proposera un contrat à long terme. Le travail viendra en double et pour préserver votre énergie, nourrissez-vous plus sainement que jamais. Attendez-vous à plusieurs transformations qui surviendront sur le plan professionnel, alors que vous aurez de l'avancement ou vous serez nommé à un poste afin de remplacer le patron. Acceptez le poste ! Et si vous en quête de vous dénicher un travail, il y aura de bons emplois pour vous, indépendamment de ce qui se passe dans la situation économique « extérieure », et vous aurez de la chance. Vous êtes dans un cycle d'expansion énorme, votre partenaire, ou quelqu'un d'autre avec qui vous partagez des ressources, pourrait obtenir une augmentation importante ou hériter d'argent.

Pour ce qui est de vos amours, vous pourriez ressentir le besoin d'aider les autres, de vous consacrer à autrui. Très serviable, très à l'écoute, vous désirerez vous impliquer affectivement. Dans votre vie sentimentale, tout ce que vous faites est motivé dans le but d'en faire profiter votre foyer – cela peut être un véritable moteur pour vous. Ce n'est qu'avec une bonne base d'amour de soi que vous pourrez progresser et vous développer de manière saine et satisfaisante. Essayez de garder votre propre bonheur dans vos priorités. Cela dit, peut-être que votre famille s'agrandira par la naissance d'un enfant, par l'emménagement d'un parent ou par le retour de l'enfant prodigue à la maison. Alors que vous songerez à trouver des moyens ou des solutions pour aider les plus démunis ou les moins fortunés que vous, vous pourrez en retour être reconnu pour vos efforts. Un service rendu sera récompensé. Un moment favorable également pour rendre un service bien intentionné.

En ce qui a trait à votre santé et à votre bien-être physique, le coup de pouce de Dame Chance est ici principalement une protection insolente contre les maladies et une joie de vivre au quotidien : votre santé et l'ambiance quotidienne que vous vivez dans votre travail seront des sources de satisfaction permanentes. Durant les cinq premiers mois, vous pourrez faire d'innombrables progrès sur le plan physique et moral. Vous gagnerez des forces, votre résistance ira en augmentant et vous développerez aussi une assurance et un contrôle de vous-même que l'on ne vous connaissait pas jusqu'alors. Jupiter pourrait également vous mettre dans un mode détendu et confiant qui est bon pour la santé, mais aussi vous rendre trop confiant quant à vos capacités à manger à peu près n'importe quoi et à maintenir un poids optimal. Contrez cette tendance en commençant un régime et profitez-en aussi pour débuter un programme d'exercices. Au risque de me répéter, vous aurez besoin d'être invincible lorsque viendra le temps de vous nourrir, puisque si vous mangez vos émotions, vous risquez d'en subir les contrecoups. Ne vous croyez pas invulnérable face à la nourriture et encore moins à la malbouffe ! Faites tout en votre pouvoir pour contrecarrer cette impulsion de vous empiffrer en débutant une diète balancée et maintenez-la sans déroger de celle-ci. Si vous n'y mettez pas tous les efforts nécessaires, vous ne pourrez atteindre votre but.

Jupiter en Gémeaux – du 25 mai 2024 au 9 juin 2025 – votre VIIe maison natale

Votre façon d'être sera plus détendue et une plus grande confiance en vous vous permettra de provoquer la sympathie autour de vous et de rendre plus efficaces vos contacts avec les autres, ce qui apportera de nouvelles possibilités dans votre vie relationnelle. Attention, avec toute opposition de Jupiter, soit votre planète maîtresse, vous devrez mettre la main à la pâte pour obtenir ce que vous désirez. Par contre, les efforts soutenus risquent de se faire oublier davantage à cette époque, ce qui serait bien dommage. Gare aux actes irréfléchis et aux accès de témérité si vous voulez profiter pleinement de la vie. Dans le fond, c'est simple, optez pour la sagesse, pesez bien le pour et le contre de tous vos gestes, et de cette façon, vous vivrez une année des plus enrichissantes.

En affaires, tout un cheminement vous attend. Cette année, ce qui vous conviendra le mieux sera définitivement la prévoyance et la circonspection. Pensez à long terme. Les événements ne se produiront pas nécessairement selon vos attentes et il se peut que vous ayez aussi à réviser vos positions, voire à changer de cap. Malgré un certain brouhaha, vous arriverez à tirer votre épingle du jeu et, comme toujours, vous finirez par vous adapter aux nouvelles situations. Vos finances connaîtront des hauts et des bas – rien de bien significatif, à moins que vous n'envenimiez les choses par des investissements risqués, des prêts ou des dépenses insensés. Ne vendez pas la peau de l'ours avant de l'avoir tué ! Vous devrez prendre certaines précautions afin de ne pas mettre vos acquis en péril. Proscrivez toute entreprise irréfléchie. N'essayez pas d'aller trop vite en affaires, cela risquerait de se retourner contre vous. Respectez les étapes nécessaires et ne faites surtout pas confiance au premier venu. À la même époque, mieux vaut ne pas déroger aux lois, car une contravention ou une amende pourrait s'avérer coûteuse !

Pour ce qui est de vos amours, vous remettrez bien des choses en question, plus particulièrement votre position face aux autres et le rôle que vous voulez vraiment jouer. Étant en pleine redécouverte de vous-même, il ne faut pas vous surprendre que vos attentes et vos objectifs changent. Vous savez exactement ce que vous ne voulez plus ! En 2024, vous apprendrez à établir vos limites et ne laisserez plus personne abuser de vous. Vous ferez même des choix importants ! Ce qui est bien, c'est que la vie mettra sur votre route une multitude de personnes parmi lesquelles vous pourrez choisir celles qui sont à la hauteur de vos aspirations. Vous n'aurez pas le temps de vous ennuyer tellement vous serez constamment sorti. Toute cette effervescence vous enchantera ! Si vous êtes célibataire, vous avez toutes les chances de rencontrer chaussure à votre pied. Il est clair que vous trouverez enfin votre âme sœur et cette rencontre se fera certainement dans un contexte social, lors d'une soirée pour célibataires ou en participant à une activité entre amis, puisqu'il y aura une foule autour de vous. Étant une personne qui prend beaucoup de place dans une maison, il n'est pas évident de partager votre quotidien et votre intimité avec quelqu'un d'autre. Pour que cette relation puisse se développer normalement, évitez de précipiter les choses. Prenez le temps de vous connaître ! Si votre relation est relativement jeune, il ne serait pas impossible qu'un projet de mariage vous prenne par surprise et que vous vouliez le réaliser avec un certain empressement ! Cela ne signifie pas pour autant que cet engagement sera voué à un échec, au contraire, cette audace vous donnera le goût d'aimer votre partenaire jusqu'à la fin de vos jours. Quant aux couples beaucoup moins jeunes, vous aurez besoin de prendre du recul et/ou de faire plus d'activités ensemble, puisque le quotidien pourra devenir possiblement très lourd, ce qui nuira considérablement à la relation. Raison de plus pour vous planifier de beaux week-ends entre amis, en famille et même prévoir de belles escapades romantiques, histoire de vivre autre chose et de découvrir de nouveaux horizons à deux. Un conseil, ne négligez pas la santé de vos proches !

En ce qui a trait à votre santé et à votre bien-être physique, Jupiter pourrait avoir des répercussions négatives. Les ennuis vous guettent si vous vous croyez tout permis, si vous abusez de vos forces ou si vous faites fi des règles du bon sens. La gourmandise, entre autres, serait à proscrire, car elle menace tant votre silhouette que votre bonne forme. Si vous vous laissez aller, voilà qui menace de compromettre vos progrès en plus d'alourdir votre silhouette. Essayez de ne pas perdre de vue vos objectifs ni de faillir à vos bonnes résolutions. De toute façon, vous serez rappelé à l'ordre si vous vous négligez ou si vous faites fi des règles de sagesse élémentaires. En abusant des bonnes choses ou de vos forces, vous risquez d'avoir des embêtements. Par contre, si vous vous prenez en main, si vous faites attention à vous et si vous investissez dans votre bien-être, vous traverserez la seconde partie de l'année sans trop d'anicroches. À vrai dire, les excès et les imprudences sont à proscrire !

Saturne en Poissons – toute l'année – votre IVe maison natale

Saturne a parfois mauvaise presse, car nous combattons souvent les changements saturniens. Elle nous enseigne la « responsabilité » dans de nombreux domaines de notre vie qui peuvent grandement bénéficier d'un peu d'amélioration. À regret, un sentiment d'insatisfaction risque de naître pendant ce cycle de Saturne au secteur de votre thème qui régit le domaine du foyer, des racines de l'individu, de la famille. Les obligations familiales vous sembleront plus lourdes et il faudra bien définir clairement vos aspirations, tant professionnelles que familiales.

En affaires, ce sera plus délicat. Il faudra rester prudent, être compréhensif et flexible. Vous connaîtrez un passage à vide dans votre vie sociale ou professionnelle et vous aurez l'impression d'être bloqué dans vos envies, vos désirs et vos élans. La meilleure façon de passer ce passage sera de réfléchir à vos ambitions et à vos désirs professionnels, et de voir ce qu'il serait souhaitable de faire pour leur réalisation à long terme. Vous aurez à remettre de l'ordre dans votre monde professionnel et plus particulièrement dans vos relations, alors que certaines resteront et que pour d'autres, vous leur donnerez un congé prolongé. Et certains d'entre vous qui sont avancés en âge commenceront à penser et à planifier la retraite et leur propre fin de vie.

Pour ce qui est de vos amours, vous souhaitez du changement dans votre couple et voilà que certains pourraient avoir des gestes lourds de conséquences, alors que d'autres voudront aspirer à un renouveau, à vivre une nouvelle idylle. Plus soucieux de votre valeur, ce sera le temps du grand ménage. Si vous êtes désormais incapable de supporter les indécis et ceux qui font obstacle à votre bonheur, vous prendrez donc d'importantes décisions ; par contre, vous vous investirez beaucoup dans les relations que vous estimez positives et vous aurez même l'occasion de les consolider. Prenez soin de vous, faites du ménage dans vos émotions et tournez certaines pages lourdes de souvenirs douloureux.

Votre vie privée risque également d'être chambardée, alors que vos enfants auront grandement besoin de vous, mais surtout plus de votre affection ; n'hésitez pas à leur dire que vous les aimez. Il est possible également que l'un de vos enfants soit déterminé et aura soif d'une réussite hors de l'ordinaire et son but sera noble ; il ne vous restera plus qu'à l'encourager dans la poursuite de son objectif et ce sera tout aussi valorisant pour lui que pour vous avec le temps. Si vous n'avez pas d'enfants et que vous êtes marié, heureux en amour, vous aurez sérieusement envie d'avoir un premier bébé ou d'en adopter un, tout dépend de votre ascendant; mais il sera assurément question d'avoir un enfant ou alors un deuxième. Et si vous n'êtes plus en âge de procréer, pour pourriez devenir grand-parent.

Si vous faites partie d'un créneau familial qui se querelle, une rupture ou une séparation temporaire n'est pas exclue étant donné qu'il sera nécessaire de retrouver votre paix intérieure. D'ailleurs, s'il y a conflit avec un parent, un frère, une sœur, une cousine, un cousin, il vaut mieux vous en séparer. Même si ce n'est qu'une séparation temporaire, afin de savoir si vraiment c'est primordial, qu'elle est l'origine de ce conflit et laisser le monde se calmer, alors que vous pourrez retrouver la paix seulement après la mi-février 2026.

Quant aux parents vieillissants, ils pourraient demander plus d'attention. Vous n'êtes pas à l'abri non plus d'une mortalité si vous avez des parents âgés et vous serez obligé d'être près d'eux pour les soigner. Cela présage également un héritage, mais ce n'est qu'une annonce, et attention au risque de querelle pour ce dernier.

Cela présage aussi que vous aurez d'autres rénovations ou réparations nécessaires à faire dans la maison, ou vous serez tenté de changer votre ameublement, ou aurez-vous envie de déménager, et ce, sans savoir trop pourquoi. Si vous décidez d'agrandir votre maison, ce sera probablement dans l'optique d'une location à long terme, mais vous devez être pleinement conscient des charges ou des obligations supplémentaires que vous assumerez. D'autres pourraient se sentir plus limités qu'avant dans un nouveau logement. Que vous déménagiez ou que vous restiez sur place, intégrez une palette de couleurs gaies dans votre maison et ajoutez des objets édifiants à la décoration de votre environnement, puisque ça fera toute la différence à l'ambiance de votre intérieur.

En ce qui a trait à votre santé et à votre bien-être physique, méfiez-vous d'une panne d'énergie possible qui vous menace, ou de vous retrouver sur le carreau, ou de vous faire mal. Les frustrations s'accumuleront. Cependant, vous ne serez pas du genre à vous en laisser imposer. Au lieu de fulminer dans votre coin ou de vous apitoyer sur votre sort, profitez-en pour faire un bon ménage dans votre vie et ne perdez pas de temps, mais n'agissez pas de façon téméraire ni sur un coup de tête. Prenez quelques instants pour réfléchir! Évitez de vous éloigner des règles d'une saine hygiène et n'abusez pas de vos forces ou de jouer au casse-cou, alors que le temps est venu de prendre de bonnes résolutions et de les maintenir surtout. Proscrivez les excès de toutes sortes et ne prenez pas des risques inutiles !

Si le/la partenaire de vie est Sagittaire de par son Soleil ou son Ascendant natal

Vous devriez peut-être remettre à plus tard la construction de cette nouvelle pièce. Votre Sagittaire n'est pas d'humeur à tolérer le bruit d'un marteau-piqueur ou d'une scie circulaire ! Il a désespérément besoin de paix et d'harmonie dans son environnement domestique, et ce serait bien sa chance, ou même la vôtre, que la construction de la nouvelle pièce supplémentaire prenne cinq fois plus de temps que prévu, ce qui mettrait votre foyer dans une situation difficile pendant deux ans. Vous pouvez faire preuve de vos capacités de leader pendant ce transit en faisant de votre mieux pour vous assurer que votre maison soit exempte de perturbations extérieures. Essayez de maintenir la paix et l'harmonie à tout prix. Si votre neveu ou votre nièce vous appelle pour vous demander de passer l'été chez vous, vous vous rendrez un grand service, à vous-même et à votre Sagittaire, en lui disant poliment non.

Pluton en Verseau – les vingt prochaines années – votre IIIe maison natale

Avoir la planète du pouvoir et du changement dans le signe libre-penseur et curieux du Verseau constitue une combinaison des plus puissantes. Vous réalisez que vous ne pouvez pas arriver là où vous voulez aller si vous êtes retenu par une énergie confuse ou négative. Avec la présence de Pluton en Verseau, c'est l'assurance que votre situation évoluera lentement et discrètement, mais profondément. Le ciel vous encourage à regarder votre environnement pour trier le bon grain de l'ivraie et construire un entourage plus en harmonie avec vos objectifs personnels. C'est la période idéale pour faire la différence – profitez donc de votre charme amplifié pour accepter les bouleversements qui ne manqueront pas et installer ce climat autour de vous. Vous vous sentirez plus fort et plus en phase avec vous-même. Vous serez plus que déterminé à transformer votre existence. Voilà que vous serez aidé en cela par les circonstances, les hasards heureux, les coïncidences ou les rencontres. Vous serez poussé à vous sociabiliser, que ce soit dans votre quartier, dans votre ville ou même avec vos frères et sœurs. Ne perdez pas de temps avec des conversations qui ne nourrissent pas votre esprit ou qui ne vous aident pas à élargir votre perspective. En fait, faire une pause des médias sociaux pourrait même s'avérer judicieux !

Les voyages vous apporteront également des expériences qui changeront votre vie. Et si vous êtes impliqué dans les industries de la communication, préparez-vous à une évolution radicale. Les relations avec la famille et les proches (même les voisins et les coéquipiers) tendront à être empreintes de contrôle, ou bien elles connaîtront des changements difficiles. Certains squelettes dans le placard pourraient également être révélés. Votre environnement local sera totalement différent aussi grâce à la transformation qu'il subira.

LES PHASES RÉTROGRADES DE MERCURE POUR 2024

Mercure rétrograde en Bélier – du 1er au 25 août 2024 – votre Ve maison natale

Climat général

Il est possible que vous ayez l'impression d'être dans l'incapacité de déployer tous les efforts nécessaires pour élever vos enfants, pour remplir toutes vos responsabilités de parent, mais vos enfants sont et seront toujours émerveillés par vos accomplissements, aussi minimes soient-ils. En contrepartie, n'allez surtout pas vous attendre à recevoir de la gratitude de leur part puisqu'ils pourraient aussi vous percevoir comme leur pire ennemi ! Sauf que peu importe l'échange émotionnel et affectif que vous avez avec eux, l'amour familial demeurera toujours ce qu'il y a de plus important pour tout le monde. Malgré tout, vous en aurez assez de vous faire manger la laine sur le dos, mais ne laissez pas votre orgueil ni votre fierté avoir le meilleur de vous-même. Vous pourriez même entreprendre un grand ménage en vous débarrassant de certaines vieilles choses qui vous encombrent depuis longtemps déjà. C'est en nettoyant et en éliminant le superflu autour de vous que votre esprit s'éclaircira.

Travail – Finances

Votre leadership risque d'être mis à rude épreuve. D'ailleurs, il ne serait pas étonnant que vous ayez à gérer une situation extrêmement compliquée qui vous demandera beaucoup d'initiative, même si vous n'êtes qu'un simple commis, par exemple. Il est possible également que vous ayez à jouer un peu du coude pour accéder à un poste supérieur. Vous verrez qu'il n'y aura pas que des amis autour de vous. Dieu merci, vous appréciez la compétition de temps à autre puisque les communications seront plus difficiles. Attendez-vous à des erreurs et à des malentendus possibles avec le partenaire ou l'associé. Malgré tout, de grosses sommes d'argent et/ou un soutien important pourraient toutefois garantir une transformation intérieure tant attendue. En dépit de ce qui vient d'être dit, Mercure tendra à étouffer l'expression spontanée et à confondre la compréhension. Autant un nouvel emploi ou une responsabilité accrue puisse accroître votre potentiel fiscal, méfiez-vous des fausses promesses. De grâce, évitez de ne vous fier qu'à ce qui est dit verbalement. Mettez tous les accords par écrit, vous minimiserez ainsi les déceptions. Cependant, vous ne serez pas à l'abri d'encourir des divergences d'opinons ou d'idées dans la façon d'exploiter le commerce que vous aurez mis sur pied soit avec l'être aimé ou avec un bon ami à vous. Cela dit, si vous êtes responsable d'une négociation à consolider, il est plus que probable que celle-ci sera remise à une date ultérieure.

Amour – Sentiments

Il est ne serait pas impossible que vous puissiez ressentir un peu de jalousie ou que vous soyez envahi de doutes au sujet de la fidélité de votre partenaire de vie. Avant de sauter aux conclusions, il sera impératif de laisser couler un peu d'eau sous les ponts et de chercher à vérifier plus sérieusement d'où proviennent ces soupçons. N'allez pas être étonné, toutefois, qu'une personne près de vous ou quelqu'un qui détient une forme de pouvoir sur vous, par exemple un de vos patrons ou même un collègue, vous fasse quelques avances. En mettant les choses un peu plus en perspectives, vous parviendrez à mieux évaluer ce que vous avez de mieux à faire. En tant que célibataire, cela risque de créer des emballements amoureux spontanés. Votre préférence ira aux partenaires bien nantis financièrement ou toutes les personnes influentes ou de prestige. Il arrive que ces amours enflammés s'avèrent un feu de paille. Demeurez tout de même ouvert à l'idée de pouvoir revoir un ex-amoureux ou un ancien ami. Prenez note que les gens changent avec le temps. Donnez-vous tout le temps nécessaire pour réapprendre à les connaître alors qu'à cette période, les gens seront moins portés à vouloir afficher leurs véritables émotions. Si vous êtes jeune en âge, vous pourriez vivre vos premières expériences amoureuses et sexuelles. Si vous êtes enceinte, prudence alors que vous ne serez pas exempte d'une chute possible. Prenez garde de ne pas tomber ni de vous enfarger. Attention à une fausse-couche.

Famille

Le courant risque de ne pas passer aussi bien avec certaines personnes de votre clan familial ou pour ce qui est de votre entourage immédiat. Vous aurez beau faire des efforts, ce ne sera jamais assez au dire de certains. Songez donc à prendre un peu de distance ! Laissez-les se débrouiller sans vous et vous verrez qu'ils vont rappliquer plus vite que vous ne l'imaginiez. Mais vous ne serez pas exempt d'un accrochage possible avec un de vos enfants ou une personne qui vous est chère, sensiblement plus jeune ou plus prompte que vous. Vous ne pourrez vous empêcher de vous fâcher, surtout si vous êtes susceptible de nature, alors que la moindre remarque vous fera grimper aux rideaux. Prenez mon conseil, évitez de vous laisser offenser si facilement.

Santé – Bien-être physique

Il est possible que vous mettiez un terme de manière un peu trop prématurée à un régime que vous aviez entrepris récemment. Malgré tout, votre cœur et votre foie pourraient bien vous sonner une petite cloche. Or, veuillez donc vite reprendre de meilleures habitudes, même si c'est tout de même bon pour le moral de s'accorder quelques libertés et plaisirs à l'occasion. Cela dit, soyez avisé que vous ne serez pas à l'abri de vous faire une entorse dorsale. Pour mieux contrer cette situation, évitez de brûler la chandelle par les deux bouts. Assurez-vous de vous réserver amplement de temps pour mieux recharger vos batteries. Il sera également suggéré de surveiller vos hanches, mais aussi vos nerfs qui seront plus fragiles. Attention aussi à la foudre, au tonnerre et aux éclairs !

Mercure rétrograde en Vierge – du 5 au 14 août 2024 – votre X^e^ maison natale

Climat général

Il est possible que vous vous sentiez au bout de votre rouleau, mais n'allez pas vous isoler pour autant. Au contraire, allez au-devant des gens, alors que tout sera au beau fixe sous peu. D'ici là, même si vous faites tout en votre pouvoir et investissez tous les efforts monstres pour faire bouger les choses, elles avanceront à peine. En toute honnêteté, il sera préférable de lâcher prise pour mieux reprendre le contrôle par la suite. Entre-temps, il est possible que l'un de vos amis ait besoin de vous, ce pourra être une simple petite demande à laquelle vous vous empresserez de répondre, mais celui-ci profitera certainement aussi de votre générosité ! Cependant, il ne s'agira pas nécessairement d'un profiteur ou d'un manipulateur. Cette personne sera probablement dans un bien plus gros pétrin qu'elle le laissera entendre en premier lieu et vous n'aurez pas le cœur assez dur pour l'ignorer ! Il s'agira peut-être même d'un drame important auquel elle devra faire face et vous ne pourrez faire autrement que de lui offrir votre soutien et de l'accompagner à chaque étape. Cela dit, si vous avez mal agi ou avez été malhonnête par le passé, méfiez-vous que le vent ne se mette à souffler dans votre direction et que vous soyez victime d'une situation que vous-même aurez provoquée.

Travail – Finances

Un retour au travail s'effectuera pour beaucoup de personnes. Par contre, il sera plus difficile pour certaines de faire le premier pas ainsi que se remettre dans leur petite routine quotidienne ! Au travail, bien que le climat ne soit pas à la joie, vous ne perdrez rien sur le plan matériel, mais préparez-vous d'avoir à remplacer certains collègues et d'avoir à respecter les échéances de leurs propres tâches. Si vous êtes dans le commerce, ne faites pas crédit à des clients qui déjà n'ont pas l'habitude de payer régulièrement leurs factures. En tant que patron, dirigeant ou travailleur autonome, il est possible que vous puissiez encourir du retard dans le développement d'un important projet, mais ce ne sera que partie remise. Une fois la rétrogradation terminée, vous serez en mesure de parler à bien des personnes qui pourront vous donner un coup de main pour faire avancer les choses. Il ne serait pas étonnant que les émotions soient en partie responsables de ce ralentissement. Vous devrez donc vous organiser pour faire en sorte qu'une telle situation ne se reproduise plus. Vous devrez également prendre le temps de revoir votre stratégie et vos méthodes de travail. En tant qu'employé, la possibilité que l'on vous confie d'importantes responsabilités est possible, même si elles ne seront pas toujours en accord avec vos objectifs de carrière. Si vous êtes en recherche d'un travail, le bon temps pourrait se faire attendre quelque peu. En effet, beaucoup de gens qui sont dans la direction risquent d'être encore en vacances et vous ne pourrez obtenir d'entrevues facilement ! Par contre, cette situation se réglera sous peu et vous vous retrouverez possiblement à devoir faire de nombreuses heures supplémentaires. Tenez bon ! Une personne pourra intervenir favorablement dans vos affaires.

Amour – Sentiments

Votre relation risque d'être particulièrement confuse. Cela ne signifie pas que vous êtes en mauvais termes, mais plutôt dans une forme d'instabilité émotionnelle ! Il y aura de ces journées où vous aurez envie de pleurer alors qu'à d'autres moments, la romance et la passion prendront le dessus. Il sera bon de vous réserver plusieurs moments à cette période pour vous retrouver tous les deux. Prenez le temps de vous parler franchement et de vous laisser transporter par les sentiments. Si l'amour a rendu de l'espoir au célibataire, Mercure risque de venir semer plus le doute en vous, parfois sans motif valable. Est-ce la peur de perdre cette pseudo-liberté qui vous fera peur ? Certains d'entre vous seront portés à acheter l'amour. Prenez garde, alors que l'on n'achète pas l'amour ni l'amitié des autres ! Si vous êtes porté à faire des cadeaux dès que vous rencontrez quelqu'un, retenez-vous. Ce n'est pas une façon de faire. À l'intérieur de vous, il y a tout simplement un manque d'amour. Malgré le fait que vous souhaitiez probablement rencontrer l'âme sœur, vous ne serez pas porté à sortir ni à vous amuser. D'ailleurs, on aura beaucoup plus de difficulté à obtenir votre présence dans une activité entre amis. En fait, votre cœur sera un peu au ralenti et vous ne serez pas vraiment prêt à l'ouvrir facilement ! Il faudra vraiment une personne exceptionnelle pour vous faire changer d'avis.

Famille

Si vous avez de jeunes enfants, vous pourriez avoir un peu de difficulté à retrouver une routine fonctionnelle, surtout s'ils amorcent une nouvelle année scolaire. Le temps sera une denrée rare et vous devrez le gérer avec beaucoup de doigté, avec beaucoup de précision pour ne pas négliger aucun détail. Parlant de la fameuse rentrée scolaire, votre ex-conjoint tendra à revenir à la charge avec de nombreuses recommandations sur l'éducation des enfants que vous avez eus ensemble ! Cet ex pourra aussi bien être une femme qu'un homme. Cela dit, l'idée que vous vous investissiez dans un projet qui concerne votre communauté, le quartier dans son ensemble ou pour une cause sociale est possible. Ce sera sûrement quelque chose qui vous tient à cœur pour une raison ou pour une autre et possiblement à la suite d'une situation que vous avez dû affronter par le passé.

Santé – Bien-être physique

Une digestion difficile et des maux de ventre seront possibles. Si vous vivez un grand stress, de petits bobos ou de grandes douleurs, elles se feront sentir davantage. Attention d'abuser des bonnes choses de la table et de la vie. Restez calme au volant puisqu'une simple distraction suffira pour vous sortir de la route. À la suite de petites fraîcheurs automnales qui s'installent, il est possible que vous ressentiez des douleurs dans vos articulations. Attention, période de grande nervosité ! Apprenez à vous calmer ; respirez à fond.

Mercure rétrograde en Lion – du 14 au 28 août 2024 – votre IXe maison natale

Climat général

Vous pourriez, à cette époque, agir un peu comme un justicier et prendre le temps d'explorer une situation assez complexe qui exige un grand investissement de votre part. Si vous avez décidé de prendre des vacances en famille, il y a de bonnes chances que vous vous retrouviez à en faire énormément, à vous occuper des repas du groupe, par exemple. Fort heureusement que vous aurez aussi beaucoup de plaisir, même si par moments, vous aurez l'impression d'avoir à assumer des responsabilités assez imposantes. Peut-être qu'il vaudra mieux viser des activités plus passives qu'actives. Recherchez tous ces endroits tranquilles, alors que cela exercera un effet calmant chez vous. Il faudra inévitablement faire la part des choses entre ce qui est réaliste et ce qui ne l'est pas. Votre budget ne vous permettra pas toujours de faire la fête. Malgré tout, vous n'aurez pas la langue dans votre poche et c'est peu dire! Pas surprenant que tout le monde puisse finir par acquiescer à toutes vos demandes.

Travail – Finances

Il y a de très bonnes chances qu'au travail, on ne requiert pas nécessairement vos services. Vous pourriez être en quelque sorte en congé forcé, selon le type d'emploi que vous occupez. Fort heureusement, cette situation se résorbera une fois Mercure devenu direct, ce qui vous permettra de réintégrer vos fonctions à plein temps. D'ici là, il ne serait pas étonnant de recevoir une forme de promotion sans même que vous puissiez vous en douter, ou peut-être vous demandera-t-on d'occuper la place de l'un de vos patrons qui aura quitté son poste sans crier gare ou pour prendre ses vacances estivales. Il ne sera pas impossible aussi que vous vous retrouviez en bonne position pour enseigner ou offrir de la formation. En fait, il y aura généralement beaucoup de monde autour de vous qui vous écoutera attentivement. Vous ferez figure d'autorité ou plutôt de sage qui partage toutes ses connaissances. Il est même possible que ce soit vous-même qui vous prépariez à entreprendre une formation qui vous sera bénéfique par la suite. Cela dit, une recherche pourra vous donner des réponses particulières et peut-être même troublantes, surtout s'il s'agit d'une forme d'enquête. Malgré tout, profitez-en pour développer une idée commerciale pendant que vous êtes en vacances ou en période de grande réflexion.

Amour – Sentiments

Ce sera un temps où vous vous poserez de nombreuses questions existentielles au sujet de votre relation. D'ailleurs, vous aborderez sûrement le sujet de la sexualité. Il est clair que certains détails demanderont un peu d'explications, particulièrement si vous ressentez des petits doutes à propos de la fidélité de votre partenaire. Et si tout va bien entre vous, il s'agira simplement de vous accorder de bons moments de qualité autour d'une bonne table ou encore sous les couvertures. Toutefois, vous pourriez ressentir un puissant coup de foudre et vous laisser embobiner par une personne qui ne souhaite absolument rien de sérieux avec vous. Croyez-moi, vous n'avez pas besoin d'un parasite qui gruge vos énergies et que vous devrez entretenir en plus !

En tant que célibataire, vous pourriez être attiré par des gens d'une autre origine ou qui habite dans une ville différente d'où vous résidez. En fait, il vous sera donné la possibilité de découvrir de nouvelles cultures et de tomber sur une personne des plus charmantes qui pourra vous en faire voir davantage. Il y aura beaucoup d'intensité dans l'air ! En effet, le sexe occupera une place de choix. Mais cette relation risque toutefois de devenir un peu plus compliquée, même si vous ressentez de puissantes émotions et vivez de grands moments ensemble. En dépit de cette passion, vous reprendrez du sérieux par la suite et il ne sera plus question de nuits blanches ou de quelconques folies qui ne cadreront pas toujours avec votre personnalité.

Famille

Si vous êtes parent, vous noterez certainement les signes précurseurs de la rentrée scolaire, mais il y a de bonnes chances que cette situation vous fasse grandement réaliser que les vacances achèvent déjà et que vous devriez encore en profiter un peu plus avant de reprendre le train-train quotidien. En effet, vous vous empresserez de faire de nombreuses activités. Vous prendrez aussi le temps de vous détendre pour apprécier les précieuses journées que vous consacrerez à vous-même tout comme à votre petite famille. Cela dit, il se peut qu'une personne près de vous vous déçoive.

Santé – Bien-être physique

Les abus risquent d'être plus nombreux, mais fort heureusement sans conséquences fâcheuses. Peut-être qu'il s'agira d'une autre forme d'excès qui perturbera vos nuits de sommeil. Vous réussirez cependant à doser le tout une fois la rétrogradation terminée. D'ici là, évitez de vous surmener lorsque vous faites de l'activité physique. Même chose pour ce qui est de l'alcool et de la nourriture. Pour peu que vous vous preniez en main, votre organisme devrait à nouveau fonctionner à plein ! Si vous avez la manie de prendre le risque de conduire votre voiture en état d'ébriété, vous aurez le malheur d'avoir un accident. Évitez de prendre le volant quand vos facultés sont affaiblies. Et à vous qui êtes sain d'esprit en tout temps, si, dans le passé, vous avez eu un accident et que vous n'étiez pas responsable, demeurez attentif, un événement désagréable et similaire pourrait se reproduire. Surveillez aussi votre circulation sanguine. Attention, engourdissement possible aux mains ! Surveillez également votre orgueil !

Mercure rétrograde en Sagittaire – du 26 novembre au 15 décembre 2024 – votre Ire maison natale

Climat général

De deux choses l'une : ou bien vous embarquerez à pieds joints dans la frénésie des Fêtes ou alors vous ignorerez cet événement jusqu'à la dernière minute. Bref, d'une manière ou d'une autre, cette attitude démontrera assez clairement votre côté plutôt excessif. Le temps deviendra nécessairement une denrée assez rare une fois la rétrogradation amorcée. Vous pourriez vous retrouver ainsi avec de nombreuses responsabilités sur les épaules et également les voir comme de grandes montagnes insurmontables à franchir alors qu'il ne s'agira probablement que de simples petits détails à régler. Malgré tout, vous vous organiserez assez bien pour structurer tout ce qu'il y aura à faire. D'ailleurs, votre vivacité d'esprit sera difficile à égaler ainsi qu'une rapidité d'exécution qu'on aura du mal à suivre ! Si Mercure active votre mental, il ajoutera aussi un peu de nervosité. Par contre, certains seront parfaitement à l'aise avec ce stress additionnel. Vous pourriez toutefois vous sentir exténué par moments. Cela dit, bien que vous ayez tout prévu et planifié pour vos célébrations et pensiez avoir acheté tous les cadeaux à l'avance et préparé l'essentiel pour vos différentes réceptions, vous pourriez réaliser à la dernière minute qu'il manque ceci ou cela, ce qui risque de grever le budget. Mais bon, qui ne s'endette pas durant les Fêtes ? N'empêche, il n'est pas impossible que vous viviez un peu de stress en raison de la famille. Peut-être y aura-t-il une personne qui vous demandera une attention toute particulière ?

Travail – Finances

Une promotion tout juste avant les Fêtes, c'est quelque chose d'intéressant, surtout s'il y a de bonnes chances que votre salaire connaisse une augmentation considérable. Cependant, il faudra bien comprendre que vos nouvelles fonctions ne seront pas de tout repos et que vous aurez aussi beaucoup de choses à faire en dehors du milieu de travail. Donc, l'intégration risque d'être un peu plus longue de prévu. Si tel n'est pas le cas, il y a de bonnes chances que l'on vous propose du travail supplémentaire et peut-être même de nouvelles fonctions qui viendront certainement augmenter de manière significative votre niveau de stress. Il s'agira simplement de bien gérer votre emploi du temps si vous voulez connaître un succès. Il ne sera pas impossible qu'il s'agisse d'un projet devant se coordonner avec un étranger ou à l'étranger et pour lequel vous devrez vous y rendre assez régulièrement. En tant que directeur ou travailleur autonome, ce ne sera pas la période pour proposer de nouveaux projets, surtout s'ils sont carrément révolutionnaires. On vous traitera de rêveur. Mais ce n'est que partie remise. Profitez-en plutôt pour discuter de ceux-ci avec vos proches alors qu'ils auront de bonnes suggestions pour mieux présenter vos affaires. Si vous conduisez vite parce que vous êtes à la dernière minute pour vous rendre au travail ou à un rendez-vous, ralentissez, tant pour vous que pour tout autre automobiliste que vous pourriez accrocher ! Il vaudra mieux arriver avec dix minutes de retard que de ne pas arriver du tout. Il va de soi que les drogues, l'alcool, les médicaments causant de la somnolence seront à bannir au volant.

Amour – Sentiments

Il y aura tellement de choses à faire, à finaliser, votre vie amoureuse pourra ne pas être véritablement votre priorité et c'est tout à fait normal. Il y aura bien d'autres chats à fouetter ! Il sera quand même important de vous accorder des soirées, seuls tous les deux et de vous retrouver dans votre bulle romantique pour vivre quelques instants passionnants. Cela vous rappellera qu'il y a encore beaucoup d'amour entre vous. Si, déjà, il y avait des tensions dans votre couple par rapport au budget, vous pourriez n'avoir qu'un seul sujet de conversation avec l'amoureux : l'économie. Si vous avez une confiance mitigée en vous et en la vie, plus vous discuterez davantage de vos manques, plus vous insisterez auprès de l'amoureux pour qu'il évite ces dépenses que vous jugez superflues et plus ça vous éloignera. Vous pourriez dépasser la mesure et créer de l'inquiétude au point où l'amour entre vous et l'autre s'estompera. Ne perdez pas de vue que vous, comme bien d'autres, subissez les peurs mais aussi les frayeurs qui circulent sur la planète. Sans que l'on s'en rende compte, on s'y laisse prendre et on les transpose dans sa vie de couple et sur ses enfants. En tant que célibataire, vous serez plus en quête d'aventures et vous ne serez pas particulièrement fidèle. Cela dit, les activités pour les personnes qui sont seules prennent beaucoup plus de place dans de nombreux endroits en cette période de festivités. Les gens ne veulent pas être seuls pour les Fêtes. Cependant, ce n'est qu'une fois la rétrogradation terminée que vous serez plus disposé à vous laisser tenter et rien avant.

Famille

Vous tendrez à être considérablement plus sévère envers vos enfants. En tant que parent d'enfants, si ces derniers ont l'âge de vous répondre, vous n'apprécierez pas qu'ils vous disent, à leur manière, que vous ne savez pas comment les aimer. De plus, il est possible que dans votre famille, une personne soit malade. Si vous l'affectionnez, vous lui donnerez beaucoup de votre temps. Après que vous aurez donné de vous-même, veuillez vous accorder le droit de récupérer. L'amour que vous portez à cette personne ne doit pas réduire votre résistance et encore moins vous détruire.

Santé – Bien-être physique

Si vous avez des problèmes de santé et que, jusqu'à présent, vous les avez ignorés, il sera important de vous soigner avant que votre toux ne se transforme en bronchite. Attention, alors que vos nerfs seront aussi plus fragiles. Surveillez votre taux de sucre. Mieux encore, abstenez-vous de toujours vouloir avoir raison. Émotivité excessive ! Évitez de vous immiscer dans la vie des autres.

LA PHASE RÉTROGRADE DE MARS POUR 2024

Mars rétrograde en Lion – du 6 décembre 2024 au 5 janvier 2025 – votre IXe maison natale

Climat général

Vous serez porté à douter davantage de vous-même et trouverez le temps difficile à vivre et lourd par moments. Vous pourriez tout autant vous sentir parfois déstabilisé par l'envergure des défis à relever, ce qui pourrait ainsi vous pousser davantage à riposter. Toutefois, prenez votre mal en patience, ressaisissez-vous avant de vous mettre les pieds dans les plats. Apprenez à mieux gérer toutes les dissonances. Puisque ce sera un temps où vous vous sentirez parfois déstabilisé par l'envergure des défis, il se peut que vous soyez plus porté à vous exprimer avec fougue, à être violent, voire agressant, et même porté à disséquer les paroles de votre interlocuteur et à analyser ses intentions avec minutie. Et vous jugerez aussi normal d'imposer votre vision des choses. Les autres, et vos proches aussi, ne feront pas toujours tous les compromis nécessaires pour satisfaire vos exigences. Au contraire, ils auront tendance à vous contredire. Apprenez à calmer votre besoin de tout contrôler et montrez-vous plus tolérant, sinon certaines personnes risquent de mal le prendre et ainsi vous retourner du tac au tac cette même énergie. Lorsque l'on vous fâche ou que l'on vous intimide, afin de mieux surmonter votre colère, laquelle après coup sera toujours douloureuse pour vous-même quand elle sera justifiée, prenez vos distances. Clarifiez ce que vous dites et ce que vous faites, mais ne soyez pas abrasif ou imposant.

Travail – Finances

Alors que votre attitude réfractaire en fera réfléchir plus d'un en position de pouvoir ou d'autorité, il ira de votre intérêt de modérer vos emportements. Évitez de vous laisser déstabiliser par la compétition. Le travail nécessitera un surplus d'énergie et vous devrez faire preuve d'une méticulosité extrême, ce qui sera exigeant. Toutefois, il est possible que vous n'arriviez pas à bien gérer le stress au travail et que ça joue sur vos humeurs. Vous pourriez éprouver aussi beaucoup plus de difficulté à accepter certaines limitations. Attendez-vous d'avoir à faire des pirouettes pour rencontrer votre budget et pour bien gérer vos finances. Si ce n'est pas le cas, un projet pourrait vous effaroucher à un point tel que vous vous trouverez toutes les raisons pour ne pas le mener à temps. Sinon, un projet pourrait vous obliger à prendre du recul, le temps d'y voir clair. Quoi qu'il en soit, un changement majeur est à prévoir au secteur professionnel et il se pourrait aussi que vous ayez à faire un choix déchirant ! D'ici là, une relation d'affaires ou un client pourrait chercher à fuir ses obligations financières et/ou les tensions professionnelles seront tellement importantes qu'un patron ou une tête dirigeante s'entêtera à vouloir tout contrôler, ce qui risque ainsi de provoquer en retour de vifs dérangements dans l'équipe de travail ; attendez-vous à ce que des gens près de vous viennent entraver le travail des autres. Des manigances pourront aussi se tramer dans l'ombre ou dans les coulisses du pouvoir. Il vaudra mieux ne pas vous insurger, puisque ce sera courir à votre perte. Vous aurez l'impression que vous n'arrivez pas à faire de l'argent, à bien gagner votre vie ou que vous considérerez que votre salaire n'est pas à la hauteur de vos compétences ou de vos ambitions. Ce sera également une période où les irritants matériels seront nombreux tels qu'une dépense imprévue, un règlement difficile à obtenir et plus encore… Une raison de plus d'être sage lors de votre magasinage ! À cet effet, évitez tous les achats faits sous l'impulsion du moment alors que cela risque de grever sérieusement votre budget inutilement. Attention aussi d'égarer un dossier ou un compte à régler. Cela dit, si vous êtes dans le processus de mettre en action une campagne publicitaire, vous aurez à revisiter certains détails avant de pouvoir aller de l'avant. Par contre, si vous êtes interpellé de vous impliquer davantage dans des politiques étrangères ou nationales, sachez que ce ne sera pas chose facile. Sur une note finale, si vous avez fait parvenir votre manuscrit à une maison d'édition récemment, il est tout probable que vous aurez au moins un passage à réécrire, sinon une bonne partie du texte. Rien de dramatique non plus, juste une question de mieux peaufiner ou de clarifier certaines choses ou certains passages.

Amour – Sentiments

Voilà un temps où l'énergie sexuelle sera puissante et devra être contenue. D'ailleurs, attention aux aventures amoureuses qui seront plus tentantes... Quant à vos amours, votre relation risque d'être plus ou moins satisfaisante; soit que vous vivez une solitude à deux ou que vous avez l'impression que l'autre n'est pas réceptif à vos besoins, et vous ne vous sentirez plus vraiment aimé ou amoureux. Il se pourrait également que vous preniez les difficultés amoureuses un peu trop au sérieux. Cessez de tout dramatiser, apprenez à lâcher prise un peu alors que vous saurez en rire après coup. Malgré tout, la désorganisation du partenaire de vie, ou même d'un associé si c'est le cas, pourrait devenir un problème important à régler. Si ce n'est pas le cas, il est possible que vous puissiez découvrir qu'un collègue souffre de dépendance affective et cela vous sera insupportable. Si vous êtes célibataire, ralentissez et pensez à échanger avec plusieurs personnes au lieu de vous précipiter dans l'exclusivité. Si vous avez eu un coup de foudre non réciproque pour une personne qui ne cesse d'entrer et de sortir de votre cœur, le moment est venu d'être plus ferme. Si celle-ci n'est pas prête à être avec vous maintenant, ne vous retirez pas du marché en attendant qu'elle se manifeste. Et si vous ne pouvez pas l'éliminer, limitez la communication à «l'unique nécessité pratique» seulement.

Famille

Si vous songez à voyager, il sera futile de planifier ce voyage, tant d'affaires que de plaisance, alors que votre patience risque d'être mise à rude épreuve. Et si vous faites fi de cette recommandation, vous ne serez pas à l'abri d'arguments possibles avec les gens que vous irez visiter. Ce sera d'ailleurs comme un signe avant-coureur de ne pas y aller. Restez plutôt chez vous!

De préférence, songez plutôt à planifier ce voyage début octobre 2024 ou début février 2025, afin de minimiser d'encourir de sérieux ennuis, sinon des problèmes possibles. Quant aux autres qui ne peuvent partir en voyage, demeurez vigilants lors de vos allées et venues à votre travail, et ce, plus particulièrement celles faites sur la route. Moindrement, attendez-vous à ce que les déplacements soient plus au ralenti ou qu'il y ait une surabondance de circulation.

Santé – Bien-être physique
Attendu que ce sera un temps où vous serez moins ouvert d'esprit, moins énergique, si vous avez été malade par le passé, vous aurez beaucoup plus de difficulté à guérir plus vite maintenant. Ce sera également une période où vous serez davantage tiraillé par une grande impatience, alors que votre besoin de reconnaissance et d'affirmation personnelle vous poussera à vouloir vous surpasser, à donner priorité à vos propres intérêts. Profitez plutôt de cette période pour faire le grand ménage de toutes ces émotions accumulées et vous permettre par la même occasion un certain mieux-être. Prenez également le temps de bien analyser toutes les portes de sortie possibles et faites confiance à votre instinct. Si vous ressentez des malaises, n'attendez pas pour consulter votre médecin. Attention aussi à ce que votre nerf sciatique ne vous cause pas d'ennuis, mais plus que tout, gardez un œil vigilant sur vos voies respiratoires. Alors que vous serez davantage porté à prendre des risques inutiles dans certaines situations, sachez que votre coordination physique et mentale ne sera pas toujours en harmonie. Veuillez donc ralentir le pas, la cadence, prenez cela un peu plus mollo et conduisez prudemment aussi. D'ailleurs, il sera avisé de laisser les autres conduire. Cela dit, attention à un accident possible lors d'un cours de danse, d'aérobie, de Pilates ou même lorsque vous courez, faites du vélo, manipulez de la machinerie lourde ou tout objet contondant.

L'ÉCLIPSE SOLAIRE TOTALE DU 8 AVRIL EN BÉLIER – votre V^e maison natale

Secteur de votre thème où vous vous exprimez soit par vos talents personnels, soit en procréant des enfants, voilà un temps où vous serez davantage intéressé par la mise en valeur de vos multiples talents particuliers. C'est aussi la maison de l'amour et de l'aspect romantique de la vie où vous flirtez, où vous vous amusez et où vous appréciez l'excitation de l'amour. Les passe-temps, les risques que vous prenez et les façons dont vous explorez l'enfant espiègle qui est en vous font aussi partie de ce secteur.

Puisque l'éclipse ne se fait pas dans votre signe ni dans un signe qui vous est en aspect dissonant (carré, quinconce ou opposé), on peut en conclure que votre santé sera bonne, que votre résistance à la maladie sera également élevée. Vous serez donc en mesure d'aider ceux qui seront moins favorisés. Il y en aura chez les bébés, chez les adolescents et chez les personnes âgées et les malades. À prendre au sérieux, mais sans paniquer pour autant, les malaises du Bélier, du Cancer, de la Balance ou du Capricorne. Si c'est votre ascendant natal, votre Lune natale ou qu'un amas de planètes se trouve dans ces signes dans votre thème natal, vous serez touché au même titre que si l'éclipse se faisait dans votre signe. Prenez soin de vous et faites-vous aider en cas de dépression, de problèmes de comportement. Grande énergie ; utilisez-la pleinement, sinon vous croirez étouffer. Amadouez doucement la liberté. Ce n'est pas si facile qu'on le dit !

Afin de demeurer imperméable aux perturbations planétaires, il sera fortement avisé de proscrire les abus et de ménager votre dos. Et puisque l'anxiété pourrait vous jouer des tours, il sera important de vous changer les idées et de miser sur le positif. Huit chances sur douze que la santé soit solide. Et puisque que votre système nerveux et votre intellect seront au zénith, aider tous ceux dont la résistance est amoindrie serait un beau geste.

P.-S. : Vous êtes encouragé à prendre connaissance de tout ce qui est écrit au chapitre intitulé « Les éclipses de 2024 » pour mieux vous familiariser avec toutes les mises en garde à respecter lors de toutes les éclipses.

Capricorne

21 décembre au 20 janvier

LES DIFFÉRENTS ASPECTS DE VOTRE PERSONNALITÉ

Capricorne – féminin, cardinal, terre

Le caractère terreux et extraverti du Capricorne est appliqué au niveau pratique dans les nécessités quotidiennes de la vie. La polarité négative (yin) du signe vous donne la capacité de vous retirer des turbulences du courant dominant et d'attendre que la situation soit mûre pour vos ambitions. Votre volonté de continuer à grimper, de persévérer et de surmonter les obstacles est remarquable. Cependant, vous tendez à vous comporter parfois comme des chèvres domestiques attachées – vous efforçant en vain d'atteindre vos objectifs. D'autres fois, vous êtes comme les chèvres libres de la montagne qui grimpent sans cesse et atteignent des sommets. Vous êtes de ces gens fiables, vous êtes pratique, ambitieux, prudent, efficace, persistant et patient, et vous avez un bon sens de l'humour, mais sec. Régi par l'énergie contractante et concentrée de Saturne, vous pouvez également être froid et rigide, pessimiste et intolérablement conventionnel. Le temps est très important dans votre vie. Vous êtes souvent lent à vous développer et avez besoin de plus de temps que les autres. Cependant, à l'âge moyen, vous semblez très souvent vous trouver sur un plateau, immuable pendant des décennies, alors que vos contemporains vieillissent à un rythme normal.

Il faut du temps pour bien vous connaître alors que vous vous montrez généralement assez réservé et retenu, et vous êtes froid d'approche.

De nature, vous avez tendance à vouloir construire quelque chose, à vouloir ériger des structures et à vous créer une carrière. D'ailleurs, vous aimez mettre en action une organisation et en faire une entreprise familiale, surtout que vous êtes doué pour gérer n'importe quoi.

Vous faites partie de ces personnes qui imposent leur autorité. Prudent et discipliné, vous aimez établir les règles et aimez vivre selon celles-ci.

Il importe que tous vos investissements rapportent sur ce que vous avez investi et vous n'avez aucune fausse modestie. Le sens de la propriété et des traditions est fort chez vous. Vous souhaitez vous en tenir aux bonnes vieilles manières qui ont su faire leurs preuves par le passé et le respect des gens âgés est tout aussi primordial chez vous.

CE QUI VOUS DIFFÉRENCIE DES AUTRES NATIFS DE VOTRE SIGNE

En tant que natif du 1er décan (du 21 au 31 décembre), vous êtes régi par Saturne. En ce qui a trait à la triplicité de terre qu'est votre signe solaire, c'est à Saturne qu'en revient la maîtrise. Cette double influence saturnienne vous octroie une nature rigide et conservatrice. Stable et patient, voilà des atouts précieux pour bien réussir dans la vie.

Jupiter, mal à l'aise dans ces degrés et qui règne en main de maître sur votre décan, cela vous donne la possibilité de mettre de l'équilibre et de l'ordre dans votre vie. Cela fait de vous une personne qui a énormément d'ambition, persévérante et qui vise tant le succès social que professionnel que vous savez obtenir grâce à votre travail acharné et à votre sens de l'organisation.

La patience et la détermination du premier décan sont légendaires. Vous n'êtes pas aussi sûr de vous qu'on le pense, mais votre ténacité et votre capacité dans tous les domaines sont inégalées. Vous êtes un véritable pilier de force sur lequel s'appuyer lorsque les vents se transforment en tempêtes. Aussi dictatorial et toujours, dans une certaine mesure, inflexible et rigide, vous êtes une douce personne au fond de vous-même, et vous avez un grand sens de l'humour.

Vous êtes de ces personnes qui ont l'art de tirer profit de toutes les nouvelles idées et méthodes pour mieux atteindre ainsi le seuil de leurs ambitions, sans pour autant abandonner toutes les traditions qui leur sont chères et précieuses. Pour mieux exceller et réussir dans la vie, il sera avisé de vous fixer un objectif spécifique et de ne pas y déroger tant que vous ne l'aurez pas atteint. Ayez l'œil ouvert et usez aussi de votre perspicacité pour démasquer les profiteurs, les usurpateurs et les manipulateurs. Ne laissez personne vous embarquer dans des affaires louches ou trop belles pour être vraies, alors que vous risquez d'en payer la note et elle sera salée. Tous les liens tissés, tant amicaux que professionnels, vous seront significatifs et importants dans la vie.

Grand travailleur-né, prudent et calculateur dans l'élaboration et la réalisation de vos objectifs, votre sang-froid et la maîtrise de vous-même vous donneront toutes les capacités nécessaires pour bien organiser ce que vous voulez accomplir dans la vie. Méfiez-vous cependant, car certaines personnes près de vous pourraient croire que vous êtes une personne qui se prend pour une autre ou tout simplement que vous êtes arrogant de nature.

Plus farouche et sélectif que vous en avez l'air, vous êtes à l'aise devant un groupe, mais vous l'êtes moins en tête-à-tête. Vous avez besoin de temps pour accorder votre confiance et votre cœur. Vous êtes plus sérieux et réservé comparativement aux deux autres décans de votre signe. Vous tendez à garder vos émotions davantage sous contrôle.

En amour, vous avez tendance à vénérer tous ceux que vous aimez, donc si vous êtes marié à l'un d'entre eux, vous serez vénéré jusqu'au jour de votre mort. Vous ne serez peut-être pas le compagnon le plus romantique ou le plus glamour et vous pourriez même être assez ennuyeux par moments.

Sentimentalement, vous êtes timide et très fidèle, mais très empressé une fois que l'on a su mériter votre confiance. Malgré tout, vous n'êtes pas quelqu'un de passionné pour autant. Vos sentiments sont plus raisonnables et raisonnés – tout passe par la tête avec vous ! Sous l'influence jupitérienne se manifeste un goût prononcé pour vous laisser séduire par un partenaire de souche différente de la vôtre. Et puisque vous communiquez peu vos sentiments et que vous êtes peu démonstratif, si vous vous mariez, choisissez une personne enjouée, drôle, affectueuse et stable, ce qui aidera à contrecarrer votre nature réservée.

En tant que natif du 2e décan (du 1er au 10 janvier), vous êtes sous la protection de Saturne et votre décan est sous la tutelle de Mars qui règne en force dans ces degrés et secondairement par Vénus pour faire suite à la triplicité de terre qu'est votre signe solaire. Très patient et travailleur, vous ne renoncez pas pour autant à la détente et aux bonnes choses de la vie pour l'accomplissement. Vous êtes de ces gens qui estiment que si quelque chose doit être fait, il faut toujours le faire correctement et jusqu'au bout.

Vénus, mal aisée dans ce signe, fait de vous une personne pour qui les initiatives ne font pas défaut. Dès que vous prenez une décision, vous n'êtes satisfait qu'une fois que vous avez atteint votre objectif. Vénus vous octroie également une nature plus sociable qu'est le Capricorne en réalité. Elle vous donne aussi le talent, la loyauté, des idéaux élevés et un penchant pour tout ce qui est luxueux et beau. Cependant, il sera avisé de prendre garde alors que l'avidité risque de vous causer bien des ennuis.

Quant à Mars, elle vous donne l'énergie, le courage, l'endurance, la force, la confiance et tout l'enthousiasme nécessaires pour mieux définir ce que vous voulez poursuivre et atteindre en ce qui concerne vos objectifs. Vous êtes destiné à commander.

La sécurité et la loyauté sont des qualités importantes pour vous, particulièrement en ce qui concerne les finances et tout ce qui relève de la famille, mais tout autant aussi en ce qui a trait aux unions et aux partenariats futurs possibles.

Bourreau du travail et travailleur infatigable, vous avez tous les atouts en main pour pouvoir fournir les efforts nécessaires afin de parvenir victorieusement à la concrétisation de vos objectifs. Tenace et persévérant, il est important que vous orientiez vos énergies sur une seule chose à la fois et que vous fassiez votre bout de chemin avec gloire et honneur. Vous avez tous les talents et toutes les habiletés en main pour bien réussir en tant qu'artiste ou diplomate, mais vous pouvez très bien exceller aussi dans la construction ou dans le domaine de la finance.

Autant vous avez besoin d'une vie de famille paisible, harmonieuse et construite sur une base solide, autant les relations affectives tendent à vous effrayer, car vous êtes plus du genre à ne compter que sur vous-même. Heureusement que votre sensualité vous aide à combattre vos craintes et vos inhibitions. Cependant, ce n'est qu'avec beaucoup de temps et de patience que vous viendrez à bout de vous ouvrir et de donner votre confiance, de préférence à une personne entière et tout aussi exclusive que vous, et au caractère bien trempé, il va de soi. Les histoires d'un soir, ce n'est pas pour vous puisque vous avez besoin d'une relation stable qui dure avec un partenaire dont vous êtes fier.

Sur le plan sentimental, on peut dire que vous êtes possessif, jaloux et autoritaire, et vous pouvez être dictateur à vos heures. Si vous vous mariez, choisissez un compagnon de vie qui a du tact et de la diplomatie, qui est constant et prêt à s'engager pour la vie.

En tant que natif du 3e décan (du 11 au 20 janvier), vous êtes sous la protection de Saturne, mais votre décan est régi par le Soleil et secondairement par Mercure pour faire suite à la triplicité de terre qu'est votre signe solaire. Vous faites partie de ces gens qui ont un esprit très actif, ambitieux de nature, mais surtout en seconde partie de leur vie. Bien que loin d'être un casse-cou impulsif, vous n'avez toutefois pas la grande patience des deux premiers décans.

Pour un Capricorne, on vous trouve très accueillant et sociable. Il faut l'avouer, vous êtes plus futé que les deux autres décans, ce qui est fort appréciable. Votre cœur est bon et vous êtes généreux de nature. Même si vous êtes d'un naturel timide et très réservé, vous êtes quand même plus sociable que les deux autres décans de votre signe puisque vous estimez les interactions sociales. Cela explique pourquoi vous aimez vous retrouver avec les élites de la société.

Le Soleil, qui joue un rôle particulièrement déterminant dans votre thème natal, vous octroie chaleur, vitalité et une nature généreuse. Même si la vie, parfois, est difficile et intransigeante, vous n'êtes pas de ceux qui baissent facilement les bras pour autant. Abandonner ne fait pas partie de votre vocabulaire.

Quant à Mercure, cette planète fait de vous une personne intellectuellement stable et responsable. Logique de nature, vos réponses sont habituellement rapides, directes et pointues, laissant les gens se demander si vous n'êtes pas un peu critique. Vous aimez que les choses soient faites correctement et selon vos attentes.

Intelligent et raisonnable, mais quelque peu changeant et capricieux à vos heures, votre ambition immense et votre orgueil démesuré font qu'une réussite précoce est probable, mais elle risque aussi d'être suivie d'une chute possible. Aussi orgueilleux et égoïste que vous puissiez être, votre honnêteté compense et fait toute la différence. D'ailleurs, le succès ne vous viendra en réalité qu'après vos 42 ans.

Perfectionniste et conscient de votre valeur, vous cherchez constamment à améliorer votre sort et votre statut en visant la réussite professionnelle et la sécurité matérielle. Malgré vos bonnes intentions et votre franchise, vous êtes porté au découragement à l'occasion et, par le fait même, vous subissez involontairement votre destin ! Malgré cela, vous pouvez très bien exceller ainsi que faire votre marque dans le domaine des communications ou être en commerce à votre propre compte.

Vous avez également toutes les compétences requises et tout le talent nécessaire pour bien réussir en tant qu'écrivain. Le domaine de l'enseignement, mais aussi être commis-voyageur sont d'autres professions qui peuvent très bien vous servir.

Autant vous êtes un ami fidèle et un partenaire loyal, si vous vous sentez incompris, vous pourriez aller voir ailleurs. Charmeur à vos heures, vous craignez toutefois les ennuis et les complications d'un amour passionné et physique. C'est pour cette seule raison que vous opterez davantage pour le côté pratique de l'union conjugale. Des plus sincères dans vos affections, si vous vous mariez, choisissez un partenaire qui respecte votre liberté et qui vous propose une relation stable. Celui-ci devra vous encourager également à exprimer vos pensées et votre créativité.

CE QUE LES ASTRES VOUS RÉSERVENT EN 2024

Jupiter en Taureau jusqu'au 25 mai 2024 – votre V^e^ maison natale

Jupiter est fondamentalement une planète qui se déplace lentement. Elle a tendance à rester dans un signe et une maison pendant une année entière. Mais, tout comme les deux précédentes années, elle se déplace exceptionnellement vite – elle passe en fait par deux signes et maisons cette année. Elle commence l'année en Taureau, votre V^e^ maison, puis elle se déplace en Gémeaux, votre VIe maison.

Jupiter en Taureau pourrait déclencher divers coups de chance, et ce, y compris aux jeux de hasard. Son influence sera plus forte avant le 25 mai, mais elle ne disparaîtra pas complètement pour autant par la suite. S'il est vrai qu'à chaque année vous faites des progrès, lors de la première partie de l'année, vous avancerez à pas de géant. La Grande Bénéfique continuera à vous combler de ses rayons les plus favorables. Vous vous sentirez bien comme jamais et aurez un parfait contrôle de votre destinée, et vous pourrez donner à votre vie le sens que vous espériez depuis longtemps. Bref, vous êtes tout près d'atteindre votre but.

En affaires, Jupiter vous aidera sur le plan professionnel. Vous découvrirez que vous êtes au bon endroit, au bon moment – pas une seule fois, mais constamment. Vous vous connecterez à un niveau significatif avec des personnes de souches différentes de la vôtre et avec des amis, vous établirez d'excellents contacts et vous élargirez même votre réseau de clients. Au travail, on pourrait vous offrir de l'avancement ou encore une augmentation de salaire, sinon une promotion. Les investissements seront faits dans des conditions privilégiées. Les voyages et les gains lors de tirages seront dans le portrait. Bonne période aussi pour conclure une transaction, à la condition toutefois de procéder avec prudence. Si vous travaillez dans le domaine des arts, il se peut que vous vous lanciez dans des avenues que vous n'avez jamais essayées auparavant. À titre d'exemple, si vous êtes un écrivain non fictionnel, vous pourriez vous essayer à l'écriture d'un roman ou d'un scénario. Si vous gagnez votre vie en tant que musicien, vous aurez peut-être l'occasion d'apprendre un autre instrument, sinon de créer un nouveau genre de musique. Jupiter agrandit tout ce qu'il touche, donc vos possibilités seront nombreuses.

Pour ce qui est de vos amours, Jupiter vous aidera quelque peu en ce qui concerne l'amour, mais pourrait en fait constituer un défi pour votre trésorerie. Durant la première partie de l'année, vous connaîtrez un cycle de popularité et vous serez très en demande. On saura enfin vous apprécier à votre juste valeur. On ne sera plus constamment sur votre dos en train d'exiger de vous l'impossible ou encore de vous manipuler par l'arme redoutable de la culpabilité. Vos proches vous combleront, votre vie amoureuse deviendra (ou redeviendra) exaltante, et si jamais vous avez souffert de solitude, une agréable rencontre remédiera à cette situation. À cet effet, si vous êtes célibataire, Jupiter vous apportera de nombreuses possibilités romantiques. Vous aurez le choix et pourrez sauter d'une relation à l'autre, mais avec un cœur léger et la compréhension que la variété est ce que vous voulez maintenant. Ou vous pourrez vous installer dans une relation qui vous aidera à définir ce que vous désirez vraiment dans un partenariat romantique. Si vous êtes déjà impliqué, alors vous et votre partenaire plongerez dans vos plaisirs mutuels. Votre créativité s'épanouira et se développera, et tout ce que vous faites pour vous amuser et vous divertir s'élargira. Un voyage à l'étranger sera aussi possible. Cela dit, les enfants ou la nouvelle d'une naissance pourrait également venir parfaire votre bien-être.

En ce qui a trait à votre santé et votre bien-être, vous aurez une envie irrésistible de faire davantage attention à vous, de corriger vos habitudes alimentaires et même de faire plus de l'exercice physique. Les bons effets de Jupiter vous permettront d'être plus à l'écoute de vous-même et de trouver la solution à vos petits problèmes, tant moraux que physiques. Les régimes, les cures et les programmes d'entraînement donneront des résultats plus que satisfaisants.

Jupiter en Gémeaux – du 25 mai 2024 au 9 juin 2025 – votre VIe maison natale

C'est le moment de vous mettre en avant et de faire votre propre promotion. Vous savez enfin quels sont vos qualités et vos défauts, et cela vous permettra d'utiliser les uns et d'éliminer les autres. Jupiter sera porteur d'opportunités et de satisfactions suivant votre travail. Mieux encore, vos conditions de travail s'amélioreront et vous pourrez même vous trouver un meilleur emploi ainsi qu'être muté à un autre poste. Quoi qu'il en soit, il sera recommandé de mieux équilibrer le temps et les efforts fournis que vous investissez, tant dans votre carrière que dans votre vie familiale.

En affaires, il est vrai que vous n'avancerez pas à toute vitesse, mais au moins, vous garderez votre direction et vous rapprocherez de plus en plus de votre but. L'année 2024 vous permettra de faire des économies et peut-être même aussi d'envisager un investissement sérieux et profitable. Il y aura énormément de travail en perspective, parfois même un peu trop à votre goût ! Cycle positif et de croissance en question d'emploi ou de travail, vous aurez à vous adapter à des changements et à des circonstances, mais vous devrez aussi améliorer vos habiletés techniques afin d'être à la fine pointe du marché. Vous ne verrez pas le temps passer tellement vous serez occupé ! Misez sur cette période pour résoudre toute décision par rapport à une association ou un contrat. En plus de vos activités habituelles, il se pourrait que vous commenciez autre chose. Encore là, la transition se fera tout en douceur, sans bousculer quoi que ce soit. Le temps sera bien choisi aussi pour transformer un passe-temps ou une passion en une occupation lucrative.

Pour ce qui est de vos amours, vous êtes devenu beaucoup plus solide et vous ne vous laissez plus manipuler. Vous choisirez donc avec discernement les personnes que vous côtoierez. La période s'annonce douce et tranquille, ce qui vous conviendra tout à fait, puisque c'est exactement ce que vous souhaitiez. Absolument aucune mauvaise surprise en vue. Au contraire, vous resserrerez les liens qui vous unissent à votre petit monde et en particulier à l'être aimé. Votre amoureux sera plus tendre afin d'adoucir les craintes qui vous assaillent. Il sera sans doute question de projets à long terme, d'avenir. Quant aux solitaires, ils ne connaîtront peut-être pas le coup de foudre, mais, en contrepartie, ils pourraient voir une belle amitié se transformer petit à petit en histoire d'amour durable.

En ce qui a trait à votre santé et à votre bien-être physique, vous serez récompensé largement si vous vous prenez en main, si vous acceptez de faire des compromis et si vous investissez davantage dans votre bien-être moral et physique. Il vous sera donc alors possible de garder la forme, mais aussi d'améliorer votre état de façon significative. La présence de Jupiter dans ce secteur de votre thème se révèle d'excellent augure. Les gestes que vous ferez en vue d'améliorer votre état, tant sur le plan physique que sur le plan moral, auront des répercussions immédiates. Une année en or pour vous prendre en main et pour mettre un peu d'ordre dans votre vie. À vrai dire, il n'y a que ceux qui verseront dans la négligence qui risquent d'avoir des pépins. Tous ceux qui opteront pour le gros bon sens jouiront d'une santé florissante. Bougez, votre vitalité n'en sera que meilleure et votre joie de vivre sera au rendez-vous. Si une toux se déclare soudainement et qu'elle devient persistante, il faudra vous faire soigner, et encore plus si vous êtes allé à l'étranger. Le moment sera favorable aussi pour passer un examen médical complet.

Saturne en Poissons – toute l'année – votre IIIe maison natale

Saturne a parfois mauvaise presse, car nous combattons souvent les changements saturniens. Elle nous enseigne la « responsabilité » dans de nombreux domaines de notre vie qui peuvent grandement bénéficier d'un peu d'amélioration. La présence de Saturne vous incite à être sage. Saisissez l'opportunité pour construire, mais aussi pour restructurer votre façon de penser avec un mode de pensées plus positif tout en étant plus discipliné mentalement. En position d'exil, cependant, ces restrictions ne sont pas fortes – elles n'exerceront pas une emprise sur vous et ne vous enfermeront pas. Vous prendrez votre place et laisserez à autrui celle qui leur revient. Ce sera un temps où vous tendrez à communiquer par impulsion ; prenez le temps de former vos pensées et de les repenser par la suite. Il sera question de vos échanges avec vos proches, vos déplacements, des mouvements de l'existence et de tout ce qui concerne vos études, vos écrits et vos discussions intellectuelles. En plus d'être animé par plus de souplesse intellectuelle, de facilité à comprendre les concepts les plus abstraits, vous serez également animé de nouvelles idées, serez plus créatif, mais aussi plus audacieux que vous ne l'étiez auparavant. Vous vous sentirez plus libre, plus fort et les occasions de faire de l'argent seront plus nombreuses. Il s'agit là d'un aspect extraordinairement favorable pour les gens qui veulent faire du commerce à l'étranger. Le seul hic, attention à l'éparpillement! Plus encore, vous ne pourrez pas tout faire en même temps alors qu'un objectif à la fois suffira. Soyez ordonné et tout ira bien.

En affaires, votre magnétisme augmentera et vous attirerez à vous des gens puissants, des personnes influentes et même de nouveaux voisins. Vos patrons seront agréables et vous pourriez recevoir des faveurs, surtout si vous êtes le petit nouveau! Saturne n'abandonne pas celui qu'il aime pour batifoler. Période où vous aurez suffisamment de ressources pour obtenir ce qui vous tient à cœur alors que vous serez sur une excellente lancée. Certains pourraient éprouver plus de difficulté à garder leur emploi et les raisons seront multiples. Mais vous saurez trouver un travail qui sera mieux rémunéré, fait sur mesure pour vous, afin que vous puissiez exploiter vos talents et mettre vos compétences à contribution. Vous serez également respecté pour votre savoir et vos expériences. Tout contrat qui vous sera offert présentement devra être étudié sérieusement et sagement, alors que lorsque vous aurez signé, vous ne pourrez plus vous en sortir et encore moins vous défaire de la responsabilité qui s'ensuivra. Si vous êtes en commerce, si la clientèle s'accroît, la mécanique utile à la production ou au service tendra à se briser fréquemment et les coûts des réparations seront élevés. Cependant, il sera indispensable de le faire. Gardez aussi un œil sur votre véhicule pour ne pas qu'il tombe en panne. Vous pourriez aussi être amené à le changer.

Pour ce qui est de vos amours, voilà une période où vous vous ferez de nouvelles connaissances et de nouveaux amis alors que le temps sera bien choisi pour vous créer des liens solides. Vous pourriez faire une rencontre qui ne fonctionnera que si vous êtes prêt à faire des compromis. Cela dit, si vous n'êtes pas heureux où vous vous logez, résidez, vous déménagerez si ce n'est que pour une question d'équilibre personnel. Le fait de changer de quartier changera votre vie. Possibilité aussi de sous-louer votre logement. Si vous vendez et vous rachetez une nouvelle propriété, voilà qui sera une transaction avantageuse. Plus encore, vous trouverez le quartier qui vous conviendra le mieux et ce dernier sera plus beau que l'ancien.

En ce qui a trait à votre santé et à votre bien-être physique, tout dépendra si vous allez changer votre façon de penser et de voir la vie de même les opinions que vous entretenez, alors que tout cela exercera un impact significatif sur votre état moral et physique. Il sera de loin préférable de vivre une vie plutôt calme et régulière.

Si le/la partenaire de vie est Capricorne de par son Soleil ou son Ascendant natal

Si vous avez l'impression que votre Capricorne a du mal à se concentrer ces derniers temps, c'est le cas ! Vous avez peut-être remarqué également que ses capacités de communication ont besoin d'être améliorées. Ou peut-être avez-vous remarqué qu'il a du mal à apprendre le nouveau système informatique du bureau ? Si c'est le cas, essayez d'y aller doucement, car vous savez à quel point votre Capricorne peut se sentir humilié lorsqu'il imagine qu'il pourrait échouer dans quelque chose. C'est un signe qui exige la perfection de lui-même. Donc, si l'être aimé l'impression de ne pas être à la hauteur, il peut le prendre très à cœur. Amadouez-le afin qu'il aborde ses études sous un autre angle et stimulez son ego défaillant en croyant vraiment en lui-même. Votre tendre moitié a besoin qu'on lui dise qu'elle peut et va atteindre ses objectifs. Et il faut le lui dire souvent.

Pluton en Verseau – les vingt prochaines années – votre IIe maison natale

Avoir la planète du pouvoir et du changement dans le signe libre-penseur et curieux du Verseau constitue une combinaison des plus puissantes. Vous réalisez que vous ne pouvez pas arriver là où vous voulez aller si vous êtes retenu par une énergie confuse ou négative. Cela dit, vos idées sur les biens matériels vont considérablement changer, voire se transformer. Vous vous interrogerez peut-être sur votre rapport à l'argent et déciderez de changer radicalement votre comportement dans ce domaine. Il va de soi que vous voudrez aussi revenir à l'essentiel et ne pas gaspiller vos biens matériels sur des impulsions. Pluton apportera aussi d'intenses transformations dans la façon dont vous vous percevez et dont vous vous estimez, et de même aussi en ce qui concerne les personnes et les choses auxquelles vous accordez de l'importance et pourquoi vous leur en accordez. Cela affectera certainement vos possessions et votre richesse en vous y attachant plus ou moins. L'endroit où vous investissez votre argent et la façon dont vous le gagnez devront être sensiblement modifiés. Les mêmes vieilles choses ne fonctionneront pas et si possible, commencez à penser à « Comment puis-je faire les choses différemment avec mon argent ? » Les hauts et les bas des ressources financières sont une réalité à laquelle vous devrez faire face. Réfléchissez à vos investissements et demandez-vous s'ils sont aussi solides que vous le pensez.

LES PHASES RÉTROGRADES DE MERCURE POUR 2024

Mercure rétrograde en Bélier – du 1er au 25 avril 2024 – votre IVe maison natale

Climat général

Il sera suggéré de vous montrer philosophe, puisqu'un coup de tête risquerait de vous coûter cher. N'envoyez pas tout promener sous l'effet de la colère et n'oubliez pas qu'un tiens vaut mieux que deux tu l'auras. Misez sur des valeurs sûres et protégez vos acquis. Essayez de temporiser en vous disant que vous allez retrouver votre liberté d'action sous peu. D'ici là, beaucoup d'action et peu de temps devant vous sont à prévoir. L'aspect familial aura tendance aussi à retenir votre pleine attention et exigera tout votre temps et votre disponibilité. Soulignons qu'il est tout à fait possible qu'il puisse y avoir aussi une ambiance de déménagement dans l'air. Cependant, les idées sembleront plutôt pêle-mêle à ce sujet et vous aurez besoin de temps pour voir clair dans tout ça. Il y a de très bonnes chances que cette situation soit provoquée par un événement assez soudain auquel vous ne vous attendez pas.

Travail – Finances

La vie ne vous impose jamais d'épreuves pour rien et encore moins quelque chose que vous ne puissiez relever. En effet, si vous êtes mis à pied ou si vous l'avez été dernièrement, c'est tout simplement parce que vous deviez rester à la maison pour une raison ou pour une autre. Cette situation devrait vous amener très sérieusement à vous réinventer, à créer votre propre emploi à partir de votre lieu de résidence. Si tel n'est pas le cas, de nouvelles fonctions ou responsabilités risquent de vous obliger à rapporter régulièrement du boulot à la maison. Une réponse que vous attendiez pourrait aussi tarder à vous parvenir. Hélas, tous vos efforts pour faire avancer ce dossier ne donneront guère de résultat pour l'instant. N'allez rien signer sans avoir tout lu au préalable et veuillez exiger des garanties sérieuses. Avant de vous engager définitivement, assurez-vous que la personne qui s'occupe de la transaction soit en règle avec la compagnie qu'elle représente. Soyez tout aussi prudent quant à l'achat ou à la vente d'une maison ains que d'un immeuble à revenus. En respectant le budget alloué, vous vous éviterez de subir des contrecoups. Gardez un œil sur vos possessions !

Amour – Sentiments

Les activités intimes risquent d'être plutôt décevantes pendant cette période, ce qui mettra probablement un terme à une ou plusieurs relations embryonnaires. S'il y a des tensions en raison de vos projets imposants au travail ou ailleurs, n'hésitez pas à exprimer vos inquiétudes : votre amoureux sera en mesure de comprendre et de vous soutenir. Si, toutefois, vous gardez le silence, vous n'entretiendrez que de la confusion entre vous deux. En tant que célibataire, si vous entretenez une simple fréquentation, n'allez pas être surpris que cette relation prenne fin. Autant cela risque d'être décevant, dites-vous que ce sera pour le meilleur, alors que la vie a ses raisons, un point c'est tout.

Famille

Vos exigences professionnelles et l'endroit où vous vivez risquent d'avoir une répercussion directe sur votre relation. À cet effet, il est possible que l'on envahisse votre foyer pour une raison ou pour une autre, ce qui ne vous plaira pas du tout, plus particulièrement s'il s'agit des amis de votre partenaire de vie qui s'invitent un peu trop souvent. Tâchez de ne pas laisser trop longtemps cette situation envenimer votre relation. Cela dit, l'aspect familial retiendra sérieusement votre attention et vous demandera beaucoup de votre temps et de votre disponibilité. Le retour de l'enfant prodigue est aussi possible. Vous devrez donc lui refaire une place à la maison. Si tel n'est pas le cas, demeurez disponible, alors que l'un de vos enfants pourra réclamer un surplus de votre attention. Vous pourriez aussi songer de plus en plus à accueillir vos vieux parents chez vous. Si ce n'est pas le cas, les personnes de votre famille tendront à se disputer plus facilement sans aucune raison valable. Il est même possible que l'un de ces derniers puisse être éprouvé par un problème de santé.

Santé – Bien-être physique

Vous pourriez souffrir assez fréquemment d'un problème de digestion ou de brûlements d'estomac en raison du stress que vous vivez. Il ne serait pas étonnant d'ailleurs que ces problèmes surviennent à la suite d'un excès de nourriture ou de boissons alcoolisées. Si, dernièrement, vous avez décidé de vous alimenter différemment ou si vous avez adopté un régime aux protéines, vous pourriez ressentir certains malaises. Votre corps aura besoin de s'y habituer ! Ou ce seront des carences qui se feront sentir. Demeurez attentif aux signaux que votre corps vous envoie. Moralement, vos nerfs pourront vous jouer de vilains tours. Si, toutefois, on ne vous traite pas avec égard et gentillesse, vous serez davantage porté à dire tout haut ce que vous pensez. Vous pourriez même remettre certaines personnes à leur place. Vous ne serez pas exempt non plus d'une rechute d'anxiété, alors que vous serez porté à vous tracasser davantage pour des peccadilles. Attention où vous mettrez les pieds. En étant inattentif, vous pourriez vous infliger une blessure. À cet effet, gardez un œil avisé, surtout sur vos genoux. Petit conseil : apprenez à lâcher prise, ce qui fera toute la différence dans votre vie. Évitez aussi tout manque de diplomatie, d'être impulsif ou de nourrir de la rancœur. Apprenez à lâcher prise !

Mercure rétrograde en Vierge – du 5 au 14 août 2024 – votre IXe maison natale

Climat général

Nous sommes irrémédiablement entrés dans le grand sérieux, soit le retour au travail. La chance en général sera de votre côté sur bien des aspects. Que vous ayez pris ou non vos vacances, vous serez déjà tenté de planifier celles de l'hiver prochain, à moins que vous ne décidiez de partir en voyage plus vite que prévu. Vous aurez besoin de vous détendre, de penser davantage à vous amuser et à découvrir de nouveaux plaisirs. Vous pourriez être fortement attiré par la méditation, les massages et vous pourriez même être ouvert à un cheminement spirituel. Ce sera une période où vous aurez l'impression que le temps s'arrête par moments ou alors il se mettra à avancer à une vitesse folle – particulièrement si vous avez une jeune famille sur les bras qui vous en demande plus que vous ne pourriez leur offrir. Ce sera également un temps où les responsabilités seront nombreuses et parfois assez lourdes à supporter. Tenez bon alors que tout rentrera dans l'ordre sous peu.

Travail – Finances

Vous ne serez pas toujours à l'aise avec beaucoup de monde autour de vous. Si vous appartenez à cette minorité de personnes qui se satisfont de parasiter la vie des autres, on risque de vous claquer la porte au nez ! Ceux que vous dérangez constamment depuis longtemps ne vous supporteront plus. Soit que vous vous prenez en main, soit que vous serez remercié de vos services. En tant que travailleur autonome, si vous avez l'intention de démarrer votre propre entreprise à la maison, il sera important que vous ne quittiez pas nécessairement votre emploi aussitôt. Il sera plutôt avisé de prendre le temps de bien évaluer vos finances, mais également le rythme auquel vous arriverez à vous verser un salaire. Les chances seront très bonnes pour connaître du succès dans vos projets à condition que vous sachiez être plus patient. En tant que dirigeant, patron ou travailleur autonome, il y aura beaucoup de changements à apporter au bureau et vous pourriez avoir l'odieux d'en faire l'annonce. Ce sera particulièrement difficile s'il s'agit d'une abolition de postes. Vous tendrez à manquer davantage de structure ou de soutien et vous chercherez à improviser un peu trop souvent. Cela risque de vous obliger à recommencer vos tâches ou à revenir sur vos décisions. Ne soyez pas surpris non plus si vos appareils de communication et/ou votre ordinateur vous font défaut, deviennent désuets ou inutiles pour ce que vous aurez à faire. Il ne sera pas étonnant non plus que l'on vous impose un nouveau système informatique qui ne sera pas facile à comprendre et que vous soyez peut-être obligé d'allez suivre une formation.

Amour – Sentiments

Il sera important de vous exprimer clairement avec l'être aimé pour éviter les frustrations. Vous aurez besoin de vivre pleinement votre amour et d'y ajouter des moments plus romantiques. Malgré tout, la patience n'y sera surtout pas avec votre chéri et vos propos pourront choquer sérieusement. Même vos bons amis seront assez surpris de votre situation. L'inverse sera tout aussi possible, votre partenaire de vie pourra avoir la mèche courte ou même vous deux en même temps, ce qui n'augure rien de bon. Cependant, vous devriez connaître une accalmie une fois la rétrogradation terminée et retrouver une belle joie de vivre qui vous incitera tous les deux à faire la paix et à sortir un peu plus. D'ici là, votre relation risque d'être un peu plus tendue ou plus froide. Cette situation doit cesser… Choisissez de prendre du recul. Et si vous croyez qu'il est préférable de tout quitter, veuillez au moins prendre le temps d'annoncer cette décision à votre partenaire et idéalement mieux après que Mercure sera devenu direct. En tant que célibataire, il y aura une personne qui pourra se manifester discrètement, mais vous ne pourrez pas vivre cette relation au grand jour à cause d'un ex possiblement toujours dans les parages. Ou parce qu'il ne sera pas question que vos enfants soient au courant. Il faudra énormément de patience avant de vous diriger vers une relation plus sérieuse.

Famille

Les enfants seront au cœur de vos préoccupations. S'ils sont petits, ils changeront de fond en comble vos plans de vie et ils ne seront pas aussi sages que le souhaitez. Vous aurez besoin d'un surplus de patience et de tolérance! Cela dit, il n'est pas impossible que l'un de ces derniers attrape un rhume ou un virus. Cela pourra tourner en vilaine bronchite ou en allergie. Quant à vos adolescents et vos préadolescents, ils s'opposeront presque automatiquement à ce que vous êtes. Ils voudront s'affirmer tels qu'ils sont. Vous les verrez changer pour adopter des comportements qui ne sont pas ceux que vous aviez à leur âge. Si vous vivez en famille reconstituée, votre ex, ou celui de votre partenaire, fera à nouveau intrusion dans votre couple. La raison en sera les enfants que vous avez eus ensemble. Trouvez moyen d'en venir à une entente, afin de mieux préserver la paix.

Santé – Bien-être physique

Ouf! Les abus et les excès de l'été risquent sérieusement de se faire sentir sur votre organisme. Cessez de faire l'autruche et reprenez-vous en main. De toute façon, vous n'aurez pas d'autre solution que de vous imposer un régime de vie plus strict et sain, et une diète assez sévère pour renverser la situation. Si vous négligez de vous soigner au moindre petit bobo ou malaise, vous risquez d'être moins productif que prévu. Songez à vous mettre à faire un peu plus d'activité physique, vous retrouverez ainsi un bel équilibre de vie. Attention, problèmes de constipation possibles. Gare à l'angoisse qui vous guette aussi! Évitez d'être prétentieux ou pédant.

Mercure rétrograde en Lion – du 14 au 28 août 2024 – votre VIIIe maison natale

Climat général

Votre signe représente la sagesse en général et vous détenez une grande expérience, aussi bien celle que la vie vous a apportée que celle venant de votre karma. Et c'est cet état d'être qui vous permet d'être assez têtu par moments et de n'en faire qu'à votre tête. En fait, vous avez toujours entièrement raison en fin de compte! C'est tout simplement parce que vous n'êtes pas très à l'aise avec les longues explications et vous préférez plutôt montrer le résultat final. C'est précisément cette attitude qui pourra parfois vous rendre un peu plus austère et même dur à l'endroit de certaines personnes. Par contre, ce n'est pas ce qui fait de vous nécessairement quelqu'un de mauvais pour autant, mais plutôt qu'il faut apprendre à vous connaître. Profitez-en tout de même pour planifier les vacances que vous voulez prendre, si cela vous est possible, bien entendu. Et si vous décidez de les prendre, inutile d'essayer de réserver trop à l'avance, les plans pourront changer à la dernière minute, surtout en cette période. Mais vous trouverez toujours une activité fascinante à faire. Cela dit, alors que l'été commence à tirer à sa fin, vous pourriez entreprendre un ménage parmi votre cercle d'amis. Vous réaliserez qu'il y en a quelques-uns qui ne sont que des parasites qui profitent de votre générosité.

Travail – Finances

La situation risque d'être incontrôlable. Essayez de vous adapter à tout ce brouhaha, puisque vous n'allez pas aussi bien tirer votre épingle du jeu ! À cet effet, une bonne nouvelle ou l'aboutissement d'une situation qui semble traîner à présent se réglera à votre plus grand bonheur et votre satisfaction sous peu, vous enlevant un gros poids sur les épaules. D'ici là, le climat risque d'être assez lourd par moments ! Vous aurez même parfois l'impression de nager en pleine confusion. Faites-vous confiance et écoutez votre voix intérieure. Vous trouverez ce qu'il faut faire. Un peu de patience et de retenue vous permettra de traverser cette période sans être trop à l'envers. Cela dit, préparez-vous à d'importantes restructurations dans l'entreprise où vous travaillez. Bien des personnes autour de vous se sentiront stressées et angoissées par toute cette situation, mais vous ne devriez pas craindre pour autant les changements. Et même s'il faut que vous changiez d'emploi, de poste ou de fonctions, vous y trouverez votre compte tôt ou tard et vous saurez même trouver une solution à un problème financier. Peut-être s'agira-t-il simplement de rencontrer votre banquier pour faire une consolidation de dettes, par exemple. Vous profiterez d'un certain répit pour mieux entreprendre des changements importants, mais vous aurez tout de même besoin de réflexion avant de les appliquer. Vous pourriez aussi avoir à adopter de nouveaux procédés de travail et il vous faudra inévitablement du temps et de la méthode pour atteindre vos visées. Si vous aviez planifié un retour aux études, ce sera très probablement une fois que Mercure sera devenu direct que les cours débuteront. Par contre, il est plus que possible que vous ayez quelques ajustements à faire à votre horaire ou au programme d'études.

Amour – Sentiments

Si vous avez déménagé récemment, il y aura certainement toute une réorganisation à faire et plus encore si vous venez tout juste d'emménager ensemble. Peut-être même vous êtes-vous retrouvé avec une famille reconstituée ? Il s'agit d'une situation que vous avez fortement souhaitée, même si vous ressentez un peu de pression à présent et avez envie de vous sauver le plus loin possible. Vous êtes quelqu'un de responsable qui assume ses choix et le temps vous donnera raison. Vous réaliserez bien assez vite que vous êtes profondément en amour avec l'être aimé, même s'il y a beaucoup d'obstacles entre vous en ce moment. En tant que célibataire, il est possible que vous soyez du genre à tomber régulièrement sur les mauvaises personnes ou sur celles qui sont déjà engagées. En fait, vous êtes quelqu'un qui s'investit beaucoup dans une relation et c'est parfois un peu trop rapide ou angoissant pour l'autre. Vous aurez nettement besoin de prendre un certain recul si vous connaissez une période de rejet.

Famille

Si vous êtes en vacances, vous pourriez décider de vous lancer probablement dans de belles transformations à la maison et tout particulièrement si vous avez déménagé récemment ! En fait, vous referez la décoration à votre goût. Vous aurez besoin de faire des changements pour y voir plus clair dans vos affaires et vous libérer l'esprit. Cela dit, parents et amis vous causeront possiblement quelques soucis et il faudra inévitablement faire quelques efforts pour eux. La rentrée scolaire annonce aussi une source de stress assez importante. À vous de lâcher prise selon les circonstances ! Possibilité de liens rompus avec la famille.

Santé – Bien-être physique

Si vous avez changé votre régime ou certaines habitudes dernièrement, il sera bon de bien revoir tout ça si vous ressentez le moindrement des effets secondaires. Vous êtes une personne qui peut être assez drastique par moments. Par exemple, si vous avez arrêté de fumer, il est possible que vous ayez besoin de soutien pour y arriver plus facilement et d'être bien informé des étapes à venir. Même chose si vous prenez des produits amaigrissants, ils ne vous conviendront pas nécessairement. Il sera avisé aussi de faire attention aux crises de nerfs possibles de même qu'aux accidents bêtes. Au lieu de paniquer, adoptez plutôt une attitude préventive. Respectez vos limites et tenez-vous sur vos gardes. En agissant de la sorte, vous pourrez rester à l'abri des contretemps possibles. Et si vous êtes en âge d'avoir des enfants, la fertilité sera au rendez-vous, mais peut-être éprouverez-vous certaines difficultés avec des moyens de contraception. Attendez-vous à des tourments possibles ! Soyez prudent en tout et méfiez-vous de l'eau et des affres de l'humiliation. Vous auriez intérêt également à travailler votre patience.

Mercure rétrograde en Sagittaire – du 26 novembre au 15 décembre 2024 – votre XIIe maison natale

Climat général

Vivement, c'est le temps des Fêtes ! En cette période rétrograde, vous manquerez de temps pour tout faire : travail, trucs personnels, préparation des réceptions à venir. Vous ressentirez beaucoup de confusion, comme s'il y avait toujours quelque chose d'autre à faire que ce qui prime vraiment. Vous aurez un peu de peine à vous aligner sur un objectif précis ! Heureusement, dès que la rétrogradation aura pris fin, c'est l'inverse qui se produira. Vous deviendrez extrêmement rapide et efficace. D'ici là, ce sera plus un temps où vous aurez besoin de silence, de vivre dans un endroit moins bruyant. Et bien que cette phase ne vous soit pas facile au premier abord, en étant attentif, vous passerez à travers tous ces défis possibles. Mais ne perdez pas de vue pour autant qu'au milieu de quelques contrariétés, vous aurez aussi de très bonnes nouvelles. Justement celles qu'il vous fallait entendre pour avoir le courage de surmonter toutes ces petites misères. Cela dit, vous pourriez faire vos emplettes de Noël avec négligence. Vous n'achèterez pas les bonnes choses et/ou vous vous les procurerez en double ou tendrez à énerver tout le monde. Vous serez seul à bouger et à faire en sorte qu'il ne manque de rien ! Malgré tout, tâchez de ne pas trop prêcher dans le désert. Gardez-vous des forces pour les célébrations.

Travail – Finances

Il ne serait pas surprenant que vous vous retrouviez seul à devoir faire tout le travail au bureau. On dirait bien que vos collègues ont décidé de prendre leurs vacances un peu plus tôt que prévu ou alors il s'agira d'une restructuration dans l'entreprise. Il y aura des compressions et vous hériterez de nouvelles tâches. Mais en fin de compte, vous serez gagnant dans cette situation ! Malgré tout, vous ne serez pas exempt de subir des retards à plusieurs reprises à cette époque. Étant quelqu'un qui est généralement toujours à l'heure, pour qui les tâches sont terminées à temps, comme il s'agira souvent d'une sorte de travail à la chaîne, ceux qui doivent terminer ou qui doivent vous présenter la première partie de ce que vous avez à faire en seront empêchés. Ce sera à cause d'un manque de main-d'œuvre ou possiblement parce que des employés seront absents ou auront été négligents. Il est possible aussi que vous subissiez un bris mécanique : les ordinateurs tomberont en panne ou seront infestés par un nouveau virus. En tant que patron, directeur ou travailleur autonome, n'allez pas être surpris que vous encouriez quelques contraintes qui viendront gruger une bonne partie de votre temps. Par contre, c'est dans ce genre de situation que vous serez en mesure de réfléchir plus longuement et d'être véritablement inspiré. Si vous oeuvrez dans le domaine artistique, vous devriez être en mesure de créer un véritable chef-d'œuvre. Si vous partez en voyage, par affaires ou par plaisir, n'oubliez pas d'abord ce dont vous avez vraiment besoin. Cependant, évitez d'apporter des objets qui ne sont pas essentiels et que l'on pourra vous voler. Si ce n'est pas le cas et que vous avez tendance à boire un verre d'alcool de trop lors de vos petites fiestas, n'allez pas prendre le volant, alors qu'une distraction suffira pour vous causer un accrochage, et ce, sans compter la montagne de problèmes que cela vous occasionnera. Et surtout plus si vous échouez à l'alcooltest ! Quant à votre véhicule, il est à souhaiter qu'il soit bien assuré contre le vol et, de préférence, qu'il ait aussi son propre système d'alarme. Si vous partez et devez faire une longue route, il sera important que votre véhicule soit en bon ordre.

Amour – Sentiments

Peu importe l'état de vos sentiments à l'endroit de l'autre, vous pourriez ressentir le besoin d'être plutôt seul. D'avoir la liberté de faire les choses comme et quand bon vous semble, surtout de ne pas vous faire imposer quoi que ce soit. Bref, vous aurez principalement envie de vous occuper de vos petites affaires personnelles, un point c'est tout ! Il est possible que vous ayez à consacrer tout votre temps et toutes vos énergies à une situation où vous ne serez pas en contrôle et qui vous obligera à négliger votre relation. L'autre comprendra certainement et il sera ouvert à respecter vos choix, tant que la situation ne s'éternisera pas trop. En tant que célibataire, vous gagnerez certainement en popularité. N'allez pas être étonné d'avoir plusieurs options à propos de la personne qui vous accompagnera dans les différentes réceptions. Mais rien de vraiment sérieux ne pourra se développer à cette période. Vous aurez besoin d'expérimenter ou simplement de mieux connaître chacun des candidats à votre cœur.

Famille

En tant que parent d'un enfant difficile, si récemment vous avez encouru des ennuis, il sera plus urgent que jamais de trouver un moyen efficace afin d'aider votre enfant à s'en sortir. Cet enfant difficile aura plus que jamais besoin de vos attentions, de votre compréhension, de votre écoute, de votre tolérance et de votre patience. Il est même possible que vous deviez vous absenter de votre travail.

Santé – Bien-être physique

Il est clair que vous aurez besoin de repos ! Votre corps vous l'imposera. Et si vous ne l'écoutez pas, vous accueillerez inévitablement les virus du rhume et de la grippe. Attention, maladie sournoise possible. Évitez les boissons alcoolisées, de vous illusionner pour un rien, de vous récuser de tout. Confusion émotionnelle possible. Les médecines douces ou celles de l'âme vous seront utiles, autant à vous qu'aux autres. Attention aux virus et infections possibles.

LA PHASE RÉTROGRADE DE MARS POUR 2024

Mars rétrograde en Lion – du 6 décembre 2024 au 5 janvier 2025 – votre VIIIe maison natale

Climat général

Voilà un temps où vous aurez davantage tendance à lever l'index avec insistance sans vous soucier de la réaction des personnes autour de vous. Vous serez même porté à exprimer haut et fort vos opinions et vous les défendrez avec passion. Certaines personnes près de vous n'adhéreront pas nécessairement à votre façon de penser ou de voir les choses, et ce doigt accusateur pourrait vous attirer des ennuis relationnels importants si vous n'y prenez pas garde. Restez respectueux et ouvert aux opinions des personnes qui vous entourent, puisqu'elles vous apporteront des arguments de taille qui en vaudront la peine. Prenez garde à votre impatience et d'être trop critique. Méfiez-vous aussi de vouloir réformer le mode de fonctionnement de l'entreprise pour laquelle vous travaillez, d'un employé ou de la famille d'une manière intransigeante.

Travail – Finances

La situation s'annonce plutôt périlleuse en ce qui concerne les sous. Voilà pourquoi il sera conseillé de garder la ligne de communication ouverte avec les gens près de vous, afin de pouvoir discuter librement des points sensibles liés à l'argent, et même au sexe. Profitez de cette phase pour revisiter, pour inventorier, pour réévaluer vos finances, et même pour fixer aussi les dommages et intérêts d'une cause en litige. En contrepartie, il sera vivement déconseillé de solliciter un prêt. Tout ce qui relève des questions d'argent risque de stagner et des investissements qui connaissaient une croissance pourraient soudainement décroître rapidement, du moins en termes de profits. Il vaudra donc mieux éviter toute action faite sous l'impulsion du moment et plus encore si cela concerne la façon de gérer votre portfolio. Profitez-en pour revisiter vos finances familiales et vos comptes conjoints, et tenez-vous au courant des finances et des dépenses de votre partenaire de vie ou de votre associé, si tel est le cas. Il ira de votre intérêt aussi de vous assurer que toutes vos assurances sont à jour et qu'elles répondent bien à vos attentes et à vos besoins. Cela dit, dans vos fonctions au travail, vous aurez tendance à vous montrer plus perfectionniste, plus exigeant et rendrez la vie impossible à votre équipe de travail, à vos collègues ou à vos associés, si tel est le cas. Vous pourriez également être porté à vous questionner beaucoup plus sur vos motivations et sur vos ambitions professionnelles, ainsi que sur vos affaires. Ce questionnement vous portera d'ailleurs à prendre une décision qui en surprendra plusieurs! D'ici là, des opportunités seront au rendez-vous, cependant, vous aurez à travailler plus fort pour les faire se matérialiser ou pour les mériter. Ne manquez pas non plus de tirer profit de cette période pour dénicher des façons en vue d'améliorer l'état de vos finances, de votre carrière, de votre réputation et de votre vie intime. Malgré tout, vous ne serez pas à l'abri que des blocages refassent surface, mais fort heureusement, ces ennuis se transformeront éventuellement en éléments positifs. Un patron ou un de vos supérieurs pourrait aussi vous faire subir son autorité ou vous aurez l'impression que les gens en autorité fuient davantage leurs responsabilités et, ce faisant, vous devrez endosser à leur place sans pour autant recevoir le salaire, ni la reconnaissance, ni tous les bénéfices liés à une telle fonction. En ce qui a trait aux ententes d'affaires prises avec toute entreprise, un décideur ou un patron pourrait vouloir se défaire de son engagement et l'argent promis pourrait être remis en question. Vous ne serez pas à l'abri non plus qu'un revirement se produise et que vous soyez dans l'obligation d'avoir à vous tourner vers la loi ou la justice pour faire respecter les ententes prises ou vos droits. Si c'est le cas, armez-vous de patience et n'allez pas sombrer dans un déséquilibre émotionnel, alors que ça ne ferait qu'affaiblir votre force d'action. Vous aurez peut-être aussi à remplacer un absent au travail, et plus encore si vous êtes temporaire, alors qu'avec le temps, vous prendrez sa place puisque ce dernier quittera son emploi. Si vous êtes en affaires ou à votre compte, méfiez-vous des vendeurs, mais prenez garde aussi puisque les fraudeurs auront la main haute. Vous ne serez pas à l'abri qu'une personne se montre malhonnête financièrement. Il est possible aussi que l'on puisse s'en prendre à votre argent ou à vos placements d'argent. Prenez tout le temps nécessaire pour examiner les tenants et les aboutissements de tous vos placements et soyez prudent dans votre façon de bien gérer votre portfolio. Veuillez payer aussi vos comptes avant leur date d'échéance.

Amour – Sentiments

Voilà une période où vous exprimerez haut et fort vos opinions et vous les défendrez avec passion. Certaines personnes n'adhéreront pas nécessairement à votre façon de penser et encore moins de voir les choses. Cependant, respectez et restez ouvert à leurs opinions, alors qu'ils vous apporteront des arguments de taille qui en vaudront la peine. Cela dit, voilà qui risque d'ôter tout enthousiasme concernant votre intimité et les partages avec les autres. Les difficultés sexuelles auront tendance à devenir plus obsédantes et vous risquez d'expérimenter des ennuis dans votre vie intime. Vous pourriez aussi vous tourner vers d'anciennes relations pour trouver une solution. Non seulement l'éclat social du partenaire de vie risque de décliner, mais la prestance que vous colliez à son statut disparaîtra aussi. Ce sera un temps où la réalité des vrais sentiments que vous portez à son égard vous rattrapera. En tant que célibataire, s'il vous est donné une occasion de rencontrer quelqu'un, il est plus possible que cette personne ne réponde pas à vos attentes. Sans pour autant vous en faire, vous passerez tout simplement à un autre appel qui sera forcément meilleur. Malgré tout, votre vie sociale a bien des chances d'être mise en veilleuse. Entre-temps, attention qu'un ami se serve de vous pour redorer son blason. Il est possible que vous ayez à prendre vos distances ! Et même si des vérités ne seront pas toujours faciles à regarder en face, vous aurez l'impression d'avoir été piégé dans une situation dont vous vous seriez bien passé. Ce sera peut-être aussi le retour d'un ex, ou d'une ancienne relation avec qui les choses s'étaient mal terminées, ou d'un amant, ou vous-même pourriez devenir trop intense et obnubilé par des idées obsédantes. L'idée ici est de revoir, de canaliser et d'apprendre à mieux vivre vos émotions.

Famille

Rien de plus éclatant ici non plus, alors que la famille pourrait aussi vous faire sentir coupable. Les dettes, les ressources partagées ou une situation financière exigera votre pleine attention. Vérifiez tout ! Il est possible aussi que votre propriété nécessite une réparation majeure à cause d'une catastrophe naturelle imprévisible.

Santé – Bien-être physique
Voilà un temps où vous n'aurez d'autre choix que de changer votre façon de vivre. Par conséquent, il vaudra mieux éviter de vous laisser tenter par les plaisirs faciles, la démesure et/ou pour la seule satisfaction de vos sens alors que physiquement ainsi qu'intellectuellement, il sera fortement avisé de ralentir le pas, ou du moins de vous accorder des pauses pour récupérer vos énergies que vous tendrez à dépenser sans compter. Et si vous faites fi des recommandations, tout ou tard, vous aurez à vous préoccuper de votre santé alors qu'un symptôme vous obligera à consulter. Chemin faisant, vous aurez sûrement à changer votre façon de vivre au quotidien. Cela dit, la maladie d'un proche ou d'un enfant vous obligera à vous retirer. Il sera donc suggéré d'en prendre moins sur vos épaules. De plus, des obligations pourront aussi vous être imposées par les autres. Et si vous tenez à continuer à jouir de ce que la vie aura de meilleur à vous offrir, méfiez-vous d'où vous mettrez les pieds puisqu'un bête accident est si vite arrivé ! Soulignons également que les dépendances, les peurs et les phobies seront vives pendant cette rétrogradation. Misez sur cette période pour travailler sur vos colères refoulées et apprenez à les extérioriser de façon positive.

L'ÉCLIPSE SOLAIRE TOTALE DU 8 AVRIL EN BÉLIER – votre IVe maison natale

Secteur de votre thème où vous vous enracinez, c'est ici que vous établissez votre base de vie. Or, voilà un temps où vous réfléchirez à ce que signifie réellement votre foyer pour vous. Les questions concernant les parents, la configuration physique ou l'emplacement de votre maison et votre famille immédiate vont requérir votre pleine attention. Vous pourriez aussi être particulièrement préoccupé par l'éducation des enfants ou les relations avec votre propre mère. Vous pourriez envisager également de déménager votre maison dans un nouvel endroit ainsi que de quitter le foyer. À moins que votre maison n'ait des roues, il est probable que vous souhaitiez déménager ou du moins changer de logement de manière significative par le biais de la rénovation ou de la décoration. Si votre maison a des roues, vous pouvez toujours envisager de la déménager.

Puisque l'éclipse vous malmène, vous devrez faire un peu plus attention à vous et à votre santé. Si vous êtes prévoyant et sérieux, vous vivrez cette éclipse sans trop de mal. Mais si vous n'y portez pas intérêt, elle pourrait être dure et laisser des traces. Prudence avec la tête, les yeux et les organes de la tête, l'ossature, les poumons et les genoux ainsi que le cœur.

Soignez-vous bien ! Une personne avertie en vaut deux… On verra bien comment vous réagirez face au Destin qui a la gentillesse de vous prévenir et de vous avertir par ma plume.

Le moral tendra à chuter sans raison à la suite de peines et de souffrances précises. Si cet état de déprime persistait au-delà du mois d'avril, il faudra consulter, chercher de l'aide. Il n'y a pas de honte à cela. Prenez soin de vous et tout se passera bien.

Évitez tous les conflits féminins, ne déménagez pas, n'achetez pas non plus de « maison de rêve » ni ne commencez rien de nouveau pendant cette période, alors que ce serait voué à l'échec.

Sans s'inquiéter outre mesure, il faut souligner une baisse de santé générale s'étendant à toute la planète et à tout organisme vivant, provoquant souvent des épidémies et épizooties, sans parler des catastrophes naturelles en recrudescence et des risques de conflits armés accrus durant les périodes d'éclipse. Le fait est indiscutable, vous l'observerez vous-même…

Cet état de moindre résistance pourrait vous affecter plus que d'autres parce que votre signe est affligé par l'éclipse. Aussi sûrement que l'éclipse aura lieu le 8 avril, ce mois est à mettre à l'agenda, afin de prévoir le coup et d'arriver à cette date le plus en forme possible. Ce sera un avantage majeur ! Vous pourriez ainsi arriver à déjouer complètement le sort. Ce serait digne de mention, car ce n'est pas aisé, tout le monde sait cela. Prévoir de limiter vos dépenses d'énergie ce mois-ci préservera votre santé et empêchera l'aggravation d'une maladie dont vous êtes déjà atteint. Bien que cette éclipse vous incite à la prudence, elle ne sera pas trop rude, mais votre santé pourrait chuter légèrement ou serez-vous plus fragile, plus facilement dépressif et fatigué ou semblerez plus tendu, plus stressé. Un rien vous mettra à l'envers. Il faudra prendre toutes les précautions d'usage en prônant une alimentation saine et suffisante ainsi qu'en prenant du repos supplémentaire. Cela vous préservera des virus, des microbes et autres malaises. Un vaccin antigrippal pourrait être utile aux personnes plus âgées ou moins en forme. À vous de décider si vous êtes pour ou contre. Si vous éprouvez quelques dérangements, n'en cherchez pas la cause trop loin. Tenez-vous-en à votre routine sécurisante, sans chercher à innover.

Sur une note finale, lors de vos déplacements, assurez-vous de redoubler de prudence tout en surveillant les agissements des autres. Vous remarquerez très facilement que les gens seront plus nerveux sur les routes.

À vous d'y voir! Soulignons aussi que la période ne prédispose pas aux transactions ni aux signatures de contrats. Si vous êtes capable de les retarder, cela vous sera bénéfique. Vous éviterez des erreurs ou des dangers potentiels.

P.-S.: Vous êtes encouragé à prendre connaissance de tout ce qui est écrit au chapitre intitulé «Les éclipses de 2024» pour mieux vous familiariser avec toutes les mises en garde à respecter lors de toutes les éclipses.

♒

Verseau

21 janvier au 19 février

LES DIFFÉRENTS ASPECTS DE VOTRE PERSONNALITÉ

Verseau – masculin, fixe, air

En Verseau, la polarité positive (yang) extravertie et expressive s'associe à la nature communicative de l'Air. Vous, natifs du Verseaux, êtes des diffuseurs de connaissances. Vous préférez vous exprimer à travers des groupes importants de personnes. De nature fixe, vous êtes peu susceptibles de changer vos idées préconçues, mais vous avez généralement une vision progressiste. Vous êtes quelqu'un d'original, inventif, intellectuel, idéaliste, amical, indépendant, révolutionnaire et vous tendez parfois à être non conventionnel. Très affectueux, votre sollicitude s'exprime plus facilement par un intérêt détaché pour les groupes que pour les individus. Votre liberté est importante et les relations personnelles étroites sont souvent trop restrictives à votre goût. Traditionnellement, le Verseau était gouverné par Saturne. De nos jours, c'est par Uranus qui donne de l'énergie à l'univers d'une manière très électrisante.

Marqué par Uranus, vous avez tendance à être contradictoire et imprévisible, mais vous pouvez être également tout aussi tumultueux à vos heures.

Humaniste, votre bonté tend à se retourner facilement contre vous alors que vous êtes souvent victime de profiteurs, de parasites, de faux amis qui abusent carrément de vous et de vos largesses.

Doué pour les inventions de tous genres et reconnu pour votre côté avant-gardiste, vous avez la facilité d'influencer la masse. Vous êtes de ces personnes qui créent leurs propres règles, qui se battent pour des causes désuètes et qui délibérément brisent les règles et les traditions établies, alors que vous êtes friand de changement.

Les revers de situation sont votre spécialité. Voilà qui peut expliquer pourquoi les autres vous perçoivent comme étant erratique, rebelle, instable et sur qui on ne peut pas compter. Cependant, lorsque l'énergie d'un Verseau s'active, vous pouvez tout aussi bien vous consacrer à une cause ou à un idéal intellectuel avec une telle fermeté et une telle constance que c'en est désarmant.

CE QUI VOUS DIFFÉRENCIE DES AUTRES NATIFS DE VOTRE SIGNE

En tant que natif du 1er décan (du 21 au 31 janvier), Uranus est la planète maîtresse de votre signe, mais votre décan est sous la tutelle de Vénus et secondairement de Saturne, dont celle-ci est dite exaltée dans votre signe. Vous êtes un libre-penseur et un non-conformiste avec une conscience morale élevée et le désir de profiter de la communauté. Bien que vous soyez très socialisé et orienté vers le groupe, vous pouvez aspirer à la solitude, être d'humeur sombre et facilement déprimé tout en affichant une apparence joyeuse. Ce duo d'énergie, Saturne et Uranus, vous donne de la dignité, de la créativité et vous avez en plus l'art de créer l'ordre là où régnait le chaos.

Quant à Vénus, elle vous donne une appréciation pour tout ce qui est beau, pour tout ce qui est luxueux. Même si votre tenue vestimentaire laisse parfois à désirer, vous n'en pensez pas moins ! Il faut dire que ce sont surtout les hommes de ce décan qui tendent à se laisser aller le plus, par manque d'intérêt, ou par désir d'être différents ou, dans certains cas, de choquer carrément.

Pour ce qui est d'Uranus, qui joue un rôle déterminant dans votre horoscope, elle fait de vous une personne qui a une forte personnalité et une nature originale accentuée d'exceptionnelles connaissances et d'aptitudes inventives. Vous êtes animé d'idées brillantes, progressistes, avant-gardistes, et êtes attiré par des personnes qui sont différentes, peu ordinaires et animées d'expériences peu communes. Il est important d'utiliser à bon escient toutes les idées et méthodes nouvelles dans le but de mieux réaliser vos ambitions, sans pour autant mettre de côté certaines pratiques qui ont fait leurs preuves.

Vous avez besoin de stimulation mentale fréquente et vous souhaitez contrôler toute situation dans laquelle vous êtes impliqué. Vous avez aussi beaucoup de volonté et d'endurance, et vous aimez être perçu comme une autorité.

Rebelle et conservateur dans un même temps, vous n'observez que les traditions qui ont de la valeur à vos yeux. Nerveux et précurseur, votre processus de pensée est unique en son genre et les personnes en viennent à respecter vos idées.

Amical, curieux et honnête envers ceux qui vous entourent, vous vous attendez à ce que l'on vous traite de la même façon. Intelligent et polyvalent, ces traits vous seront très utiles, tant dans votre vie privée que professionnelle, alors que vous pourrez briller de tous vos feux en vous exerçant dans un travail constructif qui vous permettra de définir votre propre horaire tout en mettant à profit vos multiples talents, habiletés, compétences et intérêts.

Il est possible que, dans votre vie, une aide ou un gain financier puisse se concrétiser grâce à un associé, à un ami, à la belle-famille ou par l'intermédiaire d'un voyage ou en ce qui concerne un projet d'éducation.

Vulnérable sentimentalement, vous tendez à cacher vos sentiments, mais vous les exprimez par des marques d'affection et de tendresse. La famille occupe aussi une place très importante dans votre vie.

Aussi populaire et que vous sembliez avoir beaucoup d'amis, vous êtes en fait plutôt une personne recluse. Vous pouvez également trouver très difficile de vivre avec quelqu'un et d'être l'éternel amour de sa vie !

L'amour ainsi que parfois même le manque d'amour sont, en destinée, deux de vos préoccupations principales, mais plus chez la gent féminine. Apprenez à exprimer vos remous intérieurs alors que cela vous fera le plus grand bien. Votre profonde sensualité vous pousse à vivre pour les sensations fortes et pour les contacts charnels. Si vous vous mariez, choisissez un compagnon de vie qui est tout aussi entier que vous, passionné et qui saura enrichir votre vie par ses idées positives.

En tant que natif du 2e décan (du 1er au 10 février), vous êtes sous la gouvernance d'Uranus et de Saturne, mais votre décan est sous la maîtrise de Mercure. Voilà qui vous donne un esprit organisé et calculateur. Autant vous aimez communiquer vos pensées, autant vous vous frustrez facilement lorsque les gens ne peuvent pas les saisir ou comprendre vos visions avant-gardistes.

Extrêmement alerte et brillant, vous pouvez être un caméléon culturel, artistique ou scientifique, s'imprégnant et interprétant les idées et les manières des autres avec facilité. La théorie abstraite vous attire et vous êtes fasciné par les pouvoirs invisibles qui se cachent derrière les interactions sociales et la communication. Certaines personnes vous trouvent insensibles ou trop orienté mentalement, car vous pouvez avoir du mal à établir des relations par d'autres moyens que les moyens purement intellectuels.

Aimable et confiant, ces qualités vous mèneront loin dans la vie. Intelligent, doté d'un tempérament indépendant et polyvalent, ces traits vous seront aussi très utiles et appréciables, tant dans votre vie privée que professionnelle.

La double influence mercurienne, pour faire suite à la triplicité d'air de votre signe solaire, exerce un effet profond sur vos intérêts et sur vos aptitudes. Bref, vous êtes capable de faire beaucoup de choses et il est probable que vous aurez plus d'une carrière au cours de votre vie, surtout que vous avez l'intelligence et l'art de bien planifier et d'effectuer toutes les tâches complexes.

Plus intuitif, plus cérébral et plus intellectuel que ceux des deux autres décans, vous pourriez très bien réussir aussi dans une occupation qui demande de l'imagination. Créateur-né, artiste-né, vous faites partie de ces gens qu'on rencontre le plus dans les milieux du cinéma, de la radio et de la télévision. L'ordinateur n'a pas de secret non plus pour vous.

Déterminé et habile de vos mains, vous pourrez briller de tous vos feux dans un travail qui encourage vos multiples talents et habiletés. D'ailleurs, vous faites partie de ces natifs qui sont les plus susceptibles d'être des hommes politiques, des écrivains ou des enseignants. Cependant, vous aurez à lutter fermement pour atteindre vos buts. Si vous savez bien cibler tous vos objectifs, vous réussirez tout ce que vous entreprendrez grâce à votre merveilleuse ingéniosité sans bornes et votre sens des responsabilités. Malgré tout, il importera que vous exerciez dans un travail constructif où vous pourrez mettre à profit vos nombreuses capacités, mais aussi dans un environnement qui vous permettra de définir votre propre horaire. Vous vous devez également d'apprendre à ne pas vous fier qu'aux apparences.

Avec Mercure qui exerce une influence cruciale sur vos opinions, sur vos champs d'intérêt et sur vos capacités, vous pourriez également tirer profit de nouvelles perspectives à travers des études, des voyages, de la lecture et par l'intermédiaire de gens de cultures différentes de la vôtre.

Autant vous êtes habité par une force intérieure implacable, vous avez tendance aussi à prendre trop de responsabilités sur vos épaules. Par contre, vous prenez plaisir à vous enrichir de nouvelles connaissances et à développer cet esprit brillant qu'est le vôtre.

En amour, et sous les influences mercurienne, saturnienne et uranienne, on peut dire que vos démonstrations affectives sont empreintes de délicatesse et avez un constant besoin de communion intellectuelle et spirituelle avec l'être aimé.

Votre charme sans équivoque et votre goût d'être libre vous attireront des personnes qui veulent un partenaire de vie pas comme les autres et qui ne sera pas possessif non plus. Mais également qui ne se cramponnera pas à l'autre sans cesse. Cette personne qui voudra gagner votre cœur et garder votre amour devra avant tout être un ami, mais aussi quelqu'un qui respectera votre besoin de liberté.

En tant que natif du 3e décan (du 11 au 19 février), Uranus joue un rôle de premier plan dans votre thème natal alors qu'elle est votre planète maîtresse. En ce qui a trait à votre décan, celui-ci est régi par la Lune et secondairement par Vénus pour faire suite à la triplicité d'air qu'est votre signe solaire. Saturne joue aussi un rôle clé alors qu'on la dit exaltée dans votre signe. Bien que vous puissiez manquer de profondeur dans vos émotions, vous êtes extrêmement doué avec les gens. D'ailleurs, vous faites un excellent homme/femme d'État et politicien, constamment impliqué dans une cause pour l'amélioration de ce en quoi vous croyez.

Pour ce qui est de la Lune, celle-ci vous octroie de forts instincts et émotions, et elle fait de vous une personne intuitive, compatissante, sensible et profonde. Changeant et aussi plus instable, vous êtes toutefois le plus fantaisiste des trois décans de votre signe.

Quant à Vénus, elle vous donne du charme, de la beauté ainsi que du *sex-appeal* et une appréciation marquée pour les belles choses de la vie. Vous faites preuve de beaucoup de grâce et de style, et vous êtes bien adapté au monde de la mode, mais vous êtes mentalement narcissique.

Vous dégagez également un tel charisme, ce qui explique pourquoi les gens sont si attirés vers vous. Malgré tout, vous avez quand même besoin de vos moments de solitude. Il importe pour vous que vous restiez en contact avec le côté spirituel de votre nature.

Sensible, intuitif et plein de compassion, vous avez des goûts bien arrêtés. Bref, vous voulez que les choses soient faites correctement, ce qui signifie à votre manière. Vous pourrez bien exceller dans la vie en tirant profit d'emplois ou d'activités qui traitent avec le public, la foule, les femmes, les enfants, l'immobilier, la science, les produits cosmétiques. Vous pourrez également atteindre une position enviable, surtout si vous exercez dans la conception et le design de bijoux, en tant que styliste, chef de cuisine, animateur à la radio, acteur, médecin vétérinaire, esthéticienne ou astrologue, ce qui vous servira bien d'autant plus si vous savez mettre à profit et à bon escient vos multiples talents, compétences et habiletés.

Étant plus émotif et plus romantique que les deux autres décans de votre signe, votre nature agitée est parfois difficile à gérer pour les autres alors que vous êtes en quête d'excitation et que vous tendez à changer d'opinion assez souvent. On peut même confirmer que vous êtes d'humeur inégale.

Romantique et sensible, vous affichez des tendances très poussées à la rêverie et à la contemplation. Vous n'êtes pas toujours très pratique et parfois vos rêves dépassent souvent vos réalisations. Ne laissez pas votre imagination prendre le pas sur la raison, même si ce ne sera pas nécessairement facile en périodes de Pleine Lune et d'Éclipse Lunaire. Avec un peu plus de discipline, vous pourrez en venir à bout.

Sous l'influence lunaire, le domaine sentimental vous influence plus particulièrement alors que vous désirez être aimé et apprécié à votre juste valeur. Vous aspirez avant toute chose à obtenir la tendresse et l'affection de l'être aimé. Sensuel et imaginatif, il importe qu'une atmosphère tendre et chaleureuse abrite votre refuge, votre havre de paix, afin que vous puissiez mieux exprimer en toute sécurité vos sentiments les plus profonds.

Côté cœur, les gens qui vous entourent sont très attirés et intrigués par votre nature libertine. Effectivement, vous pouvez être parfois fougueux et un peu volage à vos heures. Les conventions, ce n'est pas pour vous. Malgré tout, vous souhaitez une relation durable et solide. Si vous décidez de vivre en couple ou de vous marier, choisissez une personne qui est énergique, entreprenante, et qui sait ce qu'elle veut, mais qui respectera également votre besoin de liberté.

CE QUE LES ASTRES VOUS RÉSERVENT EN 2024

Jupiter en Taureau jusqu'au 25 mai 2024 – votre IVe maison natale

Jupiter est fondamentalement une planète qui se déplace lentement. Elle a tendance à rester dans un signe et une maison pendant une année entière. Mais, tout comme les deux précédentes années, elle se déplace exceptionnellement vite – elle passe en fait par deux signes et maisons cette année. Elle commence l'année en Taureau, votre IVe maison, puis elle se déplace en Gémeaux, votre Ve maison.

Jupiter en Taureau apporte toutes sortes de bénédictions à votre quatrième maison natale. Tout d'abord, elle apportera l'harmonie dans la situation familiale. S'il y a eu des problèmes là-bas, vous avez une bonne occasion de les corriger maintenant. Cela montre également plus de divertissements et de socialisation à la maison. Il pourrait s'agir de réunions strictement familiales ou de rencontres plus formelles. Elle montre aussi l'embellissement de la maison – décorer à nouveau, repeindre et/ou acheter des objets de beauté pour la maison (probablement des objets d'art) ou déciderez-vous d'agrandir votre maison ou de déménager dans un endroit plus grand. Il est possible aussi que quelqu'un emménage dans votre maison ou qu'il y ait une naissance. D'une manière ou d'une autre, votre unité familiale pourrait s'agrandir. Souvent, ce transit montre l'achat de maisons ou de propriétés supplémentaires ainsi que la rénovation de la maison existante afin que ce soit « comme si » vous aviez déménagé. Cela dit, il y aura une bonne fortune dans l'achat et la vente de maisons, et un très bon soutien familial.

En affaires, Jupiter opposé à votre secteur de carrière, autant qu'il élargira certaines facettes de votre vie domestique, vous pourriez trouver qu'il élargira aussi vos options professionnelles, particulièrement avec Uranus dans le tableau. En affaires, les cinq premiers mois se dérouleront dans un certain désordre, mais dites-vous que ça ne durera pas puisque dès la fin mai, vous allez reprendre peu à peu en main la situation, tant sur les plans professionnel et budgétaire. D'ici là, essayez de ne pas contracter trop de dettes ou de vous embarquer dans une affaire trop belle pour être vraie ou dont le résultat semblera incertain. Misez plutôt sur la seconde partie de l'année pour faire vos placements, mais aussi pour démarrer vos projets. Si vous voulez faire des changements de travail, de résidence, d'orientation professionnelle, vous pouvez être certain que les autres seront de votre côté, tout comme ils vous promettent de très agréables voyages. Même à la loterie, vous pourriez avoir de belles surprises !

Pour ce qui est de vos amours, il y a un petit moment que vous êtes bousculé ! Les choses ne vont pas comme vous l'aviez prévu ou souhaité et, parfois, vous sentez que l'orientation de votre destinée vous échappe tout à fait. Il servira mieux vos intérêts d'agir avec discernement et proscrire les imprudences de même que les coups de tête. Cela dit, vous ferez encore un peu de ménage dans vos relations. Jupiter en Taureau montre le bonheur avec la famille, le bonheur à la maison. Vous aurez une bonne harmonie avec les membres de la famille à présent. Et si ce n'est pas le cas, voilà qui sera une bonne occasion de la créer maintenant. Il y a un bon soutien familial et cela fonctionnera dans les deux sens. Vous serez amical avec la famille. Ce ne sont pas seulement des « liens du sang » – des obligations, mais une véritable amitié. Cela dit, des amis pourraient venir séjourner chez vous ou déciderez-vous d'installer des gadgets de haute technologie dans votre demeure. Moindrement, votre foyer pourrait être le lieu de rencontres de groupes et d'organisations.

En ce qui a trait à votre santé et à votre bien-être physique, je ne décèle absolument rien de catastrophique et, dans l'ensemble, vous serez même à l'abri des accidents. Psychologiquement et intellectuellement, vous battrez tous les records et votre positivité sera inébranlable. La seule recommandation que j'ai à vous faire est de réviser votre hygiène de vie qui n'est pas tout à fait saine et je dirais parfois même déraisonnable. Abuser de vos forces, manger tout de travers, faire des excès en général pourraient vous jouer des tours ! Votre pire ennemi sera essentiellement la négligence. Si vous n'écoutez pas les messages que votre corps vous envoie, vous risquez d'en subir les conséquences, même chose si vous abusez de vos forces ou si vous vous croyez invincible.

Jupiter en Gémeaux – du 25 mai 2024 au 9 juin 2025 – votre V^e^ maison natale

Bonne nouvelle, vous êtes complètement libéré de Jupiter en Taureau ! Vous entrez dans une phase de chance qui se poursuivra tout le reste de l'année, et même plus… Vous pourrez rattraper le temps perdu et, en plus, vous gagnerez vite du terrain. Vous pourrez compter sur la Grande Bénéfique, alors que ses bons effets se feront sentir jusqu'à votre prochain anniversaire en 2025, ce qui vous permettra non seulement de réparer les pots casés, mais aussi de marquer plusieurs bons points.

En affaires, vous commencerez à bénéficier d'un fort courant de chance et ce sera le temps ou jamais de mettre sur pied les projets dont vous rêvez. Certains d'entre vous envisageront un retour aux études ou un changement de travail, voire une nouvelle carrière. Ce vent de transformation vous conviendra tout à fait, et ce, même si des changements vous sont imposés, ce sera pour le mieux ! Vous vous rapprocherez de votre idéal sans avoir constamment à reporter à plus tard ce qui vous tient à cœur. Si vous travaillez dans le domaine des communications, vous aurez plus de travail que vous n'en espéreriez. Vous aurez à voyager. Le temps se prêtera bien également pour élargir votre territoire de vente ou commercial. À vrai dire, la chance se range de votre côté, y compris dans les jeux de hasard. Bonne année également pour renouer avec les voyages. Trouvez le moyen de réduire les dépenses sans y perdre en qualité.

Pour ce qui est des amours, aucun souci en provenance de la famille et des enfants à l'horizon. Vous vivrez un temps exaltant et votre besoin d'interagir avec les autres sera comblé ! En effet, vous rencontrerez une foule de gens sympathiques avec qui vous pourriez nouer de solides amitiés, ce qui s'avérera très avantageux pour ceux qui souhaitent refaire leur vie. Si vous êtes déjà en couple, vous vous rapprocherez de votre partenaire et vous prendrez ensemble d'importantes décisions concernant votre avenir. Bien qu'une impressionnante vague de popularité marque l'époque, pourtant, vous demeurerez très sélectif et n'accorderez votre confiance qu'à ceux capables de vous donner des preuves tangibles de leur bonne foi. Socialement, vous serez très en demande et vous aurez l'occasion aussi de faire la connaissance d'une multitude de personnes, mais, encore là, vous vous montrerez prudent avant de vous engager. Si vous êtes seul, vous aurez certes l'occasion de remplir le vide de votre existence et, comme vous êtes devenu très sélectif, vous ferez des choix judicieux. Pour ce qui est des relations déjà existantes, vous continuerez à faire du ménage pour ne conserver que celles qui sont à la hauteur de vos attentes. Pour plusieurs, il sera question de retrouvailles, de rapprochement, voire d'engagement sérieux (fiançailles, mariage ou vie commune). Pour d'autres, le moment sera venu de faire le point et peut-être de mettre un terme à une relation qui s'étiole depuis un certain temps déjà. Vous savez de mieux en mieux ce que vous voulez et surtout ce que vous ne voulez pas ! Ceux qui combleront vos attentes auront une place de choix dans votre vie et tant pis pour les autres. Vous êtes d'ailleurs à la veille de les mettre à la porte.

En ce qui a trait à votre santé et à votre bien-être physique, Jupiter vous donnera le goût de mordre dans la vie à belles dents. Et elle augmentera aussi votre vigueur ainsi que votre dynamisme aussi. Malgré tout, ne pensez pas que vous pouvez abuser de vos forces ou vous permettre tout ce qui vous passe par la tête ! En vous négligeant, en commettant des imprudences ou en prenant des risques inutilement, vous pourriez vous retrouver sur le carreau ou en panne d'énergie. Vous devriez appliquer la loi de la sagesse. Si vous faites attention à vous, si vous investissez dans votre capital santé, vous évoluerez sans rencontrer d'obstacles. Vous pourriez même faire de sérieux progrès. La présence bienfaisante de Jupiter en Gémeaux vous permettra de nouer des rencontres avec des gens susceptibles de vous aider à corriger ce qui n'allait pas, tant moralement que purement physiquement. Ceux qui voudraient se prendre en main et améliorer leur forme ne peuvent rêver d'une meilleure période pour passer aux actes. Que le meilleur vous accompagne !

Saturne en Poissons – toute l'année – votre IIe maison natale

Saturne a parfois mauvaise presse, car nous combattons souvent les changements saturniens. Elle nous enseigne la « responsabilité » dans de nombreux domaines de notre vie qui peuvent grandement bénéficier d'un peu d'amélioration. Vous entamez une tranche de vie plus facile comparativement à celle des précédentes années quand Saturne était en transit dans votre signe. Saturne, de passage dans le symbole de l'argent – il s'agit de l'argent familial, il est possible qu'il y ait une querelle d'héritage, mais aussi des dépenses pour la maison. Par contre, peut-être serez-vous aussi obligé de quitter votre domicile, ou déciderez-vous de déménager et automatiquement, vous aurez envie de renouveler tout ce qui est à l'intérieur de la maison. Ce sera aussi un temps pour vous concentrer sur toutes les formalités et maintenir les traditions. Tenez-vous-en à ce qui est régulier, constant. Expérimenter quelque chose de nouveau serait mal venu.

En affaires, vous serez animé de solutions géniales sur le plan de vos finances. Même si Saturne a tendance à vous retenir, elle vous poussera également vers l'avant. Donc, attendez-vous à un mouvement financier, des gains dans beaucoup de cas, mais des dépenses aussi. Veuillez prôner le bon sens dans les affaires. Si vous avez su travailler fort par le passé, le temps vous récompensera, mais si vous avez coupé les coins ou triché, le temps va vous rattraper et vous récolterez ce que vous avez semé. Évitez de prendre des risques avec votre argent. Concentrez-vous plutôt sur vos finances. Si vous sentez que vous n'êtes pas rémunéré à votre juste valeur, profitez-en pour faire une demande d'augmentation de salaire ou trouvez-vous un emploi mieux rémunéré. Vous aurez à travailler fort et attendez-vous à un travail exigeant à accomplir. Cela dit, vous bénéficierez d'un certain avantage par le biais d'une vente ou suivant l'achat d'une propriété, ou même d'une antiquité grâce à la réputation que vous vous êtes construite avec le temps. Si vous faites l'achat d'une propriété, faites-la inspecter de fond en comble. Si vous êtes en appartement, il est possible que les propriétaires ne soient pas commodes ou vos voisins voudront tout connaître de vous. En tout cas, attention de subir la mauvaise influence d'un ami ou d'un membre de la famille, sinon d'un courtier d'immobilier pour lequel vous auriez une grande confiance et qui vous poussera à acheter ce qui ne convient pas à vos besoins ni à votre style de vie. Il pourra également être question de petits problèmes liés à la propriété, telles des réparations fondamentales qui n'étaient pas prévues. Événements déplaisants liés à la demeure.

Pour ce qui est de vos amours, ce sera un temps où vous devrez apprendre ce qui est un juste partage, et si vous tirez la couverture plus de votre côté, la vie vous réserve une leçon. Il vous faudra être conscient de toutes les bénédictions que vous recevrez et de prendre conscience de votre impuissance face à l'épreuve de l'autre sans toutefois vous délester de votre compassion. Cela dit, des événements hors de votre contrôle pourraient être l'élément déclencheur qui précipitera une rupture à laquelle vous n'y comprendrez rien. S'il y a divorce, l'argent et le partage des biens occuperont votre avocat et celui de votre partenaire alors que cette lutte pour récupérer ce qui vous appartient risque d'être une longue guerre des nerfs. Il y a également l'aspect nouveau parent qui sera mis en évidence. Alors que Saturne a tendance à vous retenir dans votre rôle, à vous surévaluer, à vous donner trop de responsabilités, méfiez-vous sur le plan familial parce qu'il pourra déstabiliser le couple qui s'entendait très bien, tout cela parce que vous prenez toutes les responsabilités ou certains d'entre vous seront dans obligation de prendre toutes les responsabilités parce que le conjoint les aura abandonnés. Il est possible aussi que vous ayez à prendre en charge un parent âgé, alors que les finances de celui-ci seront discutées et disputées entre frères et sœurs ; il faudra être sage pour régler toutes les situations dont on détient aussi le compte en banque ! Maladie possible d'un proche bien-aimé.

En ce qui a trait à votre santé et à votre bien-être physique, votre imagination sera plus que débordante ! Vous aurez tendance à grossir tous ces bobos, tant physiquement qu'émotionnellement. Nourrissez-vous mieux et faites attention aux problèmes de digestion, aux maux de genoux ou de dos, à vos articulations, à poignets, coudes et mains. Consultez un naturopathe au besoin et attention aux microbes.

Si le/la partenaire de vie est Verseau de par son Soleil ou son Ascendant natal

Il est temps de sévir si vous remarquez que votre Verseau dépense trop. Faites ce qu'il faut pour ne pas vous endetter et si cela signifie cacher son carnet de chèques ou annuler sa carte de crédit, qu'il en soit ainsi. Nous savons tous que les problèmes d'argent peuvent tuer une histoire d'amour plus rapidement que n'importe quoi d'autre. Donc, si vous tenez à cette relation, il serait sage d'aider l'être aimé à maîtriser ses dépenses. Essayez de trouver des moyens astucieux et non coûteux pour faire des activités ensemble. Bien que celles-ci puissent être moins luxueuses et excitantes que ce à quoi votre Verseau a été habitué ces derniers temps, vous serez au moins en mesure de limiter vos dépenses. Tant que vous faites preuve d'imagination, votre Verseau ne devrait pas s'ennuyer ! C'est important, car c'est un signe qui a tendance à s'ennuyer assez facilement. Il a besoin de beaucoup de stimulation mentale et votre défi ici sera de garder votre porteur d'eau intéressé. Découvrez le plaisir de faire un pique-nique ensemble. Trouvez un nouveau sentier de randonnée et parcourez-le au lever du soleil. Jouez à des jeux. Préparez ensemble un dîner exotique et laissez votre cher Verseau choisir le vin. Tant que vos nouveaux projets sont présentés comme étant amusants et stimulants mentalement, votre chéri ne devrait pas avoir de problème à vous suivre. Rappelez-vous : restez optimiste et à petit budget.

Pluton en Verseau – les vingt prochaines années – votre Ire maison natale

Avoir la planète du pouvoir et du changement dans le signe libre-penseur et curieux du Verseau constitue une combinaison des plus puissantes. Vous réalisez que vous ne pouvez pas arriver là où vous voulez aller si vous êtes retenu par une énergie confuse ou négative. Pluton dans votre signe pour les vingt prochaines années, voilà qu'il y aura émergence de l'inconscient : vous vous retrouverez et accepterez vos pulsions et vos ressources ignorées.

Vous risquez cependant de vivre un vague malaise lié à des changements profonds : vous vous regarderez dans le miroir sans vous reconnaître et ressentirez d'éventuelles angoisses. Il existe un risque d'évolution de votre situation, de prise de conscience d'un problème de santé ou d'un bouleversement professionnel, sinon en ce qui a trait à une relation passionnelle, mais destructive. Vous ressentirez le besoin de changer d'environnement – c'est le début d'un travail sur vous-même. Votre vie sera bouleversée avec une alternance de sensations physiques dérangeantes et d'un bien-être tout aussi étrange. Vous pourriez passer d'un état d'inertie totale à un état complètement gonflé !

LES PHASES RÉTROGRADES DE MERCURE POUR 2024

Mercure rétrograde en Bélier – du 1er au 25 avril 2024 – votre IIIe maison natale

Climat général

Vos messages risquent d'être mal placés ou mal interprétés, ce qui pourra provoquer une énigme de confusion. La patience sera le mot clé ! Vous pourriez rencontrer quelques difficultés à vous déplacer en ville, avec votre système informatique ou avec les lignes téléphoniques. Votre courrier risque également d'être retardé. La communication ne sera pas aisée non plus et vous pourriez vous heurter à des personnes qui vous feront la sourde oreille et/ou qui seront plus susceptibles et qui monteront sur leurs grands chevaux sans raison. Même quelqu'un près de vous, à qui vous pouvez habituellement tout dire, risque de s'offusquer de vos paroles. Il y aura tellement de choses à faire, à accomplir que vous ne saurez plus où donner de la tête. Saisissez tout de même le moment pour planifier ce que vous aimeriez voir se réaliser dans un proche avenir, ce qui vous facilitera la tâche pour mieux passer au travers haut la main. Malgré tout, prévoyez des malentendus ou des retards possibles dans vos déplacements et dans vos voyages. Vous ne serez pas exempt non plus d'ennuis à dénicher un soutien pour vos projets. Ne soyez pas étonné d'être plus tenté aussi de changer votre voiture. Si rien de tout cela ne vous interpelle, vous êtes avisé d'être prudent pour ne pas trop froisser de tôle avec votre voiture. D'ailleurs, il se pourrait que vous soyez en retard assez fréquemment, ce qui vous donnera envie ainsi d'accélérer dangereusement à quelques reprises. Évitez également de négliger les entretiens recommandés sur votre voiture pour éviter toute mauvaise surprise. Vous n'aimeriez pas vous retrouver en panne dans un endroit non-recommandable. Et si vous êtes aux études, il y aura plusieurs facteurs qui risquent de vous déconcentrer et de vous donner pas mal de fil à retordre alors que la session sera pratiquement terminée. Il est possible également que ce soit une formation qui vous sera imposée, ce qui vous obligera à mettre les bouchées doubles, particulièrement si vous avez en plus une vie de famille à gérer.

Travail – Finances

C'est principalement l'aspect de la communication qui retiendra votre attention. À cet effet, il ne serait pas étonnant qu'une histoire de mauvaise traduction ou de consignes mal expliquées engendre des erreurs importantes que vous devrez corriger par vous-même. Attention aussi d'être impliqué dans une quelconque revendication alors qu'il faudra mettre votre pied à terre pour vous faire comprendre. Il y aura possiblement aussi un voyage d'affaires dans l'air qui ne sera pas de tout repos, sans compter que des changements importants dans vos activités vous obligeront à rectifier votre tir, voire même à trouver une nouvelle manière de travailler. La souplesse vous aidera à bien vous en sortir ! Si votre travail vous oblige à vous déplacer ou à rencontrer des clients, nombreux réclameront votre pleine attention, ce qui risque parfois de faire plus défaut. Attention que l'un de ces derniers soit plus facilement offusqué de votre manque de présence à son égard. Vous vous sentirez plus ballotté par les événements et à la merci des autres. On pourrait aussi vous imposer une tâche ou des obligations qui ne vous tenteront pas, ou vous courez plus le risque de rencontrer des personnes qui manqueront de jugement. Évitez de perdre votre temps à leur faire des reproches, puisque des pépins ou des ennuis pourraient vous tomber dessus. Évitez aussi de prendre des risques avec votre argent.

Amour – Sentiments

Évitez de trop parler et laissez-vous plutôt guider par l'affection et toutes les petites marques d'attention de la part de votre partenaire de vie. En effet, ce sera un temps où vous aurez la critique un peu trop facile et c'est précisément ce qui risque ainsi de refroidir considérablement votre relation de couple. Et ce n'est pas ce qu'il y a de plus souhaitable entre deux amoureux ! Il sera important que vous ne preniez pas toutes les décisions seul. Vous devrez impérativement partager vos idées et vos opinions si vous voulez que l'harmonie se poursuive entre vous. En tant que célibataire, vous pourriez mettre un terme à une relation avant de vous faire mal davantage. Si tel n'est pas le cas et que l'on vous fait des avances, prenez le temps d'apprendre à connaître cette personne avant d'aller à la prochaine étape de cette relation. Les histoires de séparations demandent souvent beaucoup de patience, surtout s'il y a des enfants d'impliqués. Évidemment, la question financière pourrait rendre la situation encore plus difficile à gérer. Veuillez donc prendre votre mal en patience et faites confiance à la vie afin que les choses puissent se régler à l'amiable.

Famille

Il est possible qu'un frère ou une sœur ait besoin de votre aide ou de vos conseils. Si vous êtes prompt de nature, cela risque d'accentuer votre impulsivité. Abstenez-vous de faire des reproches à vos frères ou à vos sœurs, alors que ça n'arrangera rien entre vous. Ça ne fera qu'envenimer davantage la situation.

Santé – Bien-être physique

Vous ne saurez plus où donner de la tête tellement vous serez occupé ! Méfiez-vous, car la fatigue vous guette et elle finira par vous rattraper. Finalement, vous serez obligé de vous arrêter. Avant que vous ne soyez au repos forcé, accordez-vous des périodes de repos et nourrissez-vous sainement. Gardez aussi un œil sur vos voies respiratoires qui seront plus fragiles et vos nerfs qui seront plus à fleur de peau. Prenez garde aussi lorsque vous faites de l'exercice physique pour ne pas trop vous essouffler et aggraver votre cas, surtout si vous traînez un bon gros rhume. Regardez aussi où vous mettez les pieds pour ne pas vous enfarger ou tomber. À cet effet, surveillez vos extrémités.

Mercure rétrograde en Vierge – du 5 au 14 août 2024 – votre VIIIe maison natale

Climat général

C'est le retour à la vie active, ce qui signifie que vous aurez sûrement beaucoup de choses à faire, peu importe que ce soit pour votre travail, la famille ou pour vous personnellement. En fait, le temps sera une denrée rare à cette période, parfois assez majeur, parfois pour des peccadilles ! Et c'est surtout dans ces moments-là que vous risquez de vous mettre les nerfs en boule. Il y aura beaucoup d'éléments qui tâteront les limites de votre patience. À cet effet, une situation personnelle, sinon familiale viendra toucher quelques cordes sensibles et vous pourriez avoir droit à des crises. Vous vivrez toute la gamme des émotions et devrez apporter des changements et peut-être même recommencer ce qui aura déjà été fait. Et si un membre de votre famille est souffrant, vous devrez probablement en prendre soin. D'ailleurs, vous pourriez prodiguer des soins avec un tel succès qu'il pourra se croire en bien meilleur état. Cependant, il y a un important risque de rechute et c'est plutôt là que vous aurez de véritables efforts à donner !

Travail – Finances

Peu importe la situation ou le sujet, il y aura de l'obstination dans l'air, ce qui risque de retarder certains projets. Une chose est sûre, vous devrez cesser d'écouter tout le monde et chercher vos propres réponses. Vous ne pourrez que compter sur vous-même pour prendre une décision. Si vous sentez l'appel de la transformation radicale, suivez-le donc. Vous bénéficierez d'une expérience de vie et de travail, mais vous aurez également une audace peu commune pour vous introduire à peu près n'importe où. Si vous ambitionnez de travailler pour telle entreprise, allez poser votre candidature : il serait étonnant que l'on vous refuse. Au départ, sans doute, dira-t-on que vous êtes plus qu'audacieux, mais cette attitude plaira énormément. Le temps est venu d'oser ! D'ici là, la pression et les stress seront si intenses que vous ne serez plus certain de vouloir y être encore la journée suivante. Vous aurez grand besoin que la situation s'améliore, autrement, vous claquerez la porte sans même demander votre reste. En fait, vous aurez l'impression d'avoir des ennemis partout et que tout ce que vous faites n'est pas correct. Il vaudra peut-être mieux partir et chercher des horizons plus intéressants. Toutefois, votre budget ne vous permettra probablement pas un tel luxe et vous devrez plutôt vous armer de patience. Préparez-vous à devoir vous plier à toutes les exigences de la direction et ainsi mettre de côté votre orgueil quelque temps. Si vous travaillez dans le domaine des communications, vous serez débordé. Si vous exercez dans le secteur de l'imprimerie, il risque d'y avoir malheureusement des petits problèmes. Vous pourriez faire moins d'heures qu'à l'habitude ou sera-t-il question de fermeture de l'entreprise ? Mais plus rarement ! Et si vous gagnez votre vie en prenant soin des personnes malades ou âgées, plusieurs situations d'urgence vont se présenter à cette période. Il en ira de même si vous gardez des enfants, il faudra que vous redoubliez de prudence, alors qu'ils seront vite sur leurs pattes, mais également imprudents.

Amour – Sentiments

Vous tendrez à dramatiser un événement banal et tendrez aussi à prêter à l'être aimé des intentions qu'il n'a pas. Le contraire sera tout aussi applicable, loin du cœur, loin des yeux de votre amoureux ! Si vous êtes souvent sur la route, vous aurez l'occasion de le tromper. Vous serez le seul à pouvoir décider de le faire ou non. Malgré tout, la tentation sera au rendez-vous ! Et si vous succombez à une aventure, ayez la sagesse de prendre les précautions nécessaires lors de vos pratiques sexuelles. Cela dit, des amis que vous accueillez par bonté pourront devenir des envahisseurs. Avec tout le temps qu'ils passeront dans votre demeure, ils vont finir par vous brouiller avec l'être aimé. Si tout va bien entre vous deux, de grâce chassez les parasites alors que vous serez plus vulnérables et plus fragiles que vous ne l'imaginez à cette période. En tant que célibataire, l'âme sœur a toutes les chances d'être au rendez-vous. Cependant, il est possible que vous preniez un recul dès vos premières fréquentations. En fait, vous voudrez prendre le temps de vous pincer, afin de bien vérifier que vous ne rêvez pas ! Il y a toutes les chances que cette personne transformera votre vie, une fois la rétrogradation terminée et c'est exactement ce dont vous aviez besoin. Laissez le temps faire les choses.

Famille

Vos enfants risquent de ressentir davantage votre stress. Il faudra possiblement protéger aussi vos petits contre vos grands qui pourraient s'amuser à leur faire peur. Le temps ne sera pas à la paix, ça c'est sûr ! D'ailleurs, si vous habitez dans un quartier où sévissent quelques intimidateurs, gardez un œil vigilant sur vos enfants pour qu'ils ne subissent aucun « taxage » de leur part. Il sera également nécessaire d'en parler avec d'autres parents pour que les fauteurs de troubles soient arrêtés au plus vite. Vous pourriez également apprendre la nouvelle qu'une personne près de vous ou de votre entourage immédiat est malade. Sensiblement, vous volerez à son secours. Et, par ailleurs, peut-être, serez-vous la seule personne dans la famille à vous déplacer pour en prendre soin ?

Santé – Bien-être physique

Il ne faudra pas négliger de voir votre médecin si vous subissez un quelconque malaise ou un inconfort. Profitez-en pour passer votre examen médical annuel si cela n'a pas été fait et plus encore si vous avez de fréquentes baisses de vitalité. N'allez pas manquer non plus de faire vérifier votre taux de cholestérol, juste au cas où. Possibilité d'allergies ou d'urticaire ; veuillez prôner les approches alternatives.

Mercure rétrograde en Lion – du 14 au 28 août 2024 – votre VIIe maison natale

Climat général

Si vous avez une jeune famille à votre charge, vous songerez à cette fameuse rentrée scolaire et réussirez tout un exploit en négociant de nombreux items en magasinant pour obtenir le meilleur prix ou un service qui comblera les besoins de vos enfants. Peut-être y a-t-il des personnes autour de vous qui ont déménagé tout récemment et leur situation pourra sérieusement vous inspirer à acquérir votre propre propriété. Vous pourriez aussi entreprendre divers travaux assez importants qui apporteront des changements, ce qui fera en sorte que votre maison prendra beaucoup de valeur prochainement. Vous pourrez donc aspirer à la vendre éventuellement. Malgré tout, le temps sera une denrée rare, alors que vous participerez activement à toutes sortes d'activités, aussi bien au travail, dans la famille que dans votre communauté. Vous mènerez de front plusieurs plans et projets qui vous tiennent à cœur. D'ailleurs, votre détermination sera même touchante à voir. Notamment, vous pourriez vous impliquer dans un projet communautaire concernant la rentrée scolaire pour mieux contrer le décrochage ou aider les familles démunies, par exemple. Attendez-vous à quelques contretemps possibles, mais rien de dramatique !

Travail – Finances

Le monde du travail connaît assez souvent un ralentissement quelconque en raison des vacances, à moins que vous ne travailliez dans le milieu touristique, sinon il est possible que vous connaissiez une mise à pied temporaire. D'une manière ou d'une autre, vous devriez profiter de cette période pour prendre vos vacances. Et c'est peut-être en restant à la maison que vous serez divinement inspiré par un projet d'affaires ou quelque chose qui vous rapporterait un revenu d'appoint et que vous pourriez également exécuter à partir de chez vous. Si vous cherchez de l'emploi ou un nouveau défi professionnel à relever, il suffira simplement d'en parler dans votre entourage, alors que quelqu'un vous proposera quelque chose de passionnant une fois Mercure devenu direct. Entre-temps, n'allez pas être surpris d'avoir à attendre davantage après les autres qui ne sembleront pas se brancher. Faites donc ce que vous aviez prévu et laissez-les puisqu'au bout du compte, ça ne vous donnera absolument rien de positif ! Il sera également avisé de penser à deux fois avant de vous engager dans une dépense farfelue : vous la regretteriez quand viendra le temps de payer une réparation qui pourrait s'imposer sous peu. Lors de vos négociations, jouez la carte de la souplesse, évitez d'imposer votre point de vue sans quoi la discussion risque de tomber à l'eau. Si vous n'êtes plus satisfait de vos conditions de travail, ne vous gênez pas pour explorer de nouvelles possibilités. Cependant, avant de prendre la moindre décision, pesez longuement le pour et le contre. De toute façon, la période estivale n'étant pas terminée, il vaudra mieux en profiter pour prendre des vacances. Laissez le temps faire les choses et mûrissez tout cela lentement !

Amour – Sentiments

Vous ne serez pas exempt de sortir de vos gonds et de péter la colère du siècle lors d'une dispute. Vous pourriez également dire des mots qui dépassent votre pensée ! Quelle que soit la raison de ce mécontentement, votre sermon sera démesuré par rapport à ce qui s'est réellement passé. Attention de blesser l'être aimé sans le vouloir nécessairement. Si votre relation est encore jeune, il est clair que vous obtiendrez un signe d'engagement déterminant de la part de votre chéri. À titre d'exemple, il y a de bonnes chances que vous abordiez la possibilité de vivre ensemble bientôt, du moins de commencer à vous faire un peu plus de place chez l'un ou chez l'autre ! Acheter une maison ou fonder une famille sont des signes d'engagement plus clairs que le mariage selon vous. En tant que célibataire, au cours d'une activité, il est possible que vous rencontriez quelqu'un avec qui vous pourriez anticiper un avenir. Vous aimez l'audace et les gens qui n'ont pas froid aux yeux. Devant un geste et une façon inédite de vous aborder, vous deviendrez attentif pour mieux connaître cette personne qui vous fait des avances originales. Cependant, plus le temps avancera, plus vous aurez l'impression du contraire. Chaque pas semblera être assez compliqué et il ne serait pas étonnant que vous découvriez que cette personne est déjà engagée, ou que son histoire d'amour passée ne soit pas définitivement réglée.

Famille

Si vous êtes l'enfant-adulte d'un parent qui vous fait sentir dès qu'il en a l'occasion qu'il a besoin de vous, cette responsabilité vous pèsera ! Sans rompre le lien entre ce parent et vous, trouvez le moyen de prendre une certaine distance, un peu comme pour l'habituer à respirer sans vous ; vous lui apprendrez à ne pas vous attendre et à ne compter constamment que sur vous. D'une pierre deux coups, vous vous sentirez mieux et vous permettrez à ce parent de vivre sa propre vie et non plus à travers vous.

Santé – Bien-être physique

Attention d'être à la mauvaise place au mauvais moment et de subir un bête accident. Bref, la prudence sera de mise. Méfiez-vous de la pression qui sera plus présente ou d'une congestion possible au niveau de vos poumons. La baignade pourra aussi être l'occasion de certains inconvénients si l'eau est trop froide ou malpropre. Peut-être serait-il plus sage d'éviter les spas et les piscines publiques, par exemple. Cela dit, vous tendrez à être plus sur le qui-vive à cette période. Inutile de paniquer ! Prenez plutôt les précautions nécessaires qui s'imposent pour ne pas malmener votre physique. Moralement, vous tendrez à vivre des hauts et des bas. Attention à la négligence et aux abus de toutes sortes. Si vous dérogez aux règles d'une saine hygiène de vie, vous pourriez prendre du poids, mais aussi amoindrir votre résistance. Période où vous aurez bon appétit. Surveillez vos nerfs qui pourront vous jouer des tours. Évitez aussi de tout critiquer ou de trop manger. Restez pénard ! Évitez l'éparpillement et toute étourderie.

Mercure rétrograde en Sagittaire – du 26 novembre au 15 décembre 2024 – votre XIe maison natale

Climat général

Vous serez davantage porté à rejeter ce que vous ne voulez pas accepter, même de ces personnes que vous aimez. Vous êtes après tout un anticonformiste dans l'âme et ce n'est pas nécessairement le temps des Fêtes qui vous ramènera vers des valeurs plus traditionnelles ! Au contraire, vous y trouverez l'occasion d'innover grandement pour ce qui est de vos prochaines réceptions. Vous aurez certainement beaucoup d'imagination, mais également le désir de vous retrouver au cœur même de groupes importants. Justement, si votre famille est véritablement athée, il ne sera pas étonnant que vous proposiez d'aller à la messe de minuit pour faire différent. L'aspect social occupera une place de choix dans votre vie à cette époque. Il est clair que vous aurez à participer à diverses activités qui réuniront vos amis et/ou des membres de votre communauté. Vous pourriez vous investir aussi dans une forme de levée de fonds, par exemple. Vous pourriez même arriver à en faire parler dans les médias.

Travail – Finances

Le stress risque d'être plus omniprésent et vous aurez possiblement une clientèle abondante à servir, particulièrement si vous travaillez dans le commerce au détail. D'ailleurs, il y a de bonnes chances que vous reconsidériez assez sérieusement votre emploi. En dépit que vous soyez un leader naturel en quelque sorte et même si vous pouvez accepter d'avoir un patron au-dessus de vous pour un certain temps, il est clair que tôt ou tard, vous chercherez à prendre sa place. D'ailleurs, il est très possible que vous puissiez être en mesure d'accomplir ce rêve en partie pendant cette période. Vous pourriez recevoir la poussée d'adrénaline nécessaire pour réussir un tel exploit. En tant que patron, directeur ou travailleur autonome, la vie n'est jamais vraiment un long fleuve tranquille. Il faudra obligatoirement y mettre les bouchées doubles, alors qu'en d'autres temps, vous penserez pouvoir vous la couler douce pour toujours. Le temps s'annonce effectivement plutôt calme, mais tout de même rentable. Sauf qu'il est clair que vos activités ne ralentiront pas suite à l'approche des Fêtes. Il semble que ce soit totalement le contraire qui se produira. Si vous avez fait de gros investissements dans un projet par le passé et que celui-ci ne se réalise pas comme vous l'aviez prévu, vous risquez d'être presque au désespoir ! Mais pas tout à fait, la vie fera en sorte que vous puissiez rencontrer les bonnes personnes qui pourront vous ouvrir des portes et/ou vous présenter des personnes influentes dans le milieu où vous êtes impliqué. Si telle est votre situation actuelle, vous entamerez des négociations au bout desquelles il vous sera permis de poursuivre votre idéal. Il sera toutefois suggéré d'officialiser le tout seulement une fois la rétrogradation terminée.

Amour – Sentiments

Vous devriez avoir de nombreuses activités sociales. Des sorties entre amis entre autres pourront très bien se faire avec ou sans l'être aimé selon les circonstances. D'ailleurs, ce ne sera que vers la toute fin seulement de cette rétrogradation que vous prendrez enfin un peu plus de temps pour vous deux. En fait, vous commencerez à adopter une attitude qui ressemblera plus à du *cocooning*. Votre partenaire et vous serez assez friands de bons films, confortablement installés sous les couvertures pour vous y échanger également un peu d'affection. En tant que célibataire, vous serez partant pour toutes les nouvelles aventures tant et aussi longtemps qu'il y aura des gens passionnants. Vous serez certainement très actif en ce qui a trait aux rencontres. Ce sera un peu la course contre la montre, puisque vous ne voudrez probablement pas passer les Fêtes seul, alors vous vous activerez pour multiplier les rendez-vous, quitte à ne pas toujours bien connaître la personne avant d'accepter une première invitation. Il ne sera pas étonnant non plus que vous soyez invité à participer à des événements pour célibataire qui ressembleraient à la limite au fameux « speed dating ». Il est possible que de vieilles fréquentations ne voudront pas totalement décoller et que des personnes reviennent essayer de vous séduire à l'occasion. En fait, il s'agira possiblement de quelqu'un avec qui vous avez déjà eu un premier contact, ou même une relation, et on vous proposera de vivre quelque chose d'intéressant. Il est plus possible que ça aille même au-delà de ça. Cela dit, si vous vivez en couple et n'avez jamais voulu d'enfant parce que vous avez choisi de vivre librement, prenez les précautions nécessaires lors de vos pratiques sexuelles. Il en ira de même si vous décidez de traverser la clôture.

Famille

Ce sera un temps où le bien-être des autres vous préoccupera davantage. Il se peut que vous tentiez de régler un problème en ce qui concerne votre famille. Cela dit, il est possible que l'un de vos enfants soit malade : les rhumes et les grippes seront au rendez-vous fréquemment durant cette période de l'année. Il pourra s'agir aussi d'un proche ou d'un bon ami à vous à qui il faudra tenir la main pour l'encourager à passer à travers une épreuve.

Santé – Bien-être physique

Évidemment, c'est le stress qui domine en cette période de l'année et il importera que vous appreniez à vous détendre ou vous risquez de vous épuiser assez rapidement, ce qui n'est pas souhaitable à ce temps de l'année. Il ne serait pas impossible que vous vous lanciez dans un nouveau régime révolutionnaire qui vous permettra de rentrer dans des vêtements qui ne vous font plus depuis un certain temps. Cela dit, il sera suggéré de regarder où vous mettez les pieds alors qu'une plaque de glace pourrait bien vous rendre la vie difficile ou vous confiner au repos pendant quelque temps. En fait, il sera important aussi de prendre toutes les précautions nécessaires pour vous éviter d'attraper un rhume ou une grosse grippe, alors que votre système immunitaire sera plus fragile maintenant. Peut-être est-ce en raison d'une bonne fatigue accumulée dernièrement ? Attention, accident vasculaire possible ! Un temps favorable pour vous inscrire à un cours de yoga ou de conditionnement physique.

LA PHASE RÉTROGRADE DE MARS POUR 2024

Mars rétrograde en Lion – du 6 décembre 2024 au 5 janvier 2025 – votre VIIe maison natale

Climat général

Vous ne serez pas aussi généreux de votre personne et vous serez même porté à vous rebeller contre tout un chacun, en ce sens que vous ne serez pas tout à fait d'accord avec leurs manières de procéder ! Vous voudrez vous séparer à tout prix du pouvoir que ces personnes exercent sur vous, mais il est tout aussi possible que vous puissiez vous sentir piégé par des circonstances de la vie et vous devrez répondre contre votre gré. Vous aurez des comptes à régler ou des explications honnêtes à donner. Entre-temps, l'attention sera portée davantage sur vos relations. Veuillez être plus sensible aux besoins des personnes qui vous sont chères et à ceux de vos associés aussi, mais plus encore lorsque vous ferez quelque chose qui puisse les affecter personnellement. Prisez plutôt leurs bons côtés et si des conflits surviennent, sachez régler ces derniers dans le calme et d'une manière raisonnable. Il ira aussi de votre intérêt de bien peser le pour et contre avant de vous engager dans toute relation ou association sérieuse. Attention à la tension qui pourrait s'installer dans vos relations, tant émotionnelles que professionnelles !

Travail – Finances

Alors que vous sentirez plus le fardeau de vos responsabilités – tant professionnelles, familiales, amicales, d'affaires, artistiques que politiques – ce transit Mars rétrograde risque d'affecter votre amitié et votre relation avec un de vos collègues. Faites tout en votre pouvoir pour protéger ce lien qui vous unit en étant plus sensible à ses besoins et à ses sentiments. Malgré tout, cela n'exclura pas la possibilité de vivre des conflits ou des mésententes sur différents points avec un autre de vos collègues. Pas étonnant également que vous puissiez mettre un terme à une association, sinon à un contrat d'association ou de travail, parce que l'entreprise ou le partenaire d'affaires ne se sera pas montré à la hauteur ou n'aura pas été loyal. Ou encore, il n'aura pas rempli ses engagements. Quoi qu'il en soit, n'allez pas vous lancer dans un partenariat d'affaires. Afin de vous épargner le pire, n'allez pas non plus mettre en marché un produit, un service ou un projet, sans quoi vous risqueriez de rester dans l'ombre. Au contraire, misez plutôt sur cette période pour trouver une solution et pour amender vos ennuis légaux ou juridiques en suspens. Cela dit, vous risquez très bien de vous retrouver sur le qui-vive professionnel, alors que l'on ne peut pas dire non plus qu'au travail tout baignera dans l'huile. Au contraire, la pression sera grande et vous ne saurez pas au juste ce que vous voulez ou accuserez-vous plus un manque de motivation ? Quoi qu'il en soit, assurez-vous de suivre les règles de l'entreprise qui emploie vos services et même quand elles ne feront pas votre bonheur. Entre-temps, prenez garde alors que des personnes près de vous risquent de vous mettre au défi ou elles initieront une chicane. Vous éprouverez probablement plus d'ennuis à bien gérer la compétition aussi. De toute évidence, vos rapports avec les autres seront plus aggravants alors que chacun voudra avoir raison ou avoir son propre mot à dire suivant toutes les décisions communes. Apprenez à être diplomate alors que cela servira mieux ainsi vos intérêts. Quoi qu'il arrive, quelques tensions possibles dans le secteur de vos activités sont à prévoir, surtout que les dossiers ne s'empileront pas sur votre bureau. Il y aura même possibilité de rumeur de fermeture de l'entreprise ou de grève. Votre insatisfaction se traduira par de l'impulsivité, ce qui risque de vous faire commettre une bévue. Allez-y un peu plus doucement et réfléchissez avant de poser un geste important. Cela dit, il est possible que vous puissiez être témoin qu'un patron, une tête dirigeante, sinon un responsable abuse de son autorité. Pire, cette personne pourrait même fuir ses responsabilités !

Amour – Sentiments

Voilà un temps où vos relations intimes vont requérir votre pleine attention. Si vous avez négligé l'être aimé ou toute autre personne près de vous, veuillez prendre cet avertissement au sérieux, mais si vous avez tout fait en votre pouvoir pour connecter avec cette personne, cessez de bannir tout sentiment de non-confiance en vous et, qui sait, peut-être que la source du problème provient d'ailleurs. N'empêche, il ira de votre intérêt d'être doux et gentil si des conflits devaient survenir, et rappelez-vous que chaque personne sera sous une pression différente. D'ailleurs, il est très possible que l'être aimé subisse des changements de vie importants et que vous ayez à vous ajuster. Il est possible aussi qu'une situation personnelle que vous aviez cru réglée par le passé refasse surface et vous aurez besoin à présent de vous en acquitter une fois pour toutes. Puisque ce sera une période où vous vous opposerez à tout changement, que ce soit d'apporter des changements qui s'imposent dans votre comportement ou que vous refusiez d'ouvrir votre cœur et votre esprit au changement, n'allez pas être surpris si le partenaire de vie se sent plus négligé, puisque possiblement il s'attendait à ce que vous vous impliquiez davantage dans votre relation.

Ce sera un temps où l'on vous trouvera plus insoumis, plus insaisissable et peu motivé. Apprenez à vous adapter au lieu de vous rebeller ! Malgré tout, attendez-vous à des défis possibles alors que vous trouverez que votre partenaire de vie, ou l'associé si c'est le cas, prend un peu trop d'espace à votre goût et que tout doive convenir à sa guise, alors qu'en retour vous serez porté à broyer du noir. La meilleure option sera de vous questionner sur ce qui se passe avec cette personne et de mettre un peu plus d'eau dans votre vin, de part et d'autre, alors que vous ne pourrez régler seul ce problème. Évitez de faire des suppositions ou de foncer tête première, alors qu'une attitude objective devrait être prônée et plus de conversations, ce qui pourra améliorer grandement votre situation. N'empêche, prenez garde puisque vous pourriez être victime d'une attraction physique hors de l'ordinaire, une passion amoureuse qui pourrait s'avérer nocive à long terme. Sinon, certains événements fortuits vont vous obliger à voir l'aspect authentique d'un nouvel élu plutôt que de vous arrêter à son apparence physique. Quant à vos relations amicales, elles risquent de mal tourner alors que vous vous questionnerez sur les intentions réelles de l'une de celles-ci. Attendez-vous à ce que certains problèmes occasionnels surviennent. Si ce n'est pas le cas, un ami que vous chérissez risque d'être plus difficile à gérer ou se sentira-t-il négligé par vous ? Quoi qu'il en soit, il faut vous concentrer sur des solutions et réorganiser l'énergie que vous utilisez avec l'être aimé. Il est temps de vous poser la question sur ce que vous attendez de votre couple, de vos relations. D'ailleurs, ce faisant, vous ferez un très bon travail. Vous allez trouver d'autres moyens d'améliorer votre relation avec l'être aimé ou suivant tous les autres partenaires potentiels. Dites-vous bien que si vous provoquez des situations tendues, il vous faudra considérer votre rôle dans ces situations et améliorer votre comportement. Maintenant, la balle est dans votre cour, à vous de faire à votre tête ! Cependant, dites-vous que vous pourrez apprendre beaucoup sur vos rapports avec l'autre en ce moment ; améliorez ceux-ci par un nouveau comportement. Et si vous êtes à la source du conflit, réfléchissez à votre rôle dans cette histoire et changez vos manières, et bien entendu, votre comportement !

Famille

Vous réaliserez, du moins à certains égards, que les relations familiales vont être difficilement conciliables. Il vous sera donc suggéré de n'intervenir dans un conflit familial important que si, préalablement, vous recevez l'assentiment d'une figure d'autorité parentale, mais dites-vous bien que quelqu'un détiendra le pouvoir décisionnel dans une histoire de famille plutôt compliquée. Soyez informé qu'un proche pourrait aussi traverser une épreuve difficile dans sa vie ou il sera frappé par la maladie. Si ce n'est pas le cas, vous pourrez décider de couper les ponts avec des personnes de la famille ou même avec des proches. À tout le moins, vous tendrez à tenir tête aux gens qui vous entourent, tout autant votre paternel, ainsi que défier son autorité, ou l'autorité en général, de même que refuser de répondre à leurs attentes. Cela dit, vous ne serez pas à l'abri que l'un de vos appareils ménagers vous cause des ennuis ou qu'il fasse défaut, et que vous vous retrouviez dans l'obligation de délier les cordons de votre bourse pour le remplacer ou le faire réparer.

Santé – Bien-être physique

Voilà une période où lorsque le temps viendra de devoir faire un choix, de prendre des décisions importantes ainsi que de relever un défi de taille, non seulement vous hésiterez à passer à l'attaque, mais vous serez également porté à ressentir de l'inquiétude, ce qui pourra en retour affecter votre santé, mais également votre bien-être physique. Une raison supplémentaire pour laquelle il sera avisé de faire un peu plus attention à votre alimentation. Méfiez-vous aussi d'une trop grande privation ! Faite preuve de modération et vous pourrez ainsi vous prémunir contre toutes les blessures possibles. Et lorsque vous pratiquerez votre sport favori ou ferez de l'exercice, soyez prudent en tout temps et évitez d'abuser de vos forces et de prendre des risques inutilement. Il sera sage de redoubler de prudence pour mieux vous éviter un bête accident, sinon un incident fâcheux. Vous ne serez pas à l'abri non plus de souffrir d'une fatigue extrême ou d'éprouver un fort sentiment de solitude, sinon d'abandon, ce qui risque de provoquer un déséquilibre émotionnel faisant ressurgir un mal dont vous ne souffriez plus. Vous pourriez aussi éprouver un problème rénal si vous vous nourrissez mal. Cessez d'être trop sévère envers vous-même. Cela dit, vous pourriez aussi ressentir constamment une douleur au niveau de vos hanches. Par conséquent, veuillez consulter au besoin alors qu'il y aura une solution. Si vous remettez sans cesse, vous courez le risque que le problème puisse non seulement s'aggraver, mais aussi avec le temps, qu'il puisse s'étendre jusque dans vos genoux.

L'ÉCLIPSE SOLAIRE TOTALE DU 8 AVRIL EN BÉLIER – votre IIIe maison natale

Secteur de votre thème personnel qui régit vos communications, vous aurez tendance à vous rapprocher des autres, à exprimer vos idées et vous explorerez différentes pistes d'action. Vous pourriez vous sentir particulièrement agité et encourir des ennuis ou des confrontations avec vos voisins, ou vos frères et sœurs. Et dans votre quête de connaissances, vous pourriez décider d'améliorer vos compétences, de vous instruire davantage ou de vous inscrire à un cours qui suscite un vif intérêt chez vous.

Cela dit, vous aimerez ce printemps hâtif alors que l'éclipse ne vous touchera pas, à moins, bien entendu, d'avoir un ascendant ou des planètes nombreuses dans les signes du Bélier, du Cancer, de la Balance ou du Capricorne. En ce cas, consultez rapidement un médecin au moindre malaise. Il faut de la prudence, car l'éclipse est totale, donc d'une grande intensité ! Souhaitons que vous n'ayez rien dans ces signes. Si oui, ce sera sans danger. Avec l'aide que vous avez actuellement, vous vous en tirerez sans peine. Profitez-en pour aider les faibles et les malades, les entêtés ainsi que les fanfarons qui feront mine de ne pas souffrir et d'être en parfaite forme. Vous ferez ce qu'il y aura à faire, c'est évident ! Cela risque tout de même de créer une atmosphère instable. À cet effet, des appels téléphoniques pourraient être mal acheminés, sinon le courrier sera perdu et les rendez-vous seront oubliés. Les voyages seront également précaires.

Parlant d'appels téléphoniques, vous pourriez au cours de cette période entendre parler d'un amoureux, d'un parent, d'un enfant, d'un frère ou d'une sœur ou d'un ami qui sera fatigué ou malade. Vous l'aiderez de votre seule présence. Cette personne sera chanceuse de vous avoir près d'elle, car votre superbe énergie l'influencera positivement sur un chemin amusant, et sans doute plus payant aussi de la guérison. On aura raison de suivre vos conseils éclairés et de croire en vous. Vous ne décevrez personne !

Malgré l'éclipse, vous serez en forme et parti sur une bonne lancée. Rien ne pourra vous arrêter, sauf la maladie. Voilà pourquoi vous devez respecter à la lettre les règles d'une saine hygiène de vie. Et si vous avez remis à une date ultérieure l'échéance des consultations, des chirurgies ou des soins appropriés, il est grand temps de remédier à la situation. La gorge, le cou et les seins seront vos points faibles. Ne négligez rien qui puisse améliorer votre qualité de vie. C'est essentiel, puisque cette éclipse pourrait jouer contre vous si vous n'y prenez garde. Demeurez prudent dans la manipulation de substances ou d'objets potentiellement dangereux. Si vous avez des déplacements à faire, soyez prudent sur les routes. Les risques d'accidents seront plus élevés, sans compter que les influences bizarres se multiplieront, y compris l'attitude des gens.

P.-S. : Vous êtes encouragé à prendre connaissance de tout ce qui est écrit au chapitre intitulé « Les éclipses de 2024 » pour mieux vous familiariser avec toutes les mises en garde à respecter lors de toutes les éclipses.

♓

Poissons

20 février au 20 mars

LES DIFFÉRENTS ASPECTS DE VOTRE PERSONNALITÉ

Poissons – féminin, double, eau

Dans le signe du Poissóns, l'Eau instable et fluide se combine à la capacité mutable ou double de dériver facilement dans le changement. Cela fait du Poissons le signe le plus fluide du zodiaque. Ici, la nature introvertie de la polarité négative est régnante. Vous êtes le plus sensible des signes, donnant des émotions très fortes et profondes. Trop impressionnable, trop sensible aux influences extérieures, vous avez souvent besoin de vous échapper. Régi par la nébuleuse Neptune, vous pouvez être difficile à comprendre. Il est utile de se rappeler que vous n'êtes pas cartésien pour autant. Vous fonctionnez à un niveau intuitif et vous avez souvent besoin de vous retirer en vous-même pour maintenir votre équilibre; vous ne pouvez pas être compris par la logique, l'analyse ou la pression. Capable de grandes quantités de compassion, de vous sacrifier, vous êtes mieux compris par la sympathie et l'attention mutuelle. De tous les signes, vous êtes le plus sensible et le plus vulnérable, et êtes porté à vous décourager plus facilement ainsi et à baisser les bras au premier échec.

Romantiques et très rêveurs, les natifs de votre signe ont une grande facilité à s'isoler émotionnellement et à quoi que ce soit qu'ils s'exposent. De réputation, vous êtes d'une compassion ultime et tendez à vouloir fuir la réalité. Vous faites partie de ces personnes qui ressentent les choses, tant pour le meilleur que pour le pire. Voilà pourquoi vous avez besoin d'un temps de répit par moments pour mieux gérer tout ce bagage d'émotions et rassembler vos idées. Vous exposer devant les autres, devant la masse est très exigeant pour vous.

Déjà que vous avez tendance à attirer à vous des personnes et même des animaux de nature nécessiteuse ou dépendante, vous devez absolument faire attention à ne pas être victime de votre générosité en voulant sauver tout le monde. Vous tendez aussi à ne voir que le meilleur chez tout un chacun et dans toute situation. Par conséquent, vous risquez d'être éventuellement déçu lorsque la réalité s'installera. Il sera essentiel et primordial que vous gardiez les deux pieds bien ancrés dans la réalité.

CE QUI VOUS DIFFÉRENCIE DES AUTRES NATIFS DE VOTRE SIGNE

En tant que natif du 1er décan (du 20 au 29 février), votre signe natal est gouverné par Neptune et secondairement par Jupiter, alors qu'elle est dite exaltée dans votre signe. Pour ce qui est de votre décan, c'est Saturne qui en a la maîtrise. Cela fait de vous une personne qui tend à errer dans la vie et vous êtes ouvert à toutes sensations et toutes expériences, insaisissables et sensibles.

Dans un temps, Neptune vous donne une imagination riche et une spiritualité innée, mais n'impliquant pas nécessairement un ou des liens religieux formels. Vous avez un penchant mystique et êtes souvent médium, ou du moins très intuitif! Ne manquez pas de mettre à profit votre clairvoyance innée et vos qualités médiumniques pour mieux neutraliser vos ennemis, soigner et guérir ceux qui sont dans le besoin, ainsi que mieux apprendre et enseigner aux intéressés. Bien que vous vous souciiez peu de l'argent, vous aimez quand même les belles choses et le confort.

Quant à Saturne, elle vous rend plus sérieux, plus réservé, parfois plus solitaire que d'autres natifs de votre signe. Elle vous donne également de la dignité, vous aide à mettre aussi de l'ordre et de la structure dans vos idées et dans vos ambitions.

En destinée, le père, votre nourricier, ou celui qui en tiendra lieu, jouera toujours un rôle particulièrement déterminant de par son influence capitale sur les choix que vous ferez, tant dans votre vie intime que dans votre métier ou votre carrière.

Vous êtes de ces personnes qui ont besoin d'un mode de vie paisible qui puisse leur permettre de mieux mettre à profit leurs multiples talents, compétences et habiletés de manière positive. Vous pourriez très bien exceller dans le domaine des arts et du théâtre, de la chimie, des sciences, de la musique, de la recherche, du médical et en tant que travailleur social ou dans l'industrie pétrolière. Ne manquez donc pas de cultiver vos meilleurs traits et vos nombreuses capacités pour bien servir vos intérêts.

L'influence de Saturne sur ce décan fait de vous une personne sensible, mystique et fortement encline à éprouver de l'anxiété ou à poursuivre un idéal irréalisable. Trop réceptif aux influences des personnes qui vous entourent, vous manifestez certaines tendances à fuir vos responsabilités. Des trois décans, c'est le vôtre qui éprouve le plus de difficulté à gérer et à comprendre ses émotions. Introverti à l'extrême, vous vous enfermez dans votre tour d'ivoire. On pourrait croire que vous êtes égoïste, mais lorsqu'on apprend à mieux vous connaître, on découvre que vous êtes de ces personnes très dévouées et que vous possédez aussi un cœur en or. Vous devenez parfois tellement confus et renfermé sur vous-même que vous en venez à craindre de réaliser vos propres désirs. Il sera donc primordial de faire attention de ne pas être votre pire ennemi ni de vous saboter personnellement.

Aussi solitaire, lucide et exigeant que vous puissiez être, vous êtes tout aussi capable de refouler vos sentiments et vos émotions, et même d'émettre des jugements assez tranchants sur les gens qui vous déçoivent. Il vaudra donc mieux apprendre vite et jeune que toute vérité n'est pas bonne à dire et si la franchise est une vertu appréciée, la diplomatie en est une à cultiver également.

En amour, vous êtes un romantique-né et vous avez des idéaux élevés en ce qui a trait à votre vie et à votre destinée amoureuse. La personne qui voudra gagner votre cœur et garder votre amour aura à respecter votre nature sensible. Très fidèle, si vous vous mariez, choisissez quelqu'un qui est protecteur, tendre et tout aussi sensible que vous l'êtes. Cependant, beaucoup d'entre vous préfèrent le célibat ou choisissent un partenaire de vie plus âgé qui leur offrira la sécurité matérielle et la stabilité.

En tant que natif du 2e décan (du 1er au 10 mars), vous êtes sous la protection de Neptune, mais votre décan est régi par Jupiter et secondairement par la Lune pour faire suite à la triplicité d'eau qu'est votre signe solaire. Cet amalgame d'énergie ajoute et amplifie le côté sensible et hautement émotionnel de votre nature. Vous êtes le plus prudent et le plus économique des décans. Vous avez besoin de sécurité tant sur le plan financier que spirituel et vous tendez aussi à trop vous inquiéter de tout. Doux, loyal envers les personnes que vous aimez, vous pouvez vous sacrifier pour vos proches sans même penser à ce que vous faites. Vous pouvez également devenir un être qui se plaint, voire une sangsue, hypocondriaque et généralement trop sensible.

Cette triple influence est un atout majeur, alors qu'elle vous donne toute la capacité de mieux définir vos objectifs élevés, mais aussi de les atteindre tout en mettant à profit votre riche imagination. Soulignons que vous avez le don d'inspirer les autres à faire de leur mieux.

Privé par nature, vous préférez de beaucoup éviter toutes les confrontations et tous les conflits possibles. Évitez à tout prix toutes les personnes toxiques ou agitées qui tendent à vous vider de vos énergies.

La personne qui partage votre cœur de même que vos enfants tiennent une place importante à vos yeux et dans votre vie. D'ailleurs, tout ce qui relève de votre vie domestique l'est également, même si certains ajustements liés à celle-ci peuvent vous être difficiles à faire à l'occasion. Il importe que vous soyez un modèle fort et des plus sensible aux besoins et aux attentes des personnes près de vous afin que vous puissiez mieux vous développer à votre juste valeur et selon votre plein potentiel.

Optimiste, expansif et plein d'idées pratiques, vous avez la chance de voir vos rêves se réaliser, mais vos sautes d'humeur pourraient vous faire perdre confiance en vos capacités de pouvoir les poursuivre. Malgré tout, vous pourrez quand même très bien réussir votre vie en tant que conseiller, historien, écrivain ou enseignant. Beaucoup d'artistes, de musiciens et d'acteurs émergent aussi de votre décan.

Des trois décans, vous faites partie de ceux qui sont les plus conscients de la fragilité de leurs émotions, alors que vous luttez constamment pour les garder sous contrôle. Vous êtes enclin aussi à vous sacrifier, voire à vous laisser bafouer par vos proches, tellement que vous êtes très vulnérable par nature. Vos sentiments risquent d'être facilement blessés. Il faudra apprendre à mieux vous protéger !

Influencé par Jupiter, votre vie, votre santé et vos affaires sont de beaucoup meilleures pour les natifs du premier et du troisième décan, mais vous êtes essentiellement jouisseur et matérialiste, et vous aimez la vie passionnément. Charmant, séduisant et des plus enjôleurs, vous obtenez à peu près tout ce que vous désirez dans la vie. En amour, vous aimez combler l'être aimé de menues attentions et de démonstrations enthousiastes pour assurer son bonheur, mais aussi son confort. Cependant, sous l'influence bienveillante et dévouée de la Lune, vous êtes facilement impressionnable et tout aussi affecté par la moindre contrariété. Porté sur les passions amoureuses, il est probable que vous aurez de nombreuses aventures sentimentales même si pour vous, le mariage revêt une grande importance. Si vous vous mariez, choisissez un partenaire de vie qui a le sens de l'humour, volontaire, ambitieux et responsable.

En tant que natif du 3e décan (du 11 au 20 mars), vous êtes régi par Neptune et votre décan est sous la protection de Mars et secondairement de Pluton pour faire suite à la triplicité d'eau qu'est votre signe solaire. Cela fait de vous une personne ayant beaucoup de volonté, d'énergie, de courage et d'endurance. Vous êtes pourvu aussi d'une intuition et d'une prise de conscience psychologique fort remarquables. Bien que vous ayez la tête pleine d'idées bizarres, vous parvenez en quelque sorte à les rationaliser et à les sublimer. Très spirituel et poétique, c'est parfois trop aussi à supporter! Vous êtes le plus vindicatif et jaloux des autres décans, même si vous ne semblez pas avoir une goutte de mauvais sang en vous.

Le duo d'énergie Mars et Pluton vous expose à une certaine violence en raison de votre nature provocatrice sous des dehors doux et rêveurs. Il vous donne aussi une capacité énorme de survivre à toute épreuve que la vie met sur votre route. Malgré tout, demeurez très prudent, surtout en tant que jeune personne, puisque la flamme intérieure brûle tout ce qu'elle touche et plus encore les feux rouges. Bien que vous ayez à expérimenter des défis, ce ne sera rien que vous ne pourrez maîtriser ou gérer. Pour mieux vous aider à traverser ces épisodes, nourrissez le côté spirituel de votre nature par l'intermédiaire d'activités qui vous aident à vous calmer telles que la méditation, le yoga, la prière, la musique et toute lecture qui puisse vous inspirer.

Étant le natif le plus intense comparativement aux deux autres décans, alors que Mars et Pluton tendent à vous accabler, gardez sous contrôle votre seuil d'énergie et votre intensité naturelle de sorte que vous puissiez mieux propager la paix ainsi que la stabilité, tant envers les membres de votre entourage et vos proches qu'envers vos collègues et toutes les relations avec qui vous faites des affaires. Cela ne veut pas dire toutefois que vous ne serez pas exempt d'encourir des bouleversements dans votre vie. Toutes ces émotions et tous ces mauvais souvenirs, logés dans votre inconscient, dans votre for intérieur, exercent une grande pression sur vous, et il est possible que vous éprouviez une énorme difficulté à vous en libérer. Toutefois, ce sont toutes ces nombreuses et diverses expériences émotionnelles qui vous ont forgé à être plus fort et plus résistant. Apprenez à les accueillir avec sérénité.

Alors que tout vous incite à agir de façon courageuse et de manière déterminée dû à l'influence de Mars et de Pluton, vous pourriez décider de vous engager dans des activités audacieuses ou des carrières à haut risque. Vous pourrez très bien réussir en tant que conducteur d'automobiles de course. Vous pourrez tout autant faire votre marque dans la vie en tant que soldat des forces armées, explorateur ou chercheur. Souvent parti de rien dans la vie, vous ne pourrez atteindre en destinée des sommets inégalés que si vous savez mettre à profit votre troisième œil ainsi que votre don de clairvoyance, de clairsentience, de clairaudience ou de clairconnaissance alors qu'en retour, vous pourrez souvent vous éviter le pire.

Il est vrai de dire aussi que vous n'avez pas choisi le plus rassurant des signes ni le plus choyé des décans. Les épreuves et les handicaps physiques et moraux qui vous échoient ne surpasseront jamais votre immense courage, puisque vous faites partie de ces personnes qui s'affranchissent coûte que coûte de toutes les intempéries. Rares sont ceux de votre décan qui se suicident malgré leur lot d'épreuves !

L'amour exerce une influence majeure dans votre vie, tant pour le meilleur que pour le pire. Mars et Pluton vous poussent à rechercher les sensations fortes ainsi que les démonstrations chaleureuses. Aussi ardent et passionné que vous soyez, vous êtes incapable de concevoir l'infidélité de votre partenaire. Romantique-né, vous avez des idéaux élevés en ce qui concerne votre vie amoureuse. Vous avez un faible pour les gens raffinés, pondérés et paisibles. Si vous décidez de vous marier, choisissez un partenaire de vie qui est sociable et qui saura respecter votre nature sensible.

CE QUE LES ASTRES VOUS RÉSERVENT EN 2024

Jupiter en Taureau jusqu'au 25 mai 2024 – votre IIIe maison natale

Jupiter est fondamentalement une planète qui se déplace lentement. Elle a tendance à rester dans un signe et une maison pendant une année entière. Mais, tout comme les deux précédentes années, elle se déplace exceptionnellement vite – elle passe en fait par deux signes et maisons cette année. Elle commence l'année en Taureau, votre IIIe maison, puis elle se déplace en Gémeaux, votre IVe maison.

Avec Jupiter en Taureau, misez sur cette période pour redresser et améliorer votre vie. Il ne faudra plus attendre après les autres ni rêver que les choses vont se produire par enchantement ! Désormais, vous devez croire en vous, car vous avez sans contredit l'étoffe d'un champion. Les gestes que vous ferez pour bonifier votre destinée vont dépasser vos propres prévisions. Foncez, vous ne pourriez espérer un meilleur cycle pour le faire !

En affaires, Jupiter dans votre troisième secteur, au moment de votre anniversaire 2024, constitue un gage de chance. Vos entreprises iront comme sur des roulettes, vos rêves deviendront réalité, vous vous rapprocherez de votre idéal et vous aurez même des chances de rafler un prix lors d'un tirage ou d'un concours. Vos finances tendront vers une nette amélioration, vous liquiderez des dettes et pourrez même mettre des sous de côté. Période idéale pour les voyages, les déménagements, les rénovations et aussi l'immobilier. Si vous êtes écrivain, éducateur, éditeur ou dans le domaine du voyage, vous allez adorer ce cycle. Quant aux associations possibles, avant de donner votre accord, une longue réflexion s'impose puisque le danger d'être floué est présent. Attention aussi aux faux renseignements, aux faux papiers, aux faux rapports qui pourraient être produits et allez au fond des choses. Vous parviendrez à faire des économies substantielles, vous couperez dans les dépenses inutiles et vous réussirez même à recentrer vos acquis pour qu'ils soient plus profitables. Si vous êtes en commerce, ou gérez un commerce, ou êtes en contact avec le public, vous brasserez des affaires en or. Puisque vous serez en situation avantagée, profitez-en aussi pour présenter vos idées ou vos plans aux autres, pour dénicher un travail ou quelque chose que vous voulez accomplir par vous-même. Les personnes en position d'autorité écoutent – et on écoute même ce que vous dites !

Pour ce qui est des amours, l'harmonie sera présente, la communication et le dialogue seront plus faciles. Votre vie quotidienne est appelée à s'élargir considérablement. Rencontres, réconciliations et satisfactions sont à prévoir. Vous pourriez trouver un nouveau quartier qui vous conviendra mieux, à vous et à votre petite famille, que celui où vous vivez actuellement. Vous rencontrez de nouvelles personnes dans votre quartier et votre communauté, et vous vous ferez aussi de nouveaux amis qui, d'une certaine manière, seront un atout majeur pour le développement de votre expression créative. Vos relations avec vos frères et sœurs s'amélioreront, sinon s'élargiront d'une certaine manière. Les voyages à l'étranger sont possibles avec tout transit de Jupiter ainsi que tout ce qui est lié à l'éducation, à l'édition et à votre vision du monde.

En ce qui a trait à votre santé et à votre bien-être physique, la présence de Jupiter dans ce signe épicurien et sensuel exaltera les plaisirs terrestres. Son influence risque d'en enrichir certains et en fera grossir d'autres, selon ce que chacun fera de cette énergie. La nature exercera un effet bénéfique sur vous. Attention tout de même de ne pas grever votre silhouette.

Jupiter en Gémeaux – du 25 mai 2024 au 9 juin 2025 – votre IVe maison natale

Une période décisive se dessine. Vous arrivez à la croisée des chemins et vous allez redéfinir vos objectifs. Ce sera un cycle où vous nagerez souvent en pleine confusion, ce qui pourra vous inciter à vous interroger et à remettre bien des choses en question. Plusieurs changements importants sont appelés à se manifester, fréquemment vous en serez l'instigateur, mais il se peut que, parfois, ce soit la vie qui vous les impose. En préférant les gestes volontaires, mais réfléchis, au laisser-aller et à la passivité, vous pourrez vivre une existence tout à fait paisible. Un profond changement d'attitude contribuera réellement à votre bonheur. En effet, trop souvent, vous rêvassez ou vous subissez votre vie au lieu de prendre les choses en main. Faites-vous confiance, cessez d'attendre un miracle et foncez, vous serez estomaqué des résultats que vous obtiendrez, mais jouez sûr !

En affaires, vous aurez parfois du mal à obtenir ce que vous désirez. Votre carrière n'ira pas au rythme que vous souhaitez, vos finances risquent aussi de faire des folies. Afin de ne pas envenimer les choses, proscrivez les prêts, les affaires risquées et les investissements faits à la légère. Rappelons qu'il vaudra mieux favoriser toutes les actions raisonnables plutôt que les gestes intempestifs durant cette période. Ne tenez rien pour acquis et employez-vous à préserver ce que vous avez mis en place ! Un de vos meilleurs atouts demeurera la souplesse, mais évitez de la confondre avec la passivité. Gardez votre direction, ne vous laissez pas manipuler tout en sachant vous adapter aux différentes transformations susceptibles de se produire. Méfiez-vous également de votre naïveté qui pourrait aussi vous faire croire aux balivernes d'un beau parleur. Si un litige se présente au cours de cette période, tâchez de le régler à l'amiable, sans quoi les procédures risquent d'être longues et coûteuses.

Pour ce qui est de vos amours, c'est dans votre nature d'être trop généreux, et cette année, vous risquez particulièrement d'être victime de requins. N'hésitez pas à établir vos limites, ne vous laissez pas envahir et gardez les sangsues et les parasites à distance. Trop de gens chercheront à se mêler de vos affaires ou à vous dicter votre conduite. Il est grand temps d'apprendre à dire non ! Bien sûr, certaines personnes pourraient en prendre ombrage, mais dites-vous que de voir s'éloigner un manipulateur ou une profiteuse ne représente pas une grosse perte. Et bien que cela demeure délicat avec certains membres de votre entourage, vous semblez en être bien moins affecté qu'avant. Vous commencez à vous distancer des situations compliquées ainsi que des missions impossibles. Vous aurez la force de caractère requise également pour vous éloigner de certains individus.

En ce qui a trait à votre santé et à votre bien-être physique, la négligence et le manque de contrôle sur vous-même pourraient vous jouer des tours. Le temps est venu de prendre quelques bonnes résolutions. Pas question non plus de jouer au casse-cou, vous vous retrouveriez vite sur le carreau. Le carré de Jupiter devrait vous inciter à prendre plus soin de vous. La pire chose à faire serait de céder à la gourmandise ou de commettre des excès. En abusant de vos forces ou en ayant un mode de vie désordonné, vous risquez d'avoir des ennuis. Prenez de bonnes résolutions et surtout maintenez-les ! Toutefois, sachez que vos états d'âme risquent d'être variables.

Saturne en Poissons – toute l'année – votre Ire maison natale

Saturne a parfois mauvaise presse, car nous combattons souvent les changements saturniens. Elle nous enseigne la « responsabilité » dans de nombreux domaines de notre vie qui peuvent grandement bénéficier d'un peu d'amélioration. Planète des bilans, son passage vous forcera à vous arrêter pour voir où vous en êtes dans votre vie, dans vos affaires et sera un temps opportun aussi pour faire du ménage dans votre vie et de porter un regard analytique sur vos expériences passées. Le moment est venu de remettre certaines choses en question, mais aussi de vous interroger sur la direction à donner à votre avenir ; étape de votre vie qui marque une transformation, une évolution suivant laquelle vous en sortirez grandi, puisque Saturne veut que vous définissiez plus clairement votre approche envers la vie. Soyez plus précis dans votre quête pour mieux définir votre sens personnel de l'autorité et une meilleure expertise de qui vous êtes et de quoi vous êtes fait. Saturne dans votre signe toute l'année, et plus encore, voilà qui provoquera une prise de conscience qui ne sera pas de tout repos ! Saturne vous indique la voie de la sagesse que vous n'atteindrez que seulement dans l'application, dans la matière qui a besoin d'être remodelée. Parler et ne rien faire, c'est se décevoir, se faire des illusions. C'est aussi fuir la réalité, la sienne et celle de toute la société, puisque l'on dépend les uns des autres. Durant ce cycle, Saturne aura pour fonction première de vous faire réfléchir sur qui vous êtes, à votre vraie nature, à votre moi. C'est comme si la vie vous obligeait à faire la part positive et négative en vous, alors que vous pourrez mieux voir ce qui vous fera grandir et vous pourrez ainsi observer suffisamment pour déceler vos attitudes ou comportements qui ralentissent votre progression personnelle ou qui vous empêchent d'être heureux. Plus encore, les expériences que vous ferez seront plus importantes que vous ne l'imaginerez pour votre futur professionnel. Profitez-en ainsi pour changer votre façon de penser, vos valeurs et celles qui doivent rester, aussi bien que celles qui n'ont plus lieu de rester ; c'est un grand balayage ! Vous vous devez d'être responsable de tous vos actes ! Or, misez sur cette période pour vous défaire de toute mauvaise habitude ainsi que changer votre façon de vous conduire qui vous empêche d'atteindre votre pleine croissance personnelle. Ce sera aussi un temps où vous serez plus sensible à votre apparence physique et cela pourra influer sur les gens autour de vous ; vous serez plus obsédé à propos de vos erreurs passées – ce qui aura pour effet de vous occasionner un sentiment d'insécurité, mais pire encore, vous pourriez, en retour, vouloir éviter aussi la compagnie des autres.

En affaires, tout suggère que des portes vont s'ouvrir. Le temps se prêtera bien pour initier quelque chose d'important, de stable et de constructif. Il est tout aussi possible que vous décidiez de prendre une nouvelle direction dans votre carrière. Ce sera un temps où vous aurez envie de vous renouveler, de transformer votre vie, mais vous devrez agir avec une extrême prudence, surtout lorsqu'il sera question d'achat à long terme, d'association ou d'une nouvelle entreprise. Ayez recours aux services d'un avocat avant de signer un contrat ou pour ce qui est d'un engagement à long terme. Rien ne vous interdit d'agir, mais il sera sage de vous garder une grande marge de sécurité. Attendez-vous à plus de responsabilités, mais le contrôle de soi vous aidera à y parvenir avec succès ! Au risque de me répéter, vérifiez et doublement vérifiez à nouveau tout contrat à signer, que votre compte de chèque soit bien balancé et vérifiez également un à un tous vos comptes de carte de crédit – ne serait-ce que pour vous assurer qu'aucune erreur ne se soit dissimulée à votre insu.

Pour ce qui est de vos amours, vous aurez l'impression que toutes les responsabilités familiales reposent sur vos épaules. Vous aurez peut-être à prendre soin d'un parent vieillissant ou malade ainsi que le visiter plus souvent et lui parler de votre attachement avant qu'il ne soit trop tard. Saturne vous fera voir le vrai visage de vos parents et les circonstances seront telles que le meilleur ou le pire de chacun sera mis en évidence, alors que certains diront merci lorsque vous leur rendrez service contrairement à d'autres qui en demanderont plus et ne feront jamais rien pour souligner leur appréciation de ce que vous faites pour eux. Cela dit, des amis proches s'éloigneront. Ceux qui demeureront seront au bout du compte ceux sur qui vous pourrez compter.

En ce qui a trait à votre santé et à votre bien-être physique, voilà qui signale l'autocensure et les restrictions que vous vous imposez et les ponts que vous couperez; la générosité et la souplesse d'esprit préserveront votre équilibre mental et émotionnel. Cycle de grande transformation intérieure, le temps est venu de faire un bilan et si, par le passé, vous tendiez plus à vivre au jour le jour sans trop vous préoccuper du lendemain, vous ferez davantage preuve de prévoyance et songerez à assurer votre avenir, tant physique que moral. Vos élans risquent d'être freinés et vous ne serez pas à l'abri de déceptions de toutes sortes. Saturne vous donnera la discipline nécessaire pour persister dans vos bonnes habitudes alimentaires et de vie. Prenez soin de vous alors que vous pourrez éviter des désagréments au niveau de votre santé. Attention à la vitesse au volant, modérez votre colère et ne jouez pas avec les armes. Protégez votre tête, vos dents, votre nez lorsque vous faites du sport. Si des maux de dos surgissent, n'attendez pas, faites-vous soigner. Faite de même avec vos reins, alors qu'à la moindre anomalie ou douleur dans cette région, passez un examen complet. Ce sera l'occasion aussi de vous détacher d'un système de valeur qui n'est plus le vôtre. Si vous ne le faites pas, Saturne risque de vous noyer de vos propres émotions toute l'année. Cela dit, ne passez pas sous le bistouri sans avoir consulté au moins trois médecins, qu'importe le genre de chirurgie, afin qu'il n'y ait pas une erreur de diagnostic. Et si vous êtes quelque peu déprimé ou vous éprouvez un manque d'énergie, faite quelque chose qui vous intéresse, mais qui implique d'être actif alors que cela activera votre circulation. Et au lieu de vous fixer sur vos défauts ou vos imperfections, pensez plutôt à comment vous pourriez améliorer votre vie en général. Cela dit, vérifiez que vos portes et vos fenêtres soient toutes bien barrées et que vos appareils ménagers sont bien éteints.

Si le/la partenaire de vie est Poissons de par son Soleil ou son Ascendant natal

Votre compagnon Poissons semble-t-il dans un monde à part, préférant passer plus de temps seul et sans vous ? A-t-il développé dernièrement une personnalité sans état d'âme, parlant de tout avec beaucoup trop de sérieux ? Et qu'en est-il du sens de l'humour ? Avez-vous l'impression que votre chéri l'a perdu ? Si c'est le cas, il n'y a pas lieu de vous inquiéter, car il va changer d'avis. L'être aimé est au milieu d'une période intense de découvertes, mettant fin ainsi à de vieux cycles et découvrant de nouvelles voies de développement et de croissance. Il est dans un état d'esprit sérieux et apprend que plus tôt il s'investira et arrêtera de glander, plus tôt il apprendra aussi l'autodiscipline et les récompenses qu'elle peut apporter. Votre travail sera de lui offrir une abondance de bonne humeur et de nombreux essais de romance. Si vous pouvez le garder souriant, le reste devrait être facile.

Pluton en Verseau – les vingt prochaines années – votre X^e^ maison natale

Avoir la planète du pouvoir et du changement dans le signe libre-penseur et curieux du Verseau constitue une combinaison des plus puissantes. Vous réalisez que vous ne pouvez pas arriver là où vous voulez aller si vous êtes retenu par une énergie confuse ou négative. Le passage de Pluton au Verseau, c'est une rencontre profonde avec vous-même et vos ressources secrètes. Une rencontre qui durera vingt ans, qui vaut bien l'investissement. Votre intuition sera particulièrement précise et vous serez de plus en plus apte à aider les personnes en difficulté ou celles qui souffrent. Se retirer dans sa coquille pourrait rendre ce transit d'autant plus bénéfique. Il consiste à reconnaître les blessures intérieures et les autres parties de vous-même qui vous empêchent de profiter de la vie et de travailler pour les éliminer. Vous serez confronté à des expériences profondes concernant les choix que vous avez faits dans votre vie jusqu'à ce jour. Les actions sombres vous hanteront, tandis que le bon karma sera payé de manière importante. La clé pour utiliser ce transit à votre avantage est de ne pas laisser votre passé ou vos peurs vous hanter, mais de les transformer en source de pouvoir. Des ennemis cachés, des insécurités et un profond sentiment de solitude pourraient parfois se manifester, mais en fin de compte, vous apprenez à transcender, à renaître et à exploiter votre intuition, vos capacités psychiques et votre spiritualité.

LES PHASES RÉTROGRADES DE MERCURE POUR 2024

Mercure rétrograde en Bélier – du 1er au 25 avril 2024 – votre XIe maison natale

Climat général
Vous aurez du mal à vous ajuster aux événements ! Tantôt, vous serez plus impulsif, tantôt la confusion s'installera et vous ne saurez plus quoi faire. Gare aux gestes précipités que vous pourriez rapidement regretter. Réputé pour être quelqu'un de très généreux, vous ne pouvez faire autrement que de voler au secours d'une personne qui crie à l'aide. En fait, il s'agira possiblement de l'un de vos amis qui connaît quelques difficultés financières et vous serez certainement prêt à faire de grands sacrifices pour l'aider. Par contre, il y a de bonnes chances que vous n'alliez pas revoir votre argent, même si cet ami est d'une grande honnêteté. La vie risque en effet de lui enlever l'opportunité de se refaire financièrement à court terme. Donc, vous serez dans l'obligation de budgéter de façon serrée, du moins pour les prochaines semaines.

Travail – Finances
Que vous soyez à votre compte ou non, l'aspect financier risque de susciter un peu d'inquiétude chez vous que tout autant de stress. D'ailleurs, il y a de bonnes chances qu'il ait continuellement beaucoup de gens autour de vous et qui ne seront pas toujours là pour améliorer votre situation financière. Il est plus que probable que la période ne vous apportera pas tout ce que vous désirez, et ce, tant sur le plan du développement financier que commercial. Inutile donc de vous dire que le temps ne se prêtera pas aussi bien non plus pour vendre ou pour acheter une propriété. Il en sera de même pour tout achat d'items coûteux tels une voiture, un ordinateur, car vous risquez de tomber sur un citron ou ce bien vous causera maints problèmes que vous n'aurez pas vu voir venir. Si vous n'avez d'autres choix, vérifiez bien que tous les documents soient en bon ordre et assurez-vous aussi de faire l'achat d'une extension garantie pour être mieux protégé. Malgré tout, vous ne serez pas exempt que l'un de vos appareils ménagers, votre véhicule ou une machine commerciale ou industrielle vous dépouille de plusieurs sous pour la faire réparer, sinon pour vous en départir ainsi qu'être dans l'obligation d'en acheter une nouvelle. Si vous êtes à forfait ou à votre compte, vous devrez possiblement faire face à des retours de marchandises, par exemple. Même si vous êtes un simple employé, prévoyez d'avoir à faire des heures supplémentaires sans nécessairement être rémunéré pour

celles-ci. Prenez le temps de bien éplucher vos factures et de bien évaluer aussi la pertinence de chacune d'elles au cas où une erreur se serait glissée à votre insu. Vous pourriez réaliser que vous pouvez faire de grandes économies d'échelle. Ainsi donc, vous voudrez prendre des décisions financières une fois Mercure devenu direct. D'ici là, l'idée qu'un chèque tarde à vous être envoyé ou qu'il soit en retard est tout aussi possible. Armez-vous de patience !

Amour – Sentiments

Pour ceux d'entre vous qui sont en couple, il semble possible qu'il puisse y avoir un peu d'obstination de temps en temps avec l'amoureux. Évitez d'en faire tout un plat alors que les choses seront au beau fixe sous peu... Si vous êtes célibataire, vous aurez tendance à tomber bien vite sur des personnes qui vous feront vivre des émotions très fortes et très stimulantes. De deux choses l'une, ou bien vous vous lasserez assez vite de cette personne, vos attentes étant probablement trop élevées, ou alors vous aurez l'impression qu'elle vous met trop de pression ; tant d'émotions n'étant pas toujours très sain à vivre non plus.

Famille

Une discussion à propos d'argent avec votre conjoint menace d'exploser, si vous ne mettez pas un peu d'eau dans votre vin ; mieux vaudra peser vos mots ! L'entêtement d'un enfant pourra vous occasionner quelques inquiétudes ou est-ce sa conduite qui vous laissera perplexe ? Bien qu'au fond, il n'y aura pas de quoi vous morfondre non plus ! Malgré tout, une personne qui vous est chère près de vous pourra vous faire sortir de vos gonds. Prenez une grande respiration et n'allez pas tomber dans le panneau. Au contraire, tenez bon et ne laissez pas votre impatience avoir le meilleur de vous-même non plus.

Santé – Bien-être physique

Il est possible que vous vous provoquiez un malaise en raison d'un geste brusque, par exemple, et vous aurez besoin de traitements tels qu'un massage, de la physiothérapie pour replacer complètement votre mobilité. Suite aux alternances de température, vous pourriez aussi souffrir d'une extinction de voix. Du moins, la région de la gorge est à surveiller de près. Votre système endocrinien pourrait également connaître une petite défaillance. Si vous ressentez une grande fatigue ou des chaleurs anormales, consultez au besoin. Évitez tous les abus alors que votre foie sera aussi plus fragile. Et si vous êtes enceinte, vous ne serez pas à l'abri d'un accouchement difficile. Profitez de la campagne, de la nature et des bêtes alors qu'elles exerceront un effet de calme et de sérénité dans votre vie.

Mercure rétrograde en Vierge – du 5 au 14 août 2024 – votre VIIe maison natale

Climat général

Les vacances sont bel et bien terminées. Vous devrez reprendre avec assiduité toutes vos tâches et vos responsabilités, tant familiales que professionnelles, et retrouver une gestion du temps complexe après quelques semaines plus détendues. C'est une période où vous devrez inévitablement apporter quelques changements assez importants à votre routine, histoire d'être plus efficace ou moins stressé par votre organisation. Comme bien des gens, vous aurez peut-être négligé vos vieux amis au fil des ans. Les amours, la famille, le travail et les obligations font en sorte d'en perdre quelques-uns de vue et c'est bien normal. Toutefois, une forte impression de passer à côté de quelque chose s'emparera de vous pour que vous entrepreniez des démarches afin de les retrouver. En effet, les amitiés seront renouvelées et vous entrerez dans une nouvelle ère beaucoup plus sociale et dynamique. Vous vivrez bien des changements une fois que Mercure sera direct. Entre-temps, vous serez fortement tenté par un achat coûteux fait sur le coup de l'impulsion et pourriez vous retrouver à devoir débourser d'importantes mensualités.

Travail – Finances

Vous n'aurez pas le temps de vous ennuyer et vous ne parviendrez pas non plus à dire non, même si vous êtes débordé ! Vous pourriez aussi devoir annuler à la dernière minute une activité en raison d'un épuisement, d'un contretemps, sinon d'un conflit d'horaire possible. Évidemment, vous tendrez à vous culpabiliser de cette situation. En tant que patron ou dirigeant, vous aurez probablement à résoudre une situation difficile avec un ou plusieurs de vos employés ou associés. En fait, vous êtes peut-être un peu trop bon pour les autres et vous serez prêt à sacrifier quelques-uns de vos privilèges pour que l'harmonie règne autour de vous. Mais c'est une situation qui pourra aussi engendrer quelques frustrations. Tâchez plutôt de trouver des solutions qui conviennent à toutes les parties et mettez tout cela par écrit. S'il y a ou s'il y a eu des conflits de travail autour de vous, les tensions ne seront toujours pas estompées et vous pourriez avoir l'impression de marcher sur des œufs avec certains collègues. Avant que le calme ne s'installe, il faudra crever l'abcès et retrouver un semblant de raison. Vous êtes une personne pacifique de nature et votre sagesse remettra à l'ordre certaines personnes pour vous assurer que le travail soit bien fait. L'inverse sera tout aussi possible, tout le monde sera gentil, vous serez apprécié et vous accomplirez vos tâches, mais vous pourriez commencer à trouver vos journées un peu longues et très monotones. Vous serez donc à l'affût de nouveaux défis, tout en restant discret à ce sujet, même si vous accomplirez votre travail sans trop faire de remous. Vous êtes un grand rêveur avant tout, alors vous vous demanderez toujours où la prochaine vague vous emportera en l'attendant patiemment. Cependant, ce ne sera que probablement une fois la rétrogradation terminée que s'effectueront les grands changements et que vous commencerez à mieux cerner vos prochains objectifs.

Amour – Sentiments

Vous pourriez entendre parler de quelqu'un que vous connaissez ou d'une personne de votre entourage immédiat qui se sépare ou est sur le point de rompre pour que vous réagissiez par la peur que la même chose puisse se produire dans votre vie. Il sera important que vous raisonniez ce genre de situation. Évitez de vous accaparer la douleur d'autrui et n'allez pas vous laisser ébranler par vos amis non plus. Sans s'en rendre compte, au fond d'eux, ils voudront peut-être que vous soyez comme eux, soit malheureux. Vous aurez à travailler fort pour retrouver un peu de passion, mais aussi pour comprendre pourquoi votre relation s'est effritée au fil des années. Si vous vivez avec votre partenaire depuis de nombreuses années, il est possible que la magie de la passion amoureuse se soit estompée quelque peu, si ce n'est complètement. Mais en tant que natif et native du Poissons, il n'est pas question que cette situation perdure, surtout que vous vous nourrissez d'amour. Vous carburez à la passion et l'espoir est votre bouée de sauvetage. Vous tenterez bien de fouetter votre relation, cependant, les résultats seront certainement mitigés. En tant que célibataire, s'il vous est donné l'occasion de rencontrer une personne qui vous plaît, il pourrait y avoir un peu de confusion avant que vous puissiez établir une certaine régularité dans vos fréquentations, mais soyez patient.

Famille

Le train-train quotidien pourra être bousculé en raison de la rentrée scolaire. Trouvez moyen de vous entendre et de rétablir une routine beaucoup plus harmonieuse. Si vous avez choisi d'être séparé des vôtres, que vous soyez homme ou femme, vous aurez à vivre avec la conséquence de vos actes et cela risque d'être difficile à supporter. Si vous vivez en famille reconstituée, des problèmes seront soulevés entre les enfants de l'un et de l'autre, et avec l'ex. La garde des enfants, la pension alimentaire à donner et/ou à recevoir, etc., tout deviendra plus complexe. Et si tout semblait réglé, attention alors que vous tendrez à revenir à la charge. Qui en paiera cher la facture, si ce ne sont les enfants ? En tant que grand-parent, si vous êtes témoin d'une guerre familiale de cette sorte, mieux vaut rester en retrait. Attendez que l'on vous demande de l'aide.

Santé – Bien-être physique

Il est toujours important de suivre les conseils de votre médecin et d'entreprendre les démarches nécessaires pour obtenir les examens recommandés par ce dernier. Mais ne soyez pas trop inquiet, le plus compliqué sera d'obtenir les rendez-vous ; les soins, pour leur part, vous seront très profitables et vous bénéficierez d'un traitement de faveur pour avoir été si patient ! Attention tout de même aux maux de ventre qui pourraient survenir. Si vous faites comme si de rien n'était ou presque, ne soyez pas surpris d'avoir à vous rendre d'urgence à l'hôpital. Au moindre malaise, consultez. Surveillez vos reins et buvez beaucoup d'eau pour éliminer les toxines de votre corps. Évitez l'abus d'alcool, de drogues ou de médicaments.

Mercure rétrograde en Lion – du 14 au 28 août 2024 – votre VIe maison natale

Climat général

Ce sera un temps où vous serez du genre à prendre beaucoup d'initiatives, à être très proactif pour ce qui est de proposer des idées d'activités. On sera très certainement surpris de vous voir si entreprenant. Vous aurez la parole plutôt facile dans tout ça et c'est ce qui vous aidera à exprimer vos idées le premier et surtout de manière à ce que l'on vous comprenne clairement. Cependant, vous regarderez pas mal moins les dépenses et si vous êtes en vacances, vous ne vous imposerez pas de restrictions au niveau du budget. D'ailleurs, vous êtes souvent le genre de personne qui s'avère efficace seulement lorsqu'elle se retrouve au pied du mur. Alors vous pourriez très bien attendre à la dernière minute avant de vous occuper de la rentrée scolaire de vos enfants, par exemple. Si vous prenez vos vacances à cette période, profitez-en pour vous offrir des soins de toutes sortes alors que vous avez tant besoin de relaxer, de décompresser, de vous faire dorloter et de vous refaire une beauté.

Travail – Finances

Voilà que l'on exigera de vous beaucoup de minutie et de méthodologie ! Ces qualités vaudront bien de l'or, cependant, soyez conscient que vous ne pourrez plus tourner les coins ronds. Vous n'aurez d'autre choix que d'y consacrer le temps nécessaire, même si vous êtes pressé ! Entre-temps, une proposition intéressante pourra vous parvenir. Elle risque de vous accaparer beaucoup et peut-être même vous amener à écourter vos vacances. Profitez-en tout de même pour régler ce qui accroche, puisque ça ne pourra que bien servir vos intérêts. Malgré tout, il est peu probable que vous ayez deux minutes de répit pour vous. Quand ce ne seront pas des clients à servir, vous devrez obligatoirement vous remettre dans le classement de dossiers ou dans une restructuration complète de votre environnement de travail. Fort heureusement, les changements seront là pour durer et vous connaîtrez beaucoup de succès. D'ici là, vous pourriez avoir à négocier avec les gouvernements pour obtenir une subvention, un appui quelconque ou des autorisations particulières pour un projet bien précis concernant l'entreprise. Vous devriez vous retrouver en excellente position. Vous serez dans le secret des dieux et on vous fera aveuglément confiance pour cette négociation. En fait, vous serez en mesure de faire de judicieux détours qui vous permettront de conclure une entente des plus profitables.

Amour – Sentiments

Bien que l'aspect physique de l'amour soit important entre deux personnes, ce n'est en fait que la pointe de l'iceberg du véritable amour. Il n'y a que le cœur qui puisse comprendre. Ce sont les petites attentions qui font toute la différence entre vous. En effet, vous aurez besoin de ressentir beaucoup plus de délicatesse de la part de votre partenaire. Alors que l'on est aussi en plein cœur de la saison des mariages (et si vous avez dernièrement participé à une cérémonie), il y a de bonnes chances que cette histoire ait grandement inspiré votre partenaire qui vous offrira à son tour une bague signalant un engagement sérieux entre vous et idéalement une fois Mercure devenu direct. En tant que célibataire, vous devrez probablement attendre la fin de cette rétrogradation avant de trouver la personne qui vous conviendra et avec qui vous développerez une relation à long terme. Mais d'ici là, il est possible qu'un collègue vous invite à un 5 à 7 ou à travailler sur un dossier chez lui un soir ou un week-end, histoire de prendre de l'avance. Évidemment, vous allez saisir bien assez vite quelles sont ses véritables intentions !

Famille

Il est possible que votre situation familiale puisse compromettre une partie de vos vacances, mais il n'est pas dit que vous ne pourrez pas vous rattraper. Une fois Mercure devenu direct, vous songerez davantage à vous accorder un petit voyage qui vous fera complètement décrocher. Il vous ressourcera pleinement et vous apportera aussi une meilleure détente. Ce n'est qu'après que vous serez d'attaque pour affronter la routine qui reprendra son rythme de croisière bien assez vite. Avec le retour à l'école de vos enfants qui vous exigera un surplus de travail, lorsque ces derniers choisiront eux-mêmes leurs vêtements à porter, ils tendront parfois à faire des choix qui ne seront pas les vôtres. Et pourtant, il faudra que vous trouviez un moyen de respecter ce qu'ils désirent, au risque que cela n'envenime la situation. Veuillez être plus conciliant ! Cela dit, un secret pourra être mis à jour. Il se pourra qu'une épreuve dans votre quotidien vous oblige aussi à vous montrer plus humble ! Prenez garde, vos décisions risquent de dérouter vos proches.

Santé – Bien-être physique

En dépit que vous cachiez habituellement assez bien votre stress, il finit toujours par se manifester un jour ou l'autre sur votre état physique. C'est possiblement au niveau des intestins que la situation se compliquera dans votre cas. D'ailleurs, il est possible que vous ayez besoin d'essayer quelques médications pour en venir à bout. C'est aussi ce qui vous obligera à adopter une meilleure alimentation, ce qui sera bénéfique pour votre santé et votre bien-être. L'hygiène est aussi quelque chose que vous devrez prendre en considération, particulièrement les parties génitales. Vous pourriez souffrir d'une infection urinaire, par exemple. Il semblera y avoir plusieurs autres aspects qui vous préoccuperont. Peut-être y aura-t-il un léger problème que vous tendrez à amplifier ? Voilà donc une excellente occasion de consulter votre médecin pour que celui-ci mette le doigt sur le bobo facilement et vous offre les traitements appropriés. Entre-temps, sachez que vous ne serez pas exempt d'enflure possible au niveau des jambes. Portez également attention à vos chevilles.

Mercure rétrograde en Sagittaire – du 26 novembre au 15 décembre 2024 – votre X^{e} maison natale

Climat général

Si vous vous proposez de recevoir ou si vous décidez d'organiser les festivités du temps des Fêtes pour la famille et les amis, veuillez, en premier lieu, bien saisir l'ampleur de la tâche. Vous tiendrez certainement votre parole jusqu'au bout, mais il est clair que vous réaliserez que c'est beaucoup plus exigeant que ça en avait l'air, ou que vous l'aviez prévu. D'ailleurs, attendez-vous à devoir faire face à diverses situations inattendues qui risquent de venir perturber votre horaire de manière considérable. Heureusement que vous saurez faire preuve d'ingéniosité et d'originalité pour rendre mémorable tout événement. En famille, pour que l'harmonie règne au foyer, il sera impératif que vous ne soyez pas trop paternaliste, que vous n'imposiez pas vos idées ni vos opinions, mais que vous respectiez le droit de parole de tout un chacun. De plus, pour éviter toute la cohue dans les magasins et centres commerciaux, il vous sera conseillé de commencer déjà vos décorations et la course folle des cadeaux.

Travail – Finances

Même si, dans l'ensemble, vous semblerez progresser à vive allure dans le milieu où vous êtes impliqué, il n'en demeure pas moins que vous ne serez pas à l'abri d'encourir des obstacles possibles, des personnes qui s'opposeront à vos idées, à vos manières de servir les clients, à vos coûts et même à l'expédition de vos produits ou à la lenteur de vos services. En bref, vous aurez à faire face à des clients tatillons et aussi à des manipulateurs qui, parfois, ne voudront que des rabais ! Il est possible aussi que vous soyez freiné dans vos démarches, particulièrement celles qui concernent les associations, les négociations et toute autre transaction. En tant que patron, directeur ou travailleur autonome, il est évident qu'il y aura beaucoup de gestion à faire pour organiser les vacances de tout le monde. Il ne sera pas étonnant de vous voir mettre la main à la pâte et occuper les fonctions de plusieurs de vos subalternes alors qu'ils seront en congé. C'est assurément un temps où il y aura beaucoup d'action ! De plus, ce n'est jamais très délicat de la part des entreprises d'annoncer des compressions budgétaires juste avant les Fêtes, mais c'est une histoire de chiffres et de comptabilité, et personne n'a véritablement le pouvoir de contrôler cela. Plutôt que de nuire à votre emploi, cette situation angoissante vous sera malgré tout favorable, et ce, assez rapidement. À cet effet, vous pourriez hériter de fonctions plus intéressantes qui lanceront votre carrière au sein de la compagnie. Si vous occupez un emploi routinier et que, chaque jour, vous faites les mêmes gestes, vous voyez les mêmes personnes, vous prenez votre pause toujours à la même heure, vous obtenez le même salaire parce que l'entreprise qui emploie vos services ne vous augmente pas, il est possible qu'à cette période vous vous ennuyiez au point où vous songerez à tout lâcher. Démissionner de la vie ne sera pas une bonne idée ! Et si vous passez à l'acte, vous vous retrouverez plus seul que jamais ! Si vous êtes un intellectuel, vous lirez beaucoup ; vous aurez un grand besoin de savoir. Si votre métier est d'écrire, peindre ou sculpter, vous innoverez. Votre imagination sera décuplée et vos idées pourront aussi bien plaire que choquer. Il vous sera impossible de ne pas être reconnu dans le milieu où vous faites partie.

Amour – Sentiments

Le temps sera une denrée assez rare en ce temps-ci de l'année, alors c'est évidemment le partenaire qui écopera en premier lieu pour ce qui est de votre disponibilité à vivre des moments intimes. Mais on dirait aussi que la famille se mêlera d'une manière ou d'une autre à votre relation, ce qui n'est pas nécessairement l'idéal pour inspirer la romance entre deux personnes. Bref, vous aurez besoin de vous évader tous les deux pour retrouver le désir de vous aimer. Du moins, tâchez de participer ensemble à des activités de nature sociale, question de changer le mal de place un peu. D'ailleurs, si vous et l'être aimé avez décidé de partir en voyage durant le temps des Fêtes, vous ne serez pas tout à fait d'accord quant à la destination. L'un voudra explorer une contrée qui le fascine depuis longtemps, alors que l'autre ne songera qu'à se faire dorer sur une plage au soleil. Et si vous vivez ensemble depuis quelques décennies et que vous avez confiance l'un en l'autre, vous pourriez partir chacun de votre côté. En tant que célibataire, il est peu probable que vous aurez le temps ou même le désir de faire une rencontre avant que la rétrogradation ne soit terminée et Mercure à nouveau direct.

Famille

La famille occupera une grande place à cette période de l'année. Vous ne serez pas exempt de problèmes relationnels possibles. Soucis possibles aussi pour un frère ou une sœur. En tant que parent amoureux des enfants, vous serez si présent à eux que vous les empêcherez de prendre des décisions. Vous aurez la sensation qu'il vous faut à tout prix leur dire quoi faire, quoi dire et j'en passe, pour que leur vie soit la plus agréable possible. Se peut-il aussi que vous exagériez ? Quant à vos tout-petits, vous aurez raison de les cajoler, ce qui ne veut pas dire que vous devrez les contrôler et leur dire chaque minute qu'ils sont magnifiques et parfaits. Si vous avez une famille où l'on se querelle fréquemment, si vous ne supportez pas un parent à cause de son attitude, ses manies ou si vous n'avez aucune affinité avec cette personne, en ce temps où on se prépare à fêter en famille, vous serez ferme. Vous ne ferez aucun effort pour être agréable et il est même possible que vous choisissiez d'être seul plutôt qu'en mauvaise compagnie.

Santé – Bien-être physique

La saison froide annonce souvent des problèmes au niveau des articulations et des os pour bien du monde. Vous ne serez probablement pas épargné par ce phénomène. Il est possible que vous connaissiez aussi des éruptions cutanées qui vous démangeront passablement sans trop savoir qu'elle en est la cause. Vous pourriez rester pris avec ce malaise jusqu'à ce que la rétrogradation prenne fin, avant que tout ne disparaisse comme par enchantement. Soyez tout de même prudent dans vos déplacements. Attention, problèmes respiratoires possibles ! Attention à la gourmandise !

LA PHASE RÉTROGRADE DE MARS POUR 2024

Mars rétrograde en Lion – du 6 décembre 2024 au 5 janvier 2025 – votre VIe maison natale

Climat général

Voilà un temps où vous pourriez perdre davantage goût aux responsabilités du quotidien. Vous pourriez être porté aussi à laisser tomber les tâches ménagères, à avoir envie d'abandonner un régime ou ce seront des projets de travail qui ne vous emballeront plus. À tout le moins, ce sera le travail qui ne vous satisfera plus. Toutes les nouvelles initiatives sembleront inutiles ou du moins peu excitantes. Vous ne trouverez pas de solutions aux conflits ni aux problèmes. Voilà deux mois où vous risquez de couvrir une possible déprime au regard de tout ce qui est en lien avec votre quotidien. Une raison de plus de revoir votre agenda et la façon dont vous vous organisez. N'allez pas laisser la frustration grandir au boulot et réévaluez votre emploi du temps. Pour certains natifs, il s'agira d'un problème de santé qui viendra cacher autre chose. Travaillez sur votre emploi du temps, rendez-le plus cohérent, plus fluide ! Triez les informations concernant votre santé et votre travail de façon à pouvoir y voir plus clair et à pouvoir anticiper avec suffisamment de temps les événements prévus. Soulignons que ce sera peut-être un problème de santé pour l'un de vos animaux domestiques. Cela dit, faites preuve de précaution pour ne pas vous blesser. Tensions possibles !

Travail – Finances

Attendez-vous d'avoir à relever des défis et de vivre des hauts et des bas au niveau professionnel, alors que tout suggère que ce sera une période erratique en ce qui a trait à votre travail et pour ce qui est de vos obligations qui, d'ailleurs, tendront à être assez frustrantes par moments. Soit que vous en aurez trop à faire ou qu'il y aura des problèmes que vous ne réussirez pas à résoudre. Et les arguments et les conflits qui en découleront émaneront plus de vos incompréhensions, de votre entêtement à ne pas vous ouvrir aux compromis. Faites l'effort de ne pas vous laisser emporter par les frustrations du moment, ce qui n'est jamais chose facile ! Or, essayez de mieux les verbaliser, de même que vos émotions, au lieu de les laisser grandir et ainsi déranger votre santé. Bien que vous puissiez vous sentir déstabilisé par moments, cela ne devrait pas vous empêcher de faire montre d'une grande ouverture d'esprit tout en respectant également les exigences des personnes responsables (en charge). Il sera particulièrement important que vous accomplissiez votre travail avec savoir-faire et que vous compreniez vraiment ce que vous êtes appelé à produire, à réaliser ou à développer, ou vous aurez de nombreuses complaintes de la part de votre patron ou sinon, d'une tête dirigeante. Abstenez-vous de répondre à leurs interférences par de l'irritabilité ou de l'agressivité, mais plus que tout, n'allez pas claquer la porte alors que ça ne pourra que nuire à votre crédibilité professionnelle. Et même si vous faites tout votre possible pour gérer ce surplus de travail, ne vous attendez surtout pas à recevoir une marque d'appréciation de la part de vos supérieurs. Veuillez donc tout simplement vous acquitter de vos tâches et n'essayez pas d'en faire plus que ce que l'on attend de vous. Il sera également avisé, du moins dans la mesure du possible, d'éviter de vous commettre et n'acceptez pas non plus de nouvelles responsabilités alors que vous en aurez plein les bras à vous tenir occupé. Et si vous encourez un problème avec un collègue, n'allez pas surréagir ni vous blâmer personnellement non plus, alors que la source du problème proviendra tout simplement d'une divergence d'opinion. Si ce n'est pas le cas, attendez-vous à des frictions possibles avec une personne près de vous. Tout cela risque aussi de produire une confusion qui pourrait vous amener à prendre des décisions draconiennes. Par ailleurs, la mauvaise gérance de vos finances pourrait finir par se faire sentir à plusieurs niveaux et vous aurez à vous ajuster aux problèmes de liquidités ou de baisse de budget qui se présenteront, puisque tout laisse supposer que votre situation financière sera plus précaire et vous devrez vous montrer extrêmement flexible et prêt à vous investir pour vous sortir de cette impasse. Mais il est également possible aussi que certains arrérages vous soient remboursés et tout ce dédommagement pourrait provenir de sources diverses tel un réajustement de salaire, ou autres, ce qui allégera certainement votre fardeau. Par ailleurs, saisissez l'occasion pour rattraper le temps perdu et élaborer des projets futurs, mais pas nécessairement un temps favorable toutefois pour les mettre en action maintenant. Mieux après le début du mois de février 2025.

Amour – Sentiments

Alors que les natifs de votre signe ont de grandes ambitions et souhaitent régner sur la première marche du podium, cette rétrogradation risque donc de vous rendre plus irritable par moments et aussi déclencher de grosses colères si par malheur quoi que ce soit, l'amour inclus, vous empêche d'atteindre l'un de vos objectifs. Attendez-vous à une certaine froideur de la part de votre partenaire de vie qui ne sera pas forcément très porté à accorder une grande importance à vos sentiments.

Famille

Voilà un temps où il est possible que vous soyez plus perturbé par des problèmes familiaux, ou est-ce une personne près de vous qui aura des ennuis de santé ? En tout cas, les relations qui impliquent vos frères et sœurs pourraient être plus tendues, chacun culpabilisant l'autre à qui mieux mieux ou une division se produira qui vous séparera désormais. Si rien de tout cela ne vous interpelle, n'allez pas être surpris que certaines personnes près de vous puissent être davantage portées à agir sans réfléchir. Une raison de plus de rester sur vos gardes, surtout en ce qui a trait aux promesses faites qui ne seront pas tenues. Et si vous êtes étudiant ou si vous suivez des cours pour parfaire vos connaissances ainsi que vouloir vous enrichir d'une technique ou d'une formation spécialisée, il est plus que probable que vous serez en désaccord avec les enseignements du formateur.

Santé – Bien-être physique

Votre seuil d'énergie risque de vous faire plus défaut et il pourrait en être de même quant à votre vigueur, votre taux de résistance physique et votre courage. Profitez-en pour vous ressourcer, entreprendre un programme d'exercices physiques et faire des randonnées à pied. Demeurez tout de même vigilant ! Bien que vous risquiez d'être moins suractivé à cette époque, cela ne voudra pas dire de rester là à ne rien faire ni d'être passif-agressif. Ne vous laissez surtout pas abattre ! Tenez-vous occupé et restez en bonne condition physique. Mais puisque vous tendrez à vous surmener et à pousser si fort la machine, vous risquez de battre de l'aile plus vite que vous ne le pensez, alors que vous serez plus vulnérable aux virus et aux contagions de toutes sortes. Demeurez également prudent en tout temps lors de vos déplacements allers-retours au travail ou lors de vos visites rendues au cabinet de votre médecin ou de votre vétérinaire, et à toutes les institutions médicales, alors que vous ne serez pas exempt d'un accident ou d'un incident. Soyez tout aussi prudent pour ne pas tomber ! Si vous commencez un régime à cette période, celui-ci ne fonctionnera pas. N'allez pas non plus vous infliger des restrictions excessives ! Soyez plutôt raisonnable dans vos portions plutôt que de vous imposer de suivre ce régime à la lettre. Malgré tout, attention à la gourmandise qui vous guette ! Vous pourriez également développer des problèmes osseux ou intestinaux. Surveillez aussi vos nerfs et cessez de vous inquiéter pour des riens !

L'ÉCLIPSE SOLAIRE TOTALE DU 8 AVRIL EN BÉLIER – votre IIe maison natale

L'éclipse comme telle ne vous touche pas. Donc, en principe, rien de bien terrible ne risque de se produire. Sauf que, comme toujours dans ces cas-là, il vous est fortement recommandé de ne rien entreprendre de nouveau et d'important en période d'éclipse. La routine sera plus sécurisante. Cela dit, la santé sera solide dans la plupart des cas, à moins d'avoir le signe du Bélier, Cancer, Balance ou Capricorne à l'ascendant natal. Si c'est le cas, une baisse de résistance physique risque de se faire sentir. Entreprendre des choses d'envergure (et se fatiguer indûment) sera déconseillé à ces personnes. Il sera prioritaire pour elles de prendre un soin jaloux de leur santé et de leur sécurité personnelle. En cas d'urgence, traitez immédiatement tout malaise pouvant survenir. Si vous avez le choix, attendez en mai et après pour subir une chirurgie ou des soins esthétiques majeurs.

Ce sera également une période où vous serez davantage porté à considérer toutes les questions de sécurité, à consolider vos ressources, à gagner plus d'argent, à acquérir des biens, et vous déciderez de ce que vous appréciez et de ce que vous voulez posséder. À un niveau plus profond, cette maison révèle votre sens de la valeur personnelle, les valeurs intérieures qui attirent la richesse sous diverses formes. Profitez-en pour les explorer.

En dépit de cette éclipse, vous aurez remarquablement bonne mine. Les fonctions du cœur et la circulation sanguine enrichissent le sang et, bien entendu, assurent un apport supplémentaire de globules rouges et de fer, ce qui vous donne un teint rose. L'énergie se renouvelle sans que vous ayez d'efforts particuliers à fournir. Dormant bien, vous serez frais et dispos le matin, sinon, vous vous douterez bien que quelque chose n'est pas normal. Consultez de préférence deux médecins ou deux spécialistes. Toutes les chances de guérir et de récupérer après une chirurgie seront de votre côté ; vous recouvrerez la santé.

P.-S. : Vous êtes encouragé à prendre connaissance de tout ce qui est écrit au chapitre intitulé « Les éclipses de 2024 » pour mieux vous familiariser avec toutes les mises en garde à respecter lors de toutes les éclipses.

Numérologie

NUMÉROLOGIE

La numérologie prévient, conseille, mais ne prédit jamais. Averti, conscient, chacun d'entre nous doit observer son propre code de la route. Maître de son véhicule, à la barre de son vaisseau, à chacun de maintenir le cap, conscient de ses atouts, en évitant les pièges au maximum.

Comment calculer votre Année Personnelle

Afin de connaître vos prévisions annuelles et de savoir à quelle année personnelle vous reporter, faites le calcul suivant : Additionnez votre jour et votre mois de naissance et rajoutez 8 alors que ce nombre correspond à la valeur numérologique de l'année 2024 (2 + 0 + 2 + 4= 8).

1er exemple

Supposons que vous êtes né un 30 novembre.

Additionnez 30 + 11 (novembre = onzième mois de l'année) + 8 (qui correspond à la valeur numérologique de l'année 2024) = 49.

Réduisez ce nombre à une valeur comprise entre 1 et 9 en additionnant les chiffres les uns avec les autres. Or, votre total était de 49, alors additionnez 4 + 9 = 13 et additionnez de nouveau 1 + 3 = 4.

Vous êtes donc en Année Personnelle 4.

2e exemple

Supposons que vous êtes né un 17 septembre.

1er calcul : cela nous donne 17 + 9 (septembre = neuvième mois de l'année) + 8 (qui correspond à la valeur numérologique de l'année 2024) = 34.

2e calcul : 31 donne 3 + 4 = 7

Vous êtes donc en Année Personnelle 7.

Ces indications, concernant les années personnelles, restent globales. Elles indiquent les grandes tendances collectives, sans tenir compte, et pour cause, de la diversité des tempéraments, du stade d'évolution, des événements vécus ou d'un moment particulier. Prenez-le comme un *vade-mecum* (ce qu'on emporte avec soi), et non comme un verdict. On éclaire votre route. Regardez où vous marchez, voilà tout. Et c'est déjà beaucoup !

Votre année personnelle I

TENDANCE GÉNÉRALE DE L'ANNÉE

Une année riche en possibilités dans tous les domaines

L'année 2024 vous propose un net changement. Il s'agit là d'un nouveau départ, d'un redémarrage qui implique les neuf années à venir. Il vous est recommandé d'agir, de décider, d'amorcer, d'entreprendre ainsi que de mettre en action quelque chose qui aura toutes les chances de progresser au cours du temps et qui saura récompenser vos initiatives. Ne vivez plus dans le passé, au contraire, regardez droit devant vous et forgez votre destin.

Profitez-en pour concrétiser tous vos projets en attente alors que rien ne devrait freiner vos progrès, sauf si vous péchez par inertie, par paresse, par doutes, par tergiversations, par craintes ou par dépendance. Ne comptez que sur vous et vous seul.

Pour certains, le climat restera encore un peu instable. Pour d'autres, la chance sera au rendez-vous. Et pour d'autres, enfin, il pourra s'agir d'une collaboration, voire d'une union importante. Si des opportunités se présentaient, saisissez-les au passage. Affirmez-vous ! Définissez tous vos objectifs et foncez avec toute votre liberté d'action et de pensée. D'ailleurs, vous ne pourrez choisir meilleur moment pour créer une entreprise et pour mettre sur pied de nouvelles activités. Ce sera une très bonne année aussi pour faire des investissements à long terme.

Cependant, sous la dominante du « 1 », vous serez plus porté à ne centrer les choses que sur vous, sans tenir compte des besoins et des aspirations des autres. Faites attention aux opinions bien arrêtées alors que cela risque de donner naissance à de nombreux conflits d'intérêt et des discussions ; des maladresses de votre part pourraient entraver votre marche. N'empêche, vous devriez voir la récompense de vos efforts.

Voilà qui présage une année décisive. Vous amorcez un nouveau cycle important qui durera neuf ans et qui déterminera une nouvelle orientation de vie. Il s'agit d'une période où vous pourrez bénéficier d'excellents influx qui auront deux effets majeurs. Le premier concrétisera ce qui était en attente, des projets qui se confirment, des décisions qui se prennent officiellement et la stabilisation selon de nouveaux principes. Le second vous ouvrira les portes de la nouveauté et vous conduira vers une sorte de libération. Vous allez prendre un nouveau départ sur de nouvelles bases solides qui vous dégageront des problèmes et des soucis du passé. Faites preuve d'initiative et vous mettrez ainsi toutes les chances de votre côté. N'ayez pas peur d'innover, de pousser les portes qui s'ouvrent et n'hésitez pas à laisser de côté ce qui bloque.

Déménagement, changement de poste, de fonctions, d'activité, ouverture vers de nouvelles relations, tout s'ouvre devant vous, alors engagez-vous. Cela dit, ne faites pas n'importe quoi n'importe où. Les notions de prudence, de réflexion, de méthode seront importantes, mais en agissant avec bon sens, vous irez vers le succès.

Pour vous qui êtes célibataire et en quête d'amour, il n'est pas exclu que vous puissiez rencontrer cette perle rare de vos rêves. Toutefois, le plus difficile sera de le ou la garder. Trop d'ego fort de votre part pourra le ou la faire fuir. Apprenez à composer avec plus d'aisance.

En ce qui concerne votre santé et votre bien-être physique, votre énergie sera en hausse. Cependant, il vous sera suggéré d'adopter une alimentation plus saine, plus équilibrée. Protégez-vous aussi du stress. N'allez pas fatiguer vos yeux et oxygénez davantage vos poumons.

En bref: l'année personnelle « 1 », c'est le début d'actions. Vous démarrez un cycle de 9 ans. Idéal pour innover. Profitez-en pour démarrer un nouveau projet, mettre de l'avant une nouvelle activité. Votre attitude et vos initiatives marqueront la majeure partie de l'année à venir. Possibilité de mutation, de déménagement, de promotion.

Sur le plan du travail, vous pourriez avoir un avancement, une augmentation ou un changement d'emploi. Et si vous êtes sans emploi, vous pourriez trouver un travail.

Sur le plan financier, vous pourrez faire des engagements à long terme. Aucune porte n'est fermée, faites preuve d'esprit d'initiative.

Sur le plan sentimental, vous pourriez faire une nouvelle rencontre ainsi qu'avoir une nouvelle liaison pouvant engager l'avenir. Période favorable pour une nouvelle union. Année propice aussi au mariage.

Votre année personnelle 2

TENDANCE GÉNÉRALE DE L'ANNÉE

Une période pleine de contrastes et de double teinte

Vous ne bénéficierez certes pas de beaucoup de latitude au cours de l'année 2024. L'ambiance sera fragile étant donné la dualité inhérente au nombre « 2 ». On peut discerner deux tendances : l'une faite de coopération, de patience, d'adaptabilité et de diplomatie nécessaires, l'autre, au cas où vous ne couleriez pas dans ce courant, composée de risques, de mésententes, de déceptions, de soucis, voire de ruptures, sous quelque forme que ce soit.

Le code de la route propre à votre année personnelle « 2 » vous demande de faire preuve de disponibilité, d'écoute, d'aide et de soins pour les autres en vous oubliant un peu. Ne provoquez rien ni personne alors qu'un calme positif viendra à votre rencontre pour vous habiter. Souriez malgré les embruns possibles. Créez un climat amical et chaleureux. Sachez attendre sans commencer quelque chose de nouveau.

Les relations et l'entente avec autrui étant prédominantes, apaisez-vous, montrez-vous serviable et discret à la fois. Ainsi, en luttant contre une hyperémotivité fréquente, vous arriverez à pallier les éventuelles désillusions, les conflits, voire les pertes de toute nature. Surveillez votre santé. Montrez-vous souple et ferme à la fois. Rien ne vous arrivera tout cuit. Méritez votre paix.

Bien qu'il s'agisse d'une année assez ambiguë, elle pourra se révéler excellente comme telle, peut-être délicate, cela dépendra de votre comportement et de votre lucidité face aux situations que vous vivrez. Vous êtes avisé de maintenir une attitude prudente et extrêmement patiente devant certaines propositions pour mieux éviter tous les écueils et inconvénients possibles. En clair, trois tendances entrent en jeu. La première concerne les associations, les liens, alors que la deuxième présente des mouvements et la troisième montre des blocages ou des projets.

En positif, ce sera une année riche en affection où les sentiments tiendront une grande place. Une rencontre importante, professionnelle ou sentimentale pourrait vous conduire à comprendre que votre existence va changer et à envisager une autre orientation de vie. Si vous vivez de bonnes relations, des projets prendront une tournure pour aller dans le bon sens.

Profitez-en pour vous associer, en affaires surtout, et pour mettre en place de nouvelles relations de coopération tout en cultivant la collaboration de façon équilibrée. Ce sera une année indiquée pour le travail en équipe et l'intégration au sein d'un groupe, et pour tirer profit des conseils et des idées des autres.

En négatif, si vous vivez de mauvaises relations, des blocages importants pourront se présenter ou une mésentente s'accentuera jusqu'à un point de rupture sans retour qui vous mènera à votre solitude. Sinon, la rupture d'un contrat de travail ou la fin d'une collaboration difficile au point de vue relationnel pourrait être au rendez-vous. Ne la regrettez pas, bien au contraire, elle vous permettra de vivre une nouvelle vie sur de nouvelles bases. Des bases qui se révéleront bénéfiques par la suite et, finalement, vous vous débarrasserez d'une belle épine dans le pied. Entre-temps, faites preuve de patience et de modération dans vos rapports avec les autres afin de vous éviter toutes les anicroches possibles.

En ce qui a trait à votre santé, votre état physique risque d'en prendre un coup alors que votre équilibre émotionnel sera plus fragile. Plus que d'habitude, protégez-vous contre le stress et surveillez votre estomac.

En bref: l'année personnelle « 2 » est synonyme d'harmonie ou de conflits avec les autres. C'est le temps de perfectionner les premiers acquis. Année de relations avec les autres. Il faut compter sur les autres, coopérer, interagir, se faire aider. Dualité possible dans une de vos relations. En négatif: rupture privée ou personnelle, pertes financières, problèmes nerveux.

En positif: rencontre sentimentale, gains, nouvelles amitiés. Mon conseil: prenez du recul par rapport à une situation problématique et assurez-vous de faire preuve de tact et de diplomatie. N'hésitez pas à rompre des liens avec des gens qui ne vous conviennent plus et n'en ressentez aucune culpabilité. Conflits possibles avec des amis. Évitez de leur faire confiance aveuglément.

Sur le plan du travail, profitez-en pour mettre en valeur votre imagination. N'allez pas dévoiler vos plans à une personne. Restez positif, car la paresse pourrait vous faire perdre votre emploi. Il se peut que vous soyez félicité pour un effort personnel.

Sur le plan sentimental, voilà qui présage soit une année de paix ou de disputes, soit de mariage ou de divorce. Votre désir sera de trouver quelqu'un qui vous apportera la tranquillité d'esprit et l'équilibre émotionnel. De nombreux échanges, conversations sincères, découvertes prometteuses sont à prévoir dans le domaine de l'amour. Année idéale pour renouer les liens amoureux. Favorable aussi pour dénicher l'âme sœur.

Votre année personnelle 3

TENDANCE GÉNÉRALE DE L'ANNÉE

Une période de protection professionnelle, d'aisance et d'épanouissement

Les tendances de votre année personnelle « 3 » confirment les bonnes influences dont vous pourrez jouir en 2024. Il existe peu de difficultés à l'horizon. Si les contraintes et/ou les obstacles semblent mineurs, ce n'est pas une raison pour vous éparpiller ni pour entreprendre plusieurs choses simultanément alors que vous risquez de fausser les influx créatifs dont vous hériterez. Soyez optimiste et confiant, sortez, rencontrez, communiquez, créez. Faites preuve de sociabilité. Exprimez-vous. Projetez. Votre activité devrait reprendre ou augmenter, et vos affaires sont susceptibles de connaître des changements positifs. Vous possédez tout pour réussir. C'est le moment où vous pourriez même recueillir ce que vous avez semé il y a deux ans.

Vous avez devant vous une période de protection professionnelle. Il vous est encore possible de mettre en place certaines choses restées en suspens l'an dernier. De plus, ne laissez pas passer les opportunités de contacts sociaux, de commerce, de déplacements. Les loisirs, l'art, l'écriture, les médias seront tous des domaines privilégiés. Petit conseil : évitez de changer de travail, de logement, de partenaire, c'est encore trop tôt !

Votre sens des responsabilités sera mis à l'épreuve cette année. Vous allez devoir prendre des décisions radicales et votre destin vous demandera de vous engager sans détour. Ce sera le fruit de rencontres qui aboutiront à des projets, mais qui vous conduiront également à couper les ponts avec certaines personnes ou avec un certain entourage. Ce ne sera pas une mauvaise chose en soi puisque si vous vous décidez à agir, vous pourrez profiter d'excellentes possibilités, tant dans le domaine affectif que dans le domaine professionnel.

En clair, des transformations relationnelles auront lieu. Vous aurez à vous séparer d'une personne ou d'un milieu. Cela pourrait se traduire par une mutation, un déménagement ou une nouvelle relation affective qui vous entraînera à fréquenter d'autres gens, d'autres endroits. Par moments, vous ne saurez trop que faire, mais faites confiance à votre destin puisque tout s'arrangera pour le mieux. Nul doute, vous retrouverez un climat d'harmonie et une ambiance chaleureuse pour peu que vous acceptiez les changements.

Voilà qui promet une année où vous pourrez être débordant d'imagination et de bonne humeur. Si vous avez des talents journalistiques ou littéraires, ne manquez pas de mettre à profit toutes vos habiletés alors que vous ne pourrez choisir meilleur moment pour les exploiter. Si vous êtes en commerce, vous serez favorisé alors que votre clientèle s'agrandira; vos rapports avec celle-ci seront privilégiés. Un voyage, un intérêt nouveau pour un loisir ou pour un passe-temps favori, la naissance d'un enfant ou d'une œuvre pourront tous faire partie de votre lot.

En ce qui a trait à votre santé et à votre bien-être physique, votre flux d'énergie sera au beau fixe! Cependant, il sera suggéré d'éviter tous les excès alimentaires alors que votre foie et votre vésicule biliaire risquent d'en prendre un coup. Profitez-en pour changer vos habitudes alimentaires et surveillez votre circulation sanguine.

En bref: l'ambiance de cette année personnelle « 3 » sera agréable. Année de succès. Année de relations publiques. Vous ferez preuve de créativité. Vos efforts seront récompensés.

Sur le plan du travail, c'est le temps de changer vos vieilles habitudes. Il est possible que vous puissiez bénéficier d'une augmentation salariale. Année idéale aussi pour présenter un projet qui pourrait aboutir; cependant, il pourrait y avoir du retard pour votre projet, mais ce ne sera que momentané. Profitez-en aussi pour rénover, décorer votre foyer alors que le temps sera propice à la création.

Sur le plan matériel et financier, rien à signaler de négatif. N'allez donc pas faire de dépenses exagérées. Le secteur de la vente sera favorisé.

Sur le plan sentimental, les rencontres seront facilitées, mais ne cédez pas trop. Année de vie heureuse sentimentalement. Cela présage un temps de joie de vivre. Favorable pour le mariage ou la naissance d'un enfant. Pour les célibataires, beaucoup de rencontres faciles. Année de séduction et de flirts. Pour ceux d'entre vous qui espèrent la naissance d'un enfant, l'année s'y prêtera bien. L'année sera très bénéfique aussi pour toute activité créative: littérature, musique, sculpture, etc.

Votre année personnelle 4

TENDANCE GÉNÉRALE DE L'ANNÉE

Une période pour consolider vos positions

Voilà une année qui sera dans son ensemble assez contraignante alors qu'elle vous réclamera beaucoup d'efforts et de courage pour pallier les difficultés ou résoudre de difficiles contingences matérielles, mais avec persévérance, ordre, méthode, rigueur, attention, sens du devoir et pratique, vous saurez établir une base solide afin que l'année prochaine s'épanouisse. Vous aurez probablement à lutter, à traverser des périodes de pénurie, à connaître des obstacles, à supporter une certaine lenteur, mais dites-vous qu'avec de la volonté, vous en viendrez à bout. Tout ce que vous désirez mettre en action doit être établi sur des fondations solides. Avec un peu de prévoyance et de constance, vous finirez par affermir vos positions. Pas très drôle ni facile, n'est-ce pas ? N'empêche, considérez le mérite au lieu de vous complaire dans vos frustrations éventuelles.

En 2024, c'est l'inattendu qui prédominera. Vous entamez un cycle de changements qui vous mènera vers d'autres avenues, tant dans votre vie sentimentale que dans votre vie professionnelle et sociale.

Le principe de base de l'année personnelle « 4 » est la concrétisation de situations qui étaient en attente. Certaines seront difficiles selon que vous les aurez mal gérées et une remise en ordre s'imposera d'elle-même. Il sera avisé de vérifier toutes les déconvenues. Cependant, vous pourriez assister à des événements surprenants dans le sens où des aides providentielles vous seront apportées par des coups heureux du destin. Des rencontres, des associations et des collaborations nouvelles vous permettront de vous situer sur un meilleur plan et dans une meilleure orientation. Toutefois, il sera nécessaire de vous départir de ce qui ne vous sert plus, de ce qui ne fonctionne plus, de ce qui vous bloque, de ce qui n'est pas logique ou rationnel, de ce qui vous encombre.

Toutes les relations boiteuses, tous les objectifs et tous les projets faits à la va-vite se verront sans le moindre doute sanctionnés. Ce n'est que par la suite que les choses iront beaucoup mieux, mais il faudra du temps pour que vous vous réalisiez vraiment au mieux. Ces délais, ces retards, qui interviendront ne devront pas être vécus comme des échecs, mais plutôt comme une période nécessaire et essentielle afin de fignoler toutes vos réalisations futures et de leur donner une solidité à toute épreuve. Encore un petit effort!

L'idée que certains d'entre vous seront en communication avec le lointain est plus que possible. Un déménagement, des rencontres avec des personnes d'une autre ville, d'une autre région ou contrée seront au menu. Cela explique une sorte de solitude possible par périodes, faute de pouvoir se rencontrer facilement, et des attentes, dans le sens où les projets prendront du temps, quels qu'en soient les domaines.

En ce qui a trait à votre santé et à votre bien-être physique, votre seuil d'énergie et votre vitalité risquent d'être plus en carence. Méfiez-vous de maux chroniques qui pourraient réapparaître. Le stress, la fatigue nerveuse, le surmenage pourront être la source de maux de dos. Il sera bon pour vous de bien veiller à votre hygiène de vie, à vos habitudes alimentaires et il sera sage d'inclure un peu d'exercice au quotidien alors que cela vous sera salutaire au bout du compte. Profitez-en pour prendre un rendez-vous chez votre dentiste afin d'être à date dans vos soins dentaires. Il sera suggéré de surveiller vos articulations et vos os. Un supplément de calcium est recommandé. Prenez les choses comme elles viennent, ne forcez pas la note et apprenez à vous détendre.

En bref: l'année personnelle « 4 » présage beaucoup de travail et d'efforts. C'est l'année de construction par excellence. Peu de temps pour les plaisirs. Dans le meilleur des cas, c'est une année lente. Il ne faut négliger aucun papier administratif. Profitez-en pour remettre de l'ordre dans votre vie administrative. Rangez, triez... En année 4, on ne peut se projeter dans le futur que sur des constructions durables et bien ancrées sur du solide. Mais les années 4 viennent du chiffre 13 (1 + 3 = 4), le 13 étant un nombre qui vient bousculer l'ordre des choses. Par conséquent, attendez-vous à des remises en question d'ordre familial ou professionnel – ces changements vont intervenir l'année prochaine.

Sur le plan du travail, veuillez porter une attention toute particulière aux détails. Vous pourriez obtenir une promotion, une augmentation de salaire, sinon une personne influente pourrait vous apporter de l'aide. Année favorable pour un changement de travail ou d'emploi, mais le côté négatif de ce nombre peut aussi vous faire perdre votre emploi ainsi qu'être porteur de conflits possibles au travail. Attendez-vous à un surcroît de responsabilités.

Sur le plan sentimental, l'énergie risque d'être plutôt tempérée durant l'année à venir. Si les années précédentes ont été vécues avec tension et des conflits permanents, cela pourrait possiblement signifier aussi la fin du couple. Pour les célibataires, le temps sera idéal pour une rencontre stable et durable, et si vous êtes de nature positive, vous stabiliserez votre vie de couple durant les mois à venir.

Votre année personnelle 5

TENDANCE GÉNÉRALE DE L'ANNÉE

Une période de mutation, de mouvement et riche en possibilités futures

Voilà une année qui sera porteuse de changements de tous ordres. En général, il est vrai qu'une année personnelle « 5 » annonce liberté, opportunités, transformation, changements, le tout sur un fond un peu instable. Les voyages, une promotion, un changement de cap, un déménagement, voilà ce qui se trouve directement concerné.

L'année 2024 promet d'être mobile, mais réclamera une certaine circonspection afin de vous adapter aux imprévus, tout en sachant être sélectif. Finie la routine, finies les limitations, mais réagir sur un coup de tête ne provoquerait que la fugacité à long terme.

Les réalisations comme les projets seront encouragés, mais rien ne semble bien définitif. Profitez-en pour corriger les erreurs passées ainsi que pour amenuiser tout ce qui vous frustrait l'année dernière. Il est temps de respirer à pleins poumons, sans euphorie aveugle ni précipitation. Inutile de précipiter les projets.

Ce climat, apparemment instable, ne tolère ni approximation ni médiocrité. Conciliez sociabilité avec intelligence. L'évolution en marche vous promet un mieux-être. Tout présage que vous prendrez un nouveau départ et que les tendances qui domineront votre année « 5 » prendront pleinement leur élan positif. Cependant, vous aurez un bilan à faire auparavant, tant sur vos relations que sur votre activité quotidienne.

En fait, vous êtes dans une année d'évolution qui vous met en face de vos actes passés et de vos responsabilités. Une sorte de concrétisation officielle de ce qui était en attente se vérifiera. Cela veut dire que vous serez devant la réalité des choses et que vous serez obligé de faire le tri entre ce qui n'était que pur fantasme illusoire et les vérités de l'existence.

Toutes les relations qui ne conviennent pas davantage seront remises en question. Si vous êtes dans une relation harmonieuse et solide, des projets en attente tels une naissance, un déménagement ou autres se verront réalisés.

Comme vous le voyez, vous avez tout intérêt à bien réfléchir à ce qui est solide et bon pour vous, à faire le tri entre ce qui vous est profitable ou non, et à prendre les décisions en conséquence pour un avenir meilleur. Si vous ne faites pas cet effort, les événements feront le ménage pour vous.

Cette période s'annonce riche en divertissements. Vous vous sentirez poussé vers la recherche du plaisir sous toutes ses formes; un grand besoin de jouir du présent. Le sexe et l'amour tiendront une place plus importante pour vous cette année. Tout suggère que vous serez davantage en quête de nouvelles aventures, mais toutes les relations qui seront nouées au cours de l'année risquent de ne pas durer.

Évitez d'abuser des facilités qui se présenteront à vous alors que votre insouciance risque de vous coûter gros, sans compter qu'il vaudra mieux ne pas surestimer votre potentiel de récupération. Évitez d'en faire trop, de brûler la chandelle par les deux bouts. Malgré tout, l'année se prêtera bien pour faire un grand voyage, ou encore pour déménager.

En ce qui a trait à votre santé et à votre bien-être physique, il sera nécessaire de prôner la modération en tout, surtout dans le domaine physique, alors que cela réduira vos probabilités d'accidents (par la route, en déplacement à pied ou autres) à cause de votre maladresse.

En bref: ça va bouger dans tous les domaines au cours de l'année personnelle « 5 ». Celle-ci sera généralement agréable. Favorable aux finances, aux voyages ainsi qu'aux changements. Si vous attendez une mutation, elle se manifestera cette année. Si vous comptiez déménager, ça se produira cette année. S'il vous est donné l'occasion de faire une rencontre sentimentale, méfiez-vous, car ça ne durera pas toute la vie!

Sur le plan du travail, l'année se prêtera bien pour faire des demandes d'emploi et les changements pourront se faire très rapidement. Une vocation pourrait même vous être révélée. Il se pourrait que l'année vous incite aussi à déménager et/ou même à changer d'emploi grâce à de nouveaux contacts. Ne partez aucun projet, car il sera de courte durée.

Sur le plan sentimental, l'année sera porteuse de chance quant aux relations avec le sexe opposé. Mais attention, tout comme ces relations peuvent conduire au mariage, elles peuvent aussi amener un divorce pour la prochaine année, surtout si vous ne respectez pas la liberté de l'autre à cause de votre besoin obsédant de vous sentir jeune en année 5. Pour les célibataires, des rencontres sont prévues dans vos sorties, dans vos déplacements. Les amours pourront être heureux, mais peu durables.

Votre année personnelle 6

TENDANCE GÉNÉRALE DE L'ANNÉE

Une période de responsabilités et de recherche de stabilité

Voilà une année où il vaudra mieux préconiser l'harmonie en tout. Resteront toujours d'actualité des responsabilités à assumer, des conciliations à faire, des ajustements nécessaires à apporter et parfois un choix à opérer. Les pièges à éviter demeureront l'égoïsme, des erreurs à ne pas commettre, des sollicitations néfastes, un manque de souplesse à l'égard de votre partenaire de vie. Le sachant, veuillez être plus sensible aux besoins et aux sentiments des gens près de vous. Pensez aux vôtres. Calmez les tensions. Écoutez les personnes âgées, d'expérience ou celles qui sont dans le besoin. Finissez aussi tout ce que vous aurez entrepris par le passé.

Étant donné que l'affectif semble être la clé de voûte pour l'année 2024, disons que votre couple pourra connaître une épreuve, quitte à vous réconcilier plus tard. Quant aux célibataires, ils ne devraient pas laisser passer une possibilité d'union.

La maison, l'immobilier, les finances, l'activité professionnelle et les arts paraissent protégés, mais ne soyez pas surpris d'avoir à faire face à de nombreuses responsabilités que vous n'aviez pas prévues ou escomptées.

Deux aspects domineront votre année personnelle « 6 ». Le premier touchera l'union, celle que vous vivez avec votre milieu professionnel, l'être aimé ou le conjoint actuel, qui connaîtra une transformation radicale. En positif, vous allez réaliser des projets importants, ou bien vous bénéficierez d'ouvertures vers une bien meilleure situation. En négatif, si vous avez fait les mauvais choix, vous couperez les ponts avec votre entourage. Le second aspect touchera les ruptures et le lointain. En positif, vous déménagerez ou vous vivrez des relations heureuses avec des gens d'une ville autre que celle où vous résidez, ou d'une autre région, contrée, pays ou continent. Elles vous permettront d'ouvrir de nouvelles perspectives favorables pour votre existence. En négatif, vous aurez à vivre un « divorce » professionnel ou sentimental, sinon la cellule familiale pourrait encourir diverses modifications.

Il ne servira à rien de rester dans le passé, tant en positif qu'en négatif, car c'est dans le changement que vous trouverez de nouvelles ressources et une belle existence future. Il ne reste plus qu'à vous souhaiter de consolider vos liens ou de trouver l'âme sœur.

Profitez des douze prochains mois pour amorcer tous vos travaux d'aménagement, intérieurs/extérieurs, du lieu où vous vivez. Le temps se prêtera également pour entamer une démarche en vue d'acquérir un nouveau logement, une maison, un chalet, un condominium ou un terrain. Quel que soit l'objectif, il est certain que vous serez plus enclin que d'habitude à investir dans l'immobilier.

En ce qui a trait à votre santé et à votre bien-être physique, il ira de votre intérêt de prôner des règles de vie plus saines, plus adaptées à votre style de vie, sinon vous risquez de vous retrouver victime d'une fatigue pernicieuse attribuable au surmenage. Vous ne serez pas à l'abri non plus d'un problème lié à votre appareil urinaire. Il sera avisé de ne pas utiliser les sucreries ni le chocolat pour pallier vos problèmes affectifs. Cessez d'intérioriser ces derniers et résolvez-les une fois pour toutes. Surveillez aussi de près votre tension artérielle. Cependant, en allégeant votre alimentation et/ou en changeant vos habitudes alimentaires, vous pourrez constater une nette amélioration de votre condition physique.

En bref : l'année personnelle « 6 » vous pousse à prendre des responsabilités. La famille sera à l'honneur. La maison, le confort, l'esthétique, le bien-être, le mariage vont tous faire partie de vos centres d'intérêt. Les responsabilités familiales ou professionnelles s'accroîtront. Vous aurez des choix à faire. Sous cette vibration, les investissements dans l'immobilier et les finances seront très favorisés.

Sur le plan du travail, il y aura plus de responsabilités, et même des propositions où des choix seront à faire. Des promotions sont à prévoir, mais qui demanderont toutefois des ajustements. Favorable pour se trouver un emploi ainsi que pour changer d'emploi si vous le désirez, mais vous devez vibrer de façon positive, sinon…

Sur le plan sentimental, vous pourrez développer des liens très forts avec les autres ainsi que resserrer les liens avec une personne concernée, avec une ancienne flamme si vous êtes célibataire. S'il vous est donné l'occasion de rencontrer une personne, l'union sera durable. Mais si le désordre règne dans votre foyer, cette année représente une rupture possible, voire le divorce. De toute façon, pendant l'année 6, il est conseillé de pardonner plutôt que d'essayer de comprendre. C'est une année favorable pour le mariage, l'union sérieuse, mais si vous vibrez négativement, il y aura risque de divorce ou de crise au sein du couple, mais possibilité d'arrangement et de réconciliation puisqu'il faut pardonner.

Votre année personnelle 7

TENDANCE GÉNÉRALE DE L'ANNÉE

Une période de ralentissement général et une phase d'intériorisation

Voilà qui présage une année d'intériorisation. Lors de celle-ci, il est possible que vous connaissiez des ralentissements ou une sensation réelle ou non de solitude. Il faudra prendre votre mal en patience.

Il vous sera suggéré de ne pas vous mêler de questions matérielles, financières, voire, dans certains cas, affectives. Voyez les choses de loin alors que la distance vous permettra de mieux faire le point, de comprendre le pourquoi et le comment. N'engagez rien de nouveau. Il vous faut réfléchir, prendre conscience, méditer sans vouloir forcer les événements. Profitez-en pour vous remettre en question. Faites un retour sur le passé afin d'améliorer ce qui peut l'être. Ne vous refermez pas sur une mélancolie frustrante. Si votre analyse est saine, vous pourrez y découvrir dans votre inconscient des tas de ressorts qui vous éviteront à l'avenir de reproduire les mêmes erreurs. Évitez les doutes corrosifs, le découragement apathique. Entretenez plutôt une certaine sérénité, loin du bruit, loin de la foule. Des inattendus interviendront sans que vous n'ayez rien provoqué et vous pourrez même bénéficier d'une chance imprévue, inouïe.

Voilà une année « 7 » où vous irez de surprise en surprise… et des bonnes en plus ! L'inattendu fera partie intégrante de votre quotidien tout au long de 2024, et vous bénéficierez de coups de chance, sans compter que les situations se dénoueront.

Vous pourrez tirer avantage d'aide imprévue, de rencontres passionnantes et fort utiles pour votre avenir, quel que soit le domaine où vous exercez. Les associations, les collaborations nouvelles, les rencontres sentimentales, les projets à deux seront au cœur de vos pensées et de vos actions. Ne laissez pas passer les occasions qui se présenteront, chassez les doutes et les inquiétudes, le destin vous offrira ce qu'il y a de mieux, alors pas d'hésitation.

Tous ces événements, très favorables, vous conduiront sur la route de nouveaux projets. Toutefois, n'allez pas prendre à la légère toutes les ouvertures qui pourront se faire alors qu'elles pourront être déterminantes et transformer radicalement votre vie dans le bon sens. Gardez l'œil ouvert, veuillez accepter les invitations dont vous ferez l'objet et soyez prêt à saisir toutes les occasions qui se présenteront. Bougez et voyez du monde !

Si, d'aventure, quelques propositions vous étaient soumises, il vaudra mieux les étudier avec soin et prendre tout votre temps pour analyser chacun de leurs aspects avec un maximum de réflexion. Ne ratez pas l'occasion d'en profiter aussi pour faire le point sur votre cheminement intérieur.

Même si le domaine de l'argent sera peu favorisé, restez patient, faites des plans pour l'avenir, mais ne vous engagez d'aucune façon financièrement. Par ailleurs, vous ne pourrez choisir la meilleure année pour parfaire vos connaissances, vous inscrire à un cours ou un atelier qui suscite votre curiosité, pour vous mettre à écrire, pour élargir vos horizons, pour vous engager dans un programme de recherche.

En ce qui a trait à votre santé et à votre bien-être physique, il ira de votre intérêt de surveiller de près votre tension artérielle et d'alléger votre alimentation. Assurez-vous aussi de prévoir des périodes de repos et de détente afin de mieux refaire votre plein d'énergie. Ne vous laissez pas gagner par des idées noires ou dépressives. N'allez pas non plus essayer de forcer le destin. Plus votre esprit sera sain et en harmonie mieux vous vous porterez.

En bref : l'année personnelle « 7 » en est une de réflexion et de calme. Prenez votre temps avant de continuer. Aussi, ne vous étonnez pas si les choses ne bougent pas beaucoup, c'est normal. Profitez-en pour faire le point. Les nouveautés sont déconseillées. Ne pas investir, mais possibilité de chance financière si vous savez attirer l'argent. Pour les chercheurs, pour tous ceux qui veulent évoluer sur le plan spirituel, ce sera une année extrêmement bénéfique, mais pour les autres, patience… Préférence aux travaux intellectuels.

Sur le plan du travail, mais plus encore pour ceux qui travaillent dans un domaine intellectuel ou dans la recherche, l'année sera propice. Toutefois, il pourrait y avoir des retards dans l'avancement de certains projets. La discrétion sera de mise si vous voulez vous protéger contre des ennemis. Vous pourriez avoir envie d'abandonner un travail ainsi que prendre une année sabbatique. Si votre situation vous le permet, prenez-la, sinon profitez de vos vacances ; idéal pour des vacances près de l'eau ou dans la nature.

Sur le plan sentimental, l'amour sera davantage vécu au niveau de l'intellect que sur le plan physique. C'est la raison pour laquelle l'année sera bénéfique aux échanges verbaux entre conjoints. L'amour sera donc stable, surtout si la dernière année a été vécue de manière positive, ou ce sera peut-être une année de solitude qui vous permettra de réfléchir ou d'apprendre à cultiver la patience. Positivement, l'année 7 apporte aux célibataires la découverte de l'amour idéal.

Votre année personnelle 8

TENDANCE GÉNÉRALE DE L'ANNÉE

Une période où la vie matérielle est au premier plan

Voilà une année où le domaine matériel, les questions concrètes et financières se trouveront au premier plan. Vous devrez continuer à faire preuve de courage, de sagesse, d'énergie, d'exigence, de vigilance afin de favoriser vos chances de réussite au lieu d'aller contre le courant et d'essuyer des échecs. La pondération, la maîtrise de soi toucheront autant vos pensées que vos actes, tant et si bien que votre attitude engendrera la consolidation, ou le choc selon que vous canaliserez votre énergie avec mesure ou que vous céderez devant une ambition démesurée dont vous, ou votre environnement, pourriez faire les frais. Viser la réussite ? Rien de plus normal ! Il s'agira de considérer les moyens d'y accéder et ce qu'on en fera ensuite.

L'année 2024 sera celle des hauts et des bas, du tout ou rien, suivant vos semailles passées. Récolterez-vous déceptions ? Accidents ? Punitions ? Procès ? Ces risques ne seront que des conséquences. Ou avancement ? Expansion ? Croissance ? Gestion ? Vous ne pourrez espérer que le meilleur du fait de vos efforts contrôlés. Restez encore un peu sur vos gardes, les pieds bien ancrés dans la réalité pour mieux récolter vos semences. Le pouvoir sourira aux audacieux, mais il vaudra mieux éviter d'être trop sûr de vous. Évitez de vouloir grimper trop rapidement l'échelle hiérarchique de l'entreprise qui retient vos services au risque de vous empêtrer, car vous pourriez redescendre aussi vite !

L'année 2024 suggère une année importante, grandiose même ! Le destin tendra à vous mettre à l'épreuve en vous proposant une évolution magistrale et votre défi consistera à prendre ce qui se présentera.

En numérologie, la vibration « 8 » correspond à une année de matérialisation et de concrétisation, la réussite n'en tiendra qu'à vous, qu'à votre caractère. Si vous êtes du genre à faire preuve d'initiative, suivie d'un esprit de décision et avez la faculté de vous adapter aux situations nouvelles, alors vous gagnerez sur toute la ligne et vous risquez même de décrocher le gros lot. Par contre, si vous êtes quelqu'un d'indécis, attaché à ses principes, difficile à bouger, vous verrez alors le train du bonheur vous filer sous le nez. Maintenant, sachant cela, ce sera à vous de jouer !

En ce qui a trait à votre santé et à votre bien-être physique, votre potentiel énergétique sera excellent. Cependant, il ira de votre intérêt d'éviter tous les excès et imprudences pour ne pas hypothéquer inutilement votre santé. Veuillez plutôt profiter de cette année, qui risque d'être exigeante par moments, pour vous départir d'une mauvaise habitude de vie nuisible à votre santé et pour changer vos habitudes alimentaires. N'oubliez pas qu'une bonne santé débute à la table et que la modération a toujours meilleur goût ! Il vous sera également suggéré d'être prudent lorsque vous vous retrouverez derrière le volant, lorsque vous bricolerez ou quand vous utiliserez tous les objets contondants.

En bref : l'année personnelle « 8 » en est une de récolte, en bon ou en mauvais. On récolte ce que l'on a semé, et en proportion. La vie matérielle et financière sera au premier plan. Année du management, de la concrétisation matérielle ainsi que sociale. Si tout se passe bien et que vous avez des projets ambitieux, allez-y ! Risque de hauts et de bas, la vigilance sera donc nécessaire. L'année 8 favorise en soi la promotion, l'augmentation de salaire, mais aussi la perte d'une situation professionnelle. N'allez pas vous engager non plus trop vite dans un litige ou dans une action juridique. Il faut garder l'équilibre en tout, ou le retrouver.

Sur le plan du travail, voilà qui présage une année en valeur, un nouveau travail ou une nouvelle promotion pourra vous être proposé, car vous vivez une période active et excitante. Côté négatif, vous pourriez perdre votre travail injustement ainsi que quitter votre emploi et vous retrouver au chômage, donc ne soyez pas impulsif et jouez bien vos cartes !

Sur le plan sentimental, voilà qui ne sera pas l'année la plus romantique ni la plus passionnée suivant que vous aurez bien d'autres choses en tête. Cependant, l'année sera propice au mariage, surtout en ce qui concerne la gent féminine. Tout peut arriver. Riche mariage, vie à deux harmonieuse ou divorce et disputes. La perte d'un être cher pourrait aussi vous amener à vivre des émotions.

Votre année personnelle 9

TENDANCE GÉNÉRALE DE L'ANNÉE

Une période pour faire le point et pour prendre d'importantes décisions

Vous allez clôturer un cycle de neuf ans, moment très important, car votre mue s'achève. Votre année réclame une transformation volontaire ou subie afin de vous aider à repartir d'un pied neuf sur un sol nettoyé, pas plus tard qu'en 2024. Cette épuration hyperémotive nécessaire risque d'être ressentie, vécue comme pénible, avec abandons, pertes et sacrifices éventuels, mais on doit quitter d'anciens vêtements si on veut endosser un habit neuf. Il s'agira, dans un premier temps, de conclusion ou de bilan. Dans un deuxième temps, cette année personnelle pourra vous apporter, en tout ou en partie, aboutissement et récompense, contact avec l'étranger et parfois même un voyage ou, à tout le moins, une ouverture sur des horizons novateurs.

Ne considérez pas ce transit comme étant punitif, mais plutôt comme le temps des labours. On ne peut semer que sur une terre amendée. Poursuivez votre évacuation. Débarrassez-vous de ce qui traîne ou gêne, de l'inutile, de ce qui ne sert plus ou qui encombre, mais plus que tout, n'allez rien commencer de nouveau jusqu'à l'année prochaine. Ce n'est qu'après ce grand ménage que vous serez plus en meilleure position pour aborder un nouveau cap dans votre vie avec une énergie et une confiance retrouvées. L'année sera consacrée à élaborer de nouveaux projets, mais pas pour les concrétiser cette année. Profitez-en pour terminer toutes les tâches en cours.

Cela présage tout de même une belle année en perspective. En général, on considère qu'une année personnelle « 9 » est porteuse de fins, de coupures, de ruptures. Ce sera probablement le cas, mais vous aurez une grande chance, celle de voir que le destin vous apportera sur un plateau d'argent les possibilités d'une nouvelle vie. Malgré une ambiance morose qui vous donnera l'impression que les choses ne vont pas très bien pour vous, vous verrez tout de même arriver quelques bonnes nouvelles. À cet effet, rencontres et amitiés nouvelles ouvriront un dialogue sur des projets futurs. Ensuite, votre destin vous demandera de prendre vos responsabilités. Ce sera donc à vous de savoir vous engager dans une voie et de vous dégager d'une autre. Vous vous devrez de faire l'effort d'accepter des ruptures de situations pour mieux pouvoir profiter d'un renouveau prometteur. Toutefois, il y aura du ménage à faire auparavant dans votre vie ; ce qui ne va plus s'en ira. N'attendez pas que le couperet tombe, saisissez les situations nouvelles. L'idée que vous ayez à vivre un changement professionnel ou que vous vous en inquiétez sera possible, mais informez-vous des opportunités et des possibilités nouvelles, et prenez les décisions qui s'imposent. Profitez-en pour faire le point sur votre cheminement intérieur et pour prendre d'importantes décisions qui s'imposent ; cela aidera à comprendre vos épreuves et à mieux saisir le sens de votre vie.

En ce qui a trait à votre santé et à votre bien-être physique, vous ne serez pas à l'abri d'une dépression passagère possible et/ou de fatigue morale, sans compter que vous risquez de tomber malade, même pour les personnes habituellement en très bonne santé. Veuillez préconiser la relaxation, le yoga et la méditation ; ces techniques vous seront bénéfiques et salutaires. Vous êtes également encouragé à être vigilant lorsque vous ferez renouveler votre médication. Assurez-vous aussi de respecter la posologie recommandée. N'oubliez pas qu'il vaut mieux prévenir que guérir. Au besoin, il sera avisé de consulter pour mieux outrepasser toute épreuve qui vous empêche de vous réaliser positivement.

En bref : une année personnelle « 9 » est annonciatrice de la fin d'un temps. On est à la fin d'un cycle de vie ; année du bilan global. Ne commencez rien de nouveau au risque que ça tombe à l'eau. Contentez-vous d'y réfléchir pour l'année prochaine. Année où il faut « épurer ». Vous pouvez mettre en application des projets élaborés en année 7 ou 8, mais si une idée subite vous vient à l'esprit, n'allez pas la mettre à exécution, attendez à l'année prochaine pour ce faire. Mon conseil est de laisser filer cette année sans prendre de risque de quelque sorte. Toutefois, si vous avez un projet que vous avez longuement préparé, vous pouvez le réaliser, mais misez plutôt sur ce cycle pour élaborer vos stratégies futures. En année 9, toutes les initiatives qui concernent l'étranger ou le lointain seront favorables.

Sur le plan du travail, excellente année pour changer d'emploi, surtout si cela a pour but d'améliorer vos conditions de vie et qu'il s'agisse d'un travail attendu depuis fort longtemps. N'oubliez pas que l'année 9 en est une de transition vers la suivante, et que ce cycle n'est pas facile à vivre même si vous êtes positif, car c'est une période d'achèvement et aussi de préparation, donc soyez prudent sur le plan du travail si vous devez faire un choix.

Sur le plan sentimental, rencontre possible avec une personne de souche différente de la vôtre et/ou qui vit dans un quartier ou une ville différente d'où vous résidez à présent. Pour les non célibataires, l'année en sera une décisive et changeante. Avec la fin d'un long cycle d'apprentissage, vous vous sentirez prêt à discuter de la relation et à prendre des décisions : soit vous marier, soit vous séparer pour de bon, soit vivre ensemble ainsi que concevoir un enfant. Ce sera le résultat de longues conversations avec votre partenaire où vous pourrez à la fois exposer vos souhaits et vos peurs, et vous diriger vers le futur. Si vous êtes célibataire, ce sera une bonne année pour vous concentrer sur vos sentiments et sur votre vie émotionnelle. Il est temps de préparer votre cœur à l'arrivée d'un nouvel amour ; libérez-le des blessures des relations passées. Croyez en votre intuition et laissez-la vous guider dans ce nouveau voyage de sentiments.

Astrologie chinoise

LA NAISSANCE DE L'ASTROLOGIE CHINOISE

L'astrologie est l'une des plus anciennes philosophies chinoises. Elle est âgée d'au moins 2000 ans. À l'origine, l'astrologie était inséparable de l'astronomie. Les deux étaient considérées comme une discipline. La Chine étant l'une des plus anciennes civilisations du monde, très tôt, des praticiens de l'astronomie et de l'astrologie ont fait partie de la cour impériale en tant que fonctionnaires.

Dans la Chine ancienne, l'astrologie était utilisée pour révéler ce qui était prévu d'arriver pour une nation. Ce n'est qu'au début de l'ère chrétienne que l'astrologie a commencé à être utilisée pour donner des lectures individuelles. À l'époque de la dynastie Tang (618-907 av. J.-C.), une pléthore d'encyclopédies a été écrite sur l'art de donner des lectures astrologiques personnelles.

L'origine des signes des douze animaux de l'astrologie chinoise est peu claire. La légende chinoise attribue la création des signes à l'Empereur Jaune (2637 av. J.-C.). L'Empereur Jaune est une figure semi-mythique dans l'histoire chinoise. D'autres légendes attribuent à Bouddha (563-483 av. J.-C.) la création du cycle des douze animaux.

D'après le mythe, Gautama le Bouddha, nom du premier Bouddha (Ve siècle av. J.-C.) issu de la tribu des Câkya, à partir duquel s'est fondé le bouddhisme (Buddha, mot sanscrit qui veut dire « l'Éveillé »), décida un certain jour de l'An de convoquer tous les animaux de la création et de leur accorder une faveur en vue de les remercier de leur loyauté, tout en leur promettant en échange une récompense.

Pour une raison quelconque, seulement douze animaux se sont présentés. Le premier qui apparut fut le Rat. Par la suite, il y eut le Bœuf, le Tigre, le Lapin, le Dragon, le Serpent, le Cheval, la Chèvre, le Singe, le Coq, le Chien et enfin le Cochon. Pour les remercier, Bouddha a donné à chaque animal une année qui lui serait consacrée à travers l'histoire. Les années ont été attribuées selon l'ordre dans lequel les animaux s'étaient présentés. Ils furent tous enchantés et comblés par ce précieux don.

De là est né l'horoscope chinois tel que nous le connaissons aujourd'hui et dont la popularité ne se limite plus qu'à l'Orient puisqu'il est très répandu maintenant en Occident. À tout moment de l'année, l'horoscope chinois est un outil indispensable pour mieux connaître la direction à suivre, mieux définir les choix à faire et mieux apprivoiser les types de relations possibles avec les autres. Vous trouverez dans les pages qui suivent une définition appréciable de votre signe et un aperçu de votre caractère d'après votre signe chinois, suivis de vos prévisions annuelles.

COMMENT TROUVER VOTRE SIGNE ASTROLOGIQUE CHINOIS

En astrologie chinoise, les signes sont représentés par des animaux. Ils ne sont pas basés sur la position des étoiles comme dans l'astrologie occidentale, mais plutôt sur l'année de naissance de la personne. Chaque signe est sous la gouvernance d'un animal et de ses éléments pour une année complète. Il y a douze animaux et ils apparaissent toujours dans le même ordre, tel que mentionné précédemment, et ce cycle se répète tous les douze ans.

Le calendrier chinois est basé sur l'année lunaire (soit la Lune qui orbite autour de la Terre). Le calendrier occidental est basé sur l'année solaire (soit la Terre qui orbite autour du Soleil). Les deux ne correspondent pas exactement.

Pour trouver l'animal qui représente votre signe astrologique chinois, veuillez repérer votre année de naissance dans le *Tableau des années lunaires*, ici-bas. Toutefois, si vous êtes né en janvier ou en février d'une quelconque année, assurez-vous de bien vérifier les dates auxquelles l'année lunaire chinoise commence, car la date du début de l'année chinoise varie d'une année à l'autre, puisqu'elle commence toujours à la première nouvelle lune de l'année civile occidentale. Une fois que vous aurez bien identifié votre signe chinois, vous devrez calculer votre ascendant natal chinois.

TABLEAU DES ANNÉES LUNAIRES			
1900	Rat	du 31 janvier 1900 au 18 février 1901	métal
1901	Buffle	du 19 février 1901 au 7 février 1902	métal
1902	Tigre	du 8 février 1902 au 28 janvier 1903	eau
1903	Lapin	du 29 janvier 1903 au 15 février 1904	eau
1904	Dragon	du 16 février 1904 au 3 février 1905	bois
1905	Serpent	du 4 février 1905 au 24 janvier 1906	bois
1906	Cheval	du 25 janvier 1906 au 12 février 1907	feu
1907	Chèvre	du 13 février 1907 au 1er février 1908	feu
1908	Singe	du 2 février 1908 au 21 janvier 1909	terre
1909	Coq	du 22 janvier 1909 au 9 février 1910	terre
1910	Chien	du 10 février 1910 au 29 janvier 1911	métal
1911	Cochon	du 30 janvier 1911 au 17 février 1912	métal

1912	Rat	du 18 février 1912 au 5 février 1913	eau
1913	Buffle	du 6 février 1913 au 25 janvier 1914	eau
1914	Tigre	du 26 janvier 1914 au 13 février 1915	bois
1915	Lapin	du 14 février 1915 au 2 février 1916	bois
1916	Dragon	du 3 février 1916 au 22 janvier 1917	feu
1917	Serpent	du 23 janvier 1917 au 10 février 1918	feu
1918	Cheval	du 11 février 1918 au 31 janvier 1919	terre
1919	Chèvre	du 1er février 1919 au 19 février 1920	terre
1920	Singe	du 20 février 1920 au 7 février 1921	métal
1921	Coq	du 8 février 1921 au 27 janvier 1922	métal
1922	Chien	du 28 janvier 1922 au 15 février 1923	eau
1923	Cochon	du 16 février 1923 au 4 février 1924	eau
1924	Rat	du 5 février 1924 au 23 janvier 1925	bois
1925	Buffle	du 24 janvier 1925 au 12 février 1926	bois
1926	Tigre	du 13 février 1926 au 1er février 1927	feu
1927	Lapin	du 2 février 1927 au 22 janvier 1928	feu
1928	Dragon	du 23 janvier 1928 au 9 février 1929	terre
1929	Serpent	du 10 février 1929 au 29 janvier 1930	terre
1930	Cheval	du 30 janvier 1930 au 16 février 1931	métal
1931	Chèvre	du 17 février 1931 au 5 février 1932	métal
1932	Singe	du 6 février 1932 au 25 janvier 1933	eau
1933	Coq	du 26 janvier 1933 au 13 février 1934	eau
1934	Chien	du 14 février 1934 au 3 février 1935	bois
1935	Cochon	du 4 février 1935 au 23 janvier 1936	bois
1936	Rat	du 24 janvier 1936 au 10 février 1937	feu
1937	Buffle	du 11 février 1937 au 30 janvier 1938	feu
1938	Tigre	du 31 janvier 1938 au 18 février 1939	terre
1939	Lapin	du 19 février 1939 au 7 février 1940	terre
1940	Dragon	du 8 février 1940 au 26 janvier 1941	métal
1941	Serpent	du 27 janvier 1941 au 14 février 1942	métal
1942	Cheval	du 15 février 1942 au 4 février 1943	eau
1943	Chèvre	du 5 février 1943 au 24 janvier 1944	eau
1944	Singe	du 25 janvier 1944 au 12 février 1945	bois

1945	Coq	du 13 février 1945 au 1er février 1946	bois
1946	Chien	du 2 février 1946 au 21 janvier 1947	feu
1947	Cochon	du 22 janvier 1947 au 9 février 1948	feu
1948	Rat	du 10 février 1948 au 28 janvier 1949	terre
1949	Buffle	du 29 janvier 1949 au 16 février 1950	terre
1950	Tigre	du 17 février 1950 au 5 février 1951	métal
1951	Lapin	du 6 février 1951 au 26 janvier 1952	métal
1952	Dragon	du 27 janvier 1952 au 13 février 1953	eau
1953	Serpent	du 14 février 1953 au 2 février 1954	eau
1954	Cheval	du 3 février 1954 au 23 janvier 1955	bois
1955	Chèvre	du 24 janvier 1955 au 11 février 1956	bois
1956	Singe	du 12 février 1956 au 30 janvier 1957	feu
1957	Coq	du 31 janvier 1957 au 17 février 1958	feu
1958	Chien	du 18 février 1958 au 7 février 1959	terre
1959	Cochon	du 8 février 1959 au 27 janvier 1960	terre
1960	Rat	du 28 janvier 1960 au 14 février 1961	métal
1961	Buffle	du 15 février 1961 au 4 février 1962	métal
1962	Tigre	du 5 février 1962 au 24 janvier 1963	eau
1963	Lapin	du 25 janvier 1963 au 12 février 1964	eau
1964	Dragon	du 13 février 1964 au 1er février 1965	bois
1965	Serpent	du 2 février 1965 au 20 janvier 1966	bois
1966	Cheval	du 21 janvier 1966 au 8 février 1967	feu
1967	Chèvre	du 9 février 1967 au 29 janvier 1968	feu
1968	Singe	du 30 janvier 1968 au 16 février 1969	terre
1969	Coq	du 17 février 1969 au 5 février 1970	terre
1970	Chien	du 6 février 1970 au 26 janvier 1971	métal
1971	Cochon	du 27 janvier 1971 au 14 février 1972	métal
1972	Rat	du 15 février 1972 au 2 février 1973	eau
1973	Buffle	du 3 février 1973 au 22 janvier 1974	eau
1974	Tigre	du 23 janvier 1974 au 10 février 1975	bois
1975	Lapin	du 11 février 1975 au 30 janvier 1976	bois
1976	Dragon	du 31 janvier 1976 au 17 février 1977	feu
1977	Serpent	du 18 février 1977 au 6 février 1978	feu

1978	Cheval	du 7 février 1978 au 27 janvier 1979	terre
1979	Chèvre	du 28 janvier 1979 au 15 février 1980	terre
1980	Singe	du 16 février 1980 au 4 février 1981	métal
1981	Coq	du 5 février 1981 au 24 janvier 1982	métal
1982	Chien	du 25 janvier 1982 au 12 février 1983	eau
1983	Cochon	du 13 février 1983 au 1er février 1984	eau
1984	Rat	du 2 février 1984 au 19 février 1985	bois
1985	Buffle	du 20 février 1985 au 8 février 1986	bois
1986	Tigre	du 9 février 1986 au 28 janvier 1987	feu
1987	Lapin	du 29 janvier 1987 au 16 février 1988	feu
1988	Dragon	du 17 février 1988 au 5 février 1989	terre
1989	Serpent	du 6 février 1989 au 26 janvier 1990	terre
1990	Cheval	du 27 janvier 1990 au 14 février 1991	métal
1991	Chèvre	du 15 février 1991 au 3 février 1992	métal
1992	Singe	du 4 février 1992 au 22 janvier 1993	eau
1993	Coq	du 23 janvier 1993 au 9 février 1994	eau
1994	Chien	du 10 février 1994 au 30 janvier 1995	bois
1995	Cochon	du 31 janvier 1995 au 18 février 1996	bois
1996	Rat	du 19 février 1996 au 6 février 1997	feu
1997	Buffle	du 7 février 1997 au 27 janvier 1998	feu
1998	Tigre	du 28 janvier 1998 au 15 février 1999	terre
1999	Lapin	du 16 février 1999 au 4 février 2000	terre
2000	Dragon	du 5 février 2000 au 23 janvier 2001	métal
2001	Serpent	du 24 janvier 2001 au 11 février 2002	métal
2002	Cheval	du 12 février 2002 au 31 janvier 2003	eau
2003	Chèvre	du 1er février 2003 au 21 janvier 2004	eau
2004	Singe	du 22 janvier 2004 au 8 février 2005	bois
2005	Coq	du 9 février 2005 au 28 janvier 2006	bois
2006	Chien	du 29 janvier 2006 au 17 février 2007	feu
2007	Cochon	du 18 février 2007 au 6 février 2008	feu
2008	Rat	du 7 février 2008 au 25 janvier 2009	terre
2009	Buffle	du 26 janvier 2009 au 13 février 2010	terre
2010	Tigre	du 14 février 2010 au 2 février 2011	métal

2011	Lapin	du 3 février 2011 au 22 janvier 2012	métal
2012	Dragon	du 23 janvier 2012 au 9 février 2013	eau
2013	Serpent	du 10 février 2013 au 30 janvier 2014	eau
2014	Cheval	du 31 janvier 2014 au 18 février 2015	bois
2015	Chèvre	du 19 février 2015 au 7 février 2016	bois
2016	Singe	du 8 février 2016 au 27 janvier 2017	feu
2017	Coq	28 janvier 2017 au 15 février 2018	feu
2018	Chien	16 février 2018 au 4 février 2019	terre
2019	Cochon	5 février 2019 au 24 janvier 2020	terre
2020	Rat	25 janvier 2020 au 11 février 2021	métal
2021	Bœuf	12 février 2021 au 31 janvier 2022	métal
2022	Tigre	du 1er février 2022 au 21 janvier 2023	eau
2023	Lapin	du 22 janvier 2023 au 9 février 2024	eau
2024	Dragon	du 10 février 2024 au 28 janvier 2025	bois

COMMENT CALCULER VOTRE ASCENDANT CHINOIS

Le concept chinois du compagnon de vie ne se réfère pas à une autre personne, mais plutôt à ce moi intérieur qui fait partie de chaque individu. Le compagnon de vie ou ascendant natal chinois agit comme un guide, un tuteur, un mentor, un gourou, mais également comme l'avocat du diable. Votre compagnon de vie (ascendant natal) est déterminé par votre heure de naissance. Chaque tranche de deux heures d'une journée est régie par l'un des signes chinois.

Votre ascendant chinois se calcule comme en astrologie occidentale, soit à partir de l'heure réelle de votre naissance. Cependant, il y a quelques différences. En Chine, le jour lunaire commence à 23 heures, et cette heure correspond au premier signe de l'astrologie chinoise qu'est le Rat. Vient ensuite le Buffle, qui occupe l'heure astrale allant de 1 heure à 3 heures du matin, et ainsi de suite.

Pour connaître votre ascendant chinois, vous devez savoir exactement à quelle heure vous êtes né. Si vous êtes né en période d'heure avancée, retranchez une heure de votre heure de naissance, tout comme on l'a fait précédemment pour calculer votre ascendant natal selon l'astrologie traditionnelle. Veuillez répéter le même processus suggéré et lorsque vous aurez terminé tous vos calculs, consultez la *Table des heures astrales chinoises* qui suit et découvrez votre ascendant chinois. Les heures qui sont inscrites correspondent aux heures relatives des douze signes emblématiques chinois.

Une fois que vous aurez trouvé votre compagnon de vie (ascendant natal), vous êtes encouragé à lire les pages consacrées à cet animal pour être mieux informé ainsi que pour prendre connaissance de vos prévisions annuelles pour l'année en cours.

Cependant, ne présumez pas que vous avez les qualificatifs ou les attributs des deux signes (lunaire et ascendant). Votre compagnon de vie a la possibilité de modifier les traits de votre signe de base (lunaire). Par exemple, on dit que les natifs sous le signe du Tigre sont généralement des gens téméraires et imprévisibles. Un Tigre dont le compagnon de vie serait le Bœuf, voilà qui fera de ce natif quelqu'un de plus stable que ce qui serait autrement prévu.

TABLE DES HEURES ASTRALES CHINOISES

Signe chinois	Heure astrale
Rat	de 23 h 01 à 1 h
Buffle	de 1 h 01 à 3 h
Tigre	de 3 h 01 à 5 h
Lapin	de 5 h 01 à 7 h
Dragon	de 7 h 01 à 9 h
Serpent	de 9 h 01 à 11 h
Cheval	de 11 h 01 à 13 h
Chèvre	de 13 h 01 à 15 h
Singe	de 15 h 01 à 17 h
Coq	de 17 h 01 à 19 h
Chien	de 19 h 01 à 21 h
Cochon	de 21 h 01 à 23 h

2024 – L'ANNÉE DU DRAGON DE BOIS – ANNÉE LUNAIRE 4722

La Nouvelle Lune du 10 février 2024 en Verseau sonne la nouvelle année chinoise du Dragon de Bois, qui durera jusqu'au 28 janvier 2025 – symbole de bonne fortune et de pouvoir. Il y aura, bien entendu, un changement dans notre façon d'agir !

L'astrologie chinoise est basée sur un calendrier lunaire comportant douze signes, chacun d'entre eux étant symbolisé par un animal. Seule créature mythologique du zodiaque oriental, le Dragon inspire la crainte, l'émerveillement et l'excitation. Cette créature magique représente également la chance et les opportunités.

L'année du Dragon de Bois s'amorcera et se terminera par des développements internationaux bizarres ou inattendus. Pour tirer le meilleur parti de cette année, recherchez les opportunités inhabituelles que vous pouvez utiliser à votre avantage. Faites une priorité de l'enrichissement de votre esprit. Étudiez. Allez voir des pièces de théâtre, des concerts, des expositions d'art, l'opéra, le ballet, des événements culturels. Toute nouvelle connaissance ou perspective que vous acquerrez haussera votre seuil de confiance en vous et renforcera votre estime de soi.

L'année du Dragon est animée par l'énergie yang et caractérisée par une atmosphère dramatique. Tout peut se produire sous cette influence, surtout l'inattendu, souvent avec force, voire avec violence. Ce climat de tempête est attribuable au caractère imprévisible des événements.

Malgré tout, l'année du Dragon de Bois s'inscrit sous le sceau du développement international qui, rappelons-le (1940), peut aussi se faire au détriment d'autrui. Mais les années du Dragon n'ont pas toutes été aussi funestes ; certaines ont favorisé l'émergence de grandes fortunes et de projets d'envergure, démontrant ainsi que les risques encourus sont parfois récompensés.

Au cours de l'année du Dragon, vous constaterez que l'art et la culture bénéficieront d'un grand soutien et seront des activités florissantes, surtout plus s'il s'agit d'œuvres faites d'une grande originalité. Car le bizarre et l'inattendu font corps avec l'année du Dragon. Aussi, on accueillera des nouveautés de toutes sortes. Ce fut notamment le cas en Chine (1988), où le milieu de la mode effectua tout un virage en proposant les shorts et les fameux « bas qui tiennent tout seuls », des vêtements bien étranges au dire de certains Chinois.

L'année du Dragon correspond aussi à une période prospère en matière de mariage et de naissance, alors que les Chinois considèrent depuis toujours que le Dragon porte bonheur. C'est donc une année favorable à l'expansion, soumise toutefois à votre bonne étoile pour la suite. Si l'envie vous prend de créer une entreprise ou encore de participer à un événement majeur, l'année du Dragon devrait vous apporter le succès. Elle se révèle souvent mouvementée et périlleuse, ou surprenante et heureuse, selon le cas, les circonstances et les individus.

L'année du Dragon favorisera pleinement tout ce qui concerne le foyer, la famille, la résidence, la maison, le cadre de vie, votre vie personnelle, vos racines. Elle coïncide également avec les mouvements de foule, la soif de justice, de vérité et de liberté, les situations où l'on se sent poussé à la dernière extrémité, prêt à tout pour s'en sortir.

Les personnes nées l'année du Dragon sont des esprits libres et dynamiques, tout aussi originaux que sûrs d'eux, colorés et imprévisibles. Les enfants nés dans une année du Dragon portent chance à leur famille.

J'espère vivement que l'année 2024 vous soit favorable et que vous saurez exploiter au maximum toutes les opportunités et les occasions que vous offrira cette année du Dragon de Bois.

Tous mes vœux vous accompagnent.

Note : *Les appellations des signes du zodiaque chinois peuvent varier d'un auteur à l'autre, sans pour autant modifier, de quelque façon que ce soit, les caractéristiques et attributs de ces signes. Ainsi, dans certains livres ou pays, la Chèvre porte les noms de Bouc, Mouton ou Bélier ; le Bœuf, ceux de Buffle ou de Taureau ; le Dragon, celui du Lézard ; le Coq, celui du Phœnix ; le Rat, celui de Souris ; le Lapin, ceux du Lièvre ou du Chat ; le Cochon, ceux de Porc, de Sanglier, d'Éléphant ou d'Ours.*

Rat
Souris

Le **Rat** est en analogie avec le signe du **Sagittaire** en astrologie occidentale.

Vous êtes gentil, créatif, généreux, tout spécialement avec ceux qui vous sont chers. Vous avez appris à vous exprimer clairement et aisément avant même de savoir marcher. En réalité, vous avez développé, très jeune, l'art de manipuler le verbe pour obtenir tout ce que vous voulez de vos parents, amis et autres.

Très ingénieux, vous êtes quelqu'un qui a l'art de faire bon usage de ses capacités. Cela fait de vous une personne qui peut facilement traverser toutes les intempéries de la vie, même dans les conditions les plus difficiles. Vous parvenez toujours à dénicher des occasions en dépit des circonstances les plus défavorables. Si la vie vous sert un citron, vous saurez en faire de la limonade, et vous êtes même doué pour en retirer un revenu.

Derrière votre apparence impassible, se cache un grand sensible. Par contre, vous n'hésitez pas à vous servir d'une certaine autorité pour vous imposer dans votre entourage et pour mieux vous protéger de vos anxiétés intérieures. Vous tenez tellement à ce que tout se passe selon vos désirs et vos attentes que vous pouvez en devenir susceptible, cruel même, et exploiteur parfois. Mais, votre persévérance sans limites et votre manière énergique de mener de front tout ce que vous entreprenez, fait de vous une personne stimulante et amusante.

Méthodique et doté d'une grande adaptabilité, on peut compter sur vous pour prendre les rênes dans votre milieu professionnel tout comme dans vos groupes d'amis. Vous cherchez toujours à tirer profit et avantage des situations, des circonstances, des gens et des confidences que vous recevez sous le sceau du secret.

Professionnellement, vous n'êtes pas du genre à signer quoi que ce soit à l'aveuglette et chaque contrat qui porte votre signature a été scrupuleusement lu, relu et bien étudié dans les moindres détails. Grâce à votre ruse, votre adresse et votre savoir-faire, vous vous réservez toujours une sortie de secours pour quitter le navire quand la situation ne vous est plus bénéfique.

Vous êtes de ces gens sportifs de nature et qui excellent bien en art. Puisque vous aimez être occupé, il n'y a pas mieux que vous pour dénicher un petit quelque chose à faire, tant à la maison qu'au travail, et même en vacances. Vous êtes toujours ouvert à l'idée de découvrir diverses façons de rentabiliser vos revenus ou vos dépenses avec beaucoup d'originalité.

Vous aimez collectionner des objets d'art, allant de la porcelaine fine à des pièces de monnaie. Vous êtes aussi une personne qui ne peut s'empêcher d'accumuler toutes sortes de choses futiles, encombrant ainsi votre espace de vie. Vous aimez recycler tout, de vos vieux vêtements à des livres usagés, et maints autres articles que vous vous faites un plaisir de refiler à vos amis et membres de la famille.

En ce qui concerne votre vie amoureuse, vous savez séduire et tracer votre chemin dans les coulisses de la séduction. Vous êtes tout autant attiré par tout ce qui peut répondre au goût de la fête et du luxe. Pour vous, le luxe, c'est aimer fort et bien. Aussi rassurant que vous puissiez être, il n'en reste pas moins que vous êtes une personne agitée et facile à faire tomber dans le doute.

Sentimentalement, vous faites partie de ces gens qui vont souvent jusqu'à la passion. Les personnes nées sous le signe du Bœuf sauront mieux répondre à vos exigences tandis que les gens nés sous le signe du Singe seront des êtres de votre égal en tout. Vous pourrez trouver aussi votre part de bonheur avec les personnes nées sous le signe du Cochon, du Serpent et du Dragon. Toutefois, vos relations seront plus difficiles avec les gens qui sont nés sous le signe du Coq, du Chien, du Tigre et du Lapin.

VOS PRÉVISIONS ASTROLOGIQUES POUR 2024

Années de naissance: 1924, 1936, 1948, 1960, 1972, 1984, 1996, 2008, 2020

Les années du Dragon ont de l'énergie et un certain dynamisme, ce qui plaira aux natifs du Rat. Cette année, vous devriez avoir de bons résultats et être aidé par une certaine dose de chance. En effet, une fois que vous aurez décidé d'une ligne de conduite, la sérendipité interviendra souvent pour vous aider. Ceux de votre signe qui ressentent une déception ou qui ont l'impression d'avoir langui ces derniers temps (l'année précédente n'a pas été des plus faciles), c'est le moment de tirer un trait sur ce qui s'est passé auparavant et de vous concentrer sur le présent. Des tournants importants pourraient être pris et, pour certains, l'année du Dragon pourrait marquer le début d'une nouvelle phase passionnante. En général, les années du Dragon ont un grand potentiel pour les Rats et si vous saisissez vos opportunités, vous pourrez faire des progrès bien mérités. Fort heureusement, une partie de la chance du Dragon peut aussi déteindre sur vous.

En affaires, les perspectives professionnelles seront également encourageantes et vous serez souvent bien placé pour profiter des ouvertures et des opportunités de promotion. Votre expérience et votre réputation vous seront d'un grand secours et votre perspective pourrait être favorisée par le soutien que vous recevrez de vos collègues supérieurs et d'autres contacts influents. C'est une année où vos capacités peuvent s'exprimer pleinement. Par conséquent, les natifs de votre signe qui désirent un changement ou qui cherchent un poste devraient explorer activement toutes les possibilités. C'est une période où l'initiative, l'esprit d'entreprise et la détermination feront la différence – toutes des qualités qui font partie intégrante de la personnalité du Rat. Ces aspects sont tels que ceux qui assument de nouvelles responsabilités au début de l'année du Dragon de Bois pourraient voir celles-ci donner lieu à d'autres opportunités plus tard dans l'année. Les progrès réalisés au travail seront également bénéfiques sur le plan financier alors que de nombreux natifs du Rat se réjouiront d'une augmentation de leurs revenus. Plutôt que de dépenser trop librement ou de faire des excès, vous devriez mettre des fonds de côté pour des projets et des achats bien spécifiques. C'est une année pour une bonne gestion financière.

Les natifs du Rat attachent beaucoup d'importance à leurs relations avec les autres. Vous pourrez bénéficier du soutien et des encouragements de beaucoup cette année. Lorsque vous envisagerez des plans ou prendrez des décisions, vous pourriez souvent être aidé de manière significative en parlant à ceux en qui vous avez confiance. Savoir que vous avez ce soutien peut être un facteur encourageant et donner de l'élan à certains projets. Cependant, si vous pouvez profiter ainsi du soutien et de la bonne volonté, vous devez veiller également à ce que les autres ne profitent pas de votre nature volontaire ou ne vous imposent pas des exigences excessives. C'est un risque cette année. Si vous avez l'impression qu'on vous en demande trop, vous devrez tenir bon et résister à la tentation de vous en faire imposer. En revanche, vous apprécierez cependant les nombreuses opportunités sociales de l'année. Les années Dragon peuvent être animées et offrir beaucoup de choses à faire. Les Rats qui se sentent seuls ou qui ont eu des difficultés récemment trouveront de nouveaux amis et de nouvelles activités pour améliorer leurs perspectives. Les perspectives romantiques sont excellentes et la flèche de Cupidon sera dirigée dans la direction de nombreux célibataires Rats qui commencent l'année sans attaches.

Quant à la vie domestique, elle sera occupée et très mouvementée, surtout que de nombreux natifs de votre signe se lanceront avec enthousiasme dans des projets d'amélioration et aideront leurs proches à réaliser leurs ambitions. Cependant, avec tout ce qui se passe, vous aurez besoin de bien communiquer avec les autres, et davantage durant le mois de janvier. Faire des suppositions ou précipiter les activités pourrait conduire à des moments gênants. Prenez note et accordez du temps à vos projets plutôt que d'avancer à un rythme effréné pendant la période du 1er au 25 avril 2024. L'année du Dragon pourrait également apporter de bonnes opportunités de voyage, et les vacances et les séjours, y compris ceux organisés à court terme et/ou avec un élément spontané, pourraient être parmi les points forts de l'année. Demeurez tout de même prudent durant la période mi-novembre à fin décembre.

Que l'année du Dragon de Bois vous soit favorable !

Bœuf
Buffle
Taureau

Le **Bœuf** est en analogie avec le signe du **Capricorne** en astrologie occidentale.

Non seulement le Bœuf a les quatre pattes solidement en appui sur le sol, mais il est aussi un être foncièrement fort dans le sens le plus pur du mot. Vous vivez votre vie au jour le jour et prenez plaisir à vivre intensément chaque instant, sans compter que vous êtes porté à prôner une attitude sérieuse, tant dans la vie en général que dans votre vie familiale et personnelle.

Patient avec les gens près de vous et vos proches, vous avez besoin la plupart du temps de réfléchir avant de prendre une décision, suivant que vous êtes assez prudent et bien organisé dans la vie.

Votre confort et votre bien-être tiennent une place importante dans votre vie. Voilà qui explique pourquoi, lorsque vous vous adonnez à un passe-temps favori, vous excellez mieux si vous êtes en mesure de vous retrouver avec le même groupe, la même journée et à la même heure, semaine après semaine. Si une personne nouvelle s'ajoute à ce groupe, cela risque de prendre du temps avant de vous sentir à l'aise avec elle.

Il est facile de s'imaginer que la nostalgie de ceux qui vous sont chers se retrouve dans chaque pièce, étagère et placard de votre demeure, alors que chacun de ces lieux est rempli de souvenirs que vous prenez plaisir à revoir de temps à autre ainsi que vos souvenirs d'enfance.

Au quotidien, vous êtes de ces gens qui essaient de vivre leur vie d'une façon calme, ordonnée et disciplinée. Puisque vous êtes des gens pragmatiques par nature, vous ne croyez qu'à ce que vous pouvez voir, entendre, goûter, toucher et sentir. Ayant aussi ce petit côté têtu qui vous définit, il n'est pas facile pour vous de faire des compromis avec les personnes qui vous entourent. Par contre, vous n'êtes pas du genre à faire fi de vos responsabilités et vous vous attendez à ce que les autres en fassent autant.

Vous êtes des gens patients, tranquilles et qui ont le don d'inspirer la confiance chez les autres. Dotés d'une intelligence brillante et d'une grande logique, vous accusez, toutefois, un manque d'imagination et d'originalité. Pour mieux compenser ces manques, vous avez cependant une mémoire d'éléphant, ce qui n'a pas que de bons côtés alors que vous n'oubliez jamais une injure, un affront, ni une mise en échec humiliante.

Pour vous, tout se fait à force de travail et d'acharnement, mais rien n'est jamais gagné d'avance puisque rien ne vous arrive si vous n'y mettez pas tous les efforts nécessaires. Vous êtes de ces gens organisés dans les moindres détails et d'une détermination à toute épreuve, et pourvues d'une patience sans borne. Cette ambition, la plupart du temps démesurée, provient de votre nature orgueilleuse.

La fierté personnelle est un atout majeur et précieux pour vous, mais il vous arrive d'être excessif dans l'expression de vos sentiments et vous pouvez être tout aussi jaloux, entêté que violent. Fort heureusement que le calme l'emporte la plupart du temps.

En ce qui concerne votre vie amoureuse, vous n'êtes pas du genre à faire de grandes déclarations d'amour passionnées et lyriques alors que vous faites partie de ces gens qui se sentent très mal à l'aise quand il s'agit de sentiments. Vous avez du mal à les exprimer et à manifester des émotions, à extérioriser votre tendresse, votre amour, et vous n'êtes pas du genre à faire les premiers pas. Voilà qui n'aide pas votre cause !

Étant une personne remplie de principes sans fin, vous avez tendance à les faire valoir dans votre vie amoureuse. Votre partenaire de vie pourra compter sur votre force, mais il aura à composer avec votre autorité. Dans votre cas, il vaudra peut-être mieux choisir quelqu'un qui est né sous le signe du Lapin, du Tigre, du Rat ou du Coq, mais le Serpent pourra tout aussi bien vous combler.

VOS PRÉVISIONS ASTROLOGIQUES POUR 2024

Années de naissance : 1925, 1937, 1949, 1961, 1973, 1985, 1997, 2009, 2021

Les années du Dragon sont audacieuses et dynamiques et les natifs du Bœuf sont souvent mal à l'aise avec leur rythme effréné. Ce ne sera pas nécessairement une année facile, mais, malgré toutes les frustrations, vous pourrez tirer une satisfaction tranquille de vos réalisations. Le proverbe chinois « Lentement et sûrement, on gagne la course » est souvent approprié pour les Bœufs et est très vrai pour cette année du Dragon. Les progrès ne seront pas faciles et certaines situations seront exaspérantes, mais à force de ténacité et d'application, vous pourrez enrichir votre expérience et acquérir des connaissances importantes sur vous-même, et ce que vous apprenez maintenant pourra être mis à profit dans l'année du Serpent suivante. En 2024, le soutien d'autrui sera particulièrement précieux et vous serez aidé par votre disponibilité et votre participation à ce qui se passe autour d'eux. C'est le moment pour vous de vous adapter, d'apprendre et, ce faisant, de vous préparer aux opportunités qui vous attendent. Une année pleine de défis, une année pleine de lumière aussi.

Au travail, il y aura des défis et quelques déceptions. Les nouveaux développements auront probablement un impact et vous pourriez avoir le sentiment de ne pas être reconnu à votre juste valeur. Certains pourraient trouver de nouveaux objectifs ou de nouvelles méthodes de travail difficiles et les situations pourraient ne pas être facilitées par la politique de bureau. Mais la philosophie du Bœuf est celle de la force et de la patience et, avec le temps, les situations s'arrangeront. Dans le processus, vous aurez acquis une nouvelle expérience et souvent de nouvelles perspectives sur vos propres capacités. Une partie de l'année pourra être éclairante et suggérer des options possibles, et un cheminement de carrière, pour l'avenir. Alors que nombreux d'entre vous resteront avec leur employeur actuel, pour ceux qui cherchent un emploi ou un changement, 2024 pourrait ouvrir des possibilités intéressantes. Même si votre quête ne sera pas facile, vous pourriez vous voir offrir un poste qui développera vos compétences de manière nouvelle. Le hasard pourrait jouer un rôle dans cette situation et la rapidité des développements pourrait surprendre plus d'un de votre signe. Vous devrez cependant garder la paperasserie en ordre, car vous pourriez être gêné par la bureaucratie au cours de l'année. La perte d'une police ou d'un document pourrait causer des problèmes. Les formulaires financiers devront être traités avec soin. Vous devrez aussi rester discipliné en matière d'argent. Vous pourriez avoir à faire face à des frais de réparation ou à trouver certaines activités plus coûteuses que prévu. Il s'agit d'une période de discipline et de contrôle. Bien que l'année du Dragon ait son aspect gênant, vous pourrez bénéficier des très bons et loyaux amis que vous avez. Si vous êtes incertain ou aux prises avec un problème, en parler avec quelqu'un en qui vous avez confiance pourra être utile à bien des égards.

Les années du Dragon de Bois étant invariablement des années actives, vous devriez également donner suite aux invitations sociales que vous recevrez et vous rendre aux événements qui vous intéressent. Le contact avec les autres pourrait être bénéfique, tout comme le fait de vous faire de nouveaux amis et de participer à certaines des activités offertes. La vie domestique connaîtra également beaucoup d'activité et il faudra faire preuve d'une bonne coopération et de flexibilité face aux changements d'horaires. En cas de pression ou d'agacement, vous devrez faire preuve de patience et surveiller ce que vous dites, surtout du 1er au 25 avril. Mais au milieu de l'activité, il y aura des réussites individuelles et des occasions que vous et vos proches apprécieront particulièrement, surtout en raison de l'effort fourni.

Avec la demande de l'année, vous devriez vous préoccuper de votre propre bien-être et vous accorder un répit dans l'activité. Le temps mis de côté pour profiter d'un intérêt personnel pourrait être particulièrement bénéfique. Dans certains cas, de nouveaux équipements ou l'apport d'autres personnes pourraient vous encourager à en faire plus ou à essayer quelque chose de différent. Il sera important que vous adhériez à l'esprit de l'année et que vous soyez ouvert aux possibilités. Si possible, vous devriez également prendre des vacances au cours de l'année. Beaucoup d'entre vous apprécieront les nouveaux endroits que vous visiterez. Cela dit, évitez la période du 26 novembre au 15 décembre qui ne vous servira pas aussi bien.

Que l'année du Dragon de Bois vous soit favorable !

Tigre

Le **Tigre** est en analogie avec le signe du **Verseau** en astrologie occidentale.

Aussi dynamique que vous puissiez être, vous êtes tout aussi inquiet de nature. Vous êtes très souvent également à rechercher les aventures et tout ce qui est nouveau. Prendre des risques fait partie de la norme pour vous, étant donné que vous ne craignez pas de sombrer dans des avenues où d'autres n'oseraient pas s'y aventurer. On peut même affirmer que cela exerce un grand attrait sur vous.

Votre état d'indépendance et d'individualisme vous tient tellement à cœur que vous semblez vivre constamment sur vos gardes tel un fauve dans la jungle. Plus que tout autre signe, vous exigez obstinément qu'on respecte votre territoire et gare à qui s'aviserait de l'envahir. Lorsqu'on a bien assimilé cette nature particulière chez vous, on découvre dès lors un être fascinant et généreux à outrance. Cependant, aussi solitaire, indépendant, amical que vous soyez, et quelqu'un pour qui les défis ne font pas peur, si on vous provoque, vous n'êtes pas du genre à rebrousser chemin non plus, et ce, même si cela ira à l'encontre de vos intérêts.

Friand de vitesse, vous éprouvez une montée d'adrénaline lorsque vous avez le pied à fond sur l'accélérateur. Tout aussi enthousiaste, vous avez l'art de rebondir sur vos pieds comme pas un, au moindre revers. Voilà qui explique que vous pourrez gagner et perdre une jolie fortune à plusieurs reprises au cours de votre vie.

Généralement doué pour vous défendre dans la vie, vous tendez habituellement à vous offrir une existence de qualité. Instinctif comme une bête sauvage, vous avez tendance à réagir beaucoup par impulsions vives et vous ne reculez jamais devant les risques à prendre ni ne craignez les conséquences de vos actes. En fait, vous prenez souvent la vie comme une bagarre, suivant que vous êtes un passionné dans l'âme !

Audacieux, rebelle, animé d'une grande énergie et tout aussi affectueux que généreux, vous avez besoin d'être constamment stimulé par le mouvement, le bruit, la nouveauté, les changements. On peut même affirmer, sans crainte de se tromper, que le but principal dans votre vie est l'aventure sous toutes ses formes. Autant vous êtes indiscipliné et fier de l'être, autant vous pouvez agir aussi bien sur des coups de tête et/ou sur des coups de cœur de façon parfois tout à fait déraisonnée.

Doté d'une grande sensualité irrésistible, vous aimez les dessous affriolants, un décor propice à l'amour et les mets raffinés. Pas surprenant de vous retrouver dans les endroits les plus huppés à la recherche de plaisirs. Le pire affront qu'on puisse vous faire est de vous ignorer, de faire comme si vous n'étiez pas là.

Pour vous, parler de simples coups de cœur, c'est peu dire. Vous êtes une personne tellement passionnée qu'on vous dit être de véritables bêtes en amour. Il ira de votre intérêt que le compagnon de vie choisi ait un certain goût du risque. Or, optez pour quelqu'un qui est né sous le signe du Lapin, du Dragon, du Cochon, du Chien ou du Cheval, qui pourra mieux répondre à votre fougue. En revanche, il sera préférable de vous tenir loin de tous ceux qui sont nés sous le signe du Singe, du Coq, du Serpent et de la Chèvre.

VOS PRÉVISIONS ASTROLOGIQUES POUR 2024

Années de naissance: 1926, 1938, 1950, 1962, 1974, 1986, 1998, 2010, 2022

Les années du Dragon sont pleines d'énergie et apportent des moments intéressants pour les natifs du Tigre. N'étant jamais du genre à rester sur la touche, vous aurez envie d'aller de l'avant avec vos projets et vous pourrez faire de grands progrès. Mais l'année du Dragon pourrait également être marquée par une grande volatilité et vous devez être vigilant et vous garder de toute action impulsive. À la fin de l'année, vous pourriez être étonné de tout ce qui s'est passé et de tout ce que vous avez fait. C'est une période propice à l'avancement des idées, des compétences et des intérêts. Mais tout au long de l'année, vous devrez canaliser vos efforts avec sagesse et attention. Beaucoup de choses pourraient aller bien pour vous, mais c'est aussi une année où il faudra être attentif et vigilant.

Les perspectives professionnelles sont particulièrement prometteuses cette année. Des obstacles se présenteront et des solutions devront être trouvées. Inventif de nature, vous saurez relever le défi. Votre ingéniosité et votre capacité à sortir des sentiers battus vous serviront beaucoup cette année, apportant succès et perspectives d'avenir. Mais c'est là que le bât blesse : si les succès peuvent être appréciés, vous ne devrez pas devenir trop confiant. Si vous vous précipitez ou si vous êtes enclin à prendre des risques, la situation pourrait être mal interprétée et des erreurs commises, surtout durant la période du 14 au 28 août. Les années du Dragon peuvent tendre des pièges aux imprudents et vous devrez rester sur vos gardes. Il y aura toutefois des opportunités nombreuses pour améliorer votre position au cours de l'année, et ceux qui cherchent du travail ou qui souhaitent faire progresser leur carrière d'une autre manière pourraient trouver l'ouverture que qu'ils cherchent. Votre dynamisme et votre sens de l'objectif pourraient porter leurs fruits cette année, mais vous devrez vous engager et donner le meilleur de vous-même. En particulier, lors des candidatures, un effort supplémentaire pourra renforcer vos chances.

Vous sentant souvent inspiré, ce sera aussi une bonne année pour donner suite à vos idées et d'explorer de nouvelles possibilités. Si vous souhaitez acquérir ou développer certaines compétences, suivre de nouveaux intérêts, essayer des activités qui vous attirent, vous devriez tirer le meilleur parti de ce qui sera disponible. Les activités créatives pourraient être particulièrement intéressantes et se développer de manière encourageante.

Quant à l'argent, il faudra faire attention. Bien que les revenus puissent augmenter, les risques et/ou les décisions hâtives pourraient entraîner des regrets. Et si vous êtes tenté de prêter de l'argent, vous pourrez rencontrer des problèmes, surtout durant la période du 5 au 14 août. Vous auriez tout intérêt à bien vérifier les termes de tout nouvel accord et de vous occuper de vos biens avec soin, car une perte pourrait être bouleversante. Cette année doit être marquée par une vigilance accrue. Comme d'habitude, vous serez occupé par de nombreuses activités cette année et devriez suivre les procédures correctes si vous êtes impliqué dans une entreprise louche ou dangereuse. Tout manquement pourrait vous être préjudiciable. C'est le moment d'être vigilant et minutieux.

En amour, si l'année du Dragon peut comporter des éléments difficiles, les natifs de votre signe pourront malgré tout profiter de bons moments. Pour les personnes seules, la romance pourra être au rendez-vous, et certains Tigres rencontreront leur futur partenaire de manière inattendue, mais fortuite. Les romances existantes pourront souvent se renforcer et certains d'entre vous s'installeront et fonderont une famille. De même, dans votre vie familiale, il sera très important que vous ayez une bonne communication et coopération entre toutes les personnes concernées sinon la vie pourrait être menée dans un tourbillon d'activités et il y a un risque de tensions. Pour éviter cela, vous devrez préserver des moments de qualité à passer avec ceux qui vous sont chers et proposer des activités que tous peuvent apprécier. Donner un peu plus de temps et d'attention pourra faire une grande différence cette année.

Un autre sujet de préoccupation pourrait concerner la situation d'un parent ou d'un ami proche. Si des difficultés surviennent, soit du 26 novembre au 15 décembre, en écoutant et en offrant des conseils, vous pourrez apporter une aide importante plus souvent qu'autrement. Toutefois, si vous ne vous sentez pas compétent dans certaines matières, vous ne devez pas hésiter à faire appel à des conseils professionnels.

Cela étant dit, vous apprécierez les opportunités sociales de l'année et il y aura un bon mélange d'occasions à apprécier. Cependant, la communication et le dialogue étant si importants cette année, vous devrez rester conscient des opinions des autres et tenir compte des conseils que vous recevrez. Les propos d'un ami pourraient être à la fois significatifs et prophétiques.

Que l'année du Dragon de Bois vous soit favorable!

Lapin
Lièvre
Chat

En astrologie orientale, le **Lapin** et/ou le Lièvre pour ce qui est de l'Amérique du Nord et du Vietnam, ce signe chinois est mieux connu sous le nom du Chat en Chine. Le Lapin, le Lièvre et le Chat sont tous en analogie avec le signe du **Poissons** en astrologie occidentale.

On vous dit être de ces gens alertes, intelligents, adroits, plaisants, affectueux, craintifs, timides, conservateurs, raffinés et fins négociateurs. Aussi doux, délicat, modeste, sociable et d'agréable compagnie que vous puissiez être, vous avez en horreur les conflits, les disputes et la violence. Toujours poli et courtois envers tout un chacun, vous exigez qu'on le soit également envers vous. Intuitif par nature, vous avez l'art de vous sortir du pire pétrin.

Sur le plan personnel, vous aimez le confort par-dessus tout. Vous avez besoin aussi d'intimité et de sécurité, tant financière qu'affective, et vous désirez préserver à tout prix votre vie privée. Vous aimez tout ce qui est beau. C'est ce qui explique pourquoi vous vous efforcez de rendre votre maison attrayante, et ce, même si vous résidez en chambre, alors que vous avez le tour de bien décorer votre intérieur comme si vous étiez dans un appartement luxueux. Assurément, vous estimez vos possessions et le confort d'une belle maison. D'ailleurs, en tant qu'hôte, vous vous assurez toujours que vos invités et/ou vos clients aient tout ce dont ils ont besoin. Les étiquettes et les bonnes manières sont définitivement quelque chose qui est important à vos yeux, et c'est ce qui explique pourquoi vous n'oubliez jamais de dire s'il vous plaît et merci.

Aussi gentil, poli et raffiné que vous puissiez être, vous êtes tout autant quelqu'un de réservé qui ne révèle pas facilement ses véritables pensées et ses sentiments aux gens qui l'entourent, et ce, même à vos meilleurs amis et membres de votre famille. Votre vie privée est importante à vos yeux. Vous tenez à ce que votre vie personnelle ne soit pas étalée au grand jour, encore moins à la une d'un journal local, ce qui pourrait en surprendre plus d'un parmi vos amis, surtout lorsque vous vous aventurez dans une voie différente.

Sur le plan professionnel, ni très courageux ni très persévérant, vous caressez des ambitions modestes. Vous réussirez là où vos dons de diplomatie pourront être utilisés.

Doué pour tout ce qui relève de la recherche et de la collecte d'informations utiles, dans votre environnement de travail, vous vous plaisez mieux à travailler à l'abri de toutes et tous.

Doté d'une grande et débordante imagination, vous avez tendance à vous réfugier dans votre monde, apparaissant ainsi aux yeux des autres comme un être mystérieux et secret. Il faut absolument avoir une relation vraiment privilégiée avec le natif du Lapin pour avoir droit à ses confidences. Cette forme de sagesse naturelle qui vous anime vous rend charmant, mais vous permet aussi de mieux vous faufiler dans la vie. Peu sûr de vous-même, vous préférez de loin la tranquillité douillette aux grandes aventures palpitantes.

Douceur et sensualité sont les qualités qui attirent votre signe, étant donné que vous êtes des personnes instinctives aux pulsions naturelles et spontanées. Vous aimez les gens et vous vous adaptez généralement bien à votre environnement. Votre calme et votre simplicité font de vous un compagnon de vie agréable et gentil avec qui on se sent en confiance, et qui est prêt à s'engager dans la vie.

Votre discrétion et votre gentillesse vous rendent irrésistible aux yeux de tous, voilà qui peut expliquer pourquoi nombreux sont ceux qui veulent vous attirer. Cependant, ils ne vous méritent pas tous ! Pour mieux éviter toutes déceptions possibles, il ira de votre intérêt d'arrêter votre choix sur une personne née sous le signe du Serpent, du Cheval, du Singe ou de la Chèvre avec qui vous aurez une complicité et vous vous entendrez à merveille, mais également avec une personne née sous le signe du Chien. Cependant, il vaudra mieux éviter à tout prix tous ceux qui sont nés sous le signe du Dragon, du Rat, du Coq et du Tigre.

VOS PRÉVISIONS ASTROLOGIQUES POUR 2024

Années de naissance: 1927, 1939, 1951, 1963, 1975, 1987, 1999, 2011, 2023

Avec une année au rythme effréné, vous devrez faire face à un mélange de pressions et d'exigences. On vous demandera beaucoup, mais même s'il y aura des moments inconfortables, avec de l'attention et votre habituelle habileté, vous pourrez toujours faire des progrès utiles. L'année du Dragon peut présenter des aspects difficiles et vous ne serez pas à l'aise avec la vitesse des développements ainsi que les pressions que les changements apportent, en particulier dans le domaine du travail. Mais, en vous concentrant sur vos objectifs et en approfondissant vos connaissances, vous pourrez faire des progrès et aider vos perspectives à long terme.

Au travail, nombreux d'entre vous connaîtront des périodes de changement. L'année favorise l'innovation et les approches nouvelles et vous serez parfois préoccupé par les propositions en cours d'examen. Les situations ne seront pas toujours facilitées par les changements de personnel et certaines semaines seront tendues et des plus déstabilisantes. Cependant, malgré les défis, vous devez rester vigilant et vous concentrer sur les tâches à accomplir. Votre expérience et votre approche stable pourraient être particulièrement appréciées. Cela dit, vous devriez suivre l'évolution de votre secteur d'activité. Dans certains cas, il pourrait y avoir des ouvertures ou des tendances en développement qui pourraient vous intéresser. Si vous les poursuivez, vous pourrez faire des progrès utiles. En outre, vous devriez profiter des formations qui vous seront proposées et des occasions d'élargir votre champ d'action. Ce que vous faites cette année pourrait souvent avoir des implications de grande envergure. Les années Dragon ne sont pas toujours faciles, mais elles peuvent laisser un héritage précieux. Pour ceux qui décident d'aller de l'avant, l'année du Dragon pourrait être délicate. Non seulement la concurrence sera féroce sur le marché du travail, mais les postes vacants dans votre domaine de prédilection pourraient être limités. Toutefois, vous serez plein de ressources, et en prenant conseil et en considérant les possibilités, vous pourrez réussir dans votre quête. Bien que le poste que certains acceptent de prendre puisse impliquer beaucoup de réajustements, ce que vous pouvez accomplir cette année pourra être bénéfique pour votre avenir. Cela dit, l'année du Dragon favorise une approche disciplinée et cela s'étend aux questions d'argent. Lorsque vous effectuerez des transactions importantes, assurez-vous de vérifier les conditions et les obligations, et si vous êtes tenté par quelque chose de spéculatif, soyez conscient des risques. Ce n'est pas une année pour être laxiste ni pour accepter les informations à leur valeur nominale. Demeurez prudent et méfiant en matière de finances !

Bien que les années du Dragon comportent des aspects difficiles, elles comportent aussi des éléments agréables. Au cours de l'année, vous apprécierez particulièrement les occasions de sortir, de vous détendre et de passer du temps avec vos amis. Vous pourriez être présenté à de nouvelles personnes, souvent par l'intermédiaire de ceux qui vous connaissent déjà, et votre cercle social devrait s'élargir. Pour les Lapins qui sont seuls, ou qui se sentent malheureux à cause d'un changement de circonstances, vous trouverez qu'en profitant des opportunités qui se présenteront, et peut-être même en commençant à vous intéresser à un nouveau sujet, vous pourriez rencontrer des gens qui partagent les mêmes idées et rapidement devenir des amis.

Quant aux perspectives romantiques, elles sont encourageantes, et les romances, nouvelles ou existantes, pourraient apporter beaucoup de bonheur ; ce seront votre foyer et votre vie sociale qui seront vos plus grandes sources de plaisir en 2024.

Vous tirerez également beaucoup de satisfaction de votre vie domestique cette année. D'ailleurs, à la maison, vous consacrerez du temps à vos proches, entreprendrez des projets satisfaisants et profiterez d'intérêts communs. Vous pourriez aussi apporter des améliorations, notamment en ajoutant de nouveaux conforts et en rafraîchissant le décor de certaines pièces. Votre créativité et votre bon goût seront mis en évidence et votre vie domestique pourra vous apporter beaucoup de plaisir.

Les intérêts personnels pourront également apporter des avantages considérables, en particulier s'ils vous offrent un répit par rapport aux autres pressions. Cela étant dit, au cours de l'année, vous devriez vous accorder régulièrement du temps pour vous.

Que l'année du Dragon de Bois vous soit favorable !

Dragon
Lézard

Le **Dragon** est en analogie avec le signe du **Bélier** en astrologie occidentale.

Dans le folklore chinois, le Dragon représente l'empereur ou l'impératrice. C'est ce qui peut expliquer pourquoi, dès votre naissance, vous aviez le pressentiment d'avoir un rôle particulier à jouer dans la vie. Conscient de votre propre pouvoir personnel, vous êtes parfois un peu princier ou princesse. Même si tout n'est pas un jeu chez vous, vous pourriez facilement être la vedette de votre propre télé-réalité.

Vous êtes sociable avec une personnalité effervescente, et tout aussi intelligent que talentueux. Vous vous attendez d'ailleurs à ce que les autres soient aussi talentueux que vous.

Vous êtes de ces gens qu'on ne peut éviter de remarquer puisque vous êtes du genre à avancer dans la vie en brillant de tous vos feux. Dans votre manière de foncer, de défoncer et d'avancer malgré tous les obstacles, on pourrait vous comparer à un char d'assaut.

Autoritaire, mais en même temps tellement séduisant, vous êtes porté, il va de soi, à foncer à coup d'impulsions saccadées. L'existence près de vous est un vrai tourbillon, à un point tel que ça peut en devenir insupportable pour les gens qui vous entourent, car vous avez la manie de tout vous accaparer. L'environnement, les personnes et les situations, tout y passe, mais en revanche, vous savez toujours laisser sur votre passage une impression profonde qui vous donne un certain prestige dont vous vous nourrissez volontiers. Par contre, vous avez tendance aussi à vous plaindre souvent de tout et de rien alors que la chance vous suit partout.

Autant vous prenez plaisir à remettre les pendules à l'heure, surtout lorsque les gens abusent de leur autorité, autant vous êtes une personne qui a la main sur le cœur pour venir en aide aux gens les plus démunis de la société.

Sur le plan personnel, vous êtes un contemplatif, quelqu'un qui s'épanouit au contact de la nature. Vous êtes constamment en quête de vérité et vous cherchez sans cesse à donner un sens à votre vie. En plus d'aimer les belles choses et la bonne vie, dès que vos moyens vous le permettent, vous ne ratez pas l'occasion de vous gâter et de faire l'acquisition de biens raffinés pour votre propre plaisir, mais sans pour autant vouloir épater la galerie.

Sur le plan amoureux, vous êtes un infidèle invétéré. Aussi égocentrique, frivole et jaloux que vous puissiez être, vous êtes tout aussi passionné, sensuel, affectueux, généreux, tendre et intense, sans compter que vous ne passez pas inaperçu aux yeux de tous. Sur le plan sexuel, vous vous permettez des libertés; par contre, il en va tout autrement dans ce que vous permettez à votre partenaire.

Sur le plan amical, vous faites partie de ces gens qui font des détours pour venir en aide ou rendre service à un ami ou à un voisin. En revanche, votre plus grand défaut est que vous éprouvez une grande difficulté à accepter l'aide de vos amis et/ou des personnes qui vous sont chères.

Bien que vous ayez de nombreux admirateurs et amis, vous ne vous en servez pas pour en retirer un bénéfice. Vous êtes plutôt du genre à vous lier seulement avec les personnes qui vous inspirent sincérité et respect.

Attiré par la diversité des relations humaines, vous trouverez facilement votre part de bonheur et de joie avec un natif du Singe, du Coq, du Serpent, du Tigre ou du Rat. Vos relations seront toutefois plus difficiles avec les natifs du Chien, du Cochon et du Bœuf.

VOS PRÉVISIONS ASTROLOGIQUES POUR 2024

Années de naissance: 1928, 1940, 1952, 1964, 1976, 1988, 2000, 2012, 2024

Au début de l'année du Dragon, nombreux d'entre vous fêterez avec style et serez déterminés à tirer le meilleur parti des douze prochains mois. Grâce à votre énergie et à votre dynamisme, ainsi qu'à un élément de chance du Dragon, vous pourrez faire de cette période un moment spécial. Ceux qui nourrissent des ambitions particulières ou qui se sont sentis freinés ces derniers temps, 2024 est une année d'action. Vous êtes aux commandes et la fortune favorisera les plus audacieux et entreprenants de votre signe. Pour certains, l'année pourrait marquer un nouveau chapitre dans votre vie et, dans certains cas, un nouveau départ. C'est le moment pour vous d'aller de l'avant avec vos projets et de chercher à consolider votre position.

Cependant, pour tirer avantage de votre année, vous devez être le moteur du changement. Comme vous le constaterez, une fois que vous commencerez à agir, plusieurs choses pourront suivre. Cette année, vous avez beaucoup en votre faveur et pourriez voir des résultats impressionnants. Voilà qui est très prometteur !

Au travail, les aspects seront particulièrement encourageants. Pour les Dragons qui sont déjà établis dans une carrière, il y aura la possibilité de passer à de nouveaux niveaux. Dans ce domaine, les activités récentes pourraient vous être d'un grand secours, et lorsque des ouvertures se présenteront, vous devriez les poursuivre activement. Ce n'est pas une année de stagnation et nombreux d'entre vous vont progresser sur votre lieu de travail actuel ou feront progresser votre carrière ailleurs. En outre, plusieurs auront davantage l'occasion de vous appuyer selon votre domaine d'expertise et de bénéficier de réalisations notables. Pour ceux qui se sentent insatisfaits dans leur travail actuel ou qui cherchent du travail, les aspects sont aussi prometteurs. En restant à l'affût des opportunités et en explorant différentes possibilités, plusieurs auraient peut-être la chance d'obtenir ce qui s'avérera être une position idéale. Les événements pourraient aussi se produire rapidement dans votre année et vous devrez agir vite ; ce que vous réussissez à faire maintenant a toutes les chances de contribuer à redynamiser votre carrière. Vous devriez tirer profit de toute formation disponible et d'établir des relations dans votre domaine de travail. En étant actif et impliqué, vous pourrez impressionner les autres et renforcer votre réputation. Les progrès réalisés au travail pourront vous être de secours financièrement et nombreux d'entre vous bénéficieraient d'une augmentation de revenus. Cependant, avec vos nombreuses idées et vos projets, vous devrez surveiller vos dépenses entre le 1er et le 25 avril. De même, si vous disposez de fonds dont vous n'avez pas immédiatement besoin, vous pourrez avoir intérêt à faire des provisions pour l'avenir. L'année du Dragon est une bonne occasion de penser à long terme.

En amour, vous serez souvent dans une forme impressionnante cette année et vous aurez l'occasion de rencontrer de nombreuses personnes, dont certaines deviendront des relations et des amis importants. Pour les personnes seules, 2024 pourrait être porteuse d'une merveilleuse romance. Les affaires de cœur seront magnifiquement prometteuses et certains d'entre vous pourraient rencontrer votre futur partenaire. Et ceux qui ont souffert récemment trouveront que leur propre année du Dragon offre des perspectives beaucoup plus claires. C'est le moment d'aller de l'avant et, pour certains, de prendre un nouveau départ.

Vous pourrez également vous réjouir d'une vie de famille active, bien que, avec vos propres engagements et ceux de votre entourage menant également une vie chargée, une bonne coopération sera plus que nécessaire, surtout durant la période du 14 au 28 août. Il s'agira notamment de s'entraider dans les moments de forte activité, de partager les tâches et, surtout, de préserver des moments de qualité à passer ensemble. Si vous n'y prenez pas garde, la vie familiale risque d'être menée dans un tourbillon et vous ne pourrez profiter pleinement des fruits de vos efforts.

À bien des égards, l'année du Dragon peut être significative et mémorable. En cette année passionnante, vous devez prendre le temps nécessaire de faire une pause, de vous détendre et d'apprécier le plaisir de la vie de famille. Tout au long de l'année, vous devriez être ouvert et disposé aussi à parler de vos espoirs et de vos activités. Ainsi, vous pourrez non seulement bénéficier des conseils de votre entourage, mais également être aidé de manière imprévue. Cela dit, 2024 pourrait être marquée par une célébration spéciale.

Que l'année du Dragon de Bois vous soit favorable !

Serpent

Le **Serpent** est en analogie avec le signe du **Taureau** en astrologie occidentale.

Pondéré, calme et recueilli, voilà des qualités qui vous décrivent bien. Vous êtes tout aussi doué pour garder les secrets qui vous sont confiés et pour protéger les vôtres.

Vous êtes du genre à penser avant de parler, ne serait-ce que pour utiliser les mots appropriés à votre conversation. Aussi charmeur et charmant que vous soyez, il y a tout de même ce petit côté matérialiste de vous dont il faut se méfier.

Franc et direct, vous avez de grandes ambitions. Vous savez ce que vous voulez et vous savez comment l'obtenir. Avec vous, jamais de mensonges, jamais de ruses malhonnêtes ou de roublardises, car à votre avis, le mensonge ne paie pas. Il n'y a pas mieux que vous pour détecter les messages du langage corporel, puisque vous avez une compréhension très profonde de la nature humaine.

Mature à un jeune âge, il faut l'avouer, votre connaissance du monde surpassait de loin vos années d'expérience lorsque vous étiez jeune enfant. Discret et solitaire, vous avez tendance à évoluer dans un univers bien à vous, suivant ainsi votre chemin sans vraiment vous soucier des autres.

La discrétion est l'une de vos plus grandes qualités, et ce, autant en ce qui concerne vos affaires personnelles et celles de votre prochain. Vous aimez vivre paisiblement dans un esprit d'harmonie et d'humour avec votre entourage. Jamais, au grand jamais on ne vous verra chercher à tout changer autour de vous, mais ça ne vous empêchera pas d'avoir un sens critique aussi aiguisé que le bout de votre langue. Vous savez tout remettre en question sans blesser quiconque.

Même si *a priori* vous êtes un solitaire de nature, cela ne fait pas de vous pour autant une personne moins sociable; au contraire, vous savez vous rendre intéressant, allant même jusqu'à faire preuve d'une certaine excentricité s'il le faut.

La lecture est un de vos passe-temps favoris, en particulier un bon roman policier, là où le suspense vous tient en haleine. Votre esprit de déduction vous servira bien alors que vous aurez l'art d'élucider l'énigme avant même d'avoir lu la dernière page. Vous aimez aussi les jeux de société, particulièrement les échecs, qui mettent en évidence votre talent pour la stratégie. Le poker est un autre jeu auquel vous pouvez très bien exceller puisque vous avez un bon contrôle de vos expressions faciales.

Sur le plan affectif, vous avez du mal à exprimer vos émotions, vos sentiments. Par contre, lorsque vous voulez exercer un effet chez un autre, tout ce que vous avez à faire est de le regarder profondément dans les yeux. Plein de secrets, introverti et renfermé, vous êtes, malgré cela, très sensuel et romantique.

Vous aimez les relations charnelles, les jeux érotiques et les nuits d'amour faites de désir et de passion. Cependant, sur le plan amoureux et amical, vous avez tendance, même dans vos meilleurs jours et/ou quand vous vous sentez contrarié, à devenir sarcastique, moqueur, caustique et parfois même outrageusement vaniteux et assez présomptueux. Si vous semblez difficile à comprendre, c'est que vos pensées, votre code moral et vos valeurs se transforment constamment au rythme de vos profondes réflexions.

Si l'on sait accepter votre goût prononcé pour l'aventure dans tous les sens du terme, vous saurez vous montrer ouvert aux différences des gens qui vous entourent. À cet effet, une personne née sous le signe du Coq ou même sous votre propre signe saura vous rejoindre dans votre fantaisie. Il en ira de même pour ce qui est du natif né sous le signe du Dragon qui vous permettra de vous épanouir pleinement. Quant au natif du Bœuf, il vous assurera respect et constance. En contrepartie, vos relations risquent d'être plus tendues ou tumultueuses avec les natifs du Tigre, du Cochon et du Chien.

VOS PRÉVISIONS ASTROLOGIQUES POUR 2024

Années de naissance: 1929, 1941, 1953, 1965, 1977, 1989, 2001, 2013

Les Serpents n'apprécient pas toujours l'effervescence de l'année du Dragon – vous pourrez tout de même profiter de certains développements agréables pendant l'année à venir. Et ce qui sera mis en mouvement maintenant pourrait avoir une valeur à long terme. 2024 sera une année bien remplie et intéressante, et en menant vos activités avec soin et en saisissant toutes les occasions d'accroître vos compétences et votre expérience, vous pourrez tirer profit de tout ce que vous ferez. L'année prochaine étant « votre année », celle-ci pourra ouvrir la voie aux succès à venir. D'ailleurs, elle contiendra des moments gratifiants. Les activités domestiques partagées seront agréables, tout comme l'approfondissement des intérêts. Cependant, c'est aussi une année où il faut se méfier de l'insouciance et vous devez rester vigilant et saisir vos opportunités. Dans l'ensemble, c'est une année précieuse et potentiellement significative.

Au travail, pour plusieurs d'entre vous, vous déciderez de concentrer vos efforts sur votre rôle actuel et continuerez à développer vos compétences et votre expertise. Et bien qu'il puisse y avoir des changements ainsi qu'une certaine volatilité sur votre lieu de travail, vos manières calmes et fiables pourraient être particulièrement appréciées, et ce que vous faites pourrait faire du bien à votre réputation ainsi qu'à vos perspectives. Vous pourrez améliorer votre situation en profitant d'une formation. Or, si vous pensez qu'une qualification, sinon une compétence supplémentaire, pourrait améliorer vos perspectives, vous devriez chercher des moyens de l'obtenir. Une grande partie de ce que vous ferez maintenant sera un investissement dans votre avenir, sans compter que votre approche en impressionnera plus d'un. Pour ceux d'entre vous qui décident de bouger de là où ils sont ou qui cherchent du travail, l'année 2024 pourrait ouvrir des possibilités intéressantes. En envisageant différentes façons de mettre à profit votre expérience, vous pourrez être en mesure de trouver un nouveau poste, et une fois que vous aurez pris pied, vous pourrez aller plus loin. N'oubliez pas, ce qui sera accompli maintenant pourra être un facteur important dans la progression ultérieure. Les intérêts personnels pourraient être satisfaisants et ce sera une excellente année pour profiter de vos compétences et les développer. En vous lançant dans ce que vous faites avec détermination et engagement, vous constaterez que les bénéfices pourront souvent suivre. Certains pourraient trouver une instruction ou un avis d'expert concernant un intérêt, ou une idée particulière d'une valeur spéciale. Par contre, en ce qui concerne toutes questions d'argent, vous devrez cependant rester discipliné sinon les dépenses pourraient augmenter et les impulsions être regrettées ; lorsque vous conclurez des accords, vérifiez les termes ainsi que les implications et demandez des éclaircissements si quelque chose n'est pas clair. Vous ne pouvez pas vous permettre d'être laxiste cette année. Vous devriez aussi prendre des mesures pour protéger vos biens. Une perte ou un vol pourrait vous contrarier. Prenez-en note et faites très attention à la sécurité !

En amour, vous serez plus sélectif dans vos relations sociales, du moins, vous êtes encouragé à le faire surtout durant la période du 14 au 28 août, mais vous apprécierez vos chances de rencontrer des amis ainsi qu'assister à des événements. Les intérêts personnels pourraient souvent comporter un élément social agréable. Cependant, même si beaucoup de choses se passeront bien, vous devrez rester vigilant, car les rumeurs et les commérages pourraient parfois être troublants. Si vous êtes affecté ou inquiet, vous devrez vérifier les faits et corriger toute contre-vérité. La patience et le sang-froid seront des vertus à mettre en pratique !

Sur le plan domestique, vous serez très sollicité, surtout si vos proches ont besoin d'aide pour prendre certaines décisions ou encore pour réaliser des activités. Les conseils et le temps que vous donnerez auront souvent plus de valeur que vous ne le pensez, et votre parole et votre prévoyance pourraient être très pertinentes puisque beaucoup tiennent votre jugement en haute estime. Cependant, vous devriez être franc quant à vos préoccupations, ainsi qu'aux espoirs et aux idées que vous pouvez nourrir. Comme pour beaucoup de choses cette année, la participation et l'action pourraient avoir des conséquences importantes. De plus, avec la nature active des années Dragon, toutes les suggestions que vous pouvez faire pour les activités familiales, y compris les friandises et les sorties, pourront conduire à des moments très agréables et faire du bien à tout le monde.

Que l'année du Dragon de Bois vous soit favorable !

Cheval

Le **Cheval** est en analogie avec le signe du **Gémeaux** en astrologie occidentale.

Pour mieux définir le type de Cheval que vous êtes, il faut *a priori* savoir si vous êtes un cheval sauvage ou un cheval domestiqué. Le premier est plutôt un individualiste fougueux qui peut se faire très agressif si on cherche à le dresser. Quant à l'autre, il est le compagnon loyal, sociable, un peu confus et inquiet, qui cherche le réconfort auprès des autres. Dans les deux cas, vous êtes une personne de bonne humeur, intelligente, astucieuse, charismatique, ouverte d'esprit, mais vous pouvez aussi être arrogante, enfantine et obstinée à vos heures, sans compter que vous avez un impérieux besoin d'indépendance.

Il est difficile de prévoir les réactions du natif du Cheval, car lui-même ne sait jamais comment il va réagir. Par conséquent, il faut donc être très patient avec vous en tout temps.

L'optimisme fait partie de votre ADN et vous êtes un partisan de la pensée positive. Vous faites partie des gens qui voient le verre à moitié plein plutôt qu'à moitié vide, ce qui explique votre empressement à rassurer et à aider un être cher qui traverse une mauvaise passe dans sa vie. L'expression « Oui, je le peux » devrait absolument être gravée sur une plaque accrochée haut sur le mur de votre salle de séjour alors qu'elle vous décrit si bien et, qui sait, est-ce peut-être déjà fait !

Toujours très occupé, vous aimeriez bien avoir dix mains et autant de jambes pour faire face aux maintes responsabilités à respecter, et ce, dans un temps record idéalement.

Amoureux de la nature et de la vie, le meilleur endroit pour être bien et serein reste la fréquentation des grands espaces. Vous avez besoin de vous sentir libre, de bouger à votre guise, tant dans votre vie privée que professionnelle, et de pouvoir être en mesure de faire de l'exercice physique sur une base régulière alors que, pour vous, c'est essentiel à votre bien-être physique et mental.

Extrêmement sympathique et à l'aise pour tisser de nouvelles rencontres, vous avez une facilité à communiquer et à discuter avec toutes les personnes qui croisent votre route. Conscient que les gens ne sont pas parfaits, y compris vous-même, voilà qui explique pourquoi vous êtes tolérant des faiblesses des autres, ce qui est d'ailleurs une de vos grandes qualités. Vous êtes même prêt à leur donner le bénéfice du doute et vous ne gardez que très rarement rancune, même si on vous blesse ou si on vous déçoit.

Généreux à souhait, mais seulement lorsque vous en avez envie, vous êtes souvent très instable émotionnellement, même si vous cherchez à vous maîtriser, ce qui fait que vous êtes constamment impatient dans la vie.

Votre sensualité remarquable tend à vous pousser vers l'aventure et les changements fréquents. Cela explique pourquoi, sur le plan affectif, il est impossible d'emprisonner votre cœur. Friand d'aventures, brèves mais très intenses, vous tendez à fuir tout ce qui revêt un caractère permanent alors que vous détestez par-dessus tout ce qui est routinier en amour, suivant que vous êtes avide de mouvement et de liberté. À cet effet, les personnes nées sous le signe du Tigre, de la Chèvre, du Coq et du Chien pourront parfaitement vous rejoindre dans vos aspirations et dans votre façon d'envisager la vie. Cependant, vous éprouverez plus de difficulté à vous entendre avec les gens nés sous le signe du Singe, du Bœuf, du Cochon, du Serpent et du Dragon.

VOS PRÉVISIONS ASTROLOGIQUES POUR 2024

Années de naissance: 1930, 1942, 1954, 1966, 1978, 1990, 2002, 2014

Dès le début de l'année du Dragon, vous détecterez souvent un changement dans l'air. Plutôt que de vous sentir limités, beaucoup d'entre vous se sentiront plus motivés ainsi qu'enthousiastes et vous vous attellerez à vos objectifs avec une vigueur renouvelée. Par conséquent, votre vie personnelle et professionnelle pourra connaître une évolution favorable. Pour les natifs du Cheval qui se sentent frustrés et/ou qui nourrissent des regrets, c'est une année d'action. Plutôt que de vous sentir entravés par ce qui s'est passé auparavant, vous devriez concentrer vos efforts sur ce que vous voulez voir se produire. Avec de la détermination, de la confiance en soi et le désir d'aller de l'avant, vous pourrez aider à ouvrir de nouvelles possibilités et parfois prendre de nouveaux départs. Vous aurez beaucoup à votre portée cette année. Les années du Dragon peuvent être chargées, même pour vous qui aimez l'activité – parfois même un peu trop chargées. Mais beaucoup de choses peuvent être accomplies, et en canalisant vos efforts et en saisissant vos opportunités, vous pourrez profiter de nombreux bons résultats.

Au travail, les développements pourraient s'avérer rapides. Certains pourraient avoir la chance de remplacer un collègue absent, de prendre des responsabilités supplémentaires et/ou de bénéficier d'une promotion. L'année du Dragon permettra à nombreux d'entre vous de faire de grands progrès. Pour ceux qui travaillent dans une grande organisation ou qui souhaitent développer leur carrière d'une nouvelle manière, il pourrait même y avoir la possibilité de déménager. Ce n'est pas une année où il faut rester immobile. Cependant, lorsque vous entreprendrez quelque chose de nouveau, vous devrez vous donner le temps d'apprendre et de vous installer. Tout en étant enthousiaste, vous devez être réaliste et vous appliquer à ce qui se présente. Si vous êtes à la recherche d'un emploi, vous devrez rester attentif aux ouvertures et envisager différentes manières de mettre à profit votre expérience. En prenant des initiatives et en élargissant éventuellement vos recherches, vous pourrez voir des portes importantes s'ouvrir à vous. D'ailleurs, vous pourriez vous retrouver, pour un certain nombre parmi vous, à travailler dans une capacité (manière) différente, mais à vous réjouir de l'opportunité de développer votre carrière d'une nouvelle manière. Les progrès réalisés au travail pourront également entraîner une augmentation de vos revenus, mais pour en profiter pleinement, vous devrez rester discipliné.

Les projets et les achats coûteux seront probables, vous devrez donc prévoir un budget. Vous devrez également vous méfier des risques et si vous êtes tenté de spéculer, soyez conscient des implications. Si vous ne faites pas attention, vous risquez de faire des erreurs de jugement, surtout lors de la première quinzaine du mois de janvier ainsi que du 26 novembre au 15 décembre. En outre, lorsqu'il s'agira peut-être de documents importants, vous devez être minutieux et méticuleux dans la conservation des documents, des reçus et des garanties. Les pertes et les oublis pourraient être gênants, voire coûteux. Prenez-en bonne note !

L'année du Dragon offre également des opportunités sociales considérables et vous pourriez voir votre cercle de connaissances et de contacts s'élargir. Vous vous lierez très rapidement avec certaines des personnes que vous rencontrerez cette année et de bonnes amitiés pourront se former.

En amour, voilà qui promet d'être une année passionnante pour les affaires de cœur, avec certains actuellement sans attaches rencontrant la personne qui vous est destinée à devenir importante. Même si certaines relations échoueront, de nouvelles pourront rapidement suivre. Dans certains cas, les cloches du mariage vont sonner en cette période excitante et souvent spéciale.

Compte tenu de l'effervescence de l'année, vous devrez également réfléchir à votre propre bien-être, notamment à votre niveau d'exercice. Les natifs du Cheval sont généralement actifs, mais si vous sentez que vous avez besoin de plus d'exercice ou si vous êtes tenté par une nouvelle activité physique, si vous demandez l'avis d'un médecin sur la meilleure façon de procéder, vous pourriez constater que vos actions font une différence dans votre façon de vous sentir et vous font parfois découvrir une activité amusante.

Que l'année du Dragon de Bois vous soit favorable !

Chèvre Bouc Mouton Bélier

La **Chèvre** est en analogie avec le signe du **Cancer** en astrologie occidentale.

Vous êtes timide, sincère, doté de bonnes manières et vous pardonnez facilement. Vous êtes également romantique et vous avez aussi l'art de savoir très tôt comment bien gagner votre vie. Heureusement que, sur le plan professionnel, il y aura toujours une personne influente pour vous prendre sous son aile, car vous êtes de ces gens faciles à aimer et que l'on aime avoir près de soi. Voilà qui explique pourquoi on hésite rarement à vouloir une ou un ami né sous votre signe, puisque votre gentillesse et votre légendaire tendresse sont les marques principales de votre personnalité.

Chez vous, tout se passe en douceur, avec franchise et honnêteté. Vous n'êtes pas du genre à chercher les faux-fuyants, au contraire, vous croyez à la simplicité des choses et vous en faites votre mot d'ordre.

Bien que vous soyez discret et possédiez une grande force de caractère, bien cachée, avouons-le, il ne faut pas abuser de votre bonne foi ni de votre bonne volonté, car vous ne vous gênerez pas pour le faire savoir. Dommage pour la ou le gaffeur, car vous vous désintéresserez de cette personne et il lui sera très difficile par la suite de regagner votre confiance.

Avec vous, il faut toujours agir avec délicatesse, étant donné que votre grande fragilité naturelle vous rend plus souvent qu'à votre tour vulnérable à la fatalité et à l'anxiété. Vous avez aussi constamment besoin d'être rassuré ! Fort heureusement, vous avez l'art de vous adapter à tout, et ce, peu importe ce que la vie vous servira, alors que vous saurez trouver votre juste part et serez même en mesure de régler quoi que ce soit que la vie mettra sur votre route.

Vous avez une très forte envie d'aider votre prochain et vous êtes même prêt à tout pour lui venir en aide en cas de besoin. Bien vous entendre avec tout le monde est l'une de vos grandes priorités dans la vie et vous êtes tout autant très accommodant à tous points de vue, spécialement lorsque cela concerne les besoins des membres de votre famille, principalement les enfants et les personnes âgées. N'empêche, aussi conciliant et sensible que vous l'êtes, vous êtes porté aussi à adopter les opinions des gens qui vous entourent, particulièrement au travail, ne serait-ce que pour maintenir la paix.

Lorsque vous êtes à la maison, vous ne voulez pas être entouré d'agitation ni de stress inutilement, suivant que vous appréciez les choses simples de la vie, telles que regarder un coucher de soleil en fin de journée. Voilà qui explique aussi pourquoi la bonne fortune vous sourira au moment où vous vous y attendrez le moins, ce qui ne pourra qu'ajouter à votre bonheur. En revanche, sur le plan financier, vous n'avez aucune notion d'économie ou de comptabilité, ce qui risque de rendre la gestion de votre budget très aléatoire.

Toujours en quête d'harmonie, vous savez vous montrer des plus doux, des plus dociles, des plus dévoués, des plus bienveillants, et comme vous ne voulez jamais blesser vos interlocuteurs, vous pouvez tergiverser longtemps avant de dire ce que vous pensez vraiment. Cette attitude, bien que partant d'une bonne intention, aura tendance à rendre les personnes de votre entourage plutôt impatientes.

Vous avez l'art de bien vous vêtir et vous êtes un hôte hors pair. Mieux encore, on peut compter sur vous pour laisser les autres briller de toutes leurs couleurs alors que vous vous sentez bien dans les coulisses. Rien ne vous dérange !

Reconnu parmi les gens qui apprécient les plaisirs simples de la vie, vous aimez être entouré de personnes raffinées, créatrices et vivre des relations romanesques et sécurisantes à la fois, ce qui ne sera guère facile.

Lorsque vous désirez quelque chose d'une personne, vous êtes habile à la convaincre, et ce, en toute subtilité. Voilà pourquoi les relations tendres et vraies seront des plus aisées auprès des gens qui sont nés sous le signe du Singe, du Lapin, du Cheval, du Cochon et du Dragon. Cependant, il sera tout de même suggéré d'apprendre à mettre de côté votre grande sensibilité afin de minimiser les risques d'être blessé. Toutefois, vos relations avec les personnes nées sous le signe du Chien, du Bœuf, du Coq, du Rat et du Tigre risquent d'être plus ardues.

VOS PRÉVISIONS ASTROLOGIQUES POUR 2024

Années de naissance : 1931, 1943, 1955, 1967, 1979, 1991, 2003, 2015

Les années du Dragon sont dynamiques. Elles apportent des projets grandioses, de nouvelles idées et des situations qui évoluent rapidement. Et bien que les natifs de la Chèvre puissent parfois se sentir mal à l'aise avec ce rythme et cette pression, il y aura tout de même de bonnes opportunités à saisir ainsi que des occasions spéciales à apprécier. Durant l'année à venir, vous verrez beaucoup d'activité, mais aussi des pressions, des angoisses et des ajustements à la routine. Vous devrez garder votre esprit vif. Cependant, il pourrait aussi y avoir de bonnes possibilités. Vous serez encouragé à développer vos talents, vos compétences ainsi que votre carrière alors que vous pourriez faire des progrès potentiellement importants. Tout au long de l'année, vous serez bien soutenu par votre entourage et, en vous appuyant sur cela et en établissant des relations positives avec les personnes que vous rencontrerez, vous profiterez d'une grande partie de ce que cette année vous offre.

Au travail, voilà qui apportera des périodes de changement. Rares sont ceux qui ne seront pas touchés. En conséquence, certains natifs de la Chèvre devront s'adapter à de nouvelles procédures et routines. Une partie de l'année sera mouvementée, surtout du 1er au 25 avril, mais en faisant de votre mieux et en vous y adaptant, si nécessaire, vous aurez la chance de développer vos compétences. Et comme il s'agit d'une période d'innovation, vos idées pourraient recevoir un accueil favorable.

Les années du Dragon encouragent les contributions et si vous évoluez dans des environnements créatifs ou dont le travail implique la communication, vous pourrez vous en sortir particulièrement bien. Pour plusieurs d'entre vous, vous aurez l'occasion de consolider votre position actuelle au cours de l'année, mais pour ceux qui ne sont pas à l'aise avec les développements et qui souhaiteraient un changement, ou encore qui cherchent du travail, il y aura de bonnes possibilités. Pour en profiter, vous devrez élargir le champ des postes que vous envisagez.

En cette année de changement, vous êtes nombreux, parmi vous, qui pourront obtenir un rôle différent de ce que vous avez fait jusqu'à présent, mais qui pourrait fournir une plate-forme importante pour une croissance ultérieure. Cependant, pour tirer le meilleur parti de vos opportunités, vous devrez rester concentré et résister à la tentation de vous laisser détourner vers des sujets moins utiles ou moins productifs.

Dans les années Dragon de Bois, le temps, l'énergie et les chances doivent tous être utilisés efficacement. Les progrès au travail pourront aider financièrement, mais avec vos engagements existants, les projets que vous aurez à cœur de réaliser et une vie sociale souvent chargée, vous pourriez trouver vos dépenses considérables. Bien que vous puissiez tenir compte de certains besoins, les dépenses réelles pourraient être plus élevées que prévu. D'ailleurs, plusieurs pourront aussi faire face à des dépenses supplémentaires, surtout au cours du premier semestre de l'année. Et plus encore durant la période du mois d'avril. Tout au long de l'année, vous devrez surveiller de près vos dépenses et éviter de succomber à des achats impulsifs.

Sur le plan financier, c'est une année de discipline. Par contre, de nombreux natifs de la Chèvre trouveront l'année du Dragon de Bois inspirante, et vos intérêts personnels pourraient être un bon exutoire pour vos idées et vos talents. Certains d'entre vous pourraient être particulièrement enthousiasmés par des activités que vous commencez maintenant et/ou des projets que vous vous fixez. De plus, l'année du Dragon étant une période de possibilités, pour ceux qui ont envie de faire quelque chose de différent, il pourrait y avoir des opportunités intéressantes à explorer.

C'est une année qui favorise une attitude de jeu. Si des événements intéressants vous attirent ou si vous voyez d'autres occasions tentantes de sortir, vous devriez les saisir. En vous impliquant et en tirant le meilleur parti des possibilités sociales qui vous seront offertes durant l'année, vous pourriez passer des moments agréables et souvent animés. D'ailleurs, de nouvelles amitiés positives pourront être nouées au cours de l'année 2024.

Quant aux amours, pour ce qui est des célibataires de votre signe, la romance pourrait ajouter de l'éclat à votre année. Voilà qui est donc fort encourageant, et même des plus prometteurs !

La vie de famille promet également d'être active, bien qu'avec les Chèvres et les autres personnes affectées par des routines et des engagements changeants, il faudra un bon niveau de coopération et une certaine flexibilité. En période de changement et de pression, il sera important que les implications soient discutées, car c'est une année d'ouverture et de contribution collective. En outre, certains développements étant source d'incertitude, vous ne devrez pas toujours vous attendre au pire. Une fois encore, une discussion utile pourrait apaiser les inquiétudes et suggérer des moyens d'aller de l'avant. De toute façon, la plupart des questions épineuses de l'année seront souvent de courte durée.

Bien que l'année 2024 soit chargée, assurez-vous de profiter des nombreux moments privilégiés en compagnie de vos proches, et la spontanéité de certains événements – y compris les voyages et les sorties spéciales – ajouteront de la joie à l'année.

Que l'année du Dragon de Bois vous soit favorable !

Singe

Le **Singe** est en analogie avec le signe du **Lion** en astrologie occidentale.

Les gens nés sous votre signe ne sont pas nécessairement tous vains, arrogants et imbus d'eux-mêmes, ou suspicieux et susceptibles, mais certains le sont et, fort heureusement, il y a aussi parmi vous des gens qui sont intelligents, complaisants, sociables, confiants en leurs moyens, polis et dignes de nature.

Extrêmement intelligent et doué pour résoudre les énigmes, peu importe le genre de problèmes que vous puissiez encourir dans la vie, vous savez vous en sortir comme pas un, tellement vous avez l'art de la parole. Voilà qui explique pourquoi les gens ont toujours tendance à se rassembler autour de vous dans toutes les situations sociales, alors que vous êtes un bon raconteur d'histoires, et vous êtes également un comique-né.

Curieux, artistique et désireux d'apprendre, vous pouvez très bien exceller dans les domaines qui suscitent votre intérêt, surtout que vous êtes doué pour faire plusieurs choses à la fois.

En raison de votre besoin impératif d'être actif, vous ne restez pas assis longtemps. Constamment dans l'action, on a affaire à une personne qui est particulièrement dynamique et agitée. En plus de faire preuve d'une intelligence vive et remarquable, le contact intellectuel avec vous est très stimulant. Pas surprenant que vous ayez l'art de séduire tout le monde, car vous adorez plaire et vous faire remarquer.

Mentionnons que votre ego est fort. Vous n'hésitez pas à choquer et à tout remettre en question, ne serait-ce que pour susciter l'intérêt des gens qui vous entourent. Voilà donc ce qui fait aussi tout votre charme ! N'empêche, avouons-le, votre principale préoccupation, c'est vous-même !

Curieux, vous êtes particulièrement attiré par les musées, l'endroit idéal pour enrichir vos connaissances, tant sur le monde que sur la vie. Vous avez cette facilité d'acquérir de nouvelles compétences rapidement, tellement vous êtes si polyvalent et vous visez l'accomplissement personnel sur tous les plans. Voilà pourquoi il ne faut jamais sous-estimer votre force, votre efficacité et votre vivacité d'esprit.

Vous aimez le monde en général à un point tel que, parfois, vous ne pouvez vous en passer. Le contact avec les autres vous stimule, et les gens sont tout autant dynamisés par votre énergie. Joueur de tours, vous aimez également lancer et relever les défis de toutes sortes.

Sur le plan amoureux, vous fascinez et vous avez tout autant l'art d'envoûter les gens du sexe opposé. Même si vous ressentez fortement le besoin d'être compris et aimé, vous avez un goût tel pour les histoires compliquées et les stratégies de toutes sortes que vous attirez souvent des personnes marquées par un sens du jeu identique au vôtre, ce qui ne vous comble qu'à moitié.

Trompeur et profiteur à vos heures, vous pouvez en inquiéter plus d'un près de vous alors que l'on ne sait pas à quoi s'attendre. Tout aussi que narcissique à ses heures, le partenaire idéal devra vous apporter toute l'admiration dont vous avez besoin et être prêt à fermer les yeux sur certains écarts de conduite, car vous avez beaucoup de mal à résister à la tentation du fruit défendu. Les personnes nées sous le signe du Rat, du Dragon, du Tigre, du Serpent, du Cochon et de la Chèvre sauront vous aimer comme vous le désirez et le souhaitez. Par contre, vous risquez d'encourir de sérieux ennuis et des problèmes avec les gens qui sont nés sous le signe du Bœuf, du Chien ou du Cheval.

VOS PRÉVISIONS ASTROLOGIQUES POUR 2024

Années de naissance: 1932, 1944, 1956, 1968, 1980, 1992, 2004, 2016

Des temps passionnants en perspective! C'est une année qui pourrait apporter des changements, surtout pour les natifs de votre signe qui commencent l'année en nourrissant une ambition particulière ou en souhaitant voir leur situation s'améliorer. Pour certains, elle pourrait marquer un tournant. Les années du Dragon soutiennent les natifs de votre signe et la vitalité de l'année et l'ingéniosité du Singe seront une combinaison puissante. Cela dit, l'année du Dragon offre de grandes possibilités aux Singes et, en tirant le meilleur parti de vous-même, de vos compétences et de vos chances, vous pourriez accomplir beaucoup. C'est une année pour saisir l'initiative et aller de l'avant. Ceux d'entre vous qui nourrissent des ambitions ou encore des espoirs particuliers, c'est le moment d'agir. Cette année pourra être l'une des meilleures pour vous, mais elle demande de l'application de votre part.

Cela sera particulièrement évident dans les situations de travail. Compte tenu de l'expérience accumulée, vous serez souvent en excellente position pour faire avancer votre carrière. Pour certains, une promotion vous attend ou, si l'ouverture est limitée là où vous êtes, vous pourriez réussir à vous installer ailleurs. Ce n'est pas une année pour rester immobile. En particulier pour ceux qui sont sur une trajectoire de carrière et/ou qui souhaitent progresser d'une certaine manière, d'excellentes opportunités, parfois opportunes, pourraient se présenter, mais elles devront être saisies rapidement. Tout au long de l'année, vous pourrez constater que votre initiative mise à profit apportera des récompenses. Qu'il s'agisse de proposer des idées ou de s'enquérir des possibilités, votre approche proactive impressionnera souvent et conduira à des développements en votre faveur.

Pour ceux qui sont actuellement insatisfaits et qui souhaitent un changement, ainsi que pour ceux qui cherchent du travail, des perspectives intéressantes s'offriront à eux. En restant attentif aux ouvertures, vous pourrez réussir à obtenir un poste avec un potentiel faramineux de développement et de croissance. Plus encore, ceux d'entre vous qui accepteront de nouvelles fonctions en début d'année pourront avoir la chance d'étendre leur rôle dans les mois suivants.

Sur le plan professionnel, vos compétences, vos efforts ainsi que votre ingéniosité pourraient s'exprimer cette année. Les progrès dans le travail pourraient également apporter une augmentation substantielle et bienvenue des revenus. Cependant, une telle augmentation pourrait vous inciter à dépenser et, si vous n'y prenez pas garde, les dépenses pourraient commencer à s'accumuler, surtout plus du 14 au 28 août. Idéalement, vous devriez planifier vos achats importants et envisager de mettre des fonds de côté pour vos besoins futurs. Une bonne gestion pourrait vous être des plus profitables aujourd'hui et plus tard.

Ceux d'entre vous qui sont membres de groupes ou encore qui sont actifs dans leur communauté pourraient voir leur implication croître au cours de l'année 2024, et leurs compétences et leur enthousiasme être appréciés. Les années Dragon peuvent voir une augmentation de l'activité sociale et il s'agit d'une période active et souvent amusante.

En amour, pour les natifs du Singe sans attaches, une rencontre fortuite pourrait donner l'impression qu'elle était destinée à se produire, et pourrait être le début d'une relation longue et significative.

Vous pourrez aussi vous attendre à une vie de famille active, bien que, avec beaucoup d'événements et d'engagements changeants, il faudra une bonne coopération ainsi qu'une certaine flexibilité dans les arrangements. Cependant, adepte de l'organisation comme vous êtes, vous serez la force motrice de certains projets, en plus de suggérer et de planifier des activités, y compris aussi des vacances, dont tout le monde pourra profiter. Beaucoup de choses tournent autour de vous cette année et vos proches auront de bonnes raisons d'apprécier votre sens de l'organisation.

Que l'année du Dragon de Bois vous soit favorable !

Coq
Phoenix

Le **Coq** est en analogie avec le signe de la **Vierge** en astrologie occidentale.

Vous êtes rangé, organisé, minutieux, perfectionniste et plein d'assurance. Vous avez confiance en vous et êtes un peu critique de nature, mais également puritain, fier et opiné. Observateur-né, vous êtes toujours bien informé, tant sur le plan de la culture générale que sur les actualités quotidiennes.

Vous n'hésitez pas à prendre votre place dans la vie et vous ne vous en laissez pas imposer facilement non plus. Vous avez l'art de savoir tout faire avec subtilité, sans pour autant vous prendre pour un autre. Cette confiance en vous vous rend des plus fascinants aux yeux de tous, même si vous êtes parfois poussé par un certain orgueil démesuré. N'empêche, on vous pardonne facilement, car c'est ce qui fait votre charme et votre classe.

Soigné en tout, voilà qui explique pourquoi vous prenez beaucoup de fierté dans votre apparence et passez maintes heures à vous préparer avant de quitter la maison. Croiser une nouvelle personne ou d'anciens camarades quand vous n'êtes pas au meilleur de votre forme est une de vos pires craintes.

Vous avez la finesse de vous attirer la sympathie des gens, d'être aimé et apprécié grâce à votre originalité et à votre jovialité. Vous êtes aussi une personne qui maîtrise bien ses émotions, sauf lorsqu'on empiète sur votre vie privée, alors là, vous devenez facilement sujet à la colère, et vous savez défier tous ceux qui vous cherchent.

Professionnellement, vous êtes un travailleur imbattable qui ne compte jamais ses heures ni ne ménage ses énergies. Vous êtes de ces gens entreprenants, dynamiques et très autonomes. Autant vous êtes exigeant envers vous-même, autant vous l'êtes aussi envers les autres.

Flamboyant de nature, vous prenez plaisir à vous exhiber et n'avez pas peur de prendre tout le crédit pour un travail bien fait. Vous savez ce que vous valez, mais vous vous attendez aussi à ce qu'on vous paie bien pour les services que vous offrez. À cet effet, si vous venez de terminer un travail de longue haleine qui a su épater vos supérieurs, une fois le projet conclu, vous ne serez pas du genre à hésiter trop longtemps pour leur solliciter une augmentation de salaire.

Vous êtes quelqu'un qui a besoin d'un environnement sain, propre et ordonné pour être heureux et à l'aise au quotidien. En revanche, votre petit côté pessimiste et/ou négatif s'exprime dans votre tendance à être très susceptible, à sermonner sans fin et à évoquer sans cesse les erreurs du passé commises par les autres. Il va de soi aussi que vous ne mâchez pas vos mots lorsque vous avez quelque chose à dire. Mais, plus que tout, vous avez horreur de perdre votre temps et votre argent avec des gens qui ne sont pas à la hauteur de vos attentes.

En ce qui a trait à vos amitiés, on peut dire que socialiser et échanger avec les autres est le point culminant de votre journée. Vous adorez prendre part à une fête ou à un party, à l'ouverture d'un restaurant en vogue, d'un magasin huppé, d'une galerie d'art prisée ou à une dégustation de vins et fromages.

En ce qui concerne votre vie amoureuse, vous êtes immédiatement séduit par celui ou celle qui partage votre goût des douces folies, et si cette personne sait en plus se montrer prévenante et affectueuse, ce sera le vrai bonheur. Une personne née sous le signe du Bœuf, du Dragon, du Chien, du Rat ou du Serpent sera un partenaire à la hauteur de vos attentes. Vous pourrez également vous fier et compter sur le soutien d'amis et de collaborateurs nés sous ces signes. Par contre, vous risquez d'encourir des problèmes avec des gens nés sous le signe du Lapin, du Cochon et de la Chèvre.

VOS PRÉVISIONS ASTROLOGIQUES POUR 2024

Années de naissance: 1933, 1945, 1957, 1969, 1981, 1993, 2005, 2017

Vous serez prompt à détecter l'énergie et le potentiel qui existent pour vous et à tirer le meilleur parti de cette année de possibilités excitantes. Dès le début de 2024, vous feriez bien de réfléchir à vos objectifs clés pour les douze prochains mois. Avec des objectifs en tête, vous serez plus conscient des actions que vous devez entreprendre. Il y aura des moments importants à ne pas gaspiller. À cet effet, il vous sera donné l'opportunité d'avancer et d'utiliser vos forces à votre avantage. Pour en profiter pleinement, vous devrez être prêt à vous mettre en avant et à agir avec détermination. Des développements opportuns sont à prévoir, mais vous pourrez aussi compter sur le soutien de ceux qui vous entourent. Les natifs de votre signe auront beaucoup en leur faveur cette année et vos talents et vos qualités pourraient vous récompenser largement. Et pour plusieurs, une célébration personnelle pourrait également rendre l'année encore plus spéciale.

Les perspectives de travail seront particulièrement favorables. Vous pourriez avoir l'opportunité d'obtenir une promotion sinon de prendre des responsabilités pour lesquelles vous travaillez depuis un certain temps déjà. Dans de nombreux cas, vos connaissances internes et votre réputation seront des facteurs importants dans votre progression et vos employeurs seront désireux d'encourager vos forces souvent particulières. Pour ceux d'entre vous qui ont le sentiment d'avoir langui ces dernières années, c'est le moment de prendre l'initiative et de chercher le changement. En se renseignant, en parlant à des contacts et en cherchant des ouvertures, beaucoup réussirez à obtenir un rôle différent et plus satisfaisant.

Quant à ceux de votre signe qui sont aux commandes cette année, une fois que les actions seront entreprises et les demandes faites, des développements encourageants pourront rapidement, et souvent fortuitement, s'ensuivre. Il y aura aussi ceux d'entre vous qui décident de devenir indépendants. Alors là encore, beaucoup de choses pourraient devenir possibles en 2024, mais vous devrez vous appuyer sur les conseils qui vous seront offerts. Avec l'aide de professionnels, de nombreux plans d'affaires pourraient être renforcés et améliorés.

Les progrès au travail pourraient également faire une différence sur le plan financier, et cela persuadera nombreux d'entre vous d'aller de l'avant avec les projets que vous avez en tête et l'achat de votre future maison. En les considérant attentivement et en prenant conseil sur la pertinence de vos choix, vous serez souvent ravi de ce que vous allez acquérir au cours de l'année. De plus, si possible, vous devriez prévoir des vacances et réfléchir soigneusement aux destinations possibles. Plus vous pouvez planifier et prendre des dispositions appropriées, mieux ce sera. Si vous pouvez utiliser toute amélioration financière pour réduire les emprunts sinon augmenter l'épargne, cela pourrait également être à votre avantage.

En amour, voilà que les affaires de cœur sont favorablement aspectées. Les relations amoureuses existantes deviendront plus significatives avec un mariage possible pour certains, tandis que bon nombre de ceux qui commencent l'année 2024 sans attaches rencontreront une personne qui est destinée à devenir importante dans leur vie.

La vie familiale connaîtra aussi beaucoup d'activité et il faudra assurer une bonne liaison entre tous et faire preuve de souplesse dans les plans et les arrangements, et ce, surtout durant la période du 26 novembre au 15 décembre. Mais des moments spéciaux et significatifs se mêleront à ces niveaux élevés d'activité. Certains ménages verront un mariage, une naissance dans la famille, un diplôme ou une autre réalisation personnelle. Il pourrait aussi y avoir des moments de fierté pour de nombreux natifs de votre signe cette année, et si une occasion spéciale doit être organisée vous aurez plaisir à la faire. Vous serez souvent porté par les développements cette année, beaucoup d'entre vous seront également désireux d'apporter des améliorations à leur maison. Toutefois, une mise en garde s'impose : ces travaux pourraient être plus perturbants que prévu, un projet en entraînant un autre.

Pour la santé, vous serez très occupé cette année, mais pour être au mieux de votre forme, vous devrez avoir un bon équilibre de vie et vous accorder du temps pour vous détendre et relaxer. Cela étant dit, les intérêts personnels pourraient être particulièrement bénéfiques et vous devriez vous accorder des « temps pour vous » régulièrement au cours de l'année.

Que l'année du Dragon de Bois vous soit favorable !

Chien

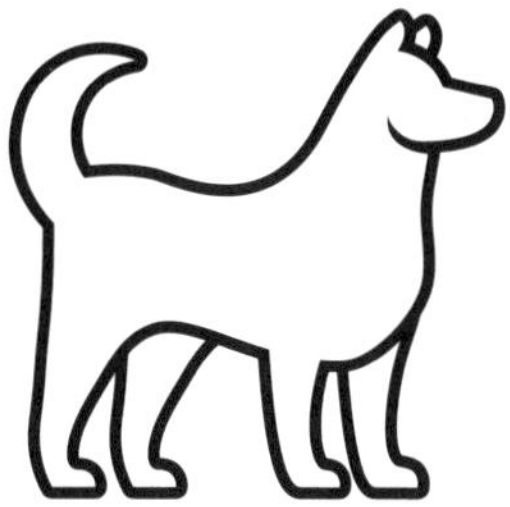

Le **Chien** est en analogie avec le signe de la **Balance** en astrologie occidentale.

Vous êtes loyal envers les gens que vous aimez, mais vous avez tendance aussi à être constamment en mode inquiétude. Aussi honnête que vous soyez, vous avez le don de faire sentir les autres coupables. Extrêmement fidèle et protecteur de vos proches et de tous ceux qui vous sont chers, vous étiez probablement le genre d'enfant à l'école qui était le premier à défendre ceux qui étaient sans défense et/ou attaqué par des intimidateurs.

Vous êtes intègre, diplomate et équitable dans vos rapports avec les autres et n'êtes pas du genre à fuir non plus, et encore moins lorsque vous savez que vous avez raison. Votre sens des responsabilités est très développé chez vous, tant en ce qui concerne votre travail que votre vie personnelle, et c'est une qualité primordiale que vous appréciez chez les autres.

Travailleur acharné et quelqu'un qui se plaît à relever des défis, lorsque votre besogne est terminée, vous vous plaisez à vous reposer et à vous détendre chez vous en lisant un bon livre ou en regardant la télévision, les deux pieds sur la table basse.

Terre à terre, vous n'appréciez pas ceux qui se croient supérieurs aux autres ; vous n'hésiteriez pas à les remettre à leur place, mais vous serez tenté de les éliminer de votre cercle d'amis.

Vous êtes né sous le signe de l'harmonie et de la bonne entente par excellence. On peut facilement en conclure que les complications vous troublent et vous rebutent au plus haut point. Tant que vous vous sentez en confiance avec les personnes que vous côtoyez, vous faites preuve d'une grande affection et êtes un ami fiable sur qui on peut compter aveuglément. Cependant, si les gens abusent de votre amitié ou de vos bontés, on vous verra vous renfermer sur vous-même, et même agir prudemment. Vous serez peut-être même un peu sarcastique pour vous venger doucement, mais plus que tout, vous chercherez profondément le moyen de rétablir l'harmonie autour de vous. En revanche, si vous vous sentez trop seul et/ou incompris, vous pourriez sombrer dans le défaitisme et il faudra être patient pour vous ramener dans le positivisme.

Sérieux, sage et juste, vous êtes l'ami le plus fidèle de tous les signes du zodiaque chinois. En plus d'être épris de justice, vous êtes franc, direct et vous prenez votre temps pour juger de la valeur d'un autre. Vous savez voir au-delà des apparences, et les rumeurs ou les ragots n'ont aucun poids sur votre décision. Vous pesez le pour et le contre, mais quand cela est fait, vous avez la fâcheuse tendance à cataloguer arbitrairement les individus en deux groupes: les bons et les moins bons. Apprenez à vous occuper de vous un peu plus tôt que de laisser passer tous les autres avant vous. Méfiez-vous également de votre curiosité qui risque d'avoir le meilleur de vous-même et de vous occasionner des ennuis, surtout si vous ne vous mêlez pas de vos affaires.

Autant vous admirez ceux que vous aimez, même si, au départ, vous vous montrez exigeant, vous demandez, ou je dirais même que vous exigez que l'on soit joyeux pour partager vos élans d'enthousiasme, mais aussi pour calmer vos sautes d'humeur qui peuvent être méchantes par moments. Pour mieux satisfaire vos attentes, il sera avisé de rechercher la compagnie des personnes nées sous le signe du Rat, du Cheval, du Cochon, du Singe ou du Lapin dont vous pouvez être sûr de leur tendresse, et le Tigre qui aura le don de vous charmer, alors que tous ces gens seront d'excellents compagnons de vie. Toutefois, il vaudra mieux fuir ceux qui sont nés sous le signe du Rat, du Dragon, du Coq et de la Chèvre.

VOS PRÉVISIONS ASTROLOGIQUES POUR 2024

Années de naissance: 1922, 1934, 1946, 1958, 1970, 1982, 1994, 2006, 2018

Les années du Dragon sont dynamiques et les natifs du Chien pourraient être mal à l'aise avec certains des développements rapides. Vous n'avez pas l'habitude d'agir sur une impulsion ou d'embrasser un changement soudain, mais c'est la voie de l'année du Dragon. Ce peut être une période difficile, mais vous pourrez acquérir à la fois de l'expérience et une nouvelle vision de vos compétences et de vos capacités. Cela dit, une caractéristique clé des natifs de votre signe est votre nature consciencieuse. Vous êtes attentif et vous prenez vos responsabilités au sérieux. C'est pour cette raison que vous êtes si inquiet, et l'année du Dragon pourrait certainement apporter son lot de soucis. Cependant, en partageant vos préoccupations avec votre entourage, vous pourrez non seulement être aidé, mais aussi rassuré. Parfois, le simple fait de parler peut mettre les choses en perspective ou apporter des solutions.

Au travail, cette période pourrait être exigeante. Des changements pourront survenir soudainement, y compris des déplacements de personnel et des modifications des méthodes de travail, et vous pourriez être confronté à une pression accrue. Une partie de l'année sera délicate, mais en vous concentrant sur ce qui doit être fait et en évitant les distractions, vous pourrez tirer le meilleur parti de la situation, et votre constance et votre fiabilité seront remarquées et très appréciées. En dépit que vous puissiez avoir des doutes quant aux changements en cours, ceux-ci pourraient donner lieu à des opportunités. De nouveaux postes pourraient être créés ou le personnel pourrait être appelé à travailler dans des fonctions différentes. Si vous êtes tenté par une possibilité particulière, vous devrez y donner suite. Ce n'est pas une année pour résister au changement, mais pour en tirer le meilleur parti. Par ailleurs, tous ceux qui décideront de quitter leur poste, et pour ceux qui cherchent du travail, l'année du Dragon pourra être un nouveau défi. Les postes vacants pourraient être limités et la concurrence féroce. Mais si vous êtes tenace et faites des efforts supplémentaires dans la présentation de votre candidature en soulignant votre expérience et votre aptitude, vous finirez par l'emporter. Certains pourraient même trouver par hasard un poste qui pourrait lancer leur carrière sur une nouvelle voie intéressante. Les années Dragon peuvent être difficiles, mais elles ne sont pas sans opportunités potentiellement importantes.

En matière d'argent, vous devrez être prudent. Si vous envisagez un achat important, vous devrez vérifier que vos besoins soient satisfaits et être conscient de toutes les implications et de tous les coûts. Vous devrez aussi suivre vos dépenses et accorder une attention particulière et rapide aux documents financiers. Les retards ainsi que la négligence pourraient être à votre désavantage, surtout durant la période du 1er au 25 avril et du 5 au 28 août. C'est vraiment une année de gestion financière prudente.

Les années du Dragon ont une grande énergie et se déroulent à un rythme effréné. Et pour les natifs du Chien, qui préfèrent l'ordre et la cohérence, ce peut être une période difficile. Cependant, en étant prêt à vous adapter et à tirer le meilleur parti des situations, vous pourrez apprendre beaucoup, développer vos compétences, et même découvrir des forces et des opportunités sur lesquelles vous pourrez vous appuyer. Or, veuillez participer pleinement aux activités que cette année animée présente !

Dans les affaires de cœur, vous devrez cependant procéder avec prudence. Les nouvelles relations devront être nourries tout en les laissant se construire en leur temps. Pour ceux d'entre vous qui aident leurs proches et qui s'occupent d'un grand nombre de choses, encore une fois, il sera important que vous n'en fassiez pas trop tout seul, mais que vous consultiez les autres et partagiez les responsabilités. De plus, bien que vous aimiez planifier, vous devrez faire preuve de souplesse dans les arrangements, car les circonstances pourraient changer. Au milieu de toute cette activité, cependant, il y aura des moments en famille et des réalisations individuelles à savourer.

Quant à votre santé, pour rester en forme, vous devrez réfléchir à votre bien-être. Si vous manquez d'exercices réguliers ou si vous pensez qu'une modification de votre régime alimentaire pourrait vous être bénéfique, vous devriez demander conseil à votre médecin. Compte tenu des pressions de l'année, vous devriez aussi vous assurer de vous réserver du temps pour vous, surtout durant la période du 5 au 14 août. Cela dit, les intérêts personnels pourraient avoir une valeur particulière et nombreux d'entre vous auront l'occasion d'approfondir ce qu'ils font cette année ou d'essayer quelque chose de différent.

Que l'année du Dragon de Bois vous soit favorable !

Cochon
Porc Sanglier
Éléphant Ours

Le **Cochon** ou Porc, mieux connu sous le nom du Sanglier au Japon, de l'Éléphant au nord de la Thaïlande et de l'Inde, et de l'Ours chez les Amérindiens, est en analogie avec le signe du **Scorpion** en astrologie occidentale.

Vous êtes intègre, patient, indulgent, compréhensif, compatissant, ardent, plein de ressources, astucieux, consciencieux et vous avez bon cœur. Malgré tout cela, vous pouvez être tout aussi naïf à vos heures. Vous êtes également honnête, travaillant, digne de confiance et quelqu'un qui ne se refuse rien. De plus, vous pouvez être autant égoïste que facile à duper.

Bon vivant et fervent de nature, vous faites preuve de compréhension envers les autres et vous avez l'art de vous gagner leur confiance petit à petit. Tous les secrets et confidences qui vous seront faits resteront enfouis en vous et bien gardés.

Particulièrement réceptif de nature, vous êtes doué pour vous attirer la sympathie des autres. Vous aimez découvrir la vie et les gens, et il vous arrive souvent que vous en fassiez une sorte de quête philosophique personnelle, surtout que vous avez l'âme d'un justicier. En contrepartie, votre plus grande faiblesse est sans doute d'être trop facilement influençable, et dans vos moments de trouble, vous pouvez devenir profondément inquiet et porté à tout dramatiser, même lorsqu'il n'y a pas lieu de le faire.

Sur le plan professionnel, vous faites partie de ces gens qui se fixent des objectifs et qui travaillent incessamment pour les atteindre dans le plus grand respect d'autrui. On vous retrouve souvent à la tête d'un projet communautaire, car vous avez à cœur le bien-être de la collectivité. Vos efforts pour améliorer la vie des gens reposent sur la valeur du partage. Voilà qui explique pourquoi vous êtes le premier à offrir votre chemise à une personne moins nantie que vous ou qui est dans le besoin. Vous êtes choyé d'avoir une ouverture d'esprit des plus aimables envers votre prochain.

En plus d'être très confiant envers les personnes que vous croisez au quotidien, vous préférez éviter toutes confrontations et trouver un terrain d'entente, mais si c'est impossible, vous saurez affronter la tempête et saurez même surprendre votre adversaire. Cependant, n'allez pas vous en prendre à sa famille ou gare à vous !

Aussi secret et introverti que vous soyez, c'est généralement vous qui faites les premiers pas en vue d'établir la communication avec les personnes que vous jugez dignes d'un tel privilège. Par conséquent, ne ratez pas l'occasion de mettre à profit votre légendaire intuition pour dénicher l'élu de votre cœur. Et quand vous trouverez chaussure à votre pied, il n'y aura pas plus fidèle, loyal et dévoué que vous.

N'étant pas du genre à vous plaindre, vous aimez être entouré de gens bien nantis et susceptibles d'exciter votre curiosité afin de faire naître en vous mille désirs et envies. Toute personne née sous le signe du Tigre, du Lapin, du Rat, du Dragon, du Chien ou du Singe saura ravir votre âme, d'autant plus que vous êtes quelqu'un d'émotif, de passionné et extrêmement sensuel. Toutefois, il vaudra mieux fuir ceux qui sont nés sous le signe du Serpent et du Cheval.

VOS PRÉVISIONS ASTROLOGIQUES POUR 2024

Années de naissance : 1923, 1935, 1947, 1959, 1971, 1983, 1995, 2007, 2019

Alors que certaines années sont progressives et fructueuses et d'autres plus difficiles, l'année du Dragon se situe au milieu. Pour les natifs du Cochon, elle pourrait être raisonnable. Bien que vous n'appréciiez pas toujours le brouhaha qui a tendance à caractériser les années du Dragon, vous pourrez souvent vous amuser et faire des progrès constants.

Au travail, l'année du Dragon verra beaucoup d'activité, mais la charge de travail risque souvent d'être affectée par des changements, et ce, surtout durant la période du 1er au 25 avril. Et bien que vous puissiez voir d'un mauvais œil certains développements (et, à votre avis, des changements inutiles), vous devrez vous adapter en conséquence. Ce n'est pas une année pour fermer votre esprit aux développements, mais surtout pour tirer le meilleur parti des situations telles qu'elles sont. D'ailleurs, une partie de ce qui se passe pourrait également donner lieu à une formation ou à la possibilité d'acquérir de l'expérience dans une capacité différente, et les années du Dragon encouragent à utiliser et à développer vos compétences et vos connaissances.

Nombreux d'entre vous feront des progrès constants dans votre lieu de travail actuel, mais pour ceux qui décideront de changer ou qui cherchent du travail, il pourrait y avoir des possibilités intéressantes. Des ouvertures pourraient être découvertes par hasard, ou encore postulerez-vous à un poste au hasard et triompherez de manière inattendue. Dans l'année du Dragon, une certaine audace peut s'avérer payante.

Vous pourrez aussi vous en sortir financièrement. Beaucoup profiteront d'une augmentation de leurs revenus et certains bénéficieront également d'un bonus ou encore d'une idée rentable. Pour les plus entreprenants, cette période pourrait être une réussite. Cependant, même si l'argent afflue sur les comptes, avec un style de vie actif et des achats pour vous-même et votre maison, les dépenses pourraient aussi augmenter. Les niveaux de dépenses doivent être surveillés. Vous devrez également vous méfier des achats impulsifs. Plus de temps et de discipline pourraient conduire à de meilleures décisions.

Cela étant dit, les années du Dragon sont des années actives et rapides, et vous devez travailler dur et vous adapter pour suivre le rythme. Il y aura des défis ainsi que des pressions dans votre travail et beaucoup d'appels sur votre temps. Mais de toute cette activité découleront des développements, parfois surprenants, que vous pourrez tourner à votre avantage.

Quant à votre vie sociale, votre nature avenante vous servira bien, entraînant une vie sociale bien remplie et de nombreuses occasions d'étendre votre réseau d'amis et de connaissances. Vous ne serez pas toujours ravi du rythme et de la pression de l'année du Dragon, mais il y aura du bon temps à prendre.

En amour, si vous êtes seul et célibataire, voilà que les activités de l'année pourraient conduire à la rencontre de quelqu'un qui est destiné à devenir spécial, tandis que pour ceux qui apprécient actuellement la romance, la relation pourrait s'approfondir de manière significative au cours de 2024.

La vie domestique pourra aussi apporter beaucoup de satisfaction, tenant compte que vous considérez souvent votre maison comme un sanctuaire bienvenu pour échapper à certaines pressions de l'année. En retour, vous serez souvent heureux de passer du temps à améliorer votre maison, y compris en modifiant le décor et en ajoutant des embellissements. Et ceux qui ont un jardin pourront tirer beaucoup de plaisir à passer du temps à l'extérieur. Cependant, vous et les autres membres de la famille étant impliqués dans des décisions ainsi que des changements au cours de l'année, il sera important que chacun soit prêt à être ouvert et à discuter des implications et des choix, et dans les moments de pression, à se rallier. La vie de famille aura une grande importance pour vous cette année et il y aura des développements spéciaux à partager.

Un aspect particulièrement agréable de l'année est que vous pouvez vous attendre à un grand nombre d'occasions pour faire la fête. Qu'il s'agisse de rencontrer des amis ou d'assister à des événements, ce sera une période où vous serez très en demande et où il y aura un bon mélange de choses à faire et à apprécier. Le Cochon a une grande capacité à s'amuser et l'année du Dragon de Bois ne le décevra pas. Certaines des personnes que vous rencontrerez cette année ne seront pas seulement séduites par vos qualités, mais auront aussi des connaissances, une expertise ou une influence qui pourraient vous être utiles dans un proche avenir.

Pour ce qui est de votre santé, vous devrez penser à votre bien-être, car ce n'est pas une année pour vous négliger. Sans soins suffisants, et sans un régime alimentaire nutritif, certains d'entre vous pourraient être sujets à des rhumes et à des affections mineures. Si vous avez le moindre souci, vous devrez vous faire examiner.

Que l'année du Dragon de Bois vous soit favorable !

Les mystères de la Lune

Depuis la nuit des temps, les humains prêtent au Soleil et à la Lune un pouvoir magique et mystique. La Lune et le Soleil exercent une influence déterminante sur notre planète, sur les marées, sur les récoltes et sur les êtres humains. Découvrez les influences occultes de notre unique satellite dans les pages qui suivent.

LES PHASES DE LA LUNE EN 2024		
03 janvier – 22:30 PM	Dernier Quartier ☾	13° 15′ Balance
11 janvier – 06:57 AM	Nouvelle Lune ●	20° 44′ Capricorne
17 janvier – 22:52 PM	Premier Quartier ☽	27° 32′ Bélier
25 janvier – 12:54 PM	Pleine Lune ○	05° 15′ Lion
02 février – 18:18 PM	Dernier Quartier ☾	13° 36′ Scorpion
09 février – 17:59 PM	Nouvelle Lune ●	20° 41′ Verseau
16 février – 10:01 AM	Premier Quartier ☽	27° 26′ Taureau
24 février – 07:30 AM	Pleine Lune ○	05° 23′ Vierge
03 mars – 10:23 AM	Dernier Quartier ☾	13° 32′ Sagittaire
10 mars – 04:00 AM	Nouvelle Lune ●	20° 17′ Poissons
16 mars – 23:11 PM	Premier Quartier ☽	27° 04′ Gémeaux
25 mars – 02:00 AM	Pleine Lune ○	05° 07′ Balance
01er avril – 22:15 PM	Dernier Quartier ☾	12° 52′ Capricorne
08 avril – 13:21 PM	Nouvelle Lune ●	19° 24′ Bélier
15 avril – 14:13 PM	Premier Quartier ☽	26° 18′ Cancer
23 avril – 18:49 PM	Pleine Lune ○	04° 18′ Scorpion
01er mai – 06:27 AM	Dernier Quartier ☾	11° 36′ Verseau
07 mai – 22:22 PM	Nouvelle Lune ●	18° 02′ Taureau
15 mai – 06:48 AM	Premier Quartier ☽	25° 08′ Lion

23 mai – 08:53 AM	Pleine Lune ○	02° 55′ Sagittaire
30 mai – 12:13 PM	Dernier Quartier ☾	09° 46′ Poissons
06 juin – 07:38 AM	Nouvelle Lune ●	16° 18′ Gémeaux
14 juin – 00:18 AM	Premier Quartier ☽	23° 39′ Vierge
21 juin – 20:08 PM	Pleine Lune ○	01° 07′ Capricorne
28 juin – 16:53 PM	Dernier Quartier ☾	07° 40′ Bélier
05 juillet – 17:57 PM	Nouvelle Lune ●	14° 23′ Cancer
13 juillet – 17:49 PM	Premier Quartier ☽	22° 01′ Balance
21 juillet – 05:17 AM	Pleine Lune ○	29° 09′ Capricorne
27 juillet– 21:51 PM	Dernier Quartier ☾	05° 32′ Taureau
04 août – 06:13 AM	Nouvelle Lune ●	12° 34′ Lion
12 août – 10:19 AM	Premier Quartier ☽	20° 24′ Scorpion
19 août – 13:26 PM	Pleine Lune ○	27° 15′ Verseau
26 août – 04:26 AM	Dernier Quartier ☾	03° 38′ Gémeaux
02 septembre – 20:55 PM	Nouvelle Lune ●	11° 04′ Vierge
11 septembre – 01:05 AM	Premier Quartier ☽	19° 00′ Sagittaire
17 septembre – 21:34 PM	Pleine Lune ○	25° 41′ Poissons
24 septembre – 13:50 PM	Dernier Quartier ☾	02° 12′ Cancer
02 octobre – 13:49 PM	Nouvelle Lune ●	10° 04′ Balance
10 octobre – 13:55 PM	Premier Quartier ☽	17° 38′ Capricorne
17 octobre – 06:26 AM	Pleine Lune ○	24° 25′ Bélier
24 octobre – 03:03 AM	Dernier Quartier ☾	01° 24′ Lion
01er novembre – 07:47 AM	Nouvelle Lune ●	09° 35′ Scorpion
09 novembre – 00:55 AM	Premier Quartier ☽	17° 20′ Verseau
15 novembre – 16:28 PM	Pleine Lune ○	24° 01′ Taureau
22 novembre – 20:28 PM	Dernier Quartier ☾	01° 15′ Vierge
01er décembre – 01:21 AM	Nouvelle Lune ●	09° 33′ Sagittaire
08 décembre – 10:26 AM	Premier Quartier ☽	17° 02′ Poissons
15 décembre – 04:02 AM	Pleine Lune ○	23° 53′ Gémeaux
22 décembre – 17:18 PM	Dernier Quartier ☾	01° 34′ Balance
30 décembre – 17:27 PM	Nouvelle Lune ●	09° 44′ Capricorne

* Soyez informé que c'est l'heure normale de l'Est (EST) qui a été utilisée dans ce livre.

LE CYCLE LUNAIRE

La Lune a deux cycles majeurs : la période sidérale d'environ 27½ jours pendant laquelle elle effectue une révolution complète à travers le zodiaque ; et la période synodique, de la nouvelle lune à la nouvelle lune suivante, qui dure environ 29½ jours. Le cycle synodique de la Lune est généralement décomposé en phases ou quartiers.

Les phases de la Lune font référence à la relation solaire-lunaire du point de vue de la Terre. Le modèle solaire-lunaire est un rythme ondulatoire qui commence à nouveau avec la conjonction (la Nouvelle Lune) et atteint son apogée à l'opposition (la Pleine Lune).

De la Nouvelle Lune à la Pleine Lune, on dit que la Lune est croissante, c'est-à-dire que sa luminosité augmente. Ce sont les premier et deuxième quartiers. (Remarque : le terme « premier quartier » est utilisé pour désigner les aspects du carré de la Lune et du Soleil, qui terminent le premier quartier et commencent le deuxième). Cette période de lumière croissante est traditionnellement le moment idéal des nouveaux départs, des nouveaux projets et idées, de la croissance. La Lune croissante est une période d'action spontanée et instinctive.

Si vos nouvelles idées ou vos nouveaux projets se trouvent dans une impasse, cette période peut être interrompue par la Pleine Lune. La Lune décroissante, d'une Pleine Lune à la Nouvelle Lune suivante, est une période de croissance consciente, car la Lune dissipe son potentiel solaire accumulé. Dans de nombreuses traditions, la période de la Lune croissante est davantage concernée par les questions extérieures mondaines, tandis que la période de la Lune décroissante traite de l'illumination subconsciente menant à la clarification des valeurs conscientes. La Lune croissante apporte une croissance instinctive tandis que la Lune décroissante apporte un processus conscient de libération créative.

La Lune, comme chacun le sait maintenant, joue un très grand rôle dans notre vie et son impact dans notre vie quotidienne n'est plus à démontrer. Elle représente notre sensibilité, notre humeur, notre réceptivité et notre émotivité, nos états d'âme, etc. C'est par sa position dans votre thème natal qu'elle influe plus ou moins fortement sur vous. La Lune, qui parcourt le zodiaque en un peu moins de 28 jours, va en d'autres mots « transiter », c'est-à-dire réactiver toutes les autres planètes et points importants de votre thème. C'est donc elle qui, au quotidien, va agir en tant que baromètre de cette sensibilité, toujours en fonction de sa position natale, bien sûr.

Chaque mois, la Lune entreprend un nouveau cycle qui dure environ 28 jours. Les rythmes de la Lune peuvent guider votre dynamique d'entreprise comme ils peuvent guider aussi l'ensemble de votre vie pour la faciliter, et cela, dans les domaines de l'argent, du marketing ou de l'organisation. Il est alors bien utile de connaître les moments clés qui peuvent favoriser votre succès dans chaque domaine de vos activités, ne serait-ce que pour en tirer le meilleur parti. Ce cycle est divisé en quatre phases à raison d'une semaine chacune. Voici ce qu'on observe en fonction de ses différentes phases.

Nouvelle Lune : Début de la phase de la Nouvelle Lune

Cycle pour prendre des initiatives, pour semer (pour s'aimer). Période où l'énergie renouvelée commence à monter. Profitez de ce moment pour faire des approches, pour poser les bases d'une action future.

La Nouvelle Lune commence un nouveau cycle. C'est la semence du début du cycle lunaire. Le thème de la Nouvelle Lune est la clé de l'influence du mois lunaire à venir. Cette phase s'amorce dès le moment où le Soleil et la Lune sont conjoints dans le ciel. Au début de cette phase, la Lune est invisible alors qu'elle est cachée par la luminosité du Soleil. On dit qu'elle traverse sa « phase noire » lorsqu'elle est nouvelle. Elle est représentée par un cercle noir ● dans les calendriers. La Nouvelle Lune peut être perçue seulement 5½ à 12 heures après sa nouvelle naissance. Vers la fin du premier quartier, la Lune s'éloigne de plus en plus du Soleil, et de là elle s'apprête à amorcer sa seconde phase, le deuxième quartier de la Lune, alors qu'un croissant argenté apparaît.

En astrologie, la phase de la Nouvelle Lune correspond à un nouveau départ, soit un temps idéal pour s'affirmer. Elle représente l'énergie du démarrage, de la mise en place de nouvelles choses… dans l'idée. Ce n'est pas un temps d'activité intense, mais plutôt une période pour vous poser ou pour revoir vos objectifs, et commencer à penser à ce que vous aimeriez mettre en œuvre. C'est un moment idéal pour vous reconnecter avec votre vision primaire de ce que vous aimeriez voir se réaliser éventuellement et élucider comment vous allez vous aligner avec cette visée.

N'espérez pas, à cette période, être super productif autrement que mentalement alors que l'énergie extérieure chute, ne serait-ce que pour vous permettre de rêver, de concevoir ainsi que faire de nouveaux progrès. C'est donc la période idéale pour vous relaxer et pour vous concentrer sur un aspect précis de votre vision globale dans le but de voir comment vous pourriez le développer. Une période également propice pour définir vos objectifs financiers du mois et voir comment vous allez les déployer et les atteindre.

Dès que la Nouvelle Lune laissera apparaître au fil des jours un mince croissant – ce qui peut se comparer à une naissance, suivie d'une lente croissance –, l'obscurité fera place à la lumière et voilà que votre optimisme battra son plein, sans compter que vos actions seront spontanées et instinctives. Symboliquement, ce sera le moment de rassembler vos énergies et de vous lancer dans de nouvelles activités. Tout ce que vous mettrez de l'avant sera placé sous de bons auspices. Vous ne pourrez choisir un meilleur moment pour instaurer de nouvelles choses dans votre vie, pour aller de l'avant avec vos projets, pour mettre en action une nouvelle entreprise, pour entamer de nouveaux projets et pour relever les défis qui se présentent.

Puisque cette période se prête bien pour semer, sachez que vous ne pourrez choisir meilleur moment aussi pour concevoir un enfant. D'ailleurs, autrefois, on choisissait la Nouvelle Lune pour les semailles. Ce quartier de Lune se prêtera bien également pour labourer, pour tailler ses plantes et arbustes et pour enlever toutes les mauvaises herbes. Si vous souhaitez que vos cheveux ou vos ongles repoussent avec davantage de vigueur, ce sera le moment pour les couper. Période favorable aussi pour pratiquer une journée de jeûne.

Soyez informé que cette période ne convient pas aussi bien aux questions d'ordre amoureux. Mais si vous êtes rempli de passion pour une personne avec laquelle vous souhaiteriez cultiver une relation durable, prévoyez votre premier rendez-vous autour de la Nouvelle Lune alors que c'est une période riche en rêves d'amour et de gloire qui valent la peine d'être suivis.

Mentionnons aussi que c'est à ce moment précis que vous voudrez soumettre votre demande d'augmentation de salaire, entreprendre des démarches pour vous dénicher un nouvel emploi ou même un nouveau prétendant, et ce, malgré bien que les débuts risquent de s'avérer un peu difficiles. Il en ira de même pour ce qui est de planifier des négociations pour qu'elles prennent place alors qu'elles auront toutes les chances d'aboutir rapidement. Vous êtes encouragé d'en faire autant pour ce qui est d'amorcer un nouveau programme alimentaire sain et/ou une cure de désintoxication. Période favorable aussi pour pratiquer une journée de jeûne.

Premier Quartier de Lune : Début de la période de la Lune Croissante

Cycle pour prendre des décisions, pour nourrir les plans semés par le passé, pour évaluer vos avancées. C'est à cette période que l'énergie lunaire soutient le mieux les projets et leur aboutissement. Si vous avez une décision importante à prendre ou si vous souhaitez une action efficace, il faut toujours agir à ce moment-là qui est, de très loin, le plus favorable du cycle et entreprendre le maximum de choses.

Le Premier Quartier, lorsque la Lune est carrée au Soleil, est le début de la deuxième phase. À partir de la semence de la Nouvelle Lune, la croissance de la conscience peut être entravée par des obstacles du passé. Idéalement, les obstacles du passé seront surmontés au premier trimestre. Cela doit se produire si l'énergie libérée par la Pleine Lune à venir doit être utilisée. Le Premier Quartier indique un point de concentration qui illustre la nécessité d'un changement. Si le rejet des entraves du passé n'est pas clair ou complet, et si la croissance est léthargique, alors l'illumination et la croissance offertes pendant ce cycle ne peuvent pas être pleinement intégrées. Elles peuvent même tourner au vinaigre. Les schémas établis au Premier Quartier, qu'ils soient orientés vers la croissance ou vers de vieux enchevêtrements, continueront à se développer tout au long de ce cycle lunaire.

Cette phase prend forme sept jours après le début de la Nouvelle Lune. Elle est identifiée par ce symbole ☽ dans tous nos calendriers. Elle est à son sommet dans le ciel. Elle peut être visible à l'œil nu, surtout dans l'hémisphère Ouest, aux premières heures du début de la soirée alors qu'elle croît en largeur, allant d'une Lune Croissante à une Pleine Lune. Voilà une période où l'on ressent le besoin de se rassurer : on ménage ses arrières, mais on surveille également ses devants.

Ce quartier correspond au développement et à la croissance de la vie. Du coup, on poursuit ce qui a été créé à la Nouvelle Lune. La majorité des initiatives prises au cours de ce quartier peuvent devenir très profitables, surtout que les projets sont à la veille de se réaliser. Vous devrez travailler un peu plus fort pour atteindre les buts que vous vous êtes fixés. N'allez donc pas baisser les bras, d'autant plus que vous êtes plus susceptible de recevoir une réponse favorable au sujet de cette fameuse augmentation de salaire soumise par le passé.

Professionnellement, voilà qui sera le moment à saisir pour créer de nouvelles opportunités de développement : conférences, conventions, réseautages, nouvelles collaborations, webinaires ; bref, un passage à l'action pour initier les idées de la Nouvelle Lune.

C'est également à ce moment précis aussi que les collaborateurs feront preuve d'initiative et auront plus de confiance en leur potentiel. Toutes ces nouvelles idées que vous avez eues et que vous avez conçues ont besoin à présent de beaucoup de soin, d'attention et de peaufinage, étant donné qu'elles sont au tout début de leur croissance.

Dans un tout autre ordre d'idées, voilà qui sera aussi le moment pour lâcher prise sur vos vieilles peurs et sur vos angoisses, et sur toute croyance qui vous pousse à vous autosaboter et à ne penser qu'à vous mettre en action pour concrétiser toutes vos nouvelles idées, sans nécessairement réfléchir si, oui ou non, vous devriez oser. Ne vous occupez pas de ce que les autres risquent d'en penser, faites juste semer, car c'est en semant que vous aurez plus de chances de voir vos projets se concrétiser, se matérialiser, et ce, même si l'argent ne se récoltera pas forcément à ce moment-là. En toute réalité, vous préparez la récolte future.

Sur une note finale, voilà un temps où vous pourrez davantage vous faire une idée plus précise de l'évolution d'une relation amoureuse. Une relation amoureuse amorcée au cours de ce quartier se poursuit souvent toute la vie. C'est également le moment opportun pour mettre cartes sur table si un conflit s'engage. Assurez-vous de tirer profit de ce quartier de Lune pour vous réorganiser, pour vous débarrasser d'une vieille habitude nuisible à votre santé et pour peaufiner toutes vos stratégies.

Pleine Lune : Début de la phase de la Pleine Lune

Cycle pour évaluer ce qui a été semé ; on récolte le fruit de son travail. La Pleine Lune favorise surtout les énergies amoureuses et l'impulsion sexuelle. Durant cette phase, les réalisations concrètes sont fluctuantes.

La Pleine Lune illumine la semence et le potentiel de la Nouvelle Lune. Si une attitude positive de croissance s'est développée et si les restrictions du passé ont été rejetées pendant la Lune croissante, alors la Pleine Lune peut maintenant apporter l'accomplissement. Si une attitude négative a dominé la période de lumière croissante (la Lune croissante), alors la Pleine Lune peut apporter de sérieux conflits mentaux, voire même affecter le corps physique.

Cette phase lunaire prend forme au moment de la Pleine Lune, alors que le Soleil et la Lune s'opposent l'un à l'autre. Elle est représentée par un cercle blanc ○ dans nos calendriers. C'est la période où la Lune apparaît dans l'hémisphère Est au coucher du Soleil, et plus son cycle progresse, plus on la voit chaque soir.

La semaine qui suit le jour de la Pleine Lune représente un temps de puissance. C'est un temps favorable pour prendre conscience de vos pensées négatives. Le moment parfait pour surmonter les obstacles et pour vous départir d'une mauvaise habitude. Vous ne pourrez choisir la meilleure phase pour vous désencombrer, vous purger de choses qui ne servent plus dans votre vie, telles qu'une dépendance à la nourriture, à la drogue ou au sexe, mettre un terme à toute relation qui vous fait souffrir et/ou qui vous est nuisible, vous déchargeant ainsi de toute douleur physique et émotionnelle. Attention toutefois aux excès possibles d'émotivité, surtout chez les âmes sensibles. C'est à ce moment précis que les scènes romantiques et les prises de bec se font plus nombreuses ; la tension intérieure et les pressions extérieures peuvent entraîner des conflits personnels et des crises qui draineront votre énergie.

Ce quartier de Lune correspond à la culmination de vos plans et à leur maturation. C'est le moment idéal pour créer des « temps forts », pour générer des revenus et l'impact que vous désirez mettre en scène. J'espère que vous saisissez bien alors que ce n'est pas le moment pour vous mettre en mode pause. Attention pour autant de ne pas vous épuiser, de ne pas en faire trop, ni de brûler la chandelle par les deux bouts alors que vous n'aurez rien à gagner non plus d'agir ainsi.

Bien que cette phase s'avère propice aux prises de conscience, le temps est mal choisi pour vous disputer avec les gens près de vous, surtout que les émotions s'intensifient toujours plus lors de la Pleine Lune. N'empêche, elles peuvent vous aider à exorciser une désolation, une colère, un chagrin ou un ressentiment que vous aviez intériorisé. Prêtez attention à ce que vous révèlent vos émotions – ce que vous devez résoudre vous apparaîtra plus clairement. Cependant, n'allez pas agir sur un coup de tête ni sous l'impulsion du moment au risque de vous causer des ennuis inutilement. Ce n'est donc pas le moment de vous disputer avec qui que ce soit. Évitez de vous en prendre à vos proches ou à votre patron.

Au cours de cette période, nombreux sont ceux qui démissionnent de leur poste ou qui décident d'une rupture, alors qu'en réalité, cette phase lunaire ne faisait qu'indiquer des difficultés à résoudre progressivement, mais certainement pas d'une manière radicale. Armez-vous de courage afin de mieux faire face à vos démons et à toutes les peurs mises en lumière par la Pleine Lune. Profitez-en aussi pour amorcer un régime amaigrissant la journée même de la Pleine Lune, alors que vous serez ravi des résultats escomptés ; vous dégonflerez au rythme de cette lune décroissante. Vous ne pourrez choisir aussi un meilleur moment pour rendre visite à votre coiffeur afin de faire couper vos cheveux, étant donné qu'ils repousseront moins rapidement.

Dernier Quartier de Lune : Début de la phase de la Lune Décroissante

Cycle pour se réorganiser, pour arracher les mauvaises herbes. Période ardue durant laquelle rien ne va plus, sinon avec des entraves et au prix de grandes difficultés. Les turbulences sont nombreuses dans cette fin de cycle qui freine l'énergie. Les êtres sont souvent perturbés, fatigués, déprimés, coléreux ou anxieux durant cette phase-là, période qu'il vaudrait mieux « mettre entre parenthèses » si l'on en a la possibilité.

Le troisième trimestre, de la Pleine Lune au Dernier Quartier, apporte idéalement un éclairage sur les influences de l'ensemble du cycle lunaire. Le Dernier Quartier va de l'aspect carré de la Lune au Soleil jusqu'à la prochaine Nouvelle Lune. Il peut être porteur d'une crise de conscience. Les expériences de ce cycle ont culminé et il faut maintenant se préparer à renaître.

Cette phase se manifeste lorsque la Lune a bougé de 90 degrés de la Pleine Lune. Période où elle décroît en luminosité. Elle est identifiée par ce symbole ☾ dans nos calendriers. Elle se lève à minuit et ne peut être vue que dans l'hémisphère Est durant les heures tardives de la soirée. Elle ne culmine pas au point le plus élevé dans l'espace avant les petites heures du matin. Cette phase lunaire correspond à la « désintégration » de la Lune puisque, symboliquement, elle prend un pas de recul pour mieux réfléchir sur le cycle qu'elle vient d'accomplir.

Lors de la semaine du dernier quartier de la Lune, vous ne pourrez choisir le meilleur cycle pour faire une introspection en vue de reconsidérer tous vos plans stratégiques. C'est aussi un temps idéal pour vous réorganiser, pour faire table rase de ce qui est devenu inutile, pour payer vos factures, pour relancer vos clients qui vous doivent de l'argent afin que tout soit en ordre pour mieux être prêt pour la Nouvelle Lune qui approche à grands pas et pour planifier, bien entendu, vos prochaines démarches.

À ce stade, prenez le temps nécessaire de voir comment vous avez progressé dans ce cycle, avec recul et bienveillance envers vous-même, et avec honnêteté. C'est ainsi que vous pourrez continuer à progresser sur le chemin de votre *business,* spirituellement et financièrement riche. N'allez pas vous donner une excuse pour procrastiner en vous disant que vous avez loupé une phase ou que vous attendrez la prochaine Nouvelle Lune pour vous y mettre. En fait, les actions et les gestes du passé vous rattrapent. En somme, c'est la semaine où l'on découvre que la persévérance est récompensée.

Si des heurts ont eu lieu au cours des dernières semaines, saisissez ce moment pour faire amende honorable et pour méditer sur vos erreurs passées pour mieux en tirer de bonnes leçons. Ce quartier peut également favoriser une action qui était restée à ce jour dans l'ombre et manifester à nouveau un nouvel intérêt, mais de manière provisoire tout de même. Ce quartier de Lune tend aussi à masquer les sentiments amoureux. La probabilité d'une rupture est plus que possible au cours de cette phase. Toutes rencontres faites ont peu de chances de perdurer. Par contre, cette période s'avère propice à une réconciliation ou, à tout le moins, pour faire le point dans une relation, mais les couples qui survivent à cette introspection forment dès lors une union résistante.

Misez sur cette phase lunaire pour faire du rangement à l'intérieur de vos tiroirs, de votre garde-robe, de votre maison ou de votre esprit. Idéal aussi pour faire des mises en conserve, telles des confitures, alors que le sucre ne sera pas porté à remonter à la surface, ce qui préviendra tout risque d'acidité et de fermentation.

SI ON RÉCAPITULE...

Jour de la Nouvelle Lune

Veuillez voir le jour de la Nouvelle Lune comme étant une journée dynamique. C'est le moment du mois où la Lune recommence à croître, redoublant de lumière et elle reflète une nouvelle énergie créatrice sur toutes les choses du monde. C'est le moment de passer à la vitesse supérieure et de planifier vos aspirations pour l'avenir, tant personnelles que professionnelles. Notez cinq à dix objectifs clés que vous aimeriez voir se réaliser, visualisez-les dans votre subconscient, puis travaillez à leur réalisation – à court terme, au cours des quatre prochaines semaines ou, à plus long terme, au cours des prochains mois.

1. Générer des idées et mettez de l'avant tous nouveaux projets qui vous tiennent à cœur à partir du lendemain de la Nouvelle Lune jusqu'à la veille de la Pleine Lune.
2. Les deux semaines qui suivent la Nouvelle Lune sont des périodes d'expansion et d'activités de haut niveau. Mettez-les à profit pour vous promouvoir, promouvoir votre travail ou votre entreprise.
3. Faites des plans, fixez-vous des objectifs et mettez le tout en action le jour de la Nouvelle Lune.
4. Évaluez et réévaluez votre programme, ce qui est à l'agenda, vos plans et projets d'affaires après la Pleine Lune.
5. Il sera peu favorable (judicieux) de chercher du travail, de poser votre candidature à un nouveau poste ainsi que mettre un nouveau produit sur le marché dans les deux semaines qui séparent la Pleine Lune de la Nouvelle Lune suivante.

De la Nouvelle Lune au Premier Quartier de la Lune

Idéal pour initier de nouvelles offres, de nouveaux accords ; rédiger un contrat ; signer un document, des papiers officiels ou tous accords ; nouer de nouveaux contacts ; vous rattraper sur votre correspondance ; soumettre votre demande d'augmentation de salaire ; solliciter une promotion ainsi que chercher un nouvel emploi ; soumettre une proposition ; introduire de nouvelles idées ; proposer quelque chose ; annoncer les offres publiques d'achat, conclure des partenariats ; mettre les projets en action ; organiser une réunion importante du conseil d'administration ; vous porter candidat ;

élire de nouveaux membres ; penser à un projet ; entreprendre un projet de construction ; interviewer des candidats potentiels, établir une présélection, embaucher du personnel ; publier ou diffuser des chiffres favorables de performance ; intenter une action en dommages et intérêts ; emménager dans une nouvelle maison ; démarrer un nouvel emploi ; amorcer une nouvelle relation ; faire une étude de faisabilité ; entamer une enquête ; couper, colorer et faire faire un masque nourrissant à vos cheveux. Si vous souhaitez épaissir vos cheveux, alors coupez-les lorsque la Lune sera de passage en Lion ou en Vierge. Propice aussi pour commencer à éliminer une mauvaise habitude de vie. Excellent aussi pour un jeûne – la détoxication sera à son maximum.

Du Premier Quartier de la Lune à la Pleine Lune

Idéal pour lancer une campagne publicitaire ; mener de front toutes les activités de grande envergure telles que la promotion de l'image de l'entreprise ; développer un projet ; solliciter des conseils juridiques ou financiers ; prêter de l'argent ; informer la main-d'œuvre (le personnel) des augmentations de salaire ou des systèmes de primes (bonus). Idéal aussi pour apprendre des choses nouvelles ; prendre des compléments alimentaires. Et si vous avez tendance à engraisser, c'est une période où il faut vous surveiller.

Le jour de la Pleine Lune

Idéal pour changer de vitesse de croisière et évaluer les progrès accomplis depuis le jour de la Nouvelle Lune ; vous concentrer sur la réalisation des projets existants au cours des deux prochaines semaines ; si nécessaire, prévoir d'éliminer toutes les procédures longues et/ou non productives. Période favorisant l'insomnie – le trop-plein d'agitation et d'excitation provoqué par la Pleine Lune peut être canalisé dans vos activités physiques. Période également favorable à la méditation.

De la Pleine Lune au Dernier Quartier de la Lune

Idéal pour entreprendre tous les travaux d'investigation (d'enquête), d'infiltration ou des projets de nature secrète ; vous concentrer sur toutes les recherches utiles ou exhaustives ; explorer de nouveaux marchés ; entreprendre des études de profil de clients ou de clientèle potentielle ; préparer des budgets et des devis ; dresser un inventaire ; faire le point ; effectuer des travaux d'entretien ; rédiger des rapports sur ce qui a été accompli à ce jour ; revoir les politiques de l'entreprise ; élaborer de nouveaux ordres du jour ; suivre des cours d'études.

Du Dernier Quartier de la Lune à la Nouvelle Lune suivante

Idéal pour vous retirer ou démissionner ; réduire vos effectifs ; rétrograder ou licencier du personnel ; informer la main-d'œuvre des réductions de salaire ; restructurer ; déléguer ; dissoudre des partenariats ; contracter un prêt ; défendre un litige en cours ; publier et/ou diffuser des chiffres médiocres de performance ; déclencher une grève ; nettoyer, peindre ou remettre en bon état les lieux (locaux) de travail ; faire table rase ; régler les derniers détails ; vous préparer à mettre en œuvre toutes les nouvelles stratégies d'attaque et tous les nouveaux projets pour la prochaine phase de la Lune.

Méthode d'interprétation du calendrier des Lunes

L'influence de la Lune au quotidien est très variable selon sa position et la nature des astres dans les maisons et dans les signes avec lesquels elle est en configuration. En astrologie, chaque signe présente des caractéristiques qui lui sont particulières dont les associations avec l'ensemble des éléments avec la carte du ciel conduisent à des interprétations multiples, mais également parfois contradictoires, d'où l'importance de pouvoir faire une synthèse des éléments en fonction de ce que vous vivez.

Pour mieux comprendre la signification des aspects lunaires en cours, il faut respecter un certain nombre de règles. Dans un premier temps, chaque signe du zodiaque symbolise une unité de base; dans un deuxième temps, chaque maison représente un secteur précis de votre thème; et dans un troisième temps, chaque planète possède une fonction qui lui est propre. L'interprétation va alors consister à établir les liens les plus plausibles qui les unissent selon le principe de l'analogie et selon une logique très cartésienne.

Autrefois, les travaux ménagers et agricoles, les soins apportés aux personnes et aux animaux étaient planifiés en fonction des cycles lunaires et des signes du zodiaque. Les anciens astrologues, grâce à leur don d'observation, avaient des connaissances érudites et bien précises sur le « moment propice » pour agir dans leurs entreprises, cultures, élevages, travaux d'entretien et ménagers.

Les qualités du « moment propice » dépendent pour une grande part du cycle lunaire: Nouvelle Lune, Pleine Lune, Lune ascendante ou descendante, en apogée ou en périgée. Les Nœuds Lunaires et la position de la Lune dans le zodiaque sont autant d'éléments importants qui influencent le résultat.

Si vous avez été attentif dès le début de la lecture de mon livre, vous avez compris qu'il y a douze signes du zodiaque et chaque signe est en analogie avec une des douze maisons astrologiques. Ces douze signes sont répartis dans quatre éléments, trois font partie de l'élément Feu, trois autres de l'élément Terre, trois de l'élément Air et trois de l'élément Eau. Il y a également deux luminaires : le Soleil, la Lune, suivis de huit planètes : Mercure, Vénus, Mars, Jupiter, Saturne, Uranus, Neptune et Pluton.

Afin de mieux faire des choix éclairés au quotidien, prenons comme exemple que vous êtes un natif du Bélier ayant un ascendant natal dans le signe de la Vierge. Le Bélier étant en analogie avec la première maison astrologique solaire, votre deuxième maison astrologique solaire est donc en Taureau, la troisième en Gémeaux et ainsi de suite. Pour ce qui est de votre ascendant natal Vierge, il occupe comme tel votre sixième maison astrologique à partir de la position de votre Soleil natal. En revanche, si on part du fait que votre première maison, ascendant natal, est en Vierge, on peut donc confirmer également que votre deuxième maison astrologique ascendant natal se retrouve bel et bien en Balance, la troisième en Scorpion, la quatrième en Sagittaire et ainsi de suite. Par conséquent, on peut dire aussi que votre Soleil natal en Bélier se trouve dès lors dans votre huitième maison astrologique ascendant natal.

Prenons comme exemple le mardi 23 janvier 2024 : la Lune annuelle, ou du jour sollicité, transite le signe du Cancer, soit votre quatrième maison solaire à partir de la position de votre Soleil natal en Bélier et la onzième maison astrologique à partir de la position de votre ascendant natal qui est en Vierge. On sait que la quatrième maison est en lien avec la famille, le foyer, votre lieu de résidence et elle est aussi le secteur par excellence qui nous informe des changements possibles. Pour ce qui est de la onzième maison, elle nous informe sur votre vie sociale, sur l'amour reçu de la part de votre famille, sur toutes les relations privilégiées que vous avez avec vos amis, vos petits-enfants et tous les gens et connaissances qui vous sont chers. C'est aussi à ce secteur que l'on voit vos projets, vos souhaits, vos désirs et vos rêves. On peut donc supposer que ce sera un moment privilégié (un rêve ou un souhait réalisé) pour ainsi recevoir la famille, les amis et les connaissances à venir savourer un repas chez vous, tout en créant de beaux moments mémorables ensemble, d'autant plus si la Lune du jour sollicité est en harmonie avec les autres corps célestes en transit au moment présent ainsi qu'avec les autres planètes de votre thème natal.

L'influence de la Lune est très forte chez les humains. On peut d'ailleurs le constater au moment de la Nouvelle Lune. En effet, c'est le moment propice pour démarrer un nouveau projet, prendre un nouveau départ, trouver un nouvel emploi, relever de nouveaux défis, surtout que cette phase lunaire favorise tant la croissance que la concrétisation d'activités et d'idées.

Si une Nouvelle Lune a lieu dans le secteur qui régit vos ressources, soit en Taureau ou encore au deuxième secteur de votre thème de naissance selon la position de votre Soleil natal ou d'après la position de votre ascendant natal, on peut donc assumer que votre attention se portera davantage sur vos finances.

En revanche, si la Nouvelle Lune se manifeste au secteur de votre thème personnel qui régit les associations, soit votre VIIe maison astrologique solaire de par la position de votre Soleil natal en Bélier et également votre IIe maison astrologique ascendant natale, soit de la position de votre ascendant natal, secteur qui régit vos sous, si cette Nouvelle Lune est bien aspectée par elle-même et qu'elle prend place dans un secteur de votre thème natal qui est aussi bien aspecté, on peut en conclure qu'une rentrée d'argent est plus que possible par l'intermédiaire d'une personne, d'un client potentiel ou encore de toute autre personne avec qui vous interagissez. Par contre, si ce n'est pas le cas et que la Nouvelle Lune est affligée ou a lieu dans un secteur de votre thème qui est mal aspecté, vous pourriez vous retrouver à devoir régler une facture, ou de subir une perte d'argent ou autres.

Puisque la période de la Nouvelle Lune joue un rôle clé, cela servira bien vos intérêts d'amorcer une activité qui est favorisée par le signe qu'elle occupe. Pour mieux tirer avantage de ce que la Lune a à vous offrir, assurez-vous de tenir compte de ce que vous vivez au quotidien, surtout que vous êtes la seule personne qui puisse choisir la bonne interprétation parmi celles offertes dans mon livre, car vous êtes la seule à savoir ce que vous recherchez, ce que vous désirez, et ce vers quoi vous désirez vous diriger. Cependant, à travers tout ce méli-mélo, il se pourrait que vous y trouviez des contradictions. À ce moment-là, il importera de faire la part des choses ainsi que d'interpréter correctement mes commentaires suggérés.

LA LUNE À TRAVERS LES SIGNES

La Lune reste deux ou trois jours tout au plus dans le même signe. Pour connaître sa position au quotidien, référez-vous au chapitre «***Les positions de la Lune en 2024***», dans les pages qui suivent. L'ordre des signes parcourus par la Lune est toujours le même. Elle suit l'ordre du zodiaque: Bélier, Taureau, Gémeaux, Cancer, Lion, Vierge, Balance, Scorpion, Sagittaire, Capricorne, Verseau, Poissons.

En astrologie, la Lune influence entre autres la popularité et la renommée du signe dans lequel elle se situe. Or, regardez les jours où elle se trouve dans votre signe alors que ce sont vos meilleures journées du mois.

Le signe dans lequel la Lune évolue indique également comment vous allez faire les choses. Puisque la Lune régit le ton émotionnel de la journée, il est bon de savoir quelle sera l'humeur du moment. Voici une description de la Lune à travers les douze signes.

> La Lune en Bélier

Lorsque la Lune traverse le Bélier, qui est gouverné par Mars, les gens sont très enthousiastes. C'est une période d'ambition et d'activité énergique, un bon moment pour commencer des projets et pour initier des changements. Soyez conscient que le désir de changement sera plus souvent basé sur l'impulsion que sur la raison. Faites attention aux explosions de tempérament et à l'égoïsme. Avec toute cette énergie puissante, il est important d'être attentif aux droits des autres. Le Bélier, qui régit la tête, est connu pour son comportement têtu et lorsque la Lune est en Bélier, les gens sont plus susceptibles de se blesser à la tête.

La Lune dans ce signe cardinal de Feu est audacieuse, impulsive et énergique. Quand la Lune parcourt le signe du Bélier, elle est neutre et favorise l'action, la combativité, l'initiative, l'enthousiasme, l'audace et renforce notre optimisme. C'est une période où on se sent plus irritable, irascible, colérique et argumentatif. C'est aussi un temps où même les personnes les plus humbles n'éprouvent aucune crainte à prendre leur place, à prendre position en vue de protéger leurs sentiments intérieurs. Puisque le Bélier est le premier signe du zodiaque, il est tout à fait naturel que ce soit le point de départ de tout projet et un temps favorable et propice pour se promouvoir, pour s'afficher le premier, pour amorcer des changements et de nouveaux départs. C'est donc une bonne journée pour agir, foncer, entreprendre un projet et négocier. Cependant, assurez-vous d'avoir en place un plan « B » pour qu'un autre prenne la relève lorsque votre impatience commencera à avoir le meilleur de vous-même. Toute activité ou tout travail nécessitant une utilisation habile d'outils, tels que ceux utilisés pour abattre des arbres ou marteler, s'y prêtera bien. Attendez-vous à ce que les choses se produisent rapidement. Or, si vous êtes sujet à vous blesser ou à être distrait, méfiez-vous qu'un bête incident ou qu'un accident fâcheux se produise. Surveillez votre tendance à être plus impulsif et stressé. Soyez prudent et assurez-vous de faire preuve de jugement. Cette Lune aura l'art de « booster » votre optimisme ! Une Lune en Bélier est positive un mardi ou un samedi. Le Bélier régit la tête et le visage. Les autres signes qui bénéficient des influences de la Lune en Bélier sont : Lion, Sagittaire, Gémeaux, Verseau et Scorpion.

PROPICE POUR : Négocier, acheter, vendre, faire du commerce, prendre des décisions sur-le-champ, mettre en œuvre des mesures, tirer parti des situations, lancer de nouveaux projets, créer de nouvelles entreprises, notamment celles de nature risquée ou qui sortent des sentiers battus (pionnières).

ACHETEZ : Vêtements et équipement de sport, chapeaux, lunettes de soleil et de lecture, outils, tout ce qui est fait de métal, voitures, matériel de bricolage, tout ce qui est de couleur rouge.

ÉVITEZ : D'être flamboyant, de grimper vite dans les rideaux, d'acheter ou d'agir sous l'impulsion du moment ou à la hâte, de même que sauter à l'essentiel.

CONSEIL EN TEMPS OPPORTUN : Faites-vous coiffer.

PRENEZ GARDE : À la mauvaise humeur des autres.

JOURNÉES IMPORTANTES POUR TOUTES LES ACTIVITÉS CONCERNANT : L'industrie automobile, tous les métiers en lien avec la mécanique, les sports ainsi que toutes les entreprises pionnières.

> La Lune en Taureau

Lorsque la Lune passe en Taureau, le climat agressif et changeant du Bélier s'adoucit pour devenir un taureau solide et placide. Rappelez-vous le terme « tête de taureau », car les gens auront tendance à être très prudents et immuables. Soyez conscient de ces tendances à l'entêtement. Il y a alors un sentiment qu'il est nécessaire de protéger le *statu quo* ou ce que l'on a déjà (la phrase clé est « j'ai »). Le besoin de sécurité, tant financière et matérielle est fort. Lorsque la Lune est en Taureau, prenez le temps de poursuivre ou de conclure des projets déjà commencés. Gouverné par Vénus, ce serait donc un bon moment pour profiter et apprécier la beauté terrestre qui nous entoure.

La Lune, dans ce signe fixe de Terre, est à son meilleur et excelle alors qu'elle est dite exaltée (forte). Étant donné sa solidité et sa sensualité, elle se sent sûre d'elle et elle est très bien enracinée. Il n'y a pas lieu de se stresser ni de se presser, et il n'est pas nécessaire non plus de changer quoi que ce soit. Le passage de la Lune dans ce signe tend à résister aux changements et surtout ceux qui ne sont pas initiés de son propre vouloir ou par elle-même. Pas surprenant que nous préférerons demeurer tranquilles, immobiles et sereins. Toute chose amorcée lors du passage de la Lune en Taureau a tendance à durer et à prendre de la valeur. Par conséquent, si vous souhaitez apporter des modifications à quelque chose que vous avez commencé, il sera préférable ainsi d'attendre une Lune en Gémeaux. D'ici là, il est bon d'intégrer l'énergie d'une Lune en Taureau dans vos projets lorsque la patience, la praticité et la persévérance sont nécessaires, mais il est possible que vous puissiez également ressentir de l'obstination. Lorsque la Lune transite en Taureau, elle favorise l'amour, la stabilité du foyer ainsi que le sens de l'hospitalité. Une Lune en Taureau peut aussi être une énergie de soutien pour ce qui est d'un mariage. En revanche, un divorce qui prend place au cours d'une Lune dans ce signe peut être difficile et coûteux à régler. Par contre, c'est une bonne journée pour la famille, les amoureux, pour prendre rendez-vous avec son gérant de banque, pour ouvrir un compte ou solliciter un prêt, mais veuillez vous attendre à ce que les responsables en charge fassent preuve de prudence et qu'ils soient lents à prendre des décisions. N'empêche, vous ne pourrez choisir un meilleur moment pour voir à vos finances et autres ressources qui relèvent des activités d'une Lune en Taureau. Le moment se prêtera bien également pour déguster un bon repas et pour écouter de la musique, tout en appréciant la beauté de la nature et savourer un beau coucher de soleil, entouré des choses qui vous réconfortent. Une Lune en Taureau est positive un vendredi ou un lundi. Le Taureau régit le cou, la gorge, l'intérieur de votre palais et la voix. Les autres signes qui bénéficient des influences de cette Lune en Taureau sont : Capricorne, Vierge, Balance, Cancer et Poissons.

PROPICE POUR : Faire des investissements, louer une propriété ou un chalet, embaucher du nouveau personnel, décorer et rénover des locaux commerciaux, faire preuve d'empathie envers ses collègues.

ACHETEZ : Tout ce qui est pratique, tous les biens de consommation durables, produits de luxe, cosmétiques, chocolats et autres gourmandises, fleurs, plantes, mobilier ainsi que tous équipements de jardin ; chaises, lits et literie.

ÉVITEZ : De vous asseoir sur vos lauriers, de traîner de la patte, de ne pas saisir les bonnes opportunités quand elles passent, d'acheter tous gadgets de fortune.

CONSEIL EN TEMPS OPPORTUN : Ouvrir un nouveau compte d'investissement.

PRENEZ GARDE : À l'inflexibilité des autres.

JOURNÉES IMPORTANTES POUR TOUTES LES ACTIVITÉS CONCERNANT : Les industries du bâtiment, de l'ameublement, de la décoration intérieure, de l'agriculture, de l'horticulture, de la conception à l'aménagement extérieur, de la confiserie.

> La Lune en Gémeaux

Tant que la Lune est dans le signe dualiste des Gémeaux, les gens peuvent ne jamais se décider. Avec la facilité des Gémeaux à voir les deux côtés de chaque chose, on se sent plus adaptable, changeant et bavard. Les Gémeaux sont gouvernés par Mercure, ce qui en fait une période propice à la communication. C'est un bon moment aussi pour écrire, s'occuper de tâches qui ressemblent à des casse-têtes mathématiques, faire des discours ou simplement laisser les idées venir à vous. Les poursuites intellectuelles et les jeux d'esprit peuvent devenir plus importants que toutes les préoccupations pratiques. Les gens commencent à se sentir agités, et il y a une indication pour rationaliser les émotions. Une langue spontanée peut exprimer hâtivement des choses qui ne sont vraies que pour le moment.

La Lune en Gémeaux est celle de la communication par excellence. C'est un temps où les gens sont plus changeants que d'habitude et peuvent préférer poursuivre des activités intellectuelles et jouer à des jeux mentaux, tels que résoudre un Sudoku ou toute énigme, plutôt que de s'appliquer à des problèmes pratiques. Tous seront bien plus bavards et prompts à échanger leurs numéros de téléphone et leurs adresses courriels. Lorsque la Lune est de passage en Gémeaux, elle favorise les idées, la communication, les petits déplacements, les expéditions, les escales, faire des courses, vivre de nouvelles rencontres, pratiquer le vélo et faire des randonnées pédestres. D'ailleurs, c'est à ce moment précis qu'on déniche des raccourcis et qu'on les emprunte. C'est aussi une bonne journée pour faire le retour de vos appels et de vos courriels, pour discuter, pour corriger une situation qui exige polyvalence et réflexion rapide et pour s'occuper d'affaires. Ce signe mutable d'Air bouge tellement vite, c'est à ce moment précis que nous nous sentons plus agités qu'à l'habitude. Surveillez cette tendance à devenir plus éparpillés, inconstants ou volages. La Lune en Gémeaux est très positive un mercredi. Le signe du Gémeaux régit les épaules, les mains, les poumons et le système nerveux. Les autres signes qui tirent profit des influences de la Lune en Gémeaux sont : Verseau, Balance, Bélier et Lion.

PROPICE POUR : Commercer, acheter, vendre, vivre des voyages d'affaires, générer de nouvelles idées, adresser votre correspondance. La décoration, la réorganisation et/ou la rénovation de locaux commerciaux, l'introduction de nouvelles voitures, machineries ou technologies ; faire une présentation, une gestion de crise.

ACHETEZ : Ordinateurs, gadgets à la dernière mode, articles de bricolage, matériel d'écriture, livres, téléphones et tous autres équipements de communication, jouets, dictionnaires et encyclopédies.

ÉVITEZ : Toutes expéditions de magasinage longues ou lointaines. Toute distraction du problème principal, toute appréciation superficielle de la situation. D'être sournois autant que masquer la vérité et vous en mettre trop sur les épaules.

CONSEIL EN TEMPS OPPORTUN : Achetez votre voiture sous ce signe.

PRENEZ GARDE : Aux escrocs.

JOURNÉES IMPORTANTES POUR TOUTES LES ACTIVITÉS CONCERNANT : Les médias, la technologie audiovisuelle, les industries de la communication, l'imprimerie, les nouveaux points de vente et les magazines, les marchands de journaux, les services postaux, les fabricants de jouets.

> La Lune en Cancer

Comme le Cancer est gouverné par la Lune, les influences lunaires sont les plus fortes et les plus facilement exprimées lorsqu'elles sont concentrées dans ce signe. La Lune influence grandement la personnalité, le subconscient, les émotions et elle modèle le comportement instinctif. Lorsque la Lune est de passage en Cancer, c'est une période d'émotions intenses et de grande sensibilité, les gens réagissant à la vie par les émotions plutôt que par la raison. Pendant cette période très vulnérable, attention à ne pas blesser émotionnellement les autres ou à vous laisser blesser. En général, les gens seront passifs, faciles à vivre, sentimentaux, attentifs et attentionnés. Par contre, cette expression maternelle de la sollicitude s'exprime souvent par la nourriture et il est malheureusement facile de trop manger. Le Cancer est un signe nourricier et le signe le plus fertile du zodiaque. Avec la Lune en Cancer, c'est un bon moment pour créer la vie et pour la croissance.

La Lune dans ce signe cardinal d'Eau est à son paroxysme puisqu'elle est chez elle (signe dont elle en a la maîtrise). Ici, la Lune est concernée par son foyer, par la famille, les enfants et sa mère. Idéal pour prendre soin des autres, les materner quoi, s'occuper de ses enfants, de la maison, du jardin, des comptes. Alors que la Lune est réceptive dans ce signe, ce sera un temps où vous serez plus porté à exprimer vos émotions, à être sympathique et compréhensif envers autrui. Durant le transit de la Lune dans ce signe, non seulement vos sentiments seront en hausse et plus intenses, vous pourriez vous retrouver plus souvent d'humeur inégale. Il importe de surveiller votre conduite afin de ne pas être trop dépendant, hypersensible, boudeur, et être enclin à vous replier davantage dans votre coquille. Ce sera aussi un temps idéal pour bricoler autour de la maison, pour cuisiner, pour recevoir la famille, pour se blottir dans les bras d'une personne qui vous est chère, et idéal aussi pour régler un problème personnel. La Lune en Cancer est assurément un atout profitable lors de l'achat d'une maison ou encore pour spéculer. Grâce à son passage dans ce signe, votre maison prendra de la valeur et sera un de vos biens les plus précieux. Lorsque la Lune est de passage en Cancer, elle favorise les rêves prémonitoires ainsi que votre intuition. D'ailleurs, portez-y attention, suivant qu'elle sera un bon guide. C'est une bonne journée aussi pour faire des projets. Une Lune en Cancer est positive un lundi ou un jeudi. Le Cancer régit la poitrine, les seins et le ventre. Les autres signes qui bénéficient de la Lune en Cancer sont : Scorpion, Poissons, Taureau et Vierge.

PROPICE POUR : La signature des documents, créer une entreprise pépinière, mettre fin à des conditions insatisfaisantes.

ACHETEZ : Nourriture et autres provisions générales pour réapprovisionner les armoires de votre magasin, matériel de cuisine, cadeaux et cartes de vœux, bibelots de ménage, porcelaine, linge et dentelle, souvenirs, antiquités, bateaux, tout ce qui est blanc ou argenté.

ÉVITEZ : De faire vos achats partout près de votre lieu de travail. De penser de façon trop étroite, d'être réticent à prendre des risques, d'être trop sensible à la critique, de vous laisser influencer par l'humeur négative des autres.

CONSEIL EN TEMPS OPPORTUN : Cherchez et/ou achetez une maison.

PRENEZ GARDE : Aux gens qui pensent que le monde leur doit quelque chose.

JOURNÉES IMPORTANTES POUR TOUTES LES ACTIVITÉS CONCERNANT : Les biens domestiques, la propriété et l'immobilier, les fabricants de meubles, les produits de puériculture, les industries de la mer et de la pêche.

> La Lune en Lion

Sous l'influence de la Lune en Lion, les gens ont besoin de romance, d'affection et de reconnaissance. Le désir d'être admiré et apprécié peut être si fort qu'il peut entraîner un comportement particulièrement dramatique. Le Lion est gouverné par le Soleil, ce qui en fait une période d'ambition, d'indépendance et de leadership. Les gens peuvent refuser de reconnaître leurs limites. La Lune en Lion est une période de plaisir et de chaleur, et un moment pour faire preuve de bonté et de générosité envers les autres.

La Lune dans ce signe fixe de Feu aime tout ce qui est dramatique avec un grand « D ». Ce signe, de nature théâtrale, a longuement été reconnu pour faire de grandes entrées ; il aime épater la galerie et est toujours en quête d'attention. Ce sera donc une bonne journée pour se faire valoir, pour être admiré, pour exprimer ses sentiments sans compter qu'il peut y avoir de la romance dans l'air. Chose certaine, on aura le cœur à la fête. Vous ne pourrez donc choisir un meilleur moment pour tenir une réception, aller au théâtre, assister à un spectacle, ou d'être la vedette de cet événement. Profitez-en pour mettre à profit cette Lune lorsque vous devez monter un numéro (spectacle), faire une présentation, divertir les collègues ou recevoir chez vous. C'est aussi un excellent moment pour faire une collecte de fonds. Lorsque la Lune transite ce signe, nous ressentons un besoin d'être reconnus pour ce que nous avons fait, d'être applaudis, appréciés, glorifiés ; cependant, toute cette surexcitation, toute cette fierté et tout ce surplus d'émotions peuvent parfois tourner au mélodrame rapidement. C'est une énergie dite enjouée, qui respire la confiance en soi, pour être franc et honnête, mais il est vivement conseillé de ne pas vous mettre dans une position qui nécessite l'approbation du public ou la possibilité de faire face à des manœuvres sournoises, car des problèmes dans ces domaines peuvent faire ressortir les pires traits du Lion, dont l'arrogance, entre autres. Il vaudra mieux rester vigilants pour ne pas tomber dans la démesure et éviter d'être exagérément superficiels, sinon mensongers. Une Lune en Lion est très positive un dimanche. Le Lion régit le cœur et le haut du dos. Les signes qui bénéficient des influences de la Lune en Lion sont: Bélier, Sagittaire, Gémeaux et Balance.

PROPICE POUR: Autant prêter que louer une propriété, un chalet, prendre le contrôle de la situation, toutes transactions financières, obtenir du soutien, les coups de chance.

ACHETEZ: Bijoux, articles de luxe, lingerie en soie, vêtements pour enfants, cadeaux pour vos jeunes, billets de théâtre, vêtements de loisirs, articles pour vos hobbies et vos loisirs, champagne, caviar, tout ce qui est en or.

ÉVITEZ: D'acheter des produits d'épicerie de première nécessité. Toutes dépenses excessives, toute attitude dominatrice envers les collègues ou vos employés, d'initier des relations intimes avec vos collègues.

CONSEIL EN TEMPS OPPORTUN: Placez un pari ou achetez un billet de loterie.

PRENEZ GARDE: Aux indiscrétions des autres.

JOURNÉES IMPORTANTES POUR TOUTES LES ACTIVITÉS CONCERNANT: Les produits de luxe, les marques griffées (créateurs), les industries cosmétiques, les voyages de première classe, l'hôtellerie, le théâtre, les articles et produits pour enfants, les loteries, les tirages et les paris.

> La Lune en Vierge

La Vierge est gouvernée par Mercure, tout comme les Gémeaux. Pendant que la Lune est en Vierge, c'est aussi un bon moment pour les poursuites intellectuelles, mais maintenant c'est mieux pour ceux qui exigent des détails critiques plutôt qu'une créativité innovatrice. C'est un bon moment pour s'occuper de toute affaire qui demande une attention minutieuse. Les gens peuvent devenir timides et retirés, et même trop critiques par moments. Ces influences conduisent à une préoccupation pour la nourriture et la santé. Beaucoup de personnes ressentent également le besoin de faire le ménage dans leur maison, ce qui est une bonne façon de canaliser l'énergie de la Vierge.

Lorsque la Lune transite en Vierge, elle favorise l'intelligence, la ponctualité, le sens des convenances, le dévouement et la discrétion. Durant son passage dans ce signe mutable de Terre, la Lune est à son seuil le plus pointilleux, le plus discriminatoire, et elle s'arrête sur les détails plutôt que sur la vue d'ensemble. C'est une Lune qui est avantageuse pour tout ce qui nécessite une attention minutieuse, en particulier les domaines dans lesquels la précision est préférée à l'innovation. Ne manquez donc pas de mettre à profit cette Lune pour toute activité lorsque vous devez analyser des informations ou pour déterminer la valeur de quelque chose, suivant que la Vierge est le signe par excellence de la chasse aux bonnes affaires, et aussi pour développer vos connaissances ainsi que pour commencer un nouvel emploi. Sans contredit, ce signe est particulièrement utile également lorsque des décisions ont déjà été prises et qu'elles doivent maintenant être exécutées. C'est aussi le signe le plus préoccupé à vouloir tout arranger et d'être des plus méticuleux. C'est d'ailleurs pendant cette Lune que l'on est plus d'humeur à faire du ménage et du lavage, à nettoyer et à frotter, à trier, à tout réparer et à donner un coup de main à son prochain. La Vierge est le signe le plus serviable du zodiaque, mais aussi le signe le plus conscient de sa santé. Elle est tout aussi concentrée sur son travail que sur toutes les responsabilités qui en découlent. Par conséquent, veuillez donc profiter de cette période pour porter une attention particulière à votre alimentation, à votre hygiène de vie et dans la façon dont vous planifiez votre emploi du temps. Vous ne pourrez choisir une meilleure Lune pour amorcer une diète, pour passer des examens, mais aussi pour prendre soin de votre animal de compagnie, en particulier pour l'entraîner et l'amener chez le vétérinaire afin qu'il fasse son bilan annuel. Une Lune en Vierge est positive un mercredi. La Vierge régit l'abdomen et les intestins. Les autres signes qui bénéficient des influences de la Lune en Vierge sont: Taureau, Capricorne, Cancer et Scorpion.

PROPICE POUR: Commercer, acheter, vendre, tous les voyages d'affaires, faire de la réorganisation, la présentation de comptes détaillés, toute démonstration pratique, la révision méthodique des envois postaux, faire faire un bilan, faire le point.

ACHETEZ: Tout ce dont vous avez besoin pour l'armoire à pharmacie, les agendas, les organiseurs personnels, les aliments biologiques, les suppléments de vitamines et de minéraux, les produits de nettoyage, les articles de toilette, un abonnement au club de santé ou au gymnase local, une surprise pour vos employés, les services locaux.

ÉVITEZ : Tout ce qui n'a pas d'utilité pratique. De passer à côté de l'image globale (la vue d'ensemble) tout en vous préoccupant des détails, d'être trop critique, de commettre des erreurs de jugement.

CONSEIL EN TEMPS OPPORTUN : Renseignez-vous sur les polices d'assurance maladie.

PRENEZ GARDE : À l'agitation des autres.

JOURNÉES IMPORTANTES POUR TOUTES LES ACTIVITÉS CONCERNANT : Les hôpitaux, le corps médical, les services vétérinaires, les industries pharmaceutiques, les statisticiens, les fabricants d'instruments de précision, les points de vente (magasins) de santé et de bien-être, les magasins d'alimentation et de remise en forme, les praticiens en médecine naturelle, les fabricants d'aliments pour animaux.

> La Lune en Balance

Lorsque la Lune est en Balance, les gens ont une forte sensibilité ainsi qu'une forte attraction pour les autres. Cela vient de la recherche d'harmonie et d'équilibre de la Balance, car la nature de la Balance accentue le travail d'équipe. C'est une bonne période pour former des partenariats de toutes sortes – amitiés, mariage, affaires. La Balance est gouvernée par la planète Vénus qui se manifeste par une nature amicale et tolérante et un désir d'embellir. C'est une excellente période pour le travail artistique, car la beauté de Vénus est associée à l'aisance intellectuelle d'un signe d'Air. Dans l'ensemble, c'est un moment agréable pour une réunion sociale, lorsque la conscience de soi, telle qu'elle est exprimée dans les six premiers signes du zodiaque, s'unit à la conscience des besoins et des désirs des autres. La devise de la Balance est « Je balance », comme dans yin/yang, jour/nuit, été/hiver, moi/vous.

Lors de son passage dans ce signe cardinal d'air, cette Lune est orientée vers tout ce qui relève de vos relations et partenariats. Signe de l'union par excellence, voilà qui en fait un bon moment pour former des partenariats de toutes sortes et pour conclure des accords, pour contracter et négocier. En dépit du fait que ce signe se prête bien pour mettre en action, pour mettre quelque chose de l'avant, il est plus qu'essentiel de travailler avec un partenaire qui fournira des incitations et des encouragements. Nul doute, la Lune en Balance accentue le travail d'équipe, surtout les équipes de deux, ainsi que le travail artistique, en particulier tout travail impliquant la couleur. C'est une Lune qui nous pousse à embellir notre environnement et à nous entourer de belles choses. Or, cette énergie convient très bien à toute tentative d'apporter de la beauté à un lieu ou à une chose, pour décorer son habitacle, pour magasiner des vêtements de qualité. *A priori*, la Balance est considérée comme une bonne énergie pour commencer des choses de nature intellectuelle. Prenant aussi en considération que l'emploi du temps de la Balance est de restaurer l'équilibre, vous risquez de vous retrouver dans des situations d'émotions en total déséquilibre, vous obligeant ainsi à réajuster vos plateaux. En général, c'est un temps où les gens sont sociaux, polis et amicaux. Un temps où ils sont également plus coopératifs et plus disposés à faire des compromis. Il va de soi aussi qu'une Lune en Balance tend à accentuer votre charme, elle nous parle d'amour, et même d'engagement. Voilà qui est aussi un temps idéal pour rappeler à vos supérieurs et patrons toute la contribution que vous apportez au succès de l'entreprise qui retient vos services. Lorsque la Lune parcourt la Balance, elle favorise la sociabilité, l'élégance, la beauté, l'amour, la justice, les arts ainsi que la diplomatie. C'est donc une bonne journée pour jouer de sa séduction, pour s'occuper de soi, sortir, se marier, ainsi que pour rendre visite chez votre esthéticienne. Une Lune en Balance est très positive un vendredi ou un samedi. La Balance régit le bas du dos ainsi que vos reins et vos fesses. Les autres signes qui bénéficient des influences de la Lune en Balance sont : Gémeaux, Verseau, Sagittaire et Lion.

PROPICE POUR : Décorer, rénover des locaux commerciaux, divulguer des informations, forger de nouvelles alliances commerciales, marketing, ressources humaines, relations publiques, signature de contrats, négociations, régler un différend ou un litige, tous les déplacements dans le but de représenter l'entreprise pour laquelle vous travaillez, les partys de bureau.

ACHETEZ : Des vêtements haute couture, tout ce qui est beau, cher ou élégant, tous accessoires, embellissements ou décorations pour la maison, cadeaux pour votre partenaire de vie ou votre associé, billets de concert, musique, parfum, arrangements floraux, plats de nourriture pour une fête.

ÉVITEZ : De faire des achats dans des magasins à bas prix ou même dans un quartier défavorisé, d'être indécis, de vous faire des ennemis ouvertement, de vous attendre à ce que les autres remplissent vos responsabilités, de vous faire des ennemis déclarés, d'être suspicieux d'autrui, d'être sournois.

CONSEIL EN TEMPS OPPORTUN : Réservez une table pour un dîner romantique à deux.

PRENEZ GARDE : À l'indécision des autres.

JOURNÉES IMPORTANTES POUR TOUTES LES ACTIVITÉS CONCERNANT : Le corps diplomatique, les arts, l'industrie de la musique et du divertissement, les agences de mariage, les relations publiques, les groupes publicitaires, la haute couture.

> La Lune en Scorpion

Le Scorpion est gouverné par Mars et Pluton. L'influence de Mars fait ressortir de fortes passions et Pluton montre des désirs très forts. Les gens deviennent souvent agressifs, critiques, impatients et lunatiques lorsque la Lune est en Scorpion. Il y a une augmentation marquée de l'intensité et une sensibilité accrue aux offenses personnelles et aux insultes. Rappelez-vous que le Scorpion a une nature suspicieuse et secrète. Évitez les complications sociales. Méfiez-vous de la jalousie et faites attention au dard du Scorpion. N'oubliez pas de pardonner et d'oublier. Soyez aussi prudent dans vos interactions avec le sexe opposé. Cependant, cela pourrait être un bon moment pour une fusion intense avec un autre sur un niveau émotionnel profond !

Le Scorpion est un signe considéré comme étant très psychique. Lorsque la Lune occupe son territoire, signe fixe d'Eau, elle ressent tout à un niveau ultime, voire exagéré, puisque nous le sommes tout autant. Durant son parcours dans ce signe, la joie, la passion, la jalousie, les trahisons, l'amour et les désirs occupent la première place dans notre vie, vu que nos émotions sont si profondes au point d'être obsessives. Attention à cette tendance d'être plus secrets, plus suspicieux, à broyer du noir par rapport à une offense ou à un affront qui n'était pas voulu et encore moins intentionnel. Nul doute, la loyauté est forte dans ce signe. Voilà qui sera également un temps propice pour examiner, mener des recherches et scruter tout à la loupe, pour investiguer tout ce qui vous est mystérieux et vous autoriser même à être intimes, mais aussi pour mettre fin à tout engagement, à une relation, au point de non-retour. En revanche, vous ne pourrez choisir une meilleure Lune pour programmer une escapade, car cette Lune, chaude et passionnée, vous emmènera loin. Lorsque la Lune transite le signe du Scorpion, elle favorise l'imprévisibilité, le goût du danger, les rapports de force et le besoin de séduire. C'est aussi une bonne journée pour imposer votre point de vue, extérioriser vos sentiments et votre sexualité. Cependant, suivant que la nature du désir est si forte ici, il y a une tendance possible à manipuler les situations pour obtenir ce que l'on veut, ou à ne pas voir sa responsabilité dans un acte. Une Lune en Scorpion est très positive un mardi ou un samedi. Le Scorpion régit les organes reproducteurs, les organes génitaux, l'aine et le bassin. Les autres signes qui bénéficient des influences de la lune en Scorpion sont : Cancer, Poissons, Vierge et Capricorne.

PROPICE POUR : Signer des documents, louer autant que prêter une propriété, peindre des locaux commerciaux, projeter la confiance, résoudre des problèmes, mener une enquête discrètement, voler la vedette à des concurrents, conclure toutes affaires importantes suivant que vos facultés mentales seront aiguisées.

ACHETEZ : Des romans policiers, des vins riches, un jeu de cartes de tarot, des épices exotiques, des sous-vêtements sexy, du matériel photographique, des parfums ou des lotions après-rasage, des roses rouges pour votre maîtresse, un nouveau jeu de couteaux de cuisine, des formulaires de testament.

ÉVITEZ : De dévier de votre liste d'emplettes, d'être réticent à divulguer tous les faits, de ne pas dévoiler ouvertement votre jeu, votre vraie nature, d'être trop intense, d'avoir des motifs dissimulés, de prétendre en savoir plus que ce que vous savez ou faites.

CONSEIL EN TEMPS OPPORTUN : Prenez rendez-vous pour un massage déstressant.

PRENEZ GARDE : Au ressentiment des autres, de vous faire des ennemis.

JOURNÉES IMPORTANTES POUR TOUTES LES ACTIVITÉS CONCERNANT : La police, les interventions chirurgicales, les sociétés de recherche, les services secrets, les métiers de boucherie, les mines, la gestion des investissements, les pompes funèbres, les morgues.

> La Lune en Sagittaire

La Lune traversant le Sagittaire pourrait apporter un sentiment idéaliste, sinon un sens de la discontinuité, de l'agitation, un désir de sport et d'aventure, un amour du changement et du mouvement, et la démangeaison de voyager. Le Sagittaire étant régi par l'expansif Jupiter, les gens seront chaleureux et amicaux, et se sentiront probablement spontanés, intuitifs (même parfois prophétiques), et facilement animés avec une tendance à l'enthousiasme superficiel. Cependant, ils peuvent aussi avoir un fort besoin d'indépendance et se sentir incapables de supporter des restrictions.

La Lune en Sagittaire apporte une influence philosophique et stimule nos aspirations supérieures d'amélioration de soi. C'est une très bonne période pour les affaires intellectuelles, pour traiter avec les institutions d'apprentissage ou pour promouvoir nos idées par la publication, les conférences, ou encore par d'autres activités d'expression similaires.

Lors de son passage dans ce signe mutable de Feu, la Lune est à son niveau le plus optimiste et elle est prête à laisser les choses se faire. Elle stimule l'imagination et votre seuil de confiance dans le flux de la vie, mais elle est plus philosophique. La candeur et l'honnêteté sont renforcées lorsque la Lune est ici. C'est une excellente période pour prendre les choses en main, pour traiter les maisons d'édition et la loi, et avec les établissements d'enseignement supérieur. C'est un bon moment pour vous attaquer également aux problèmes qui nécessitent une amélioration, mais n'allez pas essayer de vous prendre pour un autre, alors que les opinions tendront à être fortes et la tendance au prosélytisme sera accrue. Jupiter, la Grande Bénéfique du zodiaque et planète maîtresse du Sagittaire, elle qui régit les voyages de longue distance, concourt à partir à l'aventure, à assister à un séminaire sur un sujet qui a toujours suscité un intérêt particulier chez vous, tant en sciences religieuses qu'en philosophie. C'est le signe par excellence des prophéties et de la sagesse. Lorsque la Lune est de passage dans ce signe, profitez-en pour passer du temps à l'extérieur, faire du sport, rire à gorge déployée et pour être spontané. Prenez garde toutefois à ne pas être excessif ni gaspilleur, ni vouloir en faire trop ou outrepasser la juste mesure. Évitez les excès et les extravagances de toutes sortes. La Lune qui transite ce signe est favorable aux célibataires. Ouvrez donc l'œil et soyez optimiste. D'ailleurs, vous ne pourrez choisir le meilleur moment pour mettre du piment dans votre vie alors que vous serez bien servi. En plus de favoriser l'envie d'évasion, elle concourt aussi à l'idéalisme et à l'extériorisation des sentiments, la prospérité et l'abondance. C'est également une bonne journée pour faire ses comptes, pour gérer ses affaires, pour tenter sa chance à des jeux de hasard et dans tous tirages. Une Lune en Sagittaire est positive un lundi ou un jeudi. Le Sagittaire régit les cuisses et les hanches. Les autres signes qui bénéficient des influences de la Lune en Sagittaire sont : Lion, Bélier, Balance, Verseau et Cancer.

PROPICE POUR : Commercer, vous promouvoir, faire de la publicité, toute correspondance importante, voyager, toutes réunions d'affaires, pour solliciter un prêt ou un emprunt d'argent, toutes questions juridiques ou légales (judiciaires).

ACHETEZ: Des marchandises importées, vêtements de loisirs, livres de voyage, cartes et atlas, jumelles, boussoles, chaussures de randonnée, matériel de camping, cadeaux pour vos beaux-parents, objets religieux ou reliques, tout ce qui est d'occasion.

ÉVITEZ: De faire vos achats dans votre propre localité, qu'un détail vous échappe à votre insu, toute agitation, toute irresponsabilité financière, tout travail bâclé.

CONSEIL EN TEMPS OPPORTUN: Réservez votre vol de vacances dès maintenant.

PRENEZ GARDE: À l'insouciance des autres.

JOURNÉES IMPORTANTES POUR TOUTES LES ACTIVITÉS CONCERNANT: L'édition, les industries du voyage, le commerce extérieur et les communications, les institutions religieuses, l'enseignement général, l'enseignement supérieur, le droit.

> La Lune en Capricorne

Alors que la Lune est en Capricorne, les vibrations de Saturne sont accentuées. Cela fait apparaître le principe de contraction qui suit l'influence expansive de Jupiter en Sagittaire. Les intérêts spirituels et intellectuels tombent. C'est une période d'ambition matérielle et de conscience du travail et du devoir. Dans la recherche du statut et de la sécurité financière, les gens peuvent devenir insensibles et même cruels, mais par nécessité égoïste plutôt que par animosité. L'influence de Saturne en Capricorne fait que le pessimisme ou la négativité s'insinuent. En général, lorsque la Lune est en Capricorne, l'énergie est léthargique. C'est un temps pour s'appliquer diligemment aux tâches tout en vivant uniquement dans le présent.

Dans ce signe cardinal de Terre, la Lune est à son point culminant, surtout quand vient le temps d'être organisé, pratique et sérieux. Parce que le Cancer et le signe du Capricorne sont les pôles opposés, on peut être porté à croire que l'énergie de la Lune est ici affaiblie. Au contraire, cette énergie encourage le besoin de structure, de discipline et d'organisation. Elle fait également ressortir chez les gens leur côté responsable, prudent mais pessimiste également. Autant elle favorise votre sens des responsabilités et ambition, autant le goût de l'affrontement est aussi présent. La culture, les valeurs morales et les traditions sont également de son ressort. Toutes les activités institutionnelles sont favorisées. C'est une bonne journée pour accepter un nouvel emploi, pour vous cultiver et parfaire vos connaissances, pour réfléchir et méditer, ainsi que pour partager vos analyses pertinentes avec votre entourage professionnel. C'est aussi à ce moment que vos visées en ce qui concerne votre futur prennent plus d'importance. Lors du passage de la Lune dans ce signe, le temps se prêtera bien pour vous occuper d'affaires familiales, pour prendre en charge quelque chose et agir de façon responsable, pour mettre de l'ordre dans tous les secteurs de votre vie qui le nécessitent ou qui ont été interrompus par les nombreux événements, et pour implanter des règles et une ligne de conduite à suivre. Cependant, prenez soin de surveiller votre tendance à parler trop d'affaires aux dépens des émotions d'autrui. Veuillez plutôt en profiter pour écouter patiemment ce que les autres ont à dire, à vous enseigner et pour apprendre d'eux. Prendre soin des détails qui nécessitent de la patience ainsi qu'une attitude professionnelle s'y prêtera bien aussi. Vous ne pourrez choisir une meilleure Lune pour partager avec les collègues et vos supérieurs. Par contre, lorsque la Lune est de passage dans ce signe, évitez de solliciter des faveurs, car les gens en position d'autorité peuvent être insensibles sous cette influence. Une Lune en Capricorne est très influente un mardi ou un samedi. Le Capricorne régit la peau, les os et les genoux. Les autres signes qui bénéficient de la Lune en Capricorne sont : Taureau, Vierge, Scorpion et Poissons.

PROPICE POUR : Vous atteler à la tâche, faire des heures supplémentaires, adresser ce qui relève des hautes finances, de l'administration, réorganiser le système de filière, établir de nouveaux horaires, solliciter une promotion, créer une nouvelle entreprise, recevoir votre patron.

ACHETEZ : Des articles ménagers pratiques, des vêtements de bonne qualité, des biens de consommation durables, des outils professionnels, tous articles pour personnes âgées, du matériel de bureau, des uniformes, du matériel informatique, du matériel de bricolage.

ÉVITEZ : De faire des achats frivoles, vous regretterez d'avoir dépensé futilement vos sous. Toute attitude inflexible, le manque de compassion envers les collègues ou vos employés, le surmenage, la dépression.

CONSEIL EN TEMPS OPPORTUN : Achetez une alarme antivol dès maintenant.

PRENEZ GARDE : À l'ambition impitoyable des autres.

JOURNÉES IMPORTANTES POUR TOUTES LES ACTIVITÉS CONCERNANT : Les services bancaires et financiers, l'immobilier, le conseil municipal, les partis politiques, le chef de l'État, la royauté, les superstars.

> La Lune en Verseau

Pendant que la Lune traverse le Verseau, les affaires publiques deviennent plus importantes, car il y a un intérêt pour le bien-être des autres dans un sens social. Les gens auront tendance à être très amicaux, mais d'une manière impersonnelle. Le Verseau est gouverné par Uranus, qui apporte le désir de liberté et un amour pour l'innovation et le non conventionnel. Les gens fonctionnent maintenant à partir de motivations intellectuelles plutôt qu'émotionnelles, et rechercheront la liberté d'exprimer leurs pensées et leur singularité personnelle. Ils demanderont également la liberté d'aller et venir sans restriction.

Lors de son passage dans ce signe fixe d'Air, la Lune en Verseau tend à faire ressortir le côté rebelle en soi. La liberté personnelle et l'individualité tiennent une place de choix à ce moment-là. Elle favorise les activités originales, uniques en soi, et aussi elle s'intéresse aux problèmes humanitaires, à la société dans son ensemble ainsi qu'à l'amélioration. C'est cette qualité d'amélioration qui a permis d'associer ce signe aux inventeurs et aux nouvelles inventions. Lorsque la Lune est en transit dans ce signe, votre emploi du temps risque d'être sens dessus dessous, sans compter que les causes qui vous tiennent à cœur deviennent urgentes. Surveillez cette tendance à devenir plus fanatique, à agir délibérément de façon rebelle sans aucune raison justifiable et à vouloir aller à l'encontre des traditions, d'autant plus si ce n'est que dans l'intérêt de choquer ou de briser celles-ci. Profitez de ce moment pour sortir de votre marasme, pour essayer quelque chose de nouveau et/ou de différent, surtout que l'énergie d'une Lune en Verseau encourage la nouveauté, mais aussi les changements de dernière minute, l'amitié, la convivialité et la tolérance. Puisque ce sera une bonne journée pour vous intéresser à de nouveaux domaines, pour sortir et découvrir, assurez-vous que tous les gens vous remarquent pour l'individu unique que vous êtes. Nul doute, une Lune en Verseau favorise le rassemblement de groupes sociaux pour des échanges amicaux ; cependant, les gens auront tendance à réagir et à parler d'un point de vue intellectuel plutôt qu'émotionnel. Quoi qu'il en soit, soyez avisé que vous ne pourrez choisir un meilleur moment pour faire de nouvelles rencontres, pour avoir un coup de foudre. Mentionnons aussi que cette Lune est idéale pour faire l'achat d'appareils électroménagers et tous gadgets électroniques. Une Lune en Verseau est très positive un samedi. Le signe du Verseau régit les mollets et les chevilles. Les autres signes qui bénéficient des influences de la Lune en Verseau sont : Gémeaux, Balance, Sagittaire et Bélier.

PROPICE POUR : Autant prêter que louer une propriété, un chalet, un condominium ou autres, l'amélioration des conditions de travail, tous transferts d'argent, décorer ou rénover des locaux commerciaux, obtenir la coopération des collègues, des groupes auxquels vous adhérez ou souhaitez le faire, toutes projections futures.

ACHETEZ : Tous les articles d'éclairage, appareils électriques, instruments scientifiques, un livre sur la méditation, le dernier gadget de cuisine, tout ce qui est bleu électrique, un lustre, des huiles d'aromathérapie, des cartes et cadeaux pour vos amis.

ÉVITEZ : De faire vos courses à la hâte. De favoriser le groupe au détriment de l'individu, d'adopter un point de vue trop détaché, de partir sur une tangente.

CONSEIL EN TEMPS OPPORTUN : Adhérez à un club, à un syndicat, à une fraternité.

PRENEZ GARDE : Aux interruptions possibles de la part des autres.

JOURNÉES IMPORTANTES POUR TOUTES LES ACTIVITÉS CONCERNANT : Les industries électriques, les instituts de recherche scientifique, les syndicats, les nouvelles inventions, les clubs, les corporations, les groupes et les sociétés, les fabricants d'équipements électroniques et de haute technologie, les services sociaux.

> La Lune en Poissons

Les Poissons sont gouvernés par Neptune, qui apporte un penchant pour les impressions psychiques. L'imagination est forte lorsque la Lune est en Poissons. Il y a une sensibilité accrue à la musique et aux autres forces intangibles. Les tendances sont à l'émotion, à la spiritualité et à l'abnégation. La Lune en Poissons ajoute une impressionnabilité en développement qui peut créer un sentiment de vulnérabilité, dérivé vers le retrait comme protection émotionnelle. Les gens peuvent se sentir passifs, sentimentaux, doux, gentils et joyeux, mais trop facilement découragés. Certains peuvent ressentir des souvenirs vagues (souvent identifiés comme des vies antérieures) ou des intuitions sur la signification spirituelle des situations actuelles pendant cette période.

Lorsque la Lune transite dans ce signe mutable d'Eau, profitez-en pour dormir, pour méditer, pour vous la couler douce, pour vous ressourcer, et même pour prier si ça fait partie de vos pratiques. Une Lune en Poissons favorise l'intuition, la douceur de vivre, la vie amoureuse, les festivités, les voyages et les déplacements. Ce sera donc une bonne journée pour sortir, échanger des mots tendres ainsi que pour vivre en harmonie. Pas surprenant que les rencontres amoureuses sont plus facilitées sous cette Lune, mais plus encore si vous prenez des vacances avec cette personne avec laquelle vous souhaitez vous engager. En revanche, voilà qui peut être un temps où on est plus susceptible de se sentir agressé émotionnellement. Vous pourrez être plus rêveur, plus impressionnable, plus nostalgique, plus désenchanté, vague ou désordonné, et ce sera aussi un temps où vous serez plus spirituel par nature, là où vos limites seront plus franchissables ou à leur niveau le plus bas. Cependant, c'est aussi sous cette Lune que les choses ne sont pas nécessairement ce qu'elles prétendent être. Bien au contraire, les limites personnelles ont tendance à être floues et il est possible que vous ne voyiez pas les choses clairement. Les gens auront tendance aussi à être davantage plus idéalistes sous ce signe, ce qui pourra les empêcher de voir la réalité. Sous l'énergie de cette Lune, nous sommes plus remplis de compassion pour notre prochain et plus sensibles aux besoins des gens moins fortunés que nous. Soulignons que vous ne pourrez choisir une meilleure Lune pour adhérer à tout groupe à vocation spirituelle, ésotérique, et pour participer à un rassemblement religieux. C'est aussi à ce moment où vous serez plus intuitif, plus perceptif. Autant une philosophie de vivre et de laisser vivre est attachée à ce signe qui, somme toute, dans le monde idéaliste peut fonctionner relativement bien, mais le chaos en est souvent aussi le résultat. Pas surprenant que son passage dans ce signe concourt à consommer de l'alcool, sinon à se droguer, puisque l'on désire provoquer un état de transe ou d'ébriété qui nous permet de fuir la dure réalité de la vie. Veuillez plutôt tirer profit de cette Lune pour aller au bord de la mer ou tous cours d'eau en vue de vous ressourcer, ce qui sera plus sain pour votre corps et votre esprit. Sur le côté plus léger, nombreux musiciens et artistes sont gouvernés par le signe du Poissons. Ce n'est que lorsqu'ils s'éloignent trop de la réalité que le côté obscur de la toxicomanie, du suicide ou du crime fait disparaître la vie. Une Lune en Poissons est très positive un lundi ou un jeudi. Le Poissons régit les pieds ainsi que le dessus de la tête. Les autres signes qui bénéficient des influences de la Lune en Poissons sont: Cancer, Scorpion, Capricorne et Taureau.

PROPICE POUR: Signer des documents, l'établissement de conventions financières, tout envoi postal ou autres de masse, la réparation éventuelle d'équipements, dresser l'inventaire, préparer un bilan, faire le point.

ACHETEZ : Cosmétiques, boissons alcoolisées, musique, chaussures et bonneterie, un livre sur les rêves, matériel d'artiste, peintures, verres en cristal, carafes ou bols, tous les livres de fiction romantique, literie, maillots de bain.

ÉVITEZ : Tous achats importants puisque vous êtes trop influençable et facilement influencé par les discours de vente. De voir vos perspectives plus belles qu'elles ne le sont en réalité, de vous laisser trop facilement influencer par les autres ; tout raisonnement illogique, de douter de vous-même.

CONSEIL EN TEMPS OPPORTUN : Offrez-vous une séance de réflexologie.

PRENEZ GARDE : À toutes attentes irréalistes de la part des autres, aux machinations faites en coulisses.

JOURNÉES IMPORTANTES POUR TOUTES LES ACTIVITÉS CONCERNANT : Le cinéma et la télévision, les industries pétrochimiques, les raffineries de pétrole, le commerce des brasseries, le transport maritime, la podologie, les fabricants de chaussures.

CONSEILS D'ACHAT

Comme nous le faisons tous aujourd'hui, peu d'entre nous peuvent choisir quand acheter les choses essentielles dont ils ont besoin, mais vous pourriez prendre note de la phase lunaire favorable lorsqu'il s'agit de faire les achats les plus importants de la vie. À cet effet, du jour de la Nouvelle Lune au Premier Quartier, choisissez cette période pour rechercher des produits, faire du lèche-vitrine, demander conseils et aller chercher ou envoyer des échantillons. Vous constaterez qu'il y a beaucoup d'énergie à cette période, que les gens sont affûtés et prêts à vous aider et que vous accumulerez toutes les informations dont vous aurez besoin en un temps record.

Du Premier au Dernier Quartier de la Lune – période favorable pour prendre des décisions fermes et faire vos achats importants. Toutefois, évitez toute dépense financière importante la veille ou le jour de la Pleine Lune vu que vous risquez d'être, plus que d'habitude, enclin à faire des achats impulsifs. Une excellente période pour faire des achats est du lendemain de la Pleine Lune au Dernier Quartier alors que vous saurez prendre des décisions bien réfléchies et vous aurez plus de chances d'en avoir pour votre argent.

Du Dernier Quartier à la Nouvelle Lune – une période insatisfaisante pour faire des achats, car les énergies sont en baisse partout – votre jugement n'est peut-être pas au mieux de sa forme et les vendeurs non plus, les achats sont généralement difficiles et les marchandises peu attrayantes. Vous pouvez considérer les achats par catalogue ou sur Internet comme des options moins problématiques.

✧

Comme vous pourrez le constater dans le calendrier lunaire qui suit, la Lune occupe un signe astrologique pour une durée de deux jours et demi plus ou moins. Le zodiaque en soi se divise en trois catégories de signes :

- Il y a des signes dits « cardinaux » : Bélier, Cancer, Balance, Capricorne.
- Il y a des signes dits « fixes » : Taureau, Lion, Scorpion, Verseau.
- Il y a des signes dits « doubles ou mutables » : Gémeaux, Vierge, Sagittaire, Poissons.

Selon la symbolique de ces trois catégories, quand la Lune transite un signe cardinal, les actions entreprises évoluent habituellement à vive allure. Lorsque la Lune traverse un signe fixe, tout projet commencé évolue moins vite et a plus de chances d'aboutir à des résultats durables. Et lorsque la Lune parcourt un signe double ou mutable, les actions entreprises sont généralement vite terminées ou encore elles connaîtront rapidement un changement de cap. Enfin, il est bon de concevoir tous les projets en Lune Croissante et de passer à leur réalisation en Lune Décroissante.

LES JOURS DE LA SEMAINE

Si le signe du jour et celui de la Lune sont les mêmes, c'est un bon présage. Si c'est aussi votre signe, cela confirme de nouveau que c'est un jour très favorable. Les jours les plus actifs de la semaine sont le mardi, le jeudi et le samedi, alors que les autres sont plus calmes.

JOUR	PLANÈTE	INFLUENCE	SIGNES FAVORISÉS PAR LA LUNE
Lundi	Lune	jour des projets	Cancer*, Taureau*, Poissons
Mardi	Mars	jour de l'action	Bélier*, Scorpion*, Capricorne*
Mercredi	Mercure	jour des écritures	Gémeaux*, Vierge*
Jeudi	Jupiter	jour des affaires	Poissons*, Sagittaire*, Cancer*
Vendredi	Vénus	jour de l'amour	Taureau*, Balance*, Poissons*
Samedi	Saturne	jour des loisirs	Capricorne*, Verseau*, Balance*
Dimanche	Soleil	jour de repos	Lion*, Bélier*

* Signe le plus favorisé ce jour

LE SIGNE DU JOUR

Pour comprendre l'influence des jours, il faut connaître l'influence des planètes.

Lundi, jour de la Lune, c'est un bon jour pour faire des projets d'avenir, s'occuper de la maison et des enfants, annuler un rendez-vous. *Mardi*, jour de Mars, c'est un bon jour pour agir, foncer et aller de l'avant en profitant des énergies ambiantes. *Mercredi*, jour de Mercure, c'est un bon jour pour écrire, expédier son courrier, répondre à ses courriels, téléphoner et discuter, se déplacer, faire des rencontres et s'ouvrir aux autres, tenir une réunion. *Jeudi*, jour de Jupiter, c'est un bon jour pour faire ses comptes et gérer ses affaires, avoir de la chance au jeu ou en affaires. *Vendredi*, jour de Vénus, c'est un bon jour pour plaire, séduire et s'occuper de sa beauté, faire des emplettes, visiter une galerie d'art, défendre un projet artistique. *Samedi*, jour de Saturne, c'est un bon jour pour se cultiver, sortir et profiter de son temps libre. *Dimanche*, jour du Soleil, c'est un bon jour pour le repos et se détendre, se ressourcer et aller faire des promenades à pied.

CHOISIR UNE DATE DE WEEK-END

Regardez dans quels signes se trouve la Lune le samedi et le dimanche de votre choix. Située dans le même signe, la Lune annonce une certaine continuité; située dans deux signes différents, elle annonce un changement. Regardez la tendance des week-ends en fonction des signes et n'oubliez pas de tenir compte aussi des phases de la Lune (attention à la Pleine Lune). Lorsque la Lune change de signe, elle peut le faire durant la nuit et il faut absolument en tenir compte.

Lune en Bélier	week-end actif et sportif
Lune en Taureau	week-end coconnage (cocooning) familial
Lune en Gémeaux	week-end fiesta
Lune en Cancer	week-end à la campagne, en famille
Lune en Lion	week-end reposant et revigorant
Lune en Vierge	week-end tranquille, à la maison
Lune en Balance	week-end sorties en couple ou entre amis
Lune en Scorpion	week-end coquin, sportif
Lune en Sagittaire	week-end à l'étranger
Lune en Capricorne	week-end culture et loisirs
Lune en Verseau	week-end improvisé, convivial
Lune en Poissons	week-end en amoureux à l'étranger, sorties

La mission de ce calendrier lunaire est surtout de vous aider à choisir le bon moment pour commencer une activité, prendre un rendez-vous, entreprendre une démarche d'affaires, d'emploi, ou pour un logement, ou pour organiser un événement (réunion, réception, mariage, fête familiale). Il en va de même pour ce qui est de connaître l'évolution d'une situation qui a pris naissance à un moment précis et que vous ne pouviez programmer: mise au courant d'un fait ou d'un événement vous concernant, ou bien, par exemple, de l'information des médias, ou encore vous avez rencontré quelqu'un sur le plan professionnel, relationnel, amical sinon amoureux, et vous voulez avoir une idée de l'avenir de cette information ou de cette rencontre ainsi que de son prolongement.

Testez vous-même l'influence de la Lune. Chaque fois que vous passerez une très bonne journée, entourez le jour sur le calendrier. Chaque fois que vous passerez une moins bonne journée, rayez le jour sur le calendrier. À la fin de l'année ou selon votre choix, regardez parmi les jours entourés si la Lune était dans des signes très différents ou si l'un d'eux revenait plus souvent. Faites de même avec les jours rayés. Vous déterminerez ainsi si vous êtes un peu ou très influencé par la Lune.

LES POSITIONS DE LA LUNE EN 2024

Ce calendrier que je vous offre se fonde sur les mouvements de la Lune. Comme vous êtes à présent plus informé sur l'astrologie, la Lune représente l'humeur d'un moment qui va conditionner la réussite ou l'échec de la plupart de vos activités. Tantôt visible, tantôt illuminant la nuit, croissante ou décroissante, montante ou descendante, la Lune a pour mission de représenter tout ce qui change : votre moral d'abord, l'ambiance dans laquelle vous évoluez, le temps et tout ce qui va influer plus que vous ne le pensez sur votre quotidien. Pour mieux tirer profit du cycle quotidien de la Lune en ce qui a trait à vos humeurs, lesquelles influencent votre jugement, vos actes, vous trouverez, dans les pages qui suivent, le tableau des positions lunaires pour chaque jour de 2024. Soyez informé que c'est l'heure normale de l'Est (EST) qui a été utilisée dans ce livre.

Les multiples et divers passages de la Lune ne sont jamais neutres. Il y a de ces jours pour lesquels l'action vous avantage, surtout lorsque la Lune transite dans un signe avec lequel votre signe solaire est bien aspecté, tel que je vous ai expliqué dans les pages précédentes. Inversement, il est avisé de prendre du recul quand la Lune est de passage dans un signe qui n'est pas compatible avec votre signe solaire. Il y a aussi ces autres journées où le mouvement planétaire est plus lent ou mitigé. Chaque soir, commencez à observer la Lune et essayez d'en identifier la phase. En utilisant son cycle et son passage à travers les signes, vous pourrez mieux tirer profit de la magie de l'Univers, soit un premier pas tout en douceur vers la réussite.

Que votre journée soit bien lunée !

JANVIER

Lundi	01-01-2024	Lune en Vierge	
Mardi	02-01-2024	Lune en Balance	à partir de 19 h 48
Mercredi	03-01-2024	Lune en Balance	
Jeudi	04-01-2024	Lune en Balance	
Vendredi	05-01-2024	Lune en Scorpion	à partir de 07 h 41
Samedi	06-01-2024	Lune en Scorpion	
Dimanche	07-01-2024	Lune en Sagittaire	à partir de 16 h 10
Lundi	08-01-2024	Lune en Sagittaire	
Mardi	09-01-2024	Lune en Capricorne	à partir de 20 h 34
Mercredi	10-01-2024	Lune en Capricorne	
Jeudi	11-01-2024	Lune en Verseau	à partir de 22 h 02
Vendredi	12-01-2024	Lune en Verseau	
Samedi	13-01-2024	Lune en Poissons	à partir de 22 h 30
Dimanche	14-01-2024	Lune en Poissons	
Lundi	15-01-2024	Lune en Bélier	à partir de 23 h 50
Mardi	16-01-2024	Lune en Bélier	
Mercredi	17-01-2024	Lune en Bélier	
Jeudi	18-01-2024	Lune en Taureau	à partir de 03 h 13
Vendredi	19-01-2024	Lune en Taureau	
Samedi	20-01-2024	Lune en Gémeaux	à partir de 08 h 59
Dimanche	21-01-2024	Lune en Gémeaux	
Lundi	22-01-2024	Lune en Cancer	à partir de 16 h 52
Mardi	23-01-2024	Lune en Cancer	
Mercredi	24-01-2024	Lune en Cancer	
Jeudi	25-01-2024	Lune en Lion	à partir de 02 h 38
Vendredi	26-01-2024	Lune en Lion	
Samedi	27-01-2024	Lune en Vierge	à partir de 14 h 12
Dimanche	28-01-2024	Lune en Vierge	
Lundi	29-01-2024	Lune en Vierge	
Mardi	30-01-2024	Lune en Balance	à partir de 03 h 05
Mercredi	31-01-2024	Lune en Balance	

FÉVRIER

Jeudi	01-02-2024	Lune en Scorpion	à partir de 15 h 38
Vendredi	02-02-2024	Lune en Scorpion	
Samedi	03-02-2024	Lune en Scorpion	
Dimanche	04-02-2024	Lune en Sagittaire	à partir de 01 h 29
Lundi	05-02-2024	Lune en Sagittaire	
Mardi	06-02-2024	Lune en Capricorne	à partir de 07 h 17
Mercredi	07-02-2024	Lune en Capricorne	
Jeudi	08-02-2024	Lune en Verseau	à partir de 09 h 01
Vendredi	09-02-2024	Lune en Verseau	
Samedi	10-02-2024	Lune en Poissons	à partir de 08 h 44
Dimanche	11-02-2024	Lune en Poissons	
Lundi	12-02-2024	Lune en Bélier	à partir de 08 h 27
Mardi	13-02-2024	Lune en Bélier	
Mercredi	14-02-2024	Lune en Taureau	à partir de 10 h 03
Jeudi	15-02-2024	Lune en Taureau	
Vendredi	16-02-2024	Lune en Gémeaux	à partir de 14 h 41
Samedi	17-02-2024	Lune en Gémeaux	
Dimanche	18-02-2024	Lune en Cancer	à partir de 22 h 26
Lundi	19-02-2024	Lune en Cancer	
Mardi	20-02-2024	Lune en Cancer	
Mercredi	21-02-2024	Lune en Lion	à partir de 08 h 42
Jeudi	22-02-2024	Lune en Lion	
Vendredi	23-02-2024	Lune en Vierge	à partir de 20 h 39
Samedi	24-02-2024	Lune en Vierge	
Dimanche	25-02-2024	Lune en Vierge	
Lundi	26-02-2024	Lune en Balance	à partir de 09 h 31
Mardi	27-02-2024	Lune en Balance	
Mercredi	28-02-2024	Lune en Scorpion	à partir de 22 h 10
Jeudi	29-02-2024	Lune en Scorpion	

MARS

Vendredi	01-03-2024	Lune en Sagittaire	à partir de 08 h 57
Samedi	02-03-2024	Lune en Sagittaire	
Dimanche	03-03-2024	Lune en Capricorne	à partir de 16 h 16
Lundi	04-03-2024	Lune en Capricorne	
Mardi	05-03-2024	Lune en Verseau	à partir de 19 h 40
Mercredi	06-03-2024	Lune en Verseau	
Jeudi	07-03-2024	Lune en Poissons	à partir de 20 h 05
Vendredi	08-03-2024	Lune en Poissons	
Samedi	09-03-2024	Lune en Bélier	à partir de 20 h 20
Dimanche	10-03-2024	Lune en Bélier	
Lundi	11-03-2024	Lune en Taureau	à partir de 20 h 29
Mardi	12-03-2024	Lune en Taureau	
Mercredi	13-03-2024	Lune en Gémeaux	à partir de 23 h 17
Jeudi	14-03-2024	Lune en Gémeaux	
Vendredi	15-03-2024	Lune en Gémeaux	
Samedi	16-03-2024	Lune en Cancer	à partir de 05 h 42
Dimanche	17-03-2024	Lune en Cancer	
Lundi	18-03-2024	Lune en Lion	à partir de 15 h 34
Mardi	19-03-2024	Lune en Lion	
Mercredi	20-03-2024	Lune en Lion	
Jeudi	21-03-2024	Lune en Vierge	à partir de 03 h 43
Vendredi	22-03-2024	Lune en Vierge	
Samedi	23-03-2024	Lune en Balance	à partir de 16 h 39
Dimanche	24-03-2024	Lune en Balance	
Lundi	25-03-2024	Lune en Balance	
Mardi	26-03-2024	Lune en Scorpion	à partir de 05 h 04
Mercredi	27-03-2024	Lune en Scorpion	
Jeudi	28-03-2024	Lune en Sagittaire	à partir de 14 h 53
Vendredi	20-03-2024	Lune en Sagittaire	
Samedi	30-03-2024	Lune en Sagittaire	
Dimanche	31-03-2024	Lune en Capricorne	à partir de 00 h 06

AVRIL

Lundi	01-04-2024	Lune en Capricorne	
Mardi	02-04-2024	Lune en Verseau	à partir de 05 h 09
Mercredi	03-04-2024	Lune en Verseau	
Jeudi	04-04-2024	Lune en Poissons	à partir de 07 h 14
Vendredi	05-04-2024	Lune en Poissons	
Samedi	06-04-2024	Lune en Bélier	à partir de 07 h 26
Dimanche	07-04-2024	Lune en Bélier	
Lundi	08-04-2024	Lune en Taureau	à partir de 07 h 24
Mardi	09-04-2024	Lune en Taureau	
Mercredi	10-04-2024	Lune en Gémeaux	à partir de 07 h 00
Jeudi	11-04-2024	Lune en Gémeaux	
Vendredi	12-04-2024	Lune en Cancer	à partir de 13 h 46
Samedi	13-04-2024	Lune en Cancer	
Dimanche	14-04-2024	Lune en Lion	à partir de 22 h 25
Lundi	15-04-2024	Lune en Lion	
Mardi	16-04-2024	Lune en Lion	
Mercredi	17-04-2024	Lune en Vierge	à partir de 10 h 12
Jeudi	18-04-2024	Lune en Vierge	
Vendredi	19-04-2024	Lune en Balance	à partir de 23 h 09
Samedi	20-04-2024	Lune en Balance	
Dimanche	21-04-2024	Lune en Balance	
Lundi	22-04-2024	Lune en Scorpion	à partir de 11 h 21
Mardi	23-04-2024	Lune en Scorpion	
Mercredi	24-04-2024	Lune en Sagittaire	à partir de 21 h 38
Jeudi	25-04-2024	Lune en Sagittaire	
Vendredi	26-04-2024	Lune en Sagittaire	
Samedi	27-04-2024	Lune en Capricorne	à partir de 05 h 39
Dimanche	28-04-2024	Lune en Capricorne	
Lundi	29-04-2024	Lune en Verseau	à partir de 11 h 21
Mardi	30-04-2024	Lune en Verseau	

MAI

Mercredi	01-05-2024	Lune en Poissons	à partir de 14 h 53
Jeudi	02-05-2024	Lune en Poissons	
Vendredi	03-05-2024	Lune en Bélier	à partir de 16 h 42
Samedi	04-05-2024	Lune en Bélier	
Dimanche	05-05-2024	Lune en Taureau	à partir de 17 h 43
Lundi	06-05-2024	Lune en Taureau	
Mardi	07-05-2024	Lune en Gémeaux	à partir de 19 h 22
Mercredi	08-05-2024	Lune en Gémeaux	
Jeudi	09-05-2024	Lune en Cancer	à partir de 23 h 14
Vendredi	10-05-2024	Lune en Cancer	
Samedi	11-05-2024	Lune en Cancer	
Dimanche	12-05-2024	Lune en Lion	à partir de 06 h 37
Lundi	13-05-2024	Lune en Lion	
Mardi	14-05-2024	Lune en Vierge	à partir de 17 h 34
Mercredi	15-05-2024	Lune en Vierge	
Jeudi	16-05-2024	Lune en Vierge	
Vendredi	17-05-2024	Lune en Balance	à partir de 06 h 24
Samedi	18-05-2024	Lune en Balance	
Dimanche	19-05-2024	Lune en Scorpion	à partir de 18 h 35
Lundi	20-05-2024	Lune en Scorpion	
Mardi	21-05-2024	Lune en Scorpion	
Mercredi	22-05-2024	Lune en Sagittaire	à partir de 04 h 25
Jeudi	23-05-2024	Lune en Sagittaire	
Vendredi	24-05-2024	Lune en Capricorne	à partir de 11 h 37
Samedi	25-05-2024	Lune en Capricorne	
Dimanche	26-05-2024	Lune en Verseau	à partir de 16 h 46
Lundi	27-05-2024	Lune en Verseau	
Mardi	28-05-2024	Lune en Poissons	à partir de 20 h 34
Mercredi	29-05-2024	Lune en Poissons	
Jeudi	30-05-2024	Lune en Bélier	à partir de 23 h 29
Vendredi	31-05-2024	Lune en Bélier	

JUIN

Samedi	01-06-2024	Lune en Bélier	
Dimanche	02-06-2024	Lune en Taureau	à partir de 01 h 56
Lundi	03-06-2024	Lune en Taureau	
Mardi	04-06-2024	Lune en Gémeaux	à partir de 04 h 37
Mercredi	05-06-2024	Lune en Gémeaux	
Jeudi	06-06-2024	Lune en Cancer	à partir de 08 h 42
Vendredi	07-06-2024	Lune en Cancer	
Samedi	08-06-2024	Lune en Lion	à partir de 15 h 30
Dimanche	09-06-2024	Lune en Lion	
Lundi	10-06-2024	Lune en Lion	
Mardi	11-06-2024	Lune en Vierge	à partir de 01 h 40
Mercredi	12-06-2024	Lune en Vierge	
Jeudi	13-06-2024	Lune en Balance	à partir de 14 h 13
Vendredi	14-06-2024	Lune en Balance	
Samedi	15-06-2024	Lune en Balance	
Dimanche	16-06-2024	Lune en Scorpion	à partir de 02 h 39
Lundi	17-06-2024	Lune en Scorpion	
Mardi	18-06-2024	Lune en Sagittaire	à partir de 12 h 32
Mercredi	19-06-2024	Lune en Sagittaire	
Jeudi	20-06-2024	Lune en Capricorne	à partir de 19 h 10
Vendredi	21-06-2024	Lune en Capricorne	
Samedi	22-06-2024	Lune en Verseau	à partir de 23 h 15
Dimanche	23-06-2024	Lune en Verseau	
Lundi	24-06-2024	Lune en Verseau	
Mardi	25-06-2024	Lune en Poissons	à partir de 02 h 09
Mercredi	26-06-2024	Lune en Poissons	
Jeudi	27-06-2024	Lune en Bélier	à partir de 04 h 53
Vendredi	28-06-2024	Lune en Bélier	
Samedi	29-06-2024	Lune en Taureau	à partir de 08 h 01
Dimanche	30-06-2024	Lune en Taureau	

JUILLET

Lundi	01-07-2024	Lune en Gémeaux	à partir de 11 h 51
Mardi	02-07-2024	Lune en Gémeaux	
Mercredi	03-07-2024	Lune en Cancer	à partir de 16 h 53
Jeudi	04-07-2024	Lune en Cancer	
Vendredi	05-07-2024	Lune en Lion	à partir de 23 h 57
Samedi	06-07-2024	Lune en Lion	
Dimanche	07-07-2024	Lune en Lion	
Lundi	08-07-2024	Lune en Vierge	à partir de 09 h 49
Mardi	09-07-2024	Lune en Vierge	
Mercredi	10-07-2024	Lune en Balance	à partir de 22 h 08
Jeudi	11-07-2024	Lune en Balance	
Vendredi	12-07-2024	Lune en Balance	
Samedi	13-07-2024	Lune en Scorpion	à partir de 10 h 54
Dimanche	14-07-2024	Lune en Scorpion	
Lundi	15-07-2024	Lune en Sagittaire	à partir de 21 h 26
Mardi	16-07-2024	Lune en Sagittaire	
Mercredi	17-07-2024	Lune en Sagittaire	
Jeudi	18-07-2024	Lune en Capricorne	à partir de 04 h 15
Vendredi	19-07-2024	Lune en Capricorne	
Samedi	20-07-2024	Lune en Verseau	à partir de 07 h 44
Dimanche	21-07-2024	Lune en Verseau	
Lundi	22-07-2024	Lune en Poissons	à partir de 09 h 24
Mardi	23-07-2024	Lune en Poissons	
Mercredi	24-07-2024	Lune en Bélier	à partir de 10 h 53
Jeudi	25-07-2024	Lune en Bélier	
Vendredi	26-07-2024	Lune en Taureau	à partir de 13 h 24
Samedi	27-07-2024	Lune en Taureau	
Dimanche	28-07-2024	Lune en Gémeaux	à partir de 17 h 29
Lundi	29-07-2024	Lune en Gémeaux	
Mardi	30-07-2024	Lune en Cancer	à partir de 23 h 20
Mercredi	31-07-2024	Lune en Cancer	

AOÛT

Jeudi	01-08-2024	Lune en Cancer	
Vendredi	02-08-2024	Lune en Lion	à partir de 07 h 11
Samedi	03-08-2024	Lune en Lion	
Dimanche	04-08-2024	Lune en Vierge	à partir de 17 h 18
Lundi	05-08-2024	Lune en Vierge	
Mardi	06-08-2024	Lune en Balance	à partir de 05 h 33
Mercredi	07-08-2024	Lune en Balance	
Jeudi	08-08-2024	Lune en Balance	
Vendredi	09-08-2024	Lune en Scorpion	à partir de 18 h 35
Samedi	10-08-2024	Lune en Scorpion	
Dimanche	11-08-2024	Lune en Scorpion	
Lundi	12-08-2024	Lune en Sagittaire	à partir de 06 h 02
Mardi	13-08-2024	Lune en Sagittaire	
Mercredi	14-08-2024	Lune en Capricorne	à partir de 13 h 52
Jeudi	15-08-2024	Lune en Capricorne	
Vendredi	16-08-2024	Lune en Verseau	à partir de 17 h 46
Samedi	17-08-2024	Lune en Verseau	
Dimanche	18-08-2024	Lune en Poissons	à partir de 18 h 53
Lundi	19-08-2024	Lune en Poissons	
Mardi	20-08-2024	Lune en Bélier	à partir de 19 h 03
Mercredi	21-08-2024	Lune en Bélier	
Jeudi	22-08-2024	Lune en Taureau	à partir de 20 h 01
Vendredi	23-08-2024	Lune en Taureau	
Samedi	24-08-2024	Lune en Gémeaux	à partir de 23 h 05
Dimanche	25-08-2024	Lune en Gémeaux	
Lundi	26-08-2024	Lune en Gémeaux	
Mardi	27-08-2024	Lune en Cancer	à partir de 04 h 49
Mercredi	28-08-2024	Lune en Cancer	
Jeudi	29-08-2024	Lune en Lion	à partir de 13 h 10
Vendredi	30-08-2024	Lune en Lion	
Samedi	31-08-2024	Lune en Vierge	à partir de 23 h 50

SEPTEMBRE

Dimanche	01-09-2024	Lune en Vierge	
Lundi	02-09-2024	Lune en Vierge	
Mardi	03-09-2024	Lune en Balance	à partir de 12 h 13
Mercredi	04-09-2024	Lune en Balance	
Jeudi	05-09-2024	Lune en Balance	
Vendredi	06-09-2024	Lune en Scorpion	à partir de 01 h 20
Samedi	07-09-2024	Lune en Scorpion	
Dimanche	08-09-2024	Lune en Sagittaire	à partir de 13 h 27
Lundi	09-09-2024	Lune en Sagittaire	
Mardi	10-09-2024	Lune en Capricorne	à partir de 22 h 39
Mercredi	11-09-2024	Lune en Capricorne	
Jeudi	12-09-2024	Lune en Capricorne	
Vendredi	13-09-2024	Lune en Verseau	à partir de 03 h 54
Samedi	14-09-2024	Lune en Verseau	
Dimanche	15-09-2024	Lune en Poissons	à partir de 05 h 40
Lundi	16-09-2024	Lune en Poissons	
Mardi	17-09-2024	Lune en Bélier	à partir de 05 h 25
Mercredi	18-99-2024	Lune en Bélier	
Jeudi	19-09-2024	Lune en Taureau	à partir de 05 h 04
Vendredi	20-09-2024	Lune en Taureau	
Samedi	21-09-2024	Lune en Gémeaux	à partir de 06 h 25
Dimanche	22-09-2024	Lune en Gémeaux	
Lundi	23-09-2024	Lune en Cancer	à partir de 10 h 51
Mardi	24-09-2024	Lune en Cancer	
Mercredi	25-09-2024	Lune en Lion	à partir de 18 h 48
Jeudi	26-09-2024	Lune en Lion	
Vendredi	27-09-2024	Lune en Lion	
Samedi	28-09-2024	Lune en Vierge	à partir de 05 h 43
Dimanche	29-09-2024	Lune en Vierge	
Lundi	30-10-2024	Lune en Balance	à partir de 18 h 21

OCTOBRE

Mardi	01-10-2024	Lune en Balance	
Mercredi	02-10-2024	Lune en Balance	
Jeudi	03-10-2024	Lune en Scorpion	à partir de 07 h 23
Vendredi	04-10-2024	Lune en Scorpion	
Samedi	05-10-2024	Lune en Sagittaire	à partir de 19 h 35
Dimanche	06-10-2024	Lune en Sagittaire	
Lundi	07-10-2024	Lune en Sagittaire	
Mardi	08-10-2024	Lune en Capricorne	à partir de 05 h 39
Mercredi	09-10-2024	Lune en Capricorne	
Jeudi	10-10-2024	Lune en Verseau	à partir de 12 h 32
Vendredi	11-10-2024	Lune en Verseau	
Samedi	12-10-2024	Lune en Poissons	à partir de 15 h 56
Dimanche	13-10-2024	Lune en Poissons	
Lundi	14-10-2024	Lune en Bélier	à partir de 16 h 35
Mardi	15-10-2024	Lune en Bélier	
Mercredi	16-10-2024	Lune en Taureau	à partir de 16 h 01
Jeudi	17-10-2024	Lune en Taureau	
Vendredi	18-10-2024	Lune en Gémeaux	à partir de 16 h 08
Samedi	19-10-2024	Lune en Gémeaux	
Dimanche	20-10-2024	Lune en Cancer	à partir de 18 h 51
Lundi	21-10-2024	Lune en Cancer	
Mardi	22-10-2024	Lune en Cancer	
Mercredi	23-10-2024	Lune en Lion	à partir de 01 h 25
Jeudi	24-10-2024	Lune en Lion	
Vendredi	25-10-2024	Lune en Vierge	à partir de 11 h 49
Samedi	26-10-2024	Lune en Vierge	
Dimanche	27-10-2024	Lune en Vierge	
Lundi	28-10-2024	Lune en Balance	à partir de 00 h 31
Mardi	29-10-2024	Lune en Balance	
Mercredi	30-10-2024	Lune en Scorpion	à partir de 13 h 30
Jeudi	31-10-2024	Lune en Scorpion	

NOVEMBRE

Vendredi	01-11-2024	Lune en Sagittaire	à partir de 15 h 19
Samedi	02-11-2024	Lune en Sagittaire	
Dimanche	03-11-2024	Lune en Sagittaire	
Lundi	04-11-2024	Lune en Capricorne	à partir de 10 h 18
Mardi	05-11-2024	Lune en Capricorne	
Mercredi	06-11-2024	Lune en Verseau	à partir de 17 h 59
Jeudi	07-11-2024	Lune en Verseau	
Vendredi	08-11-2024	Lune en Poissons	à partir de 23 h 01
Samedi	09-11-2024	Lune en Poissons	
Dimanche	10-11-2024	Lune en Poissons	
Lundi	11-11-2024	Lune en Bélier	à partir de 01 h 27
Mardi	12-11-2024	Lune en Bélier	
Mercredi	13-11-2024	Lune en Taureau	à partir de 02 h 00
Jeudi	14-11-2024	Lune en Taureau	
Vendredi	15-11-2024	Lune en Gémeaux	à partir de 02 h 10
Samedi	16-11-2024	Lune en Gémeaux	
Dimanche	17-11-2024	Lune en Cancer	à partir de 03 h 51
Lundi	18-11-2024	Lune en Cancer	
Mardi	19-11-2024	Lune en Lion	à partir de 08 h 52
Mercredi	20-11-2024	Lune en Lion	
Jeudi	21-11-2024	Lune en Vierge	à partir de 18 h 02
Vendredi	22-11-2024	Lune en Vierge	
Samedi	23-11-2024	Lune en Vierge	
Dimanche	24-11-2024	Lune en Balance	à partir de 06 h 21
Lundi	25-11-2024	Lune en Balance	
Mardi	26-11-2024	Lune en Scorpion	à partir de 19 h 22
Mercredi	27-11-2024	Lune en Scorpion	
Jeudi	28-11-2024	Lune en Scorpion	
Vendredi	29-11-2024	Lune en Sagittaire	à partir de 06 h 54
Samedi	30-11-2024	Lune en Sagittaire	

DÉCEMBRE

Dimanche	01-12-2024	Lune en Capricorne	à partir de 16 h 10
Lundi	02-12-2024	Lune en Capricorne	
Mardi	03-12-2024	Lune en Verseau	à partir de 23 h 22
Mercredi	04-12-2024	Lune en Verseau	
Jeudi	05-12-2024	Lune en Verseau	
Vendredi	06-12-2024	Lune en Poissons	à partir de 04 h 50
Samedi	07-12-2024	Lune en Poisson	
Dimanche	08-12-2024	Lune en Bélier	à partir de 08 h 39
Lundi	09-12-2024	Lune en Bélier	
Mardi	10-12-2024	Lune en Taureau	à partir de 10 h 56
Mercredi	11-12-2024	Lune en Taureau	
Jeudi	12-12-2024	Lune en Gémeaux	à partir de 12 h 23
Vendredi	13-12-2024	Lune en Gémeaux	
Samedi	14-12-2024	Lune en Cancer	à partir de 14 h 22
Dimanche	15-12-2024	Lune en Cancer	
Lundi	16-12-2024	Lune en Lion	à partir de 18 h 40
Mardi	17-12-2024	Lune en Lion	
Mercredi	18-12-2024	Lune en Lion	
Jeudi	19-12-2024	Lune en Vierge	à partir de 02 h 38
Vendredi	20-12-2024	Lune en Vierge	
Samedi	21-12-2024	Lune en Balance	à partir de 14 h 09
Dimanche	22-12-2024	Lune en Balance	
Lundi	23-12-2024	Lune en Balance	
Mardi	24-12-2024	Lune en Scorpion	à partir de 03 h 07
Mercredi	25-12-2024	Lune en Scorpion	
Jeudi	26-12-2024	Lune en Sagittaire	à partir de 14 h 48
Vendredi	27-12-2024	Lune en Sagittaire	
Samedi	28-12-2024	Lune en Capricorne	à partir de 23 h 38
Dimanche	29-12-2024	Lune en Capricorne	
Lundi	30-12-2024	Lune en Capricorne	
Mardi	31-12-2024	Lune en Capricorne	

Épilogue

Au début, déjà lointain, de ma carrière d'astrologue, je me suis résolument lancée dans une recherche patiente et tenace. J'ai pu établir comme principe fondamental que notre savoir est peu de choses en ce qui a trait à ce que nous avons encore à découvrir par nos capacités d'observation et du travail. Rapidement, les résultats obtenus ont largement dépassé mes espérances et, à ce jour, des trouvailles surgissent toujours.

Activement engagée dans l'univers de l'astrologie depuis plus de quarante ans, je sais que l'astrologie n'est pas là pour nous dicter une ligne de conduite, bien au contraire. Je crois sincèrement qu'elle est plutôt là pour faire la lumière sur des multiples voies susceptibles de se présenter sur le chemin de notre destinée.

Si, dans le passé, vous avez fait des projets et qu'ils ne se sont pas réalisés comme vous le souhaitiez ou l'anticipiez, voici finalement le livre qui vous permettra de mieux évaluer vos perspectives de réussite, mais également de planifier votre vie en conséquence afin que vous puissiez profiter au maximum des occasions qui se présenteront à vous et ainsi trouver votre part de bonheur.

J'ose espérer que vous saurez tirer le maximum de mes prévisions astrologiques et qu'elles vous seront un bon guide pour mieux vous aider à bien planifier les étapes de votre vie afin qu'elle soit remplie de paix, d'harmonie et de lumière.

Que les astres vous soient favorables !

Mes meilleures vibrations !

Remerciements

Dans un tout autre ordre d'idées, j'aimerais remercier tous ceux qui ont contribué à la publication de ce livre : Mathieu Béliveau, Sylvain Dion, Sylvie Milot et Diane Perreault, de Béliveau éditeur, qui m'ont appuyée dans cette démarche.

J'en profite pour remercier toute l'équipe de la station radiophonique CIDI 99,1 FM qui m'a permis d'acquérir une expérience grand public en m'ouvrant ses portes pour la diffusion hebdomadaire d'Astro-Logique.

Sur une note plus personnelle, je désire exprimer toute ma gratitude à ma fidèle amie, Louise Boissonnault, qui a toujours cru en moi. À Stephen, le soleil et les étoiles de ma vie, que je remercie avec toute mon affection pour son amour, mais également pour son soutien inconditionnel.

Par-dessus tout, merci à vous tous – lecteurs, lectrices, auditeurs, auditrices – dont la loyauté m'a incitée à poursuivre mon travail en le raffinant constamment, car sans votre participation, tout ce laborieux travail aurait été vain et n'aurait pas vu le jour.

Marie Christine Dean,
Astrologue diplômée

L'astrologie est là pour vous aider à y voir plus clair
et non pas à décider pour vous !
Pour vos cadeaux de Noël, vos étrennes du Nouvel An,
une fête, un anniversaire de naissance
ou juste pour se faire plaisir,
pensez à offrir une consultation astrologique
à une personne qui vous est chère,
ou faites-vous offrir une consultation avec moi.

✧

J'ai eu le privilège d'accompagner de très nombreuses personnes sur leur chemin de vie et de leur permettre de pouvoir mettre à profit au mieux les forces planétaires qu'elles ont choisies au moment de leur entrée dans la matière. Le thème natal nous amène à mieux nous connaître, à nous relier à notre potentiel en tant qu'être humain qui s'actualise au fur et à mesure du temps qui passe, de toutes nos expériences de vie, de notre compréhension du monde et, bien entendu, de l'acceptation de relever nos défis, d'aimer, d'être.

De nombreux sites parlent d'astrologie. Ma mission est simplement de vous apporter une vision nouvelle de l'astrologie afin que vous puissiez mieux percevoir la lumière lorsqu'il vous semble l'avoir perdue.

Une étude personnalisée de votre thème de naissance avec les transits en cours, vos progressions (thème dirigé, thème progressé) et votre révolution solaire annuelle, autant d'outils pour mieux vous éclairer et voir où sont vos atouts, là où vous en êtes sur votre propre chemin, tant pour votre pleine évolution personnelle que pour découvrir ce que l'année sollicitée aura en réserve pour vous.

Pour obtenir de plus amples renseignements sur nos services offerts ou encore pour une consultation privée, vous pouvez toujours me rejoindre à mon bureau :

Téléphone : 450-242-2283
Courriel : mariechristinedean@gmail.com

Au plaisir de vous éclairer,
Marie Christine Dean

Autre ouvrage de l'auteure chez Béliveau Éditeur

VOTRE GPS ASTROLOGIQUE

Laissez la Nouvelle Lune vous guider au quotidien

Un bon GPS vous offre un tracé, tout comme le fait une carte géographique. Il décrit comment vous rendre du point A au point B, tout en affichant certains endroits susceptibles de vous intéresser le long de votre chemin.

Contrairement à un tracé, ce livre abordera plutôt les opportunités que vous pourriez rencontrer durant le parcours d'un mois choisi. Il vous facilitera la tâche, car vous serez mieux informé, vous pourrez prendre les bonnes décisions ou faire les meilleurs choix basés sur les différentes possibilités qui s'offrent à vous.

L'influence de la Nouvelle Lune est d'une grande puissance sur les humains et sur la nature en général, moment où nous sommes tous animés d'une énergie puissante.

En plus d'être un temps où l'énergie est concentrée, la Nouvelle Lune marque un début ou un nouveau départ. Elle favorise l'épanouissement personnel, la concrétisation d'activités et d'idées.

C'est aussi une période d'activités instinctives, mais essentiellement inconscientes, caractérisées par la fébrilité et la spontanéité. [...]

Suivez les Nouvelles Lunes et prenez des décisions éclairées !

Visitez www.beliveauediteur.com

Autre ouvrage de l'auteure chez Béliveau Éditeur

MERCURE RÉTROGRADE

Le pouvoir de tout changer

De nos jours, on entend de plus en plus parler de ce fameux ***Mercure rétrograde***. Ce mouvement prend de l'ampleur, mais ça veut dire quoi exactement ? Au cours des années d'expérience, j'ai constaté à quel point les planètes nous invitent à travailler sur nous-mêmes. D'ailleurs, lorsqu'elles transitent sur nos planètes natales, c'est-à-dire lorsqu'elles touchent un élément de notre thème natal, elles réactivent certaines caractéristiques et ont une influence sur notre vie. Bien sûr, elles ne nous touchent pas tous de la même manière, pourtant lorsqu'on y prête attention, elles nous murmurent des conseils et peuvent devenir des alliées d'évolution. Qui n'aime pas recevoir un peu d'informations pour se repérer dans un univers inconnu et connaître le climat dans lequel se déroule ce voyage ?

Dans le monde d'aujourd'hui où les communications sont capitales, on comprend vite l'importance de Mercure dans la vie de tous les jours. N'avez-vous pas remarqué combien il arrive à certains moments de l'année où tout semble aller de travers ? On note un surcroît d'accidents sur les routes, les communications sont mal interprétées ou ne se rendent pas à leur destination prévue, un faux mouvement entraîne une confusion, une erreur s'est glissée dans un contrat... Toutes ces périodes ont quelque chose en commun alors qu'elles sont toutes sous l'influence de Mercure que l'on dit être « rétrograde ».

Dans cet ouvrage, vous y trouverez des recommandations et des mises en garde pour contrecarrer ses effets négatifs. Il vous est proposé « quoi faire » et « quoi ne pas faire » pendant la période rétrograde afin de mieux éviter tous les écueils, et plus encore... Un guide qui vous servira phase après phase, année après année. Un livre pour décrypter et enfin bien comprendre Mercure rétrograde. Vous serez ravi par sa pertinence et ses prédictions incluses.

Visitez www.beliveauediteur.com

Autres ouvrages chez Béliveau Éditeur

ÊTRE UN LEADER CRÉATEUR

Pascale Dufresne

L'ère du contrôle et de la performance au détriment des personnes est terminée ! Il est temps de désapprendre nos vieux réflexes. Le défi d'aujourd'hui dans cette réalité VICA (volatile, incertaine, complexe et ambigüe) est de réconcilier performance ET humanité, le **FAIRE** et l'**ÊTRE**. Le leader doit donc développer son plus puissant outil : *lui-même.*

L'auteure vous propose **une démarche de transformation en 4 étapes, *E.T.R.E.*** pour adopter la posture du *leader CRÉATEUR* conscient, qui sait créer un espace de saine performance et de sécurité psychologique, qui dirige à partir de sa boussole intérieure et amène son « humanité » au travail tout en acceptant sa propre vulnérabilité.

Nous devons réapprendre à diriger avec compassion, sérénité et conscience pour ainsi créer de la *performance durable : une performance saine, consciente et qui a une perspective à long terme.*

LE MIRACLE

Joe Vitale

Avez-vous l'impression de naviguer votre vie à contre-courant ou de ne pas réussir ce que vous désirez ? Alors ce livre est pour vous. Il fournit des conseils, des méditations, des exercices, des ressources, des histoires et bien plus encore.

Il vous aidera à découvrir et éliminer les barrières inconscientes qui se dressent entre vous et vos désirs ; à apprendre à concentrer vos pensées, vos énergies et vos actions afin d'éliminer les zigzags qui vous empêchent d'atteindre vos objectifs ; à appliquer de nouvelles méthodes dans votre vie qui vous apporteront plus de succès, de joie et de gratitude ; à profiter d'un apprentissage pour cheminer vers l'expérience divine de l'éveil ; et à vous éveiller au Miracle qu'est votre personne. Vous pourrez ainsi être sur la voie de vivre le Miracle qui est là maintenant – **vous êtes le Miracle !**

Visitez www.beliveauediteur.com

Suivez Béliveau Éditeur sur les réseaux sociaux
pour rester informé des nouveautés,
des ouvrages parus et des activités !

www.facebook.com/EditeurBeliveau

www.instagram.com/beliveauediteur

www.youtube.com/c/BéliveauéditeurBoucherville

www.beliveauediteur.com

Achevé d'imprimer
sur les presses de
Imprimerie H.L.N.
Imprimé au Canada - Printed in Canada